2020
中国保税区出口加工区年鉴

CHINA FREE TRADE ZONE AND EXPORT PROCESSING ZONE YEARBOOK

中国保税区出口加工区协会◎编

中国海关出版社有限公司 · 北京

图书在版编目（CIP）数据

中国保税区出口加工区年鉴．2020/中国保税区出口加工区协会编．—北京：中国海关出版社有限公司，2020.12

ISBN 978-7-5175-0472-6

Ⅰ.①中… Ⅱ.①中… Ⅲ.①保税区—中国—2020—年鉴 ②出口加工区—中国—2020—年鉴 Ⅳ.①F752-54

中国版本图书馆 CIP 数据核字（2020）第 269608 号

中国保税区出口加工区年鉴（2020）

ZHONGGUO BAOSHUIQU CHUKOU JIAGONGQU NIANJIAN（2020）

作　　者：中国保税区出口加工区协会
责任编辑：左桂月
出版发行：中国海关出版社有限公司
社　　址：北京市朝阳区东四环南路甲 1 号　　邮政编码：100023
编 辑 部：01065194242-7527（电话）　　01065194231（传真）
发 行 部：01065194221/4238/4246（电话）　　01065194233（传真）
社办书店：01065195616（电话）　　01065195127（传真）
https://weidian.com/?userid=319526934
印　　刷：北京工商事务印刷有限公司　　经　　销：新华书店
开　　本：787mm×1092mm　1/16
印　　张：36.25　　字　　数：930 千字
版　　次：2020 年 12 月第 1 版
印　　次：2020 年 12 月第 1 次印刷
书　　号：ISBN　978-7-5175-0472-6
定　　价：280.00 元

《中国保税区出口加工区年鉴（2020）》
编委会

编写人员名单

（以姓氏笔画为序）

于洪锡　马　良　马　瑞　马京河　王　雪　王振涛　申　艳
付　瑜　印婧鑫　吕利惠　吕彩妹　朱念念　任晓锋　刘晓辉
杨　琼　苏晓军　李　雯　李金鹏　张　楠　张玉肖　张旭东
张佳杰　张栋文　陈　坚　陈倩倩　邵春芳　欧小梅　周永兴
周佳霖　胡孟影　施一玉　秦　岭　耿　军　徐晓晨　唐顺德
盛　瑞　盛文洋　谢　炜　潘　英　衡　波　鞠伟伟　戴增涛
等

年鉴编辑部

主　任：普　娜

副主任：李春生

成　员：左桂月　张玉肖　马骁龙　苗维翠　刘　继　王　新

CFEA

沈阳综合保税区桃仙园区

沈阳综合保税区桃仙园区作为中国（辽宁）自由贸易试验区沈阳片区核心功能区。规划面积2平方公里，一期建设面积1.452平方公里，东至桃仙二街、南至四环路、西至综保一街、北至创新二路。2018年12月6日通过联合验收，2019年4月正式封关运行。

园区毗邻沈阳桃仙国际机场，周边有丹阜高速、沈大高速、沈阳四环路、哈大高铁、沈丹铁路等织成的快速路网，有沈阳高铁南站、苏家屯铁路货运编组站等重要交通枢纽，距营口港200公里、大连港375公里，是沈阳经济区、辽宁省和东北亚的中心地带。

园区周边有比较成熟的产业生态，涵盖现代物流产业及智能智造、信息技术、航空装备、生物健康、材料科学等前沿新兴产业。中储、中邮、百利威、中国物流等物流企业聚集，形成仓储面积50万平方米的物流产业带。以沈阳新松机器人为代表的智能制造产业，以沈飞民机、沈飞国际为代表的航空制造产业，以东软健康医疗产业园为代表的医疗健康产业等，共同构成沈阳高科技产业的引擎。

园区周边还坐落着多家重点实验室和工程技术（研究）中心及高等院校。有中科院创新中心、沈阳材料科学国家研究中心、沈飞民机研究院等一批骨干研究所，工程技术研究中心、重点实验室和企业技术中心等研发平台40家，还有东北大学、沈阳鲁迅美术学院、沈阳建筑大学、沈阳理工大学等高校，产学研服务及科技创新优势突出。

沈阳综合保税区桃仙园区在产业布局上，充分发挥毗邻桃仙国际机场区位优势，突出空港型综合保税区的产业特色，规规划建设“七区一中心”，分别是综合服务区、保税贸易区、跨境电子商务贸易区、航空保税物流区、航空大部件保税制造区、保税加工再制造区、航空零部件保税制造区和国际快件运营中心，重点发展航空制造、跨境电子商务、装备维修再制造、临空物流、保税加工、国际贸易等相关产业，建设投资贸易便利、资源高效配置、监管便捷高效、辐射作用明显的保税园区，为中国（辽宁）自由贸易试验区沈阳片区建设提供功能支撑和服务支撑。

产业发展

（一）航空制造产业。已进驻沈飞民机、沈飞国际等国内知名航空制造企业，形成了民用飞机及其零部件设计、制造、试验、生产、销售及相关进出口贸易业务等产业体系，集聚了波音、空客和国产C919、ARJ飞机等机体结构研发设计及相关生产业务。

（二）保税维修再制造产业。鼓励开展高科技含量和高附加值的航空航天、工程机械、数控机床等维修及再制造业务，大力支持再制造业务发展，有效提升区内企业出口产品售后服务和检测维修能力。

（三）保税物流。依托中储、中邮等周边物流产业带和便利的交通条件，构建高效率的保税物流体系，积极引进从事仓储、配送、运输、流通加工、装卸搬运、物流信息、方案设计等相关企业，建设区域保税物流分拨中心。

（四）保税展示交易。支持文化艺术品展示平台建设，促进文化艺术品在区内存储、展示。重点发展文化艺术品、特种商品等高附加值产品保税展示业务。

（五）跨境电子商务业务。围绕加快沈阳国家跨境电子商务综合试验区建设，加快完善跨境电子商务产业体系。建成跨境电子商务公共服务平台、创业孵化基地、产业联盟等，拼多多、供销海外购、东浩海淘等130余家跨境电子商务企业入驻园区。

此外，还大力推进保税研发创新、保税医疗、保税检测维修、保税租赁等业务的发展。

政策支持

制度创新支持。中国（辽宁）自由贸易试验区沈阳片区已形成4项国家级制度创新经验，40项省级制度创新经验。大力推进贸易便利化领域制度创新，累计复制推广87项创新经验，推行了提前申报、限时审批、“7×24小时”通关等一系列特色服务举措。

产业政策支持。制定先进制造、科技创新、金融服务、融资租赁、跨境电子商务等产业政策。在高端装备制造、科技研发、金融服务、楼宇租赁、高端人才、配套保障等重点方面给予资金支持。

审批服务支持。依托中国（辽宁）自由贸易试验区沈阳片区政务服务中心，建成前台咨询、受理、踏勘、发证四大中心和VIP服务团队，全面推行“一枚印章管审批”、24小时自助服务、投资项目VIP全程定制化上门服务，实现审批服务“一站办结”。

松江综合保税区

Songjiang Comprehensive Bonded Zone

松江综合保税区坐落于G60科创走廊沿线，由A区和B区组成，总面积4.10平方公里，由上海松江出口加工区转型升级而成。上海松江出口加工区成立于2000年4月27日，为全国首批、上海首家出口加工区，20年来经历了多次功能拓展和政策叠加。2007年，上海松江出口加工区为功能拓展全国七个试点加工区之一。2014年，松江出口加工区作为首批复制上海自由贸易区政策的区域之一，引进跨境电子商务、保税展示两项新业务。2016年，松江出口加工区先后成为“企业增值税一般纳税人资格试点”和“仓储货物按状态分类监管”政策试点首批单位。2018年9月4日经批准整合升级为松江综合保税区。2019年9月27日，松江综合保税区通过验收，并于10月28日正式挂牌。

松江综合保税区经过了20年的高速发展，形成了以广达集团、富士康集团为龙头，区内配套企业共同发展的雁行式发展态势，打造了电子信息、集成电路、新能源、汽车配件、现代物流等“一业特强，多业发展”的产业布局。目前园区共计落户企业138家，吸引外商总投资24.5亿美元。2019年园区进出口总额达258亿美元，完成工业总产值1416.65亿元。除广达集团、富士康集团外，还拥有豪威半导体、凯虹科技、恒大新能源、尼西半导体等一批优质骨干企业。

松江综合保税区挂牌

暨新落户企业集中签约仪式

SONGJIANG COMPREHENSIVE BONDED ZONE
UNVEILING & NEW ENTERPRISES SIGNING CEREMONY

2019.10.28

转型升级以来，松江综合保税区立足于电子信息制造业接触，对标关于促进综合保税区高水平开放高质量发展的若干意见，明确“打造加工制造中心、销售服务中心、研发设计中心、物流分拨中心、检测维修中心等五大中心”的产业定位，并结合松江综合保税区作为G60科创走廊主战场、主力军、主引擎的特殊地位，就贸易企业落户、支持企业总部发展、支持新兴服务业集聚、支持核心团队建设、优化配套服务、降低企业成本、吸引优秀人才等方面出台了一系列的惠企政策。

自挂牌以来，松江综合保税区围绕“五大中心”定位，积极宣传产业扶持政策，重点聚焦总部型、贸易型、研发型企业，多渠道开展招商引资，目前已引进新项目32个，包括区域性总部及运营中心6家、销售总部1家、研发中心4家、商贸型企业13家、服务型企业4家、生产型企业1家、物流分拨型企业3家，产业类型多样，涵盖食品贸易、医疗器械批发零售、半导体研发、新能源整车研发、精密零件智能制造等。

松江综合保税区将继续致力于推动园区更高质量发展，更进一步开放，全面有效对接G60科创走廊国际贸易板块的功能定位，在推动长三角一体化高质量发展方面积极发挥作用。

招商热线：021-67857002 021-67857057　　联系地址：上海市松江区北松公路5688号407A

潍坊综合保税区

WEIFANG ZONGHE BAOSHUIQU

潍坊综合保税区北区通关卡口

潍坊综合保税区南区通关卡口

潍坊综合保税区于2011年1月获批准设立，总面积13.08平方公里，其中网内保税区3.84平方公里，网外配套区9.24平方公里，分为南区、北区“一区两片”运营。南区位于潍坊中心城区东部，位置优越，交通便利，服务潍坊及周边地市企业；北区紧靠一类开放口岸——潍坊港，纳入潍坊国家农业开放发展综合试验区核心区，正在加快建设现代化保税港区。2019年，全区实现进出口额89.6亿元，同比增长39%；财政收入突破3亿元，同比增长27%；实际利用外资1.31亿美元。

园区政策服务创新完善，搭建“一中心、七平台”服务载体，打造“无费区”服务品牌；落地国家21项新政中的10项，复制自由贸易区政策18项，实施抽检即放行等创新政策；开展供应链金融、关税保证保险、出口信用保险等新业务。区内新兴动能加速形成，培育电子信息、新能源动力、大宗商品贸易、保税物流4个主导产业，开工建设智能硬件制造、佩特来新能源动力产业园、香港冠博进口粮食加工等项目，集聚开放发展新动能；新兴业态起步发展，加快推进跨境电子商务业务和试点申报，开展融资租赁业务，引进阿里保税拍等多家外贸综合服务平台，结合企业需求开展保税研发、检测、维修等新业务，培育壮大外贸新业态，服务全市开放发展。

海口综合保税区面积1.93平方公里，紧邻国家一类口岸马村港，距秀英港30公里，距环岛高速5公里，15公里范围内有海口、老城、福山3个高铁站，海陆空交通便捷，区位优势明显。园区内已实现“五通一平”，正在建设5G智慧园区。

海口综合保税区充分利用两个市场、两种资源，创新发展了跨境电子商务、平行汽车进口、冷链物流、保税融资租赁、橡胶期货交割等新业态，成为海南开放型经济集聚发展的重要园区，中旅、中免、国投国贸、国机、厦门国贸、新西兰高培乳业、福建陆地港等600多家企业先后落户园区。

2019年，海口综合保税区全年完成营业总收入484.25亿元，同比增长101.7%；实现进出口总值92.79亿元，同比增长178.35%；完成税收21.2亿元，同比增长13.12%；新增注册企业218家（其中外企48家）；跨境电子商务全年交易量达15.78万单；平行进口汽车991辆。

赣州综合保税区

GANZHOU ZONGHE BAOSHUIQU

赣州综合保税区是全国第35个综合保税区，也是江西省内第一个综合保税区。于2014年1月22日经批复设立。2015年10月20日顺利通过联合验收组验收，2016年10月19日正式封关运行。2020年5月16日，顺利开通了跨境电子商务首单业务。赣州成为第四批获批跨境电子商务综合试验区的24个城市中首个开通跨境电子商务业务的城市。

一、工作成效

实现了“五个率先”。一是在全省率先获批“企业增值税一般纳税人资格政策试点”；二是在全省率先开展“全国通关一体化”业务；三是在全省常态化开行赣州至香港货运直通车线路，实现“港仓内移”；四是在全省综合保税区率先建立集报关、货代、仓储、配送、供应链等于一体的外贸服务平台；五是在全省综合保税区率先开展进口红酒快消品直接报关首单业务。

二、区位优越

赣州综合保税区选址于赣粤闽湘四省交界，是距珠三角、闽三角最近的内陆保税区，位于赣州经济技术开发区，距赣州市中心仅5公里，处于赣州综合交通枢纽的龙头地段，紧临赣州黄金机场、赣州高速西出口和高铁赣州西站，航空口岸、公路口岸、铁路口岸就在园区周边，交通物流条件非常优越。全区规划面积4平方公里，分两期进行，一期建设1.895平方公里，围网面积1.787平方公里，建成和收购厂房28.75万平方米，在建和启动厂房、配套宿舍、展示研发中心建设等44.28万平方米。

三、产业定位

赣州综合保税区作为全省开放升级、创新试点的重要阵地，也是承载赣州临空、临港、高铁经济的重要载体。重点发展电子信息和新能源汽车两大首位产业，主要开展四大业务：一是保税加工，形成进出口型高附加值产品和其他消费品的深加工区域；二是保税物流，包括钨和稀土深加工、铜铝精深加工、新能源汽车与先进机械、轻纺工业、进口酒类、食品等商品的仓储、配送、展示、交易，打造高端进口商品交易及展示平台；三是跨境电子商务，开展跨境贸易电子商务通关服务，为企业提供产品直销平台；四是跨境金融等跨境服务，开展融资租赁、国际结算等服务业务。

四、服务高效

目前，多达93项自由贸易区政策已在赣州综合保税区落地。包括：仓储货物按状态分类监管，非保税货物也可进区开展业务；入境维修政策，境内外待维修货物可以保税方式入区开展维修业务；委内加工政策，保税区内企业可以将货物委托区外企业加工；保税展示交易货物分线监管、预检验和登记核销管理等。

实行"通关一体化"措施，方便货物通过紧邻的赣州黄金机场50多条航线、铁海联运和高速公路，运往全国各地，或通往广州南沙港、深圳盐田港和厦门港等沿海港口。同时，出口退税办理与沿海一致，退税时间全省较快。赣州综合保税区为入区企业提供现代化的保税仓库、标准厂房和员工宿舍等生产和生活设施，以及 "一对一" "点对点"精准服务，为企业全程提供办理选址、签约、注册、报建、开工、投产等一条龙全方位服务。

哈尔滨综合保税区于2016年3月获批准设立，2017年7月正式封关运营。总规划面积3.29平方公里，一期占地1.38平方公里。综合保税区是黑龙江省开放层次高、优惠政策多、功能齐全、通关便利的特殊开放区域。园区区位优势明显，位于哈尔滨市东部、哈东物流产业带内，毗邻哈尔滨国际铁路集装箱中心站，距离哈尔滨太平国际机场44公里，能够同时辐射25个贸易口岸，是“一带一路”中蒙俄经济走廊的关键节点。综合保税区承载功能较强，园区达到“七通一平”标准，建设有5.7万平方米标准化仓库、3.12万平方米高端制造业标准化厂房和1万平方米重工业厂房，企业可通过租赁厂房、仓库或拿地建设等方式入区运营。综合保税区政策优惠，具备保税加工、保税物流、保税服务和口岸通关四个核心功能，实行“境内关外”运作模式，区内企业可以享受保税、退税、免税、免证等一系列优惠政策。综合保税区产业方向突出，重点发展国际贸易、现代仓储物流、高端进出口加工制造、新型服务贸易及研发产业。截至2019年年底已有191户企业完成签约注册或入区运营，实现年进出口总值3 435.55万美元。

井冈山综合保税区

井冈山综合保税区的前身为井冈山出口加工区，位于井冈山经济技术开发区，于2013年4月封关运行。2020年4月27日，经批复整合优化为井冈山综合保税区，于2020年10月29日顺利通过验收，是江西省第四个综合保税区。区内企业可以叠加享受苏区振兴、粤港澳大湾区、长江经济带、IPO绿色通道等国家重大政策支持。

井冈山综合保税区立足吉安产业发展基础，实现与南昌、九江、赣州综合保税区优势互补、错位发展，将发展定位为“两中心、两基地”，即建设赣中地区加工制造中心、保税物流中心、电子产品检测维修基地和跨境电子商务基地，打造江西内陆双向开放新高地。

一是全力打造双向开放试验区。井冈山综合保税区统筹利用国外国内两个市场、两种资源，充分发挥出口加工、转口贸易、保税仓储等功能，深度融入国际产业链、价值链、供应链，培育和提升国际竞争新优势，以开放促改革、促发展，大力承接自由贸易试验区新政，全面打造开放层次高、优惠政策多、功能条件齐、通关效率高的特殊开放区域，从而带动全市外向型经济高质量跨越式发展。

二是全力打造改革创新先行区。充分发挥综合保税区的政策优势，大胆探索，先行先试，开拓创新，努力在产业培育、监管模式创新、推动产业转型升级等方面探索新路径、取得新经验，努力实现审批时间更短、营商成本更低、发展环境更优的目标。大力实施一般纳税人资格、促进内销便利、优化信用管理、简化进出区管理等措施，提高通关效率，优化企业营商环境，服务并辐射全市外向型企业。实施负面清单管理，探索“政府主导、公司化运营、市场化运作”新模式，构建充满活力开放的环境。

三是全力打造产业升级样板区。充分发挥综合保税区投资和贸易便利化的优势，明晰综合保税区产业定位，重点打造赣中地区加工制造中心、保税物流中心、电子产品检测维修基地和跨境电子商务基地“两中心、两基地”，丰富完善制造业及服务业链条，推动区内产业向高端延伸，向服务贸易拓展，逐步延伸产业链条。园区将大力引进一批用地少、成长性好、科技含量高的企业，努力将井冈山综合保税区打造成为发展集约、特色鲜明、服务优、效益好的综合保税区。

井冈山综合保税区将依托现有产业优势，重点引进电子信息、生物医药大健康、先进装备制造、新型材料、绿色食品“1+4”主导产业出口型企业。同时，发挥综合保税区要素集聚和辐射带动作用，鼓励本地加工贸易企业及上下游配套企业向综合保税区集中，发展保税加工、保税物流、保税贸易，延伸产业链。

NANYANG WOLONG COMPREHENSIVE BONDED ZONE

南阳卧龙综合保税区

南阳卧龙综合保税区是于2014年11月16日经批准设立的经济功能区（海关特殊监管区域），是河南省第二家综合保税区，一期建设面积1.045平方公里，2016年12月30日正式封关运行。2019年12月20日，南阳综合保税区被提升为南阳五大功能新区之一，新规划拓展45平方公里产业配套区域，作为独立的社会经济单元，支持推动综合保税区全面提质跨越发展。

封关运行以来，园区以辐射带动周边区域高水平开放高质量发展为目标，充分发挥保税、免税、退税等政策优势，出台一系列激励措施，重点招引加工项目入区，不断拓展国际货运通道，持续巩固贸易进出口。2019年完成一线进出口总值84 958万元，2020年1～7月完成111 465.21万元，对外开放的窗口示范作用日益凸显。

新时期，南阳综合保税区将以功能区改革和建设为契机，按照产城融合发展的理念，深入推进区内区外一体化协同发展，打造集保税物流和仓储加工配套、电子商务、金融信息、总部经济等功能为一体的国际陆港和产业新城，为南阳扩大开放和高质量建设大城市提供了有力支撑。

NANYANG WOLONG COMPREHENSIVE BONDED ZONE

广州保税区

广州保税区于1992年5月经批准成立，面积1.4平方公里，位于黄埔区、广州开发区南端，处于珠江、东江交汇的三角地带，地理位置优越。广州保税区设立以来，依托海关特殊监管区域特殊的政策、功能，培育了加工、物流、商贸、展示销售四个产业集群。

2019年，广州保税区进出口额175.6亿元，同比增长26.6%，占同期黄埔区进出口总值的6.1%。未来广州保税区将助力穗港智造合作区建设，推动穗港智造合作区成为对接粤港澳大湾区建设的智造高地，进一步加深广州与香港、澳门等地的经济交流发展。

广州出口加工区

广州出口加工区是2000年4月经批准成立的15个出口加工区之一，面积为0.9474平方公里。区内仅有一家生产型企业——本田汽车（中国）有限公司，该公司截至2019年年底累计实现工业总产值433亿元，进出口额77亿美元，汽车销售约34.4万辆。

南昌综合保税区

Nanchang Comprehensive Free Trade Zone

南昌综合保税区于2016年2月正式获批成立，总规划面积2平方公里，按照一区两片的新模式运行。一片区位于南昌高新技术产业开发区内，由原出口加工区升级而成；二片区地处赣江新区腹地，紧邻南昌昌北国际机场，连接福银高速及龙头岗国际集装箱码头，形成了水陆空立体交通枢纽，区位和交通优势明显。近期着重打造加工制造中心、物流分拨中心、销售服务中心；远期适时打造研发设计中心、检测维修中心，最终将综合保税区建成全省开放性经济重要辐射带动引擎。

2018年7月，南昌正式获批中国跨境电子商务综合试验区，综合保税区发展跨境电子商务具有其他平台所没有的政策优势、区位优势、物流优势，南昌综保区将通过制度、管理、服务创新探索跨境电子商务自由化、便利化、规范化发展。目前正着力推动打造中国（南昌）跨境电子商务生态产业基地，总规划面积约7万平方米，一期建设面积约2万平方米，已完成装修改造并投入使用；二期建设面积约5万平方米，有关建设工作正在启动中。

招商热线：0791-86726628

网　　址：http://zbq.nc.gov.cn/

跨境商品展示交易中心

京东物流
JD Logistics

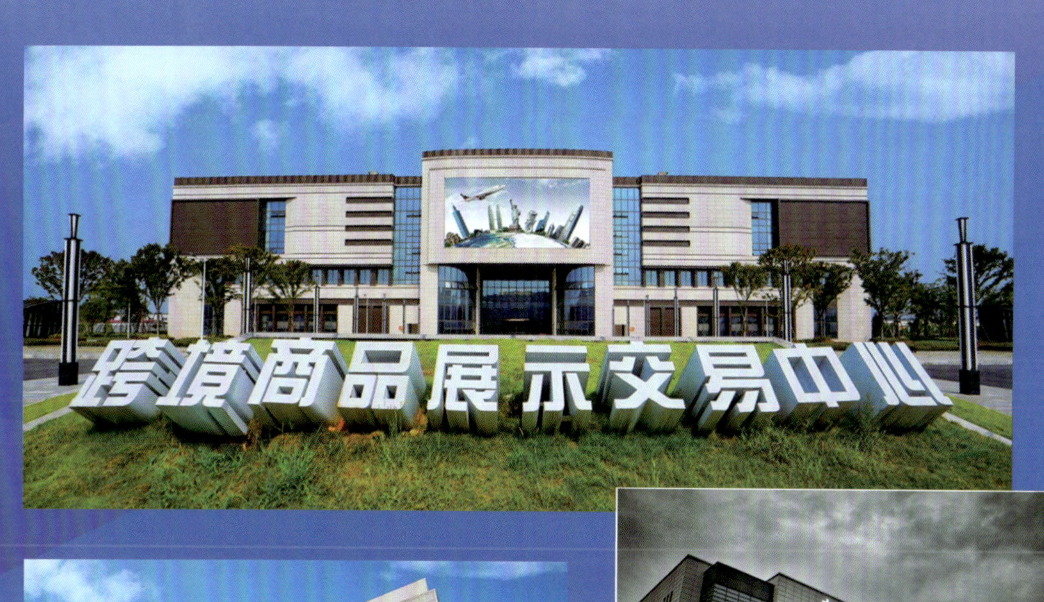

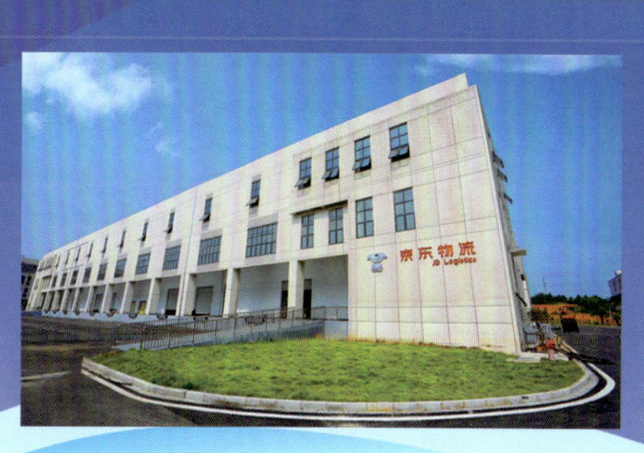

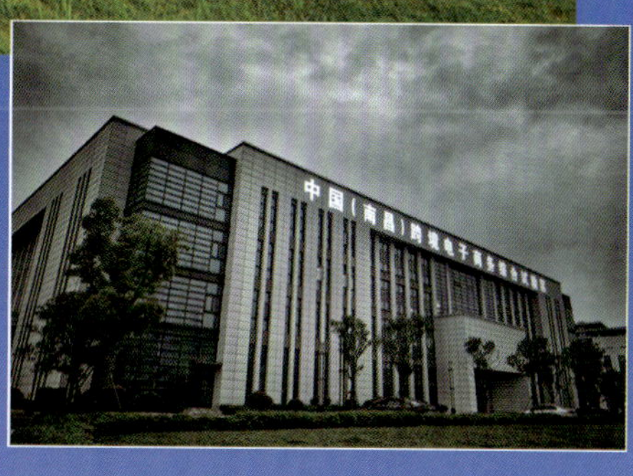

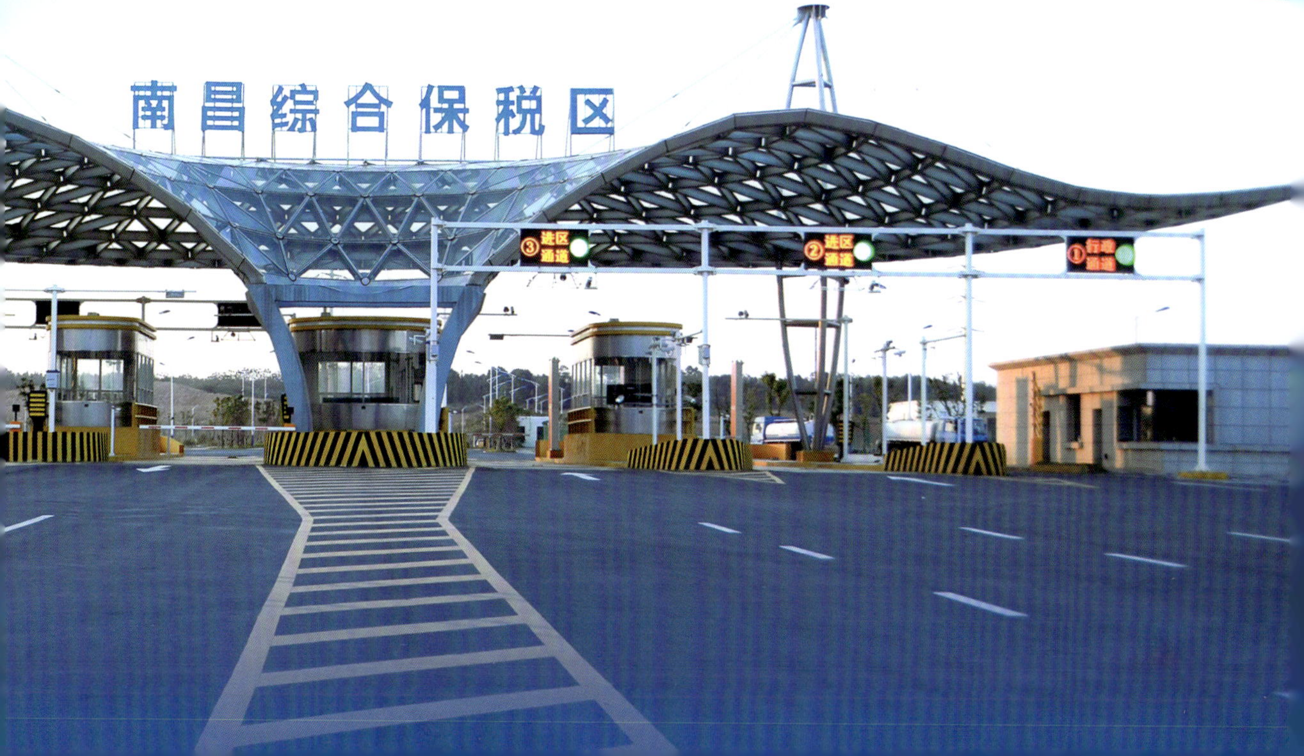
南昌综合保税区
③ 进区通道
② 进区通道
① 行政通道

成都高新综合保税区

ZONGHE BAOSHUIQU

全面落实《国务院关于促进综合保税区高水平开放高质量发展的若干意见》，21条政策措施已有14条落地生效，2条跟进培育，有力推动成都高新综合保税区“五大中心”建设。一是拓展国外国内两个市场，有力打造加工贸易中心。支持企业开展委托加工业务，区内健进制药有限公司已承接诺华、辉瑞等企业委托加工业务。二是强化政策支持，有力打造研发设计中心。支持符合条件的企业开展保税研发，指导企业设立账册、规范申报，区内健进制药设立了研发中心，芯源公司启动研发中心建设，鸿富锦等6家企业开展研发业务。三是提升便利化水平，有力打造物流分拨中心。落实“四自一简”政策，便捷货物进出区管理，便利货物流转，开展循环包材试点业务，每年可为企业节约成本100万元；“7×24”小时通关，满足企业生产需求；积极开展非保税货物分类仓储，共计1 224票，货值2.77亿元人民币。四是延伸产业链条，有力打造检测维修中心。支持区内企业开展高技术、高附加值、符合环保要求的保税检测和全球维修业务。探索实施设备零配件可追溯便捷监管模式，便利企业生产。区内企业鸿富锦已成为iPad全球维修基地。

园区2019年进出口整体通关时间分别为23.36小时和0.96小时，同比压缩50.82%和36.42%。2019年4月，荣获“中国（四川）国际贸易'单一窗口'推广工作先进单位”。

2019年外向型经济继续保持快速增长态势

2019年1～12月，成都高新综合保税区实现进出口总额3 827亿元（不含双流园区），同比增长24%，占全省外贸进出口总额的57%。其中，出口2 058亿元，同比增长25%，占全省外贸出口的53%；进口1 769亿元，同比增长24%，占全省外贸进口的62%。

青岛前湾保税港区于2008年9月7日经批复设立。2019年8月26日，经批准设立中国（山东）自由贸易试验区，前湾保税港区11.97平方公里纳入山东自由贸易试验区青岛片区52平方公里实施范围。

青岛前湾保税港区

近年来，青岛前湾保税港区不断落实自由贸易区方案，加快推进贸易转型升级。2019年，全区实现全部收入（包括海关关税及代征税）57.65亿元，同比增长17.41%；公共财政预算收入13.25亿元，同比增长3.13%；共引进项目1444个，同比增长18.26%；实现外贸进出口总额998.91亿元，同比增长16.6%；实现港口货物吞吐量1.81亿吨，同比增长12.4%；全区500万元以上固定资产投资项目共实现投资额8.21亿元，同比增长23.76%。

国际中转集拼业务测试运行。推进青岛万嘉集运物流有限公司在自营仓库内完成国际中转集拼业务，为青岛港营造具有国际竞争力的拆拼箱运作环境。

橡胶期货保税交割业务顺利推进。引入中国远洋海运集团、中储发展股份有限公司、海南天然橡胶产业集团股份有限公司等领军企业，打造天然橡胶期货保税交割中心，率先完成全国首票20号胶在保税状态下存入交割库业务。

跨境电子商务业务快速发展。保税港区跨境电子商务公共服务平台上线运营，稳步推进以普洛斯仓库为主体的跨境电子商务产业园建设，考拉海购、菜鸟国际等知名电商企业开仓运营保税仓库3万余平方米。2019年共完成跨境电子商务进出口181万单，同比增长499%。

汽车口岸平稳发展。进口整车检测重点实验室、汽车堆场、重点汽车排放实验室项目相继投入运营。编制完成《青岛前湾保税港区二手车出口贸易总部基地项目总体规划》，区内企业青岛国际汽车口岸管理有限公司入围全市首批二手车出口试点名单并顺利完成首单二手车出口业务。

传统产业提质增效。2019年，保税港区天然橡胶、合成橡胶、棉花、纸浆的进口额分别占山东省同类商品的58.44%、57%、52.52%、28%。其中，原油、铁矿、纸浆等前10类大宗商品进口额达66.5亿美元。

山西转型综改示范区

武宿综合保税区

山西转型综改示范区武宿综合保税区于2012年8月经批准设立，于2013年9月通过验收，并于2013年12月正式封关运营。一期验收面积1.75平方公里，二期验收面积0.7平方公里。2017年2月山西转型综合改革示范区整合成立后，园区成为示范区中部产业整合区的一部分。

作为山西省先行先试的试验田、对外开放的排头兵和示范区的重要功能区，园区重点布局加工贸易、跨境电子商务、航空产业、服务贸易、检测维修及融资租赁等产业。

武宿综合保税区投资环境优越，是山西省对外开放、通关便利、外贸政策优惠、行政审批高效的区域。在区域位置方面，园区毗邻太原武宿国际机场、太原火车南站和中鼎物流园，具有很好的区域优势、交通优势和物流优势。在功能建设方面，拥有中国（太原）跨境电商综合试验区核心功能区、海关特殊监管区域企业增值税一般纳税人资格试点、省级跨境电子商务公共服务平台及省级跨境电子商务示范园区等，对外开放优势更加突显。在政策扶持方面，示范区制定出台了扶持政策，进一步释放政策红利。在对外合作方面，主动对接国家“一带一路”建设，与日本、新西兰、马来西亚、泰国、法国等积极开展国际交流和项目合作。

近年来，武宿综合保税区各项工作取得了新进展、新突破，呈现出蓬勃发展的态势。目前已入区重点产业项目有：禧佑源航空科技再制造中心、中安融和深圳电子信息产业园及食品生产加工产业项目等。跨境电子商务新业态呈现蓬勃发展态势，正在努力打造电子信息、航空产业、跨境电子商务、交通轨道、生物医药及食品加工产业集群。

通过几年努力，武宿综合保税区加快推进高水平开放高质量发展，力争打造成为加工制造中心、研发设计中心、物流分拨中心、检测维修中心和销售服务中心，切实建设成为全省进出口商品集散地、内陆地区综合性口岸和高水平对外开放新平台。

南京江北海港枢纽经济区保税物流中心B型（待批）

NANJING JIANGBEI HAIGANG SHUNIU JINGJIQU BAOSHUI WULIU ZHONGXIN

南京江北海港枢纽经济区保税物流中心（B型）项目位于南京江北新区西坝港区，占地约20万平方米，总建筑面积14.5万平方米，包括仓库11.18万平方米、综合服务楼1.33万平方米、堆场0.86万平方米等，海关监管区围网面积18.63万平方米，是2018年南京市经济社会发展重大项目，是江北新区落实“一带一路”倡议，抢抓“长江经济带发展”“长三角区域一体化”等国家战略机遇，紧扣江苏(南京)自由贸易区落户江北新区的发展契机，聚焦南京物流枢纽建设发展任务，实施江北“新港口战略”，打造江北对外贸易的重要门户，是高质量服务江北新区“二区一平台”建设的重要支撑项目。该项目由南京江北海港枢纽经济区保税物流中心有限公司投资建设。

项目依托的南京西坝港区位于长江二桥下游-12.5米深水航道分界点，是二桥以下仅有的北岸深水港口，5万吨级海轮可无阻直达，7万吨级海轮可乘潮直达西坝港；区域内具有一条国铁II级标准的疏港铁路直通港区，道路集疏运体系依托绕越、宁洛、宁淮高速公路和S356、S501等国省道干线，可实现与四面八方港区腹地的快速联系，是集公铁水一体的多式联运枢纽港。

项目聚焦生物医药、大宗商品、冷链、IC产业装备、供应链金融、交易结算等产业，发展保税物流、现代物流及专业物流服务和贸易领域。利用自由贸易试验区政策优势，鼓励跨境电子商务企业设立国际配送平台和海外仓，建设区域供应链管理中心，吸引区域总部型机构集聚，发展离岸贸易等新型国际贸易，提高传统物流附加值，提升物流服务水平。

招商电话：025-88020642

九江综合保税区

JIU JIANG ZONGHE BAOSHUIQU

九江综合保税区位于“江西省北大门”，“三江之口、七省通衢”的魅力城市——九江，于 2018 年 9 月 4 日获批复设立，2019 年 11 月 11 日正式封关运行。

九江综合保税区交通区位优势显著，距离九江港 6 公里（目前已获批进口肉类指定口岸、进境粮食指定口岸及进境木材指定口岸），距赛城湖高速收费站 10 公里，距高铁新区 15 公里，距庐山机场 28 公里，距昌北国际机场 90 公里，设有综合保税区货运编组站的城西港区铁路专用线，预计 2021 年通车，可实现陆、空、铁、水多式联运。

九江综合保税区总规划面积 1.81 平方公里，区内已实现“七通一平”，45 万平方米高标准厂房和 7 万平方米高端保税仓库、监管仓库、验货场地等设施一应俱全。监管服务大楼内有关部门以及物流供应链、金融供应链、商业保理、科技知识产权等服务类企业均已入驻，企业可足不出区“一站式”办结通关手续。周边配套设施完善，东侧的综合配套区为九江综合保税区配套一流的商务区、生活区、生产配套区，附近学校、大型市场、商业等社会设施完善，周边 TCL、艾美特、巨石集团等一大批现代企业林立。

九江综合保税区作为全省开放升级、创新试点的重要阵地，被授予中国（九江）跨境电子商务综合试验区综保区产业园，并已成功开通跨境电子商务“1210”业务。同时，为便于区内企业拓展国外国内两个市场，九江综合保税区已完成备案，开展增值税一般纳税人资格试点，实现企业内外贸一体化。

九江综合保税区按照“ 境内关外，高度放开，区港联动，协调发展 ”的业务模式，重点支持电子电器、高端装备制造、新能源新材料、节能环保及新能源汽车等加工制造业，保税仓储、进口分拨、出口集拼等现代物流服务业及跨境电子商务、保税检测维修、保税研发等各类新兴业态，并与上港集团九江公司达成战略合作协议，努力建设成为全省领先、辐射长江经济带、对接国家“ 一带一路 ”倡议的现代综合保税区。

九江综合保税区热情欢迎海内外客商垂询，共谋发展！

九江综合保税区

NATIONAL JIUJIANG INTEGRATED FREE TRADE ZONE

联系地址：江西省九江市经开区港城大道 200 号九江综合保税区

联系人：江繁平　联系电话：18870235076　办公电话：0792-8980221

东莞虎门港综合保税区

2018年10月，东莞虎门港综合保税区经批复设立，批复规划面积2.237平方公里。虎门港综保区（一期）工程于2019年12月26日顺利通过联合验收组的正式验收，并于2020年5月1日正式封关运作。

DONGGUA

东莞虎门港综合保税区位于粤港澳大湾区几何中心，5分钟可达广深沿江高速、穗深城轨等交通要道，半小时可达南沙、前海自贸片区。1小时内可将货物集疏运到广州、深圳、香港等国际机场，通过与东莞港“区港联动”，高效利用内外贸班轮、“湾区快线”城际快速驳船和东莞石龙火车站中欧班列，实现海、陆、空、铁多式联运，快速通达全球。

封关后，虎门港综合保税区将围绕综合保税区“五大中心”功能，结合东莞及周边产业结构特点，量身定制园区产业发展规划，聚焦研发设计、检测维修新业态，与区外成熟的加工贸易联动发展，提供高端供应链服务，制订专项行动方案，实行精准招商。

开放新高地 发展新平台 产业新格局 港区新品质
新高地
新平台
新格局
新品质

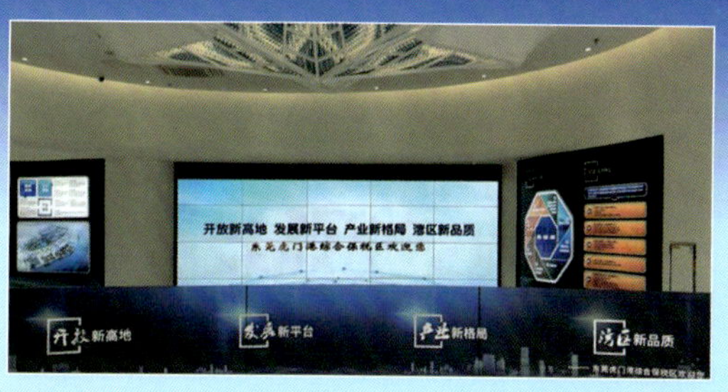

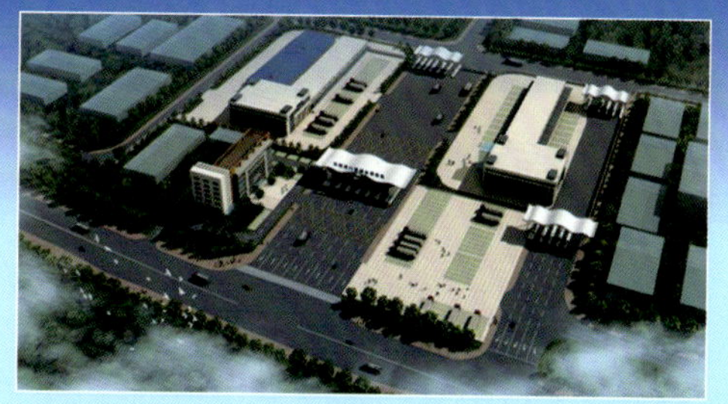

未来，东莞虎门港综合保税区将开展“146”行动计划：

“1”个目标：建设成为我国综合保税区高质量发展、高水平开放的“东莞样板”。

“4”大工程：口岸设施互联互通工程、加工制造强链补链工程、物流供应链提升跨越工程、保税服务创新突破工程。

“6”大专项行动：引进高端制造企业，设立离岸研发设计机构，打造东莞“产业之芯”；打造电子产业综合服务平台，创建全球电子元器件供应链服务中心；引入龙头手机企业，开展保税检测维修，构建全球智能终端售后检测维修中心；加强“区港联动”，实现“前店后仓”，开展区外保税展示销售，建立跨境商品实体体验、展示中心；发展跨境电子商务服务平台和大型设备融资租赁业务，构建特色贸易服务中心；发展单证融资等一站式金融服务，打造“供应链金融中心”。

壮阔东方潮，奋进新时代！东莞虎门港综合保税区将以开放为前提、招商为核心、创新为保障，立足湾区，服务全球！

UMENGANG ZONGHE BAOSHUIQU

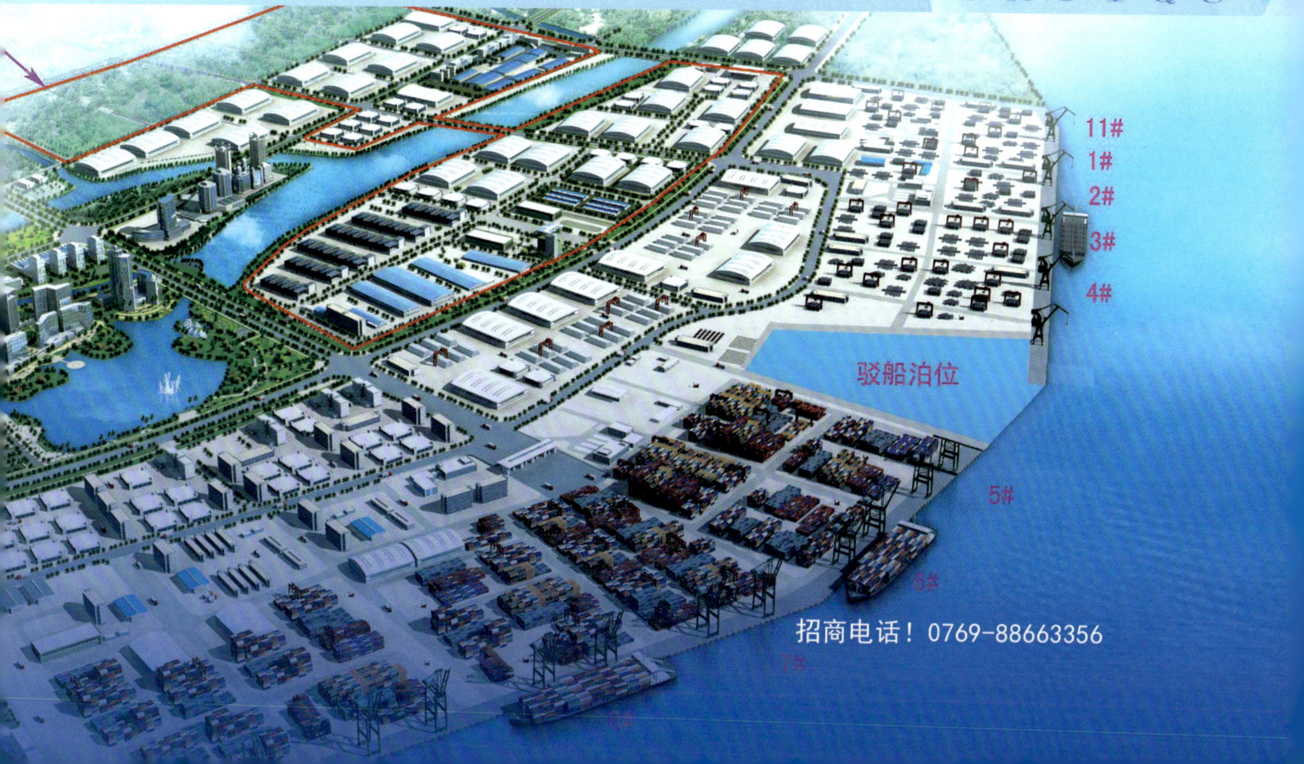
11#
1#
2#
3#
4#
驳船泊位
5#
6#
招商电话！0769-88663356

2019年3月31日，河北自由贸易试验区正定片区出台《关于加快推进中国（河北）自由贸易试验区正定片区重点产业高质量发展的若干政策措施（试行）》，从企业注册、产业用地、资金支持、人才引进等方面确定20条扶持政策，全力推进片区内重点产业高质量发展、创新发展。

4月1日，中国（河北）自由贸易试验区正定片区政务服务中心完成升级正式启用。该中心整合集中河北自由贸易区正定片区、正定新区、正定县的269项服务事项，成为集咨询服务、智能自助、窗口办件为一体的智慧政务中心。

6月9日，中国（河北）自由贸易试验区正定片区商品展销中心开业。该商品展销中心位于古城正定东门广场，占地面积约3000平方米，汇集来自30多个国家和地区的3000余种商品，包括服装、箱包、日化品等多个领域。

9月17日，金伯利钻石指定口岸获批，为河北自由贸易试验区正定片区推动加工贸易转型升级，打造高端饰品及珠定加工产业奠定了重要基础。

石家庄综合保税区
SHIJIAZHUANG ZONGHE BAOSHUIQU

合肥格泉智能科技有限公司

HEFEI GEQUAN ZHINENGkeji

合肥格泉智能科技有限公司位于合肥市经济技术开发区莲花科技创新产业园，是一家国内专业（跨境/国际快件）信息服务平台和有关部门监管系统整体解决方案供应商。在保税区、保税港区、保税物流中心、跨境电子商务产业园、国际快件、邮件互换局等领域构筑了整体规划、设计、实施的能力，为客户和监管部门提供具有竞争力的整体及分项解决方案、产品及服务。公司专注于监管部门综合（跨境/国际快件）服务平台、智慧场站系统、AI全数据智慧监控管理系统、在线监管查验分拣系统、视频监控及仓储等的深度研发、整合、提升，并致力于大数据云计算和人工智能技术在智慧监管及智慧物流行业的推广及应用。合肥格泉智能科技有限公司是新型的信息化、智能化系统技术公司，从产品的研发、生产、安装、调试、售后服务等均配备专业的人员，满足客户信息化系统的需求，将先进技术研究成果和产品产业化；形成以自主知识产权为核心的科学技术体系，保持同行业先进水平，为公司可持续发展奠定强大的技术基础。

公司自主研发并申请知识产权的核心技术超过70项，具有很强的跨行业的市场开拓能力、整体方案规划设计能力、软件开发及实施能力、完善科学的服务培训体系和及时响应能力。公司始终将追求高质量和完善周到的服务作为主线，把每个项目做成行业标杆和示范项目，精确把握项目的每一个环节，建立科学、完整的管理体系，实现用户与企业的双赢。

联系人：孟杰
联系电话：13696773232
固定电话：0551-65311132
电子邮箱：527116868@qq.com

昆山综合保税区位于昆山经济技术开发区内，是在原昆山出口加工区的基础上整合转型而来。2000年4月，昆山出口加工区经批准设立，为全国第一个出口加工区，规划面积2.86平方公里，同年10月正式封关运作。2006年12月，拓展保税物流功能和开展研发、检测、维修业务试点，成为全国首批拓展功能的七个出口加工区之一。2009年12月，昆山出口加工区经批准转型为昆山综合保税区，同时拓展区域面积至5.86平方公里。2016年11月，昆山综合保税区成为全国海关特殊监管区域第一批“增值税一般纳税人”试点区域。2019年1月，昆山综合保税区落地全球维修业务国内“第一票”。

2019年，昆山综合保税区已投产企业122家，其中工业企业69家、物流企业40家、贸易企业8家、其他服务企业5家，总投资46亿美元，注册资本23亿美元，实际利用外资14亿美元，从业人员13万余人。2019年，昆山综合保税区工业产值为2 912.9亿元，进出口总额为3 247.0亿元。

未来，昆山综合保税区将紧紧围绕《国务院关于促进综合保税区高水平开放高质量发展的若干意见》文件精神，积极贯彻落实“21条新举措”，着力推进“五大中心”建设，全力实现高水平开放高质量发展全新一跃。

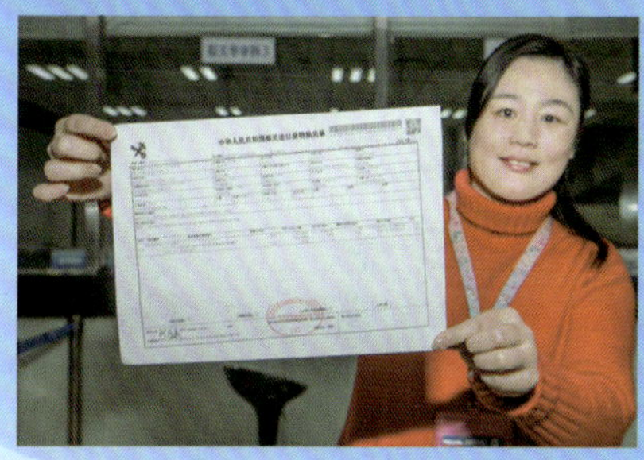

昆山综合保税区

招商电话：0512-57376513

0512-57352662

南宁综合保税区

NANNING COMPREHENSIVE FREE TRADE ZONE

南宁综合保税区于2015年9月30日经批复设立，批复面积2.37平方公里，分两期进行开发建设：一期规划面积0.897平方公里，已于2017年4月13日封关运营；二期规划面积1.473平方公里，正在开发建设中。南宁综合保税区主要发展加工贸易、跨境电子商务、现代物流等产业，是中新南宁国际物流园项目（西部陆海新通道重点项目之一）的建设地，是中国（南宁）跨境电子商务综合试验区核心园区，同时还是中国(广西)自由贸易试验区南宁片区的重要组成部分。

2019年，南宁综合保税区实现进出口总额35.56亿美元，同比增长54.01%。跨境电子商务进出口业务量突破3000万单，总货值约6.94亿元，位居全国跨境电子商务综合试验区前列。累计有107家企业入驻南宁综合保税区，其中规模以上企业14家。

园区建有37万平方米标准厂房，8万平方米的公租房，2019年商务中心大楼已交付使用，商品展示中心、宁家广场等配套设施建设也在加快建设中，为企业入驻提供了良好的服务保障。

招商联系电话：0771-4898296

汕头综合保税区

SHANTOU ZONGHE BAOSHUIQU

汕头综合保税区位于广东省汕头市中心城区南区，其前身为汕头保税区，于1993年1月设立，隔离设施内面积3.34平方公里；2020年3月经批准整合优化为汕头综合保税区，规划面积2.69平方公里，是粤东地区现有唯一的海关特殊监管区域，功能主要是发展保税加工、保税物流、保税服务等业务，享有“免证、免税、保税、退税”政策，是对外开放程度高、运作机制便捷、政策优惠的经济区域之一。至2019年年底，园区共有注册企业271家，产业类型主要有：以动力设备、功能膜、生物医药等为主导的加工制造业，以一般贸易、仓储物流、出口复进口等为主导的外贸物流业，以产业孵化、金融服务等为主导的服务业。

2019年，全区实现进出口贸易28.1亿元，同比增长116.9%；规模以上工业增加值6.85亿元，同比增长12.7%；固定资产投资10.91亿元，同比增长20.9%；一般公共预算收入1.10亿元，同比增长35.6%。一是外贸发展提质增效。大力扶持企业突出保税功能发展国际贸易，取得良好成效。特别是功能平台汕头保税物流中心大力发展出口复进口、一般贸易进出口、保税仓储、出口集拼等业务，全年实现一、二线进出口申报总额10.45亿元，占全区总量的38.5%，成为园区外贸发展新的增长点。二是招商引资成果丰硕。2019年通过项目招商、平台招商、以商引商等多种方式开展招商引资工作，引进跨境电子商务、保税仓储加工、保税物流配送、金融保险等产业项目14个，投资总额56.4亿元。三是重点项目加快推进。坚持抓项目促发展，一批优质项目建设紧锣密鼓有序推进，形成“建成一批、在建一批、拟建一批”的良好发展格局。全年建成、在建、拟建项目共有38个，投资总额66.89亿元，焕发出加快发展的勃勃生机。四是营商环境更加优化。2019年预算安排产业发展扶持资金，为企业在生产经营、人才引进等方面给予补助奖励；积极鼓励支持企业争取省市资金补助；落实“关税保证保险”项目，并推广应用于汇总征税。

面对新的发展机遇，汕头综合保税区将进一步突出保税功能、做大保税主业，充分发挥“综合保税区+跨境电商综试区+华侨试验区+自贸区（政策复制）”四区政策叠加优势，打造具有全球影响力的加工制造中心、研发设计中心、物流分拨中心、检测维修中心、销售服务中心，努力构建粤东地区开放型经济新高地。

宁波保税区（宁波北仑港综合保税区）

NINGBO BAOSHUIQU

宁波保税区于1992年经批准设立，规划面积2.3平方公里；宁波出口加工区于2002年设立，规划面积3平方公里。2020年4月经批复，宁波出口加工区整合优化为宁波北仑港综合保税区。两区实行“两块牌子、一套班子”。2013年始，宁波保税区积极开展跨区合作，先后在宁波国际会展中心设立宁波进口商品展示交易中心、中东欧特色商品常年展；与象山县合作共建象保合作区，携手中国航天科工集团建设宁波航天智慧科技城。

目前，全区集聚各类企业1万余家，其中外资企业340多家，投资总额约81亿美元，形成国际贸易、先进制造、现代物流及数字经济四大产业发展格局。2019年全年实现生产总值195.6亿元，外贸进出口978亿元，工业总产值327.6亿元，限额以上商品销售总额1598.2亿元。其中，跨境电子商务进口161.2亿元，同比增长64%。

河北秦皇岛出口加工区

河北秦皇岛出口加工区坐落在秦皇岛市的东部沿海。2002年6月21日经批准设立，2003年9月15日通过验收，总规划面积2.5平方公里。

秦皇岛出口加工区基础设施配套完备，已完成水、电、路、暖、通信等配套设施的“九通一平”。累计建设标准厂房88 832平方米，单层厂房11幢，多层厂房5幢；建设物流仓库两座，建筑面积25 697平方米；建设冷库两座，冷藏能力4 000吨，建筑面积4 267.4平方米；建设恒温库1座，存储能力2 000吨，建筑面积2 798平方米。

秦皇岛出口加工区以中信戴卡物流集散中心和海东青冷链物流集散中心为基础，正在逐步建立秦皇岛综合保税区的物流分拨中心和冷链物流产业基地，同时建设公共保税仓。

目前加工区管委会正在积极筹备二期封关建设，区内封关验收设施和基础配套设施基本具备验收条件，待二期封关验收后，将全面整合升级为综合保税区。

徐州综合保税区

徐州综合保税区位于江苏省徐州经济技术开发区。2017年12月28日获批，2018年12月28日封关运营。批准四至范围面积1.9平方公里，验收封关面积约1.53平方公里。规划形成六大功能片区，其中围网内设有保税物流功能区、保税加工功能片区一、保税加工功能片区二、查验作业区，围网外设有港口作业区、综合配套区。

2019年运营以来，徐州综合保税区贯彻落实国家21项新政策，围绕建设、招商、运营三大任务，全力推进运营发展，初步形成发展平稳起步、业务加速提升、开放引领力不断增强的良好态势。

徐州综合保税区内一期12万平方米保税仓库、8.7万平方米保税加工厂房、20万平方米堆场陆续建成投用；建成徐州跨境电子商务综合试验区首个监管场所、首个体验中心、唯一线上公服平台，于2020年5月29日同步启动运营。综合保税区外的金山桥作业区港口码头、铁路专用线、综合配套区建设加快推进，公、铁、水多式联运的开放大通道加速形成。

徐州综合保税区结合徐州和开发区主导产业配套优势，重点打造高端装备、电子信息保税加工基地、保税服务创新区域中心，加快构筑“保税+”特色产业新体系。累计签约项目10个、重点在谈项目21个，累计注册区内企业30家，涵盖加工、研发检测、维修和再制造、展示交易等。

招商热线：0516-83255691　83255958

服务热线：0516-68910818　68910822

深圳盐田综合保税区

Shenzhen Yantian Integrated Free Trade Zone

深圳盐田综合保税区于2014年1月22日经批复设立，由原沙头角保税区、盐田港保税区、盐田港保税物流园区整合升级而来。深圳盐田综合保税区（一期）1.24平方公里于2016年1月15日通过验收，目前已建成产业用房总面积196万平方米，现有产业以保税加工和临港保税物流业为主。深圳盐田综合保税区（二期）围网内面积0.46平方公里，已于2020年1月21日顺利通过现场验收。

深圳盐田综合保税区地处粤港澳大湾区核心城市，紧邻世界级天然深水良港盐田港，设有专用“绿色通道”实现24小时区港联动。园区未来将继续在高质量引领产业发展上下功夫，把握深圳建设粤港澳大湾区、深圳先行示范区“双区”历史机遇，用好用足二期封关后新推出的土地空间资源，充分发挥多种试点政策优势，重点发展跨境电子商务与保税展示交易、保税检测维修、冷链物流、供应链金融、研发设计、保税融资租赁、保税文化等产业类型。

河南郑州出口加工区

河南郑州出口加工区于2002年6月21日经批准设立，总规划面积2.7平方公里，位于郑州经济技术开发区内。2016年8月31日，中国（河南）自由贸易试验区设立，河南郑州出口加工区成为河南自由贸易区内的重要区域。2016年12月6日，河南郑州出口加工区和河南保税物流中心（B型）经批复整合设立郑州经开综合保税区。2017年10月18日，郑州经开综合保税区通过预验收。2019年6月28日，郑州经开综合保税区进行了正式验收。

截至目前，园区引进的重点项目有：富士康科技集团投资的手机零组件制造项目及配套产业项目、华晶精密股份公司投资的纳米级金刚石微粉项目和微米钻石线项目、科隆新能源投资的锂电池正极材料生产项目等。同时，引进了中国邮政项目、开展进口食品分销业务的润嘉食品项目，以及为富士康提供物流配套的瞻航物流等项目。全区初步形成了电子信息、超硬材料精细加工、物流服务三大产业格局。

近年来，园区大力发展新兴业态。2019年，引进了河南泰庆质量检测有限公司。2019年7月，建设规划面积为2.8万平方米的河南昇阳跨境电子商务产业园，产业园致力于打造产品源+跨境平台+跨境业务+供应链+培训+服务+N（“6+N”）模式的外贸公共服务平台。目前，产业园入驻跨境电子商务企业、5G电子商务直播企业17家。

招商局：0371-66866120　　地址：河南省郑州市经开区经北二路160号

西安高新综合保税区、关中综合保税区（高新片区）位于西安高新区核心区，是西安生产服务型物流枢纽核心片区，依托高新区科技、人才、金融资源优势，成为陕西省和西安市对外开放的桥头堡，是西安建设国家中心城市和内陆改革开放新高地的重要支撑。

西安高新综合保税区
关中综合保税区（高新片区）

西安高新综合保税区规划面积3.64平方公里，于2012年9月22日获批设立，2014年4月18日封关运行。关中综合保税区（高新片区）于2005年12月15日获批，2006年11月29日封关运行，验收面积0.79平方公里。

自封关运行以来，两区域先后引进了三星电子、美光半导体、应用材料、中航汉胜等一批行业领头企业。区内现有企业90余家，企业总人数超过1.5万余人，拉动省内外配套企业100余家。

其中，西安三星项目已经形成以三星投资的12英寸高端闪存芯片为龙头的电子信息加工贸易产业链。美光西安项目先后经历四次增资，现已发展成为美光全球较大的DRAM生产制造基地，其DRAM封装测试产能占据全球DRAM产能的90%以上。

以电子信息和高端装备制造为主导，两区域围绕优势产业，现已形成国际物流和服务贸易为支撑的产业配套布局，并在逐渐实现辐射放大效应，实现向区外企业的服务延伸。

自封关运行以来，两区域在西安高新区产业聚集和开放型经济发展中发挥了重要作用，已成为陕西“三个经济”的中流砥柱，综合实力连续多年位列全国同类综合保税区前列。2019年，该区实现进出口总值2352.77亿元，占高新区的86.1%、西安市的72.5%、陕西省的66.9%。2019年，该区工业产值543.26亿元，贸易进出口占高新区的86%以上，引进外资占高新区的80%以上。

目前，两区域以建设高水平国际自由贸易港为目标，正在积极构建“1+2+4+N”体系，即围绕一个中心（“构建在内陆地区，效率高、成本低、服务优的国际贸易通道”），构筑两个体系（“政策体系+服务体系”），定位四大产业集群［保税+先进制造（半导体、检测维修、研发设计等）、保税+现代物流、保税+国际贸易、保税+供应链金融］，打造N个平台（国际贸易公共服务平台、智能关务运营中心、数字供应链平台、跨境查验平台、西安邮局国际快件业务平台等），致力于打造成为具有国际竞争力和创新力的海关特殊监管区域。

CHANGZHOU ZONGHE BAOSHUIQU

常州综合保税区

常州综合保税区规划面积1.66平方公里，首期围网面积1.329平方公里。已建成标准厂房16.3万平方米，区内外仓储2.1万平方米，货物堆场2.1万平方米，综合服务大楼1万平方米。

园区位于常州市北部，交通便捷，沪宁高速公路沿区而过；距上海、南京国际机场分别为160公里和120公里，距国家一类开放口岸常州长江港8公里，距常州民航机场15公里，距京沪铁路常州站8公里，客货运输便捷。

园区利用综合保税区特殊功能政策，重点引进保税加工、保税物流和保税服务企业，累计吸引外商总投资14亿美元，注册外资7.1亿美元，已形成新能源材料、动力装备、精密医疗器械、通信器材四大主导产业。

常州跨境电商产业园于2015年9月开始规划，2016年5月正式揭牌，同年9月获批成为省级跨境电子商务试点园区。目前已开通“9610”进出口双向业务，业务正常运营期间，单量位列全省第三。

跨境商品保税展示交易中心于2016年9月正式对外亮相。一期面积700余平方米，注册企业30余家，入驻展示企业7家，已孵化区外体验店两家，目前已成为常州市跨境商品保税展示、静态陈列、O2O企业线下大宗洽谈等多种模式相结合的商贸集聚地。

进口食品（化妆品）指定监管库总面积13000平方米，设有恒温库区、感观观察室、无菌取样室等功能区域，配置了风险预警、分批核销、溯源管理等信息化系统，成为常州食品主要进口的口岸场所。

武汉东湖综合保税区

武汉东湖综合保税区于2011年8月29日获批复设立，是湖北省首家综合保税区，也是湖北自由贸易区武汉片区的核心开放区，武汉跨境电子商务综合试验区的示范引领区。

东湖综合保税区位于武汉市东南部，“中国光谷”腹地，规划面积5.41平方公里，分两期建设。首期1.82平方公里于2013年1月15日通过验收，同年6月29日封关运行；二期2017年12月通过验收。2018年2月获批复整体封关运行。

东湖综合保税区依托“中国光谷”光电子信息、生物医药等产业集群和“光芯屏端网”价值链，充分发挥区域交通便利、人才聚集、政策叠加优势，积极打造具有国际竞争力和影响力的开放之区、创新之区、生态之区。围绕“五大中心”建设，搭建保税加工制造、国际生物医药、跨境电子商务服务、大宗商品交易、保税仓储展示、外贸综合服务、国际检测维修、跨境金融服务和保税研发设计“九大平台”，不断丰富产业形态，加速企业集聚。作为全省扩大开放先行先试及自由贸易区改革创新的前沿阵地，园区完成扩大开放及贸易便利化改革创新工作百余项，营商环境不断提升，正努力建设成为中部开放型经济新高地。

联系电话：027-86639389

杭州综合保税区

杭州综合保税区前身为杭州出口加工区，于2000年4月经批准设立，规划面积2.92平方公里，2001年5月封关验收，一期封关面积2.007平方公里。2018年2月13日，浙江杭州出口加工区升级杭州综合保税区获批。2019年2月，“增值税一般纳税人资格”政策获批，6月杭州综合保税区正式封关运行，规划面积2.007平方公里，10月杭州进口肉类指定查验场获得验收通过。2019年，园区完成规模以上工业总产值108.5亿元，规模以上工业企业累计利润总额3亿元，税收总额21.3亿元。全年跨境零售进口额为19.6亿美元，跨境出口额为9.46亿美元。

杭州综合保税区聚集了147家中外企业，其中工业企业17家、物流企业5家、跨境电子商务企业125家，已形成以笔记本电脑、汽车配件、家用电器为主导，以保税加工、加工制造、保税物流、跨境电商为依托的全产业链格局。截至2019年年末，建区累计实现工业总产值1 892亿元、税收108亿元、进出口总值412亿美元、跨境进口交易额402亿元。

下沙跨境电子商务产业园于2014年5月7日开园启动，2015年3月7日中国（杭州）跨境电子商务综合试验区获批。2019年6月，以“政企校研创”为一体的高端跨境电商新机制学院正式落地杭州钱塘新区，12月世界电子贸易平台（eWTP）公共服务平台正式上线。

杭州综合保税区已形成保税加工、物流服务、跨境电子商务等多优势产业，跨境电子商务实现了网购保税进口、直邮进口、保税出口、进出口退换货等功能全覆盖，杭州进口肉类指定监管场地、“增值税一般纳税人”资格试点、杭州萧山机场（综合保税区）城市货站等多元化功能集聚，打通长三角地区一体化通关改革，不断提升通关便利化、优化区域投资环境，推动产业转型升级、增强区域综合竞争力。

奉贤综合保税区

FENGXIAN ZONGHE BAOSHUIQU

2020年1月25日，上海奉贤综合保税区通过验收，实施封关运行。3月20日，综合保税区揭牌成立，是上海市首批获准转型的特殊监管区域，为奉贤发展提供新的产业增长点和更高能级的对外开放平台，推动奉贤构建更高水平的开放型经济。园区明确以美丽健康为主导产业，以“东方美谷”国际服务贸易集成平台、保税研发设计中心、保税展示交易中心和保税检测维修中心“一平台三中心”为产业载体，推进保税贸易、保税展示、保税检测维修等功能建设。

综合保税区完善管理制度，完成卡口的智能化改造和视频监控系统更新维护、中央大道改造和绿化提升工程，强化软硬件设施的升级，基本实现24小时自动化智能验放和通关便利。跨境电子商务奥买家集团、上海秉泽供应链有限公司入驻；跨境电商暨奥买家第一单通关仪式举行，奉贤跨境电子商务保税进口业务模式启动；启动综保区保税研发和保税检测功能，上海晶澳太阳能科技有限公司“两中心一条线”项目完成并启动，“两中心”即“光伏组件研发中心和光伏组件检测服务中心”，“一条线”是指光伏组件智能化制造产线。

马鞍山综合保税区

马鞍山综合保税区于2016年8月26日经批准设立，2018年6月完成验收，9月正式封关运行，是安徽省区港联动型综合保税区。园区规划面积2.001平方公里，基础设施已完成投资15亿元人民币，主要建设核心区、保税物流区、保税加工区、联合查验区及产品展示区等，规划建设“一横五纵一环”道路及外围市政一级道路共15.99公里。

马鞍山综合保税区位于安徽省马鞍山市郑蒲港新区内，地处合肥经济圈和南京都市圈的重叠点，拥有集公、铁、水、空于一体的多式联运集疏运体系，具有“承东启西、纵贯南北、通江达海”的区位优势。与马鞍山、芜湖市区一江之隔，毗邻合肥、南京，位于皖江城市群、合肥省会经济圈和长三角地区的交汇点，地理位置独特，水陆交通通畅。公路距芜湖45公里，距南京54公里，距合肥115公里，紧贴芜合高速、206省道，连接马鞍山大桥的S38常合高速；铁路距淮南铁路25公里，规划中的北沿江铁路直通港口；水路形成以长江黄金水道为主干线，合裕线等国家高等级航道为骨架的可通达沿江省市、长三角及沿海地区的水运航线。充分运用区港联动优势强化物流通道，郑蒲港铁路建成通车后将打通郑蒲港至合肥、郑州乃至欧洲的铁水联运通道，将完善港口集疏运体系。

马鞍山综合保税区已初步形成以电子信息、绿色食品、保税仓储物流为核心的主导产业。跨境电子商务物流园项目将建成，世港通新兴产业园项目预计2021年6月建成，半导体保税研发制造基地项目预计2021年12月建成。

2020年以来，在克服疫情影响、保障企业按时复工复产的情况下，马鞍山综合保税区主要经济指标取得逆势增长。1～9月份，完成进出口额11.98亿美元，同比增长569.1%。其中，进口额6.74亿美元，同比增长2249.6%；出口额5.24亿美元，同比增长248.6%。

盐城综合保税区

盐城综合保税区是中韩（盐城）产业园核心区，于2012年6月16日获批准设立，辖区面积6.65平方公里，其中封关区规划面积2.28平方公里，封关区外配套区规划面积4.37平方公里。首期1.21平方公里封关区于2012年11月通过验收，2013年1月封关运作；二期0.82平方公里封关区于2018年1月获批封关运作。

盐城综合保税区地处江苏沿海中部，集中韩产业园、经济技术开发区和综合保税区所有政策、功能于一身，10分钟内可达国际机场、高铁枢纽站和高速入口，是发展电子信息、智能制造、跨境电子商务等产业的优质载体平台，现已成为推动盐城高水平开放高质量发展的强大引擎。

盐城综合保税区现有“四上”企业77家，其中规模以上工业企业48家、物流仓储企业29家，另有贸易服务业企业100多家，初步形成了以集成电路为主导的电子信息产业和国际贸易、国际检测维修、保税仓储物流、跨境电子商务等现代服务业竞相发展的良好态势。

盐城综合保税区基础设施完备，建有100万平方米厂（库）房和2.4万平方米办公用房，其中高标准多层电子厂房78万平方米、保税仓库20万平方米、冷链仓库2万平方米。

盐城综合保税区将持续优化和提升营商环境，为落户项目提供全方位的政策支持和立体化的产业配套，奋力打造高水平开放高质量发展的综合竞争新优势。

贵阳都拉营国际陆海通物流港

贵阳综合保税区围网区厂房仓库

贵阳进口中高端生活用品展销中心

贵州省首次在海关特殊监管区内开展直播活动

贵阳综合保税区

GUIYANG ZONGHE BAOSHUIQU

2019年，贵阳综合保税区紧紧围绕全年目标任务，开拓创新，积极作为，各项重点工作有序推进，较好完成了各项目标任务。全年完成固定资产投资（500万元口径）40.05亿元、工业投资30.76亿元；规模工业增加值（2000万元口径）3876万元；招商引资实际到位资金41.45亿元；实际利用外资1.69亿美元；实现外贸进出口总额10.02亿美元。

2020年，贵阳综合保税区正积极抢抓“一带一路”、西部陆海新通道、国家内陆开放型经济试验区建设等重大机遇，围绕“一品一业、百业富贵”发展愿景，重点发展跨境电子商务、保税检测维修、保税仓储展示、中高端制造、现代物流、新能源等产业，加快推进围网区二期、都拉营国际陆海通物流港、口岸延伸监管区建设，积极申报生产服务型国家物流枢纽，探索跨境电子商务“前店后仓＋极速配送”“跨境电商＋大旅游”发展模式，着力打造进出口中高端商品集散中心、保税检测维修中心、进口商品保税展示交易中心、中高端新能源装备制造业中心和西部陆海新通道上的综保型陆港，奋力把贵阳综合保税区建成内陆开放型经济试验区先行区的“新引擎”、自由贸易试验区先行先试的“试验田”。

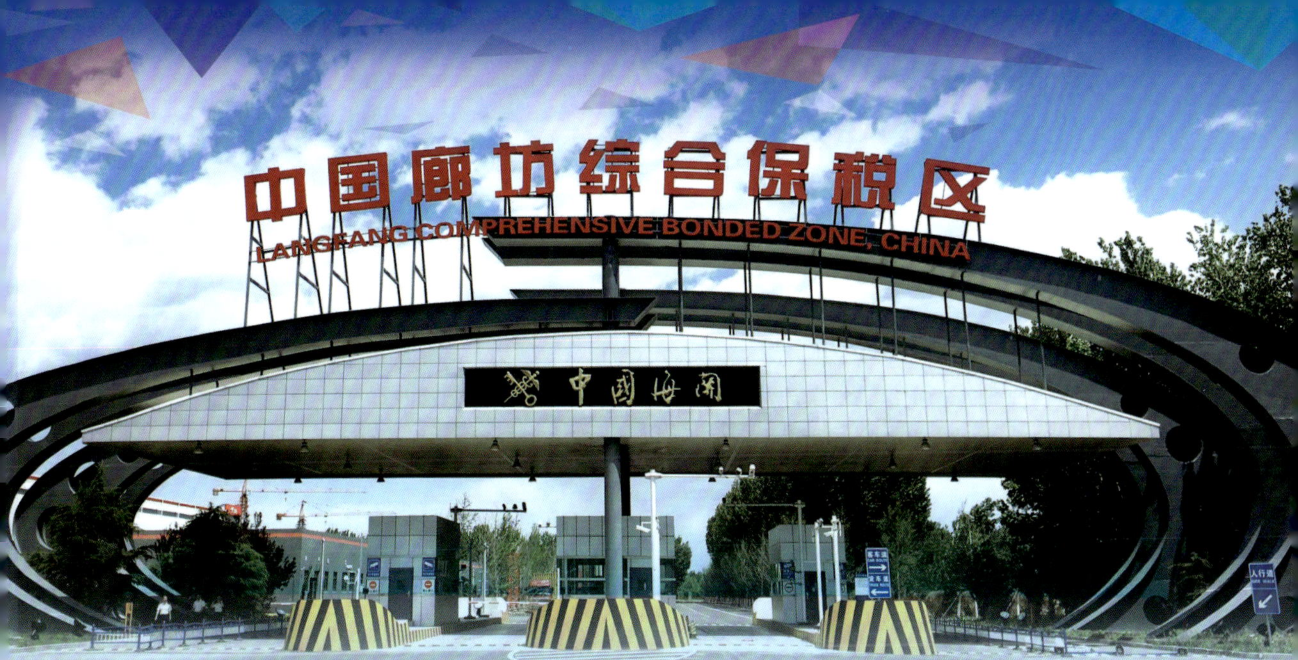
中国廊坊综合保税区
LANGFANG COMPREHENSIVE BONDED ZONE, CHINA
中国海关

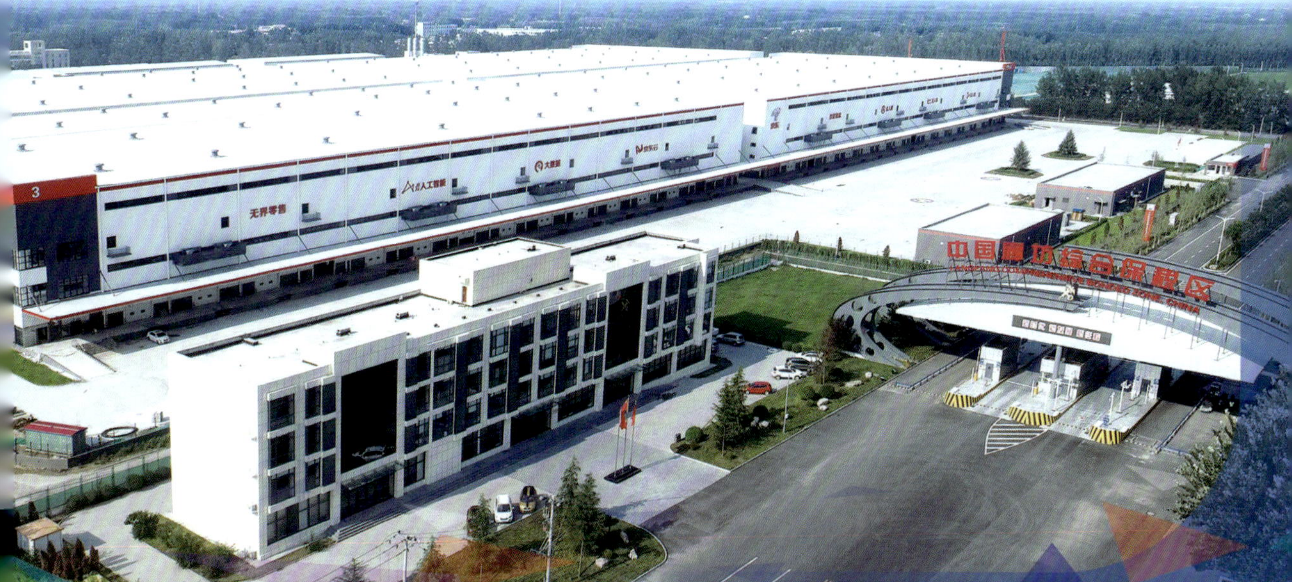

中国廊坊综合保税区

陕西西安出口加工区A区

陕西西安出口加工区A区于2002年6月21日经批准设立，规划面积为0.75平方公里，2004年4月5日封关运行。2006年12月，被批准为全国7个拓展保税物流等功能试点的出口加工区之一。

西安出口加工区A区引进了英国罗尔斯罗易斯、法国赛峰、德国蒂森克虏伯、美国联合技术和GE等世界知名企业，以及国内行业龙头企业中航工业西飞集团、西航集团、庆安集团，世纪互联，康龙化成等77个项目入区，初步形成了以高端航空制造为主，新能源、珠宝加工、服务贸易为辅的产业格局。

西安出口加工区A区各类项目总投资超过68亿元人民币，历年累计实现进出口总额155.3亿美元，各项主要经济指标连续多年保持高速增长，保税物流业务量位居西安关区前列。

园区将依托陕西及西安地区的产业优势，着力发展以航空产业为代表的拥有高附加值与自有知识产权的高端装备制造业，形成航空产业链完善、具有航空特色的出口加工区，形成上下游配套完善的新能源产业链，形成投入产出比高的珠宝加工产业集群，不断提升具有内陆特色和规模的服务贸易产业水平。与此同时，积极进行产业结构调整升级、转型，提高加工贸易整体水平，提高附加值，延长产业链，实现加工制造与服务贸易并重发展，加工贸易由规模速度型向质量效益型转变。

红河综合保税区

红河综合保税区地处滇南中心城市群核心区——蒙自市，是辐射南亚和东南亚中心的重要开放平台。于2013年12月16日经批准设立，是云南省首个获批的综合保税区。规划面积3.29平方公里，已建设面积1.97平方公里，2015年通过联合验收，当年5月8日正式封关运行。2018年1月1日正式启用红河综保区口岸作业区。截至2019年，累计完成基础设施投资约36亿元，完善了园区内14条路网及停车场建设，建成了综合服务用房、仓库厂房、研发中心、专家公寓、员工食堂、红综口岸作业区等约78万平方米的相关设施。

红河综合保税区坚持“引领全州、服务全省、 融入世界”总体定位，充分发挥开放引领和辐射带动两大作用，全面提升商务配套、开放政策辐射和开放型经济服务三种能力，主动服务和融入云南自由贸易试验区红河片区及蒙自经济技术开发区发展，激发开放活力，释放政策红利。紧紧围绕保税加工、保税物流、保税服务“三大功能”，注重引进一批新一代电子信息、新材料、生物医药、绿色食品加工、纺织服装加工、保税物流、保税服务等项目，加快构建加工制造中心、研发设计中心、物流分拨中心、检测维修中心、销售服务中心“五大中心”。

HUAIAN ZONGHE BAOSHUIQU

淮安综合保税区

淮安综合保税区是目前国内开放程度高、政策灵活、功能齐全、运作机制便捷的海关特殊监管区域之一，是由出口加工区转型升级而成的综合保税区，规划面积4.92平方公里，为“一区两片”格局。其中，南区紧邻京沪高速出入口及淮安高铁东站，具有陆运的优势；北区紧邻机场，是江苏省的“空港型保税区”。淮安综合保税区推行“一次申报、分步处置”的通关模式，已开展一般纳税人资格试点、货物分类监管等业务。2020年4月，淮安成功获批跨境电子商务综合试验区，综合保合区已建成全市的设施齐备、功能完善的跨境电子商务监管中心并投入运营。园区已逐步形成一个以精密模具、电子接插件、印刷电路板等产品生产为主，以保税物流功能配套为辅的出口加工基地，成为“江苏省新型电子元器件高技术特色产业基地”“江苏省新型工业化产业示范基地”和“江苏省电子信息产业链国际合作示范区”。

招商电话：0517-86283729

吴中综合保税区位于苏州吴中经济技术开发区东侧，规划面积0.94平方公里，经济和物流发达，交通运输便利，与吴中生物医药产业园、吴淞江科技产业园毗邻。吴中综合保税区及周边形成围网监管区、物流仓储区、电子商务总部区、行政办公区、生活配套区，载体面积共计约80万平方米。

2019年，吴中综合保税区对标发展导向，紧紧抓住苏州获批自由贸易试验区苏州片区的有利契机，积极对接、乘势而为，在原有加工贸易、现代物流、跨境电子商务三大产业基础上，首次将生物医疗项目引入区内，目标是与区外生物医疗产业园融合发展，逐步形成集研发、检测、孵化、生产于一体的一流生物医疗产业基地，推动综合保税区向“五大中心”建设目标迈进。

吴中综合保税区

青浦综合保税区

青浦综合保税区前身青浦出口加工区于2003年3月经批准设立，同年11月一期1.6平方公里封关运作，2018年9月4日经批复整合优化为青浦综合保税区。现有出口加工制造、飞机发动机维修、保税物流和跨境电子商务等各类型企业48家，形成了航空维修、保税加工、保税物流、跨境电子商务等特色产业，引进了一批技术含量高、经济效益好的优质项目。

上海青浦综合保税区地处上海、江苏、浙江的交汇点，是上海通往华东的必由之路。园区位于虹桥商务中心虹桥交通枢纽正西8公里，周边六条高速公路直达长三角各地市，轨道交通17号线直通市中心，“九通一平”的完善基础设施及园区优质高效的服务、充足的人才资源、合理的规划、优美的自然环境和人文环境是落户企业在这里成功发展的保证。

上海青浦综合保税区通过进一步扩展区域功能，充分把握青浦区服务中国国际进口博览会和“长三角一体化”两大国家战略的历史性机遇，发挥区位优势和政策优势，体现综合保税区在区域、资产、信息、业务等方面的联动发展，实现“政策叠加、优势互补、资源整合、功能集成”。一是大力发展保税展示交易，主动对接中国国际进口博览会，开展保税仓储、物流配送和展示交易等业务。二是大力培育跨境电子商务平台，吸引更多的企业入驻，形成规模效应。三是扩大民用航空产业园品牌效应，稳步推动航空专业维修与再制造维修，打造具有国际水平的现代化民用航空基地。四是大力发展保税物流，打造冷藏冷冻供应链，建立进境肉类指定监管场地。五是配套发展国际快递产业，积极服务青浦区以14家快递企业总部为核心的快递总部经济。六是试点开展仓储货物按状态分类监管，构建全球一体化物流配送中心。七是开展企业增值税一般纳税人资格试点。

黄骅港综合保税区（待批）

黄骅港综合保税区地处环京津、环渤海中心地带，是京津冀协同发展的重要战略平台和环渤海经济圈重要节点。黄骅港综合保税区规划面积3.63平方公里，完成投资16.6亿元。园区具有保税加工、保税物流、货物贸易、服务贸易、虚拟口岸五大功能。以建设机械电子产品组装加工、国际商品展示采购交易、保税商品区域分拨、研发维修服务四个中心作为依托，黄骅港综合保税区将借鉴先进经验、试行前沿政策、优化创业创新环境，培育新技术、新产业、新业态。

联系人：孙健
手　机：18832747745
电　话：0317-7559996
地址：河北省沧州市渤海新区航运中心大厦1008室

曹妃甸综合保税区

曹妃甸综合保税区于2012年7月经批准设立，2014年4月18日开始封关运营，具有如下优势：

政策优势。综合保税区作为自由贸易区曹妃甸片区的核心区，是海关特殊监管区域，开放程度高、功能全、通关便利，是河北省同时享有综合保税区、跨境电子商务综合试验区、自由贸易区三区政策的叠加优势。

口岸优势。已拥有"汽车整车、肉类、水果、粮食"四大口岸资质，口岸资质数量在全国综合保税区中位居前列。

产业优势。依托支柱产业，打造北方钢材、木材进出口加工区、跨境电子商务核心区、北方水果集散地。其中，整车、水果、肉类、粮食等口岸资质产业优势明显。

基础设施优势。土地资源储备充足，曹妃甸综保区规划面积9.1平方公里，其中海关特殊监管区域面积4.59平方公里。建有总建筑面积53万余平方米的双创中心、进口商品体验中心、冷链物流仓储库、保税仓储库、进口汽车产业园等。

港口优势。曹妃甸综合保税区配套专属岸线3.3公里，可建设11个5万～7万吨级的泊位，主要包括集装箱码头、件杂货码头、货物滚装码头等。目前，1、2号通用泊位已建成并稳定运行，成功开通了天津港外贸内支线、日本直航航线、韩国直航航线，是中国（河北）自由贸易试验区四个片区中唯一具有港口资源的片区。

吴江综合保税区

吴江综合保税区

吴江综合保税区位于苏州市吴江经济技术开发区，规划面积1平方公里，于2015年1月31日经批复同意在原吴江出口加工区的四至范围设立，于2015年12月31日通过验收。

2019年，吴江综合保税区深入贯彻落实《国务院关于促进综合保税区高水平开放高质量发展的若干意见》文件精神，紧扣吴江区“两勇一快”精神，聚焦“高质量”和“一体化”的战略机遇和新内涵，为综合保税区高水平开放高质量发展提供了有力保障。

截至2019年12月，吴江综合保税区一线进出口约38.13亿美元，完成销售额约13.14亿人民币，跨境电子商务保税出区45万票，发展势头良好。

BIG+ 碧家国际社区 APARTMENT

招商电话：0512-66086608、66086610

武进综合保税区 Wujin Free Trade Zone

武进综合保税区的建设以武进高新区为依托，坚持以“高起点规划、高标准管理、高水平服务”为建设目的，并引进先进的开发和管理模式，争取迈入全国一流综合保税区行列。武进综合保税区原批准面积为1.15平方公里，原实际围网验收面积为1.08平方公里。2018年6月5日，经批准，规划面积核减至0.95平方公里，实际围网面积核减至0.88平方公里。

2019年，园区完成实际进出口额7.68亿美元，进出区货值50.13亿美元；工业总产值108.79亿元，工业销售额94.01亿元，工业增加值22.36亿元。

武进综合保税区位于武进国家高新技术产业开发区，东至凤林路、南至武进大道、西至淹城路、北至阳湖路。紧邻沿江高速和常泰高速，上海虹桥、浦东机场，上海港口及南京禄口机场均在1—2小时车程范围内。

联系人：干泽幸

联系电话：0519-86221203

传真：0519-86221200

QINGDAO JIAOZHOUWAN ZONGHE BAOSHUIQU

青岛胶州湾综合保税区

青岛胶州湾综合保税区前身是青岛出口加工区，2003年3月获批准设立。2019年9月经批复升级为综合保税区。园区规划面积1.58平方公里，实际管辖面积2.8平方公里，累计批准设立各类项目106个，总投资约75.8亿元，初步形成装备制造、电子信息、新材料、保税物流四大支柱产业。

2020年7月，青岛胶州湾综合保税区正式封关验收，迎来前所未有的发展新政策、新业态、新模式。青岛胶州湾综合保税区将围绕“推动综保区发展成为具有全球影响力和竞争力的加工制造中心、研发设计中心、物流分拨中心、检测维修中心、销售服务中心”的发展要求，发挥特有的政策功能优势，加快建设中日韩特色保税加工的制造中心、山东省保税服务贸易的重要口岸、青岛市综合保税区业态创新的示范基地，成为具有较强活力的双循环发展功能区。

唐山港京唐港区

TANGSHANGANG JINGTANG GANGQU

进出口保税储运有限公司

唐山港京唐港区进出口保税储运有限公司于2008年10月14日成立，是唐山港集团股份有限公司（国有控股上市公司）所属全资子公司，负责京唐港区保税物流中心（B型）的运营管理，是河北省内首个开展保税备货模式跨境电子商务项目的单位，2019年荣获“唐山市跨境电子商务示范园区”。同时，公司开展保税仓储业务的保税仓库是唐山市地区较大的公共型保税仓库，其堆场面积59 413.67平方米；也是大连商品交易所焦煤、焦炭、铁矿石期货指定交割仓库，并在2019年以总分第一的名次（32家交割库参选）荣获了大连商品交易所“2018年度优秀交割仓库”的光荣称号。

贵安综合保税区

贵安综合保税区位于贵安新区，于2015年1月12日获得批复设立，2015年12月通过验收，2016年3月封关运行，实现了“当年获批、当年建成、当年验收、次年封关”的目标。贵安综合保税区规划面积2.2平方公里，围网面积1.86平方公里（围网内规划为保税加工、保税仓储、保税物流、保税研发、口岸功能区五大功能板块；围网外规划为贸易金融、内外贸融合两大功能创新区和行政管理功能区）。

园区先后获批省级外贸转型升级示范基地、省级现代服务业集聚区、省级低碳产业示范园区、省级绿色示范园区、新型工业化产业示范基地、双创升级开发区（大中小企业融通型）、泛珠三角区域制造业创新发展合作示范试点园区和贵安新区就业扶贫示范产业园。承载着贵安新区扩大开放的“桥头堡”、提速发展的“新引擎”和深化改革的“排头兵”的职责。

园区围绕强配套、保落地、促产能，积极推进基础建设。进口商品直销中心、综合保税区酒窖、外包服务大楼、贵安云谷综合体等项目建成投入使用或投产。

招商电话：0851-88502062

天津港保税区

天津港保税区是天津滨海新区的重要经济功能区。1991年5月12日，经批准在天津港港区盐碱荒滩上围网立区，经过多年发展，规划面积已达287.4平方公里，呈现“三区两港”空间布局，即辖空港、临港和海港三片区域，坐拥天津港、天津滨海国际机场口岸资源。具备两类四处海关特殊监管区域，享有天津自由贸易试验区和天津滨海新区先行先试政策优势。

天津港保税区以保税为特色，以港口为依托，在空中客车、卡特彼勒、中船重工等龙头项目的带动下，民用航空、高端装备与智能制造、海洋经济、生物医药和健康、人工智能与信息技术、大众消费品、现代服务业等产业快速聚集，市场主体达到3万余家，225个世界500强投资项目竞相发展，成为天津市对外开放的重要窗口和经济支撑点，在环渤海区域乃至中国北方经济发展中发挥着重要的服务、辐射和带动作用。

经过多年的发展，民用航空、海洋经济、高端装备制造、快速消费品四大产业集聚效应明显；新一代信息技术、生命医药与健康、新能源等战略新兴产业链条不断延展，发展势头良好；以现代物流、现代商贸、金融保险等为代表的生产性服务业稳步增长，初步实现规模化发展。

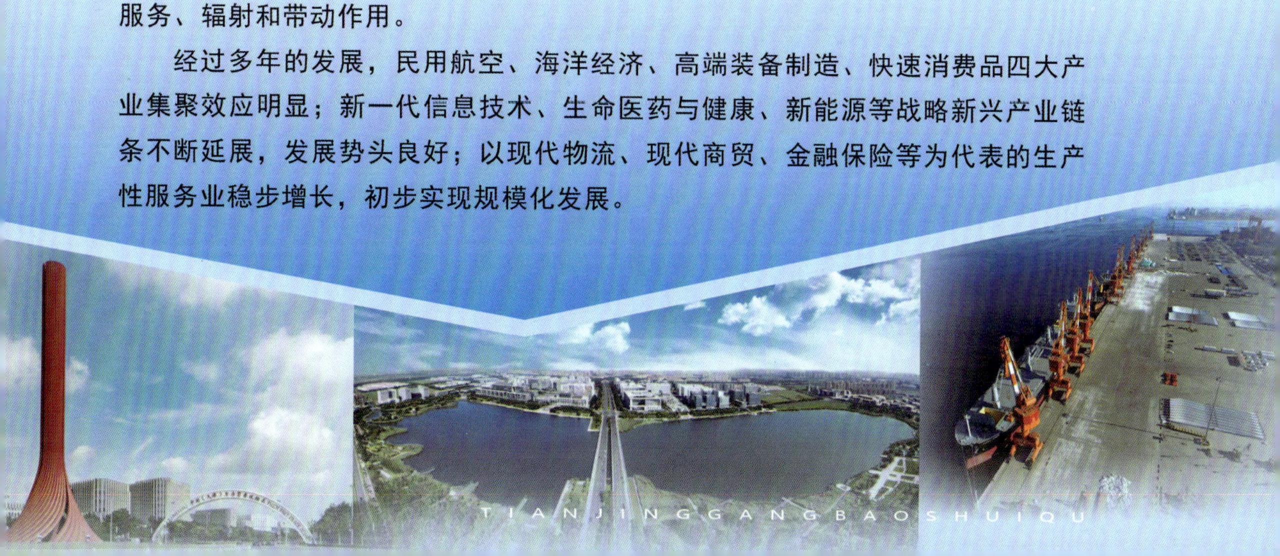

WUHAN XINGANG KONGGANG ZONGHE BAOSHUIQU

武汉新港空港综合保税区

武汉新港空港综合保税区于2016年3月11日获批复设立，2017年8月9日正式封关运行，是湖北武汉落实“一带一路”建设和“长江经济带”战略，建设国家中心城市、国际化大都市和武汉长江中游航运中心的核心载体和对外开放平台。

园区规划面积4.05平方公里，由“一区两园”组成。其中阳逻港园区毗邻长江中上游集装箱枢纽港武汉新港阳逻港，东西湖园区紧邻华中最大航空港、铁路中心站、中欧班列和公路枢纽，拥有进口粮食、肉类、水果、汽车四大口岸，具有国际化水运、航运、铁路和区港联动、铁水联运独特优势，立足保税物流、保税加工、保税服务三大业务，着力打造国际贸易、进口冷链、跨境电子商务、智能制造、进口汽车展销等产业集群，进出口额连续三年实现翻番，保税业务已拓展至美国、德国、日本、新加坡、澳大利亚等38个国家。

武汉新港空港综合保税区将紧扣改革开放新使命，创新引领，提质升级，以高水平开放推动高质量发展，建设国际物流分拨中心、国际进口商品展销和分拨中心、进口大宗商品交易中心及国际加工制造中心，构筑湖北武汉具有国际竞争力和创新力的对外开放发展新高地。

投资服务热线：027-85669927

中国武汉海关

武汉新港空港综合保税区阳逻港园区

Wuhan New Port and Airport Comprehensive Bonded Zone-Yangluo Port Park

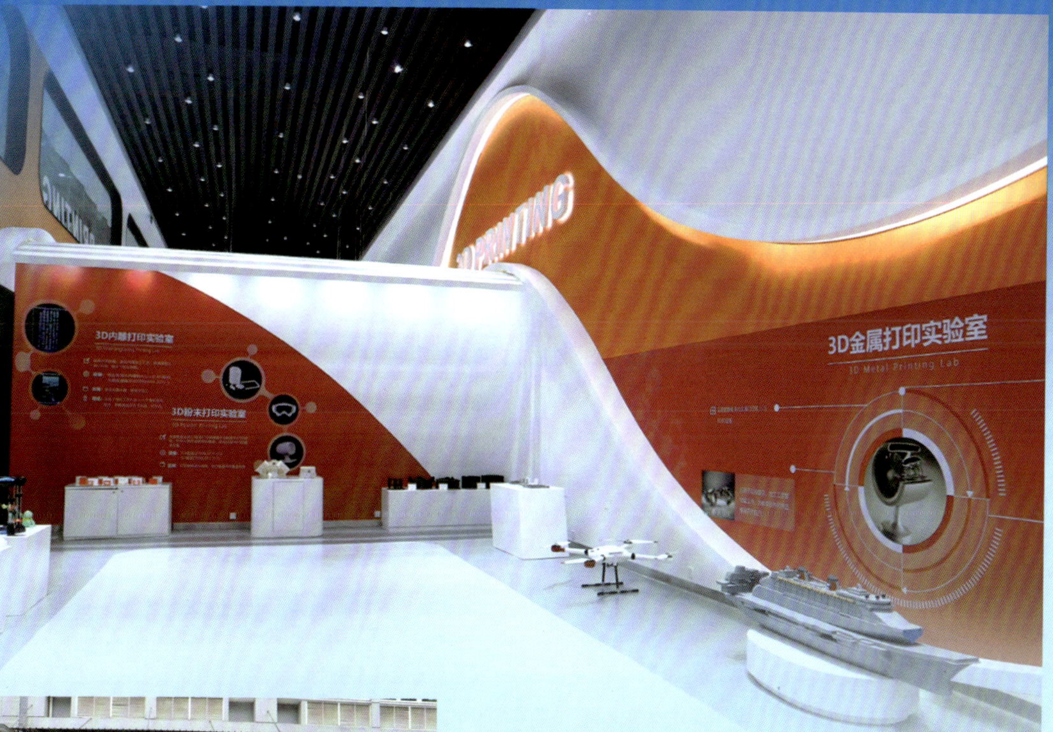

珠海保税区

ZHUHAI BAOSHUIQU

珠海保税区位于珠海市主城区南部，紧靠湾仔口岸，东与澳门隔水相望，毗邻横琴新区和十字门中央商务区，是珠江口西岸的保税区。面积3平方公里，预留发展用地2.89平方公里，在保税加工、仓储物流、国际贸易等主要功能方面享有优惠政策。珠澳跨境工业区总占地面积0.4平方公里，其中珠海园区0.29平方公里，实行“保税区＋出口加工区出口退税政策＋24小时通关专用口岸”优惠政策。

珠海保税区坚持实体经济的主导地位，已形成电子信息、航空配套、生物医药、商贸服务四大产业体系，并积极培育发展跨境电子商务等新兴产业，大力发展总部经济。随着横琴新区、珠海保税区、洪湾片区一体化发展的加速推进，珠海保税区将推动与港澳深度合作，打造聚集高端产业、荟萃高端人才、实现高品质城市生活的城市新中心、大桥经济区。热忱欢迎社会各界人士与珠海保税区共谋发展、共创未来。

电话：0756-8686266 8687313　　网址：http://www.zhftz.gov.cn/

嘉兴综合保税区B区

嘉兴综合保税区B区位于长三角生态绿色一体化发展示范区先行启动区——嘉善县西塘镇。其前身为嘉兴出口加工区B区，于2010年1月获批准设立，是浙江省内第4个出口加工区，2015年1月升格为嘉兴综合保税区B区，成为浙江省第一个由出口加工区成功转型为综合保税区的范例，正式封关运行面积为1.013平方公里。区内有相关部门设立专门机构现场办公，实行24小时、7天制通关运作。

嘉兴综合保税区B区是长三角生态绿色一体化发展示范区先行启动区中唯一一个综合保税区，又是浙江自由贸易区联动创新区和上海自由贸易区项目协作区重要组成部分。目前，已成功复制多条自由贸易试验区中与海关特殊监管区域相关的改革试点经验，全面推进《国务院关于促进综合保税区高水平开放高质量发展的若干意见》文件政策。

嘉兴综合保税区B区已成功引入富士康、物产中大、富通全产业链、华松供应链、东方科脉等一批优质项目。目前，已初步形成电子信息、光通信和保税贸易三大核心产业。2019年，全区审核进出口报关单2 883票，办理保税贸易273票，监管货值4 399.87万美元，监管货运量16 397.08吨，实现一线进出口总额6 715.37万美元，实现二线进出口总额50 974.54万美元，实现进出区货物总值5.96亿美元，实现产值62.43亿元、利税6.84亿元、税收1.33亿元、工业性投入15.56亿元。

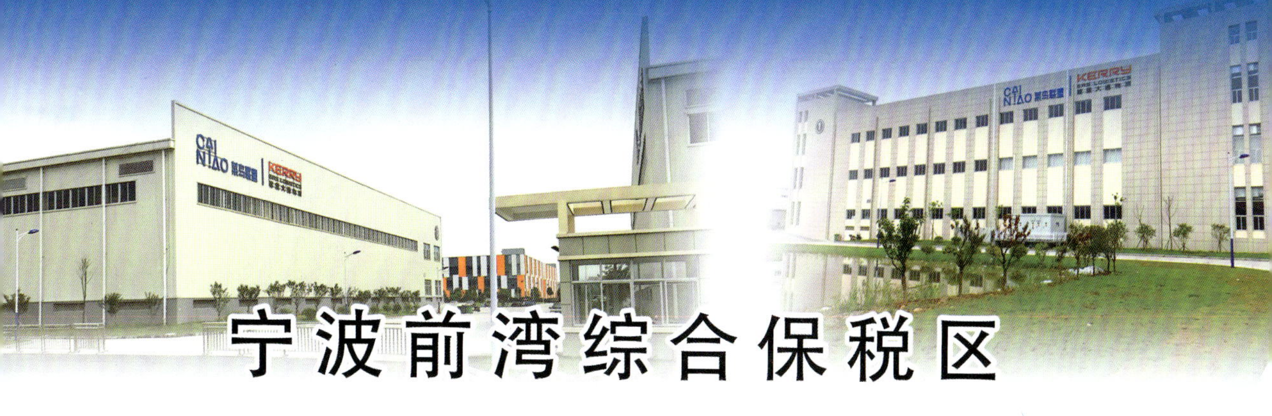

宁波前湾综合保税区

宁波前湾综合保税区（原浙江慈溪出口加工区）于2005年6月经批准设立，按国际自由贸易区惯例运作，具有“免税、保税、免征”的特殊政策。区域开发面积0.7平方公里，配套设施完善，地理位置优越。园区位于上海、杭州、宁波三人都市的“金三角”腹地，一个半小时的交通圈中，同时拥有上海浦东、上海虹桥、杭州萧山和宁波栎社四大空港和宁波、上海两大东方大港口，开展商务活动交通非常便捷。

区内基础设施完善，按照“七通一平”标准配套建设道路、电力、供水、供热、供气、通信、绿化等设施，园区累计完成固定资产投资约16.7亿元。截至2020年9月底，区内厂房和仓库总面积超过30万平方米。同时，园区出台了优厚的房租减免和其他政策帮助企业发展。

截止2020年9月，园区内共有企业11家，其中生产型企业3家，物流仓储企业6家，形成了以电解铜、黄铜带、轴承及木材等国外工业原料为主的保税仓储进口分拨和以永宏户外休闲用品等国产成品为主的出口集拼业务构架。跨境电子商务进口业务也发展迅猛，区内跨境电子商务进口额从2016年的5 000万元增至2019年的30亿元。

总 体 情 况：

至2019年，福州片区新注册企业5 991家（其中内资企业5 908家，外资企业83家），注册资本1 384.76亿元（其中内资企业注册资本1 334.01亿元，外资企业注册资本50.75亿元），区内企业实现税收76.41亿元。全区港口货物吞吐量4 648.89万吨，同比增长11.64%；集装箱吞吐量完成295.26万标箱，同比增长4.68%；进出口总额达216.63亿元。

中国（福建）自由贸易试验区福州片区

制 度 创 新：

在投资、贸易、金融、税务、事中事后监管、对台交流等领域共推出2批92项创新举措，其中35项已委托毕马威评估认定，在全国首创17项；20项创新举措和3个平台入选福建自由贸易试验区（2015～2019年）最佳创新举措和最佳创新平台；在中山大学发布的24个自由贸易（片）区2018-2019年度制度创新指数排名中，福州片区位列第八。

产 业 发 展：

自贸区平行进口汽车保税展示交易中心开业，江阴整车口岸实现以滚装船形式进口汽车的突破，2019年进口外贸整车到港3 925辆，同比增长12%；跨境电子商务综合试验区成功获批，2019年跨境电子商务累计交易票数586万票，同比增长75%；福州物联网产业创新发展中心正式启用，包括华为云计算创新中心、大唐高鸿等76家企业入驻，2019年物联网核心产值产值达350亿元；发布第5批金融创新案例10个，在全国率先开展跨境业务区块链服务平台试点，出口退税时间缩至3.37个工作日。

衡阳综合保税区现有规划面积0.85平方公里，围网面积0.66平方公里。2019年12月，获批增值税一般纳税人资格试点。2020年1月，纳入跨境电子商务零售进口试点范围。2020年1月，衡阳综合保税区独立运行。

衡阳综合保税区完成投资13亿元，区内有加工贸易、一般贸易、跨境电子商务、“一日游”等业态。2019年进出口额达10.58亿美元，同比增长87.9%，总量占全市进出口额的19.15%，比2018年提高5.68个百分点。

广州南沙综合保税区

广州南沙综合保税区规划面积4.99平方公里。区块一（南沙港二期）规划面积2.33平方公里，共建成6个10万吨级集装箱泊位，码头岸线长度2 100米。区块二（龙穴岛物流园区）规划面积1.3平方公里，区块三、四（原万顷沙加工区）规划面积1.36平方公里。南沙综合保税区已建成仓库面积106.83万平方米，在建仓库面积 26.67万平方米。2019年区内企业1 600多家，实现进出口额734.6亿元，同比增长14.5%。经过10多年的发展，南沙综合保税区已发展成为广州乃至珠江三角洲地区的重要进出口平台。

南沙综合保税区针对国际贸易的多元化、数字化发展等新常态，以市场需求为导向，积极进行监管制度创新，吸引有效推动各种外贸进出口业务的集聚。下一步，将结合进口贸易促进创新示范区、跨境电子商务海港枢纽等平台的建设，充分发挥“区港一体”的优势条件，对照综合保税区“五大中心”发展目标，打造具有全球影响力和竞争力的海关特殊监管区。

优惠政策：

• 进口免税：进口生产所需的机器、设备、模具、维修用零配件及进口基础设施建设所需的机器、设备、建设用基础物资均免征海关关税和进口环节税。

• 出口免税：区内企业加工后出口的产品免征增值税、消费税。

• 进料保税：区内企业加工出口产品所需进境的原材料、零部件、元器件、包装物料及消耗材料全额保税。

• 入区退税：在中国境内由区外进入加工区的国产机器、设备、原材料、零部件及国产合理数量的建筑材料可享受增值税出口退税。

• 水电气退税：区内企业生产出口货物耗用的水、电、气等可按规定退还所含的增值税。

• 外资企业享受经济技术开发区的各项税收优惠政策。

• 适用《国务院关于促进综合保税区高水平开放高质量发展的若干意见》“增值税一般纳税人资格试点”“进口汽车保税存储”等一揽子优惠政策。

烟台综合保税区西区

烟台综合保税区西区坐落于烟台经济技术开发区内，规划面积2.26平方公里，现已全部封关通过验收。

区内注册各类企业66家，建成厂房面积130余万平方米。园区现已形成以电子信息为主、保税物流为辅的产业结构。重点企业有富士康集团、博奥医疗器械、朗越物流、近铁国际等。区内重点发展出口加工、保税仓储分拨、国际中转、商品展示、研发、检测和售后服务维修、国际采购分销、跨境电子商务等功能性业务。

2019年，园区实现主营业务收入406亿元，进出口545亿元，保税物流进出区货值70亿美元。建区累计实际利用外资3.4亿美元，累计合同外资5.1亿美元。

中国（上海）自由贸易试验区保税区域位于中国的长江入海口、东海之滨100多公里的黄金海岸线上，范围涵盖上海外高桥保税区、上海外高桥保税物流园区、洋山保税港区和上海浦东机场综合保税区4个海关特殊监管区域，规划面积28.78平方公里。

中国（上海）自由贸易试验区保税区域

保税区域充分发挥多来年积累的基础行业优势，全力促进国际贸易业高质量发展、仓储物流业智能化升级、加工制造业高端化转型，不断夯实基础行业的经济压舱石作用。依托上海特色产业园区建设和浦东“六大硬核产业”发展方向，结合区域发展实际，全力促进生物医药、集成电路、智能制造、汽车及零部件等重点产业强链扩链，带动区域经济结构转型升级。同时，充分把握新时代下的各类新机遇，全力推动完善总部经济体系，拓展平台经济体系，打造在线消费经济生态圈，提升供应链金融服务能级，培育数据、文化服务经济，为保税区域未来发展打开新局面积蓄动能。

2019年，保税区域持续打造更加开放高效便捷的营商环境，扎实推进产业转型升级和新动能培育，经济发展实现稳步增长。区内投资企业完成经营总收入23 168亿元，比2018年增长5.5%；完成进出口额10 627.3亿元，比2018年增长8.3%。区域传统产业加快转型升级，贸易业完成商品销售额20 058亿元，增长5.6%，新增两个千亿级商品品类；航运物流产业完成服务收入1742亿元，增长7.0%；加工制造业完成工业总产值458.7亿元，其中高技术产业产值所占比重提升至48.4%。同时，新兴产业发展势头良好，各类高能级的医药研发中心、数据服务外包商、信息服务企业及维修检测机构集聚发展，租赁产业持续快速增长，区域高质量发展成效不断显现。

郴州综合保税区

CHENZHOU ZONGHE BAOSHUIQU

2019年，郴州综合保税区紧紧围绕“一强（强化综合保税区功能定位）、两稳（稳外贸、稳外资）、三突破（综合保税区平台建设有突破、招商引资工作有突破、对外贸易转型升级有突破）”，引进了万汇百纳智能终端制造产业园、正威进口矿产品物流分拨中心、特发进口化妆品物流分拨中心等一批优质项目，投资项目数量、质量“双提升”，凝心聚力、开拓创新，推动产业转型升级，完善园区服务设施建设，重点培育打造出“加工制造中心、物流分拨中心、销售服务中心”三大中心，实现外贸业务较好发展。全年完成外贸进出口额11.37亿美元，同比增长15.2%。

2020年，郴州获批跨境电子商务综合试验区，同时湖南自由贸易区郴州片区已正式揭牌，郴州综合保税区将发挥好平台优势，积极对接粤港澳大湾区，承接产业转移，推动新业态发展，推进外向型经济的高质量发展。

招商热线：0735-2659663

办公室：0735-2659728

地址：湖南省郴州市苏仙区白露塘镇林邑大道88号

广州白云机场综合保税区

广州白云机场综合保税区位于广州空港经济区内，规划总面积2.943平方公里。其中，中区规划面积2.296平方公里，紧邻广州白云国际机场，南区规划面积0.647平方公里。是全国少有的包含机场口岸操作区的空港型综合保税区，并实现“区港一体化”运作，也是广州跨境电子商务综合试验区的核心功能区，区内已全面复制自由贸易区的相关特殊监管区先行先试政策，实现“南沙海港与空港”一体化监管。

目前，广州白云机场综合保税区已引进苏宁、唯品会、香雪、宝能、经纬、圆通、申通等超过多个优质跨境电子商务综合项目，预计未来1～3年将陆续建成投入运营。2020年1～9月，白云机场综合保税区进出口总额达159.2亿元，同比增长30.4%。

新机遇下，广州白云机场综合保税区围绕“国际航空枢纽建设”和“高端临空产业集聚发展”两大核心目标，全面落实关于促进综合保税区高水平开放高质量发展21条具体措施，扎实推进二期建设、产业发展、招商引资、优化营商环境，倾力打造全球保税物流中心、全球保税维修中心、亚太贸易展览销售中心，全力推动园区高水平开放、高质量发展。

嘉兴综合保税区

嘉兴综合保税区规划面积1.33平方公里，位于浙江嘉兴港区（浙江乍浦经济开发区）内，于2003年3月10日经批准设立，2006年2月28日正式封关运作，2015年1月31日经批准整合优化为嘉兴综合保税区。作为嘉兴市的海关特殊监管区域，是对接上海自由贸易区建设、提升对内对外开放合作水平、带动区域经济发展的载体平台和战略支点。

嘉兴综合保税区区位交通条件优越，上海浦东、上海虹桥、杭州萧山、宁波栎社四大国际机场立体环绕，基本实现了与周边城市的“一小时交通圈”，是长三角沪、杭、甬、苏地区的一个重要交通枢纽。

嘉兴综合保税区产业定位：

- 加工制造中心。发挥综合保税区连接国内国外两种资源和两个市场优势，培育原料进口或成品出口的与国际市场连接的先进制造业。
- 物流分拨中心。服务进出口贸易相关的物流、仓储、包装、配送功能产业。
- 销售服务中心。服务进出口商品的销售结算、展示展销、供应链金融、电子商务等产业。
- 检测维修中心。发展保税检测和全球维修业务，探索发展绿色高端再制造业，培育区内企业向高技术、高利润的服务贸易转型。
- 研发设计中心。大力引进跨国公司地区总部和外资研发中心、设计中心，以及高新技术企业开展研发设计创新服务，延长产业链。

营口综合保税区

营口综保区位于东北亚经济圈和环渤海经济圈的结合部，于 2017 年 12 月 21 日获批复设立，2018 年 12 月 27 日通过验收，2019 年 5 月正式封关运行。

营口综合保税区规划面积 1.85 平方公里，全部位于辽宁自由贸易试验区营口片区范围内，总投资 6.21 亿元，软硬件设备和基础设施配套处于全国领先水平，区内土地资源丰富，厂房、办公楼宇充足，为企业发展提供了广阔空间。

依托于营口综合保税区，营口市被纳入跨境电子商务零售进口试点范围，并正式获批跨境电子商务试点市，目前“1210”保税备货业务已经正式启动，一般纳税人资格试点已经获得批复，营口港至营口综合保税区疏港铁路正式开工建设，国际快件监管中心即将投入运营，肉类和生鲜水产品指定查验场地正在批复之中。围绕“五大中心”建设，园区针对固定资产投资、外贸物流、办公用房、厂房租用、利用外资等给予了大力扶持，吸引了汉吉斯东北亚国际冷链枢纽、渤海君诚装配式木结构、意大利综合工业园、侒琦乐器保税维修、秸盟科技生物基材料等重点项目落地，初步形成了以跨境电子商务、保税加工、保税维修、冷链物流为重点的主导产业。

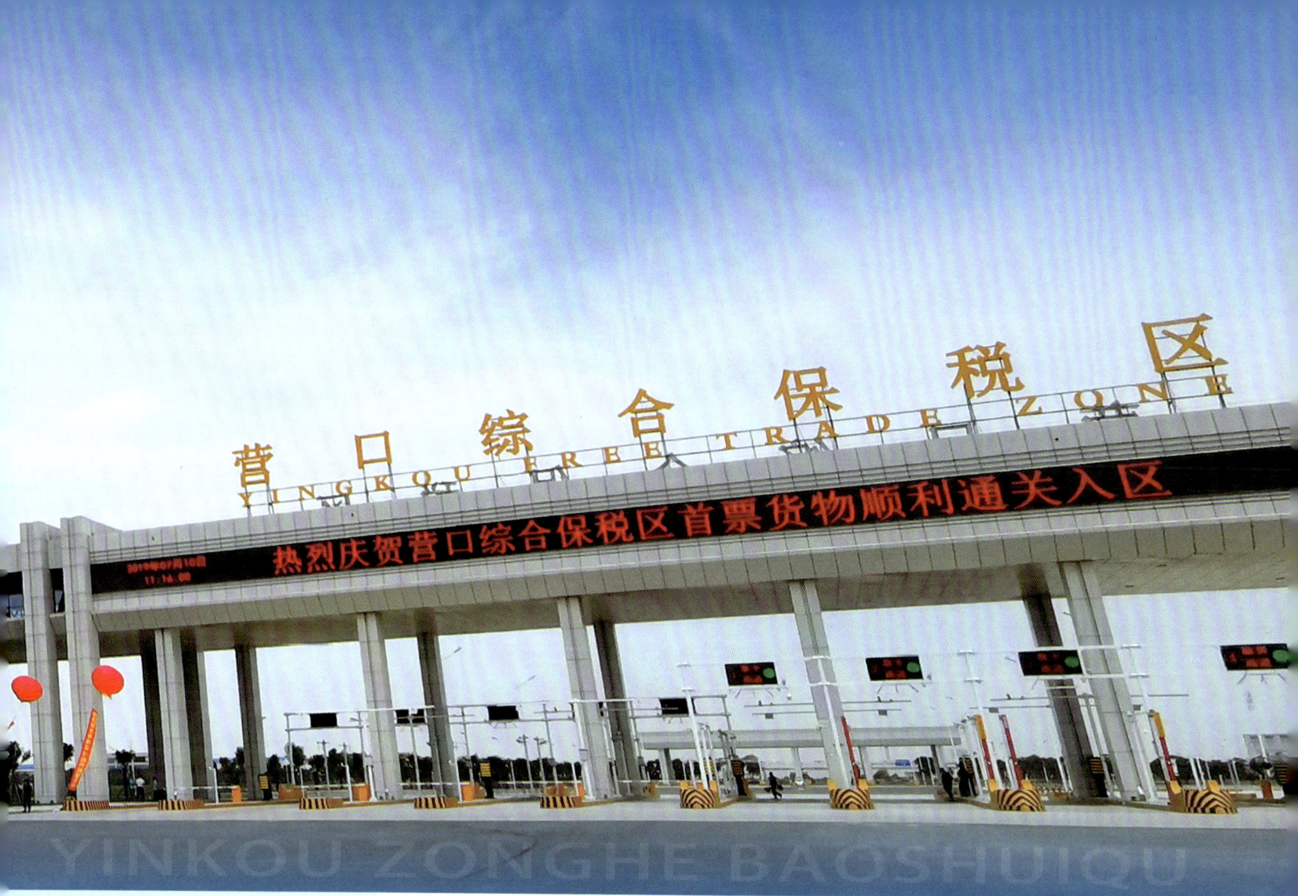
营口综合保税区
YINGKOU FREE TRADE ZONE
热烈庆贺营口综合保税区首票货物顺利通关入区
YINKOU ZONGHE BAOSHUIQU

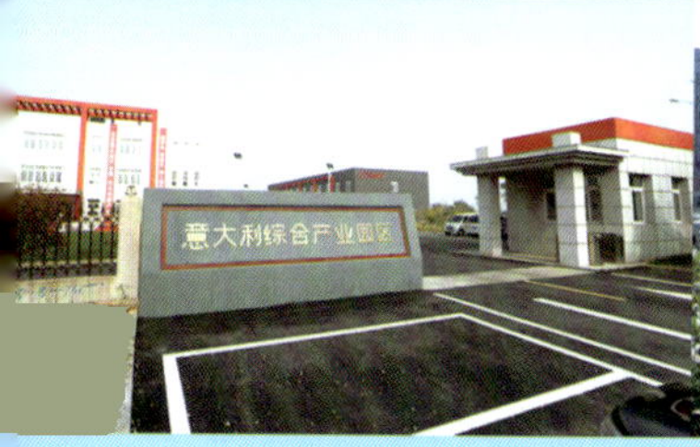
意大利综合产业园区

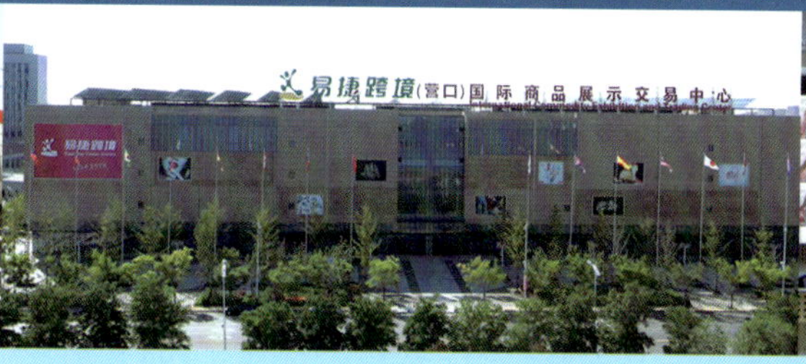
易捷跨境(营口)国际商品展示交易中心

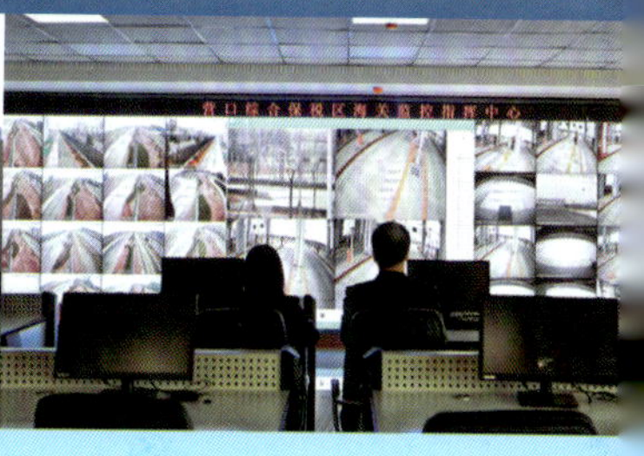

未来，营口综合保税区将进一步强化口岸功能建设，着力提升开放能级。推进与大连各口岸间的多港联动体制机制创新，强化区域性国际物流中心门户枢纽功能，探索建设多程多式联运监管中心，推动粮食、水果等指定查验场地的申报建设工作，打造中欧班列回程货源集散基地。同时，进一步加强国别合作，深入融入“东北亚经济走廊”和“中日韩+X”战略，以营口为中转枢纽，将海上与陆上“丝绸之路”进行有效对接，促使日、韩及东南亚国家向西出口的货物在营口集结、编组、分拨，把营口和以中东欧国家为端点的亚欧大陆桥打造成为“一带一路”北部黄金线。

中国(辽宁)自由贸易试验区营口片区
Yingkou Area of China(Liaoning)Pilot Free Trade Zone

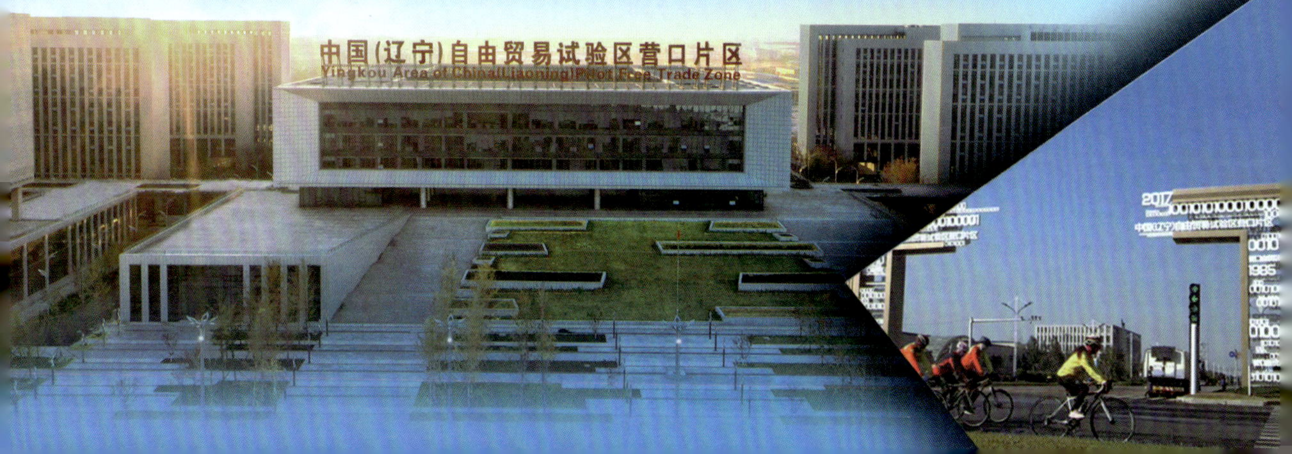

沈阳综合保税区近海园区

沈阳综合保税区近海园区于2011年9月获批准设立，规划面积为4.2平方公里，一期启动面积1.168平方公里。重点围绕出口加工、保税物流、国际贸易三大主导产业，全力打造“高端装备制造产业基地、沈阳跨境电商发展中心、东北亚保税物流中心”，以“保税+”为特色的保税加工、保税物流、保税贸易和跨境电子商务四大产业板块。

区位优势

沈阳综合保税区近海园区是开放型经济发展的重要平台和载体，是沈阳的出海门户和开放窗口，位于沈阳经济区的中心，一小时经济圈内有八大工业城市，覆盖人口2 400万。距沈阳市区45公里，距桃仙国际机场65公里，距营口港90公里，距辽宁沿海六大港口群平均186公里，是腹地与临海经济的接轨枢纽，也是辽宁自由贸易区三大片区的互动节点。

基础设施配套

目前，区内基础配套设施齐全，实现“七通一平”，保税仓库达7万平方米，可满足重装设备、恒温、低温、超低温各类货品仓储及项目入驻需求。现有国有企业2家，出口加工、保税物流企业4家，注册并从事进出口贸易的企业300余家。拥有国有保税仓库3.5万平方米，冷库1.3万平方米。

政策优势

按照国家对自由贸易区创新政策措施进行复制推广的部署要求，协同有关部门出台更多针对性便利化措施。继续巩固境内外保税维修、跨境电子商务、融资租赁等业务，对区内仓储企业实施“仓储货物按状态分类监管”，以此充分发挥海关特殊监管区域的功能作用，推动大进大出业态的形成。

泸州综合保税区

LUZHOU ZONGHE BAOSHUIQU

泸州综合保税区于2019年12月获批复设立，位于中国（四川）自由贸易试验区川南临港片区范围内，规划面积1平方公里，于2020年9月全面完成基础和监管设施建设，是成渝地区双城经济圈高水平开放、高质量发展的重要平台。依托“水公铁空”综合交通枢纽核心优势，联动自由贸易试验区、跨境电子商务综合试区和进境粮食指定监管场地、进口肉类指定监管场地等开放平台，泸州综合保税区着力建设保税加工制造、物流分拨、研发设计、检测维修、销售服务“五大中心”，打造长江上游产业转型升级示范区和加工贸易梯度转移重要承载地。

宁波梅山物流产业集聚区

（国际海洋生态科技城、梅山保税港区）

梅山位于宁波北仑区东南部，2008年2月24日经批准设立梅山保税港区，规划面积5.7平方公里。2010年，为加快推进产业转型升级，以梅山保税港区为核心，设立梅山国际物流产业集聚区，总规划面积约240平方公里。2015年，设立宁波国际海洋生态科技城，作为建设“港口经济圈”的核心载体，规划面积拓展至333平方公里。2020年，梅山保税港区经批复，整合优化为梅山综合保税区，同时也是浙江自由贸易区宁波联动创新区的重要片区。

经过十余年的不懈努力，园区开发建设一直保持良好势头，连续几年在全省产业集聚区综合考评中保持前三位。2019年，梅山保税港区实现GDP193亿元，财政收入158亿元，限上商品销售额4 848亿元，集装箱吞吐量480万标箱，五年间分别增长3.6倍、3.5倍、3.1倍、2.28倍，综合经济实力不断增强。

梅山已逐步形成港口、保税、开放、创新及滨海五大优势优势。梅山的发展目标是：立足比较优势，培育特色产业，努力成为浙江打造“一带一路”枢纽的桥头堡、引领区域经济（即现代港口服务业和制造业创新）发展的新引擎、宁波新一轮发展的重要增长极。明确了“一港五区”的总体布局，即：对标创建自由贸易试验区（自由贸易港）、国际供应链创新试验区、中国新金融创新试验区、国际科创合作试验区、国际人文交流合作试验区、国际近零碳排放试验区。

园区发展重点：充分发挥“港口、保税、开放、创新、滨海”五个优势，努力在“支撑世界一流强港建设、打造国际供应链创新中心、建设‘一带一路’综试区核心载体、打造战略性新兴产业高地、建设现代化国际滨海新城”五个方面实现新突破。

满洲里综合保税区

MANZHOULI ZONGHE BAOSHUIQU

满洲里综合保税区是内蒙古自治区的首家综合保税区，是依托口岸优势建立的中俄蒙欧经贸合作的新载体，是推进内蒙古自治区传统产业与国际接轨，助力北部沿边地区开发开放的功能平台。

满洲里综合保税区规划面积 1.44 平方公里，位于满洲里市公路、铁路、航空三大口岸的中心交汇处，东西连接 301 国道及对俄口岸，南北连通滨州及西伯利亚铁路。现已引进企业 84 个，其中商贸物流类项目 3 项，加工类项目 7 项，注册外贸企业 74 家，已初步形成以电子产品加工、宝玉石加工、跨境电子商务、汽车平行进口、有色金属及重型设备外贸进出口、供应链服务等项目为核心的产业发展格局。

满洲里综合保税区以“ 服务全国、面向俄蒙、辐射欧亚 ”为立足点，充分利用口岸、边贸、区位“ 三大优势 ”，积极发展保税加工、保税仓储、保税物流、国际贸易“ 四大产业 ”，培育展示交易、分拨配送、现代物流、金融结算、高端产业五大战略发展中心。

前海湾保税港区于2008年10月经批准设立，2020年7月转型为综合保税区，2020年8月通过验收，封关面积2.28平方公里。

前海综合保税区是前海发展贸易、物流的核心载体，具有自由贸易试验区、深港现代服务业合作区、综合保税区“三区叠加”的独特优势。在“MCC前海”“全球中心仓”等一系列创新举措的推动下，2019年进出口总额为1285.52亿元人民币，同比增长48%。2020年1-9月实现进出口总额1232.74亿元人民币，同比增长40.5%，占全市贸易额的5.7%，对全市外贸增长贡献度达到54.86%，拉动点数1.72%。此外，前海综合保税区内已率先实现跨境电商“1210、9610、9710、9810”等主要试点业务模式的全覆盖，吸引了一批知名企业、拳头商品集聚前海。

深圳前海综合保税区

前海综合保税区将立足粤港澳大湾区和先行示范区“双区”建设大局，把前海综合保税区建设好、发展好。前海综合保税区将着重抓好以下三个方面的工作：

一是突出制度创新。抢抓粤港澳大湾区和先行示范区“双区驱动”重大历史机遇，叠加实施前海深港现代服务业合作区、自由贸易试验区、国际性枢纽港、跨境电子商务综合试验区等国家战略使命，积极借鉴香港、新加坡等先进区域的经验做法，切实发挥好综合保税区政策红利和制度创新红利，推动综合保税区实现高水平开放和高质量发展。

二是突出深港合作。坚持“依托香港、服务内地、面向世界”定位，打造以前海为核心，贯通深港两地港口和机场的“深港西部国际物流走廊”，推动建设深港陆海空多式联动的国际枢纽组合港。依托前海特有的“深港跨境快速通关”“深港陆空联运”等深港通关便利化创新举措，前海综合保税区内已陆续吸引了利丰、嘉里等知名港资物流及供应链企业入驻发展，推动了前海-香港“前店后仓”的特色模式，帮助香港物流业拓展发展空间。

三是突出结构优化。贯彻落实关于在综合保税区打造物流分拨中心、检测维修中心、研发设计中心等有关精神，积极推动跨境电子商务、保税展示交易、保税检测维修等新兴业态发展，充分利用5G、物联网、AI、机器人等技术，推动建设一批自动化、智能化的高端仓库，助推前海打造新型国际贸易中心。

四是突出数字贸易。通过“线上云空间集聚+线下新基地应用”的线上线下联动模式，打造新型国际贸易中心示范基地。线上争取实现粤港澳三地数据互联互通、授权共用，线下通过物联网、人工智能等技术应用实现跨境货物在大湾区全程监管、无缝衔接，力争在粤港澳区域贸易联动方面实现突破。

泰州综合保税区

TAIZHOU ZONGHE BAOSHUIQU

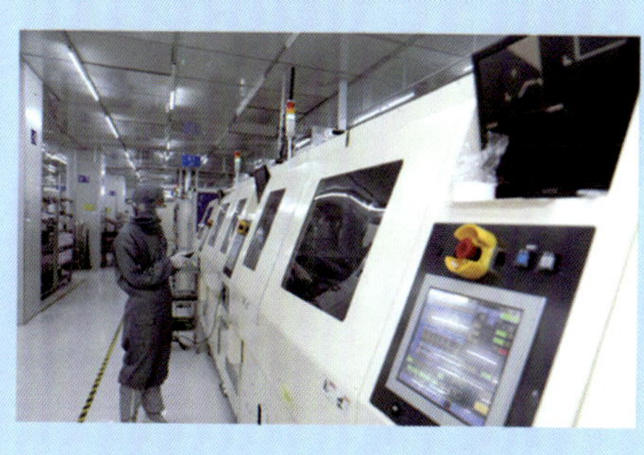

泰州综合保税区前身为泰州出口加工区，成立于2010年4月，2015年5月整合优化为综合保税区，总规划面积1.76平方公里，封关验收1.58平方公里。园区多年来主要发展电子信息、高端装备制造、保税物流等主导产业，同时积极探索医药保税研发、保税维修、保税展示等新型业态。已建成标准厂房23万平方米，保税仓库9万平方米，保税展示交易中心3万平方米。

泰州综合保税区稳步发展主导产业，并大力拓展新业态新模式。成功获批“增值税一般纳税人”资格试点；成功签约中国科学院大学基因检测实验室项目，实现保税研发业态突破；在全省跨境电子商务非试点城市中，率先走通了网购保税进口业务。

宜宾综合保税区

宜宾综合保税区于 2019 年 12 月 20 日获批设立，选址于宜宾三江新区，规划面积 0.89 平方公里，距 G93 成渝环线高速临港收费站 2 公里，距成贵高铁宜宾西站 22 公里，距渝昆高铁、川南城际高铁临港站 2 公里，距宜宾五粮液机场 28 公里，毗邻长江起点大港口作业区——宜宾港志城作业区，与宜宾临港经济技术开发区、临时开放口岸——宜宾港协同发展，构建服务宜宾、辐射西南周边产业发展的“区区联动”“区港联动”发展格局，是宜宾深化对外开放合作，聚焦战略新兴产业，发展外向型经济的窗口。

宜宾综合保税区依托宜宾区位优势、“8+2”新兴产业发展基础和大学城、科创城建设发展成果，按照区内外一体化发展思路，正加快建设加工制造、物流分拨、研发设计、检测维修、销售服务五大中心，重点发展保税物流、保税加工、保税研发三大业态，拓展培育检测维修和销售服务等，努力建设成为新兴产业高端制造基地、西部地区创新创业孵化基地、西南物流分拨基地和产业转型升级示范区、四川省内陆开放引领区、西南地区开放型经济核心区。

北海综合保税区

北海综合保税区前身为北海出口加工区，于 2003 年 3 月经批复设立。2018 年 2 月 11 日，经批复由广西北海出口加工区整合优化为北海综合保税区。2019 年 1 月 28 日，北海综合保税区正式挂牌运营。园区规划面积 2.28 平方公里，分为 A、B 两个区块。A 区规划面积 1.14 平方公里，位于北海市区西侧，紧靠北海港，距离北海站 5 公里，距离高速公路入口 17 公里，距离北海机场约 20 公里；B 区规划面积 1.14 平方公里，位于北海市铁山港区，紧靠玉铁高速公路，距福成机场 30 公里。

园区享有多重优惠政策，包括国家西部大开发优惠政策、民族区域自治优惠政策、广西北部湾经济区开放开发优惠政策，以及广西、北海给予的工业、外贸方面的优惠政策。园区具有“先行先试”的政策优势，先后获批为北海国家高新技术产品全球入境维修 / 再制造示范区、广西 CEPA 先行先试示范基地、海关特殊监管区域企业增值税一般纳税人资格试点等先行先试平台、广西绿色园区。

广西钦州保税港区位于中国（广西）自由贸易试验区钦州港片区内，2008年5月经批准设立，规划面积10平方公里，是西部陆海新通道海铁联运枢纽港，广西“面向东盟国际大通道的关键通道，面向西南中南地区开放发展新战略支点的核心支点，‘一带一路’有机衔接重要门户的一线门户”。

园区至今累计投入建设资金200多亿元，建成10万吨级集装箱泊位8个、7万吨级滚装泊位1个、5万吨级泊位2个；共开通49条集装箱航线，其中外贸航线28条，内贸航线21条，覆盖东南亚、东亚等地区及国内沿海主要港口。2019年，港口货物吞吐量完成7 449.91万吨，同比增长34.31%；集装箱吞吐量完成301.61万标箱，同比增长29.75%。获批建成运营整车进口口岸、粮食进口口岸、肉类进口口岸、进境水果口岸、汽车平行进口试点口岸及全国进口酒类综合服务产业知名品牌示范区、广西首批示范物流园区、现代服务业集聚区、CEPA先行先试示范基地；建成运营跨境电子商务平台、国际商品直销中心、国际汽车城及30多万平方米的保税物流仓；吸引新加坡国际港务集团、新加坡太平船务、中远海运和香港新恒基等知名企业落户；形成航运物流、大宗商品贸易、整车进口、酒类进口、国际商品直销、冷链物流、加工贸易等特色产业；北部湾港—新加坡、北部湾港—香港实现“天天班”，钦州港至重庆、成都、昆明、贵阳、兰州等7条海铁联运班列常态化运行，2019年钦州铁路集装箱中心站累计完成集装箱办理量13.9万标箱，西部陆海新通道海铁联运枢纽港初具规模，初步建成广西面向东盟、面向国际的重要窗口和平台。

广西钦州保税港区正积极融入中国（广西）自由贸易试验区钦州港片区建设，朝着建成国际陆海贸易新通道门户港、发展向海经济产业集聚区、打造中国—东盟合作示范区目标进发。

口岸功能示范平台

汽车平行进口试点口岸
全国进口酒类知名品牌示范区
国际贸易进口示范平台
进境水果指定口岸
广西首批示范物流园区
进口肉类指定口岸
广西CEPA先行先试示范基地
进境粮食指定口岸
进口毛燕指定口岸

广西钦州保税港区

招商电话：0777-5880052/0777-3682696
网　　址：http://qzftz.qinzhou.gov.cn/

上海漕河泾综合保税区

上海漕河泾出口加工区于2003年3月经批准设立，2004年3月正式封关运作。自成立以来，加工区连续五次获得“上海品牌园区”荣誉称号，成为上海第一批自由贸易区创新制度复制推广的海关特殊监管区域，是上海市跨境电子商务示范园区。2018年4月，漕河泾出口加工区经批准升级为综合保税区，成为上海第一批转型升级为综合保税区的海关特殊监管区域。2018年11月，漕河泾综合保税区通过了联合验收组的验收；2019年1月2日，漕河泾综合保税区经批复通过验收。

2019年1月，《国务院关于促进综合保税区高质量发展高水平开放的若干意见》发布，上海漕河泾综合保税区充分发挥政策和区位优势，当年即引入包括保税物流、保税研发和贸易功能类的企业，在原出口加工区保税加工和保税物流的基础上，实现了保税服务和贸易功能的突破。同时，随着“进口汽车保税存储展示”功能的落地，在国家赋予综合保税区21条政策打造“五大中心”的目标中，漕河泾综合保税区已实现加工制造中心、研发设计中心、物流分拨中心、销售服务中心政策功能的落地，为漕河泾综合保税区在新的阶段实现新的发展打下坚实的基础。

辽宁自由贸易区大连片区（保税区）

辽宁自由贸易区大连片区（保税区）是大连、辽宁乃至东北地区对外开放的战略高地，是大连东北亚国际航运中心、国际物流中心、国际贸易中心的核心功能区，形成了以制造业为主导，以战略性新兴产业为引领，以现代服务业为支撑的现代产业体系。

2019年，辽宁自由贸易区大连片区的“进境粮食全流程监管”成功入围第五批全国复制推广试点经验，这是继“保税混矿”之后，又一创新案例。“集装箱码头股权整合新路径”和“大连冰山集团混合所有制改革”两项国企改革案例入围第三批31项全国自由贸易试验区“最佳实践案例”。获批基本公共服务综合标准化试点，实行企业全生命周期一窗受理。在全国率先推出保税船供油“集出分供”“两仓调剂使用”监管新模式，显著提升保税船供油效率和仓储罐利用率，大幅度降低了企业运营成本。

2020年，大连片区（保税区）将进一步提高政治站位，大胆试、大胆闯、自主改，持续推进以制度创新为核心的各项任务，坚持转身向海，着力提高产业集聚度，全面提升对外开放水平，推动片区高质量发展，助力大连“两先区”建设，全力打造新时代改革开放新高地。

大连片区（保税区）投资促进局
地址：大连保税区综合服务楼2323室
传真：0411-87317579
网址：www.dlftz.gov.cn

绿地全球商品贸易青浦运营中心位于上海青浦出口加工区内，是绿地集团重点打造的进口商品常年展示交易服务平台——绿地全球商品贸易港的核心配套供应链服务及保税仓储中心，具有食品仓储、保税批发、分类监管等资质功能，同时提供企业及商品备案、报关、仓储管理、订单处理、配送管理等一站式供应链服务。

绿地全球进口商品浙江运营中心位于嘉兴综合保税区兴业路东侧，总建筑面积约3.2万平方米。以绿地G-Super区域运营中心及进口贸易基地为支撑，致力于打造辐射华东部分地区的具有产业链发展效应和产业规模的国际贸易产业基地。可实现冷链仓储、生鲜配送中心、中央厨房、跨境电子商务、贸易结算等功能需求。

绿地武汉进口产品深加工中心位于武汉东湖新技术开发区台山溪小路以东，总建筑面积约5.5万平方米。将成为生鲜食品、有机高端农产品加工基地，产品预包装加工、检测平台，多功能配送中心。依靠对进口食品的直采、低温切割加工（肉类）、国外高端包装技术、直销等一体化进程，实现国外高档进口食品向国内的产业转移。

绿地全球商品贸易港保税展示展销场所位于上海虹桥商务区内，紧邻国家会展中心，是依托海关特殊监管区域政策创新优势，对接市场需求，打造多品类进口商品保税展示展销常态化示范区域。总体规划面积超过10 000平方米，引进奢侈品、钻石珠宝、数码家电、生活用品、工艺品等品类，全力打造长三角乃至全国“规模大、品质优、体验佳”的保税展示展销常态化平台。

绿地全球商品贸易港集团
Greenland Global Commodity Trading Hub Group

绿地全球商品贸易港集团（简称贸易港集团）是绿地集团旗下的核心企业，是绿地大消费战略的主要实施者。在国家扩大对外开放、举办中国国际进口博览会、推进贸易高质量发展的新时代背景下，贸易港集团以“连接全球资源，服务美好生活”为宗旨，依托绿地海外资源配置优势，着力打造贸易港产业核心平台，重点开拓国际贸易、终端零售、商业运营、商贸物流领域。近年来贸易港集团与各地有关部门合作，探索特殊监管下的业务模式创新，已成功搭建“一场所+三中心”的立体布局。

绿地贸易港的跨境电子商务业务主要包括供应链金融服务和品牌代理分销两大业务类型，通过整合上游供应链资源和海外仓、保税仓、清关口岸等优势资源，为国内独立B2C电商平台、微商等客户提供跨境供应链管理的一站式解决方案，结合多种灵活的交货方式，满足客户的多样化贸易需求。

供应链端，主要通过与海外免税店、境内外大型贸易代理商合作，重点发力美妆和母婴奶粉跨境电子商务两大核心品类；同时，搭建日本仓、香港仓等境外供应链备货体系，落地海外控货供应链模式。

销售端，陆续开展并逐步深入与国内知名跨境电子商务平台的业务合作，为后续拓宽合作品牌池和建立各品牌全渠道分销体系蓄势。

武汉经开综合保税区

武汉经开综合保税区前身是湖北武汉出口加工区，于2000年4月经批准成立，规划面积1.26平方公里，2001年6月正式封关运行，是全国首批15家试点出口加工区之一。2018年11月19日，经批复，湖北武汉出口加工区整合优化为武汉经开综合保税区。2019月11月8日，武汉经开综合保税区正式通过验收。

武汉经开综合保税区位于东风大道和武汉四环线的交汇处，地处武汉经济技术开发区中心，由东风高架串联三环、四环和外环线等多条全城快速通道，有多条轨道交通经过，距离天河机场、汉欧班列吴家山集运站、阳逻港等口岸车程均小于1小时，是开发区对内对外开放的重要通道。

武汉经开综合保税区享有“保税、免税、免证”等特殊政策，具有国际贸易、保税仓储、保税物流、保税展示交易、转口贸易、进出口加工等功能。目前园区已形成保税加工、保税物流、保税服务、金融、综合服务等多个业务区块，主要聚焦于“四大中心”建设：依托万亿汽车产业集群，重点打造具有全球影响力和竞争力的加工制造中心、物流分拨中心；依托中国（武汉）跨境电子商务综合试验区建设中部跨境电子商务服务分中心；依托国家检验检测高技术服务业集聚区（湖北），建设具有国际领先水平的检测维修中心。

目前“四大中心”已初具雏形，武汉经开综合保税区将加大招商引资的力度，完善各项各持政策，拓展功能，创新监管，促进开发区外向型经济高质量发展。

东营综合保税区

东营综合保税区于2015年5月6日获批复设立，一期1.419平方公里已于2016年9月通过验收，同年底实现封关运营。

东营综合保税区着眼高水平开放、高质量发展，突出“集疏运通道、服务平台、双招双引、区域协同、政策制定、金融保障”六大战略抓手，围绕加工制造、研发设计、物流分拨、销售服务、检测维修“五大中心”建设要求，重点发展进口食品及加工、新材料、石油装备、供应链管理、创新服务五大产业。

园区已建成投用3栋共6万平方米的保税仓库及6栋共7.2万平方米的标准化厂房，保税仓库二期、标准化厂房三期正在加快推进建设；具有冷冻肉类、冰鲜水产和冷鲜果蔬等产品保税仓储及进出口贸易功能的冷链物流园项目正在加速建设；跨境电子商务综合服务平台及货物分拣系统等软硬件附属配套设施已建成，可提供跨境电子商务通关查验申报、物流配送、数据交换、外贸协同、外汇信用等综合服务。

综合保税区已获批“增值税一般纳税人资格试点”，已有34项创新监管制度落地实施。

园区紧紧围绕省、市主导产业发展布局和转型升级趋势，按照“依托大港口，带动大物流，发展大产业，实现大跨越”的总体思路，坚持区内区外联动、加工贸易联动、陆港联动、国内国外联动，着力服务外向型经济发展大局，努力建设一流综合保税区、打造对外开放的新高地。

东营综合保税区竭诚欢迎国内外投资者来园区参观考察、投资兴业。

乌鲁木齐综合保税区

乌鲁木齐综合保税区于2015年7月20日经批准设立，2018年6月22日正式封关运营，规划面积2.41平方公里，实现预约24小时通关服务。

乌鲁木齐综合保税区完成保税仓、集拼仓、查验监管仓和标准厂房等基础和监管设施建设，围网内实现“七通一平”，具备承载项目入驻条件；国际贸易服务区一期保税展示中心、会展中心、公共配套服务中心总建筑面积25万平方米，是发展跨境电子商务、商贸流通、跨境金融及其他外向型产业的承载区域，招商运营工作已经启动。

乌鲁木齐综合保税区毗邻乌鲁木齐铁路集装箱中心站，东接乌鲁木齐国际机场、中欧班列（乌鲁木齐）集结中心——西站、货物储运站——北站，以及乌鲁木齐高铁综合交通枢纽，连霍高速G30贯区而过，公路、铁路、航空一应俱全，交通极为便利。

乌鲁木齐综合保税区紧紧围绕新疆丝绸之路经济带核心区建设，充分发挥“一带一路”核心枢纽优势，以新发展理念为引领，加快推进高水平开放高质量发展，努力将乌鲁木齐综合保税区打造成集保税加工、保税物流、口岸作业和综合服务等功能为一体，推进向西开放特色鲜明、运转高效、辐射带动强的创新型新区。

联系电话：0991—3737207

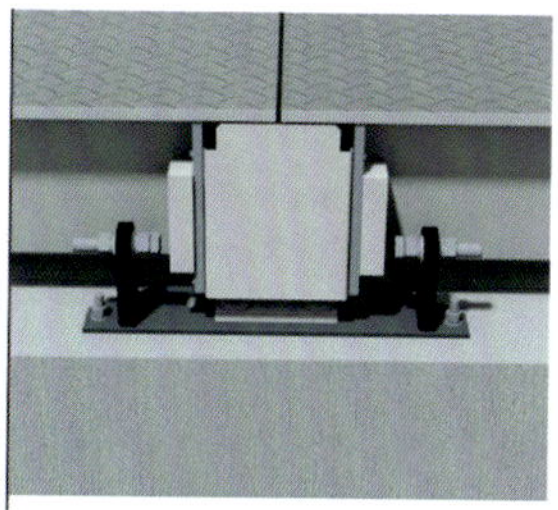

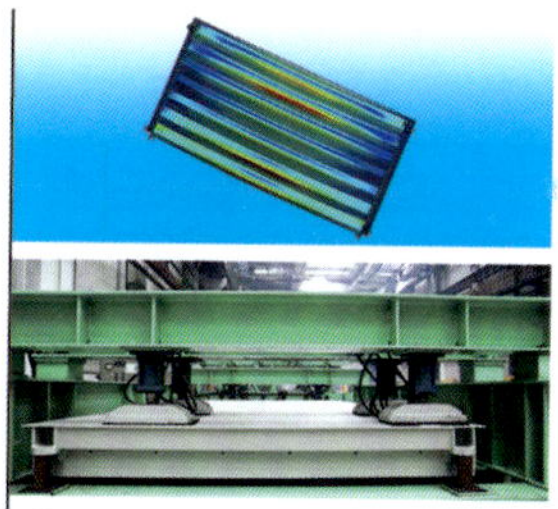

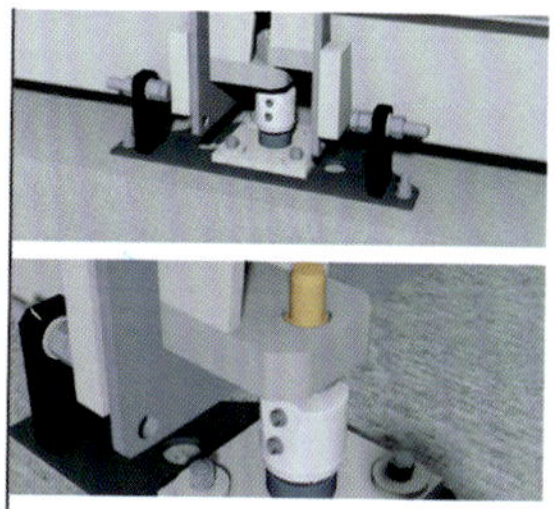

威海综合保税区于2016年5月31日经批准设立，于2018年9月20日验收运行。园区分为南北两区，北区为原出口加工区，封关区0.88平方公里；南区位于威海国际机场附近，处于全市地理几何中心位置，封关区1.37平方公里，产业配套区2.05平方公里。威海综合保税区坚持把“深耕日韩”作为招商引资最大优势和主攻方向，立足全市资源禀赋和产业基础，结合发展实际，明确了“4211”工作思路，即积极培育“国际贸易、现代物流、跨境电商、先进制造”四大业态，全力搭建“外贸综合服务、金融服务”两大平台，打造一个联动日韩、辐射全国的国际商品集散交易中心，一个以电子信息为主导的先进制造业基地。

2019年，全区新设立企业100余家，注册资本9.6亿元，完成工业总产值24.79亿元，固定资产投资2.2亿元，实现外贸进出口额87.6亿元。集全区之力打造了“全模式跨境电商创新产业园”，创新开展“四港联动+综保区+一带一路”海铁、海陆铁联运业务模式，成为东联西通、联动陆海、辐射亚欧的重要枢纽节点。

威海综合保税区

WEIHAI ZONGHE BAOSHUIQU

喀什综合保税区

喀什综合保税区于2012年4月13日开工建设，2015年4月20日正式封关运营。园区紧邻喀什国际机场，通过四个公路口岸与周边国家相连，南疆铁路和规划中的中吉乌铁路、中巴铁路紧邻综合保税区，具有铁路、公路、航空立体交通网络优势。

喀什综合保税区规划面积3.56平方公里，分为口岸操作区、航空货运区、保税仓储区、保税加工区、配套服务区，具备保税仓储、保税物流、保税加工、国际航空货运等功能。正在加快建设进出口食品、医药卫材、家电、机电设备制造和进口棉花、饲料、面粉等产业园区。将因地制宜培育主导产业，大力发展商贸物流与仓储冷链业、加工制造业、跨境电子商务和进出口商品展示交易服务业，培育发展检测维修和研发设计新兴产业，推进优势产业做大做强，吸引产业集聚，建立完整产业链，充分发挥向西开放平台作用。

喀什综合保税区将按照“一带一路”和丝绸之路经济带核心区建设部署要求，加快转型升级、创新发展，打造具有国际竞争力和创新力的海关特殊监管区域，努力建设成为面向中亚南亚的加工制造中心、物流分拨中心、研发设计中心、检测维修中心、销售服务中心。

宜昌综合保税区位于水利枢纽工程三峡大坝所在地湖北省宜昌市。园区依托长江黄金水道，上引成渝，下联汉沪，焦柳铁路纵贯南北，宜万高铁横贯东西，高速路网四通八达，三峡机场可直通全国各主要城市，区位优势明显。

宜昌综合保税区

园区于2020年1月9日正式获批复设立，是宜昌对外开放的重要平台。园区同时位于宜昌高新技术产业开发区、中国（湖北）自由贸易试验区宜昌片区内，实现了“三区联动，政策叠加”。

园区围网内面积1.29平方公里，建设有保税加工、物流仓储、口岸作业、综合配套四大功能区块，重点发展食品和生物医药、新一代信息技术、高端装备制造三大主导产业，加快引进培育跨境电子商务、外贸综合服务、保税研发等新兴业态。目前，签约入驻项目27个，涵盖5G新材料、生物科技、冷链物流等领域。

宜昌综合保税区将积极融入对接长江经济带和“一带一路”建设，致力打造“内陆开放试验场、外向经济新平台”。

招商电话：0717-6625586

重庆永川综合保税区（审批中）

重庆永川综合保税区位于永川高新区凤凰湖产业园，规划用地面积1.12平方公里（不含拓展区），基础设施投入约15亿元，依托长江上游深水港—永川港、一环十射高速公路网络、成渝和渝昆铁路综合枢纽及西部航空产业园，重点发展智能装备、汽摩整车及零部件、健康医疗、新型材料、电子信息等产业的保税加工、保税物流，以及跨境贸易、跨境电子商务和总部结算等国际贸易，建成功能齐备、辐射力强、带动明显的综合性保税区，打造面向国内国外两个市场的高端数控机床加工制造产业，把永川综合保税区建成集保税加工、保税物流、国际贸易及综合服务等功能于一体的海关特殊监管区域和国际经济合作平台。凤凰湖产业园位于永川城区南部，既是永川城市新区，也是永川产业园区，园区规划面积50平方公里，目前建成和在建区面积21平方公里，至2025年规划建成35平方公里。目前已形成以长城汽车、雅迪电动摩托车、西源凸轮轴为代表的汽摩整车及零部件产业，以德国利勃海尔、埃斯维（SW）、华中数控等为代表的智能装备产业，以致伸科技、川亿电脑等为代表的电子信息产业，积极培育以晨阳水漆、招商铝业、中交世通钢构件为代表的新型材料产业。

招商电话：023-49581258

C H O N G Q I N G Y O N G C H U A N Z O N G H E B A O S H U I Q U

临沂综合保税区

临沂综合保税区于2014年8月经批准设立，2016年3月正式运营。近年来，临沂综合保税区充分发挥商贸物流和功能政策优势，大力发展新业态、加快培育新动能，各项工作取得显著成效。外贸进出口总额连续三年翻番，2019年达到37.7亿美元，同比增长103.5%，占全市进出口总额的32%，拉动全市外贸增长20.6个百分点。一是自由贸易区政策复制推广走在全省综合保税区前列。复制推广了一次备案多次使用等42项自由贸易区海关监管创新制度，复制推广率为87.5%。在全省首批获得区内企业增值税一般纳税人资格试点政策，已启动试点仓储货物按状态分类监管制度，有2个项目获批开展保税维修业务。二是外贸综合服务平台企业不断壮大，累计培育7家，占全市外贸综合服务企业总数的一半以上，其中省级3家、市级4家，服务中小外贸企业400余家，带动了全市中小外贸企业的发展。三是进口肉类指定口岸平台运营顺畅，实现了进口肉类查验、储存、通关一体化操作；临沂国际智慧冷链物流港项目成功落地，打造成为江北地区保税加工、保税展示、跨境结算、物流分拨等多功能合一的进口肉类及水产品全产业链中心。四是跨境电子商务服务平台加快建设。跨境电子商务零售进口政策成功获批，跨境直邮出口“9610”和“9710”、“9810”业务和进口商品保税备货模式（1210）顺利开通；与国内电商及直播平台领军企业山东煎饼控股集团合作建设的“跨境电商+直播电商”产业园项目投入运营，荣获中国跨境保税直播电商总部基地称号。

扬州综合保税区

扬州综合保税区截至2019年年底，累计吸引外商总投资11.9亿美元，累计完成进出口总额144.2亿美元，完成实际进出境额63.1亿美元。主要企业有峻茂光电、荣德新能源、逸洁科技、日新意旺、巨钛科技等，初步形成了电子信息、太阳能光伏、装备制造和LED芯片封装检测等特色产业。

扬州地处“长江三角洲”经济圈内，是上海经济圈和南京都市圈的节点城市，与南京、镇江构成“宁镇扬都市圈”。扬州经济技术开发区拥有国家一类开放口岸——扬州港，京沪高速、沪宁高速、宁通高速、沿江高速纵横交错，距扬州泰州国际机场30分钟，宁启铁路与在建的淮扬镇铁路承南启北、横贯东西，构成了水陆空铁“四位一体”的立体交通网络，实现了多种运输方式“联程联运”的无缝衔接。

在“十三五”收官之年，园区紧扣“十三五”发展规划，科学合理布局，通过保税加工、保税物流、保税服务“三轮驱动”，加快引进制造业重点项目，以产业集聚带动保税物流和保税服务业的发展。充分挖掘综合保税区政策，立足现有制造企业，做优保税加工；加强与港口、机场的联动，做强保税物流；充分运用上海自由贸易区可复制、可推广政策，积极主动与有关部门对接，做新保税服务。

扬州综合保税区招商局
电话：0514-87529089
传真：0514-87529080
邮箱：yzckjgq@126.com

重庆江津综合保税区

重庆江津综合保税区于2017年1月17日经批准设立，2018年4月23日通过联合验收，2018年6月28日封关运行，批准面积2.21平方公里，配套区面积27.9平方公里，紧邻设计年运能2000万吨的珞璜铁路综合物流枢纽和年运能2 000万吨的珞璜港，多式联运条件优越。

当前，重庆江津综保区正抢抓国家推进成渝地区双城经济圈建设和重庆市推进“一区两群”协调发展的重大机遇，发挥“金篮子”作用，推动综合保税区建设成为西部陆海新通道的重要节点，打造重庆南向开放的“桥头堡”，实现与川南经济区的联动发展，助推成渝地区双城经济圈建设。

江阴综合保税区

江阴综合保税区于2019年3月28日封关运营，园区建有15万平方米仓库开展业务，已形成以德国SMS、美国GE等企业为主的“五中心一平台”。江阴综合保税区拥有保税、退税、免税等政策优势。按照高质量发展定位，江阴综合保税区积极打造“三大中心”：围绕电子信息、智能制造、进口食品预制等打造“加工制造中心”；围绕冷链物流、智慧物流等打造“物流分拨中心”；围绕跨境电子商务、总部经济、平台经济、销售结算中心、大数据中心等打造“销售服务中心”。

江阴综合保税区招商电话：0510-81651607

合肥经济技术开发区综合保税区

合肥经济技术开发区综合保税区位于合肥市西南，前身为安徽合肥出口加工区，2010年7月经批准设立， 2012年8月正式封关运行。2019年4月经批复同意由合肥出口加工区整合优化为合肥经济技术开发区综合保税区（以下简称“合肥经开综保区”），规划面积1.40平方公里，2020年4月通过联合验收。

合肥经开综保区现已聚集联宝科技、胜利电子、海晨仓储、新宁供应链等27家电子信息上下游配套企业，以及考拉海购、孩子王、百大易购、中创供应链等30多家跨境电子商务平台及关联企业，形成以联宝科技为龙头的电子信息产业集群和以考拉海购为龙头的跨境电子商务产业集群。

合肥空港保税物流中心（B型）于2016年6月经批准设立，是安徽省首个空港型保税物流中心，2018年9月正式封关运行。物流中心位于合肥空港经济示范区（合肥经济技术开发区北区），紧邻新桥国际机场货运区和空港进境指定口岸，占地面积约11.67万平方米，总建筑面积约8.6万平方米。

中心依托新桥机场口岸、物流、通关等优势，大力开展航空保税物流、集成电路仓储保税物流、跨境电子商务、全球采购及国际分发配送、流通性简单加工和增值服务、保税商品展示等业务，建设全国一流航空保税物流中心。

招商电话：0551-63879061

合肥空港保税物流中心（B型）

编辑说明

一、《中国保税区出口加工区年鉴》（以下简称《年鉴》）是由中国保税区出口加工区协会主编，中国海关出版社有限公司编辑出版的大型资料性实用工具书，公开向国内外发行。

二、《年鉴》的宗旨是面向海内外政府官员、投资商、研究机构、科技界及其他各界人士，用翔实的统计数据和文字全面、系统、准确地介绍中国保税区、出口加工区、保税港区（综合保税区）的开发建设历程和成就，介绍其基础条件、投资环境及有关法规和优惠政策等，为各有关机构与单位提供媒介服务，以推动中国保税区、出口加工区、保税港区（综合保税区）经济的协调发展。

三、《年鉴》中的数据已经上海市外高桥保税区统计调查所审核，《年鉴》部分区域经济发展分析中的数据，由于统计口径不同，方法不一，可能出现不一致，应以统计资料篇中的数据为准。2020年版《年鉴》统计资料篇中未收录各区域进出口贸易相关统计表。

四、《年鉴》中的数据表格“比上年增长（%）”显示为“—”或“-100”的，表示上年同期数据没有或不可比。

五、《年鉴》中的数据表格如“历年招商引资情况表”“历年外商投资情况表”中的“历年”数据截至2019年年底。

六、《年鉴》中深圳保税区包括福田、盐田港和沙头角3家保税区。

七、《年鉴》在编撰过程中，得到了各保税区、出口加工区、保税港区（综合保税区）领导和有关人员的关心和支持，在此深表谢意。

八、由于我们水平有限，经验不足，请社会各界对《年鉴》提出宝贵意见。今后我们将充分汇集保税区、出口加工区、保税港区（综合保税区）的信息资料，逐步充实《年鉴》内容，使其发挥更大的作用。

《中国保税区出口加工区年鉴》编辑部

2020年8月

目　录

文献法规篇

文字资料篇

保税区（保税物流园区）

出口加工区

保税港区（综合保税区）

统计资料篇

保税港区（综合保税区）

工作与研究篇

文献法规篇

中华人民共和国海关总署公告

2019 年第 36 号

（关于境外进入综合保税区动植物产品检验项目实行“先入区、后检测”有关事项的公告）

为贯彻落实《国务院关于促进综合保税区高水平开放高质量发展的若干意见》（国发〔2019〕3 号），经风险分析，决定对境外进入综合保税区的动植物产品的检验项目实行“先入区、后检测”监管模式。现就有关事项公告如下：

一、动植物产品是指从境外进入综合保税区后再运往境内区外及加工后再运往境内区外或出境，依据我国法律法规规定应当实施检验检疫的动植物产品（不包括食品）。

二、检验项目包括动植物产品涉及的农（兽）药残留、环境污染物、生物毒素、重金属等安全卫生项目。

三、“先入区、后检测”监管模式按以下规则执行：动植物产品在进境口岸完成动植物检疫程序后，对需要实施检验的项目，可先行进入综合保税区内的监管仓库，海关再进行有关检验项目的抽样检测和综合评定，并根据检测结果进行后续处置。

本公告自发布之日起实施。

特此公告。

海关总署

2019 年 2 月 27 日

中华人民共和国海关总署公告

2019 年第 50 号

（关于简化综合保税区进出区管理的公告）

为贯彻落实《国务院关于促进综合保税区高水平开放高质量发展的若干意见》（国发〔2019〕3 号），简化综合保税区货物、物品进出区管理，推进贸易便利化，现将有关事项公告如下：

一、简化综合保税区进出区管理是指允许对境内入区的不涉出口关税、不涉贸易管制证件、不要求退税且不纳入海关统计的货物、物品，实施便捷进出区管理模式。

二、适用便捷进区管理模式的货物、物品具体范围如下：

（一）区内的基础设施、生产厂房、仓储设施建设过程中所需的机器、设备、基建物资；

（二）区内企业和行政管理机构自用的办公用品；

（三）区内企业所需的劳保用品；

（四）区内企业用于生产加工及设备维护的少量、急用物料；

（五）区内企业使用的包装物料；

（六）区内企业使用的样品；

（七）区内企业生产经营使用的仪器、工具、机器、设备；

（八）区内人员所需的生活消费品。

三、上述货物、物品可不采用报关单、备案清单方式办理进区手续；如需出区，实行与进区相同的便捷管理模式。区内企业做好便捷进出区的日常记录，相关情况可追溯。

四、区内企业有下列情形之一的，海关可暂停办理上述货物、物品简化进出区手续：

（一）超出第一、第二条规定范围，擅自通过便捷管理模式进出区的；

（二）未如实办理货物、物品便捷进出区的；

（三）涉嫌走私被立案调查、侦查的。

五、区内增值税一般纳税人资格试点业务、区内企业承接境内（区外）企业委托加工业务、仓储货物按状态分类监管等业务，按照有关规定执行。

本公告自发布之日起施行。

特此公告。

海关总署

2019 年 3 月 22 日

中华人民共和国海关总署公告

2019 年第 57 号

（关于启用出境加工电子账册的公告）

为促进和规范出境加工业务发展，海关总署升级保税综合管理子系统，开发上线了出境加工电子账册（以下简称“出境加工账册”），现将有关事宜公告如下：

一、自 2019 年 4 月 1 日起，海关总署正式启用出境加工账册，企业可通过国际贸易“单一窗口”办理出境加工账册设立等各项手续。

二、启用出境加工账册的企业在办理账册项下货物进出口时，不再强制按照《海关总署关于出境加工业务有关问题的公告》（海关总署公告 2016 年第 69 号）第八条“出境加工货物的出口和复进口应在同一口岸”办理，企业可根据实际业务需要选择进出口口岸。

三、企业原已设立的出境加工纸质手册可在有效期内继续执行完毕。

特此公告。

海关总署

2019 年 3 月 25 日

中华人民共和国海关总署
中华人民共和国文化和旅游部公告

2019 年第 67 号

（关于简化综合保税区艺术品审批及监管手续的公告）

为落实国务院“放管服”改革精神，进一步促进综合保税区发展，根据《国务院关于促进综合保税区高水平开放高质量发展的若干意见》（国发〔2019〕3 号）有关要求，海关总署、文化和旅游部决定简化综合保税区艺术品进出口审批及监管手续，现将有关事项公告如下：

一、本公告所称艺术品是指《艺术品经营管理办法》（文化部令第 56 号）所规定的艺术品。

二、本公告所称艺术品展览、展示，是指以艺术品销售、商业宣传为目的的各类展示活动。

三、本公告所称艺术品进出口经营活动，是指艺术品从境内区外进出综合保税区的实质性进出口行为。

四、开展艺术品保税存储的，在综合保税区与境外之间进出货物的申报环节，文化和旅游行政部门不再核发批准文件，海关不再验核相关批准文件。

五、在区内外开展艺术品展览、展示及艺术品进出口等经营活动的，凭文化和旅游行政部门核发的批准文件办理海关监管手续。对同一批艺术品，文化和旅游行政部门核发的批准文件可以多次使用。

本公告自发布之日起实施。

特此公告。

海关总署

文化和旅游部

2019 年 4 月 29 日

中华人民共和国海关总署公告

2019 年第 158 号

（关于综合保税区内开展保税货物租赁和期货保税交割业务的公告）

为贯彻落实《国务院关于促进综合保税区高水平开放高质量发展的若干意见》（国发〔2019〕3 号）的要求，支持在综合保税区发展租赁和期货保税交割业务，现将有关事项公告如下：

一、保税货物租赁

（一）本公告适用于租赁企业和承租企业以综合保税区内保税货物为租赁标的物（以下简称“租赁货物”）开展的进出口租赁业务。

（二）本公告所称“租赁企业”是指在综合保税区内设立的开展租赁业务的企业或者其设立的项目子公司。

本公告所称“承租企业”是指与租赁企业签订租赁合同，并按照合同约定向租赁企业支付租金的境内区外企业。

（三）租赁企业应当设立电子账册，如实申报租赁货物进、出、转、存等情况。

（四）租赁货物进出综合保税区时，租赁企业和承租企业应当按照现行规定向海关申报。承租企业对租赁货物的进口、租金申报纳税、续租、留购、租赁合同变更等相关手续应当在同一海关办理。

（五）租赁货物自进入境内（区外）之日起至租赁结束办结海关手续之日止，应当接受海关监管。

（六）租赁进口货物需要退回租赁企业的，承租企业应当将租赁货物复运至综合保税区内，并按照下列要求申报：

1. 原申报监管方式为“租赁贸易”（代码“1523”）的租赁进口货物，期满复运至综合保税区时，监管方式申报为“退运货物”（代码“4561”）；

2. 原申报监管方式为“租赁不满一年”（代码“1500”）的租赁进口货物，期满复运至综合保税区时，监管方式申报为“租赁不满一年”（代码“1500”）；

3. 运输方式按照现行规定申报。

（七）租赁进口货物需要办理留购的，承租企业应当申报进口货物报关单。对同一企业提交的同一许可证件项下的租赁进口货物，企业可不再重新出具许可证件。

（八）租赁企业发生租赁资产交易且承租企业不发生变化的，承租企业应当凭租赁变更合同等相关资料向海关办理合同备案变更、担保变更等相关手续。

企业可以根据需要向综合保税区海关按照以下方式办理申报手续：

1. 综合保税区内租赁企业间发生资产交易的情况：承租企业及变更前的租赁企业向海关申报办理退运回区相关手续；租赁企业按照相关管理规定办理保税货物流转手续；承租企业及变更后的租赁企业向海关申报租

赁进口货物出区手续。

2. 租赁企业与境外企业发生资产交易的情况：承租企业或租赁企业可以采取形式申报、租赁货物不实际进出境的通关方式办理进出境申报手续，运输方式填报“其他”（代码“9”）。

3. 对同一许可证件项下的租赁进口货物，企业可不再重新出具许可证件。

（九）保税货物由综合保税区租赁至境外时，租赁企业应当向海关申报出境备案清单，监管方式为“租赁贸易”（代码“1523”）或者“租赁不满一年”（监管方式代码“1500”），运输方式按实际运输方式填报。

租赁货物由境外退运至综合保税区时，租赁企业应当向海关申报进境备案清单，监管方式为“退运货物”（代码“4561”）或者“租赁不满一年”（代码“1500”），运输方式按实际运输方式填报。

（十）租赁企业开展进出口租赁业务时，租赁货物应当实际进出综合保税区。对注册在综合保税区内的租赁企业进出口飞机、船舶和海洋工程结构物等不具备实际入区条件的大型设备，可予以保税，由海关实施异地委托监管。

（十一）租赁货物进入境内（区外）时，海关认为必要的，承租企业应当提供税款担保。经海关核准，承租企业可以使用《海关租赁货物保证书》（详见附件1）办理租赁进口货物海关担保手续。

（十二）有关租赁进口货物其他规定，按照《中华人民共和国海关进出口货物征税管理办法》（海关总署令第124号，根据海关总署令第198号、第218号、第235号修改）执行。

二、期货保税交割

（一）期货保税交割，是指指定交割仓库内处于保税监管状态的货物作为交割标的物的一种销售方式。

（二）综合保税区内的期货保税交割业务应当在国务院或国务院期货相关管理机构批准设立的交易场所（以下简称“期交所”）开展。期交所开展期货保税交割业务应当与海关实现计算机联网，并实时向海关提供保税交割结算单、保税标准仓单、保税标准仓单质押等电子信息。

（三）开展期货保税交割业务的货物品种应当为经国务院期货相关管理机构批准开展期货保税交割业务的期交所上市品种。

（四）综合保税区内仓储企业开展期货保税交割业务，应当具备以下条件：

1. 具备期交所认可的交割仓库资质；

2. 海关认定的企业信用状况为一般信用及以上；

3. 建立符合海关监管要求的管理制度和计算机管理系统，能够对期货保税交割有关的采购、存储、使用、损耗和进出口等信息实现全程跟踪，并如实向海关联网报送物流、仓储、损耗及满足海关监管要求的其他数据；

4. 具备开展该项业务所需的场所和设备，能够对期货保税交割货物实施专门管理。

（五）期交所应当将开展期货保税交割业务的货物品种及指定交割仓库向海关总署备案。

（六）交割仓库应当通过设立电子账册开展期货保税交割业务。

（七）综合保税区内货物参与期货保税交割的，应当按照规定向海关申报，并在进出口货物报关单、进出境货物备案清单、保税核注清单的备注栏注明“期货保税交割货物”。

（八）期货保税交割完成后，应当按照以下要求进行申报：

1. 需提货出境的，交割仓库应当凭期交

所出具或授权出具的保税交割结算单（参考模板详见附件 2）和保税标准仓单清单（参考模板详见附件 3）等交割单证（以下简称“交割单证”）作为随附单证向海关办理货物出境申报手续。

2. 需提货至境内（区外）的，进口货物的收货人或者其代理人应当凭期交所出具或授权出具的交割单证等作为随附单证向海关办理货物进口申报手续，并按照规定缴纳进口环节税款。

3. 需提货至其他海关特殊监管区域或保税监管场所的，按照保税间货物流转向海关办理申报手续。

申报时应当在进出口货物报关单、进出境货物备案清单、保税核注清单的备注栏注明“期货保税交割货物”及保税交割结算单号。

（九）保税标准仓单持有人（以下简称“仓单持有人”）需要开展保税标准仓单质押业务的，仓单持有人应当委托交割仓库向主管海关办理仓单质押备案手续，并提供《保税标准仓单质押业务备案表》（详见附件 4）。

（十）交割仓库应当对货物做好质押标记。

（十一）仓单持有人需要解除质押的，应当委托交割仓库向主管海关申请办理仓单质押解除手续，并提交解除质押协议和《保税标准仓单质押业务解除备案表》（详见附件 5）。解除质押时，同一质押合同项下的仓单不得分批解除。

（十二）海关总署对综合保税区内期货保税交割业务的特定事项另有规定的，适用其规定。

本公告自发布之日起施行。

特此公告。

附件 1　海关租赁货物保证书
附件 2　保税交割结算单（参考模板）
附件 3　保税标准仓单清单（参考模板）
附件 4　保税标准仓单质押业务备案表
附件 5　保税标准仓单质押业务解除备案表

海关总署
2019 年 10 月 12 日

附件 1

海关租赁货物保证书

编号：　　年第　　号

承租企业：	工商注册编码：
地址：	法定代表人：
联系电话：	开户银行及账号：
租赁货物名称：	货物数量：
货物金额：	进口报关单号：
境内金融机构：	工商注册编码：
地址：	法定代表人：
联系电话：	开户银行及账号：
租赁租金金额：	租赁期限：

续表

<table>
<tr><td>承租企业保证事项：遵守《中华人民共和国海关法》《中华人民共和国进出口关税条例》《中华人民共和国海关进出口货物征税管理办法》等相关规定，按时缴纳租赁货物租金税款，租金无法缴清需要以租赁货物抵偿时，保证先补缴海关税款及滞纳金，或者从货物的折（变）价款中优先偿付海关税款及滞纳金。

单位签章：　　　　法定代表人签字：
年　　月　　日</td></tr>
<tr><td>境内金融机构保证事项：按照《中华人民共和国海关法》《中华人民共和国进出口关税条例》《中华人民共和国海关进出口货物征税管理办法》等相关规定，如承租企业未在海关规定期限内履行缴纳上述租赁货物的税款（包括海关关税和海关代征税）的义务时，我单位承担缴纳海关税款及滞纳金的连带担保责任。本保证书自______年______月______日开始生效，担保期限至______年______月______日。保证书的担保期限到期前已经发生的担保义务在期满后 180 天内仍然有效。
单位签章：　　　　法定代表人签字：
年　　月　　日</td></tr>
<tr><td>主管地海关审批意见：
一级：
二级：
三级：</td></tr>
</table>

注：1. 本表中的境内金融机构是指银行或者非银行金融机构。
2. 本表格请正反面双面打印。

附件 2

＊＊＊＊（期交所）保税交割结算单（参考模板）
（报关专用）

交割编号：

<table>
<tr><td colspan="2">买入客户号</td><td></td><td>买入客户名称</td><td colspan="3"></td></tr>
<tr><td colspan="2">所属会员号</td><td></td><td>所属会员名称</td><td colspan="3"></td></tr>
<tr><td colspan="2">品种</td><td></td><td>交割月</td><td></td><td>交割方式</td><td></td></tr>
<tr><td colspan="2">保税交割数量</td><td></td><td>保税结算价</td><td></td><td>金额</td><td></td></tr>
<tr><td rowspan="2">品质</td><td>贴水数量</td><td></td><td>贴水</td><td></td><td>金额</td><td></td></tr>
<tr><td>升水数量</td><td></td><td>升水</td><td></td><td>金额</td><td></td></tr>
<tr><td colspan="7"></td></tr>
<tr><td rowspan="2">仓库</td><td>贴水数量</td><td></td><td>贴水</td><td></td><td>金额</td><td></td></tr>
<tr><td>升水数量</td><td></td><td>升水</td><td></td><td>金额</td><td></td></tr>
<tr><td colspan="7"></td></tr>
</table>

续表

品级	贴水数量		贴水		金额	
	升水数量		升水		金额	
综合	贴水数量		贴水		金额	
	升水数量		升水		金额	
总金额（大写）					保税交割总金额	
备注						

打印日期　　　　　　　　　　　　　　　　　　　　　　　操作人员

注：1. 保税交割结算单中的客户是指交割客户，持有未平仓合约进入交割程序的市场参与者。

2. 交割方式包括一次性、滚动、期转现、提货单交割等。

附件 3

＊＊＊＊（期交所）保税标准仓单清单（参考模板）

（报关专用）

保税交割结算单编号：　　　　　　　　　　品种：

买入客户号：　　　　　　　　　　　　　　买入客户名称：

所属会员号：　　　　　　　　　　　　　　所属会员名称：

仓库	仓单号	品级/规格	品牌	重量（法定计量单位）	保税金额（元）

合计仓单数：　　　　　总重（吨）：　　　　　保税总金（元）：

打印日期：　　　　　　操作人员：　　　　　　页码：

注：1. 保税交割结算单中的客户是指交割客户，持有未平仓合约进入交割程序的市场参与者。

2. 如无品级/规格、品牌、仓单号可不必填写。

附件 4

保税标准仓单质押业务备案表

仓库：

<table>
<tr><td rowspan="3">出质人信息</td><td colspan="3">企业名称：</td><td colspan="2">统一社会信用代码：</td></tr>
<tr><td colspan="5">联系人及联系方式：</td></tr>
<tr><td colspan="5">开户银行及账号：</td></tr>
<tr><td rowspan="2">质权人信息</td><td colspan="3">金融机构名称：</td><td colspan="2">统一社会信用代码：</td></tr>
<tr><td colspan="5">联系人及联系方式：</td></tr>
<tr><td>仓单号</td><td>品级/规格</td><td>品牌</td><td>货位</td><td>重量（吨）</td><td>金额（元）</td></tr>
<tr><td></td><td></td><td></td><td></td><td></td><td></td></tr>
<tr><td></td><td></td><td></td><td></td><td></td><td></td></tr>
<tr><td></td><td></td><td></td><td></td><td></td><td></td></tr>
<tr><td colspan="4">合计</td><td></td><td></td></tr>
<tr><td colspan="6">备案事项说明：
我单位保证：贷款无法清偿，需要以质押物抵偿贷款时，保证先予缴纳海关税款或者从质押物的折（变）价款中优先偿付海关税款，并提交相关许可证件和单证。
出质人单位签章
年　月　日</td></tr>
<tr><td colspan="6">主管海关审核
初审意见：　　　　复审意见：</td></tr>
</table>

注：本备案表一式四份，海关、质权人、出质人和仓储企业各留存一份。本纸质备案表最多填写 5 项货物，超过 5 项货物可另行附页。如无仓单号、品级/规格、品牌、货位可不填写。

附件 5

保税标准仓单质押业务解除备案表

编号

出质人名称		统一社会信用代码	
区内地址		电话	
企业性质		海关注册编码	
经营范围		企业分类等级	
联系人		联系电话	
质权人名称		质押期限	
质押仓单号：			
解除说明： 企业签章 年 月 日			
主管海关审核 初审意见： 复审意见：			
备注			

注：本备案表一式四份，海关、质权人、出质人和仓储企业（期交所）各留存一份。

中华人民共和国海关总署公告

2019 年第 160 号

（关于分段实施准入监管加快口岸验放的公告）

为进一步优化营商环境，促进贸易便利化，提升通关整体效能，海关总署决定对进口货物分段实施准入监管，加快口岸验放。现就有关事项公告如下：

一、货物准予提离

进口货物属于下列情形之一的，凭海关通知准予提离进境地口岸海关监管区：

（一）无海关检查要求的。

（二）仅有海关口岸检查要求且已完成口岸检查的。其中，进境地口岸海关监管区内不具备检查条件的，收货人可向海关申请在监管区外具备检查条件的特定场所或场地实施转场检查。

（三）仅有海关目的地检查要求的。

（四）既有海关口岸检查又有目的地检查要求，已完成口岸检查，或经进口货物收货人或其代理人（简称“收货人”）申请在进境地口岸合并实施且已完成相关检查的。

二、货物准予销售或使用

进口货物准予提离后，由企业自行运输和存放，凭海关放行通知准予销售或使用。其中，属于下列情形的，需办结海关相关手续方可放行：

（一）有海关目的地检查要求的，海关已完成检查。

（二）属于监管证件管理的，海关已核销相关监管证件。

（三）需进行合格评定的，海关已完成合格评定程序。

三、其他有关事项

收货人销售或使用进口货物依法应当办理其他手续的，按照相关规定办理。

本公告所称检查，是指海关在进境环节对进口货物依法实施的检疫、查验或商品检验作业。其中，口岸检查由进境地主管海关在进境地口岸实施，目的地检查由目的地主管海关在目的地实施。

本公告自 2019 年 11 月 15 日起实施。

特此公告。

海关总署

2019 年 10 月 16 日

中华人民共和国海关总署公告

2019年第170号

（关于发布《中华人民共和国海关对洋山特殊综合保税区监管办法》的公告）

为贯彻落实《中国（上海）自由贸易试验区临港新片区总体方案》要求，高标准推进中国（上海）自由贸易试验区临港新片区贸易自由化，充分发挥洋山特殊综合保税区作为对标国际公认、竞争力最强自由贸易园区的重要载体作用，特制定《中华人民共和国海关对洋山特殊综合保税区监管办法》，现予发布。

特此公告。

附件：中华人民共和国海关对洋山特殊综合保税区监管办法

海关总署
2019年11月4日

附件

中华人民共和国海关对洋山特殊综合保税区监管办法

第一章 总 则

第一条 为打造更具国际市场影响力和竞争力的特殊经济功能区，发挥中国（上海）自由贸易试验区临港新片区（以下简称临港新片区）洋山特殊综合保税区（以下简称洋山特殊综保区）作为对标国际公认、竞争力最强自由贸易园区的重要载体作用，规范海关对洋山特殊综保区的管理，根据《中华人民共和国海关法》和其他有关法律、法规，制定本办法。

第二条 本办法所称的洋山特殊综保区是指经国务院批准，设立在临港新片区内，具有物流、加工、制造、贸易等功能的海关特殊监管区域。

第三条 海关依照本办法对进出洋山特殊综保区的运输工具、货物、物品以及洋山特殊综保区内企业进行监管。

第四条 洋山特殊综保区实行物理围网管理。洋山特殊综保区与中华人民共和国关境内的其他地区（以下称区外）之间，应当设置符合海关监管要求的卡口、围网、视频监控系统以及海关监管所需的其他设施。

第五条 洋山特殊综保区内不得居住人员。除保障洋山特殊综保区内人员正常工作、生活需要的配套设施外，洋山特殊综保区内不得建立营利性商业、生活消费设施。

第六条 洋山特殊综保区的基础和监管设施等应当符合海关特殊监管区域相关验收标准，海关监管作业场所（场地）应当符合《海关监管作业场所（场地）设置规范》。

第七条 中国（上海）自由贸易试验区临港新片区管理委员会作为洋山特殊综保区管理机构应建立公共信息服务平台，实现区内管理机构、海关等监管部门间数据交换和信息共享。

第八条 除法律、法规和现行政策另有规定外，境外货物入区保税或免税；货物出区进入境内区外销售按货物进口的有关规定办理报关手续，并按货物实际状态征税；境内区外货物入区视同出口，实行退税。

第九条 国家禁止进出境货物、物品等不得进出洋山特殊综保区。海关对涉及国家进出境限制性管理、口岸公共卫生安全、生物安全、食品安全、商品质量安全、知识产权等的安全准入实施风险管理。依据风险情况，对进出境货物及物品、进出口货物及物品和国际中转货物，实施必要的监管和查验。

第十条 境外与洋山特殊综保区之间进出的货物，除另有规定外，列入海关贸易统计，统计办法另行制定。区外与洋山特殊综保区之间进出的货物以及其他相关货物，根据海关管理需要实施单项统计。

区内企业之间转让、转移的货物，以及洋山特殊综保区与其他海关特殊监管区域或者保税监管场所之间往来的货物，不统计。

第二章 对洋山特殊综保区与境外之间进出货物的监管

第十一条 依法需要检疫的进出境货物原则上在口岸监管区内监管作业场所（场地）实施检疫，经海关批准，可在洋山特殊综保区内实施检疫。

对属于法定检验的大宗资源性商品、可用作原料的固体废物等的进境检验，需在口岸监管区内作业场所（场地）实施。

第十二条 对法律、法规等有明确规定的，涉及我国缔结或者参加的国际条约、协定的，和涉及安全准入管理的进出境货物，除必须在进出境环节验核相关监管证件外，其他的在进出区环节验核。

第十三条 洋山特殊综保区与境外之间进出的货物，属于本办法第十一、十二条规定范围的，企业应向海关办理申报手续；不属于上述范围的，海关径予放行。

第三章 对洋山特殊综保区与区外之间进出货物的监管

第十四条 洋山特殊综保区与境内区外之间实行进出口申报管理。货物从洋山特殊综保区进入境内区外的，由进口企业向海关办理进口申报手续。货物从境内区外进入洋山特殊综保区的，由出口企业向海关办理出口申报手续。

第十五条 除另有规定外，对其他海关特殊监管区域、保税监管场所与洋山特殊综保区之间进出的货物，由其他海关特殊监管区域、保税监管场所内企业申报进出境备案清单（报关单）。

第四章 对洋山特殊综保区内货物的监管

第十六条 区内企业可依法开展中转、集拼、存储、加工、制造、交易、展示、研发、再制造、检测维修、分销和配送等业务。

第十七条 海关不要求区内企业单独设立海关账册，但区内企业所设置、编制的会计账簿、会计凭证、会计报表和其他会计资料，应当真实、准确、完整地记录和反映有关业务情况，能够通过计算机正确、完整地记账、核算的，对其计算机储存和输出的会计记录视同会计资料。

第十八条 中国（上海）自由贸易试验区临港新片区管理委员会作为洋山特殊综保区管理机构应建立企业信用、重大事件、年报披露等信息主动公示制度。

第十九条 海关依法对区内企业开展稽查核查。

第二十条 海关对区内企业以一般贸易

方式申报的进境货物，按照现行规定进行监管。

第五章　对洋山特殊综保区国际中转货物的监管

第二十一条　除国家禁止进出境货物外，其他货物均可在洋山特殊综保区内开展国际中转（包括中转集拼，下同）。

第二十二条　洋山特殊综保区国际中转业务应在符合海关要求的专用作业场所开展。

第二十三条　相关物流企业应当按照相关管理规定，向海关舱单管理系统传输中转集拼货物的原始舱单、预配舱单、装载舱单、分拨申请、国际转运准单等电子数据。

第二十四条　国际中转货物应当在三个月内复运出境，特殊情况下，经海关批准，可以延期三个月复运出境。

第六章　对直接进出境货物以及进出洋山特殊综保区运输工具和个人携带货物、物品的监管

第二十五条　货物经洋山特殊综保区直接进境或直接出境的，应通过专用通道、卡口，海关按照进出境的有关规定进行监管。

第二十六条　进出境运输工具服务人员携带个人物品进出洋山特殊综保区的，海关按照现行规定进行监管。

第二十七条　在洋山特殊综保区进出区卡口设置供货运车辆、其他车辆和人员进出的专用通道。进出洋山特殊综保区的国内运输工具和人员，应当接受海关监管和检查。

第七章　附　则

第二十八条　违反本办法的规定，构成走私行为或违反海关监管规定的行为，以及法律、法规规定由海关实施行政处罚的行为，由海关依照相关法律、法规的规定处罚；构成犯罪的，依法追究刑事责任。

第二十九条　综合保税区政策及制度创新措施均适用于洋山特殊综保区。

第三十条　本办法由海关总署负责解释。

第三十一条　本办法自洋山特殊综保区通过验收封关运行之日起施行。

中华人民共和国海关总署公告

2019 年第 178 号

［关于调整优惠贸易协定项下进出海关特殊监管区域（场所）货物申报要求的公告］

为进一步优化营商环境，便利优惠贸易协定项下自海关特殊监管区域和保税监管场所（以下统称“区域（场所）”）内销货物享受优惠关税待遇，海关总署决定调整优惠贸易协定项下进出区域（场所）货物申报要求。现将有关事项公告如下：

一、对于出区域（场所）内销时申请适用协定税率或者特惠税率的进口货物，除本公告第三条规定的情形外，在货物从境外入区域（场所）时，其收货人或者代理人（以下统称“进口人”）不再需要按照《中华人民共和国海关进出口货物报关单填制规范》中有关优惠贸易协定项下进口货物填制要求（以下简称“优惠贸易协定项下报关单填制要求”）填报进口报关单或者进境备案清单。

二、上述货物出区域（场所）内销时，进口人应按照优惠贸易协定项下报关单填制要求填报进口报关单，并可自行选择“通关无纸化”或“有纸报关”方式申报原产地单证。选择“通关无纸化”方式申报的，进口人应当按照海关总署公告 2017 年第 67 号附件规定办理；选择“有纸报关”方式申报的，进口人应按现行规定提交纸质原产地证据文件。

三、《中华人民共和国政府和新西兰政府自由贸易协定》和《中华人民共和国政府和澳大利亚政府自由贸易协定》项下实施特殊保障措施的农产品出区域（场所）内销申请适用协定税率的，进口人仍应当在有关货物从境外首次入区域（场所）时按照优惠贸易协定项下报关单填制要求填报进口报关单或者进境备案清单，并以“通关无纸化”方式申报原产地单证。

四、预录入客户端的“海关特殊监管区域原产地”功能模块自 2019 年 12 月 31 日 18:00 起停止使用。对于 2019 年 12 月 31 日 18:00 前通过该功能模块录入并已部分使用的原产地证据文件电子数据在原产地证据文件有效期内仍可以继续使用；尚未使用的，数据将被删除，进口人按照本公告第二条规定在内销时重新申报。

五、内销时货物实际报验状态与其从境外入区域（场所）时的状态相比，超出了相关优惠贸易协定所规定的微小加工或处理范围的，不得享受协定税率或者特惠税率。

本公告中原产地单证是指原产地证据文件、商业发票、运输单证和未再加工证明等单证。原产地证据文件是指相关优惠贸易协定原产地管理办法所规定的原产地证书和原产地声明。

本公告自2020年1月1日起实施。自本公告实施之日起，海关总署公告2013年第36号、2014年第96号和2016年第53号同时废止。

特此公告。

海关总署

2019年11月19日

中华人民共和国海关总署公告

2019 年第 199 号

（关于洋山特殊综合保税区统计办法的公告）

为贯彻落实《中国（上海）自由贸易试验区临港新片区总体方案》要求，保障海关对洋山特殊综合保税区进出境及进出区货物统计的真实性、准确性、及时性、完整性，根据《中华人民共和国海关统计条例》《中华人民共和国海关统计工作管理规定》《中华人民共和国海关对洋山特殊综合保税区监管办法》及相关规范性文件，现就洋山特殊综合保税区统计办法公告如下：

一、增设海关统计代码

（一）增设海关经济区划代码“S”，表示特殊综合保税区。

（二）增设洋山特殊综合保税区国内地区代码“3122S”，用于编制 10 位数区内企业海关注册编码及申报境内目的地与货源地。

（三）增设特殊综合保税区运输方式代码“S”，用于洋山特殊综合保税区与境内区外之间进出口申报。

二、洋山特殊综合保税区进出境货物

（一）除另有规定外，货物从境外运入洋山特殊综合保税区以及从洋山特殊综合保税区运往境外，实施海关进出口货物贸易统计。

（二）洋山特殊综合保税区管理机构建立的公共信息服务平台（以下简称“服务平台”）应当满足进出口货物贸易统计原始资料的采集与质量控制要求。

三、洋山特殊综合保税区与境内之间进出的货物

（一）除另有规定外，货物从境内区外运入洋山特殊综合保税区以及从洋山特殊综合保税区运往境内区外，实施海关单项统计。

（二）海关单项统计原始资料取自海关通关系统。

四、实施时间

本办法自洋山特殊综合保税区通过验收封关运行之日起施行。

五、其他事项

自洋山特殊综合保税区封关运行之日起至服务平台的海关统计功能上线期间，区内进出口货物收发货人应当于每月 25 日至 27 日，以在线填写或界面导入方式，向海关汇总传输上月 25 日至本月 24 日期间的进出境货物汇总统计表，汇总说明见附件。具体传输方法另行通知。

汇总统计表不得包括区内企业已经在海关通关管理系统中申报的进出境货物。

特此公告。

附件：洋山特殊综合保税区进出境货物汇总统计表填表说明

海关总署
2019 年 12 月 17 日

附件

洋山特殊综合保税区进出境货物汇总统计表填表说明

一、汇总统计表仅适用于采集上月 25 日至当月 24 日期间洋山特殊综合保税区进出境货物的统计项目，不得包括区内企业已经在海关通关管理系统中申报的进出境货物。

二、以在线填写模式录入汇总统计表的，统计项目填写要求如下：

（一）货物流向：按照实际情况选择“进境”或“出境”。

（二）进出境关别：按照实际情况在下拉菜单中选择。

（三）监管方式：按照实际情况在下拉菜单中选择。

（四）运输方式：按照实际情况在下拉菜单中选择。

（五）启抵国（地区）：按照报关单填制规范在下拉菜单中选择。

（六）产终国（地区）：按照报关单填制规范在下拉菜单中选择。

（七）商品编号：按照报关单填制规范填写。

（八）品牌类型：按照报关单填制规范在下拉菜单中选择。

（九）统计人民币值：填写按照上述统计项目（一）至（八）汇总的上月 25 日至当月 24 日期间实际进境或出境的货物总值（汇总规则下同）。进口按照 CIF 价格填报，出口按照 FOB 价格填报。按照人民币之外的币制实际成交的，企业自行参照本月征税用折算率折算为人民币价格填写。

（十）第一法定数量：根据报关单填制规范要求，按照商品编号对应的第一计量单位汇总后填写。

（十一）第二法定数量：根据报关单填制规范要求，按照商品编号对应的第二计量单位汇总后填写。无第二计量单位的，不予汇总。

三、以界面导入模式录入汇总统计表的，企业应当自行按照上述要求汇总形成汇总统计表后，向海关传输。

中华人民共和国海关总署公告

2019 年第 210 号

［关于简化保税物流中心（B 型）延续有效期工作的公告］

为落实全国深化“放管服”改革优化营商环境工作要求，进一步精简行政审批，海关总署决定自 2020 年 1 月 1 日起，将保税物流中心（B 型）延续有效期审批工作委托各直属海关办理。

保税物流中心（B 型）经营企业应当在《保税物流中心（B 型）注册登记证书》有效期届满 30 日前向所在地直属海关递交延续有效期申请。经直属海关审查合格的，由直属海关作出准予延续有效期 3 年的决定。

特此公告。

海关总署

2019 年 12 月 23 日

中华人民共和国海关总署公告

2019 年第 218 号

（关于精简和规范作业手续促进加工贸易便利化的公告）

为全面落实党中央、国务院关于扩大高水平开放、深化“放管服”改革的决策部署，海关总署研究决定对部分加工贸易业务办理手续进行精简和规范，现将有关事项公告如下：

一、手册设立（变更）一次申报，取消备案资料库申报

企业通过金关二期加贸管理系统办理加工贸易手册设立（变更）时，不再向海关申报设立备案资料库，直接发送手册设立（变更）数据，海关按规定对企业申报的手册设立（变更）数据进行审核并反馈。

二、账册设立（变更）一次申报，取消商品归并关系申报

企业通过金关二期加贸管理系统办理加工贸易账册设立（变更）时，不再向海关申报归并关系，由企业根据自身管理实际，在满足海关规范申报和有关监管要求的前提下，自主向海关申报有关商品信息。企业内部管理商品与电子底账之间不是一一对应的，归并关系由企业自行留存备查。

三、外发加工一次申报，取消外发加工收发货记录

简化外发加工业务申报手续，企业通过金关二期加贸管理系统办理加工贸易外发加工业务时，应在规定的时间内向海关申报《外发加工申报表》，不再向海关申报外发加工收发货登记，实现企业外发加工一次申报、收发货记录自行留存备查。

企业应如实填写并向海关申报《外发加工申报表》，对全工序外发的，应在申报表中勾选“全工序外发”标志，并按规定提供担保后开展外发加工业务。

四、深加工结转一次申报，取消事前申请和收发货记录

简化深加工结转业务申报手续，海关对加工贸易深加工结转业务不再进行事前审核。企业通过金关二期加贸管理系统办理加工贸易深加工结转业务时，不再向海关申报《深加工结转申报表》和收发货记录，应在规定的时间内直接向海关申报保税核注清单及报关单办理结转手续，实现企业深加工结转一次申报、收发货记录自行留存备查。

企业应于每月 15 日前对上月深加工结转情况进行保税核注清单及报关单的集中申报，但集中申报不得超过手（账）册有效期或核销截止日期，且不得跨年申报。

五、余料结转一次申报，不再征收风险担保金

简化余料结转业务申报手续，海关对加

工贸易余料结转业务不再进行事前审核。企业通过金关二期加贸管理系统办理加工贸易余料结转业务时，不再向海关申报《余料结转申报表》，企业应在规定的时间内向海关申报保税核注清单办理余料结转手续，实现企业余料结转一次申报。

取消企业办理余料结转手续需征收担保的相关规定，对同一经营企业申报将剩余料件结转到另一加工企业的、剩余料件转出金额达到该加工贸易合同项下实际进口料件总额50%及以上的、剩余料件所属加工贸易合同办理两次及两次以上延期手续的等情形，企业不再提供担保。

六、内销征税一次申报，统一内销征税申报时限

优化加工贸易货物内销征税手续，企业通过金关二期加贸管理系统办理加工贸易货物内销业务时，直接通过保税核注清单生成内销征税报关单，并办理内销征税手续，不再向海关申报《内销征税联系单》。

统一区外加工贸易企业集中办理内销征税手续申报时限，符合条件集中办理内销征税手续的加工贸易企业，应于每月15日前对上月内销情况进行保税核注清单及报关单的集中申报，但集中申报不得超过手（账）册有效期或核销截止日期，且不得跨年申报。

七、优化不作价设备监管，简化解除监管流程

企业通过金关二期加贸管理系统办理不作价设备手册设立等各项手续，根据规范申报要求上传随附单证进行在线申报。

简化不作价设备解除监管流程，对于监管期限已满的不作价设备，企业不再向海关提交书面申请等纸质单证，通过申报监管方式为“BBBB”的设备解除监管专用保税核注清单，向主管海关办理设备解除监管手续。保税核注清单审核通过后，企业如有需要，可自行打印解除监管证明。不作价设备监管期限未满，企业申请提前解除监管的，由企业根据现有规定办理复运出境或内销手续。

八、创新低值辅料监管，纳入保税料件统一管理

将低值辅料纳入加工贸易手（账）册统一管理。企业使用金关二期加贸管理系统，将低值辅料纳入进口保税料件申报和使用，适用加工贸易禁止类、限制类商品目录等相关管理政策，实现低值辅料无纸化、规范化管理。

海关停止签发低值辅料登记表，之前已经签发的低值辅料登记表，企业可正常执行完毕。

本公告自2020年1月1日起实施。

特此公告。

海关总署

2019年12月26日

中华人民共和国海关总署公告

2019 年第 221 号

（关于修订市场采购贸易监管办法及其监管方式有关事宜的公告）

为促进市场采购贸易的健康稳定发展，规范对市场采购贸易的管理，根据《中华人民共和国海关法》《中华人民共和国进出口商品检验法》《中华人民共和国进出境动植物检疫法》《中华人民共和国食品安全法》以及其他有关法律、行政法规，现就市场采购贸易方式出口商品海关监管有关事宜公告如下：

一、市场采购贸易方式，是指在经认定的市场集聚区采购商品，由符合条件的经营者办理出口通关手续的贸易方式。

市场采购贸易方式单票报关单的货值最高限额为 15 万美元。

以下出口商品不适用市场采购贸易方式：

（一）国家禁止或限制出口的商品；

（二）未经市场采购商品认定体系确认的商品；

（三）贸易管制主管部门确定的其他不适用市场采购贸易方式的商品。

二、从事市场采购贸易的对外贸易经营者，应当向市场集聚区所在地商务主管部门办理市场采购贸易经营者备案登记，并按照海关相关规定在海关办理进出口货物收发货人备案。

三、对外贸易经营者对其代理出口商品的真实性、合法性承担责任。经市场采购商品认定体系确认的商品信息应当通过市场综合管理系统与海关实现数据联网共享。对市场综合管理系统确认的商品，海关按照市场采购贸易方式实施监管。

四、每票报关单所对应的商品清单所列品种在 5 种以上的可以按以下方式实行简化申报：

（一）货值最大的前 5 种商品，按货值从高到低在出口报关单上逐项申报；

（二）其余商品以《中华人民共和国进出口税则》中“章”为单位进行归并，每“章”按价值最大商品的税号作为归并后的税号，货值、数量等也相应归并。

有下列情形之一的商品不适用简化申报：

1. 需征收出口关税的；

2. 实施检验检疫的；

3. 海关另有规定不适用简化申报的。

五、市场采购贸易出口商品应当在采购地海关申报，对于转关运输的市场采购贸易出口商品，由出境地海关负责转关运输的途中监管。

六、需在采购地实施检验检疫的市场采购贸易出口商品，其对外贸易经营者应建立合格供方、商品质量检查验收、商品溯源等管理制度，提供经营场所、仓储场所等相关信息，并在出口申报前向采购地海关提出检验检疫申请。

七、对外贸易经营者应履行产品质量主体责任，对出口市场在生产、加工、存放过程等方面有监管或官方证书要求的农产品、食品、化妆品，应符合相关法律法规规定或双边协议要求。

八、本公告中的采购地海关是指市场集聚区所在地的主管海关。

本公告中的市场集聚区是指经国家商务主管等部门认定的各类从事专业经营的商品城、专业市场和专业街。

九、市场采购海关监管方式代码为“1039”，全（简）称“市场采购”。

十、市场采购出口商品实施海关统计。

本公告事宜自发布之日起执行，海关总署 2014 年第 54 号公告、原国家质检总局 2012 年第 31 号公告同时废止。

特此公告。

海关总署

2019 年 12 月 27 日

中华人民共和国海关总署公告

2019 年第 229 号

（关于公布《海关认证企业标准》的公告）

现将《中华人民共和国海关企业信用管理办法》（海关总署令第 237 号）配套执行的《海关认证企业标准》（跨境电子商务平台企业、进出境快件运营人单项标准）予以发布，同时就有关实施事项公告如下：

一、跨境电子商务平台企业申请适用海关认证企业管理的，应当同时符合《海关认证企业标准》中的通用标准、进出口货物收发货人和跨境电子商务平台企业单项标准。

二、进出境快件运营人申请适用海关认证企业管理的，应当同时符合《海关认证企业标准》中的通用标准、报关企业和进出境快件运营人单项标准。

三、已经适用海关认证企业管理的跨境电子商务平台企业和进出境快件运营人，请按照本公告第一、二条的规定，对照应适用的通用标准和单项标准，进行自我评估和规范改进。

自 2020 年 9 月 1 日起，海关将按照本公告第一、二条的规定，对上述海关认证企业开展重新认证。

本公告自 2020 年 3 月 1 日起施行。

特此公告。

附件 1　海关认证企业标准（高级认证—跨境电子商务平台企业）

附件 2　海关认证企业标准（一般认证—跨境电子商务平台企业）

附件 3　海关认证企业标准（高级认证—进出境快件运营人）

附件 4　海关认证企业标准（一般认证—进出境快件运营人）

海关总署

2019 年 12 月 27 日

附件 1

海关认证企业标准

（高级认证—跨境电子商务平台企业）

<table>
<tr><td colspan="3">认证标准</td><td colspan="4">达标情况</td></tr>
<tr><td colspan="3">一、内部控制标准</td><td>达标
0</td><td>基本达标
−1</td><td>不达标
−2</td><td>不适用
−</td></tr>
<tr><td rowspan="3">（一）组织机构控制</td><td>1. 海关业务培训</td><td>建立面向跨境电子商务企业、跨境电子商务企业境内代理人（以下简称“电商企业及其境内代理人”）的海关法律法规等相关规定的常态化培训制度并有效落实，建立培训效果评估机制。</td><td></td><td></td><td></td><td></td></tr>
<tr><td rowspan="2">2. 内部组织架构</td><td>（1）设置专门业务风险管理部门，重点围绕商品合规、质量安全、生物安全、虚假交易、二次销售、知识产权等开展风险评估与日常监控，部门职责分工明确并有效落实。</td><td rowspan="2"></td><td rowspan="2"></td><td rowspan="2"></td><td rowspan="2"></td></tr>
<tr><td>（2）设置专门客户服务部门，重点围绕交易规则评估、交易安全保障、消费者权益保护、不良信息处理等开展日常监控和服务，部门职责分工明确并有效落实。</td></tr>
<tr><td rowspan="4">（二）进出口业务控制</td><td rowspan="3">3. 单证控制</td><td>（1）建立交易电子信息复核制度并有效落实。</td><td rowspan="3"></td><td rowspan="3"></td><td rowspan="3"></td><td rowspan="3"></td></tr>
<tr><td>（2）设置专门部门或岗位人员，对向海关传输的电子信息真实性、完整性和有效性进行合理审查。</td></tr>
<tr><td>（3）利用跨境电子商务平台运营所积累的数据对商品价格、归类等税收要素、产品质量和交易真实性进行监控。</td></tr>
<tr><td>4. 单证保管</td><td>按照及时性、完整性、准确性与安全性等海关要求，保存与跨境电子商务有关的合作合同（协议）、委托代理协议等资料，以及向海关传输的电子信息，保存时限不低于 3 年。</td><td></td><td></td><td></td><td></td></tr>
<tr><td rowspan="2">（三）内部审计控制</td><td rowspan="2">5. 质量管理</td><td>（1）建立商品质量安全和生物安全风险防控机制，对通过平台销售商品的质量安全和生物安全进行有效防控，及时发布商品质量安全和生物安全监测、预警信息。</td><td rowspan="2"></td><td rowspan="2"></td><td rowspan="2"></td><td rowspan="2"></td></tr>
<tr><td>（2）建立消费者权益保障制度，履行对消费者的提醒告知义务。</td></tr>
</table>

续表

认证标准			达标情况			
（四）信息系统控制	6. 信息系统	（1）建立真实、准确、完整并有效控制跨境电子商务经营活动的信息系统，在资质审核、财务管理、进出口申报、业务风险管理等方面具备可记录、可追溯、可查询、可分析、可预警等功能并有效运行。				
		（2）具备与海关即时对接的条件。满足海关风险防控、定期验核交易数据等管理要求。				
		（3）具备境内订购人身份信息真实性校验功能并有效运行。				
	7. 数据管理	建立知识产权库、价格数据库、历史交易库和企业信息库等后台业务风险管理数据库。应海关要求提供有关风险防控方面的信息和数据。				
二、贸易安全标准			达标 0	基本达标 -1	不达标 -2	不适用 -
（五）商业伙伴安全控制	8. 商业伙伴安全	（1）建立电商企业及其境内代理人和其他商业合作伙伴的资质准入制度并有效落实。				
		（2）与电商企业及其境内代理人和其他商业合作伙伴签订规范的跨境电子商务合同（协议），在合同、协议或者其他书面资料中要求电商企业及其境内代理人和其他商业合作伙伴，按照海关认证标准优化和完善贸易安全管理。				
		（3）根据风险评估结果、违法违规记录等建立电商企业及其境内代理人分级管理制度，对有违法违规记录的电商企业及其境内代理人进行责任回溯，并采取相应管控措施，不得为被列入联合惩戒对象的企业提供平台服务。				
		（4）建立对电商企业及其境内代理人交易行为的监控制度，能够有效识别非正常交易行为并采取相应的处置措施。				

附件 2

海关认证企业标准

（一般认证—跨境电子商务平台企业）

认证标准			达标情况			
一、内部控制标准			达标 0	基本达标 -1	不达标 -2	不适用 -
（一）组织机构控制	1. 海关业务培训	建立面向跨境电子商务企业、跨境电子商务企业境内代理人（以下简称“电商企业及其境内代理人”）的海关法律法规等相关规定的常态化培训制度并有效落实。				
	2. 内部组织架构	（1）设置专门业务风险管理部门，部门职责分工明确并有效落实。				
		（2）设置专门客户服务部门，部门职责分工明确并有效落实。				
（二）进出口业务控制	3. 单证控制	（1）建立交易电子信息复核制度并有效落实。				
		（2）设置专门部门或岗位人员，对向海关传输的电子信息真实性、完整性和有效性进行合理审查。				
	4. 单证保管	按照及时性、完整性、准确性与安全性等海关要求，保存与跨境电子商务有关的合作合同（协议）、委托代理协议等资料，以及向海关传输的电子信息，保存时限不低于3年。				
（三）内部审计控制	5. 质量管理	（1）建立商品质量安全和生物安全风险防控机制，对通过平台所销售商品的质量安全和生物安全进行有效防控，及时发布商品质量安全和生物安全监测、预警信息。				
		（2）建立消费者权益保障制度，履行对消费者的提醒告知义务。				
（四）信息系统控制	6. 信息系统	（1）建立真实、准确、完整并有效控制跨境电子商务经营活动的信息系统，在资质审核、财务管理、进出口申报、业务风险管理等方面具备可记录、可追溯、可查询、可分析、可预警等功能并有效运行。				
		（2）具备境内订购人身份信息真实性校验功能并有效运行。				
	7. 数据管理	建立知识产权库、价格数据库、历史交易库和企业信息库等后台业务风险管理数据库。应海关要求提供有关风险防控方面的信息和数据。				

续表

<table>
<tr><td colspan="3">认证标准</td><td colspan="4">达标情况</td></tr>
<tr><td colspan="3">二、贸易安全标准</td><td>达标
0</td><td>基本
达标
-1</td><td>不
达标
-2</td><td>不
适用
-</td></tr>
<tr><td rowspan="2">（五）商业伙伴安全控制</td><td rowspan="2">8. 商业伙伴安全</td><td>（1）建立电商企业及其境内代理人和其他商业合作伙伴的资质准入制度并有效落实。</td><td rowspan="2"></td><td rowspan="2"></td><td rowspan="2"></td><td rowspan="2"></td></tr>
<tr><td>（2）与电商企业及其境内代理人和其他商业合作伙伴签订规范的跨境电子商务合同（协议），在合同、协议或者其他书面资料中要求电商企业及其境内代理人和其他商业合作伙伴，按照海关认证标准优化和完善贸易安全管理。</td></tr>
</table>

附件 3

海关认证企业标准

（高级认证—进出境快件运营人）

<table>
<tr><td colspan="3">认证标准</td><td colspan="4">达标情况</td></tr>
<tr><td colspan="3">一、内部控制标准</td><td>达标
0</td><td>基本
达标
-1</td><td>不
达标
-2</td><td>不
适用
-</td></tr>
<tr><td rowspan="2">（一）进出口业务控制</td><td>1. 单证控制</td><td>设置专门部门或岗位人员，在申报前对委托人提供的进出口随附单据、有关证明文件、收发件人信息等资料的真实性、规范性和完整性进行审查。</td><td></td><td></td><td></td><td></td></tr>
<tr><td>2. 单证保管</td><td>按照完整性、准确性与安全性等海关要求，保存快件报关单证、随附单据、有关证明文件等。</td><td></td><td></td><td></td><td></td></tr>
<tr><td rowspan="5">（二）信息系统控制</td><td rowspan="4">3. 信息系统</td><td>（1）具备全程实时快件物流信息跟踪功能，实现对揽收快件物流状态的实时查询。</td><td rowspan="4"></td><td rowspan="4"></td><td rowspan="4"></td><td rowspan="4"></td></tr>
<tr><td>（2）具备风险控制功能，对客户和快件进行风险识别、分析、筛查、处置并实施分级管理。</td></tr>
<tr><td>（3）具备快件仓储管理功能，能够对快件在海关监管作业场所内的物流状态实施跟踪、查询、控制等。</td></tr>
<tr><td>（4）具备与海关即时对接的条件。向海关开放相关系统查询使用权限，满足海关管理需求。</td></tr>
<tr><td>4. 数据管理</td><td>信息系统的数据及时、准确、完整、规范，全程物流信息、风险管理信息等系统数据，自办结海关手续之日起保存 3 年以上。</td><td></td><td></td><td></td><td></td></tr>
</table>

续表

认证标准			达标情况			
二、贸易安全标准			达标 0	基本达标 −1	不达标 −2	不适用 −
（三）商业伙伴安全控制措施	5. 商业伙伴安全	建立境内和境外合作者的风险分级管理制度，结合海关监管情况及企业内部掌握情况对合作者进行动态评估，要求合作者按照海关认证标准优化和完善贸易安全管理。				
（四）货物安全控制措施	6. 货物、物品安全	（1）建立符合法律法规要求的揽收快件验视、复核制度并有效落实，对限制类快件应当要求客户提供有关证明文件，对不符合法律法规要求的快件不得揽收承运。				
		（2）要求境外合作者建立符合法律法规要求的快件揽收验视、复核制度，并检查评估其执行落实情况，每年度不少于1次。				
		（3）建立快件装卸、分拣、存储、运输全程（关境内）监控制度并有效落实。应海关要求提供相关信息。				
		（4）建立对有违法嫌疑或高风险快件处置制度，发现上述情况及时采取处置措施并向海关报告。				

附件4

海关认证企业标准

（一般认证—进出境快件运营人）

认证标准			达标情况			
一、内部控制标准			达标 0	基本达标 −1	不达标 −2	不适用 −
（一）进出口业务控制	1. 单证控制	设置专门部门或岗位人员，在申报前对委托人提供的进出口随附单据、有关证明文件、收发件人信息等资料的真实性、规范性和完整性进行审查。				
	2. 单证保管	按照完整性、准确性与安全性等海关要求，保存快件报关单证、随附单据、有关证明文件等。				

续表

<table>
<tr><td colspan="3">认证标准</td><td colspan="4">达标情况</td></tr>
<tr><td rowspan="4">（二）信息系统控制</td><td rowspan="3">3. 信息系统</td><td>（1）具备全程实时快件物流信息跟踪功能，实现对揽收快件物流状态的实时查询。</td><td rowspan="3"></td><td rowspan="3"></td><td rowspan="3"></td><td rowspan="3"></td></tr>
<tr><td>（2）具备风险控制功能，对客户和快件进行风险识别、处置。</td></tr>
<tr><td>（3）具备与海关即时对接的条件。向海关开放相关系统查询使用权限，满足海关管理需求。</td></tr>
<tr><td>4. 数据管理</td><td>信息系统的数据及时、准确、完整、规范，全程物流信息、风险管理信息等系统数据，自办结海关手续之日起保存3年以上。</td><td></td><td></td><td></td><td></td></tr>
<tr><td colspan="3">二、贸易安全标准</td><td>达标
0</td><td>基本达标
−1</td><td>不达标
−2</td><td>不适用
−</td></tr>
<tr><td>（三）商业伙伴安全控制措施</td><td>5. 商业伙伴安全</td><td>对境内和境外合作者在合同、协议或者其他书面资料中要求按照海关认证标准优化和完善贸易安全管理。</td><td></td><td></td><td></td><td></td></tr>
<tr><td rowspan="3">（四）货物安全控制措施</td><td rowspan="3">6. 货物、物品安全</td><td>（1）建立符合法律法规要求的揽收快件验视、复核制度并有效落实，对限制类快件应当要求客户提供有关证明文件，对不符合法律法规要求的快件不得揽收承运。</td><td rowspan="3"></td><td rowspan="3"></td><td rowspan="3"></td><td rowspan="3"></td></tr>
<tr><td>（2）建立快件装卸、分拣、存储、运输全程（关境内）监控制度并有效落实。应海关要求提供相关信息。</td></tr>
<tr><td>（3）建立对有违法嫌疑或高风险快件处置制度，发现上述情况及时采取处置措施并向海关报告。</td></tr>
</table>

中华人民共和国海关总署公告

2020年第21号

［关于临时延长加工贸易手（账）册核销期限和有关注册登记备案事宜的公告］

根据新型冠状病毒感染的肺炎疫情口岸防控工作需要，为进一步做好海关保税监管和企业注册登记备案服务，现将有关事项公告如下：

一、加工贸易企业（含海关特殊监管区域内企业）按照各级政府要求，延迟复工造成加工贸易手（账）册超过有效期（核销周期）的，主管海关可办理手（账）册延期手续，企业事后补充提交有关材料。加工贸易手（账）册项下深加工结转、内销征税等各类申报业务超过规定时限的，主管海关可延期办理相关手续。

二、因疫情防控工作需要，企业捐赠或被征用的保税货物，主管海关凭企业申请，在登记货物品名、数量、捐赠（征用）单位等基本信息后加快放行。

三、对因进口疫情防控物资需要办理企业注册登记或者备案的，海关予以优先办理。

特此公告。

海关总署

2020年2月6日

中华人民共和国海关总署公告

2020 年第 44 号

（关于全面推广跨境电子商务出口商品退货监管措施有关事宜的公告）

为进一步优化营商环境、促进贸易便利化，帮助企业积极应对新冠肺炎疫情影响，使跨境电子商务商品出得去、退得回，推动跨境电子商务出口业务健康快速发展，海关总署决定全面推广跨境电子商务出口商品退货监管措施。现将有关事宜公告如下：

一、跨境电子商务出口企业、特殊区域［包括海关特殊监管区域和保税物流中心（B 型）］内跨境电子商务相关企业或其委托的报关企业（以下简称“退货企业”）可向海关申请开展跨境电子商务零售出口、跨境电子商务特殊区域出口、跨境电子商务出口海外仓商品的退货业务。

二、申请开展退货业务的跨境电子商务出口企业、特殊区域内跨境电子商务相关企业应当建立退货商品流程监控体系，应保证退货商品为原出口商品，并承担相关法律责任。

三、退货企业可以对原《中华人民共和国海关出口货物报关单》、《中华人民共和国海关跨境电子商务零售出口申报清单》或《中华人民共和国海关出境货物备案清单》所列全部或部分商品申请退货。

四、跨境电子商务出口退货商品可单独运回也可批量运回，退货商品应在出口放行之日起 1 年内退运进境。

五、退货企业应当向海关如实申报，接受海关监管，并承担相应的法律责任。

本公告自发布之日起实施。

海关总署

2020 年 3 月 27 日

中华人民共和国海关总署公告

2020 年第 45 号

（关于跨境电子商务零售进口商品退货有关监管事宜的公告）

为进一步优化营商环境、促进贸易便利化，帮助企业积极应对新冠肺炎疫情影响，优化跨境电子商务零售进口商品退货监管，推动跨境电子商务健康快速发展，根据国家有关跨境电子商务零售进口相关政策规定，现将跨境电子商务零售进口商品退货海关监管事宜公告如下：

一、在跨境电子商务零售进口模式下，跨境电子商务企业境内代理人或其委托的报关企业（以下简称“退货企业”）可向海关申请开展退货业务。跨境电子商务企业及其境内代理人应保证退货商品为原跨境电商零售进口商品，并承担相关法律责任。

二、退货企业可以对原《中华人民共和国海关跨境电子商务零售进口申报清单》（以下简称《申报清单》）内全部或部分商品申请退货。

三、退货企业在《申报清单》放行之日起 30 日内申请退货，并且在《申报清单》放行之日起 45 日内将退货商品运抵原海关监管作业场所、原海关特殊监管区域或保税物流中心（B 型）的，相应税款不予征收，并调整消费者个人年度交易累计金额。

四、退货企业应当向海关如实申报，接受海关监管，并承担相应的法律责任。

五、海关总署 2018 年 194 号公告有关内容与本公告不一致的以本公告为准。

本公告自发布之日起实施。

海关总署

2020 年 3 月 28 日

中华人民共和国海关总署公告

2020年第55号

（关于暂免征收加工贸易货物内销缓税利息的公告）

为支持加工贸易发展，纾解企业困难，促进稳就业、稳外贸、稳外资，经国务院同意，自2020年4月15日至2020年12月31日（以企业内销申报时间为准），对企业内销加工贸易货物的，暂免征收内销缓税利息。

特此公告。

海关总署

2020年4月14日

中华人民共和国海关总署公告

2020 年第 73 号

（关于发布《中华人民共和国海关对洋浦保税港区监管办法》的公告）

为贯彻落实《海南自由贸易港建设总体方案》要求，支持海南逐步探索、稳步推进中国特色自由贸易港建设，分步骤、分阶段建设自由贸易港政策和制度体系，对进出海南洋浦保税港区的货物，除禁止进出口和限制出口以及需要检验检疫的货物外，试行“一线放开、二线管住”的货物进出境管理制度，特制定《中华人民共和国海关对洋浦保税港区监管办法》，现予发布。

特此公告。

附件：中华人民共和国海关对洋浦保税港区监管办法

海关总署

2020 年 6 月 3 日

附件

中华人民共和国海关对洋浦保税港区监管办法

第一章　总　则

第一条　为了打造开放层次更高、营商环境更优、辐射作用更强的中国特色自由贸易港，服务新时代国家对外开放战略布局，充分发挥洋浦保税港区的先行先试作用，支持建设自由贸易港先行区，规范海关对洋浦保税港区的管理，根据《中华人民共和国海关法》和其他有关法律、法规，制定本办法。

第二条　海关依照本办法对进出洋浦保税港区的运输工具、货物、物品以及洋浦保税港区内企业进行监管。

第三条　洋浦保税港区实行物理围网管理。洋浦保税港区与中华人民共和国关境内的其他地区之间，应当设置符合海关监管要求的卡口、围网、视频监控系统以及海关监管所需的其他设施。

第四条　除法律、法规和现行政策另有规定外，境外货物入区保税或免税；货物出区进入境内区外销售按货物进口的有关规定办理报关手续，并按货物实际状态征税；境内区外货物入区视同出口，实行退税。

对区内鼓励类产业企业生产的不含进口料件或含进口料件在洋浦保税港区加工增值超过 30%（含）的货物，出区进入境内区外销售时，免征进口关税，照章征收进口环节增值税、消费税，相关办法另行制定。

第五条　洋浦经济开发区管委会应建立公共信息服务平台，实现区内管理机构、海关等监管部门间数据交换和信息共享；建立并完善重大事件信息主动公示制度。

第六条　国家禁止进出境货物、物品不得进出洋浦保税港区。

海关对涉及国家进出境限制性管理、口岸公共卫生安全、生物安全、食品安全、商品质量安全、知识产权等的安全准入实施风险管理。海关依法对进出境货物及物品、进出口货物及物品和国际中转货物实施监管和检查。

第七条 境外与洋浦保税港区之间进出的货物，除另有规定外，实施海关贸易统计，统计办法另行制定。

境内区外与洋浦保税港区之间进出的货物以及其他相关货物，实施海关单项统计。

区内企业之间转让、转移的货物，以及洋浦保税港区与其他海关特殊监管区域或者保税监管场所之间往来的货物，不列入海关统计。

第二章 对洋浦保税港区与境外之间进出货物的监管

第八条 依法需要检疫的进出境货物，原则上在口岸监管区内监管作业场所（场地）实施检查。经海关批准，可在洋浦保税港区内符合条件的场所实施检查。

对法定检验的大宗资源性商品、可用作原料的固体废物等的进境检验，应当在口岸监管区内监管作业场所（场地）实施。

对境外入区动植物产品的检验项目，实行“先入区，后检测”，根据检测结果进行后续处置。

第九条 洋浦保税港区与境外之间进出的货物，不实行许可证件管理，但法律、法规、我国缔结或者参加的国际条约、协定有明确规定或者涉及安全准入管理的除外。

第十条 洋浦保税港区与境外之间进出的货物，属于本办法第八、九条规定范围的，企业应向海关办理申报手续；不属于上述范围的，海关径予放行。

第三章 对洋浦保税港区与境内区外之间进出货物的监管

第十一条 洋浦保税港区与境内区外之间货物进出口，按照现有规定申报。货物从洋浦保税港区进入境内区外的，由进口企业向海关办理进口申报手续。货物从境内区外进入洋浦保税港区的，由出口企业向海关办理出口申报手续。

第十二条 除另有规定外，对其他海关特殊监管区域、保税监管场所与洋浦保税港区之间进出的货物，由其他海关特殊监管区域、保税监管场所内企业申报进出境备案清单（报关单）。

第十三条 对境外入区时已实施检验的货物，出区时免予检验；属于实施食品卫生监督检验和商品检验范围的货物，符合条件的企业，海关可依申请在区内实施集中预检验、分批核销出区。

第十四条 对境内入区、在区内消耗使用、不离境、合理数量的货物、物品，免予填报报关单或备案清单等手续，免予提交许可证件。

第四章 对洋浦保税港区内货物的监管

第十五条 区内企业可依法开展中转、集拼、存储、加工、制造、交易、展示、研发、再制造、检测维修、分销和配送等业务。

第十六条 对注册在洋浦保税港区内的融资租赁企业进出口飞机、船舶和海洋工程结构物等不具备实际入区条件的大型设备，予以保税，按物流实际需要，实行异地委托监管。

第十七条 海关不要求区内企业单独设立海关账册，但区内企业所设置、编制的会计账簿、会计凭证、会计报表和其他会计资料，应当真实、准确、完整地记录和反映有关业务情况，能够通过计算机正确、完整地记账、核算的，对其计算机储存和输出的会计记录视同会计资料。

第十八条 海关依法对区内企业开展稽查核查。

第十九条 海关对区内企业以一般贸易方式申报的进境货物，按照现行规定进行监管。

第五章 对洋浦保税港区国际中转货物的监管

第二十条 除国家禁止进出境货物外，其他货物均可在洋浦保税港区内开展国际中转（包括中转集拼，下同）。

第二十一条 洋浦保税港区国际中转业务应在符合海关监管要求的专用作业场所开展。

第二十二条 舱单电子数据传输义务人应当按照相关管理规定，向海关舱单管理系统传输中转集拼货物的原始舱单、预配舱单、装载舱单、分拨申请、国际转运准单等电子数据。

第二十三条 国际中转货物应当在三个月内复运出境，特殊情况下，经海关批准，可以延期三个月复运出境。

第六章 对直接进出境货物以及进出洋浦保税港区运输工具和个人携带货物、物品的监管

第二十四条 货物经洋浦保税港区直接进境或直接出境的，海关按照进出境的有关规定进行监管。

第二十五条 进出境运输工具服务人员及其携带个人物品进出洋浦保税港区的，海关按照现行规定进行监管。

第二十六条 在洋浦保税港区进出区卡口设置供货运车辆、其他车辆和人员进出的专用通道。进出洋浦保税港区的国内运输工具和人员，应当接受海关监管和检查。

第二十七条 经公共卫生风险评估，对符合电讯检疫要求的入境交通工具实施电讯检疫。

第七章 附 则

第二十八条 综合保税区政策及制度创新措施均适用于洋浦保税港区。

第二十九条 违反本办法规定，构成走私行为或违反海关监管规定的行为，以及法律、法规规定由海关实施行政处罚的行为，由海关依照相关法律、法规的规定处罚；构成犯罪的，依法追究刑事责任。

第三十条 本办法由海关总署负责解释。

第三十一条 本办法自印发之日起施行。

中华人民共和国海关总署公告

2020 年第 75 号

(关于开展跨境电子商务企业对企业出口监管试点的公告)

为贯彻落实党中央国务院关于加快跨境电子商务（以下简称“跨境电商”）新业态发展的部署要求，充分发挥跨境电商稳外贸保就业等积极作用，进一步促进跨境电商健康快速发展，现就跨境电商企业对企业出口（以下简称“跨境电商 B2B 出口”）试点有关监管事宜公告如下：

一、适用范围

（一）境内企业通过跨境电商平台与境外企业达成交易后，通过跨境物流将货物直接出口送达境外企业（以下简称“跨境电商 B2B 直接出口”），或境内企业将出口货物通过跨境物流送达海外仓，通过跨境电商平台实现交易后从海外仓送达购买者（以下简称“跨境电商出口海外仓”），并根据海关要求传输相关电子数据的，按照本公告接受海关监管。

二、增列海关监管方式代码

（二）增列海关监管方式代码“9710”，全称“跨境电子商务企业对企业直接出口”，简称“跨境电商 B2B 直接出口”，适用于跨境电商 B2B 直接出口的货物。

（三）增列海关监管方式代码“9810”，全称“跨境电子商务出口海外仓”，简称“跨境电商出口海外仓”，适用于跨境电商出口海外仓的货物。

三、企业管理

（四）跨境电商企业、跨境电商平台企业、物流企业等参与跨境电商 B2B 出口业务的境内企业，应当依据海关报关单位注册登记管理有关规定，向所在地海关办理注册登记。

开展出口海外仓业务的跨境电商企业，还应当在海关开展出口海外仓业务模式备案。

四、通关管理

（五）跨境电商企业或其委托的代理报关企业、境内跨境电商平台企业、物流企业应当通过国际贸易“单一窗口”或“互联网+海关”向海关提交申报数据、传输电子信息，并对数据真实性承担相应法律责任。

（六）跨境电商 B2B 出口货物应当符合检验检疫相关规定。

（七）海关实施查验时，跨境电商企业或其代理人、监管作业场所经营人应当按照有关规定配合海关查验。海关按规定实施查验，对跨境电商 B2B 出口货物可优先安排查验。

（八）跨境电商 B2B 出口货物适用全国通关一体化，也可采用“跨境电商”模式进行转关。

五、其他事项

（九）本公告有关用语的含义：

“跨境电商 B2B 出口”是指境内企业通过跨境物流将货物运送至境外企业或海外仓，并通过跨境电商平台完成交易的贸易形式。

“跨境电商平台”是指为交易双方提供网页空间、虚拟经营场所、交易规则、信息发布等服务，设立供交易双方独立开展交易活动的信息网络系统。包括自营平台和第三方平台，境内平台和境外平台。

（十）在北京海关、天津海关、南京海关、杭州海关、宁波海关、厦门海关、郑州海关、广州海关、深圳海关、黄埔海关开展跨境电商 B2B 出口监管试点。根据试点情况及时在全国海关复制推广。

（十一）本公告自 2020 年 7 月 1 日起施行，未尽事宜按海关有关规定办理。

特此公告。

海关总署

2020 年 6 月 12 日

中华人民共和国海关总署公告

2020 年第 78 号

（关于调整加工贸易内销申报纳税办理时限的公告）

为落实党中央、国务院关于统筹推进新冠肺炎疫情防控和经济社会发展工作的决策部署，做好“六稳”工作、落实“六保”任务，支持加工贸易企业开拓国内市场，根据国务院有关部署要求，进一步放宽加工贸易内销申报纳税办理时限：

一、对符合条件按月办理内销申报纳税手续的海关特殊监管区域外加工贸易企业，在不超过手册有效期或账册核销截止日期的前提下，最迟可在季度结束后 15 天内完成申报纳税手续。

二、海关特殊监管区域内加工贸易企业，采用“分送集报”方式办理出区进入中华人民共和国关境内（海关特殊监管区域外）手续的，在不超过账册核销截止日期的前提下，最迟可在季度结束后 15 天内完成申报纳税手续，或按照现行规定进行申报纳税。

三、按季度申报纳税不得跨年操作，企业需在每年 4 月 15 日、7 月 15 日、10 月 15 日、12 月 31 日前进行申报。

本公告自发布之日起实施。

特此公告。

海关总署

2020 年 7 月 1 日

文字资料篇

保税区（保税物流园区）

上海外高桥保税区
SHANGHAI WAIGAOQIAO FREE TRADE ZONE

【概况】上海外高桥保税区于1990年6月由国务院批准设立，规划面积10平方公里，按照“边建设边发展”的原则，目前滚动开发已基本完成，进入常态化运作。

2019年，外高桥保税区认真贯彻落实自由贸易试验区改革创新举措，着力营造国际化、法治化、便利化的营商环境，不断完善企业服务工作体系和招商稳商机制，积极推动总部经济和新兴服务业规模化发展，加快推进产业转型升级和新旧动能转换，区域经济运行保持稳步增长，对上海自由贸易试验区保税区域经济的健康发展发挥着“稳定器”作用。据统计，2019年外高桥保税区（含外高桥保税物流园区数据）投资企业完成经营总收入19 011.40亿元①，比2018年增长4.0%；实现利润总额768.05亿元，同比增长2.0%；缴纳各类税收1 289.83亿元。投资企业年末从业人员达27.85万人。

【开发建设】2019年，外高桥保税区继续完善综合投资环境，积极推进产业用地转型和“腾笼换鸟”盘活资源，着力推进重点工程项目和“三新”项目建设，促进固定资产投资额较快增长。全年外高桥保税区完成固定资产投资额30.01亿元，比2018年增长10.9%。截至2019年年底，外高桥保税区已累计完成固定资产投资额663亿元。

【国际贸易】在全球经济发展持续放缓的背景下，外高桥保税区加快推进区域转型升级，积极利用总部企业集聚和贸易便利化改革成效，巩固强化了外高桥对外窗口和对内辐射的作用，进出口额增长良好。据统计，2019年外高桥保税区投资企业完成进出口总额9 043.80亿元，比2018年增长7.3%，占上海市进出口总额的26.6%。其中，进口额6 766.21亿元，同比增长8.1%；出口额2 277.58亿元，同比增长4.8%。

物流货物增长较快，比重提升。外高桥进一步发挥贸易功能和物流功能的优势，加快业务模式创新，促进了进出口贸易方式的结构优化。物流货物进出口额保持主体地位，完成5 719.89亿元，比2018年增长12.5%，占外高桥保税区进出口额的63.2%，所占比重比2018年提升1.9个百分点；一般贸易进出口额平稳增长，完成2 676.51亿元，同比增长4.2%，占比为29.6%；加工贸易进出口总额完成594.59亿元，同比下降17.4%，占比为6.6%。

外高桥保税区与世界其他国家和地区保持紧密经贸往来。据统计，2019年外高桥保税区与221个国家和地区发生了进出口业务往来，比2018年增加6个国家和地区。从洲际区域来看，与亚洲国家和地区进出口额完成5 057.14亿元，比2018年增长14.8%，占外高桥保税区进出口总额的55.9%；与欧洲进出口额完成2 146.64亿元，同比增长2.7%，占比为23.7%；与北美洲进出口额

① “元”，指人民币。

完成 964.21 亿元，同比下降 13.8%，占比为 10.7%；与拉丁美洲、大洋洲、非洲国家和地区合计完成进出口额 873.70 亿元，同比增长 7.3%，占比为 9.7%。从国家和地区来看，全年与外高桥保税区进出口业务往来超过 100 亿元的国家和地区达到 19 个，这些国家和地区合计完成进出口额7 595.78 亿元，比 2018 年增长 7.7%，占外高桥保税区进出口总额的 84.0%。居前五位的分别是日本1 114.40 亿元、中国台湾地区 946.92 亿元、美国 870.56 亿元、德国 657.72 亿元和韩国 589.04 亿元。与“一带一路”沿线国家和地区进出口额为1 696.31 元，同比增长 10.9%，占比为 18.8%。

进口贸易保持增长。外高桥保税区充分发挥“进口货物保税、免税及滞后纳税”的政策优势及贸易便利化环境优势，通过完善综合服务网络和专业化贸易服务平台等举措，促进了集成电路、药品、医疗器械、矿产品及美容化妆品等商品进口业务的发展，推动进口额继续保持良好增长。据统计，2019 年外高桥保税区完成进口额6 766.21 亿元，同比增长 8.1%，占上海市进出口总额的 33.3%。

出口贸易稳中有升。随着外高桥保税区总部经济能级提升，在出口分拨功能的深化拓展和面向亚太的跨国公司物流分拨基地建设的不断推进下，越来越多的投资企业利用区位优势，在立足国内市场的基础上，加快对国际市场的整合和拓展，出口业务稳中有升。据统计，2019 年外高桥保税区完成出口额2 277.58 亿元，比 2018 年增长 4.8%，占上海市的 16.6%。

【产业发展】 贸易业商品销售额稳步增长。2019 年，外高桥保税区贸易企业紧抓国内市场消费需求升级带来的商机，依托贸易便利化和功能拓展创新优势，不断增强企业贸易功能，不断扩大品牌效应、规模效应和辐射作用，促使贸易业商品销售额稳步增长，完成17 519.16 亿元，比 2018 年增长 4.1%。

航运物流服务收入平稳增长。2019 年，外高桥保税区深入贯彻落实航运物流创新举措，继续完善航运物流配套建设，着力提升航运物流运作效率和联动发展水平，促使航运物流服务收入稳步增长，完成 280.48 亿元，比 2018 年增长 4.0%。其中，航运服务产业完成收入 259.95 亿元，比 2018 年增长 3.9%，占外高桥保税区航运物流服务收入的 92.7%；港口内陆运输业完成收入 14.93 亿元，同比增长 10.6%；航运基础产业完成收入 5.60 亿元。

加工制造业规模稳定。2019 年，外高桥保税区加工制造企业积极应对外部经济环境变化，加快推进技术改造和新产品开发，持续提升产研融合发展能力，不断优化产品结构，加工制造业产值保持一定规模，完成工业总产值 455.47 亿元。在国家鼓励优先发展的十大高技术产业化重点领域中，外高桥保税区涉及信息技术和高端设备制造等产业，高技术产业产值为 222.08 亿元，占工业总产值的 48.8%，是推动加工制造业发展的主要方面。

服务业保持较快发展。一是技术服务产业收入增长较快。保税区域深化制度创新激发了企业活力，吸引了各类高能级的生物医药研发中心、维修检测机构、软件信息企业和数据服务外包商入驻，推动了以科技研发、维修检测、技术咨询为主体的技术服务产业较快发展。据统计，2019 年外高桥保税区技术服务业完成收入 269.99 亿元，比 2018 年增长 9.6%。二是贸易代理服务业务较快增长。服务业扩大开放促进了贸易代理、中介服务、社会服务等专业服务类企业的较快发展。据统计，2019 年保税区企业完成贸易代理服务收入 63.62 亿元，比 2018 年增长 11.0%。有 12 家企业贸易代理服务收入超过 1 亿元。三是出租出售房屋收入较快增长。开展房产开发、租售及物业管理等业务活动的房产企业是保税区经济发展的重要保障。2019 年，保税区房产企业合计完成出租出售房屋收入 34.91 亿元，比 2018 年增长 9.6%。

【功能培育】总部经济有序推进。大力推动总部经济规模化发展是外高桥保税区巩固和提升核心竞争力的战略举措。截至 2019 年年底，外高桥保税区培育涵盖跨国公司地区总部、营运总部、大企业总部、区域性总部、贸易型总部等类型在内的各类总部企业达到 254 家。据统计，2019 年外高桥保税区总部经济企业完成经营收入11 028.46 亿元，占外高桥保税区企业经营收入的 58.0%；完成税务部门税收 304.71 亿元，占外高桥保税区税务部门税收的 46.8%；完成进出口额 2 679.27亿元，同比增长 2.5%，占外高桥保税区进出口额的 29.6%。

创新创业平台建设稳步推进。创新创业平台是外高桥保税区推动“创新驱动发展”的重要切入点，是区域提升科技创新能力、优化营商环境、增强高质量发展的重要抓手。2019 年，外高桥保税区着力推进“外高桥复旦科技园创新中心”“上海自贸区国际生物医药科创中心”“自贸壹号生命科技产业园”加快发展，不断优化区域创新孵化环境，一批有实力、有前景的创新创业类企业纷纷入驻运营，创新创业平台建设初见成效。

外高桥港区吞吐量基本稳定。2019 年，外高桥港区依托区位优势和口岸功能创新优势，努力提升航运服务质量，不断提高智能化管理水平，继续巩固和优化航线资源，进一步强化对长江、内河流域的辐射作用，确保港区货物吞吐量和集装箱吞吐量在洋山四期开港后远洋航线资源有所调整的情况下保持基本稳定。目前，外高桥港区 1~6 期共拥有泊位 24 个，已配备桥吊 80 台，码头总长度达到5 959米，陆域面积达到 581 万平方米。2019 年，外高桥港区停靠各类船舶 45 796艘次，比 2018 年增长 14.7%，其中外籍货轮达到9 625艘次，同比增长 0.6 %，占外港停靠船舶数量的 21.0%；完成货物吞吐量 1.72 亿吨，占上海港的 23.9%；集装箱吞吐量为 1 926.6 万标箱，占上海港的 44.5%。

【发展效益】投资企业利润总额保持平稳增长。外高桥保税区投资企业依托制度创新和贸易便利化改革红利，不断优化商品结构，加快拓展销售市场，充分发挥规模效应和集聚作用，促进利润总额保持平稳增长。据统计，2019 年外高桥保税区投资企业共实现利润总额 768.05 亿元，比 2018 年增长 2.0%。

各类税收收入出现下降。在国内关税税率下调、税务部门减税降费各项税改政策的影响下，外高桥保税区各类税收收入小幅下滑。据统计，2019 年外高桥保税区共完成各类税收收入1 289.83 亿元，比 2018 年下降 2.4%，其中税务部门税收为 650.72 亿元，海关税收为 639.11 亿元。

企业从业人员基本稳定。随着外高桥保税区产业体系的不断完善和产业能级的持续攀升，对高学历、专业型人才的需求不断增加，从业人员综合素质不断提升，投资企业从业人员基本稳定。据统计，2019 年年末外高桥保税区投资企业从业人员为 27.85 万人。

【招商部门】上海外高桥保税区由中国（上海）自由贸易试验区管委会保税区管理局统一管理。联系电话：021-58698500。

广州保税区
GUANGZHOU FREE TRADE ZONE

【经济发展】2019 年，广州保税区全面落实中央、省、市、区决策部署，紧紧围绕建设穗港智造特别合作区的中心工作，上下一心，砥砺奋进，为黄埔区、广州开发区经济社会发展做出了新的贡献。全年，广州保税区实现工业总产值 59.50 亿元，同比增长 8.3%；实现税收 11.37 亿元，同比增长 25.5%；合同利用外资 489 万美元。

截至 2019 年年底，广州保税区累计引进企业3 819家，其中外商投资企业 803 家；累计合同利用外资116 889万美元；累计实现商品销售额 3 603.85 亿元，工业总产值 1 290.68亿元，工商税收收入 172.33 亿元。同时，位于广州保税区内的保税物流园区有效运作，进一步提升了区域优惠政策的丰富性和完整性。

截至 2019 年年底，广州保税区区内拥有台湾大众电脑、卡尔蔡司光学、海瑞克（广州）隧道设备等加工企业 68 家；中远航运、大田仓储、普洛斯等规模以上物流仓储企业 84 家；卡聂高酒业、骏德酒业、裕金酒业等酒类展示销售企业 48 家；国美电器、丰田通商、三菱商事等规模以上商贸企业 586 家。其中，商贸企业占区内企业数量过半，税收贡献比重接近九成。

【投资环境】广州保税区基础设施完善，拥有便利的区位优势、优惠的政策优势和高效的体制优势，建立了通达世界的海、陆、空立体直转通关物流系统，覆盖面广、业务形态丰富，是优质的外向型经济基地，尤其适合发展现代物流、国际商贸、保税加工、保税展销。在巩固发展四大传统优势产业的基础上，园区积极拓展跨境电子商务、检测维修、汽车进口等新兴业务，并构建了全方位立体化陆、海、空联合的保税物流体系，已形成电脑及其零配件系统产品、重型机械设备制造、生物医药、模具钢材加工、食用油加工、酒类交易中心、有色金属交易市场、跨境电子商务为主导行业的支柱产业。2019 年，园区主动作为，积极谋划稳增长工作措施；多措并举，推进政策兑现工作落地；促进西区土地物业开发再利用，不断优化穗港智造特别合作区空间载体；积极协调职能部门和项目业主，提升西区公共服务配套水平，满足区内企业日益增长的需求；完善沟通服务机制，优化营商环境；扩大开放，推动特殊监管区域整合优化；用活政策，推动跨境电商特色产业发展；深入调研，开展广州开发区海关特殊监管区域未来发展规划课题研究；优化服务，实现广州开发区海关特殊监管区域管理服务平台系统功能拓展；加强保障，提高园区监管水平和运行效率；积极配合主管部门，指导企业做好安全生产、消防、环境保护及道路安全、维稳等工作。

【招商引资】2019 年，根据开发区管委会投资促进工作指导目标及西区产业园的发展规划，广州保税区充分整合各方资源，多层次、多渠道、全方位开展招商工作，先后与黄埔海关等单位及广东省冷链协会、广东省进口食品协会等行业协会构建合作关系，力求引入科技含量高、带动力强的项目，保障园区企业增效提质，项目稳定持续发展。全年完成招商项目 18 个（其中港澳项目 2 个），跟进企业筹建项目 6 个（已基本竣工 2 个，其中穗港智造配套项目 3 个）。

以穗港智造为主题，对接引入港澳项目。积极配合穗港智造特别合作区建设，引入港资企业广州世朗普力斯环保科技有限公司、澳资企业思瑞盈投资发展有限公司。同时，积极协助港资企业屈臣氏食品饮料有限公司新增项目选址，推进其增资扩产建设。引导由港资及内地资本合资的广州珍宝巴士有限公司投资的大湾区当代艺术社区项目落地建设，丰富园区海关特殊监管区域业态类型。

以转型升级为目标，吸引龙头及新兴产业项目。一方面积极引进龙头项目。协助引入益海嘉里粮油增资扩产项目，预计达产后年产值为 240 亿元；跟进本田汽车（中国）有限公司项目，协助海关等方面为其解决划出海关特殊监管区域经营的相关事宜；与广州世朗普力斯环保科技有限公司签订合作备忘录，项目计划在园区设立研发总部及装配厂。另一方面积极引进新兴产业项目。引入广东庆虹电子有限公司、广州安海半导体股份有限公司等新一代信息技术产业公司。引进千橙出行（广州）有限公司、新辉（广州）企业管理有限公司、广州绘梦网络科技有限公司、广州游侠网络科技有限公司、广州浩迅汽车贸易有限公司、源路（广州）信息科技有限公司等新型服务型产业项目，激活区域经济新动能。

【对外贸易】 2019 年，广州保税区商品销售额为 346.42 亿元，同比增长 3.9%。

【物流业】 2019 年，广州保税区继续围绕“集中力量发展具有广州东部新城区特色的物流产业，增加为开发区和全市生产型企业配套服务能力”这一中心任务，通过保税物流园区的建设和运作，推动物流产业优化升级，构筑辐射珠三角乃至华南地区的物流平台。

为促进广州开发区物流行业协会的成立，参加由德国驻穗总领事馆和《物流》杂志社联合举办的德中高端物流企业论坛，并邀请《物流》杂志社、广东商品国际采购中心联盟主要负责人考察保税区，与开发区物流行业协会的会长单位开展座谈。继续强化广州保税区进口葡萄酒商会的作用，推动商会副会长单位酒饮公司建立网上商城，有效为红酒街商户拓宽销售渠道。

【工业】 电子设备制造业为保税区的支柱行业，其他的生产加工门类较广，主要有食用油精炼、医用材料、钢材模具、重型机械设备制造、日用品、包装材料生产等。2019 年，完成工业总产值 59.50 亿元。

【保税物流园区】 广州保税物流园区与黄浦新港实行区港联动，规划面积 0.507 平方公里，是广州开发区第五个国家级经济功能区。园区业务已辐射天津、山东、湖南、江西、福建、内蒙古等 10 多个省份，服务企业近 2 000 家，其中广州开发区内企业占 30%，有效地降低了企业的运输成本，减轻了企业的仓储压力。

为打造现代物流示范区，积极推进保税物流园区与黄埔新港码头的联动建设，扩大区域辐射范围。开展区内主要物流企业码头业务量调查，并多次实地考察黄埔新港和新沙港码头，促进保税物流园区与黄埔新港联动，使其运用水上货运“巴士”快速无缝接驳南沙、深圳、香港等国际枢纽港，实现“一次报关，直通世界各大港口”，促进以国际物流配送为核心的第三方物流发展。区港之间的“无缝对接”为下一步保税物流园区内企业开展国际采购、国际中转、国际贸易、国际配送等业务打下良好的基础。

按照广州市加快推进广州建设成为亚洲物流中心的总体部署，园区结合区域特征和实际工作进展，开展规划研讨和政策推介。目前，广州保税区、广州出口加工区和保税物流园区 3 个保税监管区域已成为广州地区政策功能齐全、运作成熟的保税物流区域。

保税物流园区大力开展保税仓储和国际分拨配送业务，满足加工制造企业对保税物流业务发展的需求，有效降低了企业物流成本，提高了资金、货物周转效率，企业市场竞争力明显得到提升，周边地区企业纷至沓来，利用园区的特殊功能和优惠政策为自身减负。园区对周边地区乃至整个珠三角地区强有力的辐射力无疑将带动了与之关联的保税区和出口加工区的发展。

【酒类交易市场】广州保税区国际酒类交易中心是广州开发区管委会、广东省酒类行业协会和澳企实业联合打造的，集进出口展示、贸易、仓储、物流、报关于一体的进口酒类专业市场。红酒交易中心呈现出整体发展，经营形式百花齐放，各具特色的态势，包括创建自有葡萄酒品牌、发展连锁加盟经营、成为中国地区总代理等。

为在激烈的竞争中继续保持华南地区著名进口红酒交易市场的地位，广州保税区国际酒类交易中心开展多种营销活动，打造高精端国际商品保税展示中心。一是获得“广东省重点培育进口商品交易中心”称号。二是继续加大力度宣传推介。三是积极推进红酒溯源工作进展。强化保税区“原庄原瓶”进口红酒品牌影响，推进“红酒二维码溯源平台”建设，为消费者展示全方位信息，提高专业市场的信息化水平。

【进口商品基地建设】2019 年，广州保税区确定打造进口商品基地的工作重心，通过多种渠道招商引进进口商品专业市场项目，努力推进项目的招标、筹建和服务工作。联系外国和港澳台的驻穗机构，宣传保税区政策和投资环境；与行业协会、龙头企业沟通，争取进口商品项目落户保税区。

【发展趋势】广州保税区立足历史和现状，妥善进行业务梳理，进一步拓展功能，按照海关总署关于整合特殊监管区域的精神，扩展出口加工区保税物流功能，研究保税区、出口加工区和保税物流园区的整合升级，探索从以加工贸易为主的发展模式向保税商贸基地的发展模式转型。同时，以保税物流园区的运作为发展契机，整合现有资源，继续推进保税物流体系建设，大力发展现代物流。

【机构设置】广州保税区的地方管理机构是广州保税区管委会。2002 年 6 月广州保税区管委会与广州经济技术开发区、广州高新技术开发区、广州出口加工区管委会合署办公，构成强大的“四区合一”行政管理体系。

2005 年 6 月，广州市委、市政府为加快“东进”战略的实施，在原四区合一经济区域的基础上，成立了广州市萝岗区，面积为 393.22 平方公里。2015 年 7 月，广州市萝岗区与黄埔区合并，设立广州新黄埔区。

广州保税区管委会为广州市政府的派出机构，机构精简，办事高效。管委会下设办公室、发展和改革局、工业和信息化局、科学技术局、规划和自然资源局、生态环境局、金融工作局、住房城乡建设局、西区产业园管理委员会（保税业务管理局）、民营经济和企业服务局、营商环境改革局、政务服务数据管理局、财政局、知识产权局等机构。

【招商部门】广州开发区西区产业园管委会（保税业务管理局）是广州保税区的经济业务主管部门，诚挚欢迎广大客商进行咨询、交流及前来投资和开展业务。联系电话：020-82112062；传真：020-82112070；联系人：陈坚。

上海外高桥保税物流园区
SHANGHAI WAIGAOQIAO BONDED LOGISTICS ZONE

【概况】 上海外高桥保税物流园区作为外高桥保税区功能的延伸，是我国首个实施“区港联动”的区域，于 2003 年 12 月由国务院批准设立，规划面积 1.03 平方公里，已全部验收封关。

2019 年是外高桥保税物流园区转型升级的关键一年，依托自由贸易试验区制度创新和贸易便利化等创新举措的有效落实，园区投资营商环境和运作效能持续提升，平台功能进一步深化，走出了一条二次创业的发展之路。据统计，2019 年外高桥保税物流园区投资企业完成经营总收入 19.90 亿元，与 2018 年持平；实现进出口额 224.17 亿元，比 2018 年增长 2.4%；实际利用外资 665 万美元；实现税务部门税收7 078万元，同比增长 37.5%；年末企业从业人员为 784 人。

【开发建设】 目前，外高桥保税物流园区形态开发已经完成，园区道路长度 7.0 公里，道路面积 13.9 万平方米，公共绿地面积 12.1 万平方米，河道面积 2.2 万平方米，泵站 2 座；拥有 14 万平方米集装箱转运区、3 座卡口和查验场地等配套设施。截至 2019 年年底，外高桥保税物流园区累计完成固定资产投资额 42 亿元。

【企业设立】 截至 2019 年年底，外高桥保税物流园区有注册企业 48 家，另有 33 家分支机构，合计注册资本 32.08 亿元。

从企业性质来看：内资企业为 28 家，占企业总数的 58.3%，另有 10 家内资企业分支机构，内资企业注册资本合计 6.40 亿元；外资企业 20 家，占企业总数的 41.7%，另有 23 家外资企业分支机构，外资企业注册资本合计 25.68 亿元。

从行业分布来看：物流类企业有 25 家，占企业总数的 52.1%；贸易类企业有 12 家，占企业总数的 25.0%；商务服务类企业有 6 家；租赁类企业有 2 家；其他类企业有 3 家。

【国际贸易】 2019 年，外高桥保税物流园区进出口额转降为升，园区内共有 24 家企业直接开展进出口业务，合计完成进出口额 224.17 亿元，比 2018 年增长 2.4%，占全国保税物流园区进出口额的 33.1%。其中，进口额为 85.46 亿元，同比下降 27.7%，占全国保税物流园区进口额的 28.0%；出口额为 138.70 亿元，同比增长 37.6%，占全国保税物流园区出口额的 37.2%。

从贸易方式看：外高桥保税物流园区 99.9%的进出口额以海关特殊监管区域物流货物方式实现。

从进出口国家和地区看：2019 年外高桥保税物流园区投资企业与全球 127 个国家和地区发生进出口贸易往来，其中与 7 个国家和地区的进出口额均超过 10 亿元，合计进出口额为 141.92 亿元，占外高桥保税物流园区进出口额的 63.3%。

从主要进出口商品看：“未锻造的铜及铜材”“未锻造的镍及其制品”“二极管及

类似半导体器件”“服装及衣着附件”“自动数据处理设备及其部件”5类商品进出口额均超过10亿元，合计进出口额108.89亿元，占外高桥保税物流园区进出口额的48.6%。

【产业发展】 投资企业经营收入保持平稳。2019年，外高桥保税物流园区完成经营总收入19.90亿元，与2018年持平，主要集中在大宗商品销售业务、仓储物流业务上。其中，商品销售额稳步增长，完成11.13亿元，比2018年增长6.2%；航运物流服务收入完成8.65亿元，同比下降5.2%。

【发展效益】 期末从业人员基本稳定。2019年，外高桥保税物流园区期末从业人员为784人。

税务部门税收较快增长。2019年，外高桥保税物流园区完成税务部门税收7 078万元，比2018年增长37.5%。

【招商部门】 上海外高桥保税物流园区由中国（上海）自由贸易试验区管委会保税区管理局统一管理。联系电话：021-58698500。

出口加工区

河北秦皇岛出口加工区
HEBEI QINHUANGDAO EXPORT PROCESSING ZONE

【概况】河北秦皇岛出口加工区坐落在秦皇岛市的东部沿海。2002 年 6 月 21 日经国务院批准设立，2003 年 9 月 15 日通过海关总署等八部委联合验收。总规划面积 2.5 平方公里，一期封关面积 0.67 平方公里。

秦皇岛出口加工区主要开展保税加工、保税仓储、物流、配送、研发、检测、维修、国际贸易和转口贸易、国际物流分拨配送、国际商品展示、售后服务等业务，是国家所有对外开放区域中层次较高、政策优惠、功能齐全的特殊经济区域。

【经济发展】2019 年，秦皇岛出口加工区继续保持平稳增长势头，全年实现监管货运量 10.24 万吨；完成进出口总额 5.8 亿美元，同比增长 84.5%，在全国海关特殊监管区域中进出口指标增幅名列前茅。

【投资环境】秦皇岛出口加工区南临渤海，北依燕山，东接辽宁，西近京津。距北京 298 公里，距沈阳约 400 公里；距山海关船厂码头及山海关港约 2 公里，距年吞吐能力 4 亿吨的秦皇岛港约 10 公里；距京沈高速公路 2 公里，距 102 国道 1 公里。西侧紧临京沈高速公路山海关连接线，北靠京沈铁路位于中国具有发展潜力的环渤海中心地带，是东北与华北两大经济区的结合部和重要出海口。园区选址区域海、陆、空立体交通优势明显。

秦皇岛出口加工区属于剥蚀台地工程地质区，承载力值高，工程地质和水文地质条件优越，建设高层建筑不需打桩，大大降低了建筑成本。加工区内完成水、电、路、暖、通信等配套设施的“九通一平”，具备布局项目的条件。

区内现已建成10 000千伏安中配室 1 座；为厂房配套的 500 千伏安箱变 2 座、3 200千伏安配电室 1 座、1 600千伏安配电室 1 座；自来水直径 500mm 管道已接入加工区，并已建成加压泵站 1 座，日供水能力可达 1.4 万吨。

秦皇岛出口加工区累计建设标准厂房 88 832平方米，单层厂房 11 幢，多层厂房 5 幢。区内建成物流仓库 2 座，建筑面积 25 697平方米；冷库 2 座，冷藏能力4 000吨，建筑面积4 267.4 平方米；恒温库 1 座，存储能力2 000吨，建筑面积2 798平方米。

【产业发展】秦皇岛出口加工区以现有的中信戴卡物流集散中心和海东青冷链物流集散中心为基础，逐步建立秦皇岛综合保税区的物流分拨中心和冷链物流产业基地，同时建设公共保税仓，以项目建设助力综合保税区发展。

中信戴卡全资子公司信立物流有限公司发挥出口加工区作为中信戴卡公司大型物流基地的作用，全年进出口额稳定在 3 亿美元以上。铝合金锭的加工复出口业务也逐步增加，企业正在谋划物流产业链向上、下游产品延伸，建设核心企业物流分拨中心和维修检测中心的发展目标已经实现，规模和品种在不断增长。

由秦皇岛安原保税物流有限公司承办的韩国商品保税物流中心主要开展韩国进口商品保税仓储、分拨、展销和物流服务业务。已与46家韩国企业洽谈并确定了入驻意向，打造按国别分类的进口商品物流分拨中心。

由信达保税物流公司主导运营的公共保税仓，2019年业务总值达到1.74亿美元，公共型进出口商品仓储分拨中心已产生显著效益。

出口加工区利用现有2座总冷藏能力达4 000吨的冷库，打造冷链物流产业基地和进口食品仓储分拨基地。作为河北首家保税冷库，在稳步开展进口现有产品的基础上，又进一步拓展了从其他地区进口海产品的高附加值业务。驻区海关为扶持企业扩大经营，创新监管模式，推出通关便利化措施，实行“先入区，后检验”的通关模式，大大提高了通关效率。

【发展趋势】秦皇岛出口加工区正在全力推进整合优化为综合保税区的工作，力争早日通过封关验收。整合优化后的秦皇岛综合保税区将深入贯彻落实国务院关于促进综合保税区高水平开放高质量发展的有关要求，制定切实可行的发展规划，以综合保税区高水平开放高质量发展研究为突破口，重点针对临港产业、物流仓储、邮轮港配套、跨境电商等项目，以现有的中信戴卡物流集散中心和海东青冷链物流集散中心为基础，逐步建立秦皇岛综合保税区的物流分拨中心，探索发展的新道路，推动综合保税区发展成为具有全球影响力和竞争力的物流分拨中心。

【机构设置】秦皇岛出口加工区管委会与秦皇岛经济技术开发区管委会实行两块牌子、一套人马。出口加工区管委下设3个部门：经济管理部，主要负责项目审批、企业管理与服务等方面工作；建设规划部，主要负责项目建设、规划、用地审批等方面工作；综合管理部，主要负责综合协调、后勤保障与服务工作。

【招商部门】秦皇岛出口加工区管委会经济管理部负责加工区招商引资工作。联系电话：0335－5180018；传真：0335－5180011；邮箱：qhdepz@163.com；网站：epz.qetdz.com。

内蒙古呼和浩特出口加工区
INNERMONGOLIA HOHHOT EXPORT PROCESSING ZONE

【概况】 内蒙古呼和浩特出口加工区为国家级海关特殊监管区域，于 2002 年 6 月 21 日经国务院批准成立，位于呼和浩特西郊，规划面积 2.21 平方公里。2005 年 9 月，呼和浩特编制委员会批准成立呼和浩特出口加工区管委会。园区于 2007 年 7 月 31 日经国务院九部委联合验收通过，并于当年 12 月 28 日正式封关运行。2018 年 9 月 4 日经国务院正式批复，呼和浩特出口加工区整合优化为呼和浩特综合保税区，规划建设面积 0.88 平方公里。2019 年 12 月 25 日通过了由呼和浩特海关牵头、内蒙古自治区相关厅局组成的联合验收组实地验收。

【重点工作】 自 2018 年 9 月国务院批复同意将出口加工区整合优化为综合保税区以来，在各级政府和相关地区、部门的全力推进下，2019 年，园区进一步推进出口加工区整合优化为综合保税区的各项工作。一是完成了综合保税区的机构报批工作。二是落实了园区规划，完善了相关手续。三是编制了综合保税区开发实施方案和产业发展规划。四是储备项目，为园区下一步高质量发展奠定基础。拟签约的在谈项目有 3 个，总投资额 7.5 亿元，分别为跨境电子商务呼包鄂榆区域供应链信保服务平台项目、跨境电子商务中小微企业双创基地项目、敦煌网内蒙古外贸交易服务一体化建设项目。五是改造提升基础设施。对已有各项设施进行改造提升，各项工程项目已于 2019 年 12 月完工，已满足验收条件。

【经济发展】 2019 年，园区完成固定资产投资3 880万元人民币，实现工业总产值7 373万元人民币；引进内资4 000万元人民币；实际利用外资2 393万美元；全年共完成进出区货值18 144万元人民币；年内综合能源消费增速控制在 3.5%，单位增加值能耗下降 25%。综合能耗消费 931 吨标准煤，同比下降 25%。

【投资环境】 2019 年，在推进出口加工区转型升级为综合保税区的过程中，投入大量人力、物力，对现有基础设施进行了升级改造。一是拆旧翻新海关监管设施。按照海关标准，新建 A 类卡口 1 座，卡口出入口设置 2 台 80 吨电子地磅，设有与海关信息化系统联网的一进一出 2 条货运通道；重新建设功能完善的监管仓库2 400平方米、验货平台1 400平方米，配备必要的病媒生物监测控制设施；新建面积 540 平方米的检验检疫设施，包含药品器械库 80 平方米、无害化处理室 200 平方米、熏蒸消毒室 260 平方米；翻新了查验区域外围隔离围网及配套红外监控、视频监控等监控设施；新建永久性隔离围网3 900延米。二是装修改造综合办公楼整体办公环境。三是全面开展园区内外基础设施周边的硬化、绿化、美化、亮化、场坪等工作，全面提升了整体硬件设施。四是新建信息化辅助管理系统，已同海关金关二期成功对接，大大提升了企业办理业务和通关的效率。五是加强区域联动，配合和林格尔新区大力推进跨境电子商务业务的功能拓展，积极完善配套功能，将园区保税物流中心仓库改造建设为跨境电子商务示范库，已于11月初全部竣工，切实增强了园区项目承载能力。

【招商引资】 截至2019年10月底，新增入区企业2家，分别为：内蒙古华瑞翔钺机械设备有限公司、内蒙古华瑞翔钺工贸有限公司。在谈意向性入区企业有5家。

【工业】 内蒙古北特通信有限责任公司运营状态良好，订单较2018年同期有所增加。2019年全年累计完成工业总产值2 506.5万元，同比上升56%；进出区货值累计完成507.07万美元。

内蒙古晟纳吉光伏材料有限公司2019年处于半停产状态。2019年全年累计完成工业总产值954.7万元，同比下降37%；进出区货值累计完成290万美元。

内蒙古佰邦科技开发有限公司运营状态平稳。2019年全年累计完成工业总产值1 417.68万元，同比上升1.55%；进出区货值累计完成628.3万美元。

【机构设置】 呼和浩特出口加工区管委会下设4个部门，即办公室、建设局、经济发展（招商）局、财务处。

【招商部门】 经济发展（招商）局办公室，联系电话：0471-2285745。

上海嘉定出口加工区
SHANGHAI JIADING EXPORT PROCESSING ZONE

【概况】上海嘉定出口加工区于2005年6月3日经国务院批准设立，2007年9月5日通过国务院九部委正式验收，2008年4月1日正式封关运作，一期围网面积0.989平方公里。

【经济发展】2019年，上海嘉定出口加工区完成进出口总值67.36亿元，同比增长33.7%；完成跨境电商交易额11.61亿元，成交量292.23万单，同比分别增长56.44%和80.96%；完成海关征税8.66亿元，同比增长11.45%。

【投资环境】嘉定出口加工区位于嘉定西面，地理位置优越，交通便捷，10分钟可达江苏。距沈海高速（G15）道口仅2分钟车程，连接沪嘉高速（S5）、沪宁高速（G2）、郊区环线（G1501）等，1小时货运服务圈即可覆盖全上海，同时覆盖苏州、无锡、常州、南京、杭州、南通、嘉兴等知名城市，进而辐射“长三角”。

近年来，在海关等部门的大力支持下，园区依托保税政策和功能优势，大力拓展保税检测维修、保税研发设计、跨境电子商务、保税物流仓储、保税展示交易等新业态、新模式。目前，园区已有乔山健身器材、东浩兰生、中外运、心嘉物流、智贸通等一批企业入驻，保税物流、跨境电商等已形成较好的产业集聚生态。同时，园区不断强化服务嘉定全区功能，为爱茉莉太平洋、禾赛科技等外向型企业提供进出口相关功能配套，助力企业降本增效，努力建设嘉定企业家门口的“口岸”。嘉定出口加工区获上海跨境电商行业协会评选的“2019年度优秀跨境电商园区”，成为中国国际进口博览会综合贸易服务商联盟成员单位。

【招商引资】截至2019年年底，嘉定出口加工区累计注册企业248家，注册资本18亿元。园区引进考拉海购、中外运等跨境电子商务龙头及供应链企业，拓展保证保险业务，走通退货流程，提升园区跨境电子商务业务水平。完成宝能上海智能保税供应链中心项目投资协议签订，推动供地准备，将打造为汽车零部件进出口、新零售及跨境电子商务供应链中心；推动智贸通智慧产业园区项目建设，该项目拥有5.45万平方米库容面积，直接提升了园区的智能保税仓储设施层级，将打造德国工业4.0技术的全新智能化的仓库平台。

【创新工作】2019年，园区加强政策研究，聚焦六大产业板块，积极探索拓展园区新功能，主要是保税检测维修实现突破，为上海禾赛光电科技有限公司定制出口激光雷达产品保税返修业务，并走通全业务流程，成为全国首单激光行业保税维修业务；上海心嘉物流有限公司以保税展示交易方式进口珠宝，顺利通关发往上海国际品牌珠宝中心，标志着保税展示交易业务在嘉定出口加工区顺利实现。同时，跟进自由贸易区制度创新，复制推广海关创新制度和便利化举措7

项，其中“两步申报”为上海海关特殊监管区域首个改革试点项目。

【发展趋势】园区将按照“布局合理、优化升级、功能互补、有序发展”的原则，结合嘉定产业发展布局，重点规划打造外向型先进制造业、跨境电子商务、保税物流仓储、外贸综合服务、保税检测维修和保税展示交易“六大发展板块”。接下来，将进一步加紧推动和谋划各项工作，夯实基础、完善配套，拓展功能、提升能级，全面建设业务多元化、功能多样化、监管便利化、服务精准化的综合性功能园区。

【机构设置】上海嘉定出口加工区由上海嘉定出口加工区发展有限公司负责园区开发建设、招商引资、企业服务、项目储备和日常管理等方面的工作。

【招商部门】招商工作联系人：池萍；联系电话：13917866123；招商电话：021-39561272。

山东青岛出口加工区
SHANDONG QINGDAO EXPORT PROCESSING ZONE

【概况】山东青岛出口加工区位于青岛环胶州湾产业带中间位置，是2003年3月10日获国务院批准设立的第三批出口加工区之一，同年12月8日通过国务院八部委联合验收，批准面积2.8平方公里，其中一期1.58平方公里于2004年8月正式封关运作。青岛出口加工区距在建的青岛胶东国际机场10公里，距青岛流亭国际机场19公里，距青岛港18公里，距前湾港33公里，周边济青高铁、青连高铁、济青高速、青银高速、308国道、204国道等路网纵横交错，形成立体式交通网络，交通便利，区位优越。

2019年，青岛出口加工区紧紧围绕建设一流出口加工区的目标，以促进园区转型升级为工作主线，以业务创新、招商引资、项目建设为重点，不断解放思想，自我加压，园区主要经济指标迅速提升，各项工作均取得较大成绩。2019年，青岛出口加工区投产企业达到73家，占引进项目总数的60%，区内企业用工人数达到7 300人。实现工业总产值56.86亿元，其中高新技术企业工业总产值达到13.52亿元；实现工业增加值11.36亿元；实现经营总收入58.69亿元；完成固定资产投资2亿元；实现利润总值4.97亿元；进出口总值完成9.3亿美元。

【招商引资】2019年，园区不断调整招商策略，积极抓好新型产业招商，加大招商引资力度，取得有效进展。全年新设项目15个，其中加工贸易企业9个，物流项目3个；合同利用外资665万美元，实际利用外资795万美元。截至2019年年底，青岛出口加工区累计签约内外资项目122个，其中：外资项目98个，合同外资为8.42亿美元，实际利用5.31亿美元；内资项目24个，内资企业注册资本6.77亿元人民币。所引进的项目中，投资总额过千万美元的外资项目27个，占引进外资企业总数的34%。目前，园区聚集了一批投资规模较大、技术含量相对较高的生产型项目和国际知名企业，如安德烈斯蒂尔动力工具（青岛）有限公司、泰科电子（青岛）有限公司、洋马发动机（山东）有限公司等。

【转型升级】2019年年初，《国务院关于促进综合保税区高水平开放高质量发展的若干意见》发布。为了促进园区创新发展，青岛出口加工区加快推进转型升级为综合保税区的工作，2019年9月5日，国务院批准同意青岛出口加工区转型升级为青岛胶州湾综合保税区。为使企业提前享受改革红利，青岛出口加工区，对园区企业迫切需要的一般纳税人资格试点、货物分类监管等综合保税区新政积极进行申请。2019年12月27日，经国家税务总局、财政部、海关总署三部委联合审核，同意青岛胶州湾综合保税区开展“增值税一般纳税人资格”试点。目前，货物按状态分类监管政策也在园区落地实施，园区政策功能得到进一步优化提升。下一步，园区将围绕国家促进综合保税区高水平高质量发展的意见要求，在用好用活一般纳税人资格、货物分类监管等政策的同时，加快推进选择性征税、委内加工、检测维修等政策的落地实施，打造全新的政策功能新平台。

【产业创新】青岛出口加工区坚持实体兴区，以加工制造业为主，紧紧围绕园区加工贸易转型升级，不断优化产业结构。经过多年的招商运作和精心培育，园区目前初步形成电子信息、装备制造、医药及医疗器械、新材料、跨境电子商务、保税物流六大产业链条。其中，装备制造企业 33 家，总投资 4.8 亿美元，占园区企业投资总额约 38.7%，代表企业如安德烈斯蒂尔动力工具、洋马发动机、马斯奇奥农业机械等；电子信息企业 13 家，总投资 3.8 亿美元，占园区企业投资总额约 30.6%，产品基本覆盖了电子产品配件大部分领域，代表企业如泰科电子、星电高科技等；新型材料企业 11 家，总投资 1.44 亿美元，占园区企业投资总额约 11.6%，代表企业如昶杰科技、天银织物等；医药及医疗器械类如汉克舍斯医疗器械、奥技科光学、尚达医药等；跨境电子商务如运新跨境电子商务、德尔达物流等。

为加快产业结构转型升级步伐，园区正在全力推动产业结构由单一的保税加工向保税加工、保税物流、保税服务多元化发展转型，促进产业链向高端延伸，突出外向型保税经济特色。充分利用中非棉业大宗商品贸易平台、巴龙万汇城跨境电子商务平台等项目平台，积极探索开展大宗商品交易、跨境电子商务、保税展示交易、研发设计、检测维修、文化贸易等新兴产业业态，大力发展以保税为特色的保税物流业、进口高端商品保税展示交易业、高端设备保税维修业等新型业务，打造高端产业集群。

【投资环境】青岛出口加工区不断加大开发建设力度，完善基础设施硬环境。目前，园区基础设施配套达到“九通一平”标准，园区智能卡口管理平台及信息化应用系统、海关监管设施等都居于国内较高水准，能够在现有政策框架下满足企业的运行要求。园区内建成各种类型厂房约 45 万平方米，保税仓库约 2.8 万平方米，办公及公用设施约 2.3 万平方米。青岛出口加工区及周边配套基础设施日趋完善，随着青岛胶州国际机场建成和 M8、M10、R2 等轨道落户，公共交通和物流体系更加便捷。

在完善区域硬环境的同时，园区政策环境得到进一步提升。2019 年，完善园区发展相配套的政策功能和管理服务，积极借鉴自由贸易试验区可复制、可推广的改革创新试点经验，创新监管机制、业务类型和贸易业态，推动园区政策、管理、服务整合，优化管理职能、优化监管模式，提升发展内生动力。一是建立监管部门协调机制，会同海关驻区部门，致力于优化通关流程、创新监管模式、提高通关效率，不断提升园区贸易便利化水平。二是不断完善监管设施建设。园区已完成电子卡口和查验平台改造，实现了主管海关、园区海关、港口海关的数据互联互通，推行“属地申报，口岸放行”通关模式，切实提高园区通关效率。三是积极复制推广自由贸易区改革创新试点经验。国务院及各部委印发的复制推广自由贸易试验区改革试点经验中涉及海关特殊监管区域的 13 项试点经验，青岛出口加工区也全部复制推广，其中进口货物预检验、分线监督管理制度、一次备案多次使用、先出区后报关、委内加工监管、仓储货物按状态分类监管、海关特殊监管区域间保税货物流转监管模式等已落地实施。这些新制度的实施，进一步简化了审批手续和通关流程，提高了通关效率，降低了通关成本，形成通关速度快捷、物流监控到位、加工贸易联网监管的出口加工区监管模式，为企业营造了高效、快速、顺畅的通关环境。

进一步优化投资服务体系，不断提升区域投资服务软环境。2019 年，园区继续坚持完善定期走访企业制度、驻区部门联席会议制度、驻区部门与企业见面会议制度、项目协调促进领导小组会议制度等监管部门协调机制，定期掌握、研究、解决企业生产运营中遇到的问题，积极协调海关、工商、税务等驻区部门，致力于优化通关流程、创新监管模式、提高通关效率，不断提升园区贸易便利化水平，不断提升园区营商环境，营造了良好的“亲商、安商、富商”服务氛围。

【园区管理】2019 年，园区不断强化管理，着力建设平安和谐园区。加强安全生产监管，确保园区安全生产形势稳定。加强安全生产工作的组织领导，先后召开了 5 次安全生产领导小组专题会议，研究部署阶段性安全检查工作。明确细化部门监管责任，与管理局各部门全部签订了安全生产监管责任承诺书，确保每个安全生产监管点位都有明确具体的监督管理责任部门和责任人。不断提高安全生产监管水平，在企业开展了“两体系建设”工作，加强危险源监控，积极开展企业安全生产标准化达标创建活动，强化企业安全生产主体责任。进一步加大安全隐患综合整治力度，深入开展“大排查快整治严执法”专项整治活动，特别是在重大活动期间，聘请安全专家参与，在园区内全面开展了一系列安全生产大检查活动，确保了重大活动期间园区安全生产形势稳定，全年未发生较大安全事故。

加强劳动人事监管，打造和谐的劳资关系。致力于畅通职工维权渠道，设立 24 小时公开投诉电话。实行对企业劳动用工的动态管理，定期对区内企业劳资情况进行走访摸底，妥善处理企业劳资纠纷，稳定了园区的劳动用工环境；利用微信公众号、企业服务微信群、企业管理 QQ 群和“园区安监”QQ 群等形式，与企业建立多途径联络方式，加强政企沟通交流。

建立了治安联动机制，区域维稳和治安防范能力有效增强。

【发展趋势】2019 年，青岛出口加工区已转型升级为青岛胶州湾综合保税区，成为全新的对外开放和产业创新发展平台。今后一段时间，青岛胶州湾综合保税区将按照青岛市委市政府统一部署，以体制机制改革为契机，充分发挥政策功能优势和本地产业优势，积极引导适合的项目入区，着力发展保税加工、保税物流、保税服务三大产业，全力推进跨境电子商务、融资租赁、展示交易、保税维修四大新型业务，全面建设加工制造中心、研发设计中心、物流分拨中心、检测维修中心、销售服务中心五大中心，努力把胶州湾综合保税区建设成为青岛市发展保税服务贸易业的重要口岸、山东省保税加工制造业的重要基地、山东省海关特殊监管区域业态多元化创新发展先行先试的重要平台。

【管理体制】2019 年，青岛出口加工区仍整体归青岛前湾保税港区管理，管理机构为青岛出口加工区管理局，内设综合处、经济贸易发展处（加挂安全生产监督管理处牌子）、规划建设处、投资合作促进处、公共事务管理处 5 个处室，计划财务中心 1 个事业单位。青岛出口加工区管理局在青岛前湾保税港区工委、管委领导下，具体负责青岛出口加工区的管理、协调、服务工作。

河南郑州出口加工区
HENAN ZHENGZHOU EXPORT PROCESSING ZONE

【经济发展】 2019 年，河南郑州出口加工区坚持稳中求进的工作总基调，突出“双十工程”项目带动，坚持高质量发展新理念，圆满完成了各项年度目标任务。

2019 年，全区新引进项目 13 个，新增项目协议投资额 1.5 亿元；全区完成固定资产投资 12.5 亿元，完成工业总产值 112.3 亿元，实现进出口额 17.8 亿元。区域经济运行呈现以下特点。一是重点工业企业运行平稳。2019 年，面对严峻的外贸形势，区内龙头企业富泰华公司积极克服不利因素影响，下半年开始产能爬坡，9 月进入全年生产旺季，全年完成工业产值 110.1 亿元，实现年度预期产值目标，产值连续 3 年保持在百亿级。区内科隆实业、华晶精密等工业企业虽受自身产能落后和行业市场不景气等因素影响，生产持续低迷，但也在积极谋求转型和技术改造。二是进出口呈现下滑。2019 年，全区实现进出口额 17.8 亿元，同比下降 12%。其中，工业方面，富泰华除原材料少量进口外，产成品全部二线出区至国内其他工厂；其他企业因国际市场不景气，大部分拓展国内市场业务。跨境电子商务方面，因唯品会经营布局调整，保税仓转至他处，对园区业务带来较大冲击，但四季度园区引入河南邮政项目及其客户正博电子商务公司，该公司运营后当年实现跨境电子商务出口包裹量 81 万包，货值5 000多万元。三是基础建设投资持续加大。2019 年，出口加工区 A 区启动跨境电子商务配套设施升级改造，完成投资 980 万元，满足新入区电子商务企业发展需求；B 区 4 栋厂房主体封顶，全年累计完成投资 4.4 亿元，是 2018 年同期的 3 倍。全区固定资产入库项目 3 个，完成固定资产投资 7.5 亿元，完成年度目标的 107%。四是工商税收继续保持增长。2019 年，全区完成工商税收 3.7 亿元，同比增长 39%。另外，区内目前共 6 家企业获批增值税一般纳税人试点资格，其中华晶精密、豫星微钻、锦轩燕、泰庆检测 4 家公司已稳步开展试点业务。全年区内非保税货物进区货值为7 858万元，开具发票总额8 302万元，同比增长 4%。

【投资环境】 一是交通优势。郑州地处中国地理中心，是全国重要的铁路、航空、高速公路枢纽城市，是全国普通铁路和高速铁路网中的“双十字”中心。河南郑州出口加工区位于郑州市东南部，郑州经济技术开发区内，京广铁路、陇海铁路、机场高速公路、京港澳高速公路、连霍高速公路、107 国道、环城快速路环绕四周。

航空：园区距郑州新郑国际机场 22 公里。郑州机场是我国重要的干线机场、国家一类航空口岸。截至 2019 年年底，在郑州新郑国际机场运营的货运航空公司有 22 家，开通货运航线 37 条，通航城市 46 个，年货邮吞吐量突破 52 万吨，基本形成横跨欧美亚三大经济区、覆盖全球主要经济体的枢纽航线网络，成为中部地区融入“一带一路”建设的重要开放门户和引领中部、服务全国、辐射全球的空中经济廊道；国内外客运航空公司达59家，开通航线218条，通航城市121个，年旅客吞吐量达到2 913万人次，基本形成覆盖全国及东亚、东南亚主要城市，联通澳大利亚、美洲的航线网络。

铁路：园区距高铁郑州东站5公里，紧邻国家铁路一类口岸郑州铁路集装箱中心站，与郑州国际陆港中欧班列一路之隔。郑欧班列2019年全年开行1 000班，同比增长33%，其中638班去程、362班回程。目前，郑欧班列形成覆盖欧洲、中亚、东盟和亚太等的物流网络，概括为“七站点、六口岸”，实现业务区域覆盖最广、合作客户最多，构筑了国际多式联运物流网络枢纽。

公路：园区2小时可达中原城市群30个省辖市，6小时可达北京、南京、武汉、西安等重要城市，最多不超过8小时可达天津、青岛、连云港等港口城市。

二是政策优势。2016年12月6日，国务院正式批复同意整合河南郑州出口加工区和河南保税物流中心（B型）设立郑州经开综合保税区。2019年6月28日，郑州经开综合保税区通过联合验收组正式验收。中国（河南）自由贸易试验区、中国（郑州）跨境电子商务综合试验区、郑州国际陆港（汽车、粮食、邮政三大口岸）等开放平台助推郑州经开综合保税区走在对外开放的前沿，郑洛新国家自主创新示范区、郑州航空港国家双创示范基地等国家级多重政策叠加优势凸显，使郑州经开综合保税区成为河南省政策最优、投资最佳区域。

园区区域建设分为A、B两区：

A区：封关运行面积0.893平方公里，区内基础设施配套完善，建有40万平方米标准厂房、10万平方米保税仓库、1万平方米集装箱堆场，并配备有大型集装箱正面吊、叉车等设备，为入区企业提供了充足的生产、仓储场所和完善的配套设施；在园区周边，38万平方米职工公寓建成并投入使用，为入区企业提供了生活便利。

B区：封关验收面积1.769平方公里，其中1平方公里的围网监管区内已建成4 400平方米申报大厅、2 200平方米展示大厅和2万平方米查验中心，B区基础设施和监管设施已全面建成。

【招商引资】 2019年，河南郑州出口加工区提前谋划项目，强化招商措施，招商引资工作取得较大进展。一是多措并举，加快项目落地。全力对接邮政速递、速汇通等跨境电商项目，做好项目考察和选址等服务工作；积极对接平行进口车项目，推广进口汽车试点政策，协助企业完成平行进口车试点资格申请。二是着眼长远，筛选优质项目。加强对在谈项目和已接触项目的分析研究，深入分析有影响力、市场前景好、辐射带动作用强的项目情况，做好粮食加工、陶瓷加工等项目对接洽谈，推动项目尽快确定投资意向。三是加强宣传，扩大影响范围。多次赴珠三角、长三角等沿海发达地区走访、调研、考察项目，重点围绕园区电子信息、进口粮食加工、跨境电子商务、生物医药主导产业开展招商；加大政策、功能、服务优势宣传，有针对性地走出去，广泛推介，重点突破。

【工业】 引进的重点工业项目有：富士康科技集团投资的手机零组件制造项目、郑州华晶金刚石股份有限公司投资的微米钻石线项目、河南科隆新能源股份有限公司投资的锂电池材料生产项目等。2019年，全区完成工业总产值112.4亿元，其中高新技术产业产值为110.4亿元，占全部产值的98%。全区规模以上工业企业有7家，年产值超百亿元企业有1家，高新技术企业有5家。

【发展趋势】 2020年是全面建成小康社会和

"十三五"规划收官之年。站在"两个一百年"奋斗目标的历史交汇点上，面临更加复杂的国内外环境，园区坚持稳中求进工作总基调，坚持新发展理念，围绕制定经开综合保税区"十四五"规划主线，聚力"双十工程"建设提升园区承载能力，深化创新服务方式、优化营商环境，为经开综合保税区高水平高质量发展打下坚实基础，为郑州市的对外开放事业及中心城市建设作出更大贡献。

【机构设置】河南郑州出口加工区管委会隶属郑州经济技术开发区管委员。管委会设办公室、经济发展局、综合管理局、招商局 4 个内设机构，并设有国有投资公司郑州昇阳出口加工发展有限责任公司，部门分工明确，职责完善，运转有序。

【招商部门】河南郑州出口加工区招商局现有招商人员 5 人，是一支素质高、业务精、工作能力强的招商队伍。河南郑州出口加工区招商局联系电话：0371－66866120；办公室联系电话：0371－66866100；经济发展局联系电话：0371-66866150。

广东广州出口加工区
GUANGDONG GUANGZHOU EXPORT PROCESSING ZONE

【经济发展】2019年，广东广州出口加工区完成工业总产值27.18亿元，同比增长2.6%。

【投资环境】广州出口加工区设在广州经济技术开发区东区内，规划面积3.05平方公里，按照“统一规划、分期开发”的原则，首期开发0.9平方公里，现已建成完善的监管设施和配套设施，包括围网、海关办公大楼、验货场和“七通一平”设施等。

【工业发展】汽车产业是广州的三大支柱产业之一，在广东省、广州市的高度关注下蓬勃发展，形成了“东部本田，北部日产，南部丰田”三大汽车板块。本田汽车（中国）有限公司是全国第一个整车产品100%出口的企业，目前产品已出口欧洲等21个国家和地区，吸引了100多家汽车配套厂商户落户于广州经济技术开发区，形成广州东部汽车产业基地，成为广州汽车工业发展整体战略的重要组成部分，带动了华南地区汽车产业链的发展。该公司于2016年启动重组工作并于2017年12月获得国家发展改革委批复同意。2020年4月1日，广汽本田正式完成对本田汽车（中国）有限公司的吸收合并，本田汽车（中国）有限公司更名为广汽本田广州开发区工厂。

【发展趋势】为贯彻落实国务院和海关总署关于整合海关特殊监管区域的工作要求，积极推进广州出口加工区的转型升级工作。同时，通过“视同区外企业监管”政策，充分释放广汽本田广州开发区公司的内销产能。

【机构设置】广州出口加工区的地方管理机构是广州出口加工区管委会，广州出口加工区管委会与广州经济技术开发区、广州高新技术开发区、广州保税区管委会合署办公，构成强大的“四区合一”行政管理体系，拥有中国对外开放完整、系统、丰富的优惠政策体系，可供外商选择的投资领域宽、政策空间大。

【招商部门】广州开发区西区产业园管委会（保税业务管理局）是广州出口加工区的经济业务主管部门，践行“一切为了投资者，一切为了企业，用最好的服务，最佳的环境，让投资者获得最大的回报”的管理理念，诚挚欢迎广大商客进行咨询、交流及前来投资和开展业务。联系人：林冠贤；联系电话：020-82118380；传真：020-82112070。

四川绵阳出口加工区
SICHUAN MIANYANG EXPORT PROCESSING ZONE

【概况】四川绵阳出口加工区于2005年6月经国务院批准设立，规划面积0.56平方公里。按照“统一规划、分期开发”的原则，2007年11月一期经国务院九部委验收通过，实行封关运作，享受国家级出口加工区的各项优惠政策，是四川省唯一的国家级出口加工区。2017年1月，绵阳高新区整合资源，将电子商务产业发展工作交由绵阳出口加工区负责，绵阳出口加工区管委会围绕“一核四区多点”的布局推进电子商务工作（2019年5月，该项工作剥离绵阳出口加工区）。2017年12月，国务院复函同意绵阳出口加工区核减土地面积，核减后区域面积为0.137 3平方公里。四至范围为：东至尚高国际创意联邦地块，南至石桥铺大道，西至石桥铺大桥，北至安昌河。

【经济发展】近年来，园区不断完善功能，拓展业务类型，做大做强园区企业，确保园区经济平稳有序进行。园区现有工业企业5家，物流企业4家。2019年实现工业总产值7.86亿元人民币，一线进出口额7.16亿元人民币，二线进出区货物总值24.14亿元人民币。

【投资环境】绵阳出口加工区地理位置优越，位于成都、重庆、西安“西三角”的腹心地带，是成都平原城市群的重要节点城市。园区距成都86公里，距重庆300多公里，距西安500公里，是成都经济圈建设的重要环节，可辐射中国西南、西北地区。距离4D级的绵阳机场仅8公里，绵阳机场已开通直达41个城市的55条航线；距离正在实施改造工程的国家二级铁路集装箱皂角铺火车站仅2公里，宝成铁路、成绵乐高铁穿城而过；距离成绵高速及复线、绵广高速、绵遂高速、成巴高速入口3公里；距“蓉欧快铁”起点成都青白江铁路口岸不到100公里，是“一带一路”和长江经济带结合部及连接线上的重要支点城市。从高速公路可直达乐山港、泸州港、宜宾港、广安港、南充港、广元港6个港口，利用长江水道通达重庆、武汉、南京、上海等地。绵阳出口加工区充分利用绵阳作为我国科研生产基地的人才优势，与在绵阳的国家级科研院所、高等院校、国家重点实验室、国家工程技术研究中心、国家企业技术中心开展全面合作，可为园区企业提供各类专业技术人才。同时，绵阳高校、中等职业学校可为企业用工提供充分的人力资源保障。

绵阳出口加工区经过10多年的发展，区内道路、供电、供水、排污、网络通信等要素保障齐备，金融服务、政策咨询、注册服务、报关服务等软环境一应俱全，管理机构运作成熟。截至2019年年底，园区建成道路5公里，隔离围网4公里，建成3 000平方米检验检疫平台、海关监控系统“全域通”系统和海关报关辅助管理平台、永久性关卡等通关设施，建成标准厂房13幢共14.4万平方米、监管仓库2座共1 860平方米、职工宿舍 2 万平方米、大型餐饮中心 2 340平方米、便民服务中心4 000平方米、综合办公大楼3 546平方米等配套设施。加工区保税监管功能也辐射带动了周边外向型企业的发展。

【政策支持】绵阳市具备中关村政策、国家自主创新示范区 4 项先行先试政策、西部大开发政策和高新技术企业政策（视自身情况选择其一），四川省为作为科技城的绵阳市量身定制 10 条支持政策，绵阳市制定 25 项支持创新创业政策、针对科技型中小企业发展专门出台“涌泉计划”33 条及出台人才发展专项资金等，已初步构建起国家、省、市、区四级政策支撑体系，为入区企业的发展提供后续支持与保障。

【发展趋势】2019 年 3 月 19 日，绵阳市委副书记、市长元方主持召开绵阳综合保税区申建工作专题会议，研究出口加工区整合优化为综合保税区有关事宜，会议明确要坚持目标导向、问题导向，全力解决好制约绵阳综合保税区申建工作的困难和问题。2019 年 5 月，四川省人民政府向海关总署上报了整合优化有关文件；12 月，绵阳出口加工区整合优化为综合保税区顺利通过部委审核，海关总署将相关文件上报国务院审批。结合全市产业发展特点，绵阳出口加工区整合优化为综合保税区后将着力建设以电子信息为主导的加工制造中心、以两新产业为主导的研发设计中心、以跨境电子商务为主导的销售服务中心，努力建设成为绵阳市扩大开放、加快科技城建设的核心功能平台，成为四川省第二大内陆开放型经济高地，成为长江经济带开放合作的重要支点，成为我国引进科技资源要素的示范基地。

【机构设置】四川绵阳出口加工区管委会下设综合科作为中层机构，负责出口加工区的规划建设、业务管理、对外招商引资、项目推进、协调服务等工作。

【招商部门】出口加工区综合科，联系人：邓晓丽；联系电话：0816-2850153。

陕西西安出口加工区 A 区

SHANXI XI'AN EXPORT PROCESSING ZONE (ZONE A)

【概况】 陕西西安出口加工区于 2002 年 6 月 21 日经国务院批准设立，2004 年 4 月 5 日正式封关运行。2006 年 12 月，被批准成为全国首批、西北唯一一家拓展保税物流等功能试点单位，陕西西安出口加工区同时具备出口加工和保税物流等功能。

西安出口加工区 A 区位于西安经济技术开发区内，毗邻西安新行政中心，距西安咸阳国际机场 20 公里，距西安火车货运站 10 公里、火车集装箱货运新站 1 公里，西安铁路北客站 2.5 公里，距绕城高速公路入口仅 1.5 公里。园区总规划面积 0.75 平方公里。

西安出口加工区 A 区封关运行以来，已引进英国罗尔斯罗易斯、法国赛峰、德国蒂森克虏伯、美国 GE 和联合技术等 8 家世界 500 强企业，英国 AMS 航材、日本大河、美国雅奇等世界知名企业，以及中航工业西飞集团、西航集团、庆安集团，世纪互联，康龙化成等国内行业龙头企业 77 个项目入区，投产企业 59 家，累计实现进出口总额 155.3 亿美元，初步形成以高端航空制造为主，新能源、珠宝加工、服务贸易为辅的产业格局。

【经济发展】 2019 年，园区完成工业总产值 215.7 亿元人民币，实现生产总值（增加值）52.8 亿元人民币，实现营业总收入 234.4 亿元人民币，完成固定资产投资 0.5 亿元人民币。

西安出口加工区 A 区在经济发展过程中，以陕西经济发展实际情况为基准，依托陕西在能源、人才、工业基础等方面的优势，逐渐形成具有自身特色的发展思路，主要体现在：

一是有效的利用陕西及西安的产业优势，将加工区的主导产业定位为航空、新能源、珠宝加工、服务贸易等领域。

二是积极推动国有企业、内资企业入区开展加工贸易，并鼓励入区企业使用国产设备和原材料，提升国产化率，有效提升企业核心竞争力。同时，积极倡导并促进国有企业研发、试制具有自主知识产权的加工技术及产品，促进加工贸易的转型升级。

三是发展航空特色出口加工区。西安出口加工区 A 区目前已聚集了国外、国内 26 家航空制造企业及航材供应、物流企业，形成较为齐全的横跨国内外的“航空产业制造链”，为国外知名的波音、空客、GE、庞巴迪等公司，以及国内著名的西飞、西航、贵航、沈飞、成飞等厂商及国家大飞机项目提供生产、供应、物流一体化的服务，已经显现在航空制造业的示范、带动、辐射作用。

四是服务贸易的顺利开展优化了西安出口加工区 A 区的投资环境和企业运营环境，除对原有的主导产业有带动提升作用外，还引来诸多新兴产业来此“筑巢引凤”，以西安为中心辐射山西、甘肃、河南、宁夏、青海等地的“一日经济圈”已经形成，有效带动了区域经济的发展。

五是依托陕西在科技、教育、人才等方面的优势，每年有大批留学人员回国创办企业，园区在政策方面积极扶持。目前已有多家留学生创办的企业入区，涉及机械加工、生物科技、医药研发、电子信息等行业。

六是提高土地利用率，走集约化发展之路。在招商过程中，鼓励企业租或买已建成的标准厂房，提高土地使用效率，加快企业投产速度。

【投资环境】 投资环境是区域发展的软实力，加工区始终把完善投资环境，提升服务质量放在首位。西安出口加工区 A 区为承接国外及东部地区加工贸易的产业转移，从软、硬件环境及招商、安商的各项优惠政策上，做好全方位的准备。

加大基础设施建设力度，完善投资环境。加工区目前建设有现代化多功能标准厂房 25 万平方米，其中已建成的一期单层标准厂房 7 栋、二期四层标准厂房 1 栋，三期四层标准厂房 4 栋，四期标准厂房 4 栋；保税仓库 5 栋，面积 3.6 万平方米，堆场 18 500平方米；建设了公寓楼 2 万平方米，可容纳 5 000 人居住；加工区服务中心大楼 2.5 万平方米，可为企业提供办公、餐饮等服务；员工餐厅 6 734 平方米，可同时容纳 5 000 人就餐。

区内道路、给排水、供电、供热、供气、通信、宽带及生活服务等设施齐全。18 层 2.5 万平方米的加工区服务中心大楼可满足区内企业办公需要。加工区周边地区的白桦林居、雅荷春天、西安中学、经发中小学、西安图书馆、城市运动公园，长安医院等完善的生活配套设施，为加工区营造出良好的人居环境，形成设施齐全的生活配套圈。

【招商引资】 2019 年，园区共接待企业 50 余家。重点围绕高端装备制造、新材料、新能源、跨境电子商务、智能制造和机器人等领域，先后引进了赛隆增材制造、航迅力创检测设备研发生产、鼎力新能源电动车核心部件、安峰精密机械、陕西拓普达微电机检测、西安艾尔蒙塔科学仪器设备等 10 余个项目。

【发展趋势】 西安出口加工区 A 区在招商引资方面，将加大对航空、机械电子、珠宝加工、服务贸易等产业的招商力度。在日常管理工作中，不断创新运行机制，提高管理和服务水平，努力完善各类各项操作管理职能，着力发挥加工制造及保税物流功能对周边地区的辐射带动作用，为进一步促进区域经济发展做出新的贡献。

【机构设置】 陕西西安出口加工区管委会下设陕西西安出口加工区 A 区管理办和陕西西安出口加工区 B 区管理办。

【招商部门】 西安出口加工区 A 区下设招商部门。联系电话：029—86402928、86531038。

保税港区（综合保税区）

洋山保税港区
YANGSHAN FREE TRADE PORT AREA

【概况】洋山保税港区于2005年6月由国务院批准设立，由小洋山港口区域、芦潮港陆上区域和连接洋山岛与陆地的东海大桥组成，经过扩区后，规划面积为14.16平方公里，其中岛域面积7.31平方公里，陆域面积6.85平方公里，均已封关运作。

2019年，洋山保税港区深入推进国际航运发展综合试验区建设，对标国际最高标准、最好水平，重点推进国际采购与分拨配送、中转集拼、大宗商品、生鲜冷链、跨境电商、保税维修等新型服务功能发展，着力提高口岸设施集约利用和码头智能化水平，不断加快高端要素集聚，促进区域经济总量保持较快增长，为上海国际航运中心建设发挥积极作用。据统计，2019年洋山保税港区投资企业完成经营总收入3 887.79亿元，比2018年增长11.3%；税务部门实现税收120.72亿元，同比增长7.2%；实现进出口总额866.04亿元，同比增长1.2%；年末企业从业人员5.01万人，同比增长9.0%。

【开发建设】洋山保税港区陆域范围内基本完成“七通一平”，给水、雨水、污水、电力、燃气和通信管线等市政配套管线已落实，市政道路长度33.6公里，道路面积62.7万平方米，公共绿地面积70.3万平方米，河道面积9.9万平方米，泵站4座。2019年，洋山保税港区积极推进“洋山保税港区大宗特色商品交易枢纽”“洋山贸易便利化营运基地”等建设，完成固定资产投资额8.52亿元，比2018年增长62.9%。截至2019年年底累计完成固定资产投资额261亿元。

【国际贸易】2019年，洋山保税港区进一步推进海关等部门改革试点措施的落地范围，加快亚太出口分拨功能的发展，努力克服大宗商品波动带来的影响，促使进出口总额实现增长。

从贸易方式上看：一般贸易增长较快，完成219.57亿元，同比增长17.9%，所占比重从2018年的21.8%提升到25.4%；物流货物进出口额规模较大，完成598.29亿元，同比下降8.2%，占比为69.1%。

从国家和地区看：2019年洋山保税港区投资企业共与世界各地的178个国家和地区发生进出口业务往来。其中，与26个国家和地区进出口额均超过10亿元，合计进出口额为740.79亿元，比2018年增长0.6%，占洋山保税港区进出口额的85.5%。进出口额位居前五位的国家和地区分别为：智利93.05亿元，同比下降30.6%；美国82.12亿元，同比下降7.6%；俄罗斯75.59亿元，同比下降1.2%；澳大利亚60.45亿元，同比下降5.1%；巴西46.44亿元，同比增长54.7%。这五个国家合计进出口额为357.65亿元，占比为41.3%。与“一带一路”沿线国家和地区进出口为259.98亿元，同比增长11.7%，占比为30.0%。

进口额小幅下降。2019年，洋山保税港

区加快功能培育，优化进口商品结构，但由于以金属铜、锌为主体的大宗商品价格波动，导致进口额小幅下降，完成555.96亿元，比2018年下降4.9%，占洋山保税港区进出口额的64.2%。

出口额较快增长。洋山物流企业依托区位优势和贸易便利化措施，积极发展出口分拨业务，尤其是汽车出口业务的快速增长，弥补了机电设备出口额降幅较大的影响，促使洋山保税港区出口额较快增长。2019年，洋山保税港区完成出口额310.07亿元，比2018年增长14.5%，占洋山保税港区进出口额的35.8%。

【产业经济】洋山保税港区依托优越的地理位置和功能创新先行优势，不断优化区域营商环境，持续强化国际采购及物流分拨配送中心功能，着力提升现代航运物流服务效率，在大宗商品产业和航运物流产业双轮驱动下，区域经济保持较快增长。据统计，2019年，洋山保税港区投资企业完成经营总收入3 887.79亿元，比2018年增长11.3%。

大宗商品产业实现较快增长。洋山保税港区凭借独有的口岸和航线资源优势，不断巩固和强化大宗商品集散功能，通过“期货保税交割”“洋山铜溢价”“大宗商品现货市场”等功能培育，吸引了众多大宗商品交易商纷纷入驻经营，成为我国重要的大宗商品进出口物流中转集散地和贸易中心之一。2019年，洋山保税港区贸易企业完成商品销售额2 461.23亿元，比2018年增长14.1%，占洋山经营总收入的63.3%。

航运物流服务收入稳步增长。航运物流业是洋山保税港区的传统优势产业。2019年，洋山保税港区充分发挥航运核心枢纽和贸易便利化创新的叠加优势，不断强化物流分拨配送中心功能，进一步提升物流运作效率，加快航运资源集聚，促进航运物流服务收入稳步增长。2019年，洋山保税港区完成航运物流服务收入1 388.14亿元，比2018年增长7.5%，占洋山经营总收入的35.7%。

【功能拓展】大宗商品期货保税交割业务快速增长。推动大宗商品企业叠加应用自由贸易试验区海关创新监管制度，企业自主选择申报出境或进口等期货后续流向，拓展“期货保税交割+保税仓储”等新内容、新业态，进一步提高备案、审价、放行等业务流程操作效率，畅通大宗商品企业利用期货保税交割业务抵抗风险、参与国际市场竞争的渠道，积极推动上海期交所子公司上海国际能源交易中心20号橡胶期货指定交割仓库落户“中储临港”“世天威”。

完善全球维修检测体系。积极推进全球维修、成套设备全球检测调试等补给服务基地建设，及时跟踪了解企业需求，扩大洋山特殊综合保税区跨港维修试点业务范围和规模，支持保税维修企业推行保税维修和物流等多账册互通管理，鼓励企业多模式运作。曼恩公司已取得在航船舶保税维修资质，经营“两头在外”船舶发动机保税维修业务。

实现跨境电子商务业态集聚发展。会同驻区机构完善监管流程，优化服务，引入“保税进口”“智能化卡口”“分送集报”等新模式，跨境电子商务备案时间从原来的4~5天缩短到当天办结。区内保税仓库可同时接受20余个平台的跨境电子商务订单，并能集中应对出货。

航运口岸枢纽功能进一步增强。洋山深水港依托特有的区位、功能创新及区港一体化等叠加优势，着力提升口岸服务能级和服务环境，不断强化水水中转、国际中转的口岸枢纽作用，促进集装箱吞吐量稳步增长。据统计，2019年洋山保税港区完成集装箱吞吐量1 980.8万标箱，比2018年增长7.5%，占上海港集装箱量的45.7%。其中，体现对国内经济腹地辐射服务作用的“水水中转”集装箱量为1 018.9万标箱，同比增长

12.1%，占洋山港箱量的51.4%；体现对国际市场中转功能的“国际中转”集装箱量为293.8万标箱，同比增长26.2%，占洋山港箱量比重从2018年的12.6%提升到14.8%。完成货物吞吐量17 484.6万吨，同比增长6.3%，占上海港货物吞吐量的24.3%。

【发展效益】投资企业利润总额保持一定规模。洋山保税港区企业在外部环境的影响下，关税成本、汇兑损益等经营成本明显提高，削弱了部分企业赢利能力，导致投资企业利润总额出现波动。据统计，2019年洋山保税港区投资企业实现利润总额182.96亿元，比2018年下降10.3%。

洋山保税港区在航运物流企业的拉动下，全年税收实现稳步增长。据统计，2019年洋山保税港区完成税务部门税收120.72亿元，同比增长7.2%。

烟台保税港区
YANTAI FREE TRADE PORT ZONE

【概况】烟台保税港区于2009年9月7日经国务院批复设立，规划控制面积6.21平方公里，分为东、西两个区块。东区位于烟台港芝罘湾港区，面积3.95平方公里；西区位于烟台经济技术开发区，面积2.26平方公里。东区和西区之间相隔约26公里。

2019年，全区完成外贸进出口总值714.1亿元，在全省11个海关特殊监管区中排名第二，在省市对外开放中发挥着重要窗口作用。

【政策优势】保税港区内可开展九大功能业务，包括保税仓储，国际转口贸易，国际采购、分销和配送，国际中转，检测和售后服务维修，商品展示，研发、加工、制造，港口作业和经海关批准的其他业务。保税港区的优惠政策主要体现在保税、退税、免税、免证和通关便捷等方面。保税，即暂缓缴纳关税和海关代征的增值税、消费税。退税，即国内货物进入保税港区视同出口，实行退税；生产用水、电、气等实行退税。免税，即区内进口生产所需及其设备、基建物资及自用合理数量的办公用品免征关税和海关代征税，区内企业之间交易不征收增值税和消费税。免证，即在保税港区不实行进出口配额、许可证管理，货物自由流转，存储货物不设期限等。通关便捷，即保税港区海关监管方式是备案制，可集中报关、分批进出区；区港之间可“一次申报、一次审单、一次查验”，实现真正意义上的“区港一体”、无缝对接。

【产业发展】截至2019年年底，全区注册企业400多家。东区依托烟台港，培育形成了汽车和手机部件加工、仓储物流、跨境电子商务、外贸综合服务等产业；西区依托富士康工业园，培育形成了电子加工产业链和保税物流业态。目前，全区产业加快从传统加工贸易向新兴服务贸易转换升级，加快建设跨境电子商务产业园、国际葡萄酒产业园和全球物流分拨中心，着力打造特色鲜明、优势突出的对外开放新高地。

【招商引资】坚持精准招商，把招商重点转移到贸易类、物流类、电子商务类、平台类等轻资产项目上，加速实现产业结构调整和新旧动能转换。出台新的产业扶持政策，形成涵盖外资项目、新兴业态等方面的全方位政策支持框架，加大跨境电子商务、物流和供应链等企业引入力度。坚持“走出去、请进来”，积极开展各类招商促进活动，通过举办投资说明会、派出招商小分队、参加国内外各类论坛和展会、接洽客商来区考察等方式，进一步加强园区招商推介力度，提升园区知名度和影响力。韩国碧迪国际贸易、阿根廷潘帕、圣斐堡葡萄酒、云仓供应链、启鸿供应链等一大批新项目的引入落地，进一步优化全区产业结构，延伸产业发展链条，为园区高质量发展注入新活力。

【外经外贸】主动服务全市重点企业，加快培育新的外贸增长点。用好用活特殊政策，主动对接富士康、中集来福士等重点企业的业务需求，找准双方合作契合点。会同驻区海关、税务及区内平台企业，深入探讨利用保税维修、保税研发等政策，支持中集来福士打造海工装备北方基地建设，延伸海工装备产业链条，进一步拓展中集来福士业务发展空间。开展一线走访，深入挖掘区内企业外贸潜力。加强与商务、海关部门的沟通，深入走访摸排区内企业，全面了解企业外贸业务情况，引导企业充分利用保税政策优势，将区外一般贸易转化为保税业务，已引入泽恩货代、拓金货运、聚德明、浩洋海运、大葡酒业 5 家企业在区内开展保税进出口业务，全年增加进出口额 5 000 多万元。引导企业开拓国外国内两个市场，积极走出去。全年共组织区内企业参加国外国内展会 8 批次，共计 110 余人。组织 12 家企业共计 60 人报名参加进口博览会，实现外贸进口现场签约 2 000 万美元。

【营商环境】围绕深化“放管服”改革，会同驻区海关、市场监管、税务等部门认真落实上级新要求，提速增效、简化流程、压减手续，共完成对外贸易经营者备案 28 家，物流账册及加工贸易审批 15 笔，外商企业年报 35 家；加强政策解读引导，鼓励引导企业用好各项优惠政策；帮助企业排忧解难，取消不合理的卡口收费，认真落实“进解促”“外商投资企业服务大使”“基层服务年”等活动要求，共为区内企业解决政策争取、口岸收费、市场拓展、付汇结算等难题 50 多个。着眼拓展保税功能，重点推进跨境电子商务综合服务平台建设，为培育发展新业态新模式提供载体支撑。完善安全生产责任体系，全面落实监管责任，推进双重预防体系建设，开展“安全生产月”、迎接新中国成立 70 周年专项整治行动、重点行业领域专项整治等一系列活动。切实强化食品安全监管、加大信访维稳工作力度、加强区内安保巡查，有力确保了园区的和谐稳定。

【招商部门】烟台保税港区现有招商部门的投资促进中心、经贸发展局，联系电话：0535-6877612、0535-6877611、0535-6877633；网站：http：//bsgq. yantai. gov. cn。

烟台保税港区西区
YANTAI WESTERN BONDED PORT AREA

【开发建设】烟台保税港区西区坐落于全国首批 14 个国家级开发区之一的烟台经济技术开发区内，前身为烟台出口加工区 B 区。2009 年 9 月，国务院正式批复设立烟台保税港区，成为全国第 13 家、山东省第 2 家保税港区，也是按照“功能整合、政策叠加”要求，全国第一家以出口加工区和临近港口整合转型升级形成的保税港区。2010 年 7 月，一期 1.81 平方公里基础和监管设施通过国家十一部委联合验收，2011 年 1 月正式封关运作。2016 年 10 月，二期封关 0.45 平方公里，通过了由海关总署委托、青岛海关牵头，山东省发展改革委、商务厅等十一部门的联合验收。自此，国务院批准的西区规划控制面积全部通过验收。

【投资环境】烟台地处中国山东半岛东部，濒临黄海、渤海，与日本、韩国隔海相望。烟台保税港区西区距烟台港、火车站 20 公里，距烟台港西港区 5 公里，距潮水国际机场 18 公里。烟台港与 100 多个国家和地区的 150 多个港口通航，已开通日本、韩国等 20 余条国际集装箱班轮航线及 19 条内贸航线。建设中的烟台西港区是域阔水深的天然良港，年吞吐量可达 2 亿吨。烟台空港已开通至首尔、大阪、香港、台北等 8 条国际和地区航线，以及 30 多条国内航线。烟台铁路、高速公路直达全国主要大中城市，沈海高速公路和烟台至大连铁路轮渡是连接山东半岛和东北三省、贯通欧亚大陆桥的交通枢纽。

烟台保税港区西区位于烟台经济技术开发区西部。烟台经济技术开发区于 1984 年 10 月经国务院批准设立，是中国首批 14 个国家级开发区之一，发展目标定位为创新型、现代化、靓丽文明的滨海新城，也是山东省蓝色经济区最重要的工业基地之一。烟台经济技术开发区已通过 ISO 14001 环境管理体系认证，成为 ISO 14000 国家生态示范区，是中国投资创业环境优良的园区之一。截至 2019 年年底，已有 81 家世界 500 强企业落户开发区，构筑起以机械制造、电子信息两大产业为主导，汽车、手机、电脑、船舶、装备制造五大产品集群支撑的产业发展格局，成为全国重要的汽车工业、电子信息产业和造船产业基地。

【招商引资】招商引资和企业服务一直是园区发展的基石和保障。保税港区西区多年来不断加大项目招引和服务企业力度，努力营建一流营商环境。2019 年，赴北京、上海等地招商多次，争取国内外客户百余人次来区接洽。2019 年，新增项目 4 个，新增注册资本 11 360 万元。建区以来累计实际利用外资 3.4 亿美元，累计合同外资为 5.1 亿美元。

【对外贸易】2019 年，园区实现进出口额 545 亿元，占烟台经济技术开发区的 41.7%。其中，区内富士康 4 家法人公司贡献进出口额 499 亿元，占比为 91.6%，主要产品包括富士康的游戏机、手机、液晶面板、摄像模组、印刷电路板等系列电子产品。其余约46亿元进出口额由其他物流企业和生产企业实现，主要为进口。区内朗越、近铁等物流企业重点服务富士康及区外LG等大型生产企业，主要开展供应商管理库存业务（进口保税仓储分拨配送），成为进口的主要来源。

【经济发展】

烟台保税港区西区在发挥制造业优势的同时，着力引进高质量现代化物流公司，如主要从事LG手机零部件的供应商管理库存业务的乐金商事，主要从事厚木袜业产品及料件的"即进即出"业务的联客物流。园区拥有完善的物流仓储设施和成熟的管理系统，可以为企业提供优质、完善的配套服务。

西区已形成以电子产品加工制造为主、保税物流为辅的产业结构。有富士康、朗越、近铁等57家注册企业。2019年，园区实现进出口额545亿元，工业主营业务收入406亿元。

【发展趋势】烟台保税港区西区着眼于政策功能区的职能，立足全市发展大局，坚持以服务全市和开发区主导产业发展为中心，以港口经济为导向，以国际贸易为主体，以现代物流为基础，构建产业特色鲜明的精品园区。随着开发区建成区规模的不断扩大及自由贸易区的落地，保税港区西区将逐渐融入城市中心，依托自由贸易区优惠政策重点发展先进制造业和现代服务业，先进制造业以富士康为依托，现代服务业以现代物流、研发检测维修等为主体，同时利用区内现有厂房资源，大力发展跨境电子商务产业。

【机构设置】2003年9月，经国务院批准设立烟台出口加工区B区，由烟台经济技术开发区工委、管委下设出口加工区B区管理局负责管理园区事务，后期更名为烟台保税港区西区管理局。2018年年底，开发区机构改革，保留烟台保税港区西区管理局的牌子，园区职能归并至烟台经济技术开发区招商局统一管理。

【招商部门】烟台经济技术开发区招商局全面负责烟台开发区及保税港区西区的招商洽谈工作。招商联系人：王雪；联系电话：0535-6396912、6939009，13562578159。

青岛前湾保税港区

QINGDAO QIANWAN FREE TRADE PORT ZONE

【概况】2019年，青岛前湾保税港区严格按照山东省工作落实年有关要求，积极抢抓中国（山东）自由贸易试验区获批的国家重大战略机遇，扎实推动区域改革创新、高质量协调发展，区域总体呈现向好向优的发展态势。

【经济发展】2019年，青岛前湾保税港区共实现地区生产总值135.76亿元，同比增长4.8%；实现全部收入（包括海关关税及代征税）57.65亿元，同比增长17.41%；实现公共财政预算收入13.25亿元，同比增长3.13%，税收占比为95%。

全区共引进项目1 444个，同比增长18.26%。引进外资项目98个，同比增长36.11%；外资投资总额为27.02亿美元，同比增长23.7%；合同利用外资12.1亿美元，同比下降16.53%。引进内资项目1 346个，同比增长17.15%；内资合同资金为180.11亿元，同比下降13.12%。固定资产投资500万元以上项目共实现投资额8.21亿元，同比增长23.76%。

全年共实现外贸进出口总额998.91亿元，同比增长16.6%。其中，出口额203.14亿元，同比增长2.1%；进口额795.76亿元，同比增长20.9%。

全区规模以上工业总产值为110.75亿元，同比下降1.25%；实现营业收入115.59亿元，同比下降0.11%；实现利润总额8.03亿元，同比增长0.37%。其中，规模以上外资企业实现工业总产值87.7亿元，同比下降2.94%；实现营业收入89.74亿元，同比增长0.85%；实现利润总额6.97亿元，同比增长1.03%。批零企业共完成销售额1 197.80亿元，同比增长11.48%。其中，限上批发企业实现销售额1 185.95亿元，同比增长11.86%。

全年实现港口货物吞吐量18 132万吨，同比增长12.4%。其中，进口7 206万吨，同比增长17.3%；出口10 926万吨，同比增长9.3%。集装箱吞吐量1 535万标准箱，同比增长8.9%。

【重点工作】抢抓战略机遇，积极参与自由贸易试验区申建。落实自由贸易区方案，加快推进制度创新探索。与海关协作推进多家企业在保税港区进行货物分类监管业务试点；加快建设非保货物出入区系统，打通非保货物出入区通道；期货保税交割方面，引入多家行业领军企业，打造天然橡胶期货保税交割中心；完成国际中转集拼多功能仓库试点，推进区内企业在自营仓库内完成国际中转集拼业务；汽车平行进口方面，大力培育产业集群，向商务部争取扩大汽车平行进口试点企业数量。文化贸易方面，积极推进文化品进出口业务、展示交易业务及文物回流业务，大力推动国家对外文化贸易基地建设。

加快腾笼换鸟，深入实施“亩均论英雄”。针对全区95%的土地资源开发利用完毕的现状，加快推进腾笼换鸟，创建“亩均效益”综合评价机制。建立项目履约保证制度和土地收回机制，进一步优化土地资源配置，多措并举提高土地节约集约利用水平，促进经济高质量发展。

抢抓时间节点，推动园区实现全面转型升级。西海岸综合保税区对照《海关特殊监管区域基础和监管设施验收标准》，对园区已建成的相关配套设施进行全面排查，拟定改造、提升和新建设施清单，在明确责任分工的基础上按照时间节点有序推进改造工程，于2019年8月顺利通过联合验收组验收，经海关总署认定验收合格后正式开关运作，叠加享有综合保税区和自由贸易区的各项功能政策，区域发展正式驶入快车道。青岛出口加工区于2019年9月正式获国务院批复，成功整合优化为胶州湾综合保税区，标志着保税港区所辖的两家出口加工区全部完成了转型升级为综合保税区的战略目标，实现了海关特殊监管区域发展能级的有效提升。

推动“放管服”改革向纵深迈进。对223个行政审批和公共服务事项实施“一窗受理、一次办好”，建立“前台综合受理、后台分类审批、统一窗口出件”的服务模式。持续优化市场主体准入环境，率先上线全国首家企业设立智能登记“秒批”系统；扎实推进“证照分离”、简易注销、电子营业执照等改革措施，实现材料齐全“即来即办”，新开办企业全程电子化率达到80%。截至2019年年底，全区新设立企业1 456户，新增资本总额502.86亿元，同比分别增长16.95%、52.33%；累计实有各类市场主体9 192户、资本总额2 110亿元，同比分别增长19.58%、31.53%。

聚焦功能配套，自贸城板块建设成效突出。国家进口整车检测重点实验室及汽车堆场、国家重点汽车排放实验室项目建设进展顺利，已相继投入运营，汽车整车进口口岸服务功能得到进一步丰富和增强。

【招商引资】打造动能引擎，发挥“双招双引”带动作用。成立青岛前湾保税港区招商引资和招才引智领导小组，统筹领导全区项目与人才评估和决策工作。招商引资方面，积极开展社会化招商，与国有企业、产业链重点企业、招商机构签订招商协议，构建管委会、国有企业和专业社会化招商团队协同作战的多层次工作体系。截至2019年年底，成功引进中远海运、浙江物产中大、中储、大连中升等多个500强项目。招才引智方面，调整青岛前湾保税港区人才工作领导小组，制定相关工作规则；开展公共人才交流服务，吸引青年人才入区，为高校毕业生提供各类人才交流服务。

规范制度建设，强化新旧动能项目调度。建立“一库三单”的新旧动能转换项目调度机制，将全区重点在谈项目、在建拟建及腾笼换鸟项目、新旧动能转换重大项目、核心区重点转型升级项目等整合形成保税港区新旧动能转换重大项目库，并建立在谈项目、待建项目、在建项目三张清单；成功推动青岛自贸激光科技项目、青岛汽车口岸物流产业园项目列入省级新旧动能转换项目库优选项目，成功争取9个项目列入市级亿元以上重大项目库项目。

【产业发展】加快提质增效，做优做强传统核心产业。积极发挥大宗商品主体支撑作用，充分释放青岛口岸优势，进一步做优做强大宗产品进口业务，2019年以来天然橡胶、合成橡胶、棉花、纸浆进口额分别占山东同类商品进口额的58.44%、57%、52.52%、28%，原油、铁矿、纸浆、橡胶等前十类大宗商品进口额实现66.5亿美元，占全区进口额的80.65%，成为区域进口额的绝对支撑。着力加强区域内物流仓储体系建设，积极搭建全区物流供应链平台体系，推进多家公司完成商务部供应链试点申报和验收。成功引进多家银行、保险、基金管理、融资租赁等公司入驻。

培育壮大新兴特色产业，助力区域转型升级。为强化区域文化产业发展，园区着力打造国际乐器进出口集散中心，引入青岛银行文创支行创新开展文化金融业务，2019 年共引进文化企业 15 家，进口多批瓷器、油画、“吉普森”吉他等产品；上线运营跨境电子商务公共服务平台，成功引进菜鸟国际、京东物流落户，全年共完成跨境电子商务进出口 181 万单，同比增长 499%；推进青岛保税港区进口商品总部基地项目和青岛保税港区进口酒水品鉴中心项目，全年实现快速消费品贸易额 12.4 亿美元，同比增长 7.8%；科技创新方面，推动自贸激光科技项目顺利通过国际知识产权管理体系认证，与中国科学院物理研究所、深圳华中科技大学研究院等多家科研机构签订供销协议；推动九维华盾研究院成功入选中小型科技型企业。

洋浦保税港区
YANGPU FREE TRADE PORT ZONE

【概况】洋浦保税港区位于海南西北部的洋浦半岛，是我国最南端的保税港区，2007年9月经国务院批准设立，面积2.26平方公里，2008年10月封关运作。从封关运作至2019年年底，洋浦保税港区累计实现增加值176.61亿元，实现税务部门税收31.17亿元，实现进出口货值11.92亿美元，完成集装箱吞吐量278.91万标箱，完成固定资产投资16.45亿元。

洋浦保税港区依托洋浦经济开发区，拥有天然深水良港，具有面向东南亚和澳大利亚的区位优势，享受自由贸易港先行先试政策，致力于打造海南省的重要对外开放平台。园区具有保税、物流、加工功能，外向型企业可在港区内开展保税加工、制造，国际贸易，国际采购、分销和配送，大宗物资的国际分拨和中转，保税展示、交易和仓储，产品及设备的检测、维修、组装等业务。园区现有主导产业为粮食加工、冷链物流、设备仓储维修及大宗物流等，正积极发展跨境电子商务、保税展示、保税维修、离岸贸易等新业态。

【战略定位】洋浦经济开发区作为海南自由贸易港建设的先行区、示范区和海南高质量发展的增长极，定位于建设“西部陆海新通道航运枢纽、大宗商品集散交易基地、先进制造业基地、新型贸易试验区”。洋浦保税港区着力打造海南自由贸易港建设的“样板间”，积极发展粮食、水果等大宗商品集散交易，冻肉、海产品等冷链物流，高附加值加工制造，跨境电子商务、保税展示、保税维修、离岸贸易等新业态，逐步探索、稳步推进以“一线放开、二线高效管住”为主的制度创新。

【投资环境】便捷的物流运输。洋浦港处于东亚和东南亚国际海运主航线中心，距越南、印度尼西亚等东南亚国家只需1~3天海运航程，开通了至新加坡、马来西亚、缅甸、越南、泰国等地的航线。洋浦保税港区与洋浦港实行区港一体运营，进口货物可直抵厂区。此外，洋浦已纳入海南“田”字形高速公路网和环岛高铁线路，岛内运输非常便捷。

完善的配套设施。洋浦港区现有2个3.5万吨级泊位，6个5万吨级泊位，50万平方米堆场；保税港区内已完成“七通一平”，建有现代化标准厂房约2.6万平方米、公共仓库约2.3万平方米，以及标准的查验平台和检疫处理等设施，并在开发区内建有配套的办公楼和蓝领公寓，可满足入驻企业需要。为进一步满足产业发展需要，正在建设9栋标准厂房和3栋海外仓。

优质的配套服务。一是市场监管局、税务、商务等部门和银行、船代、货代、物流等服务企业在保税港区服务中心现场办公，提供“一站式”政务服务；二是设有海关等口岸部门，提供集中报关、预约通关、查验、放行等全天候通关服务；三是港区与银行、通信等服务企业合作，为入区企业提供方便快捷的定制服务。

开放的制度创新。一是试行“一线放开、二线高效管住”的货物进出境管理制度；二是试行海南自由贸易港的“零关税、低税率、简税制”政策；三是试行西部陆海新通道航运枢纽配套的监管便利化政策；四是推行“放管服”改革，海南省将部分省级行政审批权下放洋浦经济开发区实施。

【政策高地】洋浦保税港区作为海南自由贸易港建设的“样板间”，区内企业可享受洋浦经济开发区相关优惠政策、全国综合保税区政策、全国自由贸易区可复制推广的政策、海南自由贸易港探索实施的“零关税、低税率、简税制”政策及保税港区产业扶持政策，其中对于在港区内开展保税加工制造或开展国际贸易，国际采购、分销和配送，国际分拨和国际中转，保税展示、交易、仓储的企业，符合条件的每年可单项申请外向型经济扶持资金高达400万元。

【机构设置】洋浦保税港区发展局作为洋浦经济开发区管委会直属正处级事业单位，主要负责保税港区企业跟踪服务及园区日常事务的协调管理等工作。联系电话：0898－28810994；地址：海南省洋浦经济开发区盐田路8号保税港区服务中心2楼；微信公众号：海南洋浦保税港区。

【招商部门】洋浦国际投资咨询有限公司是洋浦经济开发区管委会出资设立的国有独资企业，负责洋浦经济开发区和洋浦保税港区的招商引资，竭诚为入区投资企业提供全方位的优质服务，诚挚欢迎广大客商前来考察咨询和投资兴业。联系电话：0898－28810168；地址：海南省洋浦经济开发区控股大道洋浦大厦401室；微信公众号：洋浦国际。

天津泰达综合保税区
TIANJIN TEDA FREE TRADE ZONE

【概况】天津泰达综合保税原为天津出口加工区，位于天津经济技术开发区（以下简称天津经开区）东区，规划面积 1.06 平方公里，是国务院批准设立的首批出口加工区之一，2001 年 6 月正式封关运作。在近 20 年的发展历程中，天津出口加工区依托海关特殊监管区域的功能和政策优势，为服务天津经开区企业发展壮大外贸业务、支撑天津经开区外向型经济发展发挥了突出作用。在天津市相关部门和天津海关的大力指导支持下，经天津市政府向国家相关部委申请，2019 年 12 月，国务院正式批复同意天津出口加工区整合优化为天津泰达综合保税区。

【经济发展】2019 年，天津泰达综合保税区全年进出（境）口货物总量为 23.49 万吨，进出区货物总值 3.42 亿美元。其中，进（境）口货物 11.81 万吨，总值 1.70 亿美元；出（境）口货物 11.68 万吨，总值 1.72 亿美元。区内企业全年实现外贸进出口总额 9.75 亿元，其中出口 5.71 亿元，进口 4.04 亿元。

【投资环境】天津泰达综合保税区区位优势突出，距离天津港 5 公里，距离天津滨海国际机场 38 公里，距离天津市区 40 公里，距离北京市 145 公里，距离首都国际机场 150 公里，紧邻天津港集疏港交通干线；配套环境优越，依托天津滨海新区及天津经开区雄厚的高端产业基础、完善的生活配套设施、丰富的人力资源储备、高效的政务服务体系，可以为各类企业投资兴业提供有力支撑和全方位服务保障；开放功能叠加，兼具“国家级开发区+综合保税区+自由贸易试验区”的开放功能优势，享有国家支持综合保税区发展的一系列政策红利，可以为区内企业发展对外贸易、高端制造、研发设计等业务提供对标国际一流的制度环境。

【招商引资】截至 2019 年年底，天津泰达综合保税区已聚集加工制造、保税维修、仓储物流等各类企业 34 家，产品涉及高端家具、精密电子产品、钢材制品、新材料等，已形成较强的区域大宗商品仓储物流服务功能。2019 年，按照天津市委市政府的相关决策部署，天津经开区通过实施法定机构改革，进一步强化了招商引资工作职能和力量配备，分产业和领域构建起 12 支专业化招商团队，形成了分工协作、合力开展全产业链招商的新格局。

【发展趋势】未来，天津泰达综合保税区将紧密围绕服务天津滨海新区及天津经开区高端制造业和现代服务业发展，充分发挥国家级开发区+综合保税区+自由贸易试验区”的政策、功能、品牌优势，通过积极推广复制各地自由贸易试验区和综合保税区的改革试点经验，创新监管机制、服务举措和开放政策，有针对性地导入优质资源要素，着力强化研发、贸易、制造三大核心功能，积极推动区内加工制造、仓储物流等传统产业转型升级、提质增效，加大力度吸引研发设计、检测维修、贸易服务等业态聚集发展，力争在一到两个细分业态上做出规模，形成特色，在细分赛道上跑进全国前列，努力将天津泰达综合保税区打造成为服务支撑经开区乃至滨海新区外向型经济高质量发展的开放窗口、载体平台和新的动力引擎。

【机构设置】天津泰达综合保税区管理机构为原天津出口加工区管委会，与天津经开区管委会合署办公。天津出口加工区管委会下设管委会办公室，与天津经开区自贸局合署办公，行使天津泰达综合保税区管理职能，从事日常管理、协调工作，天津经开区各职能部门对天津泰达综合保税区延伸服务。

【招商部门】天津出口加工区管委会办公室与天津经开区管委会商务和投资促进局合作负责园区的招商引资对接工作。根据各项目特点和需求，由天津经开区商投局联系各专业招商局室对接洽谈，天津出口加工区管委会办公室配合招商，并提供项目所需相关信息，做好服务工作。

天津经开区商务和投资促进局办公室电话：022-25203007，传真：022-25202770；天津出口加工区管委会办公室招商电话：022 - 25202367、25202233、25202373、25201092，传真：022 - 25201027，网址：https://www.teda.gov.cn/。

廊坊综合保税区
LANGFANG COMPREHENSIVE BONDED ZONE

【概况】廊坊综合保税区于 2018 年 1 月 25 日经国务院批准设立，2019 年 6 月 18 日通过国家验收。园区位于廊坊经济技术开发区（国家级开发区）内，规划面积 0.5 平方公里，是河北省首家由出口加工区整合优化为综合保税区，距北京大兴国际机场最近的海关特殊监管区域，同时也是全省首个适用简化验收程序验收的综合保税区。

【经济发展】2019 年，廊坊综合保税区各项经济指标平稳向好。全累计完成（一、二线）进出口贸易额7 440.37 万美元，报关单量1 571票，货运量 5.35 万吨，其中一线进出口贸易额为 1 916 万美元；完成税收 1 098.7万元；实现固定资产投资 1.3 亿元。

【投资环境】独特的区位条件。廊坊为通京津之廊。环渤海之坊，是京津冀发展主轴，也是雄安新区与北京副中心的两翼连线，更是京津冀协同发展、北京非首都核心功能疏解的一线阵地，地理位置得天独厚。廊坊综合保税区距北京城区 41 公里，距天津城区 65 公里，距雄安新区 140 公里；距天津港 105 公里。

便捷的物流运输。航空方面，园区距首都国际机场 70 公里，距北京大兴国际机场仅 26 公里，距天津国际机场 80 公里。铁路方面，廊坊是京沪高铁从北京出发停靠的第一站，廊坊到北京用时仅需 20 分钟，到天津仅需 18 分钟，到上海仅需 5 小时。公路方面，廊坊与京津对接干线公路达 17 条、28 个接口，公路路网密度全省第一，G2（京沪高速公路）穿区而过，G3（京台高速公路）、京津高速公路、津保高速公路、廊涿高速公路等多条国家、省级高速公路形成四通八达的交通网络。

全面的政策支持。廊坊经济技术开发区相继出台多项政策，对总部企业、大数据相关产业、国际贸易企业、金融业、高技术服务业和众创空间、科技企业孵化器和加速器等，根据不同情况在落地补助、开办扶持、运营补贴、增资扶持、用房补贴、技术研发补助、增设机构奖励等方面给予支持。

优质的配套服务。廊坊综合保税区依托廊坊经济技术开发区领先的智慧园区管理模式、完善的基础设施环境、配套的产业发展环境、丰富的人力资源环境、快捷的通关环境、优质的商务运行环境、与国际惯例接轨的政策体制环境，以建设保税物流与加工贸易等多功能于一体的现代化园区为目标，积极推进功能拓展，创新服务发展模式，成为现代服务业和加工贸易类企业理想的投资之地。

【招商引资】廊坊综合保税区依托京津冀协同发展战略，主动承接北京非首都功能疏解和产业转移，优化发展环境，加大招商力度，促进产业升级，以发展保税物流为主，带动保税仓储、物流配送、转口贸易、商品展示、跨境电子商务、加工贸易等业务的发展，鼓励发展总部经济和现代服务业，推动实现园区跨越式发展。

【发展趋势】 廊坊综合保税区将深入贯彻落实国务院关于促进综合保税区高水平开放高质量发展的有关要求，发挥禀赋资源，加大改革创新力度，推动产业转型升级，培育外贸新业态、新模式，创造更具吸引力的投资环境，努力打造成为河北省开放型经济的一个重要窗口、承接产业转移的新战场、贸易投资自由和便利化的先行区、对外经济转型升级的示范区、精准承接北京非首都功能疏解的示范区。

日前，廊坊综合保税区的发展机遇与挑战共存，园区将加快创新升级，不断提高全球影响力和竞争力，成为带动廊坊及周边开放发展的强大引擎，力争做到以下几个方面：一是统筹两个市场，打造加工制造中心；二是推动创新创业，打造研发设计中心；三是推进贸易便利化，打造物流分拨中心；四是延伸产业链条，打造检测维修中心；五是培育新动能新优势，打造销售服务中心。

【机构设置】 经河北省编委批准，设立廊坊综合保税区管理局，负责日常管理工作。

【招商部门】 廊坊综合保税区管理局，联系人：韩兵、刘雄，联系电话：0316-6087094；传真：0316-6087094；地址：河北省廊坊市经济技术开发区祥云道8号；邮政编码：065001。

上海浦东机场综合保税区
SHANGHAI PUDONG AIRPORT FREE TRADE ZONE

【概况】上海浦东机场综合保税区于2009年7月3日由国务院正式批准设立，规划面积3.59平方公里。2010年4月2日开始一期1.60平方公里的封关运作，2011年12月28日完成二期1.99平方公里的封关验收，实现园区3.59平方公里整体封关运作。

2019年，浦东机场综合保税区深入推进改革创新成果常态化运作，继续加强融资租赁功能拓展和物流监管创新，进一步强化产业功能和优化配套服务，着力将创新优势转化为发展效能，区域经济实现高速增长。据统计，2019年浦东机场综合保税区新设企业36家；投资企业完成经营总收入269.21亿元，比2018年增长49.6%；实现进出口总额717.42亿元，同比增长35.1%；税务部门完成税收25.85亿元。

【开发建设】浦东机场综合保税区园区道路、河道、市政管线、监管设施、信息系统等配套设施建设进一步完善，园区道路长度13.0公里，道路面积25.9万平方米，公共绿地面积6.1万平方米，泵站1座，西货区和仓储作业区均已开展业务活动。2019年，浦东机场综合保税区完成固定资产投资额6.98亿元。截至2019年年底，累计完成固定资产投资额84亿元。

【国际贸易】2019年，浦东机场综合保税区不断优化区域制度环境和营商环境，稳定现有功能，扩大产业规模，进一步凸显上海国际航运中心综合枢纽的优势。据统计，2019年浦东机场综合保税区投资企业完成进出口总额717.42亿元，比2018年增长35.1%。

物流货物快速增长。从贸易方式看，浦东机场综合保税区物流货物进出口额完成702.11亿元，比2018年增长35.4%，约占浦东机场综合保税区进出口额的97.9%；加工贸易和一般贸易分别完成进出口额8.51亿元和6.36亿元，合计约占2.1%。

发生进出口业务往来的国家和地区范围进一步拓宽。从国家和地区看，2019年浦东机场综合保税区投资企业共与世界各地的136个国家和地区发生进出口业务往来，比2018年净增16个国家和地区。其中，与13个国家和地区的进出口额均超过10亿元，合计627.12亿元，同比增长38.9%，占浦东机场综合保税区进出口额的87.4%。

进口贸易迅猛增长。据统计，2019年浦东机场综合保税区完成进口额389.69亿元，比2018年增长48.8%，占进出口额的54.3%，比2018年提升5.0个百分点。全年浦东机场综合保税区从欧洲进口额为175.76亿元，比2018年增长78.2%，占进口额的45.1%。其中，主要从法国进口额为87.87亿元，同比增长90.4%；从意大利进口额为36.67亿元，同比增长1.3倍。从北美洲进口额为111.06亿元，同比增长53.0%，占比为28.5%。其中，主要从美国进口额为110.17亿元，同比增长为54.4%。从亚洲进口额为93.83亿元，同比增长14.8%，占比为24.1%。其中，主要从日本进口额为22.18亿元，同比增长32.6%；从菲律宾进口额为18.62亿元，同比增长18.3%。

出口贸易持续增长。据统计，2019年浦东机场综合保税区完成出口额327.73亿元，同比增长21.8%，占浦东机场综合保税区进出口额的45.7%。超七成出口商品的目的地是亚洲，全年完成255.13亿元，同比增长22.3%，占浦东机场综合保税区出口额的77.8%。其中，主要向中国香港地区出口额为170.0亿元，同比增长30.4%；向日本出口额为33.87亿元，同比增长21.7%；向新加坡出口额为21.71亿元，同比下降19.1%。向欧洲出口额完成40.23亿元，同比增长18.1%，占比为12.3%。其中，主要向德国出口额为12.46亿元，同比增长7.3%；向荷兰出口额为12.40亿元，同比下降0.5%。向北美洲出口额为24.06亿元，同比增长10.8%，占比为7.3%。其中，主要向美国出口额为23.63亿元，同比增长9.5%。向大洋洲出口额为3.27亿元，同比增长2.2%，占比为1.0%。这四大洲合计出口额占浦东机场综合保税区出口额的98.5%。

【产业发展】浦东机场综合保税区积极营造高效便捷的营商环境，着力推进创新试点举措有效落实，吸引了越来越多的企业聚集发展，推动了租赁服务、航运物流、现代商贸等新兴经济加快发展，园区企业经营收入实现高速增长。据统计，2019年浦东机场综合保税区投资企业完成经营总收入269.21亿元，比2018年增长49.6%。

租赁服务收入较快增长。浦东机场综合保税区深入推进经营性租赁收取外币租金常态化运作，加快落实飞机融资租赁异地委托监管政策，促进租赁服务收入较快增长。全年租赁类企业完成服务收入138.88亿元，比2018年增长16.6%，占浦东机场综合保税区经营总收入的51.6%。

航运物流服务收入稳步增长。浦东机场综合保税区强化货物状态分类监管等创新试点，不断提升空港服务平台能级，着力提高航运物流监管效能，促进航运物流业务稳步发展。全年航运物流企业完成服务收入72.95元，比2018年增长9.0%，占浦东机场综合保税区经营总收入的27.1%。

【功能拓展】平行进口汽车业务稳健推进。机场综合保税区依托平行进口汽车创新举措，推动平行进口汽车业务稳健发展。试点企业平通安达公司从洋山港、外高桥港进口汽车后，运入浦东机场综合保税区保税存储，完税后销往国内市场。目前，保税仓库租赁面积近4万平方米，主要客户有法拉利、玛莎拉蒂和捷豹路虎等品牌的高端车型。

航空培训业务稳步发展。浦东机场综合保税区利用保税政策进口模拟机，助推航空飞行培训业务稳步发展。试点企业上海春秋飞行培训有限公司提供飞行员初始机型训练、转机型训练、机型复训等各类培训。

租赁退租飞机异地委托监管实现创新突破。在浦东机场综合保税区内注册的某飞机租赁（上海）有限公司出租20架ERJ190陆续面临租期届满退租，其中有一架飞机确定了爱尔兰的买主，在海关监管创新措施的支持下，这架飞机在广州完成“退租入区”和申报出境工作后，直接从广州出境，从而实现了全国首架综合保税区内租赁退租飞机异地委托监管。

【发展效益】企业利润总额快速增长。浦东机场综合保税区投资企业业务规模迅速攀升，推动企业经营效益不断提升，促进企业利润总额快速增长。据统计，2019年浦东机场综合保税区投资企业实现利润总额42.34亿元，比2018年增长23.8%。

税务部门税收基本稳定。在国内减税降

费的背景下，浦东机场综合保税区租赁产业集聚及多元业态的发展，支撑税收产出效益规模保持基本稳定。据统计，2019 年浦东机场综合保税区完成税务部门税收 25.85 亿元，其中租赁产业贡献的税收占比为 80.0%。

【招商部门】 上海浦东机场综合保税区由中国（上海）自由贸易试验区管委会保税区管理局统一管理。联系电话：021-58698500。

上海漕河泾综合保税区

SHANGHAI CAOHEJING COMPREHENSIVE BONDED ZONE

【开发建设】上海漕河泾综合保税区是由原上海漕河泾出口加工区转型升级而来。漕河泾出口加工区于2003年3月经国务院批准设立，2004年3月正式封关运作。自成立以来，加工区曾连续四次获得“上海品牌园区”荣誉称号，成为上海第一批自由贸易区创新制度复制推广的海关特殊监管区域，是上海海关批复开展跨境电子商务业务的试点单位和市商务委批准设立的上海市跨境电子商务示范园区。2018年4月，漕河泾出口加工区经国务院批准升级为综合保税区，成为上海第一批转型升级为综合保税区的海关特殊监管区域。2018年11月，漕河泾综合保税区通过了由上海海关及上海市发展改革委、商务委等七部门联合验收组的验收。2019年1月2日，海关总署正式批复漕河泾综合保税区通过验收。2019年3月20日，上海市政府举行了漕河泾综合保税区成立的揭牌仪式，标志着漕河泾综合保税区的发展进入新的时期。

【投资环境】上海漕河泾综合保税区是上海临港浦江国际科技城的重要组成部分，是上海市闵行区唯一一家海关特殊监管区域。临港浦江国际科技城兼具国家级经济技术开发区、国家级高新技术产业开发区和国家级综合保税区功能，重点围绕“电子商务”“生命健康”“先进制造”“文化创意”“检验检测”的5+X的产业发展态势进行产业布局和升级，在人工智能、高端装备制造、生物医药、环保及新材料、新能源等领域形成产业集聚优势，是上海科创中心建设重要承载区和闵行“国家产城融合示范区”核心园区。漕河泾综合保税区位于上海市闵行区浦江镇，地理位置优越，交通便捷。园区与临港浦江高科技园毗邻而建，既有高科技园办公、研发的优势，又有综合保税区生产、仓储、物流的优势，二者优势互补，为形成高端入区、周边配套、辐射带动、集聚发展创造了良好的产业基础。

【招商引资】截至2019年年底，上海漕河泾综合保税区累计引进外资企业18家，合同利用外资额2.55亿美元，实际利用外资额2.55亿美元。在运营的企业当中，外资企业分别来自美国、日本、开曼群岛等国家和地区。从功能上分，企业类型包括保税加工、保税物流、保税服务和贸易类企业。

漕河泾综合保税区实现转型升级以后，区域功能从以往的以生产型和物流型企业为主，向生产型、物流型、服务型和贸易型功能拓展。《国务院关于促进综合保税区高水平开放高质量发展的若干意见》提出，加快综合保税区创新升级，打造对外开放新高地，推动综合保税区发展成为具有全球影响力和竞争力的加工制造中心、研发设计中心、物流分拨中心、检测维修中心、销售服务中心。这为综合保税区的招商引资提供了强有力的政策支撑。在此基础上，漕河泾综合保税区充分发挥综合保税区和浦江高科技园区地理位置的区位优势和优惠政策的叠加效应，引入更多的、优质的企业入驻综合保税区，实现双区联动，相互促进，共同发展。2019年，漕河泾综合保税区完成特种车、赛车等4批次进口汽车入出区和销售全流程的通关，实现了进口汽车保税存储展示功能的突破。同时，随着贸易和研发企业的入驻，实现了贸易企业和保税研发功能的拓展。

【对外贸易】 2019年，漕河泾综合保税区完成进出口总额59.11亿美元，同比下降14.22%；完成海关税收16.45亿元，同比下降13.11%。以台湾英业达集团为主的高科技电子通信、IT企业的聚集长期以来成为园区的主导产业，庞大的产出规模及良性的发展态势，对其上下游配套企业形成磁场效应，为园区的发展发挥了支柱作用。英业达集团不断扩大国内市场，产品内销比例不断增加，使用两个市场、两种资源的能力不断增强。下一步，漕河泾综合保税区将最大限度地利用综合保税区的政策优势和优越的营商环境，不断增强企业发展的后劲和抵御风险的能力，不断增强园区发展的内生动力和根基。

【经济发展】 2019年，漕河泾综合保税区实现工业总产值347.57亿元，同比下降9.3%；完成营业收入357.72亿元，同比下降4.9%；实现利润3.38亿元，同比增长12.3%；完成工商税收1.43亿元，同比下降41.1%；实现进出口总额59.11亿美元，同比下降14.22%；海关税收16.45亿元，同比下降13.11%。由于受中美贸易战及国内外各种不利因素的影响，漕河泾综合保税区的多项数据出现了不同程度的下降。

漕河泾综合保税区经历10多年的发展，已经形成以电子通信设备制造为主，生物医疗、电子科技及保税物流配套的产业体系。在经历了近年来国内外严峻的经济形势后，园区围绕转型升级、功能拓展，大力挖掘新动能，克服各种不利因素，经济增长结构、贸易增长方式逐渐趋于合理。2019年1月12日，国务院发布促进综合保税区高质量发展高水平开放的21条措施，为综合保税区的发展提供了政策支持和发展机遇。转型升级为综合保税区后，漕河泾综合保税区将在新起点上实现更大的发展。

【发展趋势】 2020年，漕河泾综合保税区将利用转型升级的优势，推动保税加工、保税物流、保税服务、贸易功能向更深层次、更宽领域的方向发展。一是不断加强对关于综合保税区21条措施及相关政策的学习和研究，加大政策的宣传力度，做到有针对性地宣传，精准宣传。二是加大对区内重点企业和新入驻企业的关注和服务力度，为企业发展创造良好的营商环境。盘活区内资源，不断提升区域资源利用效能；三是积极“走出去、请进来”，不断实现在进口汽车保税存储、保税展示等新功能的拓展。同时，加强对贸易企业、艺术品等新功能的拓展力度，不断丰富功能形式和业态。四是加强与上海自由贸易区和其他海关特殊监管区域的沟通交流，相互促进、共同发展。

漕河泾综合保税区将在原来以加工贸易为主的基础上实现在政策上更加便利、在形式上更加多样、在业态上更加丰富，实现统筹国际和国内两个市场、保税和非保税两种资源，实现服务功能显著提升、创新能力明显提高、产业承载日渐增强，形成管理规范、通关便捷、用地集约、产业集聚、协调发展的新格局，成为拉动区域经济快速发展的强劲引擎。

【机构设置】 上海漕河泾综合保税区由上海漕河泾开发区经济技术发展有限公司负责日

常管理运行、规划建设和招商引资等方面的工作。上海漕河泾综合保税区管委会办公室是归口管理部门，负责综合保税区相关的业务审批备案、职能部门协调与综合行政管理保障等工作。

【招商部门】上海漕河泾开发区经济技术发展有限公司招商管理服务中心负责上海漕河泾综合保税区的招商引资工作，招商电话：021-64290000。

上海金桥综合保税区
SHANGHAI JINQIAO COMPREHENSIVE BONDED ZONE

【概况】上海金桥综合保税区是上海金桥经济技术开发区的重要组成部分，前身是上海金桥出口加工区（南区），2002年经国务院批准实行海关封闭管理，享受国家赋予出口加工区的各项优惠政策。2018年11月19日经国务院批准整合优化为综合保税区，封关面积1.52平方公里。2019年11月15日通过验收，2020年4月21日正式挂牌。在出口加工区的基础上，历经18年的发展，金桥综合保税区已形成以关键半导体材料、高端机械制造、汽车零部件和医药、医疗器械生产为主体的产业结构特征。

【开发建设】金桥综合保税区设有永久性海关卡口，海关卡口设置6条机动车通道，包括海关监管集装箱通道4条、客车行政通道2条，实现货车、客车、人员分流，并设有海关监管区明显标志和相关隔离设施。海关卡口建有24小时值班室，实行智能无纸化便利通关。

封关区已经实现“七通一平”，“一纵三横”主干道及雨污水管道贯通全区，巡关道设有24小时电子监控，高效的数据通信光缆网络满足了区内用户通信视频传输需求

【投资环境】金桥综合保税区封关区区位优势明显，位于外高桥保税区、金桥经济开发区和张江高科技园区环绕地带，在浦东南北科创走廊和浦东海港、空港的中间位置，距上海外环3.5公里、中环5.5公里，距浦东国际机场10公里、外高桥港区19公里、虹桥国际机场30公里、洋山深水港50公里，空运、海运、陆运快捷方便。区内标准通用厂房共23万平方米，容积率低，绿化率高，提供单层、双层厂房选择。可招商土地面积40万平方米。

综合保税区是我国开放层次最高、优惠政策最多、功能最齐全、手续最简化的特殊开放区域，涵盖保税区、出口加工区、保税物流园区等海关特殊政策。在出口加工区基础上经过多年的发展，金桥综合保税区已形成结构合理、特色鲜明、优势突出的现代产业体系。

为助力金桥综合保税区危中抢机、战略招商，落户园区的企业除享受国家赋予综合保税区的各项开放创新措施外，浦东和“大张江”出台的各项政策措施，只要是有利于促进综合保税区发展的，都可以直接适用。同时，将加大对综合保税区基础设施改造的投入，不断提升园区配套，优化营商环境。

伴随着上海城市副中心建设和区域城市更新步伐的加快，金桥综合保税区以优化营商环境为引领，加快建设智慧功能园区，推进综合配套设施建设，为企业提供更加优质的服务保障体系，不断提升园区的承载力和吸引力。

聚焦保税研发、保税存储展示、保税检测维修等功能，集聚新能源汽车、医疗健康、智能制造、跨境电子商务、金融信息服务等产业，金桥综合保税区的产业发展有望

再上一个层级，加速迈向国际先进、国内一流的综合保税区。

【招商引资】2019 年，金桥综合保税区实到外资1 770万美元，新入驻 3 家企业，分别是明基生物技术（上海）有限公司、迈创分析仪器上海有限公司和上海博莱科信谊药业有限公司。

金桥综合保税区管理部门为企业服务坚决做到“有求必应、无事不扰”，甘当服务企业的“店小二”。金桥综合保税区已经积累了一批正在推进的招商项目。根据这些项目的落地进展，从项目洽谈到项目审批、落地、运行，实行全程跟踪服务。

【对外贸易】根据海关统计数据，2019 年金桥综合保税区进出口总额为 63 亿美元，其中加工贸易进出口额 20 亿美元，物流货物进出口额 43 亿美元。区内企业大部分为加工和进出口贸易企业，主要出口对象为欧美地区。

【经济发展】2019 年，金桥综合保税区实现工业总产值 117.6 亿元，同比增长 3%；实现营业总收入 117.3 亿元，同比增长 4.5%。中微半导体设备（上海）有限公司、安集微电子科技（上海）股份有限公司拥有国际领先的技术团队，产品研发优势显著，是科创板首批上市企业；环维电子（上海）有限责任公司主要开展电子产品的研发制造，拥有世界一流的无线通信模块化制造工艺；费斯托（中国）自动化制造有限责任公司投资建设亚太物流中心，2021 年将投入运营；世界 500 强企业艾默生船用过程控制系统（上海）有限责任公司、艾普迪实验器材制造（上海）有限公司始终保持行业的领军位置。

【发展趋势】2019 年 1 月，金桥综合保税区获批“一纳”资格试点区域，已有 3 家企业获此资格。今后，金桥综合保税区将继续努力融入和叠加政策优势、功能优势，促进产业多元化发展，延展保税业务产业链条，集聚先进制造业与现代服务业相融合的高端产业，推动园区向“五个中心”转变。

一是提升产业发展能级。引导和支持企业从加工制造向价值链两端延伸，从单一保税加工向加工制造、研发设计、维修检测再制造、展示交易、国际中转、金融结算、服务外包、总部基地等全方位拓展。二是打造新兴产业基地。重点培育与综合保税区相适应的功能，做强“未来车”“智能造”“数据港”等硬核产业，培育“保税+”“跨境+”“5G+”等新功能。三是拓展区域产业功能。开展汽车保税存储和展示，发展跨境电子商务等新型贸易业态，吸引跨境电子商务行业龙头企业落户，培育跨境电子商务新型业态，引进国内外知名电子商务平台企业。四是加强内外联动互补。以此为核心，带动提升区域整体建设水平。引入高附加值企业，形成区内、关外的企业有机联动和功能互补。五是及时补齐短板差距。借助综合保税区各类优惠政策落地和浦东新区经济社会高质量发展的东风，把优化营商环境作为长期任务，着力改善综合保税区生活配套不足等方面的问题，改进综合保税区服务管理水平。

【机构设置】上海金桥综合保税区管委会下设综合保税区管理处，负责园区事务日常管理、开发建设和招商引资工作。联系电话 021-58584679、58584690。

苏州工业园综合保税区
SUZHOU INDUSTRIAL PARK INTEGRATED FREE TRADE ZONE

【开发建设】苏州工业园综合保税区于2006年12月获批成立，2008年1月正式封关运作，规划面积5.28平方公里，分为东、西两个围网区（东区3.88平方公里，西区1.4平方公里），是国务院正式批复命名同意成立的全国首家“开展具有保税港区综合保税功能的海关特殊区域试点”区域。综合保税区成立以来，在海关、税务等部门的大力关心和支持下，紧贴产业发展和企业需求，积极开展政策功能创新，创造了诸多第一、唯一，有效发挥了海关特殊监管区域作用，有力促进了区域开放型经济转型发展，有力支撑了苏州工业园区开放创新综合试验，成为我国海关特殊监管区域创新发展的苏州样本。

【投资环境】综合保税区所在的高端制造与国际贸易区是苏州工业园区距离上海最近的板块，也是苏州城区距离上海虹桥、浦东国际机场最近的区域之一，沪宁高速公路和吴淞江航道两大黄金通道横贯境内，沪宁高速苏州工业园出入口直接对接综合保税区，苏州工业园港通过“河海联运”多式联运方式对接上海港、宁波港等一线港口，空运直通港连通上海两个机场，初步形成立体式、多功能、全覆盖的现代交通体系，高效通达的物流持续带活人流、商流、财富流汇聚园区。

苏州工业园充分放大苏州工业园区作为世界一流高科技园区的产业发展基础优势和开放创新制度优势，叠加自由贸易区创新发展新领域，大胆探索、主动作为，以功能转型为核心、以产业升级为抓手、以制度创新为保障，推动保税功能、开放政策、监管体系有机融合。建成各类保税仓库超过40万平方米、厂房约170万平方米，区外周边建成非保税仓库60万平方米，商业和办公设施60万平方米，苏州工业园综合保税区集保税加工、保税物流和进出口贸易等多种功能于一体，形成领先的功能配套、优越的环境配套和完善的服务配套，打造功能高端复合、贸易自由便利、产业开放多元、监管有效到位的专业化自由贸易区。

【招商引资】2019年，园区深入贯彻落实国务院赋予综合保税区的21条新政，有力推动将综合保税区打造成为新时代全面深化改革开放的新高地。得益于综合保税区和一般纳税人试点政策等多重政策叠加优势，康普科技、同方电脑、长城开发、北美联等企业进一步在区内扩大投资。围绕五大中心建设，引进了三星电机华东物流分拨中心等新项目，进一步完善“保税+服务”业态，丰富“保税+服务”的功能和内涵。通过引进Element保税检测维修中心、西奥检测中心等项目，初步完成检测维修中心建设，扩大检测产业集聚优势。借力苏州工业园高端制造产业集群及人才资源等优势，以碧迪快速诊断保税研发全国首单为契机，积极探索生物医药、医疗器械等产业在综合保税区内布局保税研发业务的可行性，推动区内制造由代工向高附加值研发转型升级。充分挖掘外贸内销便利政策，拓展国际国内两个市场，推动同方计算机在综合保税区内布局笔记本电脑制造加工中心。

【经济发展】截至2019年年底，综合保税区累计注册企业376家，目前正常运营企业182家（含贸易功能区）。其中，生产企业70家，物流企业39家，贸易企业69家，其他类型企业4家。累计吸引投资超过40亿美元，就业人数近3万名，初步形成装备制造、航空、电子信息、医药器械四大类高端制造产业集群。综合保税区规模以上工业总产值为300.81亿元人民币；全年共完成进出口额225.45亿美元，实现监管货值864.8亿美元，完成监管货运量228.11万吨，受理报关单证67.1万份，实现海关入库税额30.74亿元；离岸、境内及跨境转手买卖业务发展顺利，共完成结算额26.9亿美元。参与增值税一般纳税人试点企业28家，当年累计实现销售收入突破100亿元，试点企业累计办理出口退（免）税约10亿元。

【信息化建设】2019年，苏州跨境电子商务综合试验区门户网站及线上综合服务平台功能不断提升完善，实现跨境电子商务业务数据无纸化和自动化申报与管理，报关、退税和结汇信用数据实时传输。平台提供跨境全口径业务支持，包括保税进口B2B2C、直邮进口B2C、跨境出口B2C、跨境出口B2B四种业务在线申报，企业出口货物申报时间缩短到平均1分钟。开发全市跨境线下园区物流管理系统、线上综合服务平台移动端APP等多项重要业务系统，推动线上、线下两平台同步协调发展。截至2019年年底，平台注册企业数达到475家，累计操作3 530 455票，总金额约253.95亿元。其中，“双十一”当天处理业务约12万票，总金额为2 774万元。

海关特殊监管区域外汇监测服务系统是专门为海关特殊监管区域外汇管理一体化改革需要而开发的系统，是能全方位覆盖区内经常项目货物贸易外汇监测管理职能的统一系统平台，体现非现场监测、总量管理、主体监管等先进理念，并能满足持续改革与创新的试验平台。2019年，系统进一步优化，新增延收、延付、预收、预付等企业贸易信贷登记功能，实现贸易信贷管理的有效性；增加“客供料”收付汇资金抵扣的加工贸易模块，通过境内外物料滚动抵扣，加工费进行收付汇，着力解决企业因大量物流而无资金流对应核查的问题，提高对企业分类的精准度。

【政策创新】2019年，苏州工业园综合保税区成为全国唯一开展保税检测内外联动的海关特殊监管区域，保税研发、保税检测和保税检测内外联动试点业务3个全国首单顺利落地。《国务院关于促进综合保税区高水平开放高质量发展的若干意见》中有9条新政已经先后正式落地见效，五大中心建设方面均有所突破。太极半导体、庞巴迪2家企业顺利承接境内区外委托加工业务。开设自主备案电子账册数量333本，开展自主确定核销周期企业87家，设立规模型分拨配送中心超过10个，已实行简化进出区管理企业达到86家，开展保税货物流转业务企业达到53家。发动近20家企业参加AEO高级认证培育，其中5家已通过高级认证，在全省海关特殊监管区域中名列前茅。

【功能平台】2019年，苏州工业园港增设海关监管作业场所获批建设，园区空运直通港项目正式启动，促进构建并完善苏沪之间水陆空联动的立体化物流体系。

苏州工业园港项目持续推进，码头、堆场已投入使用，通过“江海联运”多式联运方式实现与一线海港的一体化运作，目前已开通苏州工业园港至上海宜东码头和外高桥码头、宁波港区、太仓港区 4 条集装箱内外贸水运航线。2019 年苏州工业园港完成水运集装箱作业量 2.2 万标箱，整体吞吐量为 7.2 万标箱。

苏州工业园空运直通港项目于 2019 年 6 月正式启动，矽品科技、三星半导体等一批优秀企业已成功开展业务，较原有物流模式时效提升 6 小时以上，费用节省约 15%～25%，有效降低企业的物流、运输和通关成本，达到了降本增效的良好效果。空运直通港项目是主动融入长三角一体化发展国家战略，持续提升区域物流一体化和贸易便利化水平的改革创新举措，为企业提升物流时效提供了新途径。

【招商部门】产业发展局（招商局）。联系电话：0512-67253497；电子邮箱：fuyuan@sipac.gov.cn。

苏州高新技术产业开发区综合保税区

SUZHOU NATIONAL NEW & HI-TECH DISTRICT INTEGRATED FREE TRADE ZONE

【开发建设】苏州高新技术产业开发区综合保税区（以下简称苏州高新区综合保税区）位于苏州国家高新区北部，区域规划控制面积3.51平方公里，由原高新区出口加工区（2003年3月批准设立）和原高新区保税物流中心（B型）（2005年8月批准设立）整合形成。2010年8月10日由国务院批准设立，同年11月4日通过国家十部委联合验收，实现封关运作。苏州高新区综合保税区以“信息化围网”手段进行监管，按照功能划分为口岸作业区、保税物流区、保税加工区。

口岸作业区，面积0.29平方公里，是整个高新区进出口货物通关和检验检疫的唯一场所，可用于保税货物、一般监管货物、特殊区域间货物及国际快件货物的转关通关。区内建有监管仓库10座计9万平方米，查验场地1.2万平方米，停车场3.6万平方米，集装箱堆场4.4万平方米。保税物流区，面积0.52平方公里，区内重点发展保税仓储业务、国际分拨配送业务及国际贸易。区内建有12万平方米现代化仓库，其中恒温仓库800平方米，主要用于存储电子元器件、汽车零部件、光伏设备、医疗器械，以及进口食品、酒类等货种。保税加工区，面积2.7平方公里，区内重点发展保税加工、检测维修等业务。区内建有各类厂房面积约175万平方米，其中企业自建厂房113万平方米，标准厂房41万平方米，主要用于加工贸易生产企业的入驻。

另外，园区围网外设有配套工业园0.59平方公里，为综合保税区提供生产配套服务。利用紧邻综合保税区的区位优势，为区内企业开展研发、检测、维修等功能拓展业务提供载体支持。

【投资环境】苏州高新区综合保税区在载体建设上一直坚持高标准、严要求，努力建设具有国内一流载体的综合保税区。截至2019年年底，园区（含围网外）共建成各类厂房仓库226.56万平方米，其中标准厂房63.23万平方米、企业自建厂房143.62万平方米、保税仓库19.71万平方米、普通仓库18万平方米。所有载体的规划设计、环境安全均达到国内一流建设标准，已基本形成设施先进、配套完善、交通便利，集保税加工、保税物流和进出口贸易为一体的综合性功能区域。

综合保税区积极响应苏州高新区管委会“两高两新”的发展要求，根据功能区划打造科技人才项目载体，规划面积达10万平方米，已引进中科院声学所（苏州）电声产业化基地、华东理工大学苏州工业技术研究院产业化基地和“综创阁”科技+电商孵化基地。此外还将打造各类创新创业载体，不断优化产业功能布局。

中科院声学所（苏州）电声产业化基地：依托苏州经济与产业发展优势，以中科院声学所的科技成果为基础，汇集双方科技创新资源，建立政府支持、产学研结合、面向市场的集科技研发、科技服务、平台建设、项目孵化、成果转化、产业培育为一体的创新大平台。

华东理工大学苏州工业技术研究院产业化基地：坚持“以服务为宗旨，在贡献中发展”的基本理念，以培育国家和地方战略新兴产业为主线，围绕高端装备、新型材料、物联网感知、节能环保等行业转型升级需求，开发一批共性和关键技术，孵化培育一批创新型企业。

“综创阁”科技+电商孵化基地：是“创驿+”在综合保税区设立的双创载体，定位为集科技创业项目引进、区域电商集聚、产业人员低成本创新探索及产业共性需求服务于一体的综合载体，致力于园区电子商务项目及科技人才集聚，进一步提升区域产业的电子商务氛围和创新能力。

高新区报关服务中心：是现今国内最具规模、通关功能最为齐备的一流区域物流通关平台之一。其将涉及货物通关流程的所有行政和社会服务纳入其中，实现海关、经贸等行政管理部门，海关特殊监管区域管理部门，以及报关、货代等物流服务企业集中办公，真正实现“一个窗口”对外，“一条龙”服务的一站式通关模式。

【招商引资】截至2019年年底，苏州高新区综合保税区（含围网外）累计入驻各类市场主体290家，其中工业121家，贸易70家，物流、金融及其他服务业等99家，累计项目总投资37.12亿美元。2019年，新项目引进36个，包含：工业项目16个，其中中科院声学所苏州电声产业化基地引进科技企业6家；服务业项目20个，其中“综创阁”科技+电商孵化基地引进孵化企业16家。在谈项目主要为生物医药、科技研发类企业，作为综合保税区重要的项目储备，在今后提高科技创新与产业升级的关联度、融合度方面将发挥一定作用，进一步增强综合保税区经济创新力和竞争实力，提升了区域发展质量和运行效益。

苏州高新区综合保税区保税加工项目主要来自欧美、日韩、东南亚、我国台湾地区等国家和地区。投资领域主要涉及电子、精密机械、新材料、家用产品、汽车零部件等科技含量较高、附加值较大的产业。电子和精密机械目前是保税加工的两大主导产业。

此外，区内的新宁、大田、祥迎等知名物流企业为全国28个省近2 000家生产企业提供保税物流服务。

【政策优势】2019年，综合保税区统筹利用国内外市场，持续放大一般纳税人资格试点效应。全年累计开票833份，金额7 160万元，税额936万元；国内采购金额3.84亿元，进项税4 817万元。参与试点后，企业进一步拓展了国内市场，一定程度上扩大了业务规模。同时，进项税可以抵扣，为企业节约了成本。接下来，综合保税区将充分利用一般纳税人资格试点新政，加大宣传力度，扩大影响，通过举办政策说明会、招商会等形式，鼓励引导更多企业特别是品牌商参与试点，吸引符合条件的项目入驻，以试点为契机，大力促进综合保税区转型发展，提振企业投资信心。

【经济发展】2019年，苏州高新区实际完成工业总产值754.38亿元，同比增长1.2%。完成全社会固定资产投资3.28亿元，同比增长5.0%。其中，工业投资3.18亿元，同比增长1.7%，而工业技术改造投入2.81亿元，占工业投资的88.4%。实现进出口总值202.39亿美元，同比下降6.0%。其中，进口67.24亿美元，同比下降14.5%；出口135.16亿美元，同比下降1.1%。

截至2019年年底，苏州高新区综合保税区累计完成工业总产值5 547亿元；完成固定资产投资203亿元；累计实现进出口总值

1 716亿美元，其中出口1 140亿美元，进口576 亿美元。

【产业特色】中欧班列（苏州）。苏州高新区综合保税区发挥产业优势、地理位置优势及政策优势，大力发展国际铁路货运班列项目，主动融入并积极推进江苏省、苏州市参与“一带一路”倡议，完善苏州市国际口岸功能，拓展新兴市场，扩大国际合作。2012 年 11 月，综合保税区首次开行“苏满欧”国际铁路货运班列；2013 年开行“苏满欧”首列“定点、定时、定线、定车次、定价格”五定班列。中欧班列（苏州）以苏州高新区综合保税区为服务载体，打造国家中欧班列东通道上的内陆主要货源地节点，承担着中欧班列货源集结直达功能。

为深入贯彻落实“一带一路”倡议，主动参与国际经济贸易合作，更好地满足高新区及周边地区生产企业国际物流需求，高新区综合保税区中欧班列（苏州）已发展成为“苏满欧”“苏满俄”“苏新亚”“苏连欧”四线，进出口双向，成为我国最具活力、市场化程度最高的中欧班列之一，发展水平居全国领先地位。苏州市因此被国家发展改革委列为中欧班列枢纽节点城市之一，苏州高新区综合保税区也成为中欧班列运输协调委员会副主席单位。

2019 年，苏州中欧班列共开行进出口班列 269 列，搭载 40 英尺集装箱11 869个，货重 16. 08 万吨，货值 12. 5 亿美元，同比分别增加 34%、41%、47%和下降 1%。其中，开行“苏满欧”出口班列 205 列，搭载 40 英尺集装箱9 403个，货重 12. 12 万吨，货值10. 09 亿美元；开行“苏满欧”进口班列 42 列，搭载 40 英尺集装箱1 499个，货重 2. 46 万吨，货值 1. 55 亿美元；开行“苏新亚”出口班列 22 列，搭载 40 英尺集装箱 967 个，货重 1. 5 万吨，货值 0. 86 亿美元。

跨境电子商务。苏州高新区综合保税区自 2016 年启动跨境电子商务出口业务以来，业务模式不断拓展，覆盖跨境电子商务一般出口、直购进口、网购保税、特殊监管区域出口等多种业务模式。经过努力和突破，苏州高新区跨境电子商务业务的物流通路不断丰富，打通邮路、快件转关业务，以及中欧班列等多渠道；服务团队不断提升，为客户提供专业、快捷、低成本的通关、结汇、退税、融资和物流等跨境电子商务服务；平台功能不断优化，为企业提供免费注册、在线备案、实时申报等各项服务的一站式综合服务平台，实现通关全程无纸化，提高通关效率，降低物流成本。2019 年，综合保税区完成跨境电子商务 B2C 出口业务 75. 95 万票，总重 234. 24 吨，总货值 557. 11 万美元，居苏州市第一。

国际贸易促进平台。苏州高新区食品进口交易中心于 2014 年 12 月被江苏省商务厅评为全省进口交易中心试点之一，作为综合保税区重点国际贸易服务平台，凭借优惠的扶持政策、便捷的通关环境和良好的亲商服务，已吸引多家优质企业入驻，展示销售进口食品、化妆品达数千种。在各级部门的关心和支持下，苏州高新区食品进口交易中心成为综合保税区功能转型升级的重要载体和主要抓手。

此外，苏州高新区综合保税区还拥有进口食品检验检疫监管样板（江苏省首家进口食品检验检疫监管样板）、进口巴氏杀菌奶检验检疫监管样板（实现江苏省内鲜奶进口业务零的突破）、进口肉类指定口岸（江苏省首家内陆地区进口肉类指定口岸）、进口冰鲜水产品口岸等特色化、专业化进口贸易促进平台。

【发展趋势】苏州高新区综合保税区将继续以高水平开放高质量发展为目标，进一步理清发展思路，深化一般纳税人资格试点，统筹国内国外市场，打造加工制造中心；依托高新区“大院大所”集聚特色，推动创新创业，打造研发设计中心；借助苏州中欧班列通路优势，推进贸易便利化，打造物流分拨中心；激发检测维修项目市场潜力，延伸产业链条，打造检测维修中心；加快跨境电子商务产业发展，培育新动能新优势，打造销售服务中心。

【机构设置】2012 年 6 月，经苏州高新区管委会批准，正式设立“苏州高新技术产业开发区综合保税区管理办公室”，作为苏州高新区管委会的派出机构，行使对综合保税区的行政管理权。苏州高新区综合保税区管理办公室下设行政管理部、计划财务部、经济发展部、开发建设部、综合管理部 5 个工作部门。为了更好地推进综合保税区的开发建设，设立苏州高新区出口加工区投资开发有限公司、苏州高新区保税中心有限公司，负责综合保税区的土地开发、基础设施建设、标准厂房仓库租赁、物流仓储经营等事宜。

【招商部门】经济发展部，联系人：徐玉、谢旭东，联系电话：0512－68018661、66161302；传真：0512－66161303；电子邮件：xu. y@ snd. gov. cn、xie. xd@ snd. gov. cn；门户网站：http：//www. snd-iftz. com。

昆山综合保税区
KUNSHAN FREE TRADE ZONE

【开发建设】昆山综合保税区位于昆山国家级经济技术开发区内，是在原昆山出口加工区的基础上整合转型而来的，是海峡两岸产业合作的集聚区、中国加工贸易和进出口的重要基地、全球电子信息产品的制造中心。

2000年4月，国务院批准设立全国第一个出口加工区——昆山出口加工区，规划面积2.86平方公里，同年10月正式封关运作。2009年12月，国务院批准在昆山出口加工区基础上设立昆山综合保税区，规划面积5.86平方公里。2012年12月，昆山综合保税区通过国家验收并封关运作。目前，园区内已建成厂房面积318.3万平方米、保税仓库32万平方米、5A级商务办公楼2.3万平方米、配套职工公寓约7万平方米，全区实现“七通一平”。

【投资环境】昆山综合保税区东距上海市中心50公里，西邻苏州市35公里，海陆空交通便捷。封关运作以来，昆山综合保税区敢于突破、勇于创新，探索出了海关特殊监管区建设的一系列成功经验，率先落地保税物流、一般纳税人试点、全球维修等业务，并得到普遍推广。其优越的政策环境和配套设施吸引了国内外知名企业落户，如戴尔、惠普、仁宝、纬创、和硕、麦格纳等世界500强企业。

【招商引资】2019年，昆山综合保税区立足产业发展方向，着眼延伸产业链、价值链，实现增量落地和存量扩产。全年完成4家企业的注册登记工作，共计注册资本15 550万元，具体为灵动创佳（昆山）电子技术有限公司、蔚隆（昆山）汽车电子有限公司、惠普贸易（昆山）有限公司、昆山市乾彼进出口有限公司。同时，推动纬创集团增加总投资额3亿美元，注册资本1亿美元，用于旗下纬新资通（昆山）有限公司引进世界先进自动化产线设备，为世界知名手机品牌厂商提供核心供应链配套业务。

【对外贸易】与昆山综合保税区有进口贸易往来的国家和地区达61个，分布于亚洲、非洲、欧洲、南美洲、北美洲、大洋洲。2019年进出口总额为3 247.0亿元，同比下降4.5%。其中，出口为2 327.3亿元，同比增加0.3%；进口为919.7亿元，同比下降14.7%。区内工业完成进出口2 121.1亿元，其中出口1 623.4亿元，进口497.7亿元；物流业完成进出口1 125.9亿美元，其中出口703.9亿元，进口422.0亿元。

【经济发展】昆山综合保税区主要以电子信息、光电半导体、精密机械和保税物流为四大主导产业。2019年，区内已投产企业119家，其中工业企业68家、物流企业40家、贸易企业8家、其他服务企业3家；总投资46亿美元，注册资本23亿美元，实际利用外资14亿美元，从业人员13万余人。2019年实现工业产值为2 912.9亿元，同比增加1.7%。

【“五大中心”建设】2019年，昆山综合保税区以国务院“21 条”新政出台为契机，全力实现高水平开放高质量发展全新一跃。截至 2019 年年底，昆山综合保税区已落实“21 条”新政中的 10 条政策，排名居南京关区第一。同时，在“五大中心”建设方面亦有所突破，助力加工制造实现产业升级：新增一般纳税人企业 8 家，服务新能源汽车、高端食品等新产业链入区发展；研发设计规模扩大，拥有 12 家研发机构和 2 家研发企业；物流分拨效率提升，一批全球知名品牌商在区内建设备件库，实现全球快速供给；检测维修业务拓展，完成全国首单全球维修业务，9 家全球维修企业维修货物进出口 73.7 亿元；销售服务取得突破，戴尔、惠普、苹果等设立贸易公司作为区域销售中心。

【一般纳税人试点工作开展情况】 2019 年，昆山综合保税区共有 24 家企业参加一般纳税人试点业务，其中 22 家正式运作。根据海关统计，2019 年非保税货物入区金额为 70.3 亿元，非保税货物出区金额为 67.6 亿元；保税货物进口额为 51.5 亿美元，保税货物出口额为 60.4 亿美元。自 2016 年试点工作开展以来，累计实现开票金额 83.1 亿元，税额 12.6 亿元。其中，2019 年国税增值税发票开票金额为 31 亿元，税额 4.1 亿元。在政策红利下，世界 500 强惠普集团设立的惠普贸易（昆山）有限公司加入一般纳税人试点业务并于 2019 年 11 月首批内销产品正式出货，标志着昆山综合保税区一般纳税人试点工作迎来了又一个重要里程碑，实现品牌销售转型升级。

【降费提效】 为积极落实国家降费提效政策，自 2019 年 11 月 1 日起，昆山综合保税区已全面取消卡口通行收费，并通过督促口岸服务企业降低理货比例、全面取消过磅费、降低所有类型场地费用等方式大幅降低场站服务费，每年可为企业节省约2 500万元成本。在通关效率方面，昆山综合保税区内海关监管作业场所通过资源整合优化、引入信息化智能化手段进行作业流程优化，自 2019 年 12 月试运营以来，平均通关时间从 20 分钟下降至 5 分钟左右，通关速度大幅提升，企业实惠感和获得感大大提高。

【发展趋势】 未来，昆山综合保税区将立足主导产业和新兴产业，深入贯彻落实“21 条”新政，结合实际做好政策落地的宣传者、引导者、推动者，加快“五大中心”建设多点突进。一是稳固加工制造产业。以龙头项目牵引打造新型高端电子信息产业形态，逐步实现由制造为主向以产品设计、技术开发等创新类、具有核心竞争力的高科技企业为主转型。另一方面，在加工制造优势的基础上，进一步扩大增值税一般纳税人资格试点规模，不断强化宣传引导，注入开放发展新动力。二是加快培育新兴产业。借助区位交通、功能载体等优势，特别是部分已建成的恒温保税仓库等载体资源，着力打造亚太咖啡生豆物流分拨中心、亚太咖啡平台交易中心、亚太咖啡研发制造中心、亚太咖啡品牌销售中心为一体的全产业链，力争通过三到五年努力，形成新的千亿级咖啡产业链，进一步提升区域经济影响力。三是打造现代物流高地。全力支持功能性平台建设，构筑全产业链保税体系，加快全球物流分拨项目的洽谈，打造超千亿级的全球物流分拨中心。四是探索服务贸易发展新模式。紧扣制造业优势，延伸发展生产性服务业，逐步吸引品牌商入区设立销售中心，加码新旧动能转换，促进昆山综合保税区从传统制造业向品牌销售的转型升级和创新发展。五是做大做强全球保税维修业务。推动电子信息产业向“微笑曲线”两端延伸，力争使全球维修业务在昆山综合保税区形成规模效应，推动区内保税维修产业链不断延伸，培育新的外贸增长点。

【机构设置】昆山综合保税区管理局为昆山经济技术开发区的内设机构，下设办公室、投资促进科、贸易发展科、经济管理科、区域管理科 5 个内设科室，主要负责区内发展规划、投资洽谈、招商引资、项目报批、数据分析、企业服务、环境整治、信访稳维等日常工作。

【招商部门】昆山综合保税区招商引资工作由投资促进科、贸易发展科负责。联系电话：0512-57376513/57352662；地址：昆山市新南东路 358 号综合保税区商务大厦 16 楼。

南京综合保税区（江宁）
NANJING FREE TRADE ZONE（JIANGNING）

【概况】南京综合保税区（江宁）由原南京出口加工区（南区）转型升级而来，于2012年9月17日经国务院批准设立，2013年10月29日通过海关总署等国家十部委的联合正式验收，规划面积1.2平方公里，已验收面积0.918平方公里。作为江宁经济技术开发区的重要组成部分，园区一直坚持走创新发展之路，全面贯彻落实《关于促进综合保税区高水平开放高质量发展的若干意见》（国发〔2019〕3号），不断完善口岸功能、优化营商环境、集聚高端产业。自设立以来，共引入吉宝通讯、爱立信、上美塑胶、海格木工、菲尼克斯、DHL、联亚会展等50余家企业，涉及电子信息、机械制造、现代物流、国际贸易等产业，累计实现进出口总额超过400亿美元。2019年实现进出口60.1亿美元，其中出口47.6亿美元，进口12.5亿美元。

【招商引资】园区已引进新型触控笔、平板电脑研发中心项目、中国海威机械工具创新中心、栗村电子二期扩厂、江苏海企集团进口食品深加工等生产经营性项目。跨境电子商务重点平台亿贝扩大运行力度，引进了30家外贸公司，丰富了综合保税区创新业态。

【改革创新】一是一般纳税人资格试点成功运行。园区抢抓进一步扩大赋予海关特殊监管区域企业增值税一般纳税人资格试点这一政策机遇，积极牵头组织税务、海关等相关部门前往苏州、杭州等已成功试点的综合保税区学习调研，并主动与职能单位沟通协调。2019年5月31日，区内南京海格木工技术有限公司开出了南京综合保税区（江宁）第一张赋予特殊监管区域一般纳税人资格扩大试点增值税发票。一般纳税人资格试点政策的落地，使企业内销更顺畅、采购更加便利，有利于企业统筹国外国内两个市场，提升企业竞争力。二是跨境电子商务综合试验区成功运行。建设中国·南京跨境电子商务综合试验区是2019年园区的重点工作，园区积极主动高位协调对接海关、市税务局、市商务局、市电子口岸公司等，根据相关要求，制定了跨境电子商务综合试验区实施方案，并报上级海关、税务部门审核确认，按要求对跨境电子商务平台方案进行优化及设备采购，提前按要求完成跨境电子商务平台的建设，于2019年9月9日正式开通运行，标志着南京关区跨境电子商务金海二期系统保税进口网购模式首次率先成功运营，成为南京跨境电子商务平台运营的新标杆。

【管理与服务】综合保税区管理局着力解决企业在发展过程中遇到的难点、堵点、痛点，全面优化营商环境。一是加强服务平台建设。会同驻区部门，成立了关、地线上工作群，更好地开展各项工作。二是加强精准服务建设。建立了驻区部门联席会议制度、驻区部门与企业见面会议、海关宣贯会等制度，会同驻区部门，致力于优化通关流程、创新监管模式，为企业提供“一对一、一问题一方案”的精准服务，不断提升园区贸易便利化水平。三是“店小二”服务促企业发展。综合保税区管理局想企业所想、急企业所急，为区内企业生产提供了良好的通关环境，对区内重点企业吉宝通讯、栗村电子，在其生产高峰期，先后解决了7×24小时预约通关、电力保障等问题，保证了综合保税区外贸平稳运行。

【发展趋势】综合保税区将认真贯彻落实新发展理念，围绕高质量发展要求，夯实制造业基础，拓展服务业功能，创新监管，积极培育综合保税区产业配套、营商环境等综合竞争优势，对接国外、国内两个市场，对标先进地区综合保税区，加快综合保税区创新升级，力求实现“新突破”。

一是打造综合保税区特色产业中心。根据自身特点，丰富区内先进制造业内涵，重点围绕电子信息、机械制造、智能设备等战略性新兴产业及现代物流产业推进精准招商，推动保税产业联动发展，形成保税智造产业中心、新型研发中心、保税检测维修产业中心，产生集聚规模效应。

二是扶持跨境电子商务平台发展。结合自身的发展特点和发展趋势，积极搭建保税展示交易平台，引进相关外贸企业，丰富上下游产业链，推动开放型经济发展。

三是持续推进区内标厂改造升级。逐步完善配套设施建设，打造现代化运营载体。推进综合保税区传统厂房、传统仓库的改造升级，完善基础设施、监管设施、服务设施建设，通过改变低效建筑的使用功能，对不适宜保税产业发展的建筑进行拆除重建等，打造一批可承载实体化转型的现代化载体，夯实保税产业运营基础。

四是进一步健全综合监管体系。持续改善营商环境和创新环境，为企业提供精准服务，继续协调海关、税务等多部门，保证通关畅通高效，提升园区贸易便利化水平。

【机构设置】南京综合保税区管委会（江宁）管理局作为南京综合保税区（江宁）的职能管理部门，承担日常事务管理、企业服务、产业发展、招商引资等职责。

【招商部门】南京综合保税区（江宁）的招商工作由招商部负责。部门负责人：韩光骏；电话：025－52724969；电子邮箱：123822388@qq.com。

南京综合保税区（龙潭）
NANJING FREE TRADE ZONE（LONGTAN）

【开发建设】南京综合保税区（龙潭）位于南京市栖霞区东部，区域规划控制面积 3.83 平方公里，由原南京出口加工区（2003 年 3 月批准设立）和原龙潭保税物流中心（B 型）（2005 年 8 月批准设立）整合形成，2012 年 9 月 17 日由国务院批准设立，2013 年 10 月 29 日通过国家十部委联合验收，实现封关运作，一期封关面积 1.12 平方公里。园区口岸作业区近 9 万平方米，其中验货平台约2 000平方米、监管仓库约3 200平方米、现场查验用房约2 700平方米，并规划建设了符合海关监管要求的围网、巡逻通道、卡口及监控设施等，整个区域实现了“七通一平”。此外，还建设了 4 万平方米的保税仓库。南京综合保税区（龙潭）以“信息化围网”手段进行监管，按照功能划分为口岸作业区、保税物流区、保税加工区。

园区还在围网外建设了跨境电子商务产业园 7 万平方米和约3 000平方米的综合保税区商业街为园区提供生产配套和生活配套服务，并利用紧邻综合保税区的区位优势，为区内企业开展研发、检测、维修等功能拓展业务提供载体支持。

【投资环境】南京综合保税区（龙潭）在载体建设上一直坚持高标准、严要求，努力建设具有国内一流载体的综合保税区。园区（含围网外）共建成各类厂房、仓库 100 万平方米，其中保税仓库 20 万平方米，企业自建仓库、厂房 80 万平方米。所有载体的规划设计、环境安全均达到国内一流建设标准，广泛吸引各类优质企业投资入驻。

综合保税区报关报检服务中心，是南京口岸地区最具规模、通关功能最为齐备的一流区域物流通关平台之一。其将涉及货物通关流程的所有行政服务纳入其中，实现海关等行政管理部门、海关特殊监管区域管理部门，以及报关、货代等物流服务企业集中办公，真正实现“一个窗口”对外、“一条龙”服务的一站式通关模式。

综合保税区周边规划建设有普通仓库 60 万平方米，商业办公设施 3.7 万平方米，已初步形成设施先进、配套完善、交通便利，集保税加工、保税物流和进出口贸易为一体的综合性功能区域。

【招商引资】以招商引资为主线，加强服务与管理，充分发挥了综合保税区口岸服务功能和产业平台作用，主要工作有序开展。

聚重点盯项目，全面推进招商引资工作。聚焦下一代汽车、人工智能及综合保税区相关产业，紧盯高质量项目，加强项目信息收集和项目洽谈工作。全年主要招商指标均完成或超额完成。其中，完成实际到账内资 52.2 亿元，完成签约项目投资总额 230 亿元，完成亿元以上签约项目 20 个，收集招商信息 130 余条。

在下一代汽车招商方面，重点围绕下一代汽车产业链，洽谈推进了德国肯联汽车零部件、韩国深园汽车结构件、日本 NTN 万向节轴承、德国 HBPO 汽车零部件、丹麦丹佛斯半导体功率模块 IGBT 和燃料电池空压机及电驱动系统项目。

在人工智能招商方面，重点围绕研发中心、产业基金、融资租赁等项目，洽谈推进了微软南京分公司、创新工场智能基金等一批项目。

在综合保税区招商方面，重点围绕先进制造业和现代服务业，洽谈推进了泰国商用车汽车零部件、熠跃南京跨境电商产业园、江苏颐唐国际贸易及保税物流等项目。

另外，综合保税区管理局还签约落户了冠佳光电显示功能器件、能策智能储能设备及 5G 滤波器研发制造、欣华恒医疗项目。

【对外贸易】南京综合保税区（龙潭）自封关运作以来，利用功能政策和区位优势，依托南京龙潭港，大力发展国际贸易，积极与海关协调，主动做好企业服务工作，进一步拓展业务运作的规模。充分发挥综合保税区作为开发区虚拟口岸的功能，为开发区光电显示企业提供“深加工结转”服务，帮助企业完成产品出口复进口业务，实现海关账册核销，大大降低了企业运营成本。园区已为开发区乐金显示、LG 新港、LG 化学、喜星电子、瑞仪光电、仕达利恩、莱斯康、中电熊猫等 30 余家光电显示企业提供了“一日游”“二线暂存”“区区流转”等服务，支持了企业发展。

【经济发展】2019 年，综合保税区实现监管货值超 100 亿美元，同比增长 27%。其中，进出口总额 4. 5 亿美元，同比增长 3. 8%。

【业务拓展】一是跨境电子商务。按照高水平开放高质量发展要求，积极拓展综合保税区跨境电子商务保税备货 1210 模式新业态，率先在全市实现了跨境电子商务零售进口业务的开展，充分利用进口保税政策在综合保税区实现集中备货，成功争取到市级资金扶持政策，一批跨境项目成功落户。龙潭跨境电子商务产业园成功试运行了跨境电子商务零售出口商品通过跨境 9610 模式申报，搭乘中欧班列完成出境，大幅降低了电商企业物流成本，丰富了跨境电子商务产业园国际物流渠道，提升了产业园的核心竞争力。2019 年，龙潭物流基地新增企业 19 家，其中电商企业 14 家，完成出口通关累计 85 万票，货值1 336万美元。二是物流产业。鼓励区内物流企业开拓物流业务，促进物流产业向高端化发展，同时进一步推进综合保税区内仓储货物按照状态分类监管政策实施，联动境内外两个市场，提高企业仓储效率，降低企业运营成本。三是融资租赁。进一步复制自由贸易区融资租赁试点政策，2019 年签约了聚鑫融资租赁、光大金融租赁 SPV 项目、安豪融资租赁等。

【发展趋势】综合保税区将主要利用新政在服务贸易和货物贸易上出成绩冲业绩，为加工贸易产业链提供优质营商环境，为进出口企业提高通关效率，为开发区服贸考核创佳绩，继续按照高水平开放高质量发展要求，围绕考核目标、重点任务，从以下几方面开展工作：

以高水平开放高质量发展为目标，推动综合保税区全面发展。抢抓综合保税区增值税一般纳税人资格、委内加工、许可证简化等政策机遇，加快推进在手在谈的三友汽车零部件等项目，争取项目落户。加强跨境电子商务项目招商，与龙潭跨境电子商务产业园联动招商，与龙潭港区港联动发展，充分发挥江海联运优势，力争尽快形成跨境电子商务产业集聚发展态势，打造开发区对外贸易新的增长极，等等。

强化枢纽功能，推进国家物流枢纽建设。围绕国家物流枢纽建设，进一步梳理国家物流枢纽建设的工作重点和具体任务，配合制定工作机制和三年行动计划，推动公铁水联运区规划建设工作，争取土地指标和财政支持，推进集疏运体系建设及公共服务平台建设，加强项目招商引资、宣传报道。

加强政策复制及创新，进一步提升发展水平。主动对接自由贸易区，在综合保税区复制推广自由贸易区创新政策，推行自主备案、自定核销周期、自主核报、自主补交税款、智能监管等创新监管政策，并探索在综合保税区进行业务创新和政策试点，进一步提升综合保税区功能和贸易便利化水平，推动综合保税区新一轮发展。

以招商工作为核心，加快在手项目洽谈推进。进一步发挥龙潭物流枢纽和综合保税区产业平台功能，针对港口依存度大、物流枢纽要素突出的项目开展精细化招商；进一步延长下一代汽车产业链条，加强汽车产业招商；围绕人工智能、光电显示等地标产业，收集项目信息、挖掘项目资源。

【机构设置】南京综合保税区管委会于2013年经南京市政府批准设立，下设办公室（与原市投促委合署）和龙潭、江宁两个管理局。南京综合保税区（龙潭）管理局下设综合服务处、产业发展处和招商处3个处室。2014年3月，根据工作实际需要，开发区又设立了南京综合保税区联合发展有限公司，主要承担载体管理、资产运营等工作。

常熟综合保税区

CHANGSHU FREE TRADE ZONE

【经济发展】2019 年，常熟综合保税区的各项工作基本保持了稳中有进、稳中向好的运行态势。与 2018 年相比，园区的各项经济指标基本持平。全年全区共完成工业总产值42 199万元，同比增加 4.62%；完成工业增加值16 686万元，同比增加 3.71%；完成经营总收入48 953万元，同比增加 1.28%；完成利润3 244万元，同比下降 5.94%。据海关统计，2019 年全年，综合保税区共完成进出口总额22 843 万美元，其中进口额为16 997万美元，出口额为5 846万美元。

【投资环境】常熟综合保税区位于长三角经济圈中心，东距上海 80 公里，南距苏州 45 公里，紧靠常熟港，紧邻沪苏通铁路、沿江高速公路、苏嘉杭高速公路、沿江一级公路，离苏通大桥道口仅 500 米，交通区位优势十分明显。

常熟综合保税区在常熟经济技术开发区内，依托开发区的支撑，产业基础扎实，产业配套能力强，物流运输便捷。企业入驻常熟综合保税区，不仅享有海关提供的简单、快捷的通关便利，还享有综合保税区和开发区特有的优惠政策，海关、银行、仓储等机构一应俱全，落户企业不出园区即可办理一切进出口手续。

园区分三大功能片区：一是标准厂房区，占地 10 多万平方米，建有 8 幢总面积达 7 万平方米的标准厂房，分单层、二层、三层 3 种规格；二是物流配套区，占地 8 万多平方米，建有 4 幢共 2.3 万多平方米的保税物流仓库及 1 幢仓库附属办公用房，以及2 000多平方米的海关监管仓库和 1 万多平方米的附属查验场地等设施；三是自建厂房区，占地约 24 万平方米，已有 3 家区内企业建设了约 5 万平方米的生产厂房。

【招商引资】常熟综合保税区针对所在常熟经济技术开发区的产业结构情况和地理位置，积极强化招商选资，围绕汽车零部件、精密机械、装备制造、服务型外包等产业进行全方位招商。2019 年，园区成功引进了服务外包型项目——万国常熟数据中心项目，该项目由万国数据服务有限公司投资建设。到 2019 年年底一期项目已完成项目立项备案、能评指标批复、环评备案等手续。还引进了华尔克默尼美国合金材料项目，该项目由美国 WCC 公司投资建设。

【管理服务】常熟综合保税区在做好招商工作的同时，切实提高工作标准，加大支持和服务企业力度，经常深入企业了解实际情况。利用各种时机，先后 3 次举办了不同形式的座谈会和政策宣讲会，让企业和海关、税务、外汇等相关部门直接对话，及时了解新的政策法规。

2019 年 1 月，《国务院关于促进综合保税区高水平开放高质量发展的若干意见》发布，其中提出要加快综合保税区创新升级，打造对外开放新高地。常州综合保税区管理局积极参加文件解读专题培训班向区内企业宣讲文件精神，宣讲海关的贸易便利化措施，鼓励企业开拓新的业务模式。

2019 年 8 月国家税务总局、财政部、海关总署联合发文，同意综合保税区增值税一般纳税人资格试点可以实行备案制后，综合保税区管理局及时跟常熟税务局取得联系，对区内企业宣传开展此业务带来的好处和便利及此业务适用的生产经营模式。

【工业】 常熟综合保税区作为加工贸易企业的集聚区，依托临江临港和位于常熟经济技术开发区内的优势，吸引了不少企业入驻。到 2019 年年底，累计有 19 家加工、物流及服务业企业入驻，其中加工企业为 12 家，大部分为欧美企业，有 10 家企业已正式投产。

【物流业】 常熟综合保税区充分利用园区的保税功能及临港优势，联结苏南苏北桥头堡的地理位置优势，沿江铁路、苏嘉杭高速的交通优势，与开发区的国际物流产业园互动发展，大力发展现代物流业，货运量迅速增长，综合保税区第三方物流为区外达富电脑、长春化工等大型加工贸易企业提供了便捷、高效的保税物流服务，对全市的辐射带动作用日益显现。

【发展趋势】 常熟综合保税区将充分发挥海关特殊监管区域的政策功能优势，积极拓展新型业务类型，大力发展对外贸易、国际采购、分销和配送、国际中转、服务外包、商品展示等功能业务，争取吸引更多的保税物流、商贸、维修检测及展览展示项目在区内注册运营，加快综合保税区创新升级，打造对外开放新高地。一方面，大力发展综合保税区跨境电子商务业务；另一方面，充分利用开发区打造汽车整车及汽车零部件产业基地的有利时机，围绕捷豹路虎和观致汽车项目及其大量的核心配套企业，全力发展进口汽车零部件保税物流产业，并将综合保税区打造成汽车零部件的进出口基地。

【机构设置】 常熟出口加工区管委会与常熟经济技术开发区管委会合署办公下设常熟出口加工区管理局。常熟出口加工区升级为常熟综合保税区后，更名为常熟综合保税区管理局，内设招商科、物流贸易科及综合科，并成立常熟出口加工区开发建设有限公司，具体负责综合保税区的投资及物流运作和物业管理等工作。

【招商部门】 常熟综合保税区管理局招商科主要负责综合保税区的招商引资工作。联系人：招商科科长张诚、吴菡斐；联系电话：0512-52690181、18913634358，0512-52959176、13601570519；邮箱：cz@cedz.org、cherriewhf@163.com；传真：0512-52269665；网址：http://tax.cedz.org/。

常州综合保税区
CHANGZHOU FREE TRADE ZONE

【开发建设】常州综合保税区位于常州国家高新技术产业开发区内，规划面积1.66平方公里，四至范围为：东至江阴区界，西至通江大道，南至新竹路，北至沿江公路（S122省道）。常州综合保税区前身为常州出口加工区，于2015年元月经国务院批准同意整合优化为综合保税区。园区首期围网面积1.329平方公里。已建成标准厂房16.3万平方米，区内外仓储面积3万平方米，货物堆场面积2.1万平方米，综合服务大楼面积1万平方米。

【投资环境】园区距沪蓉高速常州出入口北4公里、京沪铁路常州北站5公里、国家一类开放口岸长江常州港8公里、4E级国际机场常州奔牛国际机场15公里，依托便捷的交通条件在水、陆、空形成通畅的物流通道。

【招商引资】2019年，全面统筹综合保税区和综港区的整体发展战略和规划，充分发挥综合保税区的口岸平台功能和综合保税功能，做好综港区对上战略对接、项目及资源的争取，实现“两综”深度融合。2019年5月20日，第二届江苏发展大会暨首届全球苏商大会在南京盛大开幕，常州综合保税区内瑞声科技的光学摄像头模组项目作为该次全省重点签约项目中常州唯一的项目在现场签约。瑞泰光学项目落地常州综合保税区，该项目专门从事模组、传感器及相关芯片等产品的生产及研发，达产后年销售预计达到100亿元人民币。同时，新增乐利时、南鸿商贸、富尚酒业等服务贸易类项目20家；厦门国贸华东地区分拨中心、瓦姆保税分拨中心、沁瑞物流及江苏罗舍科技共建常州跨境电子商务贸易平台项目，GKE期货保税交割中心项目等保税物流及服务类项目在2019年9月25日由常州市新北区人民对外友好协会主办的新北区“一带一路”经贸文化交流会上完成签约。香港利俊实业投资的光学项目成功落地，友利新材料投资的镁合金精整板材及深加工产品项目及其与上海寰球设计院合作的保税研发、苯酚丙酮回收利用装置生产制造项目等也在持续跟进中。

园区利用综合保税区特殊功能政策，重点引进保税加工、保税物流和保税服务企业。累计引进挪威LithiumWerks电池材料、捷迈巴奥米特医疗器械、英国庄信万丰电池材料、香港瑞声科技、加拿大福地亚、巴西马可波罗等15家先进制造企业和60家贸易物流企业。同时，带动了雅柯斯动力、泰国三友等一批外资企业在高新技术产业开发区投资。累计吸引外商总投资14亿美元，注册外资7亿美元。目前园区拥有省级重点物流基地、省级跨境电子商务试点园区、市陆路直通口岸，建有公共保税仓库、进口预包装食品（化妆品）监管区、跨境商品展示中心、监管通关中心、常州市跨境电子商务公共服务平台等一系列资源。

【经济发展】2019年是园区“重大项目攻坚

年”，综合保税区以“两综”融合为契机，以国务院下发的《关于促进综合保税区高水平开放高质量发展的若干意见》为统领，按照常州市有关部署，全力推进高质量发展“156”工程。全年园区完成工业总产值21.43亿元；实现销售收入19.6亿元；利润3.2亿元；完成固定资产投资2亿元；实现进出口31.1亿元，其中出口17.59亿元；实现到账外资5 428.22万美元。

【重大项目】 2019年，瑞声2号、4号厂房主体完工并办理综合验收，同步进行内部装修；3号、8号厂房已于4月开工，至11月3号厂房三层结构已经基本完成。

协助瑞泰光学进行前期手续的资料收集及流程办理工作。新增110kv用电线路的前期方案的协调及资料收集整理。

【改革创新】“一般纳税人资格试点”落地。2019年1月31日国家税务总局、财政部、海关总署联合下发《关于进一步扩大赋予海关特殊监管区域企业增值税一般纳税人资格试点的公告》，决定自2019年2月1日起，把常州综合保税区等24个海关特殊监管区域纳入赋予海关特殊监管区域企业增值税一般纳税人资格试点的范围。2月27日，常州海关办理了首份海关特殊监管区域一般纳税人资格试点企业申请业务。这意味着常州综合保税区企业开始享受该项政策红利。3月5日上午，常州综合保税区企业增值税一般纳税人资格试点启动仪式在常州综合保税区管理局举行。常州综合保税区首家参与试点的企业——瑞声通讯科技（常州）有限公司的工作人员现场开出试点后的首张增值税专用发票，成功实现第一单，瑞声也成为全国第三批试点园区首家开票企业。

推动“委内加工”试点。根据巴奥米特的经营诉求，通过释放区内企业行业高端效能，帮助其利用剩余产能承接境内区外委托加工业务，形成综合集聚效应，助力其更好地统筹国内外两个市场。2019年7月22号，企业“委内加工”账册建立。

促进新型贸易方式发展。2019年，常州综合保税区会同常州市商务局、常州海关加快推进常州市跨境电子商务、进口交易中心等新型贸易方式发展工作，积极争取国家跨境电子商务综合试验区，充分利用常州综合保税区一般纳税人资格试点和轨道交通进境维修获批的机遇，开展宣传推介工作，努力争取引进跨国公司来常州设立销售中心、分拨中心和物流中心等，以服务功能优化促进外贸发展，同时引导和鼓励有实力的大型企业加快国际营销网络建设，推动内外贸融合发展。厦门国贸华东地区分拨中心项目与新加坡GKE金属物流期货保税交割中心等项目落地，并与综合保税区合作开展地区业务。

【发展趋势】 常州综合保税区将立足高新区、放眼长三角，对接自由贸易区和跨境电子商务综合试验区，以苏南自主创新示范区建设为契机，通过现代物流服务业与高端制造业“双轮驱动”，以产业集聚带动保税物流服务业的发展，打造区港联动大通关平台。全面统筹综合保税区和综港区的整体发展战略和规划，充分发挥综合保税区的口岸平台功能和综合保税功能，做好综合港务区与国家、省、市的工作衔接和战略对接、项目及资源的向上争取，实现综合保税区和综港区的深度融合。

【机构设置】 常州高新区综合保税区管理局对常州综合保税区行使管理职能。综合保税区管理机构设局长室，下设3个工作部门：综合处、经济发展处、建设管理处。

【招商部门】 经济发展处负责招商引资工作，电话：0519-85169096、85167235，传真：0519-85106061，电子邮箱：czftz@czftz.com.cn。

武进综合保税区
WUJIN FREE TRADE ZONE

【经济发展】武进综合保税区前身是武进出口加工区，2015 年 1 月升格为综合保税区。园区位于武进国家高新区，批准面积 1.15 平方公里，实际围网验收面积 1.08 平方千米，2018 年 6 月 5 日，经国务院批准，规划面积核减至 0.95 平方公里，实际围网面积核减至 0.88 平方公里。四至范围为：东至凤林路，南至武进大道，西至淹城路，北至阳湖路。2019 年，受中美贸易摩擦、电子产业深度调整及 3 家生产型企业出区的影响，武进综合保税区的主要经济指标下降明显。全年完成实际进出口额 7.68 亿美元，进出区货值 50.13 亿美元；完成工业总产值 108.79 亿元，工业销售额 94.01 亿元，工业增加值 22.36 亿元。

【招商引资】园区 2019 年新落户生产型项目 2 个（世博恩新能源科技、汉科汽车零部件再制造），新增物流项目 1 个（鑫昌物流），贸易型项目 3 个（沃顺贸易、阿波雷娜、臻政工程机械）。综合保税区现有制造企业 9 家、物流企业 18 家、贸易企业 16 家、服务企业 4 家，累计利用注册外资 7.39 亿美元。落实一般纳税人资格试点，与企业探讨增加保税维修检测等新兴业务，扩大保税展示的商品种类，拓展大宗物资保税仓储、分拨业务，推动综合保税区企业转型升级。

【平台建设】园区已有 2 个获批平台项目，分别为进口食品检验检疫监管样板、进口商品展示交易中心两大平台，具有仓储物流对外贸易、国际采购、分销配送、商品展示等功能。进口商品展示交易中心是踏出探索民生需求的第一步，也是今后服务方向的一大突破已吸引常州地区 10 多家进口商进行展示业务，包括法中国际贸易、澳高德庄园、添月德、赛麒、金鹏等，已收录商品包括红酒、化妆品、母婴用品、食品等 200 多种，分别来自澳大利亚、美国、西班牙、新西兰等世界多个地方。2019 年，成功举办多次综保商城惠民活动，吸引了众多消费者前来选购，极大地促进了进口，下一步将围绕惠民生的服务宗旨，搭建更大范围的进口商品选购平台。

【管理与服务】企业服务质量不断提高。自综合保税区实行政企分开，管理局依照“总牵头、总负责、总协调”的工作定位，全力做好海关、企业、出投公司协调联络工作，通过定期召开联席会议，执行海关、滨湖公司及管理局等的联合巡察机制，落实协同联络机制等方式为企业解难题、办实事。2019 年，综合保税区按照海关新政全力推进监管仓库的改造，不断优化通关和仓储环境。园区借助信息化建设手段，联合海关，成功上线海关物流创新项目“掌上物流 2.0”，将移动互联网地理信息位置服务与海关物流监控系统有机结合，使海关互联网+服务再次提档升级，为海关物流从业者带来更加精准、更加便捷的智能化通关体验，从以前的烦琐手续变为现如今直接刷车牌，一秒过关。

【发展趋势】武进综合保税区将围绕“三大转变、五大中心”的总体发展规划创新思路，谋划发展。“三大转变”即加快实现从加工贸易向服务贸易转变、从区内为主向内外联动转变、从建设为主向服务为主转变。“五大中心”即打造制造中心、物流中心、贸易中心、研发中心、展示中心。

【机构设置】武进综合保税区是武进国家高新技术产业开发区内设局，机构全名为武进国家高新区管委会综合保税区管理局。

【招商部门】由经济发展科负责招商活动，联系人：干泽幸；联系电话：0519-86221203；传真：0519-86221200。

南通综合保税区
NANTONG FREE TRADE ZONE

【开发建设】南通综合保税区规划面积 5.29 平方公里，实行“一区两片”的发展格局。其中，A 区规划面积 1.5 平方公里，着重发展研发设计、检测维修、大数据、国际贸易等保税服务产业；B 区规划面积 3.79 平方公里，紧邻通海港区集装箱码头，着力发展保税加工和现代智慧物流产业。

【投资环境】南通综合保税区位于南通经济技术开发区内，处于中国沿海南北交通动脉和长江入海的枢纽位置。母城南通位于长江入海口北岸，与上海、苏州隔江相望，是长三角地区重要的工业基地和长江流域重要的枢纽城市，也是长三角地区距离上海自由贸易试验区最近的城市。南通经济技术开发区于 1984 年 12 月经国务院批准设立，是我国首批 14 个国家级经济技术开发区之一，辖区面积 184 平方公里，人口 30 万。南通经济技术开发区历经 30 多年发展，已成为长三角核心区域具有较强竞争力的现代产业园区，是长江经济带国家级转型升级发展示范开发区、国家生态工业示范园区、国家循环化改造示范试点园区、中国服务外包集聚园区，以及江苏省利用外资转型发展示范区。

南通经济技术开发区抢抓建设长江经济带战略支点和上海大都市北翼门户城市机遇，围绕“建设国际化、高端化的制造业集聚区和创新型、生态型的综合商务城”的定位，重点发展以大数据、智能制造为代表的“1+1”产业。南通经济技术开发区瞄准新一轮发展机遇，加快建设南通综合保税区等特色平台，转型升级迈出新步伐，逐步成为长三角利用外资集中的先进制造业基地和上海一小时经济圈重要的产业发展高地。

南通综合保税区基础设施建设实现“九通一平”，即通路、通电、通自来水、通污水处理、通蒸汽、通工业用气、通讯、通码头和土地平整。南通综合保税区 B 区商业配套中心规划总建筑面积 15.67 万平方米，办公、住宿、餐饮、酒店等商务配套设施一应俱全。与南通综合保税区 B 区相邻的通海港区集装箱作业区由中远海运集团管理运营，岸线长约2 487米，陆域面积约 360 万平方米；一期工程 3 个集装箱泊位已竣工，二期工程已经启动。2019 年，港区完成集装箱吞吐量超 110 万标箱，已开辟日本、韩国及国内大连、泉州、海口等 14 条直达航线，航线辐射国内沿海及近远洋地区；另有通过上海等港口中转的内外贸支线每月 800 余班次，连南接北、承东启西的内贸枢纽港正加速形成。

【招商引资】2019 年，南通综合保税区新注册项目 19 个，新增注册资本 14.02 亿元。截至 2019 年年底，南通综合保税区累计注册企业 498 家，总投资 388.34 亿元，注册资本 262.46 亿元；外商投资企业 47 家，总投资 18.45 亿美元，注册资本 9.61 亿美元。其中，保税加工类企业 37 家，总投资 50.13 亿元；保税物流类企业 26 家，总投资 79.6

亿元；研发企业 16 家，总投资 60.44 亿元；商贸类企业 77 家，总投资 25.18 亿元；注册经济类企业 339 家，总投资 168.25 亿元。

【产业聚焦】 南通综合保税区已经集聚了以南通中远海运物流供应链有限公司、南通宝能物流有限公司、南通宝时物流有限公司、南通中农物流有限公司、南通嘉浩冷链物流有限公司为龙头的现代智慧物流产业，以阿里巴巴信息港（江苏）有限公司为龙头的大数据产业，以南通延锋安道拓座椅面套有限公司、南通联亚药业有限公司、南通吉凯光电科技有限公司为代表的保税加工产业，以飞昂微电子科技南通有限公司、阿斯克勒庇俄斯医学（南通）有限公司为代表的检测研发产业。现代智慧物流园和国际数据中心产业园已见成效，正在逐步构建以集聚品牌产业和新型业态为区域特色的跨境电子商务全产业链平台。

【经济发展】 2019 年，南通综合保税区实现经营收入 109.5 亿元；实现工业总产值 17.1 亿元；实现进出口额 58.69 亿元；合同利用外资1 200万美元，实际利用外资3 437万美元；完成税收 3.85 亿元，其中关税及海关代征税收 2.4 亿元。至 2019 年年底，南通综合保税区累计合同利用外资 6.5 亿美元，实际利用外资 4.4 亿美元；累计实现进出口额 56 亿美元，进出区监管货值 119.5 亿美元。分类仓储业务累计实现非保税货物进出区 25.75 万吨，货值 12.6 亿美元。

【发展趋势】 南通综合保税区将聚力发展以新一代信息技术、智能制造、医疗健康为主的保税加工业，壮大发展国际贸易、跨境电子商务产业，不断探索研发、检测维修、保税展示、期货保税交割、融资租赁、智慧物流、航空培训及其他新型保税服务业，打造先进制造业加工中心、研发设计中心、物流分拨中心、检测维修中心和销售服务中心五大中心，逐步成为对外开放的新平台、创新发展的先行区、转型升级的新高地。

【机构设置】 南通综合保税区管理局是南通市经济技术开发区管委会的派出机构，下设行政部、招商部和经济发展部。

【招商部门】 南通综合保税区 24 小时招商服务热线：0513－85980289；网站：http：//www.ntftz.com。

连云港综合保税区
LIANYUNGANG COMPREHENSIVE BONDED ZONE

【开发建设】连云港综合保税区的前身是2003年3月10日国务院批准建设的连云港出口加工区。2008年5月31日，国务院批复连云港出口加工区整合优化为连云港综合保税区，规划面积2.97平方公里。自2018年7月启动综合保税区建设工作以来，连云港综合保税区根据国务院批复文件及海关总署要求，严格按照国家有关法律法规和验收标准进行建设，坚持高起点定位、严标准设计、快节奏落实，确保建设顺利实施。2019年8月20日，顺利通过南京海关牵头的联合验收组验收；10月21日，海关总署批复认定连云港综合保税区验收合格；11月28日，海关总署批复同意增设连云港综合保税区国内地区代码及关区代码。至此，连云港综合保税区正式封关运作。

【投资环境】连云港综合保税区位于连云港市东部城区，属江苏自由贸易试验区连云港片区。连云港市是国家首批沿海开放城市，具有“江苏沿海开发”“长三角一体化发展”“东中西区域合作示范区”“国家创新型试点城市”等政策叠加优势。连云港东邻日韩、西依陆桥、南连长三角、北接环渤海。其距韩国403海里，每周均有客货班轮往返仁川、平泽；距日本512海里，与大阪纬度相当。这里气候宜人，年平均气温14℃左右，年无霜期220天，空气优良率85%以上，夏无酷暑，冬无极寒，几乎没有台风等恶劣天气。连云港综合保税区毗邻港口，距集装箱码头约10公里。连云港港是江苏省最大海港，建有30万吨级深水航道和专业泊位，能够停靠40万吨级船舶，与60多个国家和地区的港口建立通航关系，辟有至欧洲、美洲、中东、东北亚、东南亚等集装箱和货运班轮航线60多条，年吞吐量超过2.3亿吨。从港口开行的亚欧国际班列覆盖中亚主要站点，并延伸到土耳其、德国，6天可达阿拉木图，12天可达伊斯坦布尔。连云港是全国综合性交通枢纽城市，拥有完善的立体交通网络。公路是全国规划建设中的45个主枢纽之一，中国横贯东西、连接南北的3条高速G15、G25、G30在连云港交汇。铁路是新亚欧大陆桥东端起点，目前高铁实现至北京直接通达。2021年，年吞吐能力千万人次的花果山国际机场将建成通航。内河航运网络通过京杭大运河直达长江。连云港还是华东地区重要的能源输出基地，拥有江苏唯一的田湾核电站和隶属国信集团的新海热电厂，电力供应充足，可以保障项目需要。连云港综合保税区配套完善，尚有充足的建设用地，能够满足建设项目的用地需求。

【招商引资】综合保税区获批后，园区及时将保税物流、国际转口贸易、国际分拨、分销和配送等作为招商研究重点方向，不断调整招商思路，编制招商目录，做到精准出击。2019年，综合保税区新签约项目3个，分别是东大食品加工项目、中粮农产品冷链交易中心项目、好智通医疗康复设备及医美产品生产项目；新批入区项目2个，为干果加工项目和不锈钢微细丝生产项目。截至2019年年底，综合保税区注册项目40个，其中：外资项目19个，投资总额3.8亿美元；内资项目21个，投资总额18.5亿元。

【对外贸易】 按照国务院批复文件精神，连云港综合保税区在原有业务基础上，推动加工贸易转型升级，扩大园区产业规模，向集综合产业、保税加工、商贸会展、服务创新和保税物流等功能于一体的方向发展。2019年，连云港综合保税区积极推动贸易发展方式转变，加快推进跨境电子商务公共服务平台搭建及监管中心、跨境综合服务平台、保税仓建设，促进跨境电子商务发展。发挥综合保税区贸易功能，重点招引国际贸易、转口贸易、国际采购分拨配送类项目；发挥"一带一路"重要节点区位优势，吸引水果、水产品、食品、医药类加工及保税物流项目进驻；用好跨境电子商务综合服务平台、保税展示交易平台等，加快发展跨境电子商务产业；借助进口肉类产品指定查验存储场所平台，重点发展肉类、海鲜及食品冷链物流业务。探索农产品市场采购贸易方式，丰富农产品贸易业态，培育新的外贸增长点。2019年，连云港综合保税区实现进出口总额4.55亿美元，同比增长69.50%。其中，进口2.71亿美元，同比增长182.11%；出口1.84亿美元，同比增长6.82%。

【经济发展】 作为连云港市唯一的海关特殊监管区域，连云港综合保税区紧紧围绕连云港市独特区位优势，立足开发区"三新一高"特色产业和现有农产品、食品保税仓储加工等产业基础，结合国务院《关于促进综合保税区高水平开放高质量发展的若干意见》及市政府关于进一步加快连云港综合保税区发展的相关文件精神，着力建设四大基地。一是以农产品、水产品、食品为特色的保税仓储分拨加工基地；二是以"一带一路"相关国家资源为基础的出口型制造业基地；三是为"三新一高"特色产业配套，提供研发检测等保税服务业基地；四是具有区域影响力的跨境电子商务产业基地。连云港综合保税区现有来自美国、韩国、日本、加拿大等国家和地区的18家外资企业投资，投资产业涉及新能源、医疗用品、电子、纺织等多个领域。2019年，连云港综合保税区完成工业总产值11.50亿元，同比增长7.31%；工业增加值2.57亿元，同比增长7.55%；物流企业经营收入9 900万元，同比增长10.05%。

【创新工作】 2019年8月2日，江苏自由贸易试验区连云港片区获批后，综合保税区充分利用自由贸易试验区可"先行先试"的政策优势，复制推广了自由贸易试验区第四批改革试点经验中的"四自一简"监管创新制度，实现了区内企业可自主备案、合理自定核销周期、自主核报、自主补缴税款，海关简化业务核准手续。目前，综合保税区正在积极推动区域海关管理体制改革，为监管方式的创新创造条件，促进贸易便利化；主动向上争取在综合保税区开展"赋予区内企业一般纳税人资格试点"，及时解决企业发展难题，创造良好的营商环境。

【发展趋势】 随着"一带一路"建设的加快实施，连云港市作为"一带一路"建设支点城市、新亚欧大陆桥经济走廊东方起点、中哈物流合作基地和上合组织出海基地，东西连接的战略位置越发突出，双向开放的发展优势日益明显。连云港综合保税区作为连云港市唯一的海关特殊监管区域，是连云港市重要的对外开放平台，也必将受益于"一带一路"交汇点建设和双向开放不断强化的历史进程。

【机构设置】连云港综合保税区管委会与连云港经济技术开发区管委会合署办公，实行“两块牌子，一套班子”的管理模式。

【招商部门】招商电话：0518－80218222、13905137246；联系人：朱新强；网址：www.ldz.gov.cn。

镇江综合保税区
ZHENJIANG COMPREHENSIVE BONDED ZONE

【概述】 镇江综合保税区由镇江出口加工区原址整合优化设立（2015 年 1 月 31 日国务院国函〔2015〕13 号批复），2015 年 12 月 2 日通过联合验收，总规划面积 2. 53 平方公里，一期 0. 91 平方公里已封关运作。

镇江综合保税区位于素有“天下第一江山”美誉的中国江苏省镇江市的东部，位于国家级经济技术开发区——镇江新区内，既是长江三角洲重要的制造业基地，也是承接国际资本和产业转移的重要窗口。

镇江综合保税区实行的是“境内关外”的管理模式，实行全封闭的海关监管管理，区内企业不仅享有海关提供的简单、快捷的通关便利，还享有国家级经济技术开发区和综合保税区的各项优惠政策，享有专职部门为落户企业提供的一切便捷的配套服务。区内建有一流的基础设施和配套设施，区外建有各种生活商务配套，可以满足企业的生产生活需求。

2019 年是国务院吹响加快推进全国综合保税区高水平开放高质量发展号角的始发之年，也是镇江综合保税区推进高质量发展的起步之年、关键之年。园区以构建“三个中心”为重点努力方向，抢抓政策机遇，完善平台功能，塑造产业特色，不断做大进出口规模，园区经济平稳发展。

【总体定位】 “十三五”期间，镇江综合保税区全面贯彻落实“四个全面”战略布局，践行“五大发展理念”，抢抓“一带一路”、长江经济带、苏南国家自主创新示范区建设和宁镇扬一体化机遇，以供给侧结构性改革为主线，着力强化规划引领、特色发展、辐射带动、区港融合、改革创新、高效服务六大保障，在“十三五”期间，奋力打造“一区三中心”，加快成为江苏中部区域物流中心及宁镇扬外向型经济的窗口。“一区”：现代产业集聚区，即围绕新能源、新材料、电子信息等战略性新兴产业，延伸上下游产业链，并实现科技研发、维修检测等业务多触角互动并进。“三中心”：长三角有重要影响力的冷链物流中心、保税商品仓储分拨区域中心和知名电子商务重要枢纽中心，即充分发挥综合保税区统筹两个市场、两种资源和辐射带动作用，着力打造特色鲜明的食品进出口及冷链物流产业名片，促进商贸物流和其他服务业的深度融合，促进知名电子商务建立分拨配送中心，打造立足新区、面向全市、辐射长三角的开放型经济高效综合服务平台。

【经济发展】 主要经济指标快速增长。2019 年，园区海关监管货值实现 23. 4 亿美元，同比增长 76%；进出口额完成 4. 8 亿美元，同比增长 51%；一般财政预算收入2 118万元，同比减少 4. 8%；完成关税及代征税 2. 91 亿元，同比增长 16. 2%；固定资产投入完成 4. 02 亿元，同比增长 41%。

【招商引资】 2019 年，镇江综合保税区建立一切围绕项目转的导向，已落地南锦电子、万邑进口酒分装、天悦模具生产3个项目。新招引亿元以上项目1个，为临港产业物流园项目。由于南锦电子、天悦模具生产等新项目的入住，盘活了区内闲置厂房和国有载体面积2.5万平方米，盘活利用闲置土地约9.6万平方米。在建项目上，实现新审批项目3个，新开工项目3个，新竣工项目1个。南京锦富显示屏光学膜片材料生产项目实现当年签约、当年开工、当年投产，从签约到实现投产不到两个月时间，并成功培育成规模以上企业。

【贸易便利】创新制度强化复制落地。优化掌上物流系统，保障金关二期项目的推广实施；实施"四自一简"改革，实现区内企业自主备案、合理自定核销周期、自主核报、自主补缴税款，海关简化业务核准手续。简化进出区管理，允许不涉及出口关税、不涉及贸易管制证件、不要求退税且不纳入海关统计的物品、货物实施便捷进出区管理。推动进出口货物向高附加值转型，积极拓展高货值进口设备和电子芯片业务。扶持企业开展船舶维修配件保税出口业务。

【区域开发与建设】生产配套：区内建有监管仓库1 970平方米，保税仓库2万平方米，货场8万平方米，标准厂房9万平方米，35kV变电所1座。商务配套：在大港通港路西侧、镇大铁路南侧建成园区商务配套中心，占地约7 460平方米，总建筑面积约13 500平方米，金融、报关代理、运输代理、外贸代理、人才招聘代理及快餐供应等服务机构可进驻，为进区企业提供方便周到的服务。生活配套：在园区东侧建有约13万平方米配套服务中心，建筑总面积约20万平方米，建有白领公寓、综合商业广场、商务办公楼等。在园区的东北侧建有面积18 792平方米的员工公寓——"四海家园"，配套的超市、食堂等设施已投入运营，可满足区内企业员工的住宿、生活及娱乐需求。

【发展趋势】2020年是"十三五"规划的收官之年，也是镇江综合保税区贯彻《国务院关于促进综合保税区高水平开发高质量发展的若干意见》文件精神，加快推进高水平开放高质量发展的第二年。园区以产业投入为导向，以做大进出口额为目标，围绕"新理念、新目标、新业态、新环境"四新主题，全面提升园区开放度和产业能级，为新区高质量产业强区做出应有的贡献。

【招商部门】镇江综合保税区管理局全面负责园区的招商引资工作。招商热线：0511－83371515、88901108；传真：0511－83373737；联系人：任晓锋；邮箱：77269157@qq.com。

淮安综合保税区
HUAIAN FREE TRADE ZONE

【概况】 淮安综合保税区于2012年7月19日经国务院批准设立，是江苏省长江以北第一家在出口加工区基础上转型升级而成的综合保税区，规划面积4.92平方公里，网外配套区域约10平方公里，呈“一区两片”格局。其中，南片区紧邻京沪高速出入口及淮安高铁东站，着力发展以电子信息制造业、保税物流及进口展示展销等为主的现代服务业；北片区紧邻机场，是江苏省唯一的“空港型保税区”，着力发展空港物流业、航空服务配套业及加工制造业，鼓励设立研发、营销总部，鼓励发展有自主品牌研发能力的高端加工制造业进驻。2013年1月30日综合保税区一期（2.63平方公里）通过国家十部委组成的联合验收组的正式验收，2013年国庆期间，由出口加工区监管模式切换为综合保税区监管模式，标志着综合保税区一期正式封关运作。

淮安综合保税区具有“保税加工、保税物流、货物贸易、口岸通关、进口商品展示展销”等功能和“进境保税、入区退税、区港直通、集中申报、快速中转”等优惠政策，对淮安全市乃至苏北地区外向型经济发展起到重要的政策服务、大项目聚集和国际化平台作用。

【经济发展】 2019年，淮安综合保税区实现一般公共预算收入1.048亿元；实现工业开票139.4亿元，增幅8.8%，其中应税开票130.6亿元，增幅43.64%；实现进出口总额12.43亿美元，同比增长6.99%，外贸进出口总额占开发区进出口22.67亿美元的54.8%，占全市进出口47.05亿美元的26.4%；实现进出区货值15.46亿美元，其中进区货值5.58亿美元，出区货值9.88亿美元；完成集装箱吞吐量21.99万吨；实现进出口报关票数4.32万票。全市及周边有400多家相关企业利用综合保税区平台开展业务。园区已形成以精密模具、电子接插件、印刷电路板等产品生产为主，以保税物流功能配套为辅的高科技出口加工基地，对周边地区产生了一定的辐射带动和示范作用，是“江苏省新型电子元器件高技术特色产业基地”、“江苏省新型工业化产业示范基地”和“江苏省电子信息产业链国际合作示范区”。

【平台打造】 淮安综合保税区坚持改革创新，完善平台功能，助推企业发展提质增效。成功获批全国第二批海关特殊监管区域企业增值税一般纳税人资格试点区域；复制推广自由贸易区成功经验，已有批次进出集中申报、仓储货物按状态分类监管等14项试点经验在区内推广；实现保税货物便利流转，区内企业新国纺织、鹏鼎科技成功通过南京海关高级认证，享受国内海关优惠便利、AEO国际互认提速便捷优惠；建成跨境电子商务监管中心。

【招商引资】 截至2019年年底，淮安综合保税区已引进富士康、新国纺织、伊藤忠物流等160余家企业（含总部经济企业），累计完成外资项目总投资57.81亿美元、协议注册外资30.64亿美元。其中，2019年新签约中阿国际贸易中心二期和日本锂电池薄膜生产等亿元以上项目2个，招引跨境电子商务及相关国际贸易企业10家，完成协议注册外资9.6亿美元。

【配套建设】 淮安综合保税区基础设施完善，区内道路、雨污水管网、电力、通信、供水、供气等生产要素完备。截至2019年年底，区内建成10万平方米标准厂房、2万平方米监管仓库、6万平方米保税仓库及设施完善、功能齐备的口岸作业平台、跨境电子商务平台等，另有8万平方米的保税仓库正在建设中。

【发展态势】 淮安综合保税区将围绕江苏省委省政府淮河生态经济带航空货运枢纽、淮昆台资合作产业园等重大发展机遇，坚持规划引领，因地制宜，统筹做好南北两个片区规划布局，着力打造一个淮安对外高水平开放的高地；建成两个基地，即“全国重要的电子信息制造业基地”和“新三产业现代服务业基地”；打造三个中心，即加工制造中心、物流分拨中心、销售服务中心；丰富四个业态，即以IT为主的高端先进制造业、以保税物流园为载体的保税物流业、以国际贸易为依托的跨境电子商务业、以功能配套为支撑的现代服务业；凸显五个特色板块，即加工制造、保税物流、电子商务、专业市场、商务配套，努力将淮安综合保税区打造成为产业特色鲜明、基础环境优越、配套功能完善、具有创新活力的外向型经济园区。

【机构设置】 淮安综合保税区管理办公室内设综合管理部、经济管理部、招商服务部、规划建设环保部、保税业务管理部5个职能部门及企业发展服务中心1个事业单位。

【招商部门】 淮安综合保税区管理办公室下设招商服务部主要负责综合保税区招商引资工作。招商电话：0517-8283729。

无锡高新区综合保税区

WUXI NEW DISTRICT FREE TRADE ZONE

【概况】 无锡高新区综合保税区位于国家级无锡高新技术产业开发区内，是无锡外向型经济发展的重要板块。无锡高新区综合保税区由原无锡出口加工区（2002 年 6 月批准设立）转型升级而来，于 2012 年 4 月 28 日经国务院批准设立，2013 年 1 月 31 日通过国家十部委联合验收，实现封关运作。无锡高新区综合保税区规划控制面积 3.497 平方公里，按照“统一规划、分期开发、滚动发展”的原则，共分为 4 个区块。区块一规划面积 0.708 平方公里，四至范围为：东至 312 国道，南至新锡路，西至锡兴路，北至高浪路。区块二规划面积 0.823 平方公里，四至范围为：东至 312 国道，南至高浪路，西至锡兴路，北至海力士—意法路。区块三规划面积 1.754 平方公里，四至范围为：东至 312 国道，南至新华路，西至锡兴路，北至新锡路。区块四规划面积 0.212 平方公里，四至范围为：东至行创三路，南至锡新二路，西至行创一路，北至锡新一路。目前已完成 2.385 平方公里范围内的基础设施和监管设施的开发建设。

2019 年，无锡高新区综合保税区全力贯彻落实《国务院关于促进综合保税区高水平开放高质量发展的若干意见》中各项任务举措，紧紧围绕高新区“四个走在前列”目标定位，不忘初心，牢记使命，以高质量发展为中心，以高效率服务为主线，稳增长、谋创新、抓改革、促转型，全力以赴推动园区经济的稳步良好发展，力争成为助推国际产业转移、创新口岸监管改革、促进外贸转型升级的主阵地和对外开放的新高地。

【经济发展】 2019 年，综合保税区整体经济稳中有增。全年完成进出口总额 1 640 亿元，同比增长 2.7%，占新吴区份额的 47.5%。其中，出口 869 亿元，同比下降 4.5%；进口 771 亿元，同比增长 12.1%。完成规模以上工业产值 671.2 亿元；完成财政总收入 34.2 亿元，同比增长 98.6%，其中一般预算收入 17.9 亿元，同比增长 123.4%；完成固定资产投资 277.1 亿元，同比增长 89%；完成经营总收入 1 322.8 亿元，同比增长 90.7%。全年完成到位外资 33 273 万美元。

【产业建设】 经过多年发展，区内集聚了一批世界 500 强、国际知名品牌和总投资超亿美元的项目。注册企业 55 家，其中生产型企业 26 家，规模以上生产企业 17 家。聚集了以 SK 海力士半导体、英飞凌半导体、海太半导体为代表的大规模集成电路产业，以捷普电子、菲尼萨光电、理波光电为代表的通信设备产业，以希捷国际、村田电子、海峰聚思等为代表的高端电子信息产业与电子元件等产业，以中外运、佳利达、易商、泓明物流为代表的现代物流产业，以爱思开海力士销售公司、欧司朗贸易公司为代表的服务贸易产业，以优倍可捷、日淘、佳利达天景为代表的跨境电子商务产业。

【投资环境】 无锡高新区综合保税区具有良

好的区位交通优势：周边公路、铁路、运河、航空网络纵横，与无锡苏南国际机场相距5公里，联动互通京杭运河，形成苏南乃至长三角地区内陆口岸核心区域。便捷的口岸通关优势：设立无锡海关驻新吴办事处，口岸监管区域监管设施齐全，信息化建设达到南京关区一流水平，通关效率领先。完善的基础设施：建设有标准厂房、配套仓储、集装箱堆场等载体设施，厂房面积超130万平方米，仓储面积超过10万平方米，管理办公用房超过2万平方米。优越的政策功能：成为开放型经济的重要载体，执行保税港区的税收和外汇政策，具有保税加工、保税物流、货物贸易、服务贸易、虚拟口岸五大功能。

【招商引资】2019年，无锡高新区综合保税区坚持"产业链招商"和"驻点式招商"共谋，实现存量扩产和增量落地"双线突破"。村田电子二工厂完成主体厂房建成；威峰科技、亨沃二期新厂房相继竣工并逐步投入使用；法国液化空气公司投资新建制氮装置主厂房及室外设施，打造全球领先的高效、创新、低耗的工业气体产品生产示范基地；捷普电子保税研发中心"5G"+智慧新厂房设立，韩国SK海力士二工厂竣工投产，阿斯麦半导体供应链服务中心设立。2019年，园区新增到位外资3.3亿美元，累计吸引外商投资92.7亿美元，协议注册外资49.4亿美元，到位外资46.4亿美元。

【制度创新】2019年，无锡高新区综合保税区围绕国务院关于综合保税区高水平开放高质量发展的21项任务举措，已有拓展两个市场、释放企业产能、强化企业市场主体地位、促进研发创新、优化信用管理、简化进出区管理、便利货物流转、开展检测维修、创新监管模式、促进跨境电子商务发展10项任务举措落地实施。一是大力推广增值税一般纳税人资格试点。为企业全面开拓国内外两个市场、提升国际市场竞争力提供有力支持。新增捷普电子、小天鹅通用、科尔泰、横河自动化4家企业启动试点，累计试点企业达到8家，累计增值税开票金额8.7亿元，税额1.2亿元，一般纳税人试点成绩突显。二是大力推动企业开展全球维修检测业务。新增帝费电子检测设备维修、科尔泰半导体芯片检测等项目，2019年累计开展维修检测业务企业4家，维修检测和带动新增订单业务进出口货值1.6亿美元。三是利用现代信息技术简化进出区管理。通过创新保税、非保税货物的分类监管，全面推进保税货物便利化流转改革，降低企业运行成本。累计非报关货物进出区金额8.7亿元，保税流转货物进出区货值100亿美元。进一步简化海关业务核准手续，全面推广"四自一简"监管创新。开展一次性核准业务企业40家，自主备案电子账册77本，自主确定核销周期企业17家。

【管理与服务】2019年，无锡高新区综合保税区进一步提升服务水平，营造更好的营商环境，促进园区环境、经济建设共同"新发展"。一是推动园区基础建设稳步更新。根据精细化管理三年（2019年~2021年）建设计划，稳步推进基础设施新建项目，落实园区道路、绿化、路灯、监控、道闸等常规项目维护。二是抓好园区重点项目突出服务。推进村田二工厂项目建设，协调水、电、汽等生产要素到位。运用"七二一"法则，以服务管理为主，指导施工单位按要求做好周边环境管理、安全施工等工作，引入城管执法作为警戒措施。三是优美环境合格单元建设初见成效。落实2019年精细化管理物业提升方案，加强停车管理，疏导园区交通压力，园区优美环境单元工作体系日趋成熟。四是敲响安全生产警钟常抓不懈。多次组织召开安全生产工作会议，签订安全生产告知承诺书，严格落实安全管理责任，切实履行“管行业必须管安全、管业务必须管安全、管生产经营必须管安全”原则。部署推进安全生产月活动，推进危化品及重点工地专项检查和有限空间专项整治，做好安全生产大检查、互检互查工作，坚持回头看。同时，在施工备案时加入安全宣传内容，警钟长鸣，常抓不懈，全年无重大安全事故。

【发展趋势】无锡高新区综合保税区将继续加强机关作风建设，坚持开放引领、创新驱动、效益优先的基本原则，补短板、强主体、优服务。围绕主导产业布局“五个中心”，推动产业转型升级，建设信息产业集聚区、跨境电子商务示范区、贸易政策复制区。

吴江综合保税区
WUJIANG FREE TRADE ZONE

【概况】吴江综合保税区原为吴江出口加工区，位于吴江经济技术开发区内。2015 年 1 月 31 日经国务院批准，整合升格为吴江综合保税区，规划面积 1 平方公里，2015 年 12 月 31 日通过国家十部委联合验收。

【投资环境】区位优势独特。吴江综合保税区位于江、浙、沪交汇的长三角中心，位于国家级吴江经济技术开发区，东临上海，南依杭州，西濒太湖，北靠苏州。

园区交通便捷。沪苏浙高速公路东西贯穿吴江全境；沪宁高速公路距吴江综合保税区仅 10 多公里；苏嘉杭高速公路南北贯穿吴江经济技术开发区，其吴江南出口距吴江综合保税区仅 500 米；318 国道、524 国道（原 227 省道）贯穿吴江全境，与京沪铁路、京沪高速铁路相距 22 公里；一步之遥的京杭大运河可通航 500 吨级船舶，年水运量达 1 亿吨；苏州地铁 4 号线开通至吴江经济技术开发区。

区内配套完善。吴江综合保税区内道路、雨污水管网、电力、通信、供水、供气达到一流园区水平；已建成标准厂房 10 万平方米、保税仓库 6.1 万平方米；区内监管场站总占地面积 2.5 万平方米，其中监管仓库5 000平方米，场地面积 2 万平方米，可容纳 90 辆 40 尺集装箱车辆同时停放；配套生活服务区包括 8 万平方米的员工宿舍、银行、邮政、餐饮、超市、购物等一系列配套服务设施；园区综合服务楼建筑面积13 000平方米，入驻单位有综合保税区管理局、海关、报关行、物流公司、贸易公司和跨境电子商务等，为企业提供便捷、高效的一站式服务。

【经济发展】2019 年，吴江综合保税区管理局深入贯彻落实《国务院关于促进综合保税区高水平开放高质量发展的若干意见》文件精神，紧扣吴江区“两勇一快”精神，聚焦“高质量”和“一体化”的战略机遇和新内涵，为综合保税区高水平开放高质量发展提供了有力保障。

截至 2019 年 12 月，吴江综合保税区完成一线进出口约 38.13 亿美元，完成销售额约 13.14 亿元人民币，各项数据均有所回落，主要是受中美贸易摩擦和经济下行压力的影响，区内龙头企业璨宇光电出货量和单价同比下降。2019 年，跨境电子商务网购保税出区 45 万票，同比增长 223.84%，发展势头良好。

【招商引资】一是坚持产业招商、精准招商。以国务院文件有效落实为契机，紧扣“五大中心”建设，坚持引进先进制造业项目的同时，大力拓展全球维修、保税研发、商贸等新业态，各项工作均取得阶段性成果。全年共引进项目 13 个：以斯普兰蒂为代表的制造业项目 3 个，以汇港电子为代表的检测维修项目 3 个，以君正为代表的跨境电子商务项目 4 个，以爱欧曼为代表的贸易项目 2 个，以清智智能为主的保税研发项目 1 个。

此外，还积累了凯博易控研发中心等一批优质项目源。二是做足宣传推介，多维推广。为充分展示园区投资环境及产业优势，打造招商活动靓丽名片，成立宣传小组，全面收集信息，重新编排中英文对照招商推介手册和 PPT。充分发挥吴江经济技术开发区公众号宣传阵地功能，实时推送园区最新工作动态及产业政策解读，切实提高综合保税区知名度和推广度，延伸招商触角。

【发展趋势】 吴江综合保税区以“五个中心”为方向和指引，充分利用苏州自由贸易区试验区和长三角一体化发展机遇，进一步完善政策、创新制度、拓展功能、优化管理，推动保税加工、保税物流、研发、检测、跨境电子商务等多元化方向发展，实现园区高水平开放高质量发展。

【机构设置】 吴江综合保税区管委会与吴江经济技术开发区管委会是“两块牌子、一套班子”。吴江综合保税区管委会下设吴江综合保税区管理局，管理局内设招商科、综合科 2 个职能部门，分别负责招商引资、企业服务、产业规划、政策研究、行政办公、人事财务、园区管理、安全生产等。

【招商部门】 吴江综合保税区管理局下设招商科，主要负责综合保税区的招商引资工作。招商电话：0512-66086608、66086610。

杭州综合保税区

HANGZHOU FREE TRADE ZONE

【**概况**】2019年6月11日，杭州综合保税区通过海关总署授权省联合验收组的验收。验收通过后，杭州综合保税区积极推动关于国务院促进综合保税区高质量发展的21条新政落地。其中适用杭州综合保税区的10条新政基本落地实施，赋予综合保税区口岸作业功能，创新开展杭州综合保税区与萧山国际机场“区港联动”业务模式，实现两地快速分拨，扩大口岸辐射范围。

【**经济发展**】2019年，杭州综合保税区实现规模以上工业产值108.5亿元，同比增长17.1%；规模以上工业企业累计实现利润总额3亿元，同比增长25.3%；实现税收总额21.3亿元，同比增长34%。实现跨境零售进口额19.6亿美元，同比增长9.88%，占全市比重为90%；实现跨境出口额9.46亿美元，同比增长16.36%。累计招引电子商务企业80个。全年实现进出口货值258.78亿元，占杭州海关特殊监管区进出口货值的50.43%，同比增长32.04%。其中，一线进境货值156.30亿元，同比增长33.13%；一线出境货值102.48亿元，同比增长30.42%。

杭州综合保税区借助通过海关总署验收的契机和获批国家“增值税一般纳税人资格”试点的叠加优势，不断推动区内企业加快向高质发展、绿色发展转型。2019年，区内加工贸易企业利润增速均在30%以上，综合能源消耗量下降15%。

【**eWTP公共服务平台正式上线**】2019年12月27日，位于杭州综合保税区内的全球首个世界电子贸易平台（eWTP）公共服务平台正式上线。该平台整合了政务与商务功能，为全球中小企业提供“全球买、全球卖”服务的数字化基础设施；整合了政府通关、结汇、退税等服务，以及企业所需的交易、金融、支付、物流、结算等功能，为中小企业提供通关、结汇、退税等一系列贸易便利化解决方案。

【**杭州进口肉类指定查验场通过验收**】2019年11月20日，位于杭州综合保税区的杭州进口肉类指定查验场通过海关总署专家组现场验收。12月24日，该查验场被列为海关总署全国进口肉类指定监管场地，成为杭州唯一获海关总署批准设立的进口肉类指定查验场所。查验场总用地面积3.16公顷，总投资3.5亿元，拥有约1 440平方米查验平台，11个卸货平台，3个独立冷间的冷库，采用全自动智能立体仓储设备，可满足年进口20万吨肉类的业务需求。

【**“增值税一般纳税人”政策试点**】2019年2月，国家税务总局批准杭州综合保税区试点“增值税一般纳税人”政策。为充分利用试点政策功能，拓展国内市场，杭州综合保税区采取上门服务，以“一对一”宣讲的方式鼓励有内销业务的企业进行测算。重点服务杭州矢崎配件有限公司、中日龙电器制品（杭州）有限公司、杭州东芝家电技术电子有限公司、杭州松下家电（综合保税区）有限公司等企业，帮助企业联系海关和税务部门，上门解答企业疑问。截至2019年年末，企业全部完成试点叠加成本测算。

【全国首个保税仓直播间落地综合保税区】 2019年8月1日，杭州综合保税区与网易考拉平台开展创新试点合作，在杭州综合保税区开通全国首个保税仓直播间。保税仓直播直发模式让消费者通过“内容化、互动化、场景化”的方式直观感知海外商品跨境进口保税链路，减少决策成本，提升消费体验。至年末，园区共有3家企业开展保税仓直播间运营，分别是菜鸟心怡仓、海库、海仓科技；直播平台以淘宝、抖音、拼多多为主；主要商品种类为母婴、个护、美妆、食品、保健品等。

【园区通关效能提升】 2019年，杭州综合保税区坚持以智慧通关为目标，以“数字”加持推动通关效能提升。联动海关完成“五位一体”智能卡口改造，建成集车辆信息采集、视频音频监控等五大功能为一体的全自动智能卡口。全面建成智慧化通关，实现企业自助通关，大幅提升通过效率，每年可节省企业的卡口带车约16万人次；平均进口通关时长由40小时缩减至25小时，平均出口通关时长0.5小时；货车卡口平均通行时间从15分钟压缩为10秒钟。针对跨境重点企业提供定制服务，使跨境进口货物通关时长从80小时降至30小时。

嘉兴综合保税区
JIAXING FREE TRADE ZONE

【概况】 嘉兴综合保税区原为浙江嘉兴出口加工区，规划面积 1.33 平方公里，2003 年 3 月 10 日经国务院批准设立，2006 年 2 月 28 日正式封关运作，2015 年 1 月 31 日经国务院批准整合优化为嘉兴综合保税区。

【经济发展】 2019 年，园区实现规模以上产值 7.8 亿元，实现一线进出口额 31.3 亿美元，实现物流企业营业收入 4 991 万元。

【投资环境】 嘉兴综合保税区位于浙江嘉兴港区（浙江乍浦经济开发区）内，嘉兴港区地处上海南翼、杭州湾北岸，是嘉兴市市属两大开发区之一，管理范围为平湖市乍浦镇域（不包括九龙山）55.8 平方公里，总人口约 12 万。嘉兴港区区位条件优越，乍嘉苏高速、杭浦高速、杭州湾跨海大桥北接线和 01 省道、07 省道新线贯穿境内，上海浦东、上海虹桥、杭州萧山、宁波栎社四大国际机场立体环绕，距上海洋山国际深水港 53 海里，距宁波北仑港 74 海里，基本实现了与周边城市的“一小时交通圈”，是长三角沪、杭、甬、苏地区的重要交通枢纽之一。

自 2001 年嘉兴市委、市政府设立嘉兴港区党工委、管委会以来，嘉兴港区以滨海开发带动战略为引领，主动接轨上海、融入长三角，着力打造长三角海河联运的“最佳特色港”、服务上海港及宁波舟山港的“最佳合作港”、带动区域创新发展的“最佳产业港”、杭州湾北岸最美和谐生态新港城。

【嘉兴港】 嘉兴（乍浦）港系国家一类开放口岸，为浙北地区唯一出海口，已发展成为公专用泊位相配套、内外贸兼营和集装箱、散杂货及液体化工品装卸功能齐全的综合性港口，大宗货物吞吐量和集装箱业务近三年增速列全国沿海港口首位，货物吞吐量跻身全国十强，集装箱吞吐量位居全省第二。

【产业定位】 加工制造中心。发挥综合保税区联结国内国外两种资源和两个市场优势，培育原料进口和成品出口的、与国际市场连接的先进制造业。

物流分拨中心。服务与进出口贸易相关的物流、仓储、包装、配送功能产业。

销售服务中心。服务进出口商品的销售结算、展示展销、供应链金融、电子商务等产业。

检测维修中心。发展保税检测和全球维修业务，探索发展绿色高端再制造业，培育区内企业向高技术、高利润的服务贸易转型。

研发设计中心。大力引进跨国公司地区总部和外资研发中心、设计中心及高新技术企业开展研发设计创新服务，延长产业链。

【创新政策】 嘉兴综合保税区获浙江省政府批准，列入中国（浙江）自由贸易试验区嘉兴联动创新区；内销选择性征税政策落地；增值税一般纳税人资格试点政策落地。此外，嘉兴综合保税区已经成功复制简化统一进出境备案清单，简化通关随附单证，批次进出、集中申报，集中汇总纳税，先出区后报关，货物流转自行运输，仓储货物状态分类监管，智能化卡口验放管理等一系列自由贸易区政策。

【发展趋势】按照嘉兴市委、市政府关于全面深化改革扩大开放和打造浙江省全面接轨上海示范区建设的总体部署，嘉兴综合保税区将建设成为嘉兴市全面深化改革扩大开放的先导区、国际化品质城市的功能区、浙江省全面接轨上海示范区的先行区、高质量外资集聚地的特色区，为嘉兴市构建以“一带一路”建设为统领的对外开放新格局，全面推进全方位、宽领域、多层次对外开放作出更大的贡献。

【机构设置】嘉兴综合保税区管委会与嘉兴港区开发建设管委会合署办公。根据“不增设机构”的原则，采用“两块牌子，一套班子”，实行统一领导、统筹规划、分工负责、分块运作、互为依托的管理体制。设嘉兴综合保税区管理局具体负责园区的日常管理事务，内设4个科室：综合（政研）科、产业发展科、运营管理科和联动发展科。

【招商部门】嘉兴综合保税区管理局。联系人：殷先生；联系电话：13656617573。联系人：谈女士；联系电话：13705730202。传真：0573-85588101。

济南综合保税区
JINAN FREE TRADE ZONE

【开发建设】 济南综合保税区于2012年5月15日经国务院批准设立，2013年12月25日封关验收2.02平方公里。2017年5月，为充分发挥综合保税区与空港的叠加优势，打造对外开放新高地，济南启动将综合保税区整体迁建至济南遥墙国际机场北侧的工作。2018年12月5日，规划调整顺利获得国务院批复，面积为3.18平方公里；2019年7月15日，园区顺利通过国家八部委联合验收。

【区位优势】 济南综合保税区位于济南新机动能转换先行区、济南国际内陆港核心区、济南航空一类口岸叠加区域，形成“空、铁、公、水、邮”立体交通格局，是济南市发挥综合保税区与空港的叠加优势打造的对外开放新高地。

【重点产业】 利用空港优势，侧重“区港联动”发展，重点打造航空服务中心、加工制造中心、全球供应链物流分拨中心。

【投资环境】 济南综合保税区具有保税加工、保税物流、国际贸易、口岸通关四大功能，是地区扩大对外开放、发展开放型经济的重要平台，也是对接融入“一带一路”建设的崭新窗口，在济南市对外开放中优势独特，地位重要，搭建起济南乃至山东中西部地区与世界连通的快捷通道。

【经济发展】 2019年，园区完成进出口总额155.03亿元，规模以上工业增加值6.61亿元，固定资产投资27.69亿元（含区外项目），引进市外投资29.76亿元，实际到账外资2 306万美元，规模以上重点服务业营业收入204.93亿元，限上社会消费品零售总额2.13亿元，限上批零住餐销售额59.4亿元，服务外包离岸、在岸执行额分别为24 763万美元、163.3万美元。

园区已累计实现项目签约20余个，总投资625亿元，总用地约135万平方米。其中，世界500强4个，中国500强4个，独角兽企业2个，行业领军企业2个，民航基金1个。标准厂房、保税物流仓库、跨境电子商务产业园等产业载体已陆续竣工投入使用。

【发展趋势】 在今后的发展中，济南综合保税区将全面贯彻落实《国务院关于促进综合保税区高水平开放高质量发展的若干意见》，侧重“区港联动”发展，结合自身特点，重点打造加工制造中心、物流分拨中心和保税维修中心，加快各项政策落地实施；全面对标一流，完善政策配套，加强要素保障，优化营商环境，加速服务项目落地达产，构建现代物流与仓储、飞机维修与改装、保税加工与制造、跨境电子商务与商贸、金融与航空租赁五大特色产业体系，将济南综合保税区建设成为省会城市群进出口快捷通道、多式联运国际物流枢纽和开放型经济集聚区，打造成为政策功能突出、辐射带动明显、产业特色鲜明、发展势头强劲的改革先锋、开放高地。

【机构设置】济南综合保税区管委会和济南高新区管委会实行“两块牌子、一套班子”管理模式，下设济南综合保税区发展中心负责综合保税区具体工作，发展中心内设6个部门：综合管理部、投资促进部、企业服务部、保税贸易部、规划发展部、资产管理部。

【招商部门】济南综合保税区发展中心，联系电话：0531-88237808；邮箱：jnepz2009@126.com。济南综合保税区发展中心投资促进部，联系电话：0531-88238020、88237806。

青岛西海岸综合保税区

QINGDAO WEST COAST COMPREHENSIVE BONDED AREA

【开发建设】 青岛西海岸综合保税区原为青岛西海岸出口加工区，于2006年5月经国务院批准成立，规划面积2平方公里，2007年7月通过国家验收封关运营。2013年2月，按照青岛市区划调整，青岛西海岸出口加工区划归青岛前湾保税港区管理。2018年11月19日，经国务院批复同意整合优化为青岛西海岸综合保税区。2019年8月纳入山东自由贸易试验区青岛片区52平方公里实施范围。2019年11月通过国家验收，正式封关运作。园区实行“境内关外”政策，开展保税加工、保税物流、保税服务等业务。园区基础设施完善，累计投入超过10亿元，实现了“九通一平”，全域通过国家验收。拥有商务大厦2.15万平方米，可供企业前期办公使用；建设公共租赁房一期6万平方米、二期11万平方米，一期已投入使用，全部建成后可容纳人数1.5万~2万人；周边热源厂、110千伏龙泉变电站、污水处理厂等配套齐全。

【投资环境】 青岛西海岸综合保税区位于太平洋西岸、山东半岛南端，东与韩国、日本隔海相望，是国家级青岛西海岸新区的重要园区。区位优势明显，紧邻世界第七大港口——青岛港，通过胶济铁路和青连铁路连接全国铁路网并辐射内陆。距离园区20公里的中铁联集青岛中心站，是中国18个特大集装箱中心站之一，与全国铁路近600个集装箱办理站开展运输业务，构建了园区“海陆空铁”多式联运的立体化综合交通体系。纵贯和横贯中国的高速公路（沈海高速、青兰高速）在此交汇。距青岛胶东国际机场25公里。

园区持续扩大政策优势，作为青岛海关关区首个复制推广自由贸易区创新制度的试点园区和首个通关一体化改革的试点园区，先后有“批次进出、集中申报”“统一备案清单”“简化随附单证”“先入区、后报关”等10余项制度落地运行，并将报关流程由转关改为一次性报关，大幅提高通关速度，减少了通关成本。为保障自由贸易区创新制度在园区顺利复制推广，园区作为青岛海关关区唯一试点单位，率先运行新版信息化管理系统，大幅提升企业通关效率，改善了通关环境。同时，园区对卡口进行了智能化改造升级，依托集装箱箱号识别设备、电子车牌识别设备、安全智能锁识别设备实现通关全程智能化验放管理。《国务院关于促进综合保税区高水平开放高质量发展的若干意见》出台后，园区加快推动政策落地，已有“提前适用设备保税”“委内加工”“四自一简”“便利货物流转”“促进跨境电商发展”“先入区后检测”等10条新政策落地或正在实施，其余政策正深入研究产业特点，积极培育、引进相关企业，力争尽快释放试点效应，在区域新旧动能转换中发挥更大作用。

【招商引资】 2019年，园区新引进市场主体52家，注册资本总额176.44亿元。其中，内资企业44家，注册资本22.22亿元；外资企业8家，注册资本22.68亿美元。自2019年8月26日自由贸易区获批至年底，新增市场主体34家，注册资本共计169.61亿元，占全年注册资本总额的98%，另有10余家企业办理注册手续。推进包括冷链物流中心、黄金研究院、航空模拟机培训、智能制造创新孵化中心等近20个重点在谈项目。中瑞泰丰、泽兴创业、港岛耀荣、元通盛隆等项目完成施工，润嘉兴昌仓库通过验收并投入使用，圣美尔二期完成钢结构主体施工。

【经济发展】截至2019年年底，园区已吸引来自日本、韩国、美国、我国香港地区等国家和地区的179个项目落户，累计实现工业总产值65.16亿元，年均增速23.57%；全部收入（包括海关关税及代征税）32.19亿元，年均增速86.23%；完成外贸进出口总额59.14亿美元，年均增速40.25%。2019年，实现固定资产投资额9 963万元，同比增长62.66%；完成财政总收入7.64亿元，同比增长16.02%，其中海关税收7.16亿元，同比增长15.84%，公共财政预算收入3 421万元，同比增长0.06%；实现进出口额9.2亿美元（实际进出口额12.5亿美元），同比下降11.86%（同比增长20%）；实际到账外资1 000万美元。

园区已形成精密电子、保税物流、机械装备、高端纺织四大主导产业。精密电子产业方面，2019年实现产值5.09亿元，占园区总产值的65%。保税物流产业方面，园区充分发挥保税功能优势，大力发展以棉花、橡胶、硼砂、石油焦等大宗商品为主的保税物流产业，已成为北方重要的进口棉花集散地。机械装备产业方面，区内北海石油公司积极融入“一带一路”建设，与哈萨克斯坦最大油田签署合作协议，为其提供油田伴生气回收装备，该装备全部由公司自主研发。高端纺织产业方面，区内圣美尔纤维科技有限公司采用世界先进的转杯纺新型纺纱技术和设备，实现了纺纱全流程自动化，较传统技术产能提升一倍。2019年实现产值1.99亿元。

近年来，园区加快新旧动能转换步伐，积极培育通用航空、进口商品、跨境电子商务等新兴产业。通用航空产业：区内建成航空产业园，引进了新丝路通航、天为航服、虹翼航服等10余家通航类企业，初步形成集聚效应。进口商品产业：区内绿辰公司建设的进口商品交易中心已经吸引来自国内外的上千家客商入驻，进口商品涉及近百个国家和地区的3万个单品，运营的直营超市达到30多家，进口商品量连续4年排名全省第一，已成为山东进口商品、葡萄酒交易批发基地，致力于打造江北最大的进口商品集散地。跨境电子商务产业：先后开通了备货进口和直购进口业务，已落户裕贸通等20多家电子商务企业。

【发展趋势】青岛西海岸综合保税区将积极对标国内外先进园区，进一步创新制度、拓展功能、优化管理，塑造国际化、市场化、法制化的营商环境，牢牢把握建设“五大中心”的发展要求，充分发挥要素集聚和辐射带动作用，进一步提升土地亩均效益，加快发展电子信息、高端装备、新材料等高端制造产业，冷链物流、第四方物流、供应链管理等现代物流产业，跨境电子商务、融资租赁、检测维修、期货保税交割等国际贸易服务产业，力争成为山东自由贸易试验区青岛片区高质量发展的排头兵。

【招商部门】青岛西海岸综合保税区服务中心经济发展处负责园区招商引资工作。联系电话：0532－83157002、83157667；邮箱：bsgqxhackjgq@qd.shandong.cn。

威海综合保税区
WEIHAI INTEGRATED FREE TRADE ZONE

【开发建设】 威海综合保税区于2016年5月31日经国务院批准设立，分为南北两个片区。其中，南区为新设区域，位于威海大水泊国际机场东侧，大水泊镇驻地南部，东至威石路，北至大水泊村南河，西至机场路，南至309国道，封关区面积1.37平方公里，产业配套区面积2.05平方公里；北区为原威海出口加工区，2000年4月27日经国务院批准设立，封关区面积0.88平方公里，2001年1月8日通过国务院八部委联合验收小组的验收，同年10月8日封关运行。2018年9月20日，威海综合保税区顺利通过海关总署牵头的联合验收组验收，正式封关运行。

【经济发展】 截至2019年年末，全区累计实际到账外资3.4亿美元，实现工业总产值420亿元，完成固定资产投资总额38.6亿元，完成进出口额213亿美元，实现税收6.5亿元。自2009年3月出口加工区叠加保税物流功能后，区内物流企业累计完成进出区货值64.34亿美元。

2019年，威海综合保税区运营企业有39家，其中电子企业12家、食品企业3家、汽车零部件企业4家、商贸物流企业12家、服装企业3家、金属加工企业1家、医疗企业1家、其他企业3家，就业人数5 683人。2019年，实现工业总产值24.8亿元，实现外贸进出口总值87.6亿元，完成固定资产投资2.2亿元，实现税收4 944万元，保税物流进出区货值为5.2亿美元。

【投资环境】 紧密结合重点产业发展需求，坚持高起点规划、高标准设计、高质量建设，推动重点工程项目建设，有力提升了园区承载能力。聘请一流设计团队，以国际化标准打造高品质环境，建成保税车间、保税仓库、区外监管中心、国际快件一级分拨中心等一批发展急需的设施载体；启动保税仓库建设，在建和建成的设施达10万平方米。计划2年内投资建设厂房、仓库、人才公寓、创新创业孵化器、国际商品展示交易中心等配套设施。

【招商引资】 制定出台了综合保税区创新发展三年行动计划、5个分项行动计划，构建起“1+5”工作体系。建立了“领导带头、专班推进”的招商工作机制，成立6个“双招双引”办公室，一个领导带一个招商专班，实施定向突破。

广泛开展招商引资活动。园区上下坚持“走出去”与“请进来”并重，充分利用跨国公司领导人青岛峰会、国际进口博览会、威商大会等重点活动推介招商，赴日本、韩国、北欧等地开展招商引资活动7次，赴京津冀、长三角等国内重点地区招商40余次，邀请客商来区考察100多批次，有力地推动了国际贸易、现代物流、跨境电子商务等产业加快聚集，形成快速突破的良好态势。

推进落地了一批重点项目。世界500强DHL仓储物流项目投入运营，主要为惠普、捷普等重点企业提供配套服务，年监管货值超过 10 亿元；英国图丽氏纸业项目投入运营；威海市首个一级分拨中心顺利建成。北区招商引进元合电子、正元电子、映晨电子等一批项目，盘活闲置资源 2.1 万平方米；宝能智慧供应链产业园等一批重点项目签订合作协议。

临沂综合保税区

LINYI FREE TRADE ZONE

【开发建设】2019 年，临沂综合保税区圆满完成了“三大攻坚任务”：年内必须完成规划面积调整、二期围网建设、一期用地开发率不低于 50%。调整后的园区规划面积为 3.16 平方公里。二期围网面积 0.28 平方公里内的地上附着物、企业拆迁及道路和监管设施建设按时完成，顺利通过临沂海关组织的预验收。一期围网内用地开发利用率达到 60%。

【经济发展】2019 年，临沂综合保税区大力实施高质量发展“新倍增计划”，突出一线进口培育、功能平台建设、实体项目招引等重点，积极开拓奋进，狠抓工作落实，全区经济发展取得了令人瞩目的成绩。全年实现进出口额 37.7 亿美元，同比增长 103.5%，其中一线进出口额实现 10.57 亿美元，同比增长 109.5%。利用外资实现突破，全年实际到位外资1 506万美元。

【对外贸易】2019 年，临沂综合保税区加大对外贸易主体的招引和培育力度，全年对外贸易和一线进出口实现双倍增。一是外贸主体引进和培育取得较大成效。截至 2019 年，全区累计注册外贸进出口企业 839 家，外贸经营者备案企业 735 家。二是外贸新业态新模式引领带动作用不断增强。外贸综合服务企业实现进出口 5.99 亿美元，同比增长 93%。

【平台搭建】2019 年，临沂综合保税区功能平台建设取得重大进展。一是外贸综合服务平台企业不断壮大。在积极培育山东新联纺、正通国际等原有 7 家外贸综合服务平台企业的同时，又成功引进了青岛中港通、青岛超能集团、上纺国际物流等多家省级外贸综合服务企业，服务全市中小外贸企业的能力不断增强。二是肉类进口指定口岸平台正式运行。进口肉类指定监管场地于 2019 年 4 月通过海关总署验收，10 月正式开通全省内陆口岸首批肉类进口业务，实现了进口肉类查验、储存、通关一体化操作，已招引青岛联合华通、诺德英、新协航、怡之航及北京晟迈等多家国内知名肉类进口企业开展业务。三是供应链金融平台搭建初见成效。招引并推动了上海均和集团、青岛新协航、山东盛阳集团分别与市城发集团、综保公司、综保国有资产运营公司合作成立了临沂城发国际、临沂综保国际、临沂永晟国际供应链金融平台公司，同时引进了临沂钢铁国际供应链金融平台公司入驻园区。这四大供应链金融平台公司初期授信额度达到 15 亿元以上，为下步相关企业在园区开展大宗物资进口提供了有力的资金保障。四是跨境电子商务服务平台政策争取获得突破。跨境直邮出口业务在青岛海关的大力支持下已顺利开通，跨境电子商务零售进口政策成功获批；已与宁波国际物流公司、郑州保税集团、广州卓志集团等知名跨境电子商务平台企业进行了对接洽谈，做了大量调研工作，为下一步尽快开展跨境电子商务进口零售业务打下良好基础。同时，与青岛港合作建设的临沂国际集装箱中转中心已经建成，运营后可为临沂市乃至鲁南地区提供集装箱周转及相关物流服务，进出口企业物流运输成本将大幅降低。

【招商引资】临沂综合保税区始终把“实体类项目招引”作为工作的重中之重，实行领导带头、全员招商，不断加大工作力度，先后举行了春季、夏季高水平开放高质量发展项目集中奠基签约仪式，共新签约实体类项目 17 个，合同总投资额为 45.5 亿元。其中，中外合资天一汽配产业园、韩国环保设备生产、卓农葡萄酒保税加工、山东昊宇电力、宏伟新材料 5 个项目实现当年签约、当年投产，累计有 10 个项目投入运营；国际智慧冷链物流港、美国凯亚食品、沃临智慧仓储物流、综科电子信息产业园、山东金泉智能制造、博士爱新材料、北京森茂科技、可可粉加工、山东里鹏古堡酒业、亚马逊塑业等项目正在建设中；台湾欣忆电子半导体、美国纳米复合材料产业园、北京联东集团新材料产业园、深圳传银集团智能穿戴产品组装、甲乙古德手机生产出口等一批项目正在积极推进。

注重招引市外总部经济项目，促进了一大批市外总部经济项目入驻。全年新引进总部经济项目 56 个，累计招引总部经济项目 197 个，实现税收 2.06 亿元，同比增长 54.1%。

【投资环境】紧紧抓住通关便利化、出口退税、安商服务等关键环节，坚持问题导向，持续用力，不断优化营商环境，取得较好成效。一是一线通关更加便利。海关实行跟班作业，及时解决企业进出口通关过程中遇到的困难问题，大力推行 24 小时无节假日通关便利化措施，进出口货物整体通关时间压缩 40%以上。二是出口退税更加快捷。着力实施无纸化退税，努力提高出口退税效率，一类企业缩减为 1 天办结，二类企业缩减为 2.1 天，三类企业缩减为 3.6 天。全年共为 257 家企业办理出口退税，同比增加 115 家；累计退税 3.4 亿元，同比增长 37.1%。三是安商服务更加高效。积极推行“‘管家式’+‘店小二’”服务理念，对入园项目实行领办制，全程跟进、高效服务；大力实施“一次办好”改革，证照审批效率引领全市速度。

【发展趋势】围绕打造临沂市对外开放综合高地和“区域性对外开放的重要平台、涉外产业的重要聚集区、自贸区创新政策复制推广的重要功能区”，初步确立了“一二三四五六”发展思路。

树立“一个目标”，即再用 5~8 年的时间，争取综合绩效评估排名进入全国内陆综合保税区（除自由贸易区片区、省会城市、沿海沿江港口城市、沿边城市）前 10 强，建成全国内陆型一流综合保税区。

明确“两大定位”，成为临沂市“四新”促“四化”主阵地、区域性国际贸易服务主阵地。

重点培植“三大产业”，大力发展智能制造、新材料产业、新能源产业，主动对接长三角地区，承接产业梯次转移，建链补链强链，形成产业集群优势。

努力完成“四个指标”，力争到 2025 年，实现一线进出口 30 亿美元，年均增长 15%以上；“十四五”期间累计完成固定资产投资 60 亿元，比“十三五”增长近一倍；完成工业总产值 200 亿元，实现税收收入 8 亿元。

着力打造“五大平台”，即特定进口商品指定查验平台、跨境电子商务综合服务平台、进口商品保税展示交易平台、大宗商品交易平台、供应链金融服务平台。

逐步形成“六大中心”，即区域性国际贸易服务集聚中心、国际采购及分拨中心、国内外企业销售及结算中心、进口商品保税展示展销中心、保税维修及研发中心、智能制造及物联网技术集聚中心。

【机构设置】临沂综合保税区设置5个工作机构：党政办公室（挂人力资源与社会保障局牌子）、经贸发展局（挂安全生产监督管理局牌子）、财政金融局、建设局、市场监督管理局；设置5个事业单位：海关监管区服务中心、物流管理服务中心、社会保险事业处、社会事业服务中心、政务服务中心。其中，招商工作职能主要由经贸发展局承担。

东营综合保税区
DONGYING COMPREHENSIVE FREE TRADE ZONE

【开发建设】 东营综合保税区于2015年5月6日获国务院批复设立，规划面积3.1平方公里，是山东省第4家、全国第54家综合保税区。东营综合保税区分两期建设，一期1.56平方公里，二期1.54平方公里。一期1.419平方公里已于2016年9月通过国家验收，同年年底实现封关运营。

东营综合保税区已建成投入使用3栋共6万平方米的保税仓库及6栋共7.2万平方米的标准化厂房，保税仓库二期、标准化厂房三期正在加快推进建设；具有冷冻肉类、冰鲜水产和冷鲜果蔬等产品的保税仓储及进出口贸易功能的冷链物流园项目正在加快建设；跨境电子商务综合服务平台及货物分拣系统等软硬件附属配套设施已建成，可提供跨境电子商务通关查验申报、物流配送、数据交换、外贸协同、外汇信用等综合服务。

【投资环境】 位置优势。东营综合保税区位于山东省东营市东营港经济开发区核心位置，紧邻国家一类开放口岸东营港。东营市位于黄河入海口三角洲地带，东临渤海，与日本、韩国隔海相望，北靠京津唐经济区，南连山东半岛蓝色经济区，向西辐射广大内陆地区，是全国最大的石油装备制造基地，是全国最大的轮胎生产及出口基地。东营港经济开发区是省级经济开发区，是国家级石油化工产业区和“黄蓝”两大国家战略确定的四大临港产业区之一。东营港是黄河三角洲区域中心港，地处东北经济区与中原经济区、山东半岛与京津唐地区交通通道的中心控制区域，在渤海湾西南海岸及山东省港口布局中占据重要位置，为东营综合保税区发展国际物流业务构筑了低廉、便捷的海陆一体化的交通运输体系。

政策优势。东营综合保税区积极争取上级政策，已获批“增值税一般纳税人资格试点”。积极复制推广自由贸易区改革创新经验，已有34项创新监管制度落地实施。重点培育新业态新模式，积极引进保税研发、保税检测、融资租赁、供应链金融等特色产业功能平台。东营市获批跨境电子商务综合试验区，东营综合保税区为综合试验区的核心突破区，跨境电子商务综合服务平台及货物分拣系统等软硬件附属配套设施已建成。出台了企业发展扶持政策、招商引资优惠政策、招商引资引荐人奖励办法和物流补贴等相关奖励办法，对区内企业一线进出口业务及实际利用外资给予奖励，扶持总部经济、供应链金融、融资租赁等高端产业发展。

【对外贸易】 东营综合保税区自封关运营以来，充分利用功能政策，大力发展国际贸易，外贸进出口规模不断迈上新台阶。

【经济发展】 面对近年来国内外严峻的经济形势，东营综合保税区大力挖掘新动能，克服各种不利因素，主要经济指标呈现企稳向好、逐步增长的发展态势。2019年，东营综合保税区网内工业企业实现工业总产值共2 005万元，实现零的突破；实现经营总收入

903 万元，同比增长 145%；实际利用外资 1 496万元，同比增长 274%；完成固定资产投资额22 323万元，同比增长 161%。

【发展趋势】 东营综合保税区紧紧围绕省、市主导产业发展布局和转型升级趋势，按照"依托大港口，带动大物流，发展大产业，实现大跨越"的总体思路，坚持区内区外联动、加工贸易联动、陆港联动、国内国外联动，突出"集疏运通道、服务平台、双招双引、区域协同、政策制定、金融保障"六大战略抓手，围绕加工制造、研发设计、物流分拨、销售服务、检测维修"五大中心"建设要求，重点发展进口食品及加工、新材料、石油装备、供应链管理、创新服务五大产业，逐渐形成基础设施建设相对完善、功能布局相对合理、创新创业和商务运营环境相对良好，以保税加工为基础、保税物流为特色、保税服务为拓展的全省一流、国内领先的对外开放新平台，努力建设一流综合保税区，打造对外开放新高地。

【机构设置】 东营综合保税区实行"党工委（管委会）+公司+基金+专业招商团队"的管理体制。管委会下设党政办公室、经济发展局、通关服务局、园区管理局，对所辖区域实行统一领导、统一规划、统一建设、统一管理。

【招商部门】 经济发展局，联系电话：0546-8019958。东营综合保税区通达投资服务有限公司，联系电话：0546-8019999；邮箱：dytdtzfw@ 163. com。

芜湖综合保税区
WUHU INTEGRATED FREE TRADE ZONE

【开发建设】 芜湖综合保税区始于芜湖出口加工区，位于芜湖经济技术开发区内。2015年9月1日，国务院下发《国务院关于安徽芜湖出口加工区整合优化为综合保税区的批复》，芜湖出口加工区整合优化为综合保税区。按综合保税区和监管功能要求，管委会采取“同址建设、升级改造”的方式进行建设，并通过合肥海关组织的验收。2016年9月18日海关总署下发《关于同意芜湖综合保税区验收结果的批复》，芜湖综合保税区正式运行。

芜湖综合保税区占地面积2.17平方公里。四至范围为：东至芜宁铁路，南至一期围网，西至芜宁公路，北至经济技术开发区衡山路。目前区内基本设施开发建设已完毕，实现了“七通一平”。区内无商业、营业性消费和生活居住建筑设施。

随着芜湖综合保税区的正式运行，园区面貌焕然一新。基础设施、信息化建设全面提升。其中，跨境电子商务产业园（一期）已经建成并投入运行，包括：区外6 000平方米的进口商品直销中心，有20余家企业入驻；区内13 000平方米的跨境电子商务进口零售业务的流水线和与之相匹配的监管系统，具备出货条件；15万平方米的跨境电子商务仓储物流中心已建成，包括跨境冷链物流中心和红酒进出口集散中心等多个仓储物流项目；1万平方米的产业园创业中心和小鲸鱼众创空间，有完备的创业服务指导流程及孵化培育功能，有20余家电子商务平台、垂直电子商务企业入驻。周边完善的交通设施、生活配套设施，拎包入住的人才公寓，为芜湖综合保税区创业人士提供良好的生活环境。

【投资环境】 芜湖综合保税区所在的芜湖市总面积6 026平方公里，是国家长江三角洲城市群发展规划的大城市，皖江城市带承接产业转移示范区的核心城市，合芜蚌国家自主创新示范区、皖南国际文化旅游示范区、合肥都市圈、G60科创走廊的重要成员，经济总量居安徽省第二位。

芜湖濒临长江，东与长江三角洲连成一体，西接华中地区，南依黄山、九华山风景区，北临南京，交通便利，是华东地区重要的水陆交通枢纽。距南京禄口国际机场和合肥骆岗机场均约1小时左右车程。高铁通行便捷，芜宁、芜铜、皖赣、淮南和宣杭5条铁路在境内交会，实现30分钟到达南京、合肥，60分钟到杭州，90分钟到达上海。高速公路四通八达，有3条高速公路在此交汇，是国家交通部确定的公路运输枢纽城市。

芜湖港是长江逆江而上的最后一个深水良港，是长江运输的主枢纽港，芜湖朱家桥外贸码头已和世界50多个国家和地区建立了业务往来。

芜湖已形成汽车及零部件、材料、电子电器、电线电缆四个支柱产业。以奇瑞汽车、海螺集团、美的集团、新兴铸管等为代表的一批大型企业在芜湖聚集。同时，培育了现代物流、金融、文化创意、旅游和服务外包等服务业，并开通运营进境肉类、粮食指定口岸。

【招商引资】芜湖经济技术开发区是芜湖市主要的工业产业集中区域。1993 年 4 月经国务院批准设立，规划面积 118.28 平方公里。现有汽车电子产业园、汽车零部件出口基地、新型工业化产业示范基地、高新技术创业服务中心、外贸码头、知识产权试点园区和生态工业示范园区等多个国家级发展平台。来区投资企业累计3 804家，其中境外世界 500 强投资企业 31 家，境内上市公司投资企业 61 家。已形成四大主导产业，分别是以奇瑞汽车为龙头的汽车及零部件产业，以兴飞通讯、映日科技、聚飞光电等企业新上项目为代表的光电信息显示产业，以美的、日立为代表的家用电器产业，以海螺型材、鑫科新材料为代表的新材料产业。

芜湖综合保税区依托芜湖经济技术开发区和产业优势积极开展招商引资工作。

【落实政策】2019 年 1 月，国务院出台了《国务院关于促进综合保税区高水平开放高质量发展的若干意见》，芜湖综合保税区管委会立即与海关共同组织区内企业进行学习，同时编制了实施方案。2019 年已经落地政策包括一般纳税人资格试点、委内加工、促进内销便利、简化海关核准手续、便利货物流转、开展维修检测等多项政策。在自由贸易试验区先进经验复制推广方面，管委会按安徽省复制推广自由贸易试验区改革经验工作领导小组的要求，积极创建自由贸易试验区复制推广示范区。

【机构设置】芜湖综合保税区管委会和芜湖经济技术开发区管委会实行“两块牌子、一套班子”的管理模式。芜湖综合保税区管委会下设综合处和业务处，分别负责综合保税区的贸易管理工作和招商引资工作，同时与芜湖经济技术开发区管委会的各职能部门对接，并依托经济技术开发区管委会其他职能部门，承担综合保税区的工程建设及服务工作。

【招商部门】芜湖综合保税区管委会业务处，联系电话：0553-5772018、5772002。

合肥经济技术开发区综合保税区
HEFEI ECONOMIC AND TECHNOLOGICAL DEVELOPMENT AREA COMPREHENSIVE BONDED ZONE

【概况】 合肥经济技术开发区综合保税区前身为合肥出口加工区，2010 年 7 月 5 日经国务院批准设立，2012 年 8 月 21 日正式封关运行。2019 年 4 月 23 日经国务院正式批复整合优化为合肥经济技术开发区综合保税区（以下简称合肥经开综合保税区），规划面积 1.40 平方公里。

合肥经开综合保税区是中国（合肥）跨境电子商务综合试验区首批试点园区。2016 年 7 月，进口商品展示直销中心获安徽省商务厅授牌并建成运营；2018 年 7 月，获批省级跨境电子商务产业园；2019 年 12 月，获批省级电子信息产业特色园区。

【投资环境】 合肥是安徽省省会，位于安徽省中部，承东启西、连南接北，是长三角经济区的重要城市之一。以合肥为圆心，半径 500 公里范围内，基本涵盖中国东、中部七省一市。合肥科教优势突出，拥有以中科院合肥物质科学研究院为代表的各类研究开发机构 500 余个，以中国科学技术大学为代表的各类高等院校近 60 所。

合肥经开综合保税区地处合肥市西南，交通优势明显，通巢湖达长江，铁路专用线直通港区，312 国道、沪蓉高速、合九铁路、宁西铁路和沪汉蓉高速铁路环伺周边。

为有效解决入驻园区企业员工的居住生活问题，为企业运营解决后顾之忧，合肥经开综合保税区公租房项目于 2011 年 11 月 15 日破土动工。公租房内规划有团膳餐厅、综合超市、便利店、洗衣房、理发店、书店、网吧、卫生服务中心、银行 ATM 机、篮球场等配套功能服务区，可满足近 2 万人的住宿需求。随着各功能区商家的陆续入驻，该区域已形成大型综合性示范区，产业工人拎包入住的“一站式”生活社区将得以实现。

【经济发展】 2019 年，合肥经开综合保税区共实现规模以上工业产值 725 亿元，同比增长 3.4%；缴纳各类税收 22 亿元；完成进出口总额 71.4 亿美元，占省、市、区比重分别为 10.4%、22.2%、54.9%，同比增长 3.4%。

【招商引资】 自封关运行以来，合肥经开区综合保税区根据海关特殊监管区特点，将主导产业定位为电子信息制造业，并成功引进了联想（合肥）产业基地项目。目前，园区已成功聚集了胜利电子、海晨仓储、新宁供应链等 27 家电子信息上下游配套企业，形成以联宝科技为龙头的电子信息产业集群，园区电子信息产业规模以上工业产值占全区电子信息产业产值比重高达 87%。

作为中国（合肥）跨境电子商务综合试验区首批试点园区、安徽省首批省级跨境电子商务产业园区，合肥经开综合保税区持续加大对跨境电子商务产业的培育和扶持，2019 年 1 月新建的跨境电子商务综合服务平台系统正式上线运行，具备直购进口和保税进口两种业务模式功能。2019年6月3日，考拉海购合肥跨境电子商务物流基地正式投入使用；7月2日，孩子王跨境总仓开仓运营。园区现已吸引30多家跨境电子商务平台及关联企业入驻并开展业务，2019年共实现跨境电子商务网购保税进口业务单量112.5万单，在线交易额突破2亿元，合肥经开综合保税区已成为安徽省跨境电子商务网购保税进口业务运行成熟、业务规模大的产业园区。

【机构设置】经安徽省机构编制委员会办公室批复，合肥出口加工区管理局由合肥经济技术开发区管委会内设副处级机构调整为管委会直属机构，正处级建制。

【招商部门】招商电话：0551-63751172。网址：http：//www.hetda.gov.cn/。

武汉东湖综合保税区

WUHAN EASTLAKE FREE TRADE ZONE

【概况】 武汉东湖综合保税区于2011年8月29日获国务院批复设立，是湖北省首家综合保税区，规划面积5.41平方公里。2013年6月29日一期1.82平方公里封关运行，2017年12月27日完成二期验收。2018年2月海关总署批复园区整体封关运作。

作为武汉东湖国家自主创新示范区和中国（湖北）自由贸易试验区武汉片区“双自联动”核心区，武汉东湖综合保税区积极打造具有国际竞争力和影响力的开放之区、创新之区、生态之区。

【投资环境】 武汉东湖综合保税区地处“中国光谷”腹地，区位独特，交通便利。依托武汉作为中部交通枢纽的地理位置，可快速连接国内外主要城市。中国（湖北）自由贸易试验区武汉片区是湖北自由贸易区面积最大的板块和最成熟的区域，形成以光电子信息为核心，生物健康、智能制造、环保节能为支撑，现代服务业为先导，集成电路和半导体、新网络经济两大新兴领域蓬勃发展的产业体系。区内外集聚42所高等院校和80多万在校大学生，是中国三大智力密集区之一。入驻东湖综合保税区的企业既可享受国家、省、市相关优惠政策，又可享受东湖高新区人才、资本、产业等六大支持政策和便捷智慧的政务服务环境。

【经济发展】 利用功能政策和区位优势，东湖综合保税区2019年新增注册企业198家，累计完成注册企业逾千家。全年进出口业务量达350万票；进出口总额约105亿元，其中出口66亿元；纳税百万以上企业达27家，全年纳税入库约8亿元，同比增长89%。

【招商引资】 东湖综合保税区围绕“五大中心”建设总目标，搭建保税加工制造、国际生物医药、跨境电子商务服务、大宗商品交易、保税仓储展示、外贸综合服务、国际检测维修、跨境金融服务和保税研发设计“九大平台”。依托东湖高新区产业集群和“光—芯—屏—端—网”价值链，加速芯片封测、光模块制造、光通信产品制造和自动化设备生产等领域企业集聚。随着中国（武汉）跨境电子商务综试区暨“1210”保税进口首单业务于2019年1月3日在综合保税区启动，跨境平台备案企业翻倍增长。全年通过公共平台完成进出口业务量同比增长2 235.13%，占到武汉市业务总量约70%；总货值同比增长973.5%，占到武汉市跨境总货值约75%。与多个国家与地区的企业或贸促机构进行交流合作，推进产业互动和项目合作，国际影响力进一步扩大。2019年，武汉东湖综合保税区招商引资总额达48.1亿元。

【改革创新】 2019年，国务院出台的《国务院关于促进综合保税区高水平开放高质量发展的若干意见》的21条措施中，有12项已在东湖综合保税区落地，涉及拓展两个市场、释放企业产能、促进内销便利、促进研发创新、强化市场主体地位、简化进出区管理、便利货物流转、创新监管模式、促进跨境电子商务发展、推广创新制度、开展检测维修、发展租赁业态等。在全省率先启动跨境电子商务“1210”保税进口、整车进口保税仓储等新业务。在“自贸十条”及“跨境十条”政策引流基础上，针对武汉货运物流成本瓶颈，研究出台“货贸十条”专项政策，为补齐江南口岸短板提供有力支撑。上述措施的落实，也助推了武汉自由贸易片区2019年6项相关工作事项的完成。

【开发建设】园区累计完工投产项目总建筑面积约76万平方米，在建项目约118万平方米，拟开工项目约38万平方米。指导花山港区顺利完成一类水运口岸查验设施建设，协调推进口岸验收相关工作。依托“光谷黄金十字轴”，做好光谷中央生态大走廊综合保税区段规划工作，谋划打造国际化宜居宜业园区。

【发展趋势】武汉东湖综合保税区将按照《国务院关于促进综合保税区高水平开放高质量发展的若干意见》有关要求，以“五大中心”为方向和指引，发挥自主创新示范区、自由贸易试验区、跨境电子商务综合试验区及综合保税区“四区”叠加优势，推动高水平开放高质量发展行稳致远，建设立足湖北、联通全球的“开放之区”，对标国际、高端集聚的“创新之区”和环境优美、风清气正的“生态之区”。

【机构设置】武汉东湖综合保税区建设管理办公室为市属正局级事业单位，委托武汉东湖新技术开发区管理委员会管理，内设保税业务处（综合处）、规划建设处、投资促进处。

【招商部门】投资促进处，联系电话：027-86639389。

赣州综合保税区
GANZHOU FREE TRADE ZONE

【开发建设】 赣州综合保税区于2014年1月22日经国务院批准设立，规划面积4平方公里。赣州综合保税区是江西省第一个综合保税区，2015年10月20日顺利通过验收封关，2016年10月19日正式运行。赣州综合保税区是国家推动革命老区建设、推进江西构建对外开放新格局，建立更加开放的经济体系而作出的战略部署，是江西高水平对外开放的试验田和新高地。目前，综合保税区围网、路网、监管服务大楼、卡口和查验平台等基础设施建设全部完成。建成（含收购）标准厂房、仓库、配套宿舍等公共设施27.4万平方米，在建53.7万平方米。

【投资环境】 赣州综合保税区在自然资源、劳动力、工业聚集、地理位置、交通等方面均具备一定的基础和优势，综合条件优越。园区所处的赣州经济技术开发区，是赣州市建成最早发展最优的国家级经济技术开发区，已形成新能源汽车、电子信息、钨和稀土等产业集群，产业基础雄厚，规模以上工业总产值占全市的22.8%，进出口额占全市的18.78%；周边与广东、福建、湖南三省接壤，可承接长三角、珠三角、闽东南产业转移；紧邻赣州黄金机场、赣州高铁西站，临近大广、厦蓉高速公路，濒临建设中的赣深高铁，是赣州市对接融入粤港澳大湾区的“桥头堡”。通关方面，综合保税区通过简化统一进出境备案清单、批次进出集中申报、智能化卡口验放、简化无纸通关随附单证、先出区后报关等措施，积极推动通关便利化，目前园区通关时间、查验率与全市总体水平持平。此外，园区通过打造赣州公路口岸，在全省率先开通赣州至香港公路货运直通车，改变了赣州到香港货物需要中转的局面；建立了集报关、货代、仓储配送等于一体的外贸综合服务平台，还将打造国际贸易供应链平台，建设智能仓储、跨境分拨中心和供应链大厦。

【招商引资】 赣州综合保税区发挥保税加工、保税物流和保税服务等功能，紧紧围绕赣州市产业特点，大力开展招商引资工作，已在电子信息产业、跨境电子商务、保税物流、保税加工等方面取得突破。截至2019年，赣州综合保税区累计注册企业74家，其中保税加工企业23家，保税物流企业10家，保税服务企业13家，跨境电子商务企业9家，一般贸易企业19家。其中，通过引进深圳等地电子信息项目，已经打造形成集芯片封装测试、加工制造、触显一体化模组、智能手机等于一体的智能终端生产基地，达产达标后预计年进出口额将突破百亿元；已注册跨境电子商务企业包括谷道跨境电子商务产业园项目、美橙进出口商品仓储展示中心项目等；中国—哈萨克斯坦合作粮食保税加工项目，可实现年深加工哈萨克斯坦等地进境粮谷、面粉50万吨，将打造赣州综合保税区粮谷贸易特色产业集群，助推综合保税区沿“一带一路”走向世界。此外，还有一批重大项目在谈，将进一步带动园区整体发展。

【经济发展】2019 年，赣州综合保税区累计完成报关 2 797 单，实现进出口总额 29.33 亿元，同比增长 28.9%；进出口总额占赣州市的比重为 7.3%，较 2018 年上升 0.8 个百分点。其中，一线进出口额同比增长 166.5%，增幅位列全省第一。一线报关主要为集成电路检测机、打线机、打晶机，塑胶粒，晶圆，无线网络模组，主板和黄金饰品等，与综合保税区产业结构高度契合；二线报关主要为硫酸钴溶液，变压器、电感器，口腔护理器配件等，主要服务于赣州市本地企业。

【机构设置】赣州综合保税区管委会作为赣州综合保税区的职能管理部门，承担日常事务管理、企业服务、产业发展、招商引资等职能。

【招商部门】赣州综合保税区管委会，联系电话：0797-8108799。

海口综合保税区
HAIKOU FREE TRADE ZONE

【概况】 2019年以来，海口综合保税区紧紧抓住建设海南自由贸易试验区和中国特色自由贸易港的机遇，充分发挥海关特殊监管区域的独特优势，在建设海南自由贸易试验区和中国特色自由贸易港实践中勇当先锋、做好表率，探索海口综合保税区发展的新路子，推动了园区较快发展。

【经济发展】 2019年，园区（含原海口保税区）实现营业总收入484.25亿，同比增长101.68%；完成工业总产值88.67亿，同比下降16.51%；实现财政收入21.2亿元，同比增长13.12%；完成进出口货值92.79亿，同比增长178.35%，其中进口82.61亿元，同比增长585.56%，出口10.18亿元，同比下降52.18%。引进新注册企业218家，同比下降42.63%，其中外资企业48家同比增长100%；固定资产完成投资10.48亿元，完成年度投资计划的78.33%，同比下降21.67%。

总部经济带动商贸服务行业大幅增长。商贸行业2019年完成营业收入248.31亿元，同比增长67.35%。随着央企陆续进驻园区并开展经营活动，总部经济对商贸企业的拉动作用日益突出。其中国投贸易、海南国贸、中免集团等企业实现营业收入173.11亿元，占全区比重约35.75%；实现外贸业务71.39亿，约占全区的76.94%。

新业态形成有力补充。平行汽车进口、跨境电子商务、冷链物流等外贸新业态发展势头良好。2019年新进平行进口汽车941辆；跨境电子商务通关流程不断优化，进口包裹实现“零等待”，交易量超过15.78万票，比2018年同期增长18倍，在全国新批准的22个跨境电子商务综合试验区中位居中游；中铁保税冷链物流中心开业一年已货物满仓，供不应求。

外向型经济成分不断提升。2019，园区新增外资企业48家，同比增长100%，外资企业总数超过100家。园区进出口总货值实现92.79亿元，较2018年同期增长178.35%，有效地拉动了园区外贸发展。

【制度创新】 海口综合保税区深入贯彻落实《国务院关于促进综合保税区高水平开放高质量发展的若干意见》，结合海口海关推出的平行进口汽车保税仓储监管、跨境电子商务线上线下融合发展、简化特殊监管区域一线申报手续等10项制度创新成果，推出了区内企业享受增值税一般纳税人资格，飞机融资租赁尝试“非实际入区”和海关异地监管，艺术品以“旅客携带”入区、“信用担保”出区，以及进口商品“先入区后检测”“抽样即放行”5项制度创新措施，并正在积极探索实行进口商品入区“自由账册”管理，非特殊货物入区免备案批准，创新FT账户的监管做法，园区人防集中化建设和回流文物、艺术品担保出区存放5项制度创新。

【重点工作及成效】 2019年海口综合保税区

积极对标《中国（海南）自由贸易试验区总体方案》和《国务院关于促进综合保税区高水平开放高质量发展的若干意见》，坚持以制度创新为核心，不断推进园区高水平开放、高质量发展。

园区外向型经济有所突破。召开“百家涉外企业”外资外贸工作会议，成功组建“外企服务站”，为涉外企业提供多语种、全天候、一站式服务。

文化保税产业雏形初现。创新发展文化保税产业，先后举办了“再现毕加索”国际文化艺术品展示交易会、清朝服饰文物回流等活动。

招商及项目建设推进顺利。中国旅游集团迁址海口综合保税区，中免集团、国机集团、国投集团、国铁投资公司等 8 家央企在区内注册 12 家公司；唯品会、厦门国贸等知名企业也在园区落户；国家 5A 级跨境物流企业福建陆地港集团入驻跨境电商产业园。京华民健康产业园、松之光进口商品分拨中心、进口名贵木材仓储分拨、高培进口健康营养品、明发现代服务业基地、跨境电商二期、冷链二期等项目正在加快建设。

2019 年又有中国远洋海运集团有限公司、中国能源建设集团有限公司 2 家央企落户，国家 5A 级跨境物流企业福建陆地港集团已经落户跨境电子商务产业园，将启动智慧跨境口岸项目建设；2019 年招商推进的 4 个实体经济项目中，中外合资的泰新智能光电项目已签约，明发物流基地（新区）动工，民营企业上海创志的机器人项目初步达成共识，外资企业金盘智能科技投资的数字化工厂已于进场作业。

坚持以企业为中心，服务自由贸易区（港）建设。园区在着力优化投资服务环境上，聚焦创新服务方式，狠抓服务帮扶，全力营造亲商、安商、扶商、敬商的投资氛围。强化服务意识，深入企业开展走访调研，充分了解企业所需，积极为企业排忧解难。同时，宣传自由贸易区（港）各项优惠政策，对享受政策的企业进行梳理，确保各项优惠政策精准落实；简化办理流程，提高审批效率，尽力为企业营造良好的发展环境。

【项目建设】园区固定资产在建项目 19 个，拟建项目 4 个。园区全年固定资产投资在原计划 13.38 亿元的基础上增加 8%，调整为 14.45 亿元。

【发展趋势】海口综合保税区下一步将紧紧抓住海南加快自由贸易港建设的难得机遇，围绕打造“五大中心”的定位，充分发挥海关特殊监管区域的政策功能优势，以制度创新为抓手，深入贯彻落实《海南省重点产业园区高质量发展的若干意见》，在巩固已有工作成果的基础上，重点做好以下工作，努力实现园区高水平开放和高质量发展，全力向自由贸易港迈进。

以制度创新为引领，完善园区体制机制，有效衔接自由贸易港先行区建设，努力形成对外开放新格局。进一步推动跨境电子商务产业发展，积极培育外贸综合服务等贸易新业态，推进园区贸易高质量发展。

持续抓好招商引资及项目落地。瞄准世界 500 强、行业龙头企业和知名企业开展“敲门”招商、“点对点”招商。发挥好已落户企业尤其是央企的示范效应，抓好落户公司早运营、早产生效益，转化为实实在在的经济效益。

推进项目建设。建立定期走访建设项目，了解项目建设进展并协调解决项目建设中存在的问题。加大服务力度，因企施策，推进项目前期工作。聚焦园区定位和产业发展方向，加大招商引资力度，确保投产一批、在建一批和签约一批。

加快推进保税文化产业发展，积极打造国际文化艺术品交易中心。海口保税文化艺术馆 11 月 18 日顺利开馆后，受到社会各界广泛关注，也引起海内外业界的积极反响。园区将以此为契机，在继续完善软硬件建设的同时，抓紧出台相关扶持政策和创新措施，吸引境内外知名企业和有影响力的文化艺术作品入区。定期举办各种主题活动，不断丰富“展”的内涵，持续提升“展”的影响力。与此同时，着力强化“交”的功能，通过开展形式多样的交易、拍卖会，积极培育市场，推动国际文化艺术品交易中心建设。

进一步改善园区营商环境。不断完善园区基层设施建设，高标准建设生活配套区，推动马村港集装箱码头建设。同时强化创新、服务、担当意识，实行建设项目审批“集中办公”“一站式服务”“一个窗口对外”，不断简化审批程序，营造一流园区营商环境，争当海南自由贸易区（港）建设的探路者和排头兵。

贵阳综合保税区

GUIYANG FREE TRADE ZONE

【开发建设】2019年，贵阳综合保税区在把园区建设成为“具有保税特色的现代服务业集聚区”这一目标上迈出了坚实步伐。

贵阳综合保税区于2013年9月14日经国务院批复设立，2014年9月顺利通过验收，同年12月27日封关运行，是贵州省第一家封关运行的综合保税区，是贵州省“1+8”国家级开放创新平台之一，也是贵阳市“四轮驱动”重要一极。贵阳综合保税区总规划面积10.83平方公里，其中海关特殊监管区域面积3.01平方公里，一期已建成1.003平方公里，二期正在建设2.007平方公里。园区初步形成“一路、两片、三园”的建设局面，综保路延伸段路基全线贯通，围网区二期申报进展顺利，项目土地房屋征收及规划建设工作正稳步推进。现代物流园基本完成土石方平场及基础施工，已转入站后、房建工程。跨境电子商务产业园正加快土地出让，先进制造产业园（国际产业园）入驻项目不断增多，国药项目开工建设、富士康沿线商业项目进入收尾阶段，同升等项目相继落地建设。

【投资环境】贵阳综合保税区不断优化营商环境。一是重点领域改革取得突破。成功获批全国海关特殊监管区企业增值税一般纳税人资格试点，贵阳护博恒新医疗器械公司成为全省首家试点企业，贵州达丰制造、大茂环保新材料、贵州新阳科工贸公司成为贵阳综合保税区首批正式运营的试点企业。推动外商投资股权投资试点在园区落地实施，瑞树（贵州）产业投资基金合伙企业（有限合伙）通过中国证券投资基金业协会私募基金产品备案，标志着贵州内陆开放型经济试验区外商投资股权投资试点在园区正式落地。金关二期、保税物流账册等管理系统上线运行，实现加工贸易无纸化管理。复制推广“选择性征税”“分类仓储”“四自一简”等自由贸易区经验。二是“放管服”改革成效明显。积极推进“减证便民”行动，按要求取消各类证明材料28项，企业和群众办事提供材料减少30%以上；开展延时、预约、容缺、“邮政办”等各类服务500余次，实现全年100%全程代办服务，办结率达100%；开展“最多跑一次”事项53项，“一次都不跑”事项143项，“一次办成”政务服务事项181项，企业开办时间缩减至1个工作日；率先推行实施原产地自主打印、关税自主打印、新一代电子支付等改革新举措，实现国际贸易“单一窗口”普及应用率达100%。

【招商引资】2019年，园区招商引业成效明显。以建设贵州内陆开放型经济试验区为契机，不断加强对外交流合作。按照“龙头企业—产品—产业链—产业”四位一体的精准招商思路，坚持“走出去、请进来”相结合，累计开展招商活动942次，其中外出招商103次，对接企业678家。全年累计新签约项目27个，总投资达358.22亿元。

【对外贸易】贵阳综合保税区全面提升对外开放水平。一是开放通道初具雏形。开通贵港直通项目，有效降低省内外贸企业进出口货物往返中国香港地区的运输时效及成本。积极谋划推动贵阳都拉营国际陆海通物流港项目建设，为打造西部陆海新通道上的综保型陆港奠定了坚实基础。二是大力发展跨境电子商务。抢抓跨境电子商务综合试验区核心区建设机遇，搭建跨境电子商务账册辅助系统，开通跨境电子商务保税零售进口业务模式（1210）。推动综保投汉兴公司跨境电子商务监管仓全面运营，投运监管仓面积8 000平方米，引进了优米购、陆港城等企业，配套仓储支撑能力进一步增强。推动阿里巴巴跨境电子商务外贸综合服务平台上线运营，引入供应链公司3家，贵州龙、黔轮胎等市内90家企业通过服务平台开展业务工作。联合省口岸办、贵阳海关建立了24小时技术响应机制，解决了跨境电子商务系统瓶颈制约问题，实现业务顺畅。支持优米购、保税在线、优致源国际、彼岸购等企业在全省开设跨境商品线下实体店，面积累计达2.6万平方米。三是开放合作持续深化。成功引进世界500强企业美国陶氏化学（中国）投资有限公司、瑞中先锋贵州抗衰老医疗中心有限公司等5家企业注册落地。与韩国京畿道商务代表处合作，承办2019中韩地方政府交流研讨会、中韩企业对接会。与俄罗斯贵州商会、俄罗斯亚特兰特集团公司密切接洽，就开展茶叶加工和出口业务达成初步共识。

【经济发展】2019年，贵阳综合保税区较好地完成全年各项目标任务。全年（含围网外区域）：完成固定资产投资（500万元口径）40.05亿元、工业投资30.76亿元；实现规模工业增加值（2 000万元口径）3 876万元；招商引资实际到位资金41.45亿元；实际利用外资1.69亿美元；外贸进出口总额为10.02亿美元；完成一般公共预算收入1.18亿元、一般公共预算支出3.26亿元。其中，特殊监管区域内进出口额为25 290.2万美元，企业经营总收入为98 416.86万元，期末企业从业人员为225人，税务部门税收为77.77万元，其他保税服务业营业收入为918万元。

【发展趋势】2020年是全面建成小康社会和“十三五”规划的收官之年，是“十四五”规划的谋篇之年，也是贵阳市委作出建设内陆开放型经济试验区先行区的开局之年，更是贵阳综合保税区“二次创业”新征程的决战决胜之年。贵阳综合保税区坚持稳中求进工作总基调，坚持高标准要求、高水平开放、高质量发展，全面做好“六稳”工作，紧扣“一品一业、百业富贵”发展愿景及建设中高端消费品制造之城和贸易之城的目标，重点发展跨境电子商务、保税检测维修、保税仓储物流、新能源等产业，探索“跨境电子商务+旅游”“跨境电子商务+中高端市场+自定义提货”模式，着力打造进出口中高端商品集散中心、保税检测维修中心和进口商品保税展示交易中心、中高端新能源装备制造业中心、西部陆海新通道上的综保型陆港，奋力把贵阳综合保税区建设成为内陆开放型经济试验区先行区的“新引擎”、自由贸易试验区先行先试的“试验田”。

【机构设置】贵阳综合保税区管委会的内机构有党政办公室（人才办公室）、产业发展局、投资促进局（商务局）、开发建设局（安全生产监督管理局）、大数据产业发展局、财政金融局、政策法规研究室。下设3个事业单位：政务服务中心、产业创新中心、保税业务与口岸服务中心。

【招商部门】贵阳综合保税区投资促进局，联系人：许丹；联系电话：0851-86985892。

贵安综合保税区
GUIAN FREE TRADE ZONE

【开发建设】贵安综合保税区按照建成“生态型”“升级版”综合保税区的目标，坚持高起点规划，分为围网外和围网内两个区域，总规划面积2.2平方公里。其中，围网内规划面积1.86平方公里，为一次性围网、分期建设，规划建筑保税研发中心1栋、查验监管库2栋、保税加工厂房45栋、保税物流仓库22栋及酒窖1栋；围网外规划面积0.34平方公里，规划建筑综合服务大楼1栋、贸易展示中心大楼1栋、保税服务大楼5栋。园区围绕强配套、保落地、促产能，积极推进基础建设，贵安综合保税区项目(一期)、进口商品直销中心、酒窖、外包服务大楼等项目投入使用或投产，建成了综保公园、健身中心、直销中心书吧等娱乐文化设施。目前，园区正在全力推进三期等项目建设。

【投资环境】贵安综合保税区位于贵安科技新城，按照建成“生态型”“升级版”目标，在围网内规划了保税加工、保税仓储、保税物流、保税研发、口岸功能区五大功能板块；围网外规划为贸易金融、内外贸融合两大功能创新区和行政管理功能区。贵安综合保税区是“生态型”保税区，在开发中采用低冲击开发，把绿色、循环、低碳的理念融入建设和运营的各个方面、各个环节，如采用中水回收、房顶绿化等，在不影响综合保税区功能发挥的前提下，适当保留了区域内的林地和河流，使园区里有山有水有风景。区内现保留了两块林地共7.1万平方米，绿地率达到16.5%。同时，创造性地将保税研发中心等建设和山体绿地结合起来，特别是利用山体结构的天然形态改建成面积为9 999平方米的生态型酒窖。

【招商引资】贵安综合保税区成立招商办负责招商引资工作。截至目前，贵安综合保税区引入项目共计20个，其中加工贸易研发类项目8个（包括液晶面板、LED半导体、手机侧发光源、指纹启动器、医疗器械产品、生物制品、绿色农产品等）；手机屏幕保税维修项目2个；国际贸易、保税物流、供应链服务、服务外包等服务类项目10个。

【对外贸易】围绕外商、外资、外贸，重点发展保税加工，适当发展保税仓储、物流，鼓励发展保税服务业务。深化服务贸易创新发展试点和跨境电子商务试点，积极探索“旅游+保税展示+跨境电子商务”商业新模式。努力打造全省开放要素集聚区、国际贸易转型示范区、内陆开放型经济引领区。在功能定位上成为新型工业化发展的引领区，促进要素自由流动和优化配置，主动对接国际通行规则，努力成为体制机制创新和开放型经济建设的先行区。园区在海关注册备案的企业计35家，有进出口业绩的企业15家，2019年实现进出口额4.35亿美元。

【经济发展】建区以来，贵安综合保税区按照“承接产业转移、形成规模效益、促进区域融合、带动辐射周边、探索发展新路”的要求，坚持发挥政策功能优势，以服务贵州省外向型经济和贵安新区主导产业发展为主线，聚焦竞争力强、高成长性、长生命周期企业，全力以赴开展招商引资、园区建设、机制创新等工作。积极发展电子信息制造加工业，开展仓储物流与对外贸易业务，拓展保税维修、货物状态分类监管业务。贵安综合保税区 2019 年完成规模以上工业总产值 14.78 亿元，完成固定资产投资 3 亿元，实现进出口贸易总额 4.35 亿美元，实现税收收入 0.028 亿元。

【发展趋势】贵安综合保税区依托围网内现有企业和产业发展状况，着力引进外商外资项目，建设加工制造中心、物流分拨中心和销售服务中心，鼓励发展研发设计中心、检测维修中心建设。融通服务贸易、货物贸易及绿色金融创新试点政策，进一步做大贸易规模、提升贸易质量，提高服务贸易在综合保税区贸易中的比重，推动保税仓储、跨境电子商务、国际贸易、保税物流等产业的发展，打通综合保税区货物贸易功能政策与服务贸易创新试点政策、绿色金融港政策，实现政策叠加，向准内陆自由贸易区方向迈进。重点打造沿黔中大道的进口汽车配件、进口家居建材家电、进口医疗器械和运动器材、冷链、红酒等专业特色进口产品综合市场，将综合保税区发展成为省内最大的专业进口市场集散中心。支持区内企业开展全球维修业务和高技术含量、高附加值的再制造业务。积极申请开展一般纳税人资格、内销选择性征税及平行进口汽车保税延展业务试点。

【机构设置】贵安综合保税区于 2015 年 4 月经省编办批复设立党工委、管委会，委托新区党工委、管委会代管。下设办公室（综合管理局）、贸易促进局（保税业务局）、财政金融局 3 个部门和企业服务中心 1 个事业单位。

北海综合保税区
BEIHAI INTEGRATED FREE TRADE ZONE

【开发建设】 北海综合保税区由原广西北海出口加工区整合优化而成，封关面积 2.28 平方公里，分为 A、B 两个区。其中，A 区规划面积 1.14 平方公里，位于北海市区西侧；B 区规划面积 1.14 平方公里，位于铁山港（临海）工业园区范围内。2018 年 11 月 28 日，北海综合保税区顺利通过海关总署授权南宁海关牵头组成的自治区联合验收。2019 年 1 月 9 日，海关总署批复同意验收结果，1 月 28 日北海综合保税区正式揭牌封关运作，6 月被评为自治区“绿色园区”。

【投资环境】 地理区位优势明显。北海地处华南经济圈、西南经济圈和东盟经济圈的结合部，居泛北部湾经济合作区域的中心枢纽位置，是中国西南地区及华南、华中部分地区走向世界便捷的重要出海通道和门户。北海综合保税区 A 区位于北海市区西侧，紧靠北海港，距离北海站 5 公里、高速公路入口 17 公里、北海机场约 20 公里；B 区位于北海市铁山港区，距铁山港仅 3 公里、玉铁高速公路 4 公里、福成机场 30 公里，交通十分便捷。

基础设施配套齐全。园区已建成标准厂房面积 79.48 万平方米，其中 A 区 67.64 万平方米，B 区 11.84 万平方米。园区主干道、供水、供电、排水、排污、电信宽带、燃气、场地平整等“七通一平”基础设施已建设并完善，建有占地近约 20 万平方米的生活配套小区，配备办公、商务服务等服务设施，超市、网吧、银行网点、餐饮商铺一应俱全。

产业优惠政策优势突出。北海综合保税区同时享有北海国家高新技术产品全球入境维修/再制造示范区、广西 CEPA 先行先试示范基地、海关特殊监管区域企业增值税一般纳税人资格试点等叠加的优惠政策和国家西部大开发、广西北部湾经济区等多重优惠政策，政策优势明显。

服务高效精准。北海综合保税区坚持从完善服务制度、提升人力服务水平、优化营商环境等方面入手，以“围绕企业需求、回应企业关切、解决企业困难、提高服务效率”为导向，加强企业服务，大力优化办事流程，新引进项目前期行政审批手最快 0.5 天内出具工商营业执照。

【招商引资】 北海综合保税区紧紧围绕北海“产业树”规划方案，着眼“高、精、尖”产业导向和园区已有产业基础，围绕加工制造中心、研发设计中心、物流分拨中心、检测维修中心、销售服务中心五大中心开展新业态的招商，引进了深圳冠标总部、九天船务服务外包项目、惠鑫国际贸易项目，拓展了园区高端服务业和国际贸易新业态，为发展北海综合保税区新业态夯实了基础。通过积极探索 1+1+N（综合保税区+第三方+项目）合作共赢模式，引进专注于招商产业的深圳无界集团，进行市场化有偿招商，为市场化招商夯实基础。同时，主动对接粤港澳大湾区，大力在长三角、珠三角等产业高度发达和集中地区开展定点招商。2019 年，北海综合保税区管委会外出招商约 100 次，接洽客商 700 余人次，引进项目 21 个，其中投资过亿项目有 11 个，总投资 27.33 亿元，实现到位资金 16.51 亿元，包括华创通智能家居和电源适配器生产、品创消费电子产品制造、苾荃胜坚果加工和进口冷冻食品仓储分包、北海冠标智慧声谷产业园等项目。

【对外贸易】北海综合保税区作为北海市唯一一个海关特殊监管区，是北海市改革开放的重要窗口、发展“向海经济”的重要平台。2019 年，完成外贸进出口 122.57 亿元，同比增长 57.6%，占北海市外贸进出口的 41.7%；完成加工贸易进出口 119.37 亿元，同比增长 60.5%，占北海市加工贸易进出口的 70.7%，占广西加工贸易进出口的 14.7%。

【经济发展】北海综合保税区引进项目涵盖电子计算机外部设备制造、光电子器件制造、智能终端显示总成、微电机制造、新型平板显示器件、计算机打印耗材、复印设备再制造、新材料加工制造、运动器材制造、保税物流等产业。投资商来自欧美、日韩、我国港澳台地区等，主要企业有：台湾光宝集团、台湾建准集团、香港德昌电机、香港云芯国际、韩国双赢洋弓、瑞士群英、北京世盟物流、宣臻科技、翰博士等。2019 年，北海综合保税区完成规模以上工业总产值 77.11 亿元，同比增长 7.6%；其中电子信息制造业完成 76.49 亿元，同比增长 9.0%；完成固定资产投资 4.62 亿元。

【发展趋势】综合保税区作为目前我国开放层次高、优惠政策多、功能齐全、手续简化、通关便捷的特殊开放区域之一，具备保税加工、保税物流、保税服务的功能优势和先行先试的政策优势。北海综合保税区将发挥资源禀赋，依托毗邻港口，坐拥高铁、高速、机场等立体交通的优势，以“五个中心”为战略目标和总揽，按照“强龙头、补链条、聚集群”的要求，加大改革创新力度，坚持高标准招商、高水平管理、高效率运营，推动产业转型升级，培育外贸新业态、新模式，创造更具吸引力的投资环境，努力把北海综合保税区打造成为北海乃至广西“一带一路”有机衔接的重要门户、承接产业转移的新战场、贸易和投资自由化便利化的先行区、开放型经济转型升级的示范区。

【机构设置】北海综合保税区管委会内设党政办公室、社会工作局、财政局、招商局、人力资源局、产业发展局、保税物流局、建设开发局和 B 区管理办公室。北海综合保税区管委会下属事业单位有北海综合保税区服务中心。

【招商部门】招商局，联系电话：0779 - 3928068、3928078、3928262。

南宁综合保税区
NANNING COMPREHENSIVE FREE TRADE ZONE

【概况】南宁综合保税区于 2015 年 9 月 30 日由国务院批复设立，批复面积 2.37 平方公里，主要在原南宁保税物流中心的基础上转型升级而成，规划分两期进行开发建设。一期围网面积 0.897 平方公里，已于 2016 年 10 月 18 日通过国家联合验收组的验收，并于 2017 年 4 月 13 日封关运营；二期正在开发建设当中。此外，按照网内带动网外、围网内外联动发展的原则，南宁综合保税区在 2.37 平方公里之外，还规划了 5.72 平方公里的土地作为配套区域进行建设（围网内外总规划面积合计 8.09 平方公里），以满足综合保税区的发展需要。南宁综合保税区是中新南宁国际物流园项目（西部陆海新通道重点项目之一）的建设地，是中国（南宁）跨境电子商务综合试验区核心园区，同时还是中国（广西）自由贸易试验区南宁片区的重要组成部分。

【区位优势】南宁综合保税区位于南宁市南面，五象新区西南端。周边有铁路、城市主干道、高速公路、地铁等交通设施，距南宁吴圩国际机场约 27 公里，距铁路货运玉洞站 3 公里，距南宁港牛湾作业区 35 公里，200 公里以内，通达广西北海、钦州、防城港三大港，交通十分便利。

【功能定位】南宁综合保税区重点发展加工贸易、保税物流、跨境电子商务等产业，以及相关的研发、维修、检测、展示、交易、中转、国际快件分拨和保税仓储等业态。围网外的产业配套和综合服务配套区重点引入与围网内产业配套的上下游产业，建设和完善各项生活服务配套设施，打造集商业、商务、休闲、娱乐、餐饮、住宅于一体的多功能、国际化的产城融合城市新片区。

【经济发展】2019 年，南宁综合保税区实现进出口总额 35.56 亿美元，同比增长 54.01%，其中加工贸易进出口额为 33.14 亿美元；监管保税货物值 2.42 亿美元；跨境电子商务进出口业务量突破3 000万单，总货值约 6.94 亿元，位居全国跨境电子商务综合试验区前列。

截至 2019 年年底，累计有 107 家企业入驻南宁综合保税区，其中围网内 80 家，围网外 27 家。新增烯宝声、创盈联科、齿贝美、首星科技、星源光电等规模以上企业。2019 年，南宁综合保税区规模以上企业合计共有 14 家。

【基础设施】园区已基本完成基础设施建设，建成杜鹃路等 11 条道路、6 195米的巡逻专用道和隔离围网等监管设施，建有 37 万平方米标准厂房、8 万平方米公租房，商务中心大楼主体及装修工程也基本完成，商品展示中心、宁家广场等配套设施也在加快建设中，为企业入驻提供了良好的服务保障。

【重大项目】中新南宁国际物流园。中新南宁国际物流园是广西推进西部陆海新通道建设的重点项目之一，规划面积约 285 万平方米，分三期建设。项目以智慧物流为基础，将建成集数据信息平台、集中仓储、区域配送加工、中国—东盟多式联运联盟、跨境电子商务贸易、智慧物流人才培养等于一体的现代物流多功能园区。项目于 2017 年 9 月 1 日启动，2018 年取得一期项目建设用地，同年物流园展示中心建成并投入使用、新中智慧园开工，自治区与南宁市也相继出台了有关中新南宁国际物流园开发建设的优惠政策，全力推动项目建设。截至 2019 年年底，项目一期周边道路建成通车，展示中心投入使用，东盟货运物流联合总会广西代表处入驻物流园，E 地块项目于 2019 年 9 月 19 日投入试运营。陆续引进了万纬物流、复星国药、太古冷链等 6 家企业。二期引进了靖佳齿科、德国敦豪（DHL）等企业。项目三期正在开展前期准备工作。

中国（南宁）跨境电子商务综合试验区核心园区。2018 年 7 月，南宁市获批设立跨境电子商务综合试验区。根据自治区人民政府《中国（南宁）跨境电子商务综合试验区实施方案》文件精神，南宁综合保税区被定位为中国（南宁）跨境电子商务综合试验区的核心园区。2018 年 12 月，中国（南宁）跨境电子商务综合试验区在全国第二批综合试验区城市中率先开区运营。南宁高新区、河南保税集团、广西邮政公司三方合资注册成立的广西南大门跨境电子商务运营有限责任公司成为综合试验区的运营主体，推动跨境电子商务产业的建设及发展。作为综合试验区的核心园区，南宁综合保税区加快理顺机制，建设完善线上跨境电子商务综合服务平台，实现跨境电子商务“1210”保税进口模式在第三批综合试验区中率先上线运行。建成8 600平方米的六大主题馆的南大门跨境电子商务保税直购中心，打造跨境零售新模式。跨境电子商务监管仓及保税仓一期等项目陆续建成并投入运营。推动广西南宁首票 1210 跨境电子商务进口水果及首票陆海联运出口跨境电子商务货物在综合保税区顺利通关。加快面向东盟的跨境电子商务物流通道建设，推动两条中越直通货运线路开行及广西第一条直飞东盟的南宁—胡志明往返全货机航线开通，加快推进南宁东盟国际运输枢纽项目建设。广西启迪跨境产业人才实训基地落户，跨境电子商务人才生态建设稳步推进。2019 年，累计有百世、顺丰等 50 家企业入驻南宁综合保税区，全年跨境电子商务进出口业务量突破3 000万单，位居全国 37 个跨境电子商务综合试验区前列。

此外，2019 年 10 月，南宁—胡志明货运班机首飞，还举办了中越（南宁—东兴—海防）直通车运输仪式，加快了以南宁为节点的国际道路运输便利化发展，为广西南宁跨境电子商务面向东盟乃至全球的业务提供了通道便利，提升了核心竞争力。2019 年 12 月，南宁第一票以“1210 保税备货”模式通过跨境国际道路运输进口的跨境电子商务东盟水果货物在南宁综合保税区顺利通关，打通了南宁进口跨境电子商务东盟水果的物流通路；同时，首票出口至巴西的跨境电子商务货物也于 12 月顺利报关、查验、放行。这两票业务为南宁跨境电子商务综合试验区的发展树立了一座新的里程碑。

【招商部门】南宁综合保税区管委员招商科，联系电话：0771-4898296。

红河综合保税区
HONGHE FREE TRADE ZONE

【开发建设】 红河综合保税区位于云南省红河哈尼族彝族自治州蒙自市，于 2013 年 12 月 16 日经国务院批准设立，是云南省首个获批的综合保税区。规划面积 3.29 平方公里，已建设面积 1.97 平方公里，2015 年通过国家海关总署牵头的十部委的联合验收，当年 5 月 8 日正式封关运行。2018 年 1 月 1 日正式启用红河综合保税区口岸作业区。截至 2019 年，累计完成基础设施投资约 36 亿元，完善了园区内 14 条路网及待车场建设，建成了综合服务用房、仓库厂房、研发中心、专家公寓、员工食堂、红综口岸作业区等约 78 万平方米的相关设施。

【投资环境】 良好的区位优势。红河综合保税区地处滇南中心城市群核心区——蒙自市，是辐射南亚和东南亚中心的重要开放平台，面对北部湾，连接珠江三角洲，背靠滇中经济圈，与东盟市场相连，直达太平洋，区位突出、市场广阔、潜力巨大。滇越铁路、泛亚铁路东线、南昆铁路客运专线 3 条铁路穿境而过，高速公路通车里程 540 公里。蒙自至广西北海 900 公里，滇越铁路至国家级口岸——河口 146 公里，从河口至越南河内 269 公里、至越南海防港 469 公里。随着蒙自机场、元阳哈尼梯田机场、弥勒蒙自高速铁路的建设，以公路、铁路、航空组成的现代综合交通网将形成。

良好的配套设施。一是加大土地收储力度，保障了项目用地。通过划拨及招拍挂累计取得土地约 143 万平方米，剩余可开发净地约 98 万平方米。二是加大仓库厂房建设力度，保障了招商。累计投资 36 亿元，建成 78 万平方米的仓库厂房及配套设施，包括高洁净厂房、员工食堂、研发中心、外籍专家公寓等。剩余仓库厂房 42 万平方米，为引进轻资产项目奠定了坚实基础。综合服务用房建筑面积约 3.9 万平方米，可为企业提供办公场所。能投产业园占地约 20 万平方米，建筑面积 21.76 万平方米。建有保税物流仓库、增值加工厂房、冷库、堆场及办公配套设施，总建筑面积 15.77 万平方米。三是加快口岸作业区建设，为服务企业进出口奠定了基础。

良好的产业发展基础。先后引进了芯片封装、手机、平板电脑、钟表加工等一批项目。以恒集团年产5 000万台手机、260 万台平板电脑、120 万台液晶电视，电子芯片加工、精密电子机械加工等生产线相继投产，2019 年实现外贸进出口 16.51 亿美元。州内烟草、冶金、化工、能源、建材等传统产业不断转型升级，产业结构日趋合理；高原特色农业、新材料和信息产业、生物医药和大健康业、绿色食品与消费制造业等新型产业层次逐渐提升，配套综合保税区的产业发展基础日益牢固。

良好的营商环境。全面复制自由贸易试验区经验，已成功复制了“先进区后报关”“批次进出、集中申报”“智能化卡口验放”

“统一备案清单”“无纸化通关”“委内加工监管”“保税展示交易”“保税维修”“仓储货物状态分类监管”9项创新制度，大力推行企业自主备案、合理自定核销周期、自主核报、自主补缴税款的“四自一简”监管模式，改变过去企业从设立备案、货物流转、加工产品内销，以及加工业务核销都需要向海关申报，海关核准后再办理的做法，体现了诚信为前提、事中少干预、事后防风险的监管理念，大大优化了营商环境。

【招商引资】 截至2019年，园区累计签约18个项目，协议总投资120.95元，已开工建设10个项目。先后引进了芯片封装、手机、平板电脑、钟表加工等项目，液晶电视生产线、手机生产线、集成电路板生产线、触摸盖板生产线、平板电脑生产线、液晶显示模组生产线相继投产。聚焦“承接产业转移”、打造加工制造中心，全力推进电子信息产业招商，电子信息产业占全州规模上工业增加值的12.6%。

【经济发展】 截至2019年年底，红河综合保税区累计完成外贸进出口总值66.99亿美元、工业总产值538.43亿元、非电工业投资39.21亿元，引进省外到位资金104.36亿元，实际利用外资3 286.92万美元。其中，2019年，实现外贸进出口总值18.23亿美元，同比增长10.88%，占全州47.8亿美元的38.14%，占全省336.77亿美元的5.41%；实现工业总产值171.08亿元，同比增长13%；引进省外到位资金15亿元，同比增长14.15%；实际利用外资825万美元，同比增长114.78%；新开工项目4个，新签约项目12个。

【发展趋势】 红河综合保税区坚持“引领全州、服务全省、融入世界”总体定位，充分发挥开放引领和辐射带动两大作用，全面提升商务配套（产业链配套、基础配套、金融配套）、开放政策辐射（用好海关特殊监管区政策、自由贸易区政策、进出口税收政策）和开放型经济服务（产业发展服务、通关便利服务、国际贸易服务）三种能力，主动服务和融入云南自由贸易试验区红河片区及国家级蒙自经济技术开发区发展，激发开放活力，释放政策红利。贯彻落实《国务院关于促进综合保税区高水平开放高质量发展若干意见》，紧紧围绕保税加工、保税物流、保税服务“三大功能”，注重引进一批新一代电子信息、新材料、生物医药、绿色食品加工、纺织服装加工、保税物流、保税服务等项目，加快构建加工制造中心、研发设计中心、物流分拨中心、检测维修中心、销售服务中心“五大中心”，推动红河综合保税区以加工制造为基础、保税物流为载体、国际贸易为龙头、供应链为纽带，拓展内外贸一体化新途径，使之功能集成、产业集群，高水平开放高质量发展，形成以自由贸易试验区红河片区为引领、红河综合保税区和蒙自经济技术开发区为依托、昆河经济带为纽带的红河州对外开放新格局。

【机构设置】 红河综合保税区工作委员会、红河综合保税区管委会实行“一套班子、两块牌子”的管理体制。内设党政综合办公室（加挂保税与口岸服务局牌子）、公共事务局（加挂规划与国土资源局、建设和环境保护局牌子）、经济发展局（加挂财政局牌子）、招商投资局4个机构，下设市场发展中心。

【招商部门】 联系人：招商投资部副部长刘吉赟；联系电话：0873-3056169。

哈尔滨综合保税区
HARBIN COMPREHENSIVE BONDED ZONE

【概况】 哈尔滨综合保税区于2014年启动综合保税区申建工作，2016年3月7日由国务院正式批准设立，于2017年3月通过国家正式验收，同年7月封关运营。规划面积3.29平方公里，一期用地面积1.38平方公里，网内面积1.127平方公里。哈尔滨综合保税区立足为黑龙江省外向型经济发展提供功能齐全的新载体，着力打造东北地区独具特色的国际商品展示贸易中心、现代化国际物流中心、高端进出口制造加工中心和新型现代服务贸易及研发中心，努力构建以保税物流和保税加工为基础，货物贸易和服务贸易为特色的现代产业体系。园区空间布局由综合服务区、口岸作业区、保税加工区、保税物流区、商务配套区五大功能区组成，通过8.8公里的内部路网连接，整体拉伸起园区核心框架。

【投资环境】 哈尔滨综合保税区区位优势明显，是黑龙江对外开放的重要战略节点，能够同时辐射25个贸易口岸，具备全方位、立体化对俄罗斯开放物流体系，面向国内形成了快速直达的运输网络，面向国外形成了西接欧洲、东接东北亚乃至北美地区的国际运输大通道。园区距离哈尔滨太平国际机场44公里，哈尔滨机场是中国距离北美最近的航空港，已实现72小时过境免签，开通东北首条第五航权航线，对俄罗斯通航城市已达11个，已开通多条对俄货运包机航线，可通过俄罗斯叶卡捷琳堡的大型海外仓辐射俄罗斯全境。紧邻哈尔滨四环路，距离哈同、哈大、京哈等主要高速公路入口车程均在15分钟以内。哈尔滨国际铁路集装箱中心站与全国其他17个中心站干线直连，境内可实现集装箱货运直达运输。中欧班列哈尔滨至德国汉堡和俄罗斯叶卡捷琳堡专线，是国内运距短、成本低的中欧国际货运线路，平均只需15天即可抵达德国汉堡，平均只需8~10天即可抵达叶卡捷琳堡。哈绥俄亚陆海航运通道的全面打通，标志着地处内陆的哈尔滨拥有了“出海口”，货物可通过铁路经绥芬河口岸到达俄罗斯东方港，再由海运到达终点韩国釜山港。

哈尔滨现已实行黑龙江、吉林、辽宁、内蒙古海关通关一体化模式，哈尔滨海关与大连、沈阳、长春、呼和浩特、满洲里海关整合为一体，可实现一地查验、四省区六海关直接放行的便捷通关。通过哈尔滨多式联运海关监管中心，企业可根据物流需求，自由选择空运、铁路、陆路等多种运输方式联运，途中的货物换装、拆拼作业，不再分别进行转关申报，实行物流全程“一次申报、一次查验”。

【开发建设】 园区承载功能逐步完善。一是基础设施功能完备。园区一期整体达到“七通一平”，综合服务、口岸作业、保税物流、保税加工四大功能区都已建成投用，5.7万平方米标准化仓库、3.12万平方米标准化厂房、1万平方米的重型机械加工标准化厂房建成投用。截至 2019 年，园区一期围网内土地开发利用率为 41.7%。二是口岸业务功能不断拓展。园区口岸业务已获得海关总署批复，整体纳入哈尔滨铁路口岸作业四至范围，获批口岸代码，具备开展口岸通关业务条件。粮食、冰鲜水产品进境口岸已向海关总署报批申建，按照先建后批的要求已启动口岸建设前期工作。三是政策功能持续完善。成功获批国家第三批海关特殊监管区域企业增值税一般纳税人资格试点，打通区内企业货物内销通道，有效降低企业生产经营和货物监管成本。积极复制自由贸易区经验，成功实施委内加工、货物状态分类监管等创新举措。作为跨境电商综试区核心承载区，率先启动保税备货模式跨境电商业务。

【经济发展】根据国务院提出的“特殊监管区域要拓展业务类型，向保税加工、保税物流、保税服务等多元化方向发展”的要求，结合哈尔滨市产业特色、区位优势和资源禀赋，重点打造高端装备制造、国际贸易、保税仓储物流、跨境电子商务和电子信息产品制造产业。截至 2019 年，已累计签约及注册企业 191 户。2019 年，园区实现进出口总额3 435.55万美元，完成海关税收及代征税 405.23 万元。初步构建了 5 个产业板块：一是以上海星地通、思禾国际为龙头的通信器材加工贸易及保税维修产业，实现进出口额 5 亿元；二是以龙运荟商、丰泰集团为龙头的对俄粮油食品加工贸易产业，2019 年实现进出口额2 000万元；三是以德国豪狮为龙头的农机加工、商贸产业，实现进出口额2 000万元；四是以上海东浩兰生为龙头的国际贸易综合服务平台，已成功引进中国国际进口博览会分中心项目落户；五是以京东国际、哈尔滨陆港为龙头的保税备货跨境电子商务产业，已累计实现跨境电商业务 6 万单，实现进出口额 3 500 万元。

【发展趋势】哈尔滨综合保税区将紧抓我国推进共建“一带一路”倡议和自由贸易试验区制度政策向综合保税区复制推广的重要契机，立足哈尔滨市“建设东北亚地区具有重要影响的现代化城市和哈长城市群核心城市”的总体定位，全面推动区内国际贸易功能升级、业态升级和价值链升级，深入探索区内外联动发展、园区与地区协同开放、质量效益导向型外贸促进新体系。一是提升国际贸易集成功能，集聚国际化高能级贸易商，发展新型贸易方式和交易平台，打造黑龙江省区域性进口商品采购分销基地，建设国家级跨境电子商务示范区。二是培育依托保税环境的战略性新兴产业，强化区港联动，大力发展航空装备、智能装备、精密电子、保税物流等，建设智慧型综合保税区，推动保税产业向高端领域延伸。三是依托综合保税区创新型产业，发展跨境电子商务、生产性服务贸易、离岸金融、服务外包等服务业，加快口岸经济转型升级。

【招商部门】哈尔滨综合保税区招商工作由管委会招商服务中心负责。联系人：马知贤；联系电话：0451-51900138、51059188。电子邮箱：mazx_leon@163.com。

统计资料篇

保税区（保税物流园区）

2019 年全国保税区经济指标统计情况表

指标	单位	合计		
		当年累计	增幅（%）	历年累计
增加值	万元	33 945 977	0.4	499 672 417
经营总收入	万元	316 146 150	1.4	3 531 393 152
其中：技术服务收入	万元	5 245 752	2.8	17 676 630
工业总产值	万元	32 245 608	-1.6	511 753 336
其中：高新技术产业	万元	8 985 776	-10.2	176 265 249
物流企业经营收入	万元	10 743 406	6.6	398 761 293
商品销售额	万元	274 554 420	0.9	2 813 179 804
企业利润总额	万元	10 351 312	-1.1	21 448 878
综合能源耗费量	吨标准煤	2 939 463	-1.0	6 532 504
新设企业数	个	7 685	-14.9	105 034
其中：加工企业	个	156	79.3	2 409
物流企业	个	244	-7.6	5 452
贸易企业	个	4 905	-19.7	68 892
其他服务类企业	个	1 538	-10.9	18 181
新设外资企业数	个	413	-39.2	15 767
内资企业注册资本	万元	7 816 045	62.7	166 664 132
合同利用外资	万美元	582 520	18.7	12 755 134
实际利用外资	万美元	246 715	0.7	3 112 784
已投产运作企业数	个	4 368	-31.9	38 126
其中：已投产加工企业	个	212	-3.6	1 300
已投产物流企业	个	428	-47.8	3 005
已投产贸易企业	个	1 972	-40.5	16 323
已投产其他服务类企业	个	1 081	3.9	9 824
其中：注册资本 1000 万美元以上	个	118	-24.4	609
固定资产投资额	万元	2 208 558	8.6	60 594 198
其中：基础设施投资	万元	293 010	35.6	9 243 840
已建成城镇建设用地面积	万平方米	135	-7.5	2 535
房屋竣工建筑面积	平方米	5 069 358	75.9	59 581 541
其中：已建成厂房面积	平方米	1 811 707	64.8	7 691 883
税务部门税收	万元	8 986 489	-1.4	94 470 304
期末从业人员	人	553 162	4.6	580 162
期末批准面积	平方公里	33.78	0.0	—
期末验收封关面积	平方公里	31.56	0.0	—
创新业态统计指标				
跨境电商企业数	个	580	8 185.7	580
业务票数	票	16 045 305	85 388.3	22 995 102
销售额	万元	296 030	70 551.6	430 117
融资租赁企业数	个	1 862	-0.6	1 862
租赁资产总额	万元	0	—	113 670 000
货物状态分类监管企业数	个	0	—	40
国内货物进出区货值	万元	0	—	0
一般纳税人资格试点企业数	个	0	—	0
试点企业内销金额	万元	0	—	0
试点企业增值税纳税额	万元	0	—	0

续表

指标	单位	天津港保税区		
		当年累计	增幅（%）	历年累计
增加值	万元	3 130 038	-20.4	156 718 551
经营总收入	万元	22 445 225	2.7	708 141 726
其中：技术服务收入	万元	87 854	-56.1	791 907
工业总产值	万元	3 855 253	-4.2	154 024 968
其中：高新技术产业	万元	301 520	-17.2	63 266 933
物流企业经营收入	万元	1 578 962	-4.4	65 352 651
商品销售额	万元	17 356 297	2.7	366 927 933
企业利润总额	万元	264 327	5.9	513 843
综合能源耗费量	吨标准煤	312 785	-20.6	706 791
新设企业数	个	647	8.0	8 714
其中：加工企业	个	5	150.0	199
物流企业	个	41	-8.9	893
贸易企业	个	456	5.1	5 544
其他服务类企业	个	143	36.2	1 522
新设外资企业数	个	17	325.0	739
内资企业注册资本	万元	376 119	-29.3	10 674 890
合同利用外资	万美元	23 010	342.0	426 996
实际利用外资	万美元	0	—	298 420
已投产运作企业数	个	365	-88.9	3 221
其中：已投产加工企业	个	1	-99.1	100
已投产物流企业	个	43	-92.3	562
已投产贸易企业	个	230	-88.5	1 949
已投产其他服务类企业	个	78	-85.2	520
其中：注册资本1000万美元以上	个	6	-94.9	108
固定资产投资额	万元	26 960	50.6	31 857 057
其中：基础设施投资	万元	5 400	-50.0	4 427 658
已建成城镇建设用地面积	万平方米	0	—	453
房屋竣工建筑面积	平方米	0	—	35 607 162
其中：已建成厂房面积	平方米	0	—	918 539
税务部门税收	万元	385 855	-13.8	14 733 188
期末从业人员	人	34 751	-6.9	34 751
期末批准面积	平方公里	5	0.0	5
期末验收封关面积	平方公里	5	0.0	5
创新业态统计指标				
跨境电商企业数	个	0	—	0
业务票数	票	0	—	6 904 068
销售额	万元	0	—	133 072
融资租赁企业数	个	0	—	0
租赁资产总额	万元	0	—	0
货物状态分类监管企业数	个	0	—	0
国内货物进出区货值	万元	0	—	0
一般纳税人资格试点企业数	个	0	—	0
试点企业内销金额	万元	0	—	0
试点企业增值税纳税额	万元	0	—	0

续表

指标	单位	大连保税区		
		当年累计	增幅（%）	历年累计
增加值	万元	0	—	0
经营总收入		0	—	0
其中：技术服务收入		0	—	0
工业总产值		0	—	84 161
其中：高新技术产业		0	—	0
物流企业经营收入		0	—	0
商品销售额		0	—	0
企业利润总额		0	—	0
综合能源耗费量	吨标准煤	0	—	7 163
新设企业数	个	2 097	-0.5	15 809
其中：加工企业		129	89.7	646
物流企业		54	5.9	579
贸易企业		730	-17.2	7 606
其他服务类企业		372	-9.3	1 044
新设外资企业数		0	—	0
内资企业注册资本	万元	0	—	0
合同利用外资	万美元	0	—	0
实际利用外资		0	—	0
已投产运作企业数	个	0	—	0
其中：已投产加工企业		0	—	0
已投产物流企业		0	—	0
已投产贸易企业		0	—	0
已投产其他服务类企业		0	—	0
其中：注册资本1000万美元以上		0	—	0
固定资产投资额	万元	0	—	0
其中：基础设施投资		0	—	0
已建成城镇建设用地面积	万平方米	0	—	0
房屋竣工建筑面积	平方米	0	—	0
其中：已建成厂房面积		0	—	0
税务部门税收	万元	32 719	-22.2	191 964
期末从业人员	人	0	—	0
期末批准面积	平方公里	1.95	—	1.95
期末验收封关面积		1.95	—	1.95
创新业态统计指标				
跨境电商企业数	个	0	—	0
业务票数	票	0	—	0
销售额	万元	0	—	0
融资租赁企业数	个	0	—	0
租赁资产总额	万元	0	—	0
货物状态分类监管企业数	个	0	—	0
国内货物进出区货值	万元	0	—	0
一般纳税人资格试点企业数	个	0	—	0
试点企业内销金额	万元	0	—	0
试点企业增值税纳税额		0	—	0

续表

指标	单位	上海外高桥保税区		
		当年累计	增幅（%）	历年累计
增加值	万元	21 222 100	4.1	244 116 500
经营总收入	万元	190 114 000	4.0	1 807 238 700
其中：技术服务收入	万元	2 699 900	9.6	11 832 100
工业总产值	万元	4 554 700	-3.5	108 209 624
其中：高新技术产业	万元	1 193 500	-6.9	17 752 200
物流企业经营收入	万元	2 804 800	4.0	273 807 300
商品销售额	万元	175 191 600	4.1	1 606 606 900
企业利润总额	万元	7 680 500	2.0	15 359 400
综合能源耗费量	吨标准煤	366 000	-1.5	530 500
新设企业数	个	1 118	-35.3	29 736
其中：加工企业	个	3	—	318
物流企业	个	61	-37.8	1 497
贸易企业	个	511	-39.0	14 752
其他服务类企业	个	543	-31.5	14 666
新设外资企业数	个	341	-39.5	10 192
内资企业注册资本	万元	1 794 780	-39.7	125 875 542
合同利用外资	万美元	457 350	13.6	10 013 768
实际利用外资	万美元	195 889	-10.3	1 537 889
已投产运作企业数	个	0	—	15 067
其中：已投产加工企业	个	0	—	292
已投产物流企业	个	0	—	698
已投产贸易企业	个	0	—	9 461
已投产其他服务类企业	个	0	—	5 373
其中：注册资本 1000 万美元以上	个	0	—	0
固定资产投资额	万元	300 100	10.9	7 020 400
其中：基础设施投资	万元	0	—	1 119 798
已建成城镇建设用地面积	万平方米	0	—	867
房屋竣工建筑面积	平方米	104 047	-2.2	8 391 432
其中：已建成厂房面积	平方米	0	—	0
税务部门税收	万元	6 507 229	-0.5	60 756 106
期末从业人员	人	278 540	-0.4	278 540
期末批准面积	平方公里	10	0.0	10
期末验收封关面积	平方公里	8.9	0.0	8.9
创新业态统计指标				
跨境电商企业数	个	12	71.4	12
业务票数	票	79 505	323.6	125 234
销售额	万元	1 830	336.8	2 845
融资租赁企业数	个	1 862	-0.6	1 862
租赁资产总额	万元	0	—	113 670 000
货物状态分类监管企业数	个	0	—	40
国内货物进出区货值	万元	0	—	0
一般纳税人资格试点企业数	个	0	—	0
试点企业内销金额	万元	0	—	0
试点企业增值税纳税额	万元	0	—	0

续表

指标	单位	张家港保税区		
		当年累计	增幅（%）	历年累计
增加值	万元	5 090 000	1.4	52 114 382
经营总收入	万元	58 683 822	-0.8	543 940 256
其中：技术服务收入	万元	2 062 439	-3.7	4 359 278
工业总产值	万元	10 455 968	-4.0	134 091 818
其中：高新技术产业	万元	1 892 031	-44.0	30 918 972
物流企业经营收入	万元	1 624 205	7.1	13 116 339
商品销售额	万元	56 749 037	-0.8	514 394 327
企业利润总额	万元	1 106 174	-24.8	2 944 429
综合能源耗费量	吨标准煤	1 949 429	3.2	4 609 067
新设企业数	个	1 168	-8.8	13 191
其中：加工企业	个	9	80.0	404
物流企业	个	63	8.6	791
贸易企业	个	712	-19.6	11 266
其他服务类企业	个	384	21.9	728
新设外资企业数	个	8	-33.3	684
内资企业注册资本	万元	1 164 386	31.9	13 598 308
合同利用外资	万美元	70 132	130.9	1 135 069
实际利用外资	万美元	21 001	19.8	634 137
已投产运作企业数	个	1 168	3.1	11 457
其中：已投产加工企业	个	8	60.0	380
已投产物流企业	个	63	12.5	514
已投产贸易企业	个	713	-10.1	1 599
已投产其他服务类企业	个	383	42.4	1 689
其中：注册资本1000万美元以上	个	21	-12.5	131
固定资产投资额	万元	798 333	-6.3	12 725 948
其中：基础设施投资	万元	114 411	-10.6	2 521 059
已建成城镇建设用地面积	万平方米	0	—	800
房屋竣工建筑面积	平方米	111 150	-57.9	3 578 067
其中：已建成厂房面积	平方米	76 489	-67.6	2 875 474
税务部门税收	万元	834 783	-10.6	8 063 885
期末从业人员	人	69 367	4.2	69 367
期末批准面积	平方公里	4.1	0.0	4.1
期末验收封关面积	平方公里	4.1	0.0	4.1
创新业态统计指标				
跨境电商企业数	个	0	—	0
业务票数	票	0	—	0
销售额	万元	0	—	0
融资租赁企业数	个	0	—	0
租赁资产总额	万元	0	—	0
货物状态分类监管企业数	个	0	—	0
国内货物进出区货值	万元	0	—	0
一般纳税人资格试点企业数	个	0	—	0
试点企业内销金额	万元	0	—	0
试点企业增值税纳税额	万元	0	—	0

续表

指标	单位	宁波保税区		
		当年累计	增幅（%）	历年累计
增加值	万元	1 956 446	2.0	22 898 255
经营总收入		19 828 728	3.9	282 399 513
其中：技术服务收入		0	—	0
工业总产值		3 276 213	0.3	59 966 114
其中：高新技术产业		2 819 925	13.8	45 375 965
物流企业经营收入		2 182 669	38.5	10 310 491
商品销售额		15 982 000	1.8	215 456 313
企业利润总额		474 005	-5.1	1 036 204
综合能源耗费量	吨标准煤	185 931	1.4	408 615
新设企业数	个	2 306	-23.7	19 468
其中：加工企业		0	—	337
物流企业		0	—	38
贸易企业		2 306	-22.8	19 267
其他服务类企业		0	—	0
新设外资企业数		34	-37.0	1 253
内资企业注册资本	万元	4 216 592	—	5 119 998
合同利用外资	万美元	9 834	-65.5	516 261
实际利用外资		4 934	-21.2	247 962
已投产运作企业数	个	0	—	0
其中：已投产加工企业		0	—	0
已投产物流企业		0	—	0
已投产贸易企业		0	—	0
已投产其他服务类企业		0	—	0
其中：注册资本1000万美元以上		0	—	0
固定资产投资额	万元	140 626	10.5	2 877 866
其中：基础设施投资		0	—	229 558
已建成城镇建设用地面积	万平方米	0	—	0
房屋竣工建筑面积	平方米	0	—	3 254 012
其中：已建成厂房面积		0	—	0
税务部门税收	万元	682 445	12.7	6 097 799
期末从业人员	人	31 013	-2.9	31 013
期末批准面积	平方公里	2.3	0.0	2.3
期末验收封关面积		2.3	0.0	2.3
创新业态统计指标				
跨境电商企业数	个	568	—	568
业务票数	票	15 965 800	—	15 965 800
销售额	万元	294 200	—	294 200
融资租赁企业数	个	0	—	0
租赁资产总额	万元	0	—	0
货物状态分类监管企业数	个	0	—	0
国内货物进出区货值	万元	0	—	0
一般纳税人资格试点企业数	个	0	—	0
试点企业内销金额	万元	0	—	0
试点企业增值税纳税额		0	—	0

续表

指标	单位	广州保税区		
		当年累计	增幅（%）	历年累计
增加值	万元	474 451	-4.3	5 650 576
经营总收入	万元	5 237 954	2.6	54 593 573
其中：技术服务收入	万元	0	—	0
工业总产值	万元	595 033	8.3	12 906 833
其中：高新技术产业	万元	200 784	-2.5	6 359 262
物流企业经营收入	万元	1 194 911	-4.2	9 911 328
商品销售额	万元	3 464 173	3.9	36 038 502
企业利润总额	万元	127 808	64.0	220 972
综合能源耗费量	吨标准煤	26 338	1.4	57 965
新设企业数	个	182	230.9	3 819
其中：加工企业	个	2	—	68
物流企业	个	2	—	84
贸易企业	个	146	4 766.7	2 617
其他服务类企业	个	32	—	54
新设外资企业数	个	3	0.0	803
内资企业注册资本	万元	104 400	2 921.7	159 908
合同利用外资	万美元	489	-64.5	116 889
实际利用外资	万美元	0	—	80 951
已投产运作企业数	个	1 504	43.9	4 434
其中：已投产加工企业	个	97	67.2	270
已投产物流企业	个	260	36.8	809
已投产贸易企业	个	536	6.1	1 960
已投产其他服务类企业	个	265	19.4	909
其中：注册资本1000万美元以上	个	0	—	0
固定资产投资额	万元	49 576	289.7	1 595 998
其中：基础设施投资	万元	0	—	127 099
已建成城镇建设用地面积	万平方米	0	—	0
房屋竣工建筑面积	平方米	0	—	0
其中：已建成厂房面积	平方米	0	—	0
税务部门税收	万元	113 733	25.5	1 723 283
期末从业人员	人	15 983	-9.9	15 983
期末批准面积	平方公里	1.4	0.0	1.4
期末验收封关面积	平方公里	1.4	0.0	1.4
创新业态统计指标				
跨境电商企业数	个	0	—	0
业务票数	票	0	—	0
销售额	万元	0	—	0
融资租赁企业数	个	0	—	0
租赁资产总额	万元	0	—	0
货物状态分类监管企业数	个	0	—	0
国内货物进出区货值	万元	0	—	0
一般纳税人资格试点企业数	个	0	—	0
试点企业内销金额	万元	0	—	0
试点企业增值税纳税额	万元	0	—	0

续表

指标	单位	珠海保税区		
		当年累计	增幅（%）	历年累计
增加值	万元	598 933	-1.8	4 981 687
经营总收入		2 929 691	10.2	33 391 254
其中：技术服务收入		0	—	0
工业总产值		1 841 917	8.8	18 677 851
其中：高新技术产业		1 599 772	12.6	8 661 059
物流企业经营收入		8 818	-31.8	13 026 934
商品销售额		927 815	14.0	10 195 119
企业利润总额		209 300	16.5	427 182
综合能源耗费量	吨标准煤	39 796	0.8	87 528
新设企业数	个	33	-28.3	1 366
其中：加工企业		0	-100.0	196
物流企业		7	75.0	187
贸易企业		15	-16.7	439
其他服务类企业		10	-52.4	31
新设外资企业数		8	-70.4	561
内资企业注册资本	万元	66 865	-52.3	207 063
合同利用外资	万美元	8 904	146.6	156 388
实际利用外资		12 038	769.8	109 739
已投产运作企业数	个	1 323	55.5	2 174
其中：已投产加工企业		106	—	184
已投产物流企业		60	—	86
已投产贸易企业		491	—	809
已投产其他服务类企业		351	—	663
其中：注册资本1000万美元以上		91	—	166
固定资产投资额	万元	604 977	18.5	2 364 402
其中：基础设施投资		56 010	9.3	327 485
已建成城镇建设用地面积	万平方米	0	—	0
房屋竣工建筑面积	平方米	0	—	101 799
其中：已建成厂房面积		0	—	0
税务部门税收	万元	174 615	-0.9	1 171 294
期末从业人员	人	19 347	-11.1	19 347
期末批准面积	平方公里	3	0.0	3
期末验收封关面积		3	0.0	3
创新业态统计指标				
跨境电商企业数	个	0	—	0
业务票数	票	0	—	0
销售额	万元	0	—	0
融资租赁企业数	个	0	—	0
租赁资产总额	万元	0	—	0
货物状态分类监管企业数	个	0	—	0
国内货物进出区货值	万元	0	—	0
一般纳税人资格试点企业数	个	0	—	0
试点企业内销金额	万元	0	—	0
试点企业增值税纳税额		0	—	0

续表

指标	单位	汕头保税区		
		当年累计	增幅（%）	历年累计
增加值	万元	267 267	6.6	3 684 998
经营总收入	万元	793 815	10.1	7 553 497
其中：技术服务收入	万元	0	—	0
工业总产值	万元	522 738	5.8	6 335 201
其中：高新技术产业	万元	395 032	20.6	2 569 216
物流企业经营收入	万元	40 796	-3.3	1 107 209
商品销售额	万元	257 169	15.1	1 850 205
企业利润总额	万元	25 264	49.9	42 119
综合能源耗费量	吨标准煤	21 395	-5.6	44 055
新设企业数	个	45	-18.2	463
其中：加工企业	个	8	-20.0	151
物流企业	个	15	87.5	56
贸易企业	个	7	-36.4	186
其他服务类企业	个	15	-40.0	40
新设外资企业数	个	1	-50.0	205
内资企业注册资本	万元	41 672	-1.3	526 851
合同利用外资	万美元	782	-70.4	37 633
实际利用外资	万美元	42	-68.9	26 394
已投产运作企业数	个	1	-98.9	94
其中：已投产加工企业	个	0	-100.0	44
已投产物流企业	个	0	-100.0	14
已投产贸易企业	个	0	-100.0	17
已投产其他服务类企业	个	1	-94.4	19
其中：注册资本 1000 万美元以上	个	0	-100.0	15
固定资产投资额	万元	109 094	20.9	869 719
其中：基础设施投资	万元	3 430	-8.1	125 547
已建成城镇建设用地面积	万平方米	0	-100.0	145
房屋竣工建筑面积	平方米	54 161	-51.4	1 448 069
其中：已建成厂房面积	平方米	39 218	163.8	1 353 870
税务部门税收	万元	21 110	-12.5	232 827
期末从业人员	人	4 171	0.0	4 171
期末批准面积	平方公里	2.25	0.0	2.25
期末验收封关面积	平方公里	2.25	0.0	2.25
创新业态统计指标				
跨境电商企业数	个	0	—	0
业务票数	票	0	—	0
销售额	万元	0	—	0
融资租赁企业数	个	0	—	0
租赁资产总额	万元	0	—	0
货物状态分类监管企业数	个	0	—	0
国内货物进出区货值	万元	0	—	0
一般纳税人资格试点企业数	个	0	—	0
试点企业内销金额	万元	0	—	0
试点企业增值税纳税额	万元	0	—	0

续表

指标	单位	福田保税区		
		当年累计	增幅（%）	历年累计
增加值	万元	1 206 742	1.1	2 399 780
经营总收入	万元	16 112 915	-20.5	36 385 790
其中：技术服务收入	万元	395 559	32.8	693 345
工业总产值	万元	7 140 486	1.1	14 199 885
其中：高新技术产业	万元	583 212	5.3	1 137 315
物流企业经营收入	万元	1 308 245	-2.0	2 642 915
商品销售额	万元	4 626 329	-51.7	14 213 469
企业利润总额	万元	463 934	5.2	904 729
综合能源耗费量	吨标准煤	37 789	-12.2	80 820
新设企业数	个	89	-32.1	220
其中：加工企业	个	0	—	1
物流企业	个	1	—	8
贸易企业	个	22	-53.2	69
其他服务类企业	个	39	-31.6	96
新设外资企业数	个	1	-92.3	14
内资企业注册资本	万元	51 231	-77.2	10 501 572
合同利用外资	万美元	12 019	-26.0	125 985
实际利用外资	万美元	12 811	809.2	76 763
已投产运作企业数	个	7	16.7	1 679
其中：已投产加工企业	个	0	—	30
已投产物流企业	个	2	—	322
已投产贸易企业	个	2	100.0	528
已投产其他服务类企业	个	3	-25.0	651
其中：注册资本1000万美元以上	个	0	—	189
固定资产投资额	万元	178 892	17.4	331 312
其中：基础设施投资	万元	113 739	408.6	136 102
已建成城镇建设用地面积	万平方米	135	0.0	270
房屋竣工建筑面积	平方米	4 800 000	100.0	7 200 000
其中：已建成厂房面积	平方米	1 696 000	100.0	2 544 000
税务部门税收	万元	234 000	-6.6	484 571
期末从业人员	人	99 990	43.6	99 990
期末批准面积	平方公里	1.35	—	1.35
期末验收封关面积	平方公里	1.35	—	1.35
创新业态统计指标				
跨境电商企业数	个	0	—	0
业务票数	票	0	—	0
销售额	万元	0	—	0
融资租赁企业数	个	0	—	0
租赁资产总额	万元	0	—	0
货物状态分类监管企业数	个	0	—	0
国内货物进出区货值	万元	0	—	0
一般纳税人资格试点企业数	个	0	—	0
试点企业内销金额	万元	0	—	0
试点企业增值税纳税额	万元	0	—	0

备注：全国保税区期末批准面积、期末验收封关面积的合计数据包括福州保税区和厦门象屿保税区在内。

上海外高桥保税区统计数据表①

（1）2019年上海外高桥保税区主要经济指标完成情况表

指标名称	计量单位	2019年	比上年增长（%）
经营总收入	亿元	19 011.40	4.0
工业总产值	亿元	455.47	-3.5
物流企业经营收入	亿元	280.48	4.0
商品销售额	亿元	17 519.16	4.1
企业利润总额	亿元	768.05	2.0
新设企业数	个	1 118	-35.3
其中：加工企业	个	3	—
物流企业	个	61	-37.8
贸易企业	个	511	-39.0
其他服务类企业	个	543	-31.5
新设外资企业数	个	341	-39.5
内资企业注册资本	亿元	179.48	-39.7
合同利用外资	亿美元	45.74	13.6
实际利用外资	亿美元	19.52	-10.4
税务部门税收	亿元	650.72	-0.5
固定资产投资额	亿元	30.01	10.9
期末已建成城镇建设用地面积	万平方米	867	—
期末从业人员	万人	27.85	-0.4
期末批准面积	平方公里	10	0.0
期末验收封关面积	平方公里	8.9	0.0

（2）截至2019年上海外高桥保税区历年招商引资情况表

指标	单位	历年累计
期末工商在册企业数	个	29 736
其中：外资企业数	个	10 192
内资企业注册资本	亿元	12 587.55
合同利用外资	亿美元	1 001.38

① 含上海外高桥保税物流园区数据。

（3）2019 年上海外高桥保税区工业产值排名表

单位：亿元

序号	行业类别	工业总产值	比重（%）	序号	行业类别	工业总产值	比重（%）
	合计	455.47	100.0	8	金属制品业	8.92	2.0
1	计算机、通信和其他电子设备制造业	194.31	42.7	9	有色金属冶炼和压延加工业	5.97	1.3
2	汽车制造业	83.88	18.4	10	非金属矿物制品业	4.83	1.1
3	化学原料和化学制品制造业	48.54	10.7	11	家具制造业	4.49	1.0
4	通用设备制造业	37.48	8.2	12	电气机械和器材制造业	4.46	1.0
5	专用设备制造业	19.81	4.3	13	电力、热力生产和供应业	3.96	0.9
6	橡胶和塑料制品业	18.85	4.1	14	铁路、船舶、航空航天和其他运输设备制造业	3.59	0.8
7	仪器仪表制造业	16.23	3.6	15	金属制品、机械和设备修理业	1.50	0.3

（4）2019 年上海外高桥保税区商品销售额排名表

单位：亿元

序号	行业类别	商品销售额	比重（%）	序号	行业类别	商品销售额	比重（%）
	合计	17 519.16	100.0	5	食品、饮料及烟草制品批发	792.61	4.5
1	机械设备、五金交电及电子产品批发	9 114.35	52.0	6	农畜产品批发	271.70	1.5
2	矿产品、建材及化工产品批发	4 126.88	23.6	7	文化、体育用品及器材批发	175.17	1.0
3	医药及医疗器材批发	1 865.85	10.7	8	其他产品批发	115.27	0.7
4	服装、纺织及日用品批发	1 057.33	6.0				

广州保税区统计数据表

（1）2019年广州保税区主要经济指标完成情况表

指标名称	计量单位	2019年	比上年增长（%）
增加值	万元	474 451	-4.3
经营总收入	万元	5 237 954	2.6
技术服务收入	万元	0	0.0
工业总产值	万元	595 033	8.3
其中：高新技术产业	万元	200 784	-2.5
物流企业经营收入	万元	1 194 911	-4.2
商品销售额	万元	3 464 173	3.9
企业利润总额	万元	127 808	64.0
综合能源耗费量	吨标准煤	26 338	1.4
新设企业数	个	182	230.9
其中：加工企业	个	2	—
物流企业	个	2	—
贸易企业	个	146	4 766.7
其他服务类企业	个	32	—
新设外资企业数	个	3	0.0
内资企业注册资本	万元	104 400	2 921.7
合同利用外资	万美元	489	-64.5
实际利用外资	万美元	0	—
期末已投产运作企业数	个	1 504	43.9
其中：已投产加工企业	个	97	67.2
已投产物流企业	个	260	36.8
已投产贸易企业	个	536	6.1
已投产其他服务类企业	个	265	19.4
其中：注册资本1 000万美元以上	个	0	—
固定资产投资额	万元	49 576	289.7
其中：基础设施投资	万元	0	—
期末已建成城镇建设用地面积	万平方米	0	—
房屋竣工建筑面积	平方米	0	—
其中：已建成厂房面积	平方米	0	—
税务部门税收	万元	113 733	25.5
期末从业人员	人	15 983	-9.9
期末批准面积	平方公里	1.4	0.0
期末验收封关面积	平方公里	1.4	0.0

（2）-1 截至2019年广州保税区历年招商引资情况表

指标	单位	历年累计
工商在册企业数	个	3 819
其中：外资企业数	个	803
内资企业注册资本	万元	159 908
合同利用外资	万美元	116 889
实际利用外资	万美元	80 951

（2）-2 截至2019年广州保税区历年主要外商投资情况表

按项目数排列			按注册资本排列		
序号	国别（地区）	项目数（个）	序号	国别（地区）	注册资本（万美元）
1	中国香港	168	1	中国香港	33 966
2	英属维尔京群岛	32	2	英属维尔京群岛	19 919
3	日本	26	3	巴巴多斯	5 640
4	中国台湾	19	4	开曼群岛	4 721
5	美国	15	5	日本	3 615
6	新加坡	10	6	塞浦路斯	2 999
7	韩国	7	7	美国	1 928
8	马来西亚	7	8	马来西亚	1 845
9	开曼群岛	5	9	澳大利亚	1 468
10	德国	5	10	荷兰	1 282

（3）2019年广州保税区出口加工企业工业产值排名表

单位：万元

序号	企业名称	序号	企业名称
1	广上科技（广州）有限公司	10	广州卓德嘉薄膜有限公司
2	广合科技（广州）有限公司	11	卡尔蔡司（广州）太阳镜片有限公司
3	广州安通林灯具有限公司	12	广州飞虹微电子有限公司
4	海瑞克（广州）隧道设备有限公司	13	广州鸿森材料有限公司
5	盛势达（广州）化工有限公司	14	广东科玮生物技术股份有限公司
6	卡尔蔡司光学科技（广州）有限公司	15	广州利时德控制拉索有限公司
7	广天科技（广州）有限公司	16	广州融达电源材料有限公司
8	费森尤斯卡比（广州）医疗用品有限公司	17	广州飞虹友益电子科技有限公司
9	广州华微电子有限公司		

（4）2019 年广州保税区贸易企业商品销售额排名表

单位：万元

序号	企业名称	序号	企业名称
1	广州市国美电器有限公司	16	广州津渝兴贸易有限公司
2	丰田通商（广州）有限公司	17	旭化成塑料（广州）有限公司
3	安利（中国）电子商务有限公司	18	邓禄普轮胎销售（广州）有限公司
4	广州伊藤忠商事有限公司	19	广州宝力机械科技有限公司
5	广州住友商事有限公司	20	广州保税区怡壮贸易有限公司
6	广州中储国际贸易有限公司	21	保世高（广州）贸易有限公司
7	广州保税区中油中穗石油化工有限公司	22	广州阪和贸易有限公司
8	广州佳杰科技有限公司	23	广州迪爱生贸易有限公司
9	广州菱宝工程塑料贸易有限公司	24	佳集（广州）贸易有限公司
10	广州稻畑产业贸易有限公司	25	旭尚工（广州）贸易有限公司
11	广州日产国际贸易有限公司	26	富昱（广州）贸易有限公司
12	爱思开综合化学国际贸易（广州）有限公司	27	广州保税区卓兴金属废品回收有限公司
13	广州冈谷钢机贸易有限公司	28	广州骏佳广保丰田汽车销售服务有限公司
14	创菱（广州）贸易有限公司	29	川崎三兴化成（广州）国际贸易有限公司
15	广州宏协贸易有限公司	30	三华合成（广州）塑胶有限公司

2019 年全国保税物流园区经济指标统计情况表

指标	单位	合计		
		当年累计	增幅（%）	历年累计
增加值	万元	50 779	-21.0	847 822
经营总收入	万元	490 693	-3.0	6 652 666
其中：技术服务收入	万元	2 937	-4.3	51 349
工业总产值	万元	0	—	0
其中：高新技术产业	万元	0	—	0
物流企业经营收入	万元	147 130	-10.7	1 132 697
商品销售额	万元	363 381	1.1	746 192
企业利润总额	万元	5 082	-63.8	19 119
综合能源耗费量	吨标准煤	1 328	46.3	4 553
新设企业数	个	12	140.0	323
其中：加工企业	个	0	—	3
物流企业	个	2	—	112
贸易企业	个	4	100.0	124
其他服务类企业	个	4	33.3	56
新设外资企业数	个	2	—	51
内资企业注册资本	万元	5 550	15.6	221 782
合同利用外资	万美元	50	—	48 640
实际利用外资	万美元	665	1 230.0	6 556
已投产运作企业数	个	4	100.0	254
其中：已投产加工企业	个	0	—	3
已投产物流企业	个	0	-100.0	97
已投产贸易企业	个	1	—	105
已投产其他服务类企业	个	2	100.0	42
其中：注册资本 1000 万美元以上	个	0	—	10
固定资产投资额	万元	3 600	-87.0	448 967
其中：基础设施投资	万元	0	—	162 552
已建成城镇建设用地面积	万平方米	0	—	141
房屋竣工建筑面积	平方米	0	—	510 093
其中：已建成厂房面积	平方米	0	—	0
税务部门税收	万元	12 419	-2.9	413 832
期末从业人员	人	1 590	-24.6	3 190
期末批准面积	平方公里	3.23	0.0	3.23
期末验收封关面积	平方公里	1.93	0.0	1.93

续表

指标	单位	上海外高桥保税物流园区		
		当年累计	增幅（%）	历年累计
增加值	万元	24 959	-21.6	280 473
经营总收入	万元	199 000	0.2	3 533 988
其中：技术服务收入	万元	0	—	0
工业总产值	万元	0	—	0
其中：高新技术产业	万元	0	—	0
物流企业经营收入	万元	86 500	-5.3	185 500
商品销售额	万元	111 300	6.2	239 400
企业利润总额	万元	3 806	-67.8	15 500
综合能源耗费量	吨标准煤	0	—	0
新设企业数	个	2	0.0	48
其中：加工企业	个	0	—	1
物流企业	个	1	—	25
贸易企业	个	1	—	12
其他服务类企业	个	0	-100.0	10
新设外资企业数	个	1	—	20
内资企业注册资本	万元	1 000	-71.4	64 007
合同利用外资	万美元	50	—	33 350
实际利用外资	万美元	665	1 230.0	665
已投产运作企业数	个	0	—	42
其中：已投产加工企业	个	0	—	0
已投产物流企业	个	0	—	25
已投产贸易企业	个	0	—	10
已投产其他服务类企业	个	0	—	7
其中：注册资本 1000 万美元以上	个	0	—	0
固定资产投资额	万元	3 600	-87.0	349 926
其中：基础设施投资	万元	0	—	129 643
已建成城镇建设用地面积	万平方米	0	—	95
房屋竣工建筑面积	平方米	0	—	117 200
其中：已建成厂房面积	平方米	0	—	0
税务部门税收	万元	7 078	37.5	61 431
期末从业人员	人	784	-3.7	784
期末批准面积	平方公里	1.03	0.0	1.03
期末验收封关面积	平方公里	1.03	0.0	1.03

续表

指标	单位	天津保税物流园区		
		当年累计	增幅（%）	历年累计
增加值	万元	25 820	-20.4	349 944
经营总收入	万元	291 693	-5.0	2 681 698
其中：技术服务收入	万元	2 937	-4.3	51 349
工业总产值	万元	0	—	0
其中：高新技术产业	万元	0	—	0
物流企业经营收入	万元	60 630	-17.8	947 197
商品销售额	万元	252 081	-1.0	506 792
企业利润总额	万元	1 282	-45.1	3 619
综合能源耗费量	吨标准煤	1 328	46.3	4 553
新设企业数	个	10	233.3	205
其中：加工企业	个	0	—	2
物流企业	个	1	—	47
贸易企业	个	3	50.0	110
其他服务类企业	个	4	300.0	46
新设外资企业数	个	1	—	18
内资企业注册资本	万元	4 550	250.0	157 775
合同利用外资	万美元	0	—	13 885
实际利用外资	万美元	0	—	5 441
已投产运作企业数	个	4	100.0	212
其中：已投产加工企业	个	0	—	3
已投产物流企业	个	0	-100.0	72
已投产贸易企业	个	1	—	95
已投产其他服务类企业	个	2	100.0	35
其中：注册资本 1000 万美元以上	个	0	—	10
固定资产投资额	万元	0	—	23 641
其中：基础设施投资	万元	0	—	2 909
已建成城镇建设用地面积	万平方米	0	—	46
房屋竣工建筑面积	平方米	0	—	362 893
其中：已建成厂房面积	平方米	0	—	0
税务部门税收	万元	5 341	-30.1	325 546
期末从业人员	人	806	-37.5	806
期末批准面积	平方公里	1.5	0.0	1.5
期末验收封关面积	平方公里	0.6	30.4	0.6

备注：全国保税物流园区期末批准面积、期末验收封关面积的合计数据包括厦门象屿保税物流园区在内。

上海外高桥保税物流园区统计数据表

（1）2019年上海外高桥保税物流园区主要经济指标完成情况表

指标名称	计量单位	2019年	比上年增长（%）
经营总收入	亿元	19.90	持平
物流企业经营收入	亿元	8.65	-5.3
商品销售额	亿元	11.13	6.2
企业利润总额	万元	3 806	-67.8
新设企业数	个	2	0.0
其中：加工企业	个	0	—
物流企业	个	1	—
贸易企业	个	1	—
其他服务类	个	0	—
新设外资企业数	个	1	—
内资企业注册资本	万元	1 000	-71.4
实际利用外资	万美元	665	12.3倍
税务部门税收	万元	7 078	37.5
固定资产投资额	万元	3 600	-87.0
期末已建成城镇建设用地面积	万平方米	95	0.0
期末从业人员	人	784	-3.7
期末批准面积	平方公里	1.03	0.0
期末验收封关面积	平方公里	1.03	0.0

（2）截至2019年上海外高桥保税物流园区历年招商引资情况表

指标	单位	历年累计
期末工商在册企业数（不计分支机构）	个	48
其中：外资企业数	个	20
内资企业注册资本	万元	64 007

出口加工区

2019年全国出口加工区经济指标统计情况表

指标	单位	合计		
		当年累计	增幅（%）	历年累计
增加值	万元	2 797 725	2.7	44 333 808
经营总收入	万元	43 041 429	-7.3	594 431 858
其中：技术服务收入	万元	24 074	-55.0	6 103 667
工业总产值	万元	44 172 713	-16.8	611 309 945
其中：高新技术产业	万元	9 456 807	-1.4	164 491 085
物流企业经营收入	万元	301 704	16.2	2 157 682.5
商品销售额	万元	3 031 098	26.2	9 102 208
企业利润总额	万元	614 607	0.3	13 459 618
综合能源耗费量	吨标准煤	495 317	0.4	5 175 727
新设企业数	个	340	17.2	2 526
其中：加工企业	个	32	60.0	835
物流企业	个	23	0.0	716
贸易企业	个	105	101.9	159
其他服务类企业	个	66	-43.6	190
新设外资企业数	个	16	-20.0	683
内资企业注册资本	万元	516 042	102.1	1 535 725
合同利用外资	万美元	227 689	1 404.9	1 277 242
实际利用外资	万美元	16 941	-25.0	822 612
已投产运作企业数	个	185	12.8	1 628
其中：已投产加工企业	个	25	-71.6	849
已投产物流企业	个	48	-21.3	490
已投产贸易企业	个	31	520.0	120
已投产其他服务类企业	个	11	10.0	23
其中：注册资本1000万美元以上	个	26	-21.2	114
固定资产投资额	万元	547 617	11.3	13 780 900
其中：基础设施投资	万元	100 812	108.6	2 072 276
已建成城镇建设用地面积	万平方米	204	-31.8	472
房屋竣工建筑面积	平方米	219 457	-87.7	14 330 408
其中：已建成厂房面积	平方米	208 000	-88.3	13 496 416
税务部门税收	万元	373 974	13.1	3 049 712
期末从业人员	人	197 183	-2.4	197 183
期末批准面积	平方公里	65.987	—	65.987
期末验收封关面积	平方公里	44.506	—	44.506
创新业态统计指标				
跨境电商企业数	个	147	-5.8	147
业务票数	票	103 081 252	-2.8	206 698 501
销售额	万元	2 013 027	5.2	3 935 964
融资租赁企业数	个	2	100.0	2
租赁资产总额	万元	0	—	69
货物状态分类监管企业数	个	24	500.0	24
国内货物进出区货值	万元	1 930 551	61.2	3 094 786
一般纳税人资格试点企业数	个	23	35.3	23
试点企业内销金额	万元	96 210	12.1	182 041
试点企业增值税纳税额	万元	19 626	215.2	26 046

续表

指标	单位	天津出口加工区		
		当年累计	增幅（%）	历年累计
增加值	万元	2 772	-39.6	30 109
经营总收入	万元	63 933	-39.6	958 165
其中：技术服务收入	万元	1 020	273.6	1 293
工业总产值	万元	30 709	-25.6	4 241 646
其中：高新技术产业	万元	135	—	134 812
物流企业经营收入	万元	5 562	376.2	9 777
商品销售额	万元	0	—	0
企业利润总额	万元	-17 570	—	267 281
综合能源耗费量	吨标准煤	4 570	-22.5	69 420
新设企业数	个	1	—	34
其中：加工企业	个	0	—	20
物流企业	个	1	—	15
贸易企业	个	0	—	0
其他服务类企业	个	0	—	0
新设外资企业数	个	0	—	13
内资企业注册资本	万元	0	—	0
合同利用外资	万美元	0	—	9 697
实际利用外资	万美元	0	—	9 847
已投产运作企业数	个	12	—	43
其中：已投产加工企业	个	5	—	24
已投产物流企业	个	6	—	18
已投产贸易企业	个	0	—	0
已投产其他服务类企业	个	1	—	1
其中：注册资本 1000 万美元以上	个	3	—	3
固定资产投资额	万元	157	—	94 603
其中：基础设施投资	万元	0	—	12 076
已建成城镇建设用地面积	万平方米	106	—	106
房屋竣工建筑面积	平方米	43	—	255 922
其中：已建成厂房面积	平方米	0	—	231 979
税务部门税收	万元	797	2 471.0	42 939
期末从业人员	人	1 161	-77.3	1 161
期末批准面积	平方公里	1.06	-58.3	1.06
期末验收封关面积	平方公里	1.06	-25.9	1.06
创新业态统计指标				
跨境电商企业数	个	0	—	0
业务票数	票	0	—	0
销售额	万元	0	—	0
融资租赁企业数	个	0	—	0
租赁资产总额	万元	0	—	0
货物状态分类监管企业数	个	3	—	3
国内货物进出区货值	万元	124 679	—	124 679
一般纳税人资格试点企业数	个	0	—	0
试点企业内销金额	万元	0	—	0
试点企业增值税纳税额	万元	0	—	0

续表

指标	单位	河北秦皇岛出口加工区		
		当年累计	增幅（%）	历年累计
增加值	万元	2 851	-43.8	47 230
经营总收入	万元	9 860	-35.2	176 411
其中：技术服务收入	万元	0	—	0
工业总产值	万元	9 034	-38.4	174 715
其中：高新技术产业	万元	0	—	0
物流企业经营收入	万元	826	48.8	1 725
商品销售额	万元	9 034	-38.4	23 689
企业利润总额	万元	44	-97.0	4 417
综合能源耗费量	吨标准煤	1 405	27.7	16 358
新设企业数	个	0	-100.0	24
其中：加工企业	个	0	—	13
物流企业	个	0	—	11
贸易企业	个	0	—	0
其他服务类企业	个	0	—	0
新设外资企业数	个	0	—	6
内资企业注册资本	万元	0	—	200
合同利用外资	万美元	0	—	706
实际利用外资	万美元	0	—	508
已投产运作企业数	个	0	—	14
其中：已投产加工企业	个	0	—	8
已投产物流企业	个	0	—	6
已投产贸易企业	个	0	—	0
已投产其他服务类企业	个	0	—	0
其中：注册资本1000万美元以上	个	0	—	0
固定资产投资额	万元	1 700	0.0	36 323
其中：基础设施投资	万元	800	700.0	28 900
已建成城镇建设用地面积	万平方米	67	—	67
房屋竣工建筑面积	平方米	0	—	133 366
其中：已建成厂房面积	平方米	0	—	125 998
税务部门税收	万元	107	-55.8	1 381
期末从业人员	人	750	-16.3	750
期末批准面积	平方公里	2.5	0.0	2.5
期末验收封关面积	平方公里	0.67	0.0	0.67
创新业态统计指标				
跨境电商企业数	个	0	—	0
业务票数	票	0	—	0
销售额	万元	0	—	0
融资租赁企业数	个	0	—	0
租赁资产总额	万元	0	—	0
货物状态分类监管企业数	个	0	—	0
国内货物进出区货值	万元	0	—	0
一般纳税人资格试点企业数	个	0	—	0
试点企业内销金额	万元	0	—	0
试点企业增值税纳税额	万元	0	—	0

续表

指标	单位	河北廊坊出口加工区		
		当年累计	增幅（%）	历年累计
增加值	万元	440	20.9	21 596
经营总收入	万元	13 913	-2.8	187 807
其中：技术服务收入	万元	0	—	3
工业总产值	万元	13 891	14.7	188 812
其中：高新技术产业	万元	0	—	62 334
物流企业经营收入	万元	2	—	948
商品销售额	万元	4 761	—	4 761
企业利润总额	万元	115	88.5	-209
综合能源耗费量	吨标准煤	7	-12.5	6 967
新设企业数	个	11	450.0	17
其中：加工企业	个	0	—	2
物流企业	个	1	-50.0	5
贸易企业	个	4	—	4
其他服务类企业	个	0	—	0
新设外资企业数	个	0	-100.0	4
内资企业注册资本	万元	5 650	5 550.0	5 750
合同利用外资	万美元	0	-100.0	6 262
实际利用外资	万美元	0	-100.0	3 009
已投产运作企业数	个	1	0.0	6
其中：已投产加工企业	个	0	—	2
已投产物流企业	个	0	-100.0	3
已投产贸易企业	个	0	—	0
已投产其他服务类企业	个	0	—	0
其中：注册资本 1000 万美元以上	个	1	—	1
固定资产投资额	万元	880	-97.4	27 212
其中：基础设施投资	万元	0	-100.0	19 420
已建成城镇建设用地面积	万平方米	0	-100.0	31
房屋竣工建筑面积	平方米	170 000	—	202 882
其中：已建成厂房面积	平方米	170 000	—	198 090
税务部门税收	万元	762	-3.5	1 636
期末从业人员	人	50	4.2	50
期末批准面积	平方公里	0.5	0.0	0.5
期末验收封关面积	平方公里	0.49	0.0	0.49
创新业态统计指标				
跨境电商企业数	个	0	—	0
业务票数	票	0	—	0
销售额	万元	0	—	0
融资租赁企业数	个	0	—	0
租赁资产总额	万元	0	—	0
货物状态分类监管企业数	个	0	—	0
国内货物进出区货值	万元	0	—	0
一般纳税人资格试点企业数	个	0	—	0
试点企业内销金额	万元	0	—	0
试点企业增值税纳税额	万元	0	—	0

续表

指标	单位	内蒙古呼和浩特出口加工区		
		当年累计	增幅（%）	历年累计
增加值	万元	1 814	23.2	168 020
经营总收入	万元	11 822	1.6	225 689
其中：技术服务收入	万元	0	—	0
工业总产值	万元	7 373	23.1	506 932
其中：高新技术产业	万元	0	—	32 413
物流企业经营收入	万元	247	52.5	581
商品销售额	万元	258	-95.2	5 579
企业利润总额	万元	-882	—	-293
综合能源耗费量	吨标准煤	931	-29.8	61 689
新设企业数	个	0	—	29
其中：加工企业	个	0	—	5
物流企业	个	0	—	3
贸易企业	个	0	—	0
其他服务类企业	个	0	—	0
新设外资企业数	个	0	—	3
内资企业注册资本	万元	0	—	0
合同利用外资	万美元	0	—	2 080
实际利用外资	万美元	0	—	2 393
已投产运作企业数	个	0	—	7
其中：已投产加工企业	个	0	—	4
已投产物流企业	个	0	—	1
已投产贸易企业	个	0	—	0
已投产其他服务类企业	个	0	—	0
其中：注册资本1000万美元以上	个	0	—	0
固定资产投资额	万元	3 880	—	107 519
其中：基础设施投资	万元	0	—	53 731
已建成城镇建设用地面积	万平方米	0	—	0
房屋竣工建筑面积	平方米	0	—	68 639
其中：已建成厂房面积	平方米	0	—	52 787
税务部门税收	万元	172	-29.2	2 824
期末从业人员	人	450	-1.1	450
期末批准面积	平方公里	0.88	-60.2	0.88
期末验收封关面积	平方公里	0.88	-15.4	0.88
创新业态统计指标				
跨境电商企业数	个	0	—	0
业务票数	票	0	—	0
销售额	万元	0	—	0
融资租赁企业数	个	0	—	0
租赁资产总额	万元	0	—	0
货物状态分类监管企业数	个	0	—	0
国内货物进出区货值	万元	0	—	0
一般纳税人资格试点企业数	个	0	—	0
试点企业内销金额	万元	0	—	0
试点企业增值税纳税额	万元	0	—	0

续表

指标	单位	大连出口加工区A区		
		当年累计	增幅（%）	历年累计
增加值	万元	0	—	1 722 054
经营总收入		0	—	6 326 034
其中：技术服务收入		0	—	0
工业总产值		0	—	6 478 306
其中：高新技术产业		0	—	95 702
物流企业经营收入		0	—	13 503
商品销售额		0	—	0
企业利润总额		0	—	205 721
综合能源耗费量	吨标准煤	0	—	115 371
新设企业数	个	0	-100.0	106
其中：加工企业		0	—	58
物流企业		0	—	7
贸易企业		0	-100.0	1
其他服务类企业		0	—	2
新设外资企业数		0	—	69
内资企业注册资本	万元	0	—	0
合同利用外资	万美元	0	—	53 681
实际利用外资		0	—	47 126
已投产运作企业数	个	0	—	67
其中：已投产加工企业		0	—	65
已投产物流企业		0	—	2
已投产贸易企业		0	—	0
已投产其他服务类企业		0	—	0
其中：注册资本1000万美元以上		0	—	0
固定资产投资额	万元	0	—	1 169 021
其中：基础设施投资		0	—	77 715
已建成城镇建设用地面积	万平方米	0	—	0
房屋竣工建筑面积	平方米	0	—	664 310
其中：已建成厂房面积		0	—	642 060
税务部门税收	万元	1 326	71.5	88 405
期末从业人员	人	0	—	0
期末批准面积	平方公里	1.5	0.0	1.5
期末验收封关面积		1.5	0.0	1.5
创新业态统计指标				
跨境电商企业数	个	0	—	0
业务票数	票	0	—	0
销售额	万元	0	—	0
融资租赁企业数	个	0	—	0
租赁资产总额	万元	0	—	0
货物状态分类监管企业数	个	0	—	0
国内货物进出区货值	万元	0	—	0
一般纳税人资格试点企业数	个	0	—	0
试点企业内销金额	万元	0	—	0
试点企业增值税纳税额		0	—	0

续表

指标	单位	上海漕河泾出口加工区		
		当年累计	增幅（%）	历年累计
增加值	万元	0	—	1 518 343
经营总收入	万元	3 562 951	-5.3	82 502 083
其中：技术服务收入	万元	0	—	0
工业总产值	万元	3 613 934	-5.7	82 986 315
其中：高新技术产业	万元	3 213 108	-15.5	48 922 141
物流企业经营收入	万元	4 662	-6.3	20 566
商品销售额	万元	30	—	30
企业利润总额	万元	25 643	-14.9	523 261
综合能源耗费量	吨标准煤	49 049	-10.1	687 025
新设企业数	个	0	—	32
其中：加工企业	个	0	—	16
物流企业	个	0	—	4
贸易企业	个	0	—	0
其他服务类企业	个	0	—	0
新设外资企业数	个	0	—	15
内资企业注册资本	万元	0	—	0
合同利用外资	万美元	0	—	25 163
实际利用外资	万美元	0	—	25 198
已投产运作企业数	个	0	—	12
其中：已投产加工企业	个	0	—	12
已投产物流企业	个	0	—	0
已投产贸易企业	个	0	—	0
已投产其他服务类企业	个	0	—	0
其中：注册资本1000万美元以上	个	0	—	0
固定资产投资额	万元	0	—	370 074
其中：基础设施投资	万元	0	—	236 051
已建成城镇建设用地面积	万平方米	0	—	0
房屋竣工建筑面积	平方米	0	—	581 700
其中：已建成厂房面积	平方米	0	—	581 700
税务部门税收	万元	14 874	-39.0	245 290
期末从业人员	人	26 607	-3.3	26 607
期末批准面积	平方公里	0.807	-73.1	0.807
期末验收封关面积	平方公里	0.807	-10.3	0.807
创新业态统计指标				
跨境电商企业数	个	0	-100.0	0
业务票数	票	1 712	769.0	1 909
销售额	万元	30	—	30
融资租赁企业数	个	0	—	0
租赁资产总额	万元	0	—	0
货物状态分类监管企业数	个	2	0.0	2
国内货物进出区货值	万元	266	—	266
一般纳税人资格试点企业数	个	0	—	0
试点企业内销金额	万元	0	—	0
试点企业增值税纳税额	万元	0	—	0

续表

指标	单位	上海嘉定出口加工区		
		当年累计	增幅（%）	历年累计
增加值	万元	13 621	344.3	146 233
经营总收入	万元	330 617	201.6	1 387 765
其中：技术服务收入	万元	0	—	0
工业总产值	万元	111 473	48.2	856 771
其中：高新技术产业	万元	0	—	0
物流企业经营收入	万元	14 618	185.2	21 128
商品销售额	万元	227 142	32.8	398 223
企业利润总额	万元	5 918	51.2	70 967
综合能源耗费量	吨标准煤	8 862	16.3	62 413
新设企业数	个	109	75.8	248
其中：加工企业	个	0	—	2
物流企业	个	0	—	6
贸易企业	个	0	—	0
其他服务类企业	个	0	—	0
新设外资企业数	个	1	—	3
内资企业注册资本	万元	57 585	728.3	71 047
合同利用外资	万美元	0	—	4 000
实际利用外资	万美元	0	—	2 108
已投产运作企业数	个	0	—	11
其中：已投产加工企业	个	0	—	2
已投产物流企业	个	0	—	9
已投产贸易企业	个	0	—	0
已投产其他服务类企业	个	0	—	0
其中：注册资本1000万美元以上	个	0	—	0
固定资产投资额	万元	0	—	91 261
其中：基础设施投资	万元	0	—	57 540
已建成城镇建设用地面积	万平方米	0	—	0
房屋竣工建筑面积	平方米	0	—	51 781
其中：已建成厂房面积	平方米	0	—	51 729
税务部门税收	万元	1 753	-12.4	5 204
期末从业人员	人	1 106	-16.5	1 106
期末批准面积	平方公里	3	0.0	3
期末验收封关面积	平方公里	0.989	0.0	0.989
创新业态统计指标				
跨境电商企业数	个	55	34.1	55
业务票数	票	2 922 276	240.6	4 457 915
销售额	万元	116 136	212.6	185 864
融资租赁企业数	个	0	—	0
租赁资产总额	万元	0	—	0
货物状态分类监管企业数	个	0	—	0
国内货物进出区货值	万元	0	—	0
一般纳税人资格试点企业数	个	0	—	0
试点企业内销金额	万元	0	—	0
试点企业增值税纳税额	万元	0	—	0

续表

指标	单位	上海闵行出口加工区		
		当年累计	增幅（%）	历年累计
增加值	万元	76 678	-10.8	960 012
经营总收入		607 431	0.1	9 217 317
其中：技术服务收入		12 139	135.0	17 305
工业总产值		543 728	3.8	9 111 904
其中：高新技术产业		406 282	—	406 282
物流企业经营收入		8 506	72.0	16 585
商品销售额		586 403	522.8	1 129 579
企业利润总额		24 481	-43.5	230 920
综合能源耗费量	吨标准煤	7 312	62.2	91 066
新设企业数	个	5	—	31
其中：加工企业		1	—	17
物流企业		0	—	4
贸易企业		3	—	3
其他服务类企业		1	—	1
新设外资企业数		1	—	18
内资企业注册资本	万元	0	—	0
合同利用外资	万美元	0	—	13 656
实际利用外资		0	—	10 446
已投产运作企业数	个	3	—	79
其中：已投产加工企业		0	—	64
已投产物流企业		0	—	12
已投产贸易企业		2	—	2
已投产其他服务类企业		1	—	1
其中：注册资本1000万美元以上		0	—	0
固定资产投资额	万元	9 033	177.9	378 551
其中：基础设施投资		2 747	—	53 370
已建成城镇建设用地面积	万平方米	0	—	0
房屋竣工建筑面积	平方米	0	—	463 016
其中：已建成厂房面积		0	—	433 280
税务部门税收	万元	14 980	206.3	65 900
期末从业人员	人	3 903	0.7	3 903
期末批准面积	平方公里	3	0.0	3
期末验收封关面积		1.88	0.0	1.88
创新业态统计指标				
跨境电商企业数	个	2	—	2
业务票数	票	50 376	—	50 376
销售额	万元	2 016	—	2 016
融资租赁企业数	个	0	—	0
租赁资产总额	万元	0	—	0
货物状态分类监管企业数	个	3	50.0	3
国内货物进出区货值	万元	1 034 119	277.4	1 308 099
一般纳税人资格试点企业数	个	1	0.0	1
试点企业内销金额	万元	55 436	-7.1	115 100
试点企业增值税纳税额		7 473	—	7 667

续表

指标	单位	上海松江出口加工区		
		当年累计	增幅（%）	历年累计
增加值	万元	851 677	13.2	12 065 249
经营总收入	万元	14 222 545	-0.4	264 768 769
其中：技术服务收入	万元	0	—	5 776 084
工业总产值	万元	14 166 453	-3.4	266 228 713
其中：高新技术产业	万元	0	—	22 906 867
物流企业经营收入	万元	73 133	14.2	499 653
商品销售额	万元	251 277	2.2	497 070
企业利润总额	万元	48 249	-10.6	2 040 106
综合能源耗费量	吨标准煤	85 469	-1.6	1 203 160
新设企业数	个	30	114.3	186
其中：加工企业	个	3	-62.5	110
物流企业	个	1	0.0	27
贸易企业	个	25	525.0	29
其他服务类企业	个	1	0.0	2
新设外资企业数	个	2	0.0	89
内资企业注册资本	万元	25 589	—	25 589
合同利用外资	万美元	0	—	109 516
实际利用外资	万美元	0	—	84 327
已投产运作企业数	个	90	-2.2	369
其中：已投产加工企业	个	0	-100.0	214
已投产物流企业	个	19	5.6	76
已投产贸易企业	个	1	0.0	3
已投产其他服务类企业	个	1	0.0	3
其中：注册资本1000万美元以上	个	15	-44.4	69
固定资产投资额	万元	185 336	84.3	1 628 308
其中：基础设施投资	万元	0	—	151 641
已建成城镇建设用地面积	万平方米	0	—	0
房屋竣工建筑面积	平方米	0	-100.0	4 143 153
其中：已建成厂房面积	平方米	0	-100.0	4 143 153
税务部门税收	万元	40 155	—	629 342
期末从业人员	人	44 659	-27.3	44 659
期末批准面积	平方公里	5.96	0.0	5.96
期末验收封关面积	平方公里	4.18	0.0	4.18
创新业态统计指标				
跨境电商企业数	个	1	0.0	1
业务票数	票	11 966 299	3.6	23 518 978
销售额	万元	166 859	5.5	324 999
融资租赁企业数	个	0	—	0
租赁资产总额	万元	0	—	0
货物状态分类监管企业数	个	16	—	16
国内货物进出区货值	万元	0	—	0
一般纳税人资格试点企业数	个	17	30.8	17
试点企业内销金额	万元	26 803	58.8	43 684
试点企业增值税纳税额	万元	10 885	127.3	15 673

续表

指标	单位	上海青浦出口加工区		
		当年累计	增幅（%）	历年累计
增加值	万元	123 174	-13.0	1 139 010
经营总收入	万元	665 151	-4.4	4 494 187
其中：技术服务收入	万元	0	—	0
工业总产值	万元	719 356	5.5	5 859 509
其中：高新技术产业	万元	701 258	6.4	4 212 540
物流企业经营收入	万元	9 321	10.0	50 128
商品销售额	万元	202 611	46.0	368 612
企业利润总额	万元	41 923	-1.9	292 408
综合能源耗费量	吨标准煤	33 576	4.2	299 525
新设企业数	个	1	-80.0	41
其中：加工企业	个	0	—	15
物流企业	个	0	—	5
贸易企业	个	0	—	0
其他服务类企业	个	1	-80.0	10
新设外资企业数	个	0	—	25
内资企业注册资本	万元	1	—	5
合同利用外资	万美元	0	—	32 767
实际利用外资	万美元	0	—	18 501
已投产运作企业数	个	0	—	18
其中：已投产加工企业	个	0	—	13
已投产物流企业	个	0	—	5
已投产贸易企业	个	0	—	0
已投产其他服务类企业	个	0	—	0
其中：注册资本1000万美元以上	个	0	—	0
固定资产投资额	万元	0	—	254 317
其中：基础设施投资	万元	0	—	66 101
已建成城镇建设用地面积	万平方米	0	—	0
房屋竣工建筑面积	平方米	0	—	206 970
其中：已建成厂房面积	平方米	0	—	191 664
税务部门税收	万元	13 568	-13.8	112 450
期末从业人员	人	3 210	-3.2	3 210
期末批准面积	平方公里	3	0.0	3
期末验收封关面积	平方公里	1.6	0.0	1.6
创新业态统计指标				
跨境电商企业数	个	7	-82.5	7
业务票数	票	4 580 326	90.0	6 991 017
销售额	万元	202 611	22.1	368 612
融资租赁企业数	个	0	—	0
租赁资产总额	万元	0	—	0
货物状态分类监管企业数	个	0	—	0
国内货物进出区货值	万元	0	—	0
一般纳税人资格试点企业数	个	0	—	0
试点企业内销金额	万元	0	—	0
试点企业增值税纳税额	万元	0	—	0

续表

指标	单位	上海金桥出口加工区		
		当年累计	增幅（%）	历年累计
增加值	万元	0	—	239 785
经营总收入	万元	1 173 370	12.6	4 187 027
其中：技术服务收入	万元	0	—	0
工业总产值	万元	1 175 906	5.9	4 207 000
其中：高新技术产业	万元	184 732	-25.2	1 712 793
物流企业经营收入	万元	8 368	-49.2	160 544.5
商品销售额	万元	0	—	0
企业利润总额	万元	56 219	119.7	261 691.5
综合能源耗费量	吨标准煤	18 600	-1.3	136 262
新设企业数	个	0	—	36
其中：加工企业	个	0	—	33
物流企业	个	0	—	3
贸易企业	个	0	—	0
其他服务类企业	个	0	—	0
新设外资企业数	个	0	—	32
内资企业注册资本	万元	0	—	0
合同利用外资	万美元	0	—	60 133
实际利用外资	万美元	0	—	60 133
已投产运作企业数	个	0	—	26
其中：已投产加工企业	个	0	—	25
已投产物流企业	个	0	—	1
已投产贸易企业	个	0	—	0
已投产其他服务类企业	个	0	—	0
其中：注册资本 1000 万美元以上	个	0	—	0
固定资产投资额	万元	0	—	236 461
其中：基础设施投资	万元	0	—	102 539
已建成城镇建设用地面积	万平方米	0	—	0
房屋竣工建筑面积	平方米	0	—	225 322
其中：已建成厂房面积	平方米	0	—	225 322
税务部门税收	万元	123 450	-10.4	525 751
期末从业人员	人	1 536	0.0	1 536
期末批准面积	平方公里	2.8	0.0	2.8
期末验收封关面积	平方公里	1.55	0.0	1.55
创新业态统计指标				
跨境电商企业数	个	0	—	0
业务票数	票	0	—	0
销售额	万元	0	—	0
融资租赁企业数	个	0	—	0
租赁资产总额	万元	0	—	0
货物状态分类监管企业数	个	0	—	0
国内货物进出区货值	万元	0	—	0
一般纳税人资格试点企业数	个	0	—	0
试点企业内销金额	万元	0	—	0
试点企业增值税纳税额	万元	0	—	0

续表

指标	单位	江苏连云港出口加工区		
		当年累计	增幅（%）	历年累计
增加值	万元	25 658	7.5	220 774
经营总收入	万元	79 970	7.2	904 153
其中：技术服务收入	万元	440	5.8	2 253
工业总产值	万元	114 988	7.3	1 006 218
其中：高新技术产业	万元	450	6.9	47 733
物流企业经营收入	万元	9 900	10.0	61 168
商品销售额	万元	0	—	0
企业利润总额	万元	692	5.3	18 174
综合能源耗费量	吨标准煤	634	47.1	13 701
新设企业数	个	2	-33.3	40
其中：加工企业	个	2	100.0	18
物流企业	个	0	-100.0	22
贸易企业	个	0	—	0
其他服务类企业	个	0	—	0
新设外资企业数	个	1	-50.0	19
内资企业注册资本	万元	1 000	-80.0	6 000
合同利用外资	万美元	150	-93.2	13 686
实际利用外资	万美元	150	-70.0	10 415
已投产运作企业数	个	2	-50.0	38
其中：已投产加工企业	个	1	0.0	15
已投产物流企业	个	1	-66.7	23
已投产贸易企业	个	0	—	0
已投产其他服务类企业	个	0	—	0
其中：注册资本 1000 万美元以上	个	0	-100.0	1
固定资产投资额	万元	15 200	29.5	123 993
其中：基础设施投资	万元	9 540	47.5	33 163
已建成城镇建设用地面积	万平方米	0	—	0
房屋竣工建筑面积	平方米	0	—	345 631
其中：已建成厂房面积	平方米	0	—	335 063
税务部门税收	万元	580	63.8	7 050
期末从业人员	人	1 379	12.8	1 379
期末批准面积	平方公里	2.97	0.0	2.97
期末验收封关面积	平方公里	2.97	0.0	2.97
创新业态统计指标				
跨境电商企业数	个	0	—	0
业务票数	票	0	—	0
销售额	万元	0	—	0
融资租赁企业数	个	0	—	0
租赁资产总额	万元	0	—	0
货物状态分类监管企业数	个	0	—	0
国内货物进出区货值	万元	0	—	0
一般纳税人资格试点企业数	个	0	—	0
试点企业内销金额	万元	0	—	0
试点企业增值税纳税额	万元	0	—	0

续表

指标	单位	浙江杭州出口加工区		
		当年累计	增幅（%）	历年累计
增加值	万元	0	—	1 476 770
经营总收入	万元	1 098 562	17.1	18 847 728
其中：技术服务收入	万元	0	—	0
工业总产值	万元	1 084 911	17.1	18 719 789
其中：高新技术产业	万元	897 070	16.1	2 447 416
物流企业经营收入	万元	9 207	-19.2	123 496
商品销售额	万元	1 181 485	0.5	2 357 041
企业利润总额	万元	77 874	225.7	472 983
综合能源耗费量	吨标准煤	32 275	13.4	277 015
新设企业数	个	0	—	150
其中：加工企业	个	0	—	25
物流企业	个	0	—	124
贸易企业	个	0	—	0
其他服务类企业	个	0	—	0
新设外资企业数	个	0	—	40
内资企业注册资本	万元	0	—	0
合同利用外资	万美元	0	—	27 681
实际利用外资	万美元	0	—	21 101
已投产运作企业数	个	0	—	125
其中：已投产加工企业	个	0	—	25
已投产物流企业	个	0	—	99
已投产贸易企业	个	0	—	0
已投产其他服务类企业	个	0	—	0
其中：注册资本1000万美元以上	个	0	—	0
固定资产投资额	万元	0	—	440 533
其中：基础设施投资	万元	0	—	115 118
已建成城镇建设用地面积	万平方米	0	—	0
房屋竣工建筑面积	平方米	0	—	584 187
其中：已建成厂房面积	平方米	0	—	575 729
税务部门税收	万元	15 223	-3.4	211 381
期末从业人员	人	7 306	-2.5	7 306
期末批准面积	平方公里	2.92	0.0	2.92
期末验收封关面积	平方公里	2	0.0	2
创新业态统计指标				
跨境电商企业数	个	30	-3.2	30
业务票数	票	59 030 373	4.6	115 491 225
销售额	万元	1 181 485	7.2	2 283 914
融资租赁企业数	个	0	—	0
租赁资产总额	万元	0	—	0
货物状态分类监管企业数	个	0	—	0
国内货物进出区货值	万元	0	—	0
一般纳税人资格试点企业数	个	0	—	0
试点企业内销金额	万元	0	—	0
试点企业增值税纳税额	万元	0	—	0

续表

指标	单位	浙江宁波出口加工区		
		当年累计	增幅（%）	历年累计
增加值	万元	308 216	-1.8	4 448 458
经营总收入	万元	2 167 268	-3.8	43 167 064
其中：技术服务收入	万元	0	—	0
工业总产值	万元	2 180 724	-4.4	44 417 305
其中：高新技术产业	万元	1 897 230	-4.4	38 780 499
物流企业经营收入	万元	75 266	8.0	549 912
商品销售额	万元	0	—	0
企业利润总额	万元	84 370	-31.4	1 266 598
综合能源耗费量	吨标准煤	123 760	-3.3	1 121 214
新设企业数	个	0	—	43
其中：加工企业	个	0	—	35
物流企业	个	0	—	5
贸易企业	个	0	—	0
其他服务类企业	个	0	—	0
新设外资企业数	个	0	—	42
内资企业注册资本	万元	0	—	0
合同利用外资	万美元	0	—	98 705
实际利用外资	万美元	0	—	55 285
已投产运作企业数	个	0	—	23
其中：已投产加工企业	个	0	—	20
已投产物流企业	个	0	—	3
已投产贸易企业	个	0	—	0
已投产其他服务类企业	个	0	—	0
其中：注册资本1000万美元以上	个	0	—	0
固定资产投资额	万元	43 164	-6.6	1 369 411
其中：基础设施投资	万元	0	—	42 969
已建成城镇建设用地面积	万平方米	0	—	0
房屋竣工建筑面积	平方米	0	—	1 001 000
其中：已建成厂房面积	平方米	0	—	1 001 000
税务部门税收	万元	0	—	1 200
期末从业人员	人	15 380	-8.2	15 380
期末批准面积	平方公里	3	0.0	3
期末验收封关面积	平方公里	3	0.0	3
创新业态统计指标				
跨境电商企业数	个	0	—	0
业务票数	票	0	—	0
销售额	万元	0	—	0
融资租赁企业数	个	0	—	0
租赁资产总额	万元	0	—	0
货物状态分类监管企业数	个	0	—	0
国内货物进出区货值	万元	0	—	0
一般纳税人资格试点企业数	个	0	—	0
试点企业内销金额	万元	0	—	0
试点企业增值税纳税额	万元	0	—	0

续表

指标	单位	浙江慈溪出口加工区		
		当年累计	增幅（%）	历年累计
增加值	万元	11 450	108.1	45 894
经营总收入	万元	18 775	1.0	130 396
其中：技术服务收入	万元	0	—	0
工业总产值	万元	2 711	-67.5	85 181
其中：高新技术产业	万元	0	—	0
物流企业经营收入	万元	2 033	-37.7	19 948
商品销售额	万元	261 954	-0.7	525 708
企业利润总额	万元	94	-83.4	4 411
综合能源耗费量	吨标准煤	39	-58.5	549
新设企业数	个	0	—	36
其中：加工企业	个	0	—	4
物流企业	个	0	—	32
贸易企业	个	0	—	0
其他服务类企业	个	0	—	0
新设外资企业数	个	0	—	8
内资企业注册资本	万元	0	—	0
合同利用外资	万美元	0	—	11 329
实际利用外资	万美元	0	—	4 047
已投产运作企业数	个	8	-81.8	77
其中：已投产加工企业	个	1	-87.5	12
已投产物流企业	个	2	-93.9	57
已投产贸易企业	个	3	—	3
已投产其他服务类企业	个	2	-33.3	5
其中：注册资本1000万美元以上	个	0	-100.0	3
固定资产投资额	万元	7 400	-32.7	145 455
其中：基础设施投资	万元	7 000	-34.6	138 047
已建成城镇建设用地面积	万平方米	0	—	0
房屋竣工建筑面积	平方米	38 000	-62.0	306 102
其中：已建成厂房面积	平方米	38 000	-57.8	291 002
税务部门税收	万元	33 753	121.2	50 184.52
期末从业人员	人	360	80.0	360
期末批准面积	平方公里	2	0.0	2
期末验收封关面积	平方公里	0.7	0.0	0.7
创新业态统计指标				
跨境电商企业数	个	0	-100.0	0
业务票数	票	8 463 396	-59.0	29 103 197
销售额	万元	104 454	-60.4	367 904
融资租赁企业数	个	0	—	0
租赁资产总额	万元	0	—	0
货物状态分类监管企业数	个	0	—	0
国内货物进出区货值	万元	503 200	-36.9	1 300 838
一般纳税人资格试点企业数	个	0	—	0
试点企业内销金额	万元	0	—	0
试点企业增值税纳税额	万元	0	—	0

续表

指标	单位	安徽合肥出口加工区		
		当年累计	增幅（%）	历年累计
增加值	万元	0	—	0
经营总收入	万元	7 262 236	5.7	33 860 304
其中：技术服务收入	万元	0	—	0
工业总产值	万元	7 347 741	4.8	34 702 567
其中：高新技术产业	万元	0	—	0
物流企业经营收入	万元	15 796	8.8	78 822
商品销售额	万元	0	—	0
企业利润总额	万元	19 982	—	34 316
综合能源耗费量	吨标准煤	7 107	14.3	36 365
新设企业数	个	0	—	16
其中：加工企业	个	0	—	4
物流企业	个	0	—	12
贸易企业	个	0	—	0
其他服务类企业	个	0	—	0
新设外资企业数	个	0	—	3
内资企业注册资本	万元	0	—	0
合同利用外资	万美元	0	—	27 100
实际利用外资	万美元	0	—	26 850
已投产运作企业数	个	0	—	11
其中：已投产加工企业	个	0	—	3
已投产物流企业	个	0	—	8
已投产贸易企业	个	0	—	0
已投产其他服务类企业	个	0	—	0
其中：注册资本1000万美元以上	个	0	—	0
固定资产投资额	万元	0	—	365 429
其中：基础设施投资	万元	0	—	7 645
已建成城镇建设用地面积	万平方米	0	—	0
房屋竣工建筑面积	平方米	0	—	312 514
其中：已建成厂房面积	平方米	0	—	197 067
税务部门税收	万元	9 174	-12.2	90 599
期末从业人员	人	11 403	1.4	11 403
期末批准面积	平方公里	1.42	0.0	1.42
期末验收封关面积	平方公里	1.42	0.0	1.42
创新业态统计指标				
跨境电商企业数	个	0	—	0
业务票数	票	0	—	0
销售额	万元	0	—	0
融资租赁企业数	个	0	—	0
租赁资产总额	万元	0	—	0
货物状态分类监管企业数	个	0	—	0
国内货物进出区货值	万元	0	—	0
一般纳税人资格试点企业数	个	0	—	0
试点企业内销金额	万元	0	—	0
试点企业增值税纳税额	万元	0	—	0

续表

指标	单位	福建福州出口加工区		
		当年累计	增幅（%）	历年累计
增加值	万元	2 854	0.7	35 572
经营总收入	万元	20 600	-5.4	169 880
其中：技术服务收入	万元	0	—	0
工业总产值	万元	12 075	-29.4	152 210
其中：高新技术产业	万元	0	—	0
物流企业经营收入	万元	3 091	-2.8	18 088
商品销售额	万元	62 000	29.7	109 812
企业利润总额	万元	1 345	198.9	5 616
综合能源耗费量	吨标准煤	1 191	126.9	3 383
新设企业数	个	72	-40.5	425
其中：加工企业	个	0	—	12
物流企业	个	2	-50.0	156
贸易企业	个	29	-34.1	73
其他服务类企业	个	41	-36.9	106
新设外资企业数	个	1	-87.5	40
内资企业注册资本	万元	65 300	-38.0	170 600
合同利用外资	万美元	100	-92.4	12 190
实际利用外资	万美元	580	-80.9	8 377
已投产运作企业数	个	13	0.0	82
其中：已投产加工企业	个	0	—	2
已投产物流企业	个	1	-80.0	54
已投产贸易企业	个	8	100.0	12
已投产其他服务类企业	个	4	0.0	8
其中：注册资本1000万美元以上	个	0	—	0
固定资产投资额	万元	38 992	3.9	273 964
其中：基础设施投资	万元	370	72.1	31 269
已建成城镇建设用地面积	万平方米	0	—	0
房屋竣工建筑面积	平方米	0	-100.0	203 150
其中：已建成厂房面积	平方米	0	-100.0	151 458
税务部门税收	万元	692	8.6	7 334
期末从业人员	人	608	4.8	608
期末批准面积	平方公里	1.14	0.0	1.14
期末验收封关面积	平方公里	0.659	0.0	0.659
创新业态统计指标				
跨境电商企业数	个	41	17.1	41
业务票数	票	8 102 174	163.2	8 102 174
销售额	万元	109 438	138.4	109 438
融资租赁企业数	个	0	—	0
租赁资产总额	万元	0	—	0
货物状态分类监管企业数	个	0	—	0
国内货物进出区货值	万元	263 550	110.3	355 830
一般纳税人资格试点企业数	个	0	—	0
试点企业内销金额	万元	0	—	0
试点企业增值税纳税额	万元	0	—	0

续表

指标	单位	江西九江出口加工区		
		当年累计	增幅（%）	历年累计
增加值	万元	3 017	-75.1	170 446
经营总收入	万元	40 062	-45.5	1 993 675
其中：技术服务收入	万元	0	—	0
工业总产值	万元	41 104	-47.7	2 550 960
其中：高新技术产业	万元	0	—	0
物流企业经营收入	万元	250	-18.0	2 485
商品销售额	万元	0	—	0
企业利润总额	万元	128	-92.4	34 055
综合能源耗费量	吨标准煤	780	-83.2	27 948
新设企业数	个	0	—	36
其中：加工企业	个	0	—	30
物流企业	个	0	—	6
贸易企业	个	0	—	0
其他服务类企业	个	0	—	0
新设外资企业数	个	0	—	22
内资企业注册资本	万元	0	—	0
合同利用外资	万美元	0	—	74 882
实际利用外资	万美元	0	—	17 915
已投产运作企业数	个	0	—	30
其中：已投产加工企业	个	0	—	25
已投产物流企业	个	0	—	5
已投产贸易企业	个	0	—	0
已投产其他服务类企业	个	0	—	0
其中：注册资本1000万美元以上	个	0	—	0
固定资产投资额	万元	6	-99.0	123 007
其中：基础设施投资	万元	0	—	20 652
已建成城镇建设用地面积	万平方米	0	—	0
房屋竣工建筑面积	平方米	0	—	230 383
其中：已建成厂房面积	平方米	0	—	189 516
税务部门税收	万元	137	-58.6	4 301
期末从业人员	人	308	-70.0	308
期末批准面积	平方公里	0.99	0.0	0.99
期末验收封关面积	平方公里	0.99	0.0	0.99
创新业态统计指标				
跨境电商企业数	个	0	—	0
业务票数	票	0	—	0
销售额	万元	0	—	0
融资租赁企业数	个	0	—	0
租赁资产总额	万元	0	—	0
货物状态分类监管企业数	个	0	—	0
国内货物进出区货值	万元	0	—	0
一般纳税人资格试点企业数	个	0	—	0
试点企业内销金额	万元	0	—	0
试点企业增值税纳税额	万元	0	—	0

续表

指标	单位	山东青岛出口加工区		
		当年累计	增幅（%）	历年累计
增加值	万元	113 551	1.8	1 482 856
经营总收入	万元	586 930	11.8	5 835 075
其中：技术服务收入	万元	821	2.8	4 386
工业总产值	万元	568 559	5.6	5 945 327
其中：高新技术产业	万元	135 230	6.1	1 520 359
物流企业经营收入	万元	1 032	3.0	9 217
商品销售额	万元	903	-51.5	2 766
企业利润总额	万元	49 704	-12.5	884 813
综合能源耗费量	吨标准煤	11 420	39.5	91 199
新设企业数	个	15	36.4	122
其中：加工企业	个	9	125.0	98
物流企业	个	3	0.0	16
贸易企业	个	0	-100.0	1
其他服务类企业	个	0	-100.0	3
新设外资企业数	个	0	-100.0	79
内资企业注册资本	万元	41 666	59.9	67 731
合同利用外资	万美元	665	-34.2	84 237
实际利用外资	万美元	795	-53.8	53 121
已投产运作企业数	个	2	100.0	73
其中：已投产加工企业	个	1	0.0	64
已投产物流企业	个	1	—	9
已投产贸易企业	个	0	—	0
已投产其他服务类企业	个	0	—	0
其中：注册资本1000万美元以上	个	0	-100.0	1
固定资产投资额	万元	19 963	41.4	440 946
其中：基础设施投资	万元	0	—	72 242
已建成城镇建设用地面积	万平方米	0	-100.0	145
房屋竣工建筑面积	平方米	0	—	501 000
其中：已建成厂房面积	平方米	0	—	459 719
税务部门税收	万元	16 034	-11.5	144 413
期末从业人员	人	7 300	0.0	7 300
期末批准面积	平方公里	2.8	0.0	2.8
期末验收封关面积	平方公里	1.7	0.0	1.7
创新业态统计指标				
跨境电商企业数	个	0	-100.0	0
业务票数	票	12 400	-81.3	78 758
销售额	万元	706	-62.1	2 569
融资租赁企业数	个	0	—	0
租赁资产总额	万元	0	—	0
货物状态分类监管企业数	个	0	—	0
国内货物进出区货值	万元	0	—	0
一般纳税人资格试点企业数	个	0	—	0
试点企业内销金额	万元	0	—	0
试点企业增值税纳税额	万元	0	—	0

续表

指标	单位	山东青岛西海岸出口加工区		
		当年累计	增幅（%）	历年累计
增加值	万元	28 719	-13.4	324 326
经营总收入	万元	103 143	-13.6	1 245 792
其中：技术服务收入	万元	0	—	1 305
工业总产值	万元	77 932	-19.1	1 166 949
其中：高新技术产业	万元	284	-98.7	78 205
物流企业经营收入	万元	16 713	101.8	83 693
商品销售额	万元	21 118	1 668.7	22 312
企业利润总额	万元	4 087	-49.2	84 326
综合能源耗费量	吨标准煤	5 251	11.8	34 606
新设企业数	个	52	4.0	196
其中：加工企业	个	0	-100.0	22
物流企业	个	12	50.0	74
贸易企业	个	30	—	30
其他服务类企业	个	10	-75.6	51
新设外资企业数	个	8	166.7	33
内资企业注册资本	万元	222 150	152.8	310 031
合同利用外资	万美元	226 774	4 918.2	294 948
实际利用外资	万美元	1 000	-33.9	48 052
已投产运作企业数	个	21	320.0	47
其中：已投产加工企业	个	0	-100.0	10
已投产物流企业	个	5	400.0	18
已投产贸易企业	个	14	—	14
已投产其他服务类企业	个	2	0.0	4
其中：注册资本1000万美元以上	个	0	—	0
固定资产投资额	万元	9 963	62.7	200 745
其中：基础设施投资	万元	1 387	—	54 571
已建成城镇建设用地面积	万平方米	0	—	0
房屋竣工建筑面积	平方米	11 414	—	635 130
其中：已建成厂房面积	平方米	0	—	586 278
税务部门税收	万元	4 792	18.6	33 352
期末从业人员	人	2 440	89.9	2 440
期末批准面积	平方公里	2	0.0	2
期末验收封关面积	平方公里	2	0.0	2
创新业态统计指标				
跨境电商企业数	个	0	-100.0	0
业务票数	票	1 920	-90.2	22 952
销售额	万元	819	-26.8	2 013
融资租赁企业数	个	2	100.0	2
租赁资产总额	万元	0	—	0
货物状态分类监管企业数	个	0	—	0
国内货物进出区货值	万元	0	—	0
一般纳税人资格试点企业数	个	0	—	0
试点企业内销金额	万元	0	—	0
试点企业增值税纳税额	万元	0	—	0

续表

指标	单位	河南郑州出口加工区		
		当年累计	增幅（%）	历年累计
增加值	万元	260 125	-4.9	1 269 216
经营总收入	万元	800 850	-22.7	7 059 141
其中：技术服务收入	万元	0	—	0
工业总产值	万元	1 123 444	-5.1	7 752 952
其中：高新技术产业	万元	1 104 102	-1.0	4 916 446
物流企业经营收入	万元	3 299	72.4	11 758
商品销售额	万元	128 473	-6.0	1 165 950
企业利润总额	万元	9 610	-63.0	113 596
综合能源耗费量	吨标准煤	22 502	-9.1	115 362
新设企业数	个	13	85.7	78
其中：加工企业	个	2	100.0	31
物流企业	个	0	-100.0	37
贸易企业	个	7	600.0	8
其他服务类企业	个	2	0.0	4
新设外资企业数	个	0	—	9
内资企业注册资本	万元	20 400	5.2	759 574
合同利用外资	万美元	0	—	533
实际利用外资	万美元	0	-100.0	533
已投产运作企业数	个	4	—	28
其中：已投产加工企业	个	1	—	14
已投产物流企业	个	0	—	11
已投产贸易企业	个	3	—	3
已投产其他服务类企业	个	0	—	0
其中：注册资本 1000 万美元以上	个	0	—	0
固定资产投资额	万元	125 028	-35.0	1 173 715
其中：基础设施投资	万元	75 702	422.4	181 157
已建成城镇建设用地面积	万平方米	0	-100.0	89
房屋竣工建筑面积	平方米	0	—	734 713
其中：已建成厂房面积	平方米	0	—	589 121
税务部门税收	万元	35 959	36.8	167 861
期末从业人员	人	27 984	51.7	27 984
期末批准面积	平方公里	2.7	0.0	2.7
期末验收封关面积	平方公里	2.66	0.0	2.66
创新业态统计指标				
跨境电商企业数	个	11	1 000.0	11
业务票数	票	7 950 000	-27.3	18 880 000
销售额	万元	128 473	-6.0	265 119
融资租赁企业数	个	0	—	0
租赁资产总额	万元	0	—	0
货物状态分类监管企业数	个	0	—	0
国内货物进出区货值	万元	0	—	0
一般纳税人资格试点企业数	个	5	66.7	5
试点企业内销金额	万元	8 302	4.1	16 278
试点企业增值税纳税额	万元	1 079	-18.3	2 400

续表

指标	单位	广东广州出口加工区		
		当年累计	增幅（%）	历年累计
增加值	万元	62 518	4.4	822 070
经营总收入	万元	271 026	0.3	4 311 134
其中：技术服务收入	万元	0	—	0
工业总产值	万元	271 821	1.2	4 357 527
其中：高新技术产业	万元	0	—	0
物流企业经营收入	万元	0	—	0
商品销售额	万元	0	—	0
企业利润总额	万元	6 812	-2.7	96 860
综合能源耗费量	吨标准煤	2 398	-8.9	45 292
新设企业数	个	0	—	1
其中：加工企业	个	0	—	1
物流企业	个	0	—	0
贸易企业	个	0	—	0
其他服务类企业	个	0	—	0
新设外资企业数	个	0	—	1
内资企业注册资本	万元	0	—	0
合同利用外资	万美元	0	—	5 400
实际利用外资	万美元	0	—	5 338
已投产运作企业数	个	0	—	1
其中：已投产加工企业	个	0	—	1
已投产物流企业	个	0	—	0
已投产贸易企业	个	0	—	0
已投产其他服务类企业	个	0	—	0
其中：注册资本 1000 万美元以上	个	0	—	0
固定资产投资额	万元	0	—	127 232
其中：基础设施投资	万元	0	—	58 800
已建成城镇建设用地面积	万平方米	0	—	0
房屋竣工建筑面积	平方米	0	—	0
其中：已建成厂房面积	平方米	0	—	0
税务部门税收	万元	0	—	0
期末从业人员	人	753	0.0	753
期末批准面积	平方公里	3.05	0.0	3.05
期末验收封关面积	平方公里	0.9	0.0	0.9
创新业态统计指标				
跨境电商企业数	个	0	—	0
业务票数	票	0	—	0
销售额	万元	0	—	0
融资租赁企业数	个	0	—	0
租赁资产总额	万元	0	—	0
货物状态分类监管企业数	个	0	—	0
国内货物进出区货值	万元	0	—	0
一般纳税人资格试点企业数	个	0	—	0
试点企业内销金额	万元	0	—	0
试点企业增值税纳税额	万元	0	—	0

续表

指标	单位	广东深圳出口加工区		
		当年累计	增幅（%）	历年累计
增加值	万元	122 254	19.7	3 676 367
经营总收入	万元	560 124	11.0	15 452 195
其中：技术服务收入	万元	0	—	0
工业总产值	万元	544 075	6.9	15 596 913
其中：高新技术产业	万元	81 276	16.0	6 425 656
物流企业经营收入	万元	9 377	—	9 377
商品销售额	万元	0	—	0
企业利润总额	万元	11 302	—	798 373
综合能源耗费量	吨标准煤	20 673	23.0	162 272
新设企业数	个	3	200.0	161
其中：加工企业	个	1	0.0	23
物流企业	个	2	—	84
贸易企业	个	0	—	1
其他服务类企业	个	0	—	3
新设外资企业数	个	0	—	2
内资企业注册资本	万元	1	0.0	2
合同利用外资	万美元	0	—	47 849
实际利用外资	万美元	14 206	—	50 537
已投产运作企业数	个	0	—	7
其中：已投产加工企业	个	0	—	0
已投产物流企业	个	0	—	7
已投产贸易企业	个	0	—	0
已投产其他服务类企业	个	0	—	0
其中：注册资本 1000 万美元以上	个	0	—	0
固定资产投资额	万元	0	—	180 755
其中：基础设施投资	万元	0	—	84 984
已建成城镇建设用地面积	万平方米	0	—	0
房屋竣工建筑面积	平方米	0	—	57 290
其中：已建成厂房面积	平方米	0	—	57 290
税务部门税收	万元	13 271	-40.4	57 338
期末从业人员	人	8 064	—	8 064
期末批准面积	平方公里	2.98	0.0	2.98
期末验收封关面积	平方公里	2.98	0.0	2.98
创新业态统计指标				
跨境电商企业数	个	0	—	0
业务票数	票	0	—	0
销售额	万元	0	—	0
融资租赁企业数	个	0	—	0
租赁资产总额	万元	0	—	0
货物状态分类监管企业数	个	0	—	0
国内货物进出区货值	万元	0	—	0
一般纳税人资格试点企业数	个	0	—	0
试点企业内销金额	万元	0	—	0
试点企业增值税纳税额	万元	0	—	0

续表

指标	单位	广西北海出口加工区		
		当年累计	增幅（%）	历年累计
增加值	万元	224 540	13. 6	1 980 826
经营总收入		1 029 367	0. 1	9 477 574
其中：技术服务收入		0	—	75 500
工业总产值		1 050 639	0. 6	9 759 164
其中：高新技术产业		0	-100. 0	26 798
物流企业经营收入		2 278	4. 7	19 593
商品销售额		5 669	332. 7	6 979
企业利润总额		145 405	1. 0	1 384 105
综合能源耗费量	吨标准煤	6 343	5. 5	70 158
新设企业数	个	25	212. 5	130
其中：加工企业		11	1 000. 0	93
物流企业		1	—	14
贸易企业		6	500. 0	7
其他服务类企业		7	—	7
新设外资企业数		2	—	47
内资企业注册资本	万元	75 200	—	75 200
合同利用外资	万美元	0	—	34 750
实际利用外资		0	-100. 0	60 340
已投产运作企业数	个	1	-75. 0	47
其中：已投产加工企业		1	-75. 0	39
已投产物流企业		0	—	5
已投产贸易企业		0	—	0
已投产其他服务类企业		0	—	0
其中：注册资本 1000 万美元以上		0	-100. 0	1
固定资产投资额	万元	16 081	6. 3	335 979
其中：基础设施投资		988	—	87 733
已建成城镇建设用地面积	万平方米	0	—	0
房屋竣工建筑面积	平方米	0	—	744 244
其中：已建成厂房面积		0	—	744 244
税务部门税收	万元	12 000	34. 8	118 831
期末从业人员	人	18 855	-0. 1	18 855
期末批准面积	平方公里	1. 45	0. 0	1. 45
期末验收封关面积		1. 13	0. 0	1. 13
创新业态统计指标				
跨境电商企业数	个	0	—	0
业务票数	票	0	—	0
销售额	万元	0	—	0
融资租赁企业数	个	0	—	0
租赁资产总额	万元	0	—	0
货物状态分类监管企业数	个	0	—	0
国内货物进出区货值	万元	4 737	1 305. 6	5 074
一般纳税人资格试点企业数	个	0	—	0
试点企业内销金额	万元	5 669	332. 7	6 979
试点企业增值税纳税额		189	61. 5	306

续表

指标	单位	四川绵阳出口加工区		
		当年累计	增幅（%）	历年累计
增加值	万元	32 677	-27.7	330 028
经营总收入	万元	82 891	-10.8	731 886
其中：技术服务收入	万元	0	—	0
工业总产值	万元	78 628	-16.2	937 770
其中：高新技术产业	万元	0	—	0
物流企业经营收入	万元	0	-100.0	550
商品销售额	万元	81 631	-18.7	182 087
企业利润总额	万元	4 520	-10.5	42 967
综合能源耗费量	吨标准煤	780	-14.5	12 598
新设企业数	个	0	—	8
其中：加工企业	个	0	—	5
物流企业	个	0	—	3
贸易企业	个	0	—	0
其他服务类企业	个	0	—	0
新设外资企业数	个	0	—	2
内资企业注册资本	万元	0	—	0
合同利用外资	万美元	0	—	310
实际利用外资	万美元	210	—	520
已投产运作企业数	个	0	—	7
其中：已投产加工企业	个	0	—	5
已投产物流企业	个	0	—	2
已投产贸易企业	个	0	—	0
已投产其他服务类企业	个	0	—	0
其中：注册资本 1000 万美元以上	个	0	—	0
固定资产投资额	万元	1 360	2.4	45 233
其中：基础设施投资	万元	0	—	2 000
已建成城镇建设用地面积	万平方米	0	—	0
房屋竣工建筑面积	平方米	0	—	105 804
其中：已建成厂房面积	平方米	0	—	98 724
税务部门税收	万元	1 083	142.3	8 182
期末从业人员	人	2 169	-13.4	2 169
期末批准面积	平方公里	0.56	0.0	0.56
期末验收封关面积	平方公里	0.15	0.0	0.15
创新业态统计指标				
跨境电商企业数	个	0	—	0
业务票数	票	0	—	0
销售额	万元	0	—	23 486
融资租赁企业数	个	0	—	0
租赁资产总额	万元	0	—	69
货物状态分类监管企业数	个	0	—	0
国内货物进出区货值	万元	0	—	0
一般纳税人资格试点企业数	个	0	—	0
试点企业内销金额	万元	0	—	0
试点企业增值税纳税额	万元	0	—	0

续表

指标	单位	陕西西安出口加工区 A 区		
		当年累计	增幅（%）	历年累计
增加值	万元	527 558	-3.6	4 677 352
经营总收入	万元	2 343 914	3.1	19 940 765
其中：技术服务收入	万元	7 580	26.5	27 538
工业总产值	万元	2 157 581	3.0	17 943 974
其中：高新技术产业	万元	835 650	9.6	7 025 504
物流企业经营收入	万元	28 147	-2.8	350 268
商品销售额	万元	0	—	0
企业利润总额	万元	2 236	25.7	86 928
综合能源耗费量	吨标准煤	11 098	28.6	86 837
新设企业数	个	1	0.0	77
其中：加工企业	个	1	—	63
物流企业	个	0	—	12
贸易企业	个	0	—	0
其他服务类企业	个	0	—	0
新设外资企业数	个	0	—	22
内资企业注册资本	万元	1 000	-66.7	4 000
合同利用外资	万美元	0	—	13 549
实际利用外资	万美元	0	—	13 110
已投产运作企业数	个	1	—	59
其中：已投产加工企业	个	1	—	47
已投产物流企业	个	0	—	12
已投产贸易企业	个	0	—	0
已投产其他服务类企业	个	0	—	0
其中：注册资本 1000 万美元以上	个	0	—	0
固定资产投资额	万元	4 882	-25.5	1 684 611
其中：基础设施投资	万元	2 278	-26.0	198 703
已建成城镇建设用地面积	万平方米	0	—	0
房屋竣工建筑面积	平方米	0	—	456 162
其中：已建成厂房面积	平方米	0	—	425 282
税务部门税收	万元	2 755	-5.7	34 475
期末从业人员	人	3 522	-0.3	3 522
期末批准面积	平方公里	1.46	0.0	1.46
期末验收封关面积	平方公里	0.75	0.0	0.75
创新业态统计指标				
跨境电商企业数	个	0	—	0
业务票数	票	0	—	0
销售额	万元	0	—	0
融资租赁企业数	个	0	—	0
租赁资产总额	万元	0	—	0
货物状态分类监管企业数	个	0	—	0
国内货物进出区货值	万元	0	—	0
一般纳税人资格试点企业数	个	0	—	0
试点企业内销金额	万元	0	—	0
试点企业增值税纳税额	万元	0	—	0

续表

指标	单位	陕西西安出口加工区 B 区		
		当年累计	增幅（%）	历年累计
增加值	万元	0	—	3 372 296
经营总收入	万元	5 907 736	-38.9	35 409 702
其中：技术服务收入	万元	2 074	-94.9	187 296
工业总产值	万元	7 118 714	-55.2	47 290 822
其中：高新技术产业	万元	0	—	21 442 286
物流企业经营收入	万元	0	—	21 379
商品销售额	万元	0	—	2 281 364
企业利润总额	万元	11 871	-55.9	365 081
综合能源耗费量	吨标准煤	39 255	-0.4	140 342
新设企业数	个	2	0.0	47
其中：加工企业	个	2	0.0	14
物流企业	个	0	—	21
贸易企业	个	0	—	0
其他服务类企业	个	0	—	0
新设外资企业数	个	0	—	11
内资企业注册资本	万元	0	-100.0	1 002
合同利用外资	万美元	0	—	103 102
实际利用外资	万美元	0	—	102 850
已投产运作企业数	个	27	—	64
其中：已投产加工企业	个	14	—	36
已投产物流企业	个	13	—	27
已投产贸易企业	个	0	—	0
已投产其他服务类企业	个	0	—	0
其中：注册资本 1000 万美元以上	个	7	—	14
固定资产投资额	万元	64 592	—	692 231
其中：基础设施投资	万元	0	—	3 382
已建成城镇建设用地面积	万平方米	0	—	0
房屋竣工建筑面积	平方米	0	—	343 000
其中：已建成厂房面积	平方米	0	—	243 000
税务部门税收	万元	16 753	-8.0	94 864
期末从业人员	人	5 702	11.3	5 702
期末批准面积	平方公里	1.34	0.0	1.34
期末验收封关面积	平方公里	0.79	0.0	0.79
创新业态统计指标				
跨境电商企业数	个	0	—	0
业务票数	票	0	—	0
销售额	万元	0	—	0
融资租赁企业数	个	0	—	0
租赁资产总额	万元	0	—	0
货物状态分类监管企业数	个	0	—	0
国内货物进出区货值	万元	0	—	0
一般纳税人资格试点企业数	个	0	—	0
试点企业内销金额	万元	0	—	0
试点企业增值税纳税额	万元	0	—	0

续表

指标	单位	江西井冈山出口加工区		
		当年累计	增幅（%）	历年累计
增加值	万元	1 561	72. 3	3 749
经营总收入	万元	6 382	26. 5	18 232
其中：技术服务收入	万元	0	—	0
工业总产值	万元	5 209	3. 7	17 007
其中：高新技术产业	万元	0	—	0
物流企业经营收入	万元	44	69. 2	101
商品销售额	万元	6 349	45. 5	10 712
企业利润总额	万元	435	42. 2	632
综合能源耗费量	吨标准煤	30	-70. 3	413
新设企业数	个	3	200. 0	11
其中：加工企业	个	0	-100. 0	3
物流企业	个	0	—	1
贸易企业	个	2	—	2
其他服务类企业	个	1	—	1
新设外资企业数	个	0	-100. 0	2
内资企业注册资本	万元	500	-16. 7	1 100
合同利用外资	万美元	0	-100. 0	1 981
实际利用外资	万美元	0	-100. 0	1 981
已投产运作企业数	个	0	—	3
其中：已投产加工企业	个	0	—	1
已投产物流企业	个	0	—	1
已投产贸易企业	个	0	—	0
已投产其他服务类企业	个	0	—	0
其中：注册资本 1000 万美元以上	个	0	—	0
固定资产投资额	万元	0	-100. 0	30 825
其中：基础设施投资	万元	0	-100. 0	20 000
已建成城镇建设用地面积	万平方米	0	-100. 0	34
房屋竣工建筑面积	平方米	0	-100. 0	134 894
其中：已建成厂房面积	平方米	0	-100. 0	124 000
税务部门税收	万元	12	-47. 8	85
期末从业人员	人	218	10. 7	218
期末批准面积	平方公里	0. 48	0. 0	0. 48
期末验收封关面积	平方公里	0. 48	0. 0	0. 48
创新业态统计指标				
跨境电商企业数	个	0	—	0
业务票数	票	0	—	0
销售额	万元	0	—	0
融资租赁企业数	个	0	—	0
租赁资产总额	万元	0	—	0
货物状态分类监管企业数	个	0	—	0
国内货物进出区货值	万元	0	—	0
一般纳税人资格试点企业数	个	0	—	0
试点企业内销金额	万元	0	—	0
试点企业增值税纳税额	万元	0	—	0

河北秦皇岛出口加工区统计数据表

（1）2019 年河北秦皇岛出口加工区主要经济指标完成情况表

指标名称	计量单位	2019 年	比上年增长（%）
增加值	万元	2 851	-43.8
经营总收入	万元	9 860	-35.2
技术服务收入	万元	0	—
工业总产值	万元	9 034	-38.4
其中：高新技术产业	万元	0	—
物流企业经营收入	力元	826	48.8
商品销售额	万元	9 034	-38.4
企业利润总额	万元	44	-97.0
综合能源耗费量	吨标准煤	1 405	27.7
新设企业数	个	0	-100.0
其中：加工企业	个	0	—
物流企业	个	0	—
贸易企业	个	0	—
其他服务类企业	个	0	—
新设外资企业数	个	0	—
内资企业注册资本	万元	0	—
合同利用外资	万美元	0	—
实际利用外资	万美元	0	—
期末已投产运作企业数	个	0	—
其中：已投产加工企业	个	0	—
已投产物流企业	个	0	—
已投产贸易企业	个	0	—
已投产其他服务类企业	个	0	—
其中：注册资本 1 000 万美元以上	个	0	—
固定资产投资额	万元	1 700	0.0
其中：基础设施投资	万元	800	700.0
期末已建成城镇建设用地面积	万平方米	67	—
房屋竣工建筑面积	平方米	0	0
其中：已建成厂房面积	平方米	0	0
税务部门税收	万元	107	-55.8
期末从业人员	人	750	-16.3
期末批准面积	平方公里	2.5	0.0
期末验收封关面积	平方公里	0.67	0.0

（2）-1　截至2019年河北秦皇岛出口加工区历年招商引资情况表

指标	单位	历年累计
工商在册企业数	个	24
其中：外资企业数	个	6
内资企业注册资本	万元	200
合同利用外资	万美元	706
实际利用外资	万美元	508

（2）-2　截至2019年河北秦皇岛出口加工区历年主要外商投资情况表

按项目数排列		按注册资本排列	
序号	国别（地区）	序号	国别（地区）
1	日本	1	日本
2	韩国	2	韩国
3	中国香港	3	中国香港

（3）2019年河北秦皇岛出口加工区加工企业工业产值排名表

单位：万元

序号	企业名称	序号	企业名称
1	秦皇岛关东针织有限公司	4	秦皇岛罗普钢索有限公司
2	秦皇岛一心西服有限公司	5	秦皇岛嘉泰钢绳有限公司
3	秦皇岛飞凯特金属制品有限公司		

（4）2019年河北秦皇岛出口加工区物流企业营业收入排名表

单位：万元

序号	企业名称	序号	企业名称
1	秦皇岛信立仓储服务有限公司	3	秦皇岛先恒保税物流有限公司
2	秦皇岛海东青物流有限公司	4	秦皇岛通诚保税物流有限公司

山东青岛出口加工区统计数据表

（1）2019年山东青岛出口加工区主要经济指标完成情况表

指标名称	计量单位	2019年	比上年增长（%）
增加值	万元	113 551	1.8
经营总收入	万元	586 930	11.8
技术服务收入	万元	821	2.8
工业总产值	万元	568 559	5.6
其中：高新技术产业	万元	135 230	6.1
物流企业经营收入	万元	1 032	3.0
商品销售额	万元	903	-51.5
企业利润总额	万元	49 704	-12.5
综合能源耗费量	吨标准煤	11 420	39.5
新设企业数	个	15	36.4
其中：加工企业	个	9	125.0
物流企业	个	3	0.0
贸易企业	个	0	-100.0
其他服务类企业	个	0	-100.0
新设外资企业数	个	0	-100.0
内资企业注册资本	万元	41 666	59.9
合同利用外资	万美元	665	-34.2
实际利用外资	万美元	795	-53.8
期末已投产运作企业数	个	2	100.0
其中：已投产加工企业	个	1	0.0
已投产物流企业	个	1	—
已投产贸易企业	个	0	—
已投产其他服务类企业	个	0	—
其中：注册资本1 000万美元以上	个	0	-100.0
固定资产投资额	万元	19 963	41.4
其中：基础设施投资	万元	0	—
期末已建成城镇建设用地面积	万平方米	0	-100.0
房屋竣工建筑面积	平方米	0	—
其中：已建成厂房面积	平方米	0	—
税务部门税收	万元	16 034	-11.5
期末从业人员	人	7 300	0.0
期末批准面积	平方公里	2.8	0.0
期末验收封关面积	平方公里	1.7	0.0

创新业态统计指标			
跨境电商：期末企业数	个	2	—
业务票数	票	10 500	—
销售额	万元	571	—
融资租赁：期末企业数	个	0	—
租赁资产总额	万元	0	—
货物状态分类监管：期末企业数	个	0	—
国内货物进出区货值	万元	0	—
一般纳税人资格试点：期末企业数	个	0	—
试点企业内销金额	万元	0	—
试点企业增值税纳税额	万元	0	—

(2)-1　截至2019年山东青岛出口加工区历年招商引资情况表

指标	单位	历年累计
工商在册企业数	个	122
其中：外资企业数	个	79
内资企业注册资本	万元	67 731
合同利用外资	万美元	84 237
实际利用外资	万美元	53 121

(2)-2　截至2019年山东青岛出口加工区历年主要外商投资情况表

按项目数排列			按注册资本排列		
序号	国别（地区）	项目数（个）	序号	国别（地区）	注册资本（万美元）
1	中国香港	19	1	中国香港	18 346
2	日本	14	2	日本	13 450
3	韩国	7	3	德国	4 193
4	美国	2	4	加拿大	4 000
5	德国	2	5	韩国	3 290
6	意大利	1	6	美国	2 100
7	新加坡	1	7	马来西亚	828
8	英国	1	8	意大利	600
9	马来西亚	1	9		
10	加拿大	1	10		

（3）2019 年山东青岛出口加工区出口加工企业工业产值排名表

单位：万元

序号	企业名称	工业总产值	序号	企业名称	工业总产值
1	安德烈斯蒂尔动力工具（青岛）有限公司	201 734	8	青岛恩利旺精密工业有限公司	7 238
2	洋马发动机（山东）有限公司	93 326	9	青岛尖能办公用品有限公司	7 061
3	泰科电子（青岛）有限公司	85 140	10	青岛天湾电机有限公司	6 961
4	高丽精线合金（青岛）有限公司	81 530	11	青岛韩奥光学有限公司	5 878
5	星电高科技青岛有限公司	57 780	12	青岛天银纺织科技有限公司	5 330
6	青岛奥技科光学有限公司	40 030	13	海蓝旭阳（青岛）科技发展有限公司	5 066
7	马斯奇奥（青岛）农机制造有限公司	18 733			

（4）2019 年山东青岛出口加工区物流企业营业收入排名表

单位：万元

序号	企业名称	营业收入	序号	企业名称	营业收入
1	青岛福晋供应链管理有限公司	22 862	5	维尚（青岛）国际物流有限公司	4 767
2	青岛恒诚仓储有限公司	13 090	6	青岛骏安祥物流有限公司	3 787
3	青岛德尔达国际物流有限公司	7 931	7	青岛泰维纺织实业有限公司	2 632
4	青岛运新物流有限公司	6 531	8	青岛巴沃国际物流有限公司	812

河南郑州出口加工区统计数据表

（1）2019年河南郑州出口加工区主要经济指标完成情况表

指标名称	计量单位	2019年	比上年增长（%）
增加值	万元	260 125	-4.9
经营总收入	万元	800 850	-22.7
技术服务收入	万元	0	—
工业总产值	万元	1 123 444	-5.1
其中：高新技术产业	万元	1 104 102	-1.0
物流企业经营收入	万元	3 299	72.4
商品销售额	万元	128 473	-87.6
企业利润总额	万元	9 610	-63.0
综合能源耗费量	吨标准煤	22 502	-9.1
新设企业数	个	13	85.7
其中：加工企业	个	2	100.0
物流企业	个	0	-100.0
贸易企业	个	7	600.0
其他服务类企业	个	2	0.0
新设外资企业数	个	0	—
内资企业注册资本	万元	20 400	5.2
合同利用外资	万美元	0	—
实际利用外资	万美元	0	-100.0
期末已投产运作企业数	个	4	—
其中：已投产加工企业	个	1	—
已投产物流企业	个	0	—
已投产贸易企业	个	3	—
已投产其他服务类企业	个	0	—
其中：注册资本1 000万美元以上	个	0	—
固定资产投资额	万元	125 028	35.0
其中：基础设施投资	万元	75 702	422.4
期末已建成城镇建设用地面积	万平方米	0	-100.0
房屋竣工建筑面积	平方米	0	—
其中：已建成厂房面积	平方米	0	—
税务部门税收	万元	35 959	36.8
期末从业人员	人	27 984	51.7
期末批准面积	平方公里	2.7	0.0
期末验收封关面积	平方公里	2.66	0.0

创新业态统计指标			
跨境电商：期末企业数	个	11	1 000.0
业务票数	票	7 950 000	-27.3
销售额	万元	128 473	-6.0
一般纳税人资格试点：期末企业数	个	5	66.7
试点企业内销金额	万元	8 302	4.1
试点企业增值税纳税额	万元	1 079	-18.3

(2)-1 截至2019年河南郑州出口加工区历年招商引资情况表

指标	单位	历年累计
工商在册企业数	个	45
其中：外资企业数	个	5
内资企业注册资本	万元	759 574
合同利用外资	万美元	533
实际利用外资	万美元	533

(2)-2 截至2019年河南郑州出口加工区历年主要外商投资情况表

按项目数排列			按注册资本排列		
序号	国别（地区）	项目数（个）	序号	国别（地区）	注册资本（万美元）
1	中国香港	2	1	中国香港	1 390
2	中国台湾	2	2	美国	600
3	美国	1	3	中国台湾	166

(3) 2019年河南郑州出口加工区出口加工企业工业产值排名表

单位：万元

序号	企业名称	序号	企业名称
1	富泰华精密电子（郑州）有限公司	6	郑州硕达钻石有限公司
2	郑州裕腾精密科技有限公司	7	郑州官田电子科技有限公司
3	河南省豫星微钻有限公司	8	台钻科技（郑州）有限公司
4	河南科隆实业有限公司	9	郑州梦祥银工艺制品进出口有限公司
5	华晶精密制造有限公司	10	郑州朝歌纺纱有限公司

(4) 2019年河南郑州出口加工区贸易企业商品销售额排名表

单位：万元

序号	企业名称	序号	企业名称
1	郑州源惠杰进出口贸易有限公司	3	郑州寰洲贸易有限公司
2	河南锦轩燕商贸有限公司	4	郑州天天开心贸易有限公司

（5）2019 年河南郑州出口加工区物流企业营业收入排名表

单位：万元

序号	企业名称	序号	企业名称
1	郑州润嘉食品有限公司	5	郑州悦海保税物流服务有限公司
2	瞻航保税物流服务有限公司	6	郑州大华天诚进出口有限公司
3	郑州天皓保税仓储服务有限公司	7	河南荷赛仓储服务有限公司
4	郑州酒港供应链管理有限公司	8	郑州思博雅保税仓储服务有限公司

广东广州出口加工区统计数据表

(1) 2019 年广东广州出口加工区主要经济指标完成情况表

指标名称	计量单位	2019 年	比上年增长 (%)
增加值	万元	62 518	4.4
经营总收入	万元	271 026	0.3
工业总产值	万元	271 821	1.2
企业利润总额	万元	6 812	-2.7
综合能源耗费量	吨标准煤	2 398	-8.9
期末从业人员	人	753	0.0
期末批准面积	平方公里	3.0	0.0
期末验收封关面积	平方公里	0.9	0.0

(2)-1 截至 2019 年广东广州出口加工区历年招商引资情况表

指标	单位	历年累计
批准企业	个	1
其中：外资企业		1
投资总额	万美元	12 500
其中：外商投资总额		12 500
合同外资额		5 400
实际利用外资		5 400

(2)-2 截至 2019 年广东广州出口加工区历年主要外商投资情况表

按项目数排列			按注册资本排列		
序号	国别（地区）	项目数（个）	序号	国别（地区）	注册资本（万美元）
1	日本	1	1	日本	5 400

(3) 2019 年广东广州出口加工区出口加工企业工业产值排名表

序号	企业名称	序号	企业名称
1	本田汽车（中国）有限公司		

四川绵阳出口加工区统计数据表

（1）2019 年四川绵阳出口加工区主要经济指标完成情况表

指标名称	计量单位	2019 年	比上年增长（%）
增加值	万元	32 677	-27.8
经营总收入	万元	82 891	-10.8
技术服务收入	万元	0	—
工业总产值	万元	78 628	-16.2
其中：高新技术产业	万元	0	—
物流企业经营收入	万元	0	-100.0
商品销售额	万元	81 631	-18.7
企业利润总额	万元	4 520	-10.6
综合能源耗费量	吨标准煤	780	-14.5
实际利用外资	万美元	210	—
期末已投产运作企业数	个	9	—
其中：已投产加工企业	个	5	—
已投产物流企业	个	4	—
已投产贸易企业	个	0	—
已投产其他服务类企业	个	0	—
其中：注册资本 1 000 万美元以上	个	0	—
固定资产投资额	万元	1 360	2.4
税务部门税收	万元	1 083	142.3
期末从业人员	人	2 169	-13.5
期末批准面积	平方公里	0.56	0.0
期末验收封关面积	平方公里	0.15	0.0

（2）-1　截至 2019 年四川绵阳出口加工区历年招商引资情况表

指标	单位	历年累计
工商在册企业数	个	8
其中：外资企业数	个	2
内资企业注册资本	万元	0
合同利用外资	万美元	310
实际利用外资	万美元	520

（2）-2　截至 2019 年四川绵阳出口加工区历年主要外商投资情况表

按项目数排列			按注册资本排列		
序号	国别（地区）	项目数（个）	序号	国别（地区）	注册资本（万美元）
1	美国	1	1	美国	210
2	中国台湾	1	2	中国台湾	100

（3）2019 年四川绵阳出口加工区出口加工企业工业产值排名表

单位：万元

序号	企业名称	工业总产值	序号	企业名称	工业总产值
1	虹锐电工有限责任公司	39 614	2	绵阳普思电子有限公司	39 011

（4）2019 年四川绵阳出口加工区贸易企业商品销售额排名表

单位：万元

序号	企业名称	商品销售额	序号	企业名称	商品销售额
1	虹锐电工有限责任公司	42 274	2	绵阳普思电子有限公司	39 358

（5）2019 年四川绵阳出口加工区物流企业营业收入排名表

单位：万元

序号	企业名称	序号	企业名称
1	绵阳出口加工区华泰物流有限公司	3	绵阳市新兴源物流有限公司
2	中外运发展股份有限公司绵阳分公司	4	绵阳翔天物流有限公司

陕西西安出口加工区A区统计数据表

（1）2019年陕西西安出口加工区A区主要经济指标完成情况表

指标名称	指标单位	本年累计	同比（%）
增加值	万元	527 558	-3.6
经营总收入	万元	2 343 914	3.1
其中：技术服务收入	万元	7 580	26.5
工业总产值	万元	2 157 581	3.0
其中：高新技术产业	万元	835 650	9.6
物流企业经营收入	万元	28 147	-2.8
商品销售额	万元	0	—
企业利润总额	万元	2 236	25.7
综合能源耗费量	吨标准煤	11 098	28.6
新设企业数	个	1	0.0
其中：加工企业	个	1	—
物流企业	个	0	—
贸易企业	个	0	—
其他服务类企业	个	0	—
新设外资企业数	个	0	—
内资企业注册资本	万元	1 000	-66.7
合同利用外资	万美元	0	—
实际利用外资	万美元	0	—
已投产运作企业数	个	1	—
其中：已投产加工企业	个	1	—
已投产物流企业	个	0	—
已投产贸易企业	个	0	—
已投产其他服务类企业	个	0	—
其中：注册资本1 000万美元以上	个	0	—
固定资产投资额	万元	4 882	-25.5
其中：基础设施投资	万元	2 278	-26.0
已建成城镇建设用地面积	万平方米	0	—
房屋竣工建筑面积	平方米	0	—
其中：已建成厂房面积	平方米	0	—
税务部门税收	万元	2 755	-5.7
期末从业人员	人	3 522	-0.3
期末批准面积	平方公里	1.46	0.0
期末验收封关面积	平方公里	0.75	0.0

(2)-1 截至2019年陕西西安出口加工区A区招商引资情况表

指标	单位	历年累计
批准企业	个	77
其中：外资企业		22
投资总额	（万美元）	96 290
其中：外商投资总额		16 949
合同外资额		13 549
实际利用外资		13 110

(2)-2 截至2019年陕西西安出口加工区A区历年主要外商投资情况表

按项目数排列			按投资额排列		
序号	国别（地区）	项目数（个）	序号	国别（地区）	注册资本（万美元）
1	美国	4	1	中国香港	3 989
2	中国香港	3	2	英国	2 980
3	中国台湾	2	3	法国	1 860
4	英国	1	4	日本	1 456
5	法国	1	5	中国台湾	640

(3) 2019年陕西西安出口加工区A区出口加工企业工业产值排名表

单位：万元

序号	企业名称	序号	企业名称
1	西安庆安航空机械制造有限公司	11	西安华欧精密机械有限责任公司
2	西安西航集团莱特航空制造技术有限公司	12	西安富鑫珠宝有限公司
3	西安沃迈特航材有限公司	13	西安赛隆金属材料有限责任公司
4	西安西飞国际科技发展有限公司	14	西安阿美瑞肯生物工程有限公司
5	龙腾半导体有限公司	15	西安龙辉钻石加工有限公司
6	西安赛威短舱有限公司	16	中航材航空科技发展（西安）有限责任公司
7	西安西罗涡轮制造有限公司	17	陕西国圣科工贸有限公司
8	时硕科技（西安）有限公司公司	18	西安祺创太阳能科技有限公司
9	西安金耘特殊金属有限公司	19	西安天祺光电技术有限公司
10	蒂森克虏伯航空材料（西安）有限公司	20	陕西益仁机械制造有限公司

(4) 2019年陕西西安出口加工区A区物流企业营业收入排名表

单位：万元

序号	企业名称	序号	企业名称
1	西安盈和展宏物流有限公司	6	西安碧瑞祥物流有限公司
2	陕西云通国际物流有限公司	7	易通国际物流（西安）有限公司
3	西安陆海恒利物流服务有限公司	8	西安普润斯国际货运有限公司
4	西安凯迪克航材物流有限公司	9	西安怡沛企业管理有限公司
5	利碧得特钢（西安）有限公司	10	陕西和舟科技有限公司

保税港区（综合保税区）

2019 年全国保税港区经济指标统计情况表

指标	单位	合计		
		当年累计	增幅（%）	历年累计
增加值	万元	9 095 226	1.0	58 990 088
经营总收入	万元	95 063 316	18.1	623 611 972
其中：技术服务收入	万元	1 371	27.4	395 700
工业总产值	万元	16 156 986	4.5	163 147 176.2
其中：高新技术产业	万元	916 443	33.4	9 598 059
物流企业经营收入	万元	20 275 145	11.2	134 324 345
商品销售额	万元	40 968 418	-18.2	164 860 858
企业利润总额	万元	3 198 839	5.8	7 472 030
综合能源耗费量	吨标准煤	61 963	16.4	551 971
新设企业数	个	5 119	7.4	43 518
其中：加工企业	个	33	371.4	481
物流企业	个	619	355.1	4 543
贸易企业	个	1 910	210.6	18 032
其他服务类企业	个	1 325	358.5	4 603
新设外资企业数	个	259	-26.2	4 474
内资企业注册资本	万元	16 021 465	91.9	53 988 472.47
合同利用外资	万美元	961 254	28.8	6 849 982
实际利用外资	万美元	335 786	37.2	1 851 482.45
已投产运作企业数	个	1 138	-59.4	16 018
其中：已投产加工企业	个	33	-5.7	232
已投产物流企业	个	116	190.0	2 461
已投产贸易企业	个	389	-6.0	4 881
已投产其他服务类企业	个	176	155.1	865
其中：注册资本 1000 万美元以上	个	30	1 400.0	123
固定资产投资额	万元	2 618 870	79.0	17 348 838
其中：基础设施投资	万元	420 548	-9.0	5 812 009
已建成城镇建设用地面积	万平方米	18	-84.3	2 634.43
房屋竣工建筑面积	平方米	0	—	10 043 519
其中：已建成厂房面积	平方米	0	—	6 368 931
税务部门税收	万元	4 616 362	10.2	21 687 595
期末从业人员	人	181 824	-15.6	184 165
期末批准面积	平方公里	106.125	-1.8	106.125
期末验收封关面积	平方公里	79.574	4.2	79.574
创新业态统计指标				
跨境电商企业数	个	462	6.5	462
业务票数	票	5 782 288	45.0	10 978 425
销售额	万元	232 941	207.8	329 959
融资租赁企业数	个	187	274.0	187
租赁资产总额	万元	559 000	—	559 000
货物状态分类监管企业数	个	5	—	5
国内货物进出区货值	万元	1 052 210	1 033.2	1 935 066
一般纳税人资格试点企业数	个	18	500.0	18
试点企业内销金额	万元	49 553	—	49 553
试点企业增值税纳税额	万元	6 404	—	6 404

续表

指标	单位	天津东疆保税港区		
		当年累计	增幅（%）	历年累计
增加值	万元	0	—	1 740 000
经营总收入	万元	0	—	13 990 000
其中：技术服务收入	万元	0	—	0
工业总产值	万元	0	—	0
其中：高新技术产业	万元	0	—	0
物流企业经营收入	万元	0	—	0
商品销售额	万元	0	—	0
企业利润总额	万元	0	—	0
综合能源耗费量	吨标准煤	0	—	0
新设企业数	个	2 456	-3.8	18 189
其中：加工企业	个	0	—	26
物流企业	个	113	24.2	1 457
贸易企业	个	541	1 590.6	1 139
其他服务类企业	个	866	—	2 411
新设外资企业数	个	110	-57.4	1 944
内资企业注册资本	万元	12 823 552	68.5	24 860 955
合同利用外资	万美元	735 113	23.7	5 114 791
实际利用外资	万美元	54 253	8.4	359 811
已投产运作企业数	个	395	-82.0	7 195
其中：已投产加工企业	个	0	—	0
已投产物流企业	个	0	—	800
已投产贸易企业	个	0	—	0
已投产其他服务类企业	个	0	—	0
其中：注册资本1000万美元以上	个	0	—	0
固定资产投资额	万元	33 269	387.7	2 278 780
其中：基础设施投资	万元	0	—	700 114
已建成城镇建设用地面积	万平方米	0	—	0
房屋竣工建筑面积	平方米	0	—	804 089
其中：已建成厂房面积	平方米	0	—	754 889
税务部门税收	万元	2 436 291	44.1	7 668 428
期末从业人员	人	30 000	20.0	30 000
期末批准面积	平方公里	10	0.0	10
期末验收封关面积	平方公里	10	0.0	10
创新业态统计指标				
跨境电商企业数	个	0	—	0
业务票数	票	0	—	0
销售额	万元	0	—	0
融资租赁企业数	个	0	—	0
租赁资产总额	万元	0	—	0
货物状态分类监管企业数	个	0	—	0
国内货物进出区货值	万元	0	—	0
一般纳税人资格试点企业数	个	0	—	0
试点企业内销金额	万元	0	—	0
试点企业增值税纳税额	万元	0	—	0

续表

指标	单位	大连大窑湾保税港区		
		当年累计	增幅（%）	历年累计
增加值	万元	0	—	1 286 397
经营总收入	万元	0	—	3 309 266
其中：技术服务收入	万元	0	—	0
工业总产值	万元	0	—	14 343
其中：高新技术产业	万元	0	—	0
物流企业经营收入	万元	0	—	808 984
商品销售额	万元	0	—	0
企业利润总额	万元	0	—	102 598
综合能源耗费量	吨标准煤	0	—	119 254
新设企业数	个	0	—	223
其中：加工企业	个	0	—	4
物流企业	个	0	—	87
贸易企业	个	0	—	0
其他服务类企业	个	0	—	1
新设外资企业数	个	0	—	49
内资企业注册资本	万元	0	—	0
合同利用外资	万美元	0	—	133 296
实际利用外资	万美元	0	—	113 476
已投产运作企业数	个	0	—	80
其中：已投产加工企业	个	0	—	2
已投产物流企业	个	0	—	77
已投产贸易企业	个	0	—	0
已投产其他服务类企业	个	0	—	0
其中：注册资本1000万美元以上	个	0	—	0
固定资产投资额	万元	0	—	699 742
其中：基础设施投资	万元	0	—	107 652
已建成城镇建设用地面积	万平方米	0	—	0
房屋竣工建筑面积	平方米	0	—	1 010 438
其中：已建成厂房面积	平方米	0	—	1 009 088
税务部门税收	万元	10 941	-48.0	181 669
期末从业人员	人	0	—	0
期末批准面积	平方公里	6.88	0.0	6.88
期末验收封关面积	平方公里	3.06	0.0	3.06
创新业态统计指标				
跨境电商企业数	个	0	—	0
业务票数	票	0	—	0
销售额	万元	0	—	0
融资租赁企业数	个	0	—	0
租赁资产总额	万元	0	—	0
货物状态分类监管企业数	个	0	—	0
国内货物进出区货值	万元	0	—	0
一般纳税人资格试点企业数	个	0	—	0
试点企业内销金额	万元	0	—	0
试点企业增值税纳税额	万元	0	—	0

续表

指标	单位	洋山保税港区		
		当年累计	增幅（%）	历年累计
增加值	万元	4 207 400	-18.9	22 451 900
经营总收入	万元	38 877 900	11.3	262 008 234
其中：技术服务收入	万元	0	—	0
工业总产值	万元	0	—	0
其中：高新技术产业	万元	0	—	0
物流企业经营收入	万元	13 881 400	7.5	93 556 556
商品销售额	万元	24 612 300	14.1	63 888 980
企业利润总额	万元	1 829 600	-10.3	1 830 100
综合能源耗费量	吨标准煤	0	—	0
新设企业数	个	98	8.9	1 700
其中：加工企业	个	0	—	0
物流企业	个	17	13.3	740
贸易企业	个	20	-45.9	492
其他服务类企业	个	61	60.5	1 208
新设外资企业数	个	17	41.7	274
内资企业注册资本	万元	125 100	-29.9	15 271 183
合同利用外资	万美元	4 959	—	243 490
实际利用外资	万美元	38 800	-18.0	489 196
已投产运作企业数	个	0	—	1 323
其中：已投产加工企业	个	0	—	0
已投产物流企业	个	0	—	634
已投产贸易企业	个	0	—	324
已投产其他服务类企业	个	0	—	365
其中：注册资本1000万美元以上	个	0	—	0
固定资产投资额	万元	85 200	62.9	2 667 200
其中：基础设施投资	万元	0	—	115 900
已建成城镇建设用地面积	万平方米	0	—	1 073
房屋竣工建筑面积	平方米	0	—	0
其中：已建成厂房面积	平方米	0	—	0
税务部门税收	万元	1 207 228	7.2	7 318 214
期末从业人员	人	50 122	8.6	50 122
期末批准面积	平方公里	14.16	0.0	14.16
期末验收封关面积	平方公里	14.16	0.0	14.16
创新业态统计指标				
跨境电商企业数	个	15	0.0	15
业务票数	票	3 400 536	0.4	7 995 031
销售额	万元	62 876	15.1	138 838
融资租赁企业数	个	0	—	0
租赁资产总额	万元	0	—	0
货物状态分类监管企业数	个	0	—	0
国内货物进出区货值	万元	0	—	0
一般纳税人资格试点企业数	个	0	—	0
试点企业内销金额	万元	0	—	0
试点企业增值税纳税额	万元	0	—	0

续表

指标	单位	张家港保税港区		
		当年累计	增幅（%）	历年累计
增加值	万元	1 443 694	17.4	3 288 816
经营总收入	万元	15 050 838	-1.3	41 675 998
其中：技术服务收入	万元	0	—	0
工业总产值	万元	0	—	0
其中：高新技术产业	万元	0	—	45 477
物流企业经营收入	万元	1 624 205	7.1	13 081 915
商品销售额	万元	1 505 838	-90.1	27 875 827
企业利润总额	万元	0	—	0
综合能源耗费量	吨标准煤	0	—	0
新设企业数	个	476	10.4	4 688
其中：加工企业	个	1	—	3
物流企业	个	64	6 300.0	216
贸易企业	个	356	-5.8	4 381
其他服务类企业	个	55	120.0	88
新设外资企业数	个	1	—	106
内资企业注册资本	万元	391 867	30.0	721 329
合同利用外资	万美元	5	—	73 361
实际利用外资	万美元	0	—	26 759
已投产运作企业数	个	476	10.4	4 688
其中：已投产加工企业	个	1	—	1
已投产物流企业	个	64	6 300.0	216
已投产贸易企业	个	356	-5.8	4 381
已投产其他服务类企业	个	55	120.0	88
其中：注册资本 1000 万美元以上	个	0	—	1
固定资产投资额	万元	0	—	0
其中：基础设施投资	万元	0	—	0
已建成城镇建设用地面积	万平方米	0	—	118
房屋竣工建筑面积	平方米	0	—	833 700
其中：已建成厂房面积	平方米	0	—	334 200
税务部门税收	万元	32 823	31.5	100 130
期末从业人员	人	12 730	11.5	12 730
期末批准面积	平方公里	4.1	0.0	4.1
期末验收封关面积	平方公里	1.53	0.0	1.53
创新业态统计指标				
跨境电商企业数	个	0	—	0
业务票数	票	0	—	0
销售额	万元	0	—	0
融资租赁企业数	个	0	—	0
租赁资产总额	万元	0	—	0
货物状态分类监管企业数	个	0	—	0
国内货物进出区货值	万元	0	—	0
一般纳税人资格试点企业数	个	0	—	0
试点企业内销金额	万元	0	—	0
试点企业增值税纳税额	万元	0	—	0

续表

指标	单位	宁波梅山保税港区		
		当年累计	增幅（%）	历年累计
增加值	万元	0	—	1 065 206
经营总收入	万元	3 128 107	-6.4	15 994 746
其中：技术服务收入	万元	0	—	0
工业总产值	万元	0	—	0
其中：高新技术产业	万元	0	—	0
物流企业经营收入	万元	927 722	26.7	3 144 477
商品销售额	万元	0	—	0
企业利润总额	万元	0	—	0
综合能源耗费量	吨标准煤	0	—	0
新设企业数	个	0	-100.0	317
其中：加工企业	个	0	—	0
物流企业	个	0	—	142
贸易企业	个	0	—	1
其他服务类企业	个	0	—	1
新设外资企业数	个	0	—	35
内资企业注册资本	万元	0	—	0
合同利用外资	万美元	0	—	25 836
实际利用外资	万美元	0	—	25 344
已投产运作企业数	个	0	—	316
其中：已投产加工企业	个	0	—	0
已投产物流企业	个	0	—	142
已投产贸易企业	个	0	—	1
已投产其他服务类企业	个	0	—	0
其中：注册资本 1000 万美元以上	个	0	—	0
固定资产投资额	万元	741 571	55.0	3 377 887
其中：基础设施投资	万元	272 374	25.9	2 615 782
已建成城镇建设用地面积	万平方米	0	—	0
房屋竣工建筑面积	平方米	0	—	404 605
其中：已建成厂房面积	平方米	0	—	210 986
税务部门税收	万元	170 000	-40.0	1 050 522
期末从业人员	人	2 132	39.2	2 132
期末批准面积	平方公里	5.7	-26.0	5.7
期末验收封关面积	平方公里	5.7	128.0	5.7
创新业态统计指标				
跨境电商企业数	个	0	—	0
业务票数	票	0	—	0
销售额	万元	0	—	0
融资租赁企业数	个	0	—	0
租赁资产总额	万元	0	—	0
货物状态分类监管企业数	个	0	—	0
国内货物进出区货值	万元	0	—	0
一般纳税人资格试点企业数	个	0	—	0
试点企业内销金额	万元	0	—	0
试点企业增值税纳税额	万元	0	—	0

续表

指标	单位	厦门海沧保税港区		
		当年累计	增幅（%）	历年累计
增加值	万元	171 948	-10.5	1 793 017
经营总收入	万元	684 220	-1.0	5 103 743
其中：技术服务收入	万元	0	—	0
工业总产值	万元	486 941	-1.5	6 314 242
其中：高新技术产业	万元	0	—	0
物流企业经营收入	万元	217 886	20.2	1 342 579
商品销售额	万元	322	-23.3	742
企业利润总额	万元	13 840	-0.1	536 527
综合能源耗费量	吨标准煤	2 589	-31.8	113 105
新设企业数	个	1	—	85
其中：加工企业	个	0	—	45
物流企业	个	0	—	37
贸易企业	个	0	—	0
其他服务类企业	个	0	—	0
新设外资企业数	个	0	—	48
内资企业注册资本	万元	0	—	0
合同利用外资	万美元	0	-100.0	54 940
实际利用外资	万美元	0	—	39 094
已投产运作企业数	个	57	-10.9	251
其中：已投产加工企业	个	30	-3.2	125
已投产物流企业	个	19	0.0	90
已投产贸易企业	个	0	—	0
已投产其他服务类企业	个	0	—	0
其中：注册资本1000万美元以上	个	0	—	0
固定资产投资额	万元	2 280	-60.2	421 864
其中：基础设施投资	万元	2 280	-60.2	344 157
已建成城镇建设用地面积	万平方米	0	—	0
房屋竣工建筑面积	平方米	0	—	813 408
其中：已建成厂房面积	平方米	0	—	795 870
税务部门税收	万元	19 934	-4.5	141 817
期末从业人员	人	10 000	-8.7	10 000
期末批准面积	平方公里	9.51	0.0	9.51
期末验收封关面积	平方公里	5.52	0.0	5.52
创新业态统计指标				
跨境电商企业数	个	1	0.0	1
业务票数	票	7 006	-37.0	18 124
销售额	万元	322	-23.3	742
融资租赁企业数	个	0	—	0
租赁资产总额	万元	0	—	0
货物状态分类监管企业数	个	0	—	0
国内货物进出区货值	万元	0	—	0
一般纳税人资格试点企业数	个	0	—	0
试点企业内销金额	万元	0	—	0
试点企业增值税纳税额	万元	0	—	0

续表

指标	单位	广州南沙保税港区		
		当年累计	增幅（%）	历年累计
增加值	万元	156 140	8.8	1 163 562
经营总收入	万元	5 586 038	1 666.5	7 996 459
其中：技术服务收入	万元	0	—	0
工业总产值	万元	166 818	161.8	694 552
其中：高新技术产业	万元	0	—	0
物流企业经营收入	万元	327 152	37.8	2 237 052
商品销售额	万元	0	—	1 815 000
企业利润总额	万元	22 723	70.6	283 204
综合能源耗费量	吨标准煤	242	38.3	5 965
新设企业数	个	0	—	292
其中：加工企业	个	0	—	5
物流企业	个	0	—	271
贸易企业	个	0	—	8
其他服务类企业	个	0	—	0
新设外资企业数	个	0	—	13
内资企业注册资本	万元	0	—	385 389
合同利用外资	万美元	0	—	106 035
实际利用外资	万美元	0	—	46 352
已投产运作企业数	个	0	—	370
其中：已投产加工企业	个	0	—	9
已投产物流企业	个	0	—	311
已投产贸易企业	个	0	—	30
已投产其他服务类企业	个	0	—	10
其中：注册资本1000万美元以上	个	0	—	2
固定资产投资额	万元	297 383	4 910.7	573 923
其中：基础设施投资	万元	5 124	67.1	128 438
已建成城镇建设用地面积	万平方米	0	—	0
房屋竣工建筑面积	平方米	0	—	736 689
其中：已建成厂房面积	平方米	0	—	736 689
税务部门税收	万元	18 005	5.9	129 478
期末从业人员	人	0	-100.0	2 341
期末批准面积	平方公里	7.06	0.0	7.06
期末验收封关面积	平方公里	3.7	0.0	3.7
创新业态统计指标				
跨境电商企业数	个	0	—	0
业务票数	票	0	—	0
销售额	万元	110 000	—	110 000
融资租赁企业数	个	0	—	0
租赁资产总额	万元	0	—	0
货物状态分类监管企业数	个	0	—	0
国内货物进出区货值	万元	0	—	0
一般纳税人资格试点企业数	个	0	—	0
试点企业内销金额	万元	0	—	0
试点企业增值税纳税额	万元	0	—	0

续表

指标	单位	烟台保税港区		
		当年累计	增幅（%）	历年累计
增加值	万元	398 749	-13.4	5 793 677
经营总收入	万元	4 150 099	-12.5	78 236 997
其中：技术服务收入	万元	0	—	0
工业总产值	万元	4 139 560	-12.5	80 912 475
其中：高新技术产业	万元	13 396	-10.6	3 395 502
物流企业经营收入	万元	67 373	13.4	351 766
商品销售额	万元	4 149 235	—	4 149 235
企业利润总额	万元	16 104	12.6	1 376 192
综合能源耗费量	吨标准煤	23 985	95.0	230 805
新设企业数	个	22	340.0	400
其中：加工企业	个	1	-50.0	80
物流企业	个	7	—	109
贸易企业	个	4	—	9
其他服务类企业	个	10	400.0	12
新设外资企业数	个	4	33.3	95
内资企业注册资本	万元	17 600	802.6	21 350
合同利用外资	万美元	612	-57.6	62 397
实际利用外资	万美元	283	-27.4	44 783
已投产运作企业数	个	11	450.0	130
其中：已投产加工企业	个	1	—	71
已投产物流企业	个	4	—	49
已投产贸易企业	个	3	—	5
已投产其他服务类企业	个	3	50.0	5
其中：注册资本 1000 万美元以上	个	0	—	0
固定资产投资额	万元	1 740	-76.5	474 784
其中：基础设施投资	万元	530	-90.3	108 094
已建成城镇建设用地面积	万平方米	0	—	552
房屋竣工建筑面积	平方米	0	—	1 142 118
其中：已建成厂房面积	平方米	0	—	465 054
税务部门税收	万元	18 994	221.8	316 269
期末从业人员	人	32 882	-23.2	32 882
期末批准面积	平方公里	6.21	0.0	6.21
期末验收封关面积	平方公里	6.21	0.0	6.21
创新业态统计指标				
跨境电商企业数	个	0	—	0
业务票数	票	0	—	0
销售额	万元	0	—	0
融资租赁企业数	个	0	—	0
租赁资产总额	万元	0	—	0
货物状态分类监管企业数	个	0	—	0
国内货物进出区货值	万元	0	—	0
一般纳税人资格试点企业数	个	0	—	0
试点企业内销金额	万元	0	—	0
试点企业增值税纳税额	万元	0	—	0

续表

指标	单位	重庆两路寸滩保税港区		
		当年累计	增幅（%）	历年累计
增加值	万元	0	—	0
经营总收入	万元	9 275 600	20.4	54 654 979
其中：技术服务收入	万元	0	—	393 253
工业总产值	万元	9 275 600	20.4	61 762 956
其中：高新技术产业	万元	0	—	0
物流企业经营收入	万元	0	—	1 621 575
商品销售额	万元	0	—	0
企业利润总额	万元	4	300.0	6
综合能源耗费量	吨标准煤	4	33.3	8
新设企业数	个	318	15.6	2 428
其中：加工企业	个	0	—	29
物流企业	个	25	177.8	287
贸易企业	个	104	-14.8	226
其他服务类企业	个	171	59.8	278
新设外资企业数	个	0	—	39
内资企业注册资本	万元	0	-100.0	2
合同利用外资	万美元	0	-100.0	151 519
实际利用外资	万美元	70 300	-35.6	316 050
已投产运作企业数	个	46	-20.7	537
其中：已投产加工企业	个	0	—	2
已投产物流企业	个	6	500.0	61
已投产贸易企业	个	19	-36.7	49
已投产其他服务类企业	个	20	-9.1	42
其中：注册资本1000万美元以上	个	1	—	1
固定资产投资额	万元	1 303 500	102.4	3 052 200
其中：基础设施投资	万元	108 000	-8.7	278 000
已建成城镇建设用地面积	万平方米	0	—	0
房屋竣工建筑面积	平方米	0	—	0
其中：已建成厂房面积	平方米	0	—	0
税务部门税收	万元	187 000	-17.0	1 517 879
期末从业人员	人	0	-100.0	0
期末批准面积	平方公里	8.37	0.0	8.37
期末验收封关面积	平方公里	8.37	0.0	8.37
创新业态统计指标				
跨境电商企业数	个	0	—	0
业务票数	票	0	—	0
销售额	万元	0	—	0
融资租赁企业数	个	0	—	0
租赁资产总额	万元	0	—	0
货物状态分类监管企业数	个	0	—	0
国内货物进出区货值	万元	0	—	0
一般纳税人资格试点企业数	个	0	—	0
试点企业内销金额	万元	0	—	0
试点企业增值税纳税额	万元	0	—	0

续表

指标	单位	广西钦州保税港区		
		当年累计	增幅（%）	历年累计
增加值	万元	0	-100.0	397
经营总收入	万元	0	—	0
其中：技术服务收入	万元	0	—	0
工业总产值	万元	0	-100.0	157 744
其中：高新技术产业	万元	0	—	0
物流企业经营收入	万元	0	—	0
商品销售额	万元	0	—	0
企业利润总额	万元	0	-100.0	1
综合能源耗费量	吨标准煤	0	-100.0	2
新设企业数	个	100	9 900.0	538
其中：加工企业	个	0	—	11
物流企业	个	0	—	78
贸易企业	个	0	—	0
其他服务类企业	个	0	—	0
新设外资企业数	个	0	—	25
内资企业注册资本	万元	0	—	0
合同利用外资	万美元	0	—	0
实际利用外资	万美元	795	—	795
已投产运作企业数	个	0	—	43
其中：已投产加工企业	个	0	—	2
已投产物流企业	个	0	—	23
已投产贸易企业	个	0	—	0
已投产其他服务类企业	个	0	—	0
其中：注册资本1000万美元以上	个	0	—	0
固定资产投资额	万元	37 484	19.5	1 937 279
其中：基础设施投资	万元	1 815	—	1 126 915
已建成城镇建设用地面积	万平方米	0	—	0
房屋竣工建筑面积	平方米	0	—	172 103
其中：已建成厂房面积	平方米	0	—	31 470
税务部门税收	万元	7 466	-32.0	88 604
期末从业人员	人	862	9.1	862
期末批准面积	平方公里	10	0.0	10
期末验收封关面积	平方公里	6.34	0.0	6.34
创新业态统计指标				
跨境电商企业数	个	0	—	0
业务票数	票	0	—	0
销售额	万元	0	—	0
融资租赁企业数	个	0	—	0
租赁资产总额	万元	0	—	0
货物状态分类监管企业数	个	0	—	0
国内货物进出区货值	万元	0	—	0
一般纳税人资格试点企业数	个	0	—	0
试点企业内销金额	万元	0	—	0
试点企业增值税纳税额	万元	0	—	0

续表

指标	单位	海南洋浦保税港区		
		当年累计	增幅（%）	历年累计
增加值	万元	2 648	-27.4	1 766 129
经营总收入	万元	215 801	43.1	37 897 599
其中：技术服务收入	万元	0	—	0
工业总产值	万元	8 967	-3.0	91 056
其中：高新技术产业	万元	0	—	0
物流企业经营收入	万元	3 473	32.1	82 365
商品销售额	万元	203 314	34.9	354 079
企业利润总额	万元	328	—	648 574
综合能源耗费量	吨标准煤	309	16.2	4 766
新设企业数	个	13	-48.0	136
其中：加工企业	个	2	-60.0	23
物流企业	个	0	-100.0	12
贸易企业	个	10	0.0	86
其他服务类企业	个	1	-83.3	15
新设外资企业数	个	1	0.0	7
内资企业注册资本	万元	40 900	-30.6	1 368 758
合同利用外资	万美元	106	-45.4	5 399
实际利用外资	万美元	0	-100.0	3 037
已投产运作企业数	个	2	-60.0	21
其中：已投产加工企业	个	1	-66.7	4
已投产物流企业	个	0	—	4
已投产贸易企业	个	1	-50.0	13
已投产其他服务类企业	个	0	—	0
其中：注册资本 1000 万美元以上	个	0	—	0
固定资产投资额	万元	9 519	-78.6	164 461
其中：基础设施投资	万元	3 260	354.0	42 289
已建成城镇建设用地面积	万平方米	18	-84.3	133
房屋竣工建筑面积	平方米	0	—	175 407
其中：已建成厂房面积	平方米	0	—	108 485
税务部门税收	万元	1 202	-52.7	311 676
期末从业人员	人	392	-40.7	392
期末批准面积	平方公里	2.26	0.0	2.26
期末验收封关面积	平方公里	2.26	0.0	2.26
创新业态统计指标				
跨境电商企业数	个	1	—	1
业务票数	票	0	—	0
销售额	万元	0	—	0
融资租赁企业数	个	0	—	0
租赁资产总额	万元	0	—	0
货物状态分类监管企业数	个	0	—	0
国内货物进出区货值	万元	0	—	0
一般纳税人资格试点企业数	个	0	—	0
试点企业内销金额	万元	0	—	0
试点企业增值税纳税额	万元	0	—	0

续表

指标	单位	福州保税港区		
		当年累计	增幅（%）	历年累计
增加值	万元	22 298	-24.5	51 850
经营总收入	万元	776 953	-5.3	1 597 608
其中：技术服务收入	万元	1 371	27.4	2 447
工业总产值	万元	257 757	-0.6	516 942
其中：高新技术产业	万元	0	—	0
物流企业经营收入	万元	648	-23.5	1 495
商品销售额	万元	815 244	-82.8	5 550 438
企业利润总额	万元	10 994	-20.8	24 884
综合能源耗费量	吨标准煤	5 255	16.2	9 778
新设企业数	个	15	—	50
其中：加工企业	个	0	—	15
物流企业	个	0	—	12
贸易企业	个	15	—	22
其他服务类企业	个	0	—	1
新设外资企业数	个	0	—	11
内资企业注册资本	万元	0	—	117 663
合同利用外资	万美元	0	—	18 935
实际利用外资	万美元	0	—	12 674
已投产运作企业数	个	0	—	35
其中：已投产加工企业	个	0	—	15
已投产物流企业	个	0	—	12
已投产贸易企业	个	0	—	7
已投产其他服务类企业	个	0	—	1
其中：注册资本 1000 万美元以上	个	0	—	12
固定资产投资额	万元	2 195	-91.2	531 112
其中：基础设施投资	万元	0	-100.0	5 610
已建成城镇建设用地面积	万平方米	0	—	758.43
房屋竣工建筑面积	平方米	0	—	2 153 400
其中：已建成厂房面积	平方米	0	—	1 922 200
税务部门税收	万元	118 513	-46.2	338 953
期末从业人员	人	1 011	0.4	1 011
期末批准面积	平方公里	9.26	—	9.26
期末验收封关面积	平方公里	2.43	—	2.43
创新业态统计指标				
跨境电商企业数	个	13	0.0	13
业务票数	票	562 702	208.4	745 183
销售额	万元	12 075	97.5	18 189
融资租赁企业数	个	0	—	0
租赁资产总额	万元	0	—	0
货物状态分类监管企业数	个	0	—	0
国内货物进出区货值	万元	0	-100.0	92 856
一般纳税人资格试点企业数	个	0	—	0
试点企业内销金额	万元	0	—	0
试点企业增值税纳税额	万元	0	—	0

续表

指标	单位	青岛前湾保税港区		
		当年累计	增幅（%）	历年累计
增加值	万元	1 874 257	6.5	17 771 045
经营总收入	万元	12 282 557	13.4	93 910 482
其中：技术服务收入	万元	0	—	0
工业总产值	万元	1 107 450	9.7	10 785 262
其中：高新技术产业	万元	903 047	34.4	6 157 080
物流企业经营收入	万元	1 804 112	4.2	15 813 615
商品销售额	万元	9 682 165	15.4	61 226 557
企业利润总额	万元	1 304 842	40.6	2 669 936
综合能源耗费量	吨标准煤	29 575	-8.0	68 280
新设企业数	个	1 444	18.3	13 375
其中：加工企业	个	29	—	239
物流企业	个	360	—	674
贸易企业	个	836	—	11 532
其他服务类企业	个	44	—	51
新设外资企业数	个	98	36.1	1 795
内资企业注册资本	万元	1 801 071	—	3 581 871
合同利用外资	万美元	121 038	-16.5	758 206
实际利用外资	万美元	1 429	-88.2	177 785
已投产运作企业数	个	20	—	249
其中：已投产加工企业	个	0	—	0
已投产物流企业	个	0	—	0
已投产贸易企业	个	0	—	0
已投产其他服务类企业	个	0	—	0
其中：注册资本1000万美元以上	个	14	—	28
固定资产投资额	万元	82 107	24.0	1 051 123
其中：基础设施投资	万元	5 000	-74.0	129 246
已建成城镇建设用地面积	万平方米	0	—	0
房屋竣工建筑面积	平方米	0	—	1 797 562
其中：已建成厂房面积	平方米	0	—	0
税务部门税收	万元	151 022	-5.0	1 967 160
期末从业人员	人	36 014	-5.0	36 014
期末批准面积	平方公里	9.72	0.0	9.72
期末验收封关面积	平方公里	9.12	0.0	9.12
创新业态统计指标				
跨境电商企业数	个	432	6.7	432
业务票数	票	1 812 044	344.1	2 220 087
销售额	万元	47 668	228.2	62 190
融资租赁企业数	个	187	274.0	187
租赁资产总额	万元	559 000	—	559 000
货物状态分类监管企业数	个	5	—	5
国内货物进出区货值	万元	1 052 210	—	1 842 210
一般纳税人资格试点企业数	个	18	500.0	18
试点企业内销金额	万元	49 553	—	49 553
试点企业增值税纳税额	万元	6 404	—	6 404

续表

指标	单位	深圳前海湾保税港区		
		当年累计	增幅（%）	历年累计
增加值	万元	818 092	—	818 092
经营总收入	万元	5 035 203	128.8	7 235 861
其中：技术服务收入	万元	0	—	0
工业总产值	万元	713 893	-39.7	1 897 604.2
其中：高新技术产业	万元	0	—	0
物流企业经营收入	万元	1 421 174	65.1	2 281 966
商品销售额	万元	0	—	0
企业利润总额	万元	4	0.0	8
综合能源耗费量	吨标准煤	4	0.0	8
新设企业数	个	176	8.0	1 097
其中：加工企业	个	0	—	1
物流企业	个	33	106.3	421
贸易企业	个	24	-33.3	136
其他服务类企业	个	117	5.4	537
新设外资企业数	个	28	460.0	33
内资企业注册资本	万元	821 375	319.1	7 659 972.47
合同利用外资	万美元	99 421	4 119.9	101 777
实际利用外资	万美元	170 704	566.2	196 326.45
已投产运作企业数	个	131	197.7	780
其中：已投产加工企业	个	0	-100.0	1
已投产物流企业	个	23	21.1	42
已投产贸易企业	个	10	150.0	71
已投产其他服务类企业	个	98	390.0	354
其中：注册资本1000万美元以上	个	15	650.0	79
固定资产投资额	万元	22 622	-76.4	118 483
其中：基础设施投资	万元	22 165	-74.7	109 812
已建成城镇建设用地面积	万平方米	0	—	0
房屋竣工建筑面积	平方米	0	—	0
其中：已建成厂房面积	平方米	0	—	0
税务部门税收	万元	236 943	-25.9	556 796
期末从业人员	人	5 679	19.4	5 679
期末批准面积	平方公里	2.897	—	2.897
期末验收封关面积	平方公里	1.176	—	1.176
创新业态统计指标				
跨境电商企业数	个	0	—	0
业务票数	票	0	—	0
销售额	万元	0	—	0
融资租赁企业数	个	0	—	0
租赁资产总额	万元	0	—	0
货物状态分类监管企业数	个	0	—	0
国内货物进出区货值	万元	0	—	0
一般纳税人资格试点企业数	个	0	—	0
试点企业内销金额	万元	0	—	0
试点企业增值税纳税额	万元	0	—	0

洋山保税港区统计数据表

（1）2019 年洋山保税港区主要经济指标完成情况表

指标名称	计量单位	2019 年	比上年增长（%）
经营总收入	亿元	3 887.79	11.3
物流企业经营收入	亿元	1 388.14	7.5
商品销售额	亿元	2 461.23	14.1
企业利润总额	亿元	182.96	-10.3
新设企业数	个	98	8.9
其中：加工企业	个	0	—
物流企业	个	17	13.3
贸易企业	个	20	-45.9
其他服务类企业	个	61	60.5
新设外资企业数	个	17	41.7
内资企业注册资本	亿元	12.51	-29.9
合同利用外资	亿美元	0.50	—
实际利用外资	亿美元	3.88	-18.0
税务部门税收	亿元	120.72	7.2
固定资产投资额	亿元	8.52	62.9
期末已建成城镇建设用地面积	万平方米	1 073	—
期末从业人员	万人	5.01	9.0
期末批准面积	平方公里	14.16	0.0
期末验收封关面积	平方公里	14.16	0.0

（2） 截至 2019 年洋山保税港区历年招商引资情况表

指标	单位	历年累计
工商在册企业数	个	1 700
其中：外资企业数	个	274
内资企业注册资本	亿元	1 527.12
合同利用外资	亿美元	24.35

青岛前湾保税港区统计数据表

（1）2019 年青岛前湾保税港区主要经济指标完成情况表

指标名称	计量单位	2019 年	比上年增长（%）
增加值	万元	1 874 257	6.5
经营总收入	万元	12 282 557	13.4
技术服务收入	万元	0	—
工业总产值	万元	1 107 450	9.7
其中：高新技术产业	万元	903 047	34.4
物流企业经营收入	万元	1 804 112	4.2
商品销售额	万元	9 682 165	15.4
企业利润总额	万元	1 304 842	40.6
综合能源耗费量	吨标准煤	29 575	-8.0
新设企业数	个	1 444	18.3
其中：加工企业	个	29	—
物流企业	个	360	—
贸易企业	个	836	—
其他服务类企业	个	44	—
新设外资企业数	个	98	36.1
内资企业注册资本	万元	1 801 071	—
合同利用外资	万美元	121 038	-16.5
实际利用外资	万美元	1 429	-88.2
期末已投产运作企业数	个	20	—
其中：已投产加工企业	个	0	—
已投产物流企业	个	0	—
已投产贸易企业	个	0	—
已投产其他服务类企业	个	0	—
其中：注册资本 1 000 万美元以上	个	14	—
固定资产投资额	万元	82 107	24.0
其中：基础设施投资	万元	5 000	-74.0
期末已建成城镇建设用地面积	万平方米	0	—
房屋竣工建筑面积	平方米	0	—
其中：已建成厂房面积	平方米	0	—
税务部门税收	万元	151 022	-5.0
期末从业人员	人	36 014	-5.0
期末批准面积	平方公里	9.72	0.0
期末验收封关面积	平方公里	9.12	0.0

创新业态统计指标

跨境电商：期末企业数	个	432	6.7
业务票数	票	1 812 044	344.1
销售额	万元	47 668	228.2
融资租赁：期末企业数	个	187	274.0
租赁资产总额	万元	559 000	—
货物状态分类监管：期末企业数	个	5	—
国内货物进出区货值	万元	1 052 210	—
一般纳税人资格试点：期末企业数	个	18	500.0
试点企业内销金额	万元	49 553	—
试点企业增值税纳税额	万元	6 404	—

（2）2019年青岛前湾保税港区出口加工企业工业产值排名表

单位：万元

序号	企业名称	工业总产值	序号	企业名称	工业总产值
1	安德烈斯蒂尔动力工具（青岛）有限公司	201 734.3	16	青岛澳邦量器有限责任公司	13 314.6
2	青岛松下电子部品（保税区）有限公司	179 769.1	17	青岛澳波泰克安全设备有限责任公司	12 846.5
3	青岛方舟机电有限公司	101 497.0	18	青岛乔瑟食品有限公司	12 150.0
4	洋马发动机（山东）有限公司	93 326.23	19	青岛新韩金刚石工业有限公司	11 382.6
5	泰科电子（青岛）有限公司	85 140.2	20	青岛光盈光电技术有限责任公司	9 358.6
6	星电高科技青岛有限公司	57 780.3	21	高丽精线合金（青岛）有限公司	8 152.95
7	青岛三美电子有限公司	50 909.6	22	青岛三昌精密加工有限公司	7 611.0
8	青岛奥技科光学有限公司	40 029.8	23	青岛恩利旺精密工业有限公司	7 237.8
9	青岛贝里塑料有限公司	24 504.2	24	青岛晓成金刚石工具有限公司	7 109.5
10	青岛优先出锐工具有限公司	22 123.3	25	青岛尖能办公用品有限公司	7 061.0
11	青岛澳科仪器有限责任公司	20 124.7	26	青岛天湾电机有限公司	6 961.0
12	青岛圣美尔纤维科技有限公司	19 864.9	27	青岛百信工业制品有限公司	5 879.9
13	马斯奇奥（青岛）农机制造有限公司	18 732.6	28	青岛韩奥光学有限公司	5 878.3
14	青岛吉母皮亚珠宝有限公司	16 370.0	29	青岛来易特机电科技有限公司	5 629.4
15	青岛双飞汽车线束系统有限公司	15 174.1	30	青岛天银纺织科技有限公司	5 329.8

（3）2019年青岛前湾保税港区贸易企业商品销售额排名表

单位：万元

序号	企业名称	商品销售额	序号	企业名称	商品销售额
1	青岛中联油进出口有限公司	5 110 951.9	16	青岛雷纳进出口有限公司	77 770.4
2	青岛中垠瑞丰国际贸易有限公司	1 938 479.2	17	青岛汇鑫国际贸易有限公司	70 268.5
3	青岛保税区中兖贸易有限公司	637 817.8	18	青岛保税区宏轮工贸有限公司	69 729.0
4	青岛盛泰丰国际贸易有限公司	561 219.8	19	青岛金来国际贸易有限公司	66 785.1
5	山东物流集团（青岛）有限公司	533 696.7	20	青岛佳德弘业国际贸易有限公司	66 293.3
6	青岛保税区济钢国际物流有限公司	453 209.3	21	增石（青岛）国际贸易有限公司	62 336.6
7	青岛新润丰石油贸易有限公司	439 517.8	22	青岛点石矿业有限公司	58 291.4
8	青岛鸿凯常赢国际贸易有限公司	277 993.8	23	青岛泰凯英橡胶科技有限公司	58 037.9

续表

序号	企业名称	商品销售额	序号	企业名称	商品销售额
9	北大方正物产集团（青岛）有限公司	189 098.8	24	青岛宏锦国际贸易有限公司	47 884.1
10	山东星辉国泰物流有限公司	95 766.5	25	青岛新益海粮油有限公司	47 374.2
11	建发物流（青岛）有限公司	93 928.2	26	山东高速青岛西海岸港口有限公司	43 023.4
12	青岛润生荣国际贸易有限公司	90 981.3	27	青岛广物国际贸易有限公司	41 482.2
13	青岛自贸发展投资管理有限公司	90 589.7	28	青岛国际汽车口岸管理有限公司	40 295.9
14	百丽国际鞋业（青岛）有限公司	90 265.2	29	青岛汇源嘉禾国际贸易有限公司	37 790.1
15	青岛云海湾国际贸易有限公司	79 194.8	30	青岛保税区龙翰国际贸易有限公司	34 453.5

（4）2019青岛前湾保税港区物流企业营业收入排名表

单位：万元

序号	企业名称	营业收入	序号	企业名称	营业收入
1	青岛港国际物流有限公司	230 049	16	青岛东港国际集装箱储运有限公司	9 282
2	青岛前湾联合集装箱码头有限责任公司	115 053	17	青岛中外运联丰国际物流有限公司	7 935
3	青岛新前湾集装箱码头有限责任公司	50 120	18	青岛港怡之航冷链物流有限公司	6 137
4	青岛前湾西港联合码头有限责任公司	44 688	19	青岛怡坤物流有限公司	5 771
5	青岛外轮理货有限公司	28 422	20	青岛诚业国际物流有限公司	5 688
6	青岛前湾新联合集装箱码头有限责任公司	27 994	21	山东国储东部物流发展有限公司	5 636
7	青岛菲尔斯特物流有限公司	23 697	22	青岛港通宝航运有限公司	3 966
8	青岛长荣集装箱储运有限公司	22 248	23	青岛山九亚太物流有限公司	3 485
9	青岛港前湾港区保税物流中心有限公司	16 047	24	青岛保税物流园区思锐佳德国际物流有限公司	3 464
10	青岛港陆物流有限公司	14 325	25	青岛飞世达国际物流有限公司	3 425
11	青岛中外运供应链管理有限公司	13 226	26	青岛西岸鑫通物流有限公司	3 420
12	青岛万嘉集运物流有限公司	12 639	27	青岛宇葳浩成物流有限公司	3 305
13	青岛众和通达物流有限公司	10 913	28	青岛检疫处理有限公司	2 912
14	青岛裕龙橡胶交易中心有限公司	10 523	29	青岛中远海运物流国际储运有限公司	2 280
15	青岛克运物流有限公司	9 576	30	青岛华腾国际物流有限公司	2 268

2019 年全国综合保税区经济指标统计情况表

指标	单位	合计		
		当年累计	增幅（%）	历年累计
增加值	万元	17 370 976. 14	52. 2	122 257 388
经营总收入		176 782 109. 1	19. 0	1 118 284 882
其中：技术服务收入		1 296 714	9. 8	7 332 167
工业总产值		122 608 913	-0. 7	1 014 733 853
其中：高新技术产业		18 162 851	-0. 3	141 004 887
物流企业经营收入		4 006 794	31. 7	25 654 970
商品销售额		36 261 214	38. 1	78 466 968
企业利润总额		3 976 439	24. 3	27 452 685
综合能源耗费量	吨标准煤	1 209 545	-15. 0	20 011 562
新设企业数	个	5 722	10. 9	30 719
其中：加工企业		138	86. 5	1 152
物流企业		171	-26. 3	1 925
贸易企业		3 195	26. 4	11 291
其他服务类企业		1 721	-22. 7	10 337
新设外资企业数		109	-37. 7	1 613
内资企业注册资本	万元	10 776 348	19. 9	43 460 835
合同利用外资	万美元	393 690	126. 2	3 625 279
实际利用外资		233 518	158. 0	2 554 527
已投产运作企业数	个	1 828	88. 6	7 919
其中：已投产加工企业		343	339. 7	1 249
已投产物流企业		198	51. 1	996
已投产贸易企业		824	65. 1	3 351
已投产其他服务类企业		341	60. 1	2 125
其中：注册资本 1000 万美元以上		60	160. 9	227
固定资产投资额	万元	10 227 823	58. 6	66 352 121
其中：基础设施投资		516 836	-20. 0	9 076 706
已建成城镇建设用地面积	万平方米	145 631	44 164. 7	1 602 302
房屋竣工建筑面积	平方米	1 400 953	-15. 9	32 983 167
其中：已建成厂房面积		772 879	-40. 7	25 917 898
税务部门税收	万元	1 908 797	8. 3	9 355 835
期末从业人员	人	622 159	-13. 3	622 159
期末批准面积	平方公里	150. 478	0. 0	153. 508
期末验收封关面积		103. 84	0. 7	104. 889
创新业态统计指标				
跨境电商企业数	个	291	2. 8	291
业务票数	票	98 134 853	287. 2	132 407 886
销售额	万元	1 028 785	165. 9	1 686 963
融资租赁企业数	个	3	200. 0	3
租赁资产总额	万元	195 743	-80. 8	3 587 212
货物状态分类监管企业数	个	68	119. 4	68
国内货物进出区货值	万元	8 722 962	285. 5	13 058 217
一般纳税人资格试点企业数	个	104	316. 0	104
试点企业内销金额	万元	667 519	88. 3	1 219 447
试点企业增值税纳税额		83 880	47. 6	170 133

续表

指标	单位	北京天竺综合保税区		
		当年累计	增幅（%）	历年累计
增加值	万元	0	—	3 144 869
经营总收入	万元	7 379 753	252.7	21 050 351
其中：技术服务收入	万元	25 913	-9.7	159 748
工业总产值	万元	210 659	-17.4	2 309 020
其中：高新技术产业	万元	164 027	-26.4	768 599
物流企业经营收入	万元	858 766	194.4	6 591 631
商品销售额	万元	0	-100.0	1 477 140
企业利润总额	万元	910 721	266.3	2 528 959
综合能源耗费量	吨标准煤	17 419	-51.3	325 396
新设企业数	个	102	24.4	537
其中：加工企业	个	0	—	43
物流企业	个	4	-66.7	78
贸易企业	个	24	-27.3	57
其他服务类企业	个	72	94.6	109
新设外资企业数	个	8	—	72
内资企业注册资本	万元	216 880	459.1	399 649
合同利用外资	万美元	0	—	99 770
实际利用外资	万美元	0	—	57 143
已投产运作企业数	个	0	—	71
其中：已投产加工企业	个	0	—	18
已投产物流企业	个	0	—	27
已投产贸易企业	个	0	—	0
已投产其他服务类企业	个	0	—	0
其中：注册资本1000万美元以上	个	0	—	0
固定资产投资额	万元	55 747	22.7	930 861
其中：基础设施投资	万元	0	—	68 632
已建成城镇建设用地面积	万平方米	0	—	0
房屋竣工建筑面积	平方米	0	—	923 000
其中：已建成厂房面积	平方米	0	—	0
税务部门税收	万元	155 318	16.9	878 451
期末从业人员	人	25 690	—	25 690
期末批准面积	平方公里	5.64	-5.1	5.64
期末验收封关面积	平方公里	3.17	0.0	3.17
创新业态统计指标				
跨境电商企业数	个	0	—	0
业务票数	票	0	—	0
销售额	万元	0	—	0
融资租赁企业数	个	0	—	0
租赁资产总额	万元	0	—	2 371 109
货物状态分类监管企业数	个	0	—	0
国内货物进出区货值	万元	0	—	0
一般纳税人资格试点企业数	个	0	—	0
试点企业内销金额	万元	0	—	0
试点企业增值税纳税额	万元	0	—	0

续表

指标	单位	天津滨海新区综合保税区		
		当年累计	增幅（%）	历年累计
增加值	万元	79 958	-20.4	3 500 752
经营总收入	万元	1 001 141	12.1	16 790 903
其中：技术服务收入	万元	0	-100.0	143 695
工业总产值	万元	352 969	-0.9	14 380 325
其中：高新技术产业	万元	146 364	12.4	13 916 873
物流企业经营收入	万元	444	-41.6	366 843
商品销售额	万元	682 485	30.2	2 347 225
企业利润总额	万元	28 825	1 832.0	1 185 641
综合能源耗费量	吨标准煤	10 570	-32.1	33 484
新设企业数	个	4	0.0	5 992
其中：加工企业	个	0	—	42
物流企业	个	0	-100.0	200
贸易企业	个	0	-100.0	1 735
其他服务类企业	个	3	50.0	3 606
新设外资企业数	个	0	—	167
内资企业注册资本	万元	30	-100.0	8 312 910
合同利用外资	万美元	0	—	250 645
实际利用外资	万美元	0	—	91 786
已投产运作企业数	个	180	1 025.0	1 175
其中：已投产加工企业	个	1	—	19
已投产物流企业	个	4	—	25
已投产贸易企业	个	27	575.0	242
已投产其他服务类企业	个	102	1 175.0	680
其中：注册资本1000万美元以上	个	10	233.3	50
固定资产投资额	万元	0	—	1 630 228
其中：基础设施投资	万元	0	—	0
已建成城镇建设用地面积	万平方米	0	—	97
房屋竣工建筑面积	平方米	0	—	65 957
其中：已建成厂房面积	平方米	0	—	65 957
税务部门税收	万元	32 118	-30.5	199 474
期末从业人员	人	2 162	8.1	2 162
期末批准面积	平方公里	1.96	0.0	1.96
期末验收封关面积	平方公里	1.96	0.0	1.96
创新业态统计指标				
跨境电商企业数	个	0	—	0
业务票数	票	0	—	0
销售额	万元	0	—	0
融资租赁企业数	个	0	—	0
租赁资产总额	万元	0	—	0
货物状态分类监管企业数	个	0	—	0
国内货物进出区货值	万元	0	—	0
一般纳税人资格试点企业数	个	0	—	0
试点企业内销金额	万元	0	—	0
试点企业增值税纳税额	万元	0	—	0

续表

指标	单位	上海浦东机场综合保税区		
		当年累计	增幅（%）	历年累计
增加值	万元	768 900	12. 1	2 898 200
经营总收入	万元	2 692 100	49. 6	8 950 271
其中：技术服务收入	万元	0	—	0
工业总产值	万元	0	—	0
其中：高新技术产业	万元	0	—	0
物流企业经营收入	万元	729 500	9. 0	3 438 778
商品销售额	万元	777 300	600. 0	777 300
企业利润总额	万元	423 000	23. 7	423 000
综合能源耗费量	吨标准煤	0	—	0
新设企业数	个	36	-16. 3	941
其中：加工企业	个	0	—	0
物流企业	个	6	-14. 3	73
贸易企业	个	2	-50. 0	239
其他服务类企业	个	27	-15. 6	629
新设外资企业数	个	3	200. 0	224
内资企业注册资本	万元	116 800	401. 0	2 109 287
合同利用外资	万美元	17 700	-25. 1	419 538
实际利用外资	万美元	33 019	121. 7	313 001
已投产运作企业数	个	0	—	567
其中：已投产加工企业	个	0	—	13
已投产物流企业	个	0	—	66
已投产贸易企业	个	0	—	112
已投产其他服务类企业	个	0	—	715
其中：注册资本 1000 万美元以上	个	0	—	0
固定资产投资额	万元	69 800	-37. 8	839 800
其中：基础设施投资	万元	0	—	0
已建成城镇建设用地面积	万平方米	0	—	316
房屋竣工建筑面积	平方米	0	—	0
其中：已建成厂房面积	平方米	0	—	0
税务部门税收	万元	258 453	-3. 0	1 043 665
期末从业人员	人	3 982	13. 3	3 982
期末批准面积	平方公里	3. 59	0. 0	3. 59
期末验收封关面积	平方公里	3. 59	0. 0	3. 59
创新业态统计指标				
跨境电商企业数	个	105	-54. 5	105
业务票数	票	6 478 500	36. 2	19 540 701
销售额	万元	247 776	74. 7	666 009
融资租赁企业数	个	0	—	0
租赁资产总额	万元	0	—	0
货物状态分类监管企业数	个	0	—	0
国内货物进出区货值	万元	0	—	0
一般纳税人资格试点企业数	个	0	—	0
试点企业内销金额	万元	0	—	0
试点企业增值税纳税额	万元	0	—	0

续表

指标	单位	苏州工业园综合保税区		
		当年累计	增幅（%）	历年累计
增加值	万元	0	—	0
经营总收入	万元	4 957 977	-2.5	35 460 756
其中：技术服务收入	万元	0	—	0
工业总产值	万元	3 008 067	-3.6	27 721 296
其中：高新技术产业	万元	922 674	-2.6	1 870 429
物流企业经营收入	万元	111 846	-24.5	1 163 337
商品销售额	万元	1 665 198	51.1	3 881 227
企业利润总额	万元	265 307	1.9	1 957 121
综合能源耗费量	吨标准煤	59 186	7.8	157 475
新设企业数	个	10	-28.6	376
其中：加工企业	个	3	-25.0	133
物流企业	个	3	-50.0	64
贸易企业	个	3	0.0	6
其他服务类企业	个	1	0.0	2
新设外资企业数	个	2	0.0	151
内资企业注册资本	万元	5 800	-56.7	212 511
合同利用外资	万美元	4 412	3 703.4	143 960
实际利用外资	万美元	2 776	204.4	132 798
已投产运作企业数	个	10	-28.6	182
其中：已投产加工企业	个	3	-25.0	70
已投产物流企业	个	4	-33.3	39
已投产贸易企业	个	3	0.0	69
已投产其他服务类企业	个	0	-100.0	4
其中：注册资本1000万美元以上	个	1	—	1
固定资产投资额	万元	43 164	233.1	401 842
其中：基础设施投资	万元	800	-28.3	5 185
已建成城镇建设用地面积	万平方米	0	—	486
房屋竣工建筑面积	平方米	0	—	1 875 180
其中：已建成厂房面积	平方米	0	—	1 482 980
税务部门税收	万元	90 143	-62.5	486 635
期末从业人员	人	25 777	15.1	25 777
期末批准面积	平方公里	5.28	0.0	5.28
期末验收封关面积	平方公里	4.86	0.0	4.86
创新业态统计指标				
跨境电商企业数	个	0	—	0
业务票数	票	0	—	0
销售额	万元	0	—	0
融资租赁企业数	个	0	—	0
租赁资产总额	万元	0	—	0
货物状态分类监管企业数	个	0	—	0
国内货物进出区货值	万元	0	—	0
一般纳税人资格试点企业数	个	28	—	28
试点企业内销金额	万元	191 589	—	191 589
试点企业增值税纳税额	万元	21 588	—	21 588

续表

指标	单位	苏州高新区综合保税区		
		当年累计	增幅（%）	历年累计
增加值	万元	685 307	36.1	4 276 319
经营总收入	万元	7 259 159	-3.6	45 665 723
其中：技术服务收入	万元	25 025	36.1	667 181
工业总产值	万元	7 543 835	1.2	56 711 983
其中：高新技术产业	万元	6 948 811	1.7	35 533 576
物流企业经营收入	万元	121 982	-21.3	1 025 324
商品销售额	万元	7 160	7 060.0	7 260
企业利润总额	万元	118 204	12.2	663 075
综合能源耗费量	吨标准煤	79 876	-9.2	912 308
新设企业数	个	2	100.0	100
其中：加工企业	个	2	—	76
物流企业	个	0	—	20
贸易企业	个	0	-100.0	1
其他服务类企业	个	0	—	0
新设外资企业数	个	0	—	75
内资企业注册资本	万元	2 800	180.0	33 580
合同利用外资	万美元	0	—	130 006
实际利用外资	万美元	0	—	102 960
已投产运作企业数	个	2	100.0	66
其中：已投产加工企业	个	2	—	52
已投产物流企业	个	0	—	13
已投产贸易企业	个	0	-100.0	1
已投产其他服务类企业	个	0	—	0
其中：注册资本 1000 万美元以上	个	0	—	5
固定资产投资额	万元	32 793	5.0	2 047 920
其中：基础设施投资	万元	0	—	134 312
已建成城镇建设用地面积	万平方米	0	—	279
房屋竣工建筑面积	平方米	0	—	1 858 361
其中：已建成厂房面积	平方米	0	—	1 838 515
税务部门税收	万元	43 611	7.0	191 808
期末从业人员	人	55 966	58.8	55 966
期末批准面积	平方公里	3.51	0.0	3.51
期末验收封关面积	平方公里	3.51	0.0	3.51
创新业态统计指标				
跨境电商企业数	个	7	—	7
业务票数	票	759 498	9 493 625.0	759 506
销售额	万元	3 788	3 688.0	3 888
融资租赁企业数	个	1	—	1
租赁资产总额	万元	149 021	20.8	272 381
货物状态分类监管企业数	个	2	—	2
国内货物进出区货值	万元	70 490	2 422.0	73 285
一般纳税人资格试点企业数	个	4	—	4
试点企业内销金额	万元	7 160	—	7 160
试点企业增值税纳税额	万元	936	—	936

续表

指标	单位	昆山综合保税区		
		当年累计	增幅（%）	历年累计
增加值	万元	1 561 287	7.4	14 971 631
经营总收入	万元	36 303 582	1.8	339 916 089
其中：技术服务收入	万元	590 684	2.3	3 336 017
工业总产值	万元	29 128 956	1.7	319 932 712
其中：高新技术产业	万元	433 546	70.5	8 880 144
物流企业经营收入	万元	127 719	2.8	975 038
商品销售额	万元	6 087 552	-3.1	12 367 778
企业利润总额	万元	425 020	21.0	4 198 287
综合能源耗费量	吨标准煤	112 423	-0.6	1 260 285
新设企业数	个	9	125.0	151
其中：加工企业	个	3	50.0	84
物流企业	个	2	—	47
贸易企业	个	2	0.0	12
其他服务类企业	个	2	—	8
新设外资企业数	个	1	-50.0	80
内资企业注册资本	万元	318 500	159 150.0	473 884
合同利用外资	万美元	12 907	248.8	164 314
实际利用外资	万美元	1 000	-91.1	142 287
已投产运作企业数	个	6	200.0	122
其中：已投产加工企业	个	1	-50.0	69
已投产物流企业	个	0	—	40
已投产贸易企业	个	2	—	8
已投产其他服务类企业	个	3	—	5
其中：注册资本 1000 万美元以上	个	0	—	35
固定资产投资额	万元	85 993	-44.7	2 653 015
其中：基础设施投资	万元	3 534	245.8	82 501
已建成城镇建设用地面积	万平方米	0	—	531
房屋竣工建筑面积	平方米	157 000	—	3 548 208
其中：已建成厂房面积	平方米	157 000	—	3 548 208
税务部门税收	万元	166 880	-5.1	1 288 004
期末从业人员	人	133 282	-6.6	133 282
期末批准面积	平方公里	5.86	0.0	5.86
期末验收封关面积	平方公里	5.86	0.0	5.86
创新业态统计指标				
跨境电商企业数	个	0	—	0
业务票数	票	0	—	0
销售额	万元	0	—	0
融资租赁企业数	个	0	—	0
租赁资产总额	万元	0	—	0
货物状态分类监管企业数	个	0	—	0
国内货物进出区货值	万元	0	—	0
一般纳税人资格试点企业数	个	22	46.7	22
试点企业内销金额	万元	310 124	-11.4	830 519
试点企业增值税纳税额	万元	41 296	-26.5	126 230

续表

指标	单位	成都高新区综合保税区		
		当年累计	增幅（%）	历年累计
增加值	万元	6 799 156	81.3	36 447 761
经营总收入	万元	18 446 230	21.0	111 205 346
其中：技术服务收入	万元	193 717	10.4	1 197 084
工业总产值	万元	27 597 838	17.5	188 794 554
其中：高新技术产业	万元	305 081	-10.3	12 867 970
物流企业经营收入	万元	12 889	-23.4	217 787
商品销售额	万元	0	-100.0	36 932
企业利润总额	万元	500 904	121.6	3 879 712
综合能源耗费量	吨标准煤	165 874	239.4	1 207 412
新设企业数	个	0	-100.0	43
其中：加工企业	个	0	-100.0	23
物流企业	个	0	-100.0	20
贸易企业	个	0	—	0
其他服务类企业	个	0	—	0
新设外资企业数	个	0	-100.0	26
内资企业注册资本	万元	0	—	0
合同利用外资	万美元	0	—	89 576
实际利用外资	万美元	0	—	89 576
已投产运作企业数	个	0	-100.0	35
其中：已投产加工企业	个	0	-100.0	20
已投产物流企业	个	0	-100.0	15
已投产贸易企业	个	0	—	0
已投产其他服务类企业	个	0	—	0
其中：注册资本1000万美元以上	个	0	—	0
固定资产投资额	万元	361 577	-85.5	13 721 712
其中：基础设施投资	万元	0	—	95 651
已建成城镇建设用地面积	万平方米	0	—	0
房屋竣工建筑面积	平方米	0	—	1 759 308
其中：已建成厂房面积	平方米	0	—	1 279 003
税务部门税收	万元	113 324	1 080.5	859 524
期末从业人员	人	85 211	-15.9	85 211
期末批准面积	平方公里	4.68	0.0	4.68
期末验收封关面积	平方公里	4.68	0.0	4.68
创新业态统计指标				
跨境电商企业数	个	0	—	0
业务票数	票	0	—	0
销售额	万元	0	—	0
融资租赁企业数	个	0	—	0
租赁资产总额	万元	0	—	0
货物状态分类监管企业数	个	1	—	1
国内货物进出区货值	万元	52 277	—	52 277
一般纳税人资格试点企业数	个	0	—	0
试点企业内销金额	万元	0	—	0
试点企业增值税纳税额	万元	0	—	0

续表

指标	单位	广西凭祥综合保税区		
		当年累计	增幅（%）	历年累计
增加值	万元	5 502	24.1	53 425
经营总收入	万元	292 796	4.5	2 448 402
其中：技术服务收入	万元	50	—	5 550
工业总产值	万元	11 604	49.7	188 976
其中：高新技术产业	万元	0	—	0
物流企业经营收入	万元	91 837	356.6	146 348
商品销售额	万元	10 074	111.2	14 844
企业利润总额	万元	9 705	236.2	42 870
综合能源耗费量	吨标准煤	694	126.1	1 082
新设企业数	个	53	-35.4	404
其中：加工企业	个	4	-55.6	33
物流企业	个	31	-27.9	157
贸易企业	个	12	-20.0	27
其他服务类企业	个	6	-50.0	18
新设外资企业数	个	0	—	1
内资企业注册资本	万元	46 400	-49.5	138 326
合同利用外资	万美元	0	—	151
实际利用外资	万美元	0	—	151
已投产运作企业数	个	24	14.3	188
其中：已投产加工企业	个	3	-25.0	18
已投产物流企业	个	11	37.5	70
已投产贸易企业	个	8	100.0	12
已投产其他服务类企业	个	2	-60.0	7
其中：注册资本 1000 万美元以上	个	3	50.0	5
固定资产投资额	万元	22 200	53.8	166 619
其中：基础设施投资	万元	18 006	67.3	98 465
已建成城镇建设用地面积	万平方米	15	-74.6	74
房屋竣工建筑面积	平方米	56 300	57.9	287 822
其中：已建成厂房面积	平方米	29 300	-17.8	169 598
税务部门税收	万元	2 015	24.4	12 220
期末从业人员	人	2 950	-62.1	2 950
期末批准面积	平方公里	1.01	0.0	1.01
期末验收封关面积	平方公里	1.01	0.0	1.01
创新业态统计指标				
跨境电商企业数	个	7	600.0	7
业务票数	票	121 888	448.8	144 098
销售额	万元	3 268	553.6	3 768
融资租赁企业数	个	0	—	0
租赁资产总额	万元	0	—	0
货物状态分类监管企业数	个	0	—	0
国内货物进出区货值	万元	959	—	959
一般纳税人资格试点企业数	个	0	—	0
试点企业内销金额	万元	0	—	0
试点企业增值税纳税额	万元	0	—	0

续表

指标	单位	海口综合保税区		
		当年累计	增幅（%）	历年累计
增加值	万元	84 355	435.3	229 780
经营总收入	万元	3 128 892	180.4	27 209 812
其中：技术服务收入	万元	370 244	22.6	1 248 722
工业总产值	万元	2 261	152.1	39 841
其中：高新技术产业	万元	0	—	18 560
物流企业经营收入	万元	1 613	1 052.1	4 390 999
商品销售额	万元	2 543 673	64 756.5	2 547 820
企业利润总额	万元	29 422	75.9	230 200
综合能源耗费量	吨标准煤	220	78.9	513
新设企业数	个	144	-50.2	1 422
其中：加工企业	个	4	33.3	10
物流企业	个	2	-90.0	208
贸易企业	个	70	89.2	107
其他服务类企业	个	61	-73.4	290
新设外资企业数	个	46	84.0	170
内资企业注册资本	万元	1 050 853	-40.5	2 818 280
合同利用外资	万美元	4 659	-19.5	38 939
实际利用外资	万美元	2 939	-9.7	35 223
已投产运作企业数	个	1	-50.0	6
其中：已投产加工企业	个	0	—	4
已投产物流企业	个	0	—	1
已投产贸易企业	个	0	—	0
已投产其他服务类企业	个	0	—	1
其中：注册资本1000万美元以上	个	0	-100.0	2
固定资产投资额	万元	58 856	-67.5	684 654
其中：基础设施投资	万元	1 180	-95.8	203 504
已建成城镇建设用地面积	万平方米	0	—	0
房屋竣工建筑面积	平方米	0	—	441 131
其中：已建成厂房面积	平方米	0	—	344 112
税务部门税收	万元	29 031	-29.4	133 487
期末从业人员	人	9 202	58.4	9 202
期末批准面积	平方公里	1.93	0.0	1.93
期末验收封关面积	平方公里	1.93	0.0	1.93
创新业态统计指标				
跨境电商企业数	个	15	—	15
业务票数	票	151 649	1 733.1	159 922
销售额	万元	9 043	9 319.8	9 139
融资租赁企业数	个	2	—	2
租赁资产总额	万元	46 722	—	46 722
货物状态分类监管企业数	个	0	—	0
国内货物进出区货值	万元	0	—	0
一般纳税人资格试点企业数	个	0	—	0
试点企业内销金额	万元	0	—	0
试点企业增值税纳税额	万元	0	—	0

续表

指标	单位	郑州新郑综合保税区		
		当年累计	增幅（%）	历年累计
增加值	万元	3 333 855	301.7	21 682 094
经营总收入	万元	30 427 321	2.2	222 775 875
其中：技术服务收入	万元	0	—	150 252
工业总产值	万元	30 139 794	-21.1	201 314 999
其中：高新技术产业	万元	0	—	0
物流企业经营收入	万元	142 310	-24.9	569 534
商品销售额	万元	679 151	204.5	902 157
企业利润总额	万元	485 920	-8.3	3 605 204
综合能源耗费量	吨标准煤	92 256	0.2	720 681
新设企业数	个	0	—	47
其中：加工企业	个	0	—	2
物流企业	个	0	—	20
贸易企业	个	0	—	0
其他服务类企业	个	0	—	0
新设外资企业数	个	0	—	6
内资企业注册资本	万元	0	—	0
合同利用外资	万美元	0	—	456 088
实际利用外资	万美元	0	—	460 372
已投产运作企业数	个	0	—	70
其中：已投产加工企业	个	0	—	11
已投产物流企业	个	0	—	59
已投产贸易企业	个	0	—	0
已投产其他服务类企业	个	0	—	0
其中：注册资本 1000 万美元以上	个	0	—	0
固定资产投资额	万元	4 929 927	1 132.5	14 791 937
其中：基础设施投资	万元	0	—	180 672
已建成城镇建设用地面积	万平方米	0	—	0
房屋竣工建筑面积	平方米	0	—	2 000 000
其中：已建成厂房面积	平方米	0	—	2 000 000
税务部门税收	万元	72 752	34.2	897 746
期末从业人员	人	101 430	-54.3	101 430
期末批准面积	平方公里	5.07	0.0	5.07
期末验收封关面积	平方公里	5.07	0.0	5.07
创新业态统计指标				
跨境电商企业数	个	13	160.0	13
业务票数	票	63 958 956	222.9	83 766 537
销售额	万元	679 151	204.5	902 157
融资租赁企业数	个	0	—	0
租赁资产总额	万元	0	—	0
货物状态分类监管企业数	个	0	—	0
国内货物进出区货值	万元	0	—	0
一般纳税人资格试点企业数	个	0	—	0
试点企业内销金额	万元	0	—	0
试点企业增值税纳税额	万元	0	—	0

续表

指标	单位	无锡高新区综合保税区		
		当年累计	增幅（%）	历年累计
增加值	万元	1 613 182	7.4	15 368 016.59
经营总收入	万元	14 390 832	108.9	61 832 347.36
其中：技术服务收入	万元	0	—	0
工业总产值	万元	6 931 268	0.2	54 857 117
其中：高新技术产业	万元	5 229 310	8.9	39 486 596.1
物流企业经营收入	万元	30 524	-42.8	383 671.44
商品销售额	万元	6 486 271	546 342.4	6 487 458
企业利润总额	万元	319 786	-27.8	3 459 731.57
综合能源耗费量	吨标准煤	374 772	-24.2	2 885 949
新设企业数	个	5	-28.6	72
其中：加工企业	个	1	—	43
物流企业	个	2	—	19
贸易企业	个	1	—	1
其他服务类企业	个	1	-75.0	7
新设外资企业数	个	0	—	41
内资企业注册资本	万元	1 000	—	1 500
合同利用外资	万美元	0	-100.0	390 212
实际利用外资	万美元	3 000	-28.6	330 009
已投产运作企业数	个	3	—	54
其中：已投产加工企业	个	0	—	29
已投产物流企业	个	1	—	17
已投产贸易企业	个	1	—	1
已投产其他服务类企业	个	1	—	2
其中：注册资本1000万美元以上	个	0	—	0
固定资产投资额	万元	2 770 658	89.6	14 719 301.96
其中：基础设施投资	万元	190 980	-40.7	710 957
已建成城镇建设用地面积	万平方米	0	—	0
房屋竣工建筑面积	平方米	0	—	1 115 290
其中：已建成厂房面积	平方米	0	—	1 115 290
税务部门税收	万元	286 169	68.7	1 266 749
期末从业人员	人	33 667	-15.4	33 667
期末批准面积	平方公里	3.50	0.0	3.50
期末验收封关面积	平方公里	2.39	0.0	2.39
创新业态统计指标				
跨境电商企业数	个	1	—	1
业务票数	票	20	—	20
销售额	万元	1	—	1
融资租赁企业数	个	0	—	0
租赁资产总额	万元	0	—	0
货物状态分类监管企业数	个	30	900.0	30
国内货物进出区货值	万元	81 810	-55.0	263 495
一般纳税人资格试点企业数	个	9	125.0	9
试点企业内销金额	万元	93 360	7 765.2	93 953
试点企业增值税纳税额	万元	11 550	7 303.8	11 706

续表

指标	单位	南通综合保税区		
		当年累计	增幅（%）	历年累计
增加值	万元	40 867	0.6	274 119
经营总收入	万元	1 095 000	-23.0	6 210 179
其中：技术服务收入	万元	0	-100.0	15 211
工业总产值	万元	170 791	-8.1	1 209 843
其中：高新技术产业	万元	43 158	74.1	127 640
物流企业经营收入	万元	57 452	70.3	133 148
商品销售额	万元	1 067 100	-11.1	4 296 528
企业利润总额	万元	9 082	17.9	55 023
综合能源耗费量	吨标准煤	10 893	10.7	47 003
新设企业数	个	14	-26.3	498
其中：加工企业	个	3	50.0	37
物流企业	个	1	-85.7	26
贸易企业	个	10	233.3	77
其他服务类企业	个	0	-100.0	358
新设外资企业数	个	1	-80.0	47
内资企业注册资本	万元	41 010	-74.4	934 798
合同利用外资	万美元	1 200	-94.3	64 939
实际利用外资	万美元	3 732	-67.5	44 730
已投产运作企业数	个	10	42.9	59
其中：已投产加工企业	个	1	—	15
已投产物流企业	个	0	-100.0	11
已投产贸易企业	个	9	200.0	27
已投产其他服务类企业	个	0	-100.0	6
其中：注册资本1000万美元以上	个	0	-100.0	17
固定资产投资额	万元	204 981	55.2	874 373
其中：基础设施投资	万元	12 455	211.4	58 415
已建成城镇建设用地面积	万平方米	56	47.4	235
房屋竣工建筑面积	平方米	377 581	272.0	864 029
其中：已建成厂房面积	平方米	22 699	-46.0	384 530
税务部门税收	万元	14 500	-58.3	64 830
期末从业人员	人	2 356	2.3	2 356
期末批准面积	平方公里	5.29	0.0	5.29
期末验收封关面积	平方公里	2.15	0.0	2.15
创新业态统计指标				
跨境电商企业数	个	0	—	0
业务票数	票	0	—	0
销售额	万元	0	—	0
融资租赁企业数	个	0	—	0
租赁资产总额	万元	0	—	0
货物状态分类监管企业数	个	3	50.0	3
国内货物进出区货值	万元	647 360	209.4	856 610
一般纳税人资格试点企业数	个	8	—	8
试点企业内销金额	万元	1 151	—	1 151
试点企业增值税纳税额	万元	13	—	13

续表

指标	单位	黑龙江绥芬河综合保税区		
		当年累计	增幅（%）	历年累计
增加值	万元	2 591	—	21 105
经营总收入	万元	10 122	—	33 413
其中：技术服务收入	万元	0	—	37
工业总产值	万元	13 185	—	346 196
其中：高新技术产业	万元	0	—	0
物流企业经营收入	万元	219	-32.4	3 185
商品销售额	万元	7 118	—	9 505
企业利润总额	万元	-1 173	—	1 540
综合能源耗费量	吨标准煤	1 332	—	4 488
新设企业数	个	83	25.8	756
其中：加工企业	个	7	133.3	26
物流企业	个	2	100.0	26
贸易企业	个	53	-5.4	114
其他服务类企业	个	18	350.0	22
新设外资企业数	个	2	100.0	12
内资企业注册资本	万元	79 528	-2.2	165 607
合同利用外资	万美元	0	—	63
实际利用外资	万美元	0	-100.0	6 020
已投产运作企业数	个	337	452.5	529
其中：已投产加工企业	个	75	435.7	203
已投产物流企业	个	15	200.0	41
已投产贸易企业	个	230	721.4	258
已投产其他服务类企业	个	17	750.0	19
其中：注册资本 1000 万美元以上	个	0	—	0
固定资产投资额	万元	10 450	-90.1	166 554
其中：基础设施投资	万元	0	-100.0	113 286
已建成城镇建设用地面积	万平方米	0	-100.0	10
房屋竣工建筑面积	平方米	0	-100.0	9 000
其中：已建成厂房面积	平方米	0	—	8 700
税务部门税收	万元	5 154	-11.6	28 932
期末从业人员	人	217	-92.0	217
期末批准面积	平方公里	1.8	0.0	1.8
期末验收封关面积	平方公里	1.8	0.0	1.8
创新业态统计指标				
跨境电商企业数	个	0	—	0
业务票数	票	0	—	0
销售额	万元	0	—	0
融资租赁企业数	个	0	—	0
租赁资产总额	万元	0	—	0
货物状态分类监管企业数	个	0	—	0
国内货物进出区货值	万元	0	—	0
一般纳税人资格试点企业数	个	0	—	0
试点企业内销金额	万元	0	—	0
试点企业增值税纳税额	万元	0	—	0

续表

指标	单位	济南综合保税区		
		当年累计	增幅（%）	历年累计
增加值	万元	16 688	-45.5	294 709
经营总收入	万元	111 039	-58.9	1 732 614
其中：技术服务收入	万元	0	—	0
工业总产值	万元	118 442	-47.4	1 759 083
其中：高新技术产业	万元	10 044	-5.5	83 183
物流企业经营收入	万元	9 735	-29.7	208 186
商品销售额	万元	2 350	27.2	4 197
企业利润总额	万元	5 097	-5.4	101 757
综合能源耗费量	吨标准煤	273	-8.1	2 997
新设企业数	个	15	36.4	152
其中：加工企业	个	1	-50.0	0
物流企业	个	4	300.0	43
贸易企业	个	8	0.0	16
其他服务类企业	个	2	—	2
新设外资企业数	个	0	-100.0	14
内资企业注册资本	万元	8 920	-84.5	66 623
合同利用外资	万美元	0	-100.0	31 245
实际利用外资	万美元	0	-100.0	8 189
已投产运作企业数	个	12	100.0	53
其中：已投产加工企业	个	0	—	21
已投产物流企业	个	4	300.0	15
已投产贸易企业	个	6	20.0	11
已投产其他服务类企业	个	2	—	2
其中：注册资本1000万美元以上	个	0	-100.0	1
固定资产投资额	万元	91 879	-59.7	2 043 716
其中：基础设施投资	万元	0	—	22 814
已建成城镇建设用地面积	万平方米	0	—	0
房屋竣工建筑面积	平方米	0	—	348 035
其中：已建成厂房面积	平方米	0	—	310 995
税务部门税收	万元	259	44.7	10 445
期末从业人员	人	1 140	-1.0	1 140
期末批准面积	平方公里	5.22	0.0	5.22
期末验收封关面积	平方公里	2.02	0.0	2.02
创新业态统计指标				
跨境电商企业数	个	4	0.0	4
业务票数	票	0	—	0
销售额	万元	0	—	0
融资租赁企业数	个	0	—	0
租赁资产总额	万元	0	—	0
货物状态分类监管企业数	个	3	0.0	3
国内货物进出区货值	万元	0	—	0
一般纳税人资格试点企业数	个	0	—	0
试点企业内销金额	万元	0	—	0
试点企业增值税纳税额	万元	0	—	0

续表

指标	单位	南京综合保税区（龙潭）		
		当年累计	增幅（%）	历年累计
增加值	万元	1 524	-33.2	10 709
经营总收入	万元	7 193	14.3	39 637
其中：技术服务收入	万元	329	—	329
工业总产值	万元	0	—	0
其中：高新技术产业	万元	0	—	0
物流企业经营收入	万元	4 475	-26.3	36 587
商品销售额	万元	567	—	567
企业利润总额	万元	1 253	1 527.3	4 402
综合能源耗费量	吨标准煤	0	—	1
新设企业数	个	6	500.0	27
其中：加工企业	个	0	—	0
物流企业	个	6	500.0	21
贸易企业	个	0	—	6
其他服务类企业	个	0	—	0
新设外资企业数	个	0	—	1
内资企业注册资本	万元	3 100	520.0	47 099
合同利用外资	万美元	0	—	5 551
实际利用外资	万美元	0	—	1 216
已投产运作企业数	个	0	—	20
其中：已投产加工企业	个	0	—	0
已投产物流企业	个	0	—	14
已投产贸易企业	个	0	—	6
已投产其他服务类企业	个	0	—	0
其中：注册资本1000万美元以上	个	0	—	2
固定资产投资额	万元	0	-100.0	352 908
其中：基础设施投资	万元	0	-100.0	310 500
已建成城镇建设用地面积	万平方米	0	—	62
房屋竣工建筑面积	平方米	0	—	194 373
其中：已建成厂房面积	平方米	0	—	156 163
税务部门税收	万元	5 535	810.4	7 642
期末从业人员	人	243	-10.7	243
期末批准面积	平方公里	3.83	0.0	3.83
期末验收封关面积	平方公里	1.15	0.0	1.15
创新业态统计指标				
跨境电商企业数	个	20	—	20
业务票数	票	16 629	—	16 629
销售额	万元	567	—	567
融资租赁企业数	个	0	—	0
租赁资产总额	万元	0	—	0
货物状态分类监管企业数	个	4	0.0	4
国内货物进出区货值	万元	475 401	-67.6	3 797 636
一般纳税人资格试点企业数	个	0	—	0
试点企业内销金额	万元	0	—	0
试点企业增值税纳税额	万元	0	—	0

续表

指标	单位	舟山港综合保税区		
		当年累计	增幅（%）	历年累计
增加值	万元	0	—	0
经营总收入	万元	33 785 600	30.9	78 900 117
其中：技术服务收入	万元	0	—	0
工业总产值	万元	107 074	78.2	235 955
其中：高新技术产业	万元	0	—	0
物流企业经营收入	万元	1 053 767	97.6	3 884 791
商品销售额	万元	8 183 640	14.2	24 448 791
企业利润总额	万元	0	—	0
综合能源耗费量	吨标准煤	3 638	101.8	5 695
新设企业数	个	4 544	8.2	14 292
其中：加工企业	个	2	-33.3	10
物流企业	个	41	-51.2	539
贸易企业	个	2 610	17.2	8 193
其他服务类企业	个	1 439	-21.7	5 048
新设外资企业数	个	10	-90.7	193
内资企业注册资本	万元	6 986 999	11.4	22 654 866
合同利用外资	万美元	69 676	762.5	120 158
实际利用外资	万美元	40 633	403.0	69 890
已投产运作企业数	个	630	7.1	2 691
其中：已投产加工企业	个	0	—	4
已投产物流企业	个	43	43.3	167
已投产贸易企业	个	405	1.0	1 936
已投产其他服务类企业	个	182	12.3	584
其中：注册资本1000万美元以上	个	0	—	0
固定资产投资额	万元	206 919	962.3	817 827
其中：基础设施投资	万元	83 697	433.4	529 516
已建成城镇建设用地面积	万平方米	0	—	70
房屋竣工建筑面积	平方米	0	—	439 846
其中：已建成厂房面积	平方米	0	—	135 759
税务部门税收	万元	304 910	134.7	589 601
期末从业人员	人	13 018	-3.1	13 018
期末批准面积	平方公里	5.85	0.0	5.85
期末验收封关面积	平方公里	3.51	0.0	3.51
创新业态统计指标				
跨境电商企业数	个	0	—	0
业务票数	票	0	—	0
销售额	万元	0	—	0
融资租赁企业数	个	0	-100.0	0
租赁资产总额	万元	0	-100.0	897 000
货物状态分类监管企业数	个	0	—	0
国内货物进出区货值	万元	0	—	203 115
一般纳税人资格试点企业数	个	0	—	0
试点企业内销金额	万元	0	—	0
试点企业增值税纳税额	万元	0	—	0

续表

指标	单位	哈尔滨综合保税区		
		当年累计	增幅（%）	历年累计
增加值	万元	0	—	0
经营总收入		20 936	733.4	24 273
其中：技术服务收入		75	—	75
工业总产值		0	-100.0	4 101
其中：高新技术产业		0	—	0
物流企业经营收入		0	—	0
商品销售额		18 401	11 620.4	19 819
企业利润总额		-109	—	-204
综合能源耗费量	吨标准煤	0	—	2
新设企业数	个	89	196.7	158
其中：加工企业		16	300.0	17
物流企业		2	100.0	5
贸易企业		70	191.7	98
其他服务类企业		1	0.0	2
新设外资企业数		4	0.0	14
内资企业注册资本	万元	92 750	162.2	128 130
合同利用外资	万美元	0	—	0
实际利用外资		0	—	214
已投产运作企业数	个	0	—	7
其中：已投产加工企业		0	—	2
已投产物流企业		0	—	0
已投产贸易企业		0	—	4
已投产其他服务类企业		0	—	1
其中：注册资本1000万美元以上		0	—	0
固定资产投资额	万元	11 617	45.4	135 981
其中．基础设施投资		11 604	46.1	135 879
已建成城镇建设用地面积	万平方米	0	—	47
房屋竣工建筑面积	平方米	0	-100.0	98 860
其中：已建成厂房面积		0	-100.0	98 860
税务部门税收	万元	334	1 755.6	370
期末从业人员	人	150	150.0	150
期末批准面积	平方公里	3.29	0.0	3.29
期末验收封关面积		1.127	0.0	1.127
创新业态统计指标				
跨境电商企业数	个	9	125.0	9
业务票数	票	34 894	86.1	53 643
销售额	万元	1 756	235.8	2 279
融资租赁企业数	个	0	—	0
租赁资产总额	万元	0	—	0
货物状态分类监管企业数	个	0	—	0
国内货物进出区货值	万元	0	—	0
一般纳税人资格试点企业数	个	0	—	0
试点企业内销金额	万元	0	—	0
试点企业增值税纳税额		0	—	0

续表

指标	单位	南京综合保税区（江宁）		
		当年累计	增幅（%）	历年累计
增加值	万元	0	—	366 352
经营总收入	万元	82 405	-85.0	18 836 330
其中：技术服务收入	万元	0	—	0
工业总产值	万元	837 303	-66.1	17 483 226.78
其中：高新技术产业	万元	39 950	-17.3	106 124
物流企业经营收入	万元	7 581	252.1	34 205
商品销售额	万元	690 766	-24.3	1 602 767.7
企业利润总额	万元	11 010	-48.0	34 695.1
综合能源耗费量	吨标准煤	12 279	114.9	92 210.24
新设企业数	个	0	—	45
其中：加工企业	个	0	—	32
物流企业	个	0	—	11
贸易企业	个	0	—	0
其他服务类企业	个	0	—	0
新设外资企业数	个	0	—	35
内资企业注册资本	万元	0	—	0
合同利用外资	万美元	0	—	28 729
实际利用外资	万美元	640	—	17 135
已投产运作企业数	个	0	—	12
其中：已投产加工企业	个	0	—	9
已投产物流企业	个	0	—	3
已投产贸易企业	个	0	—	0
已投产其他服务类企业	个	0	—	0
其中：注册资本1000万美元以上	个	0	—	0
固定资产投资额	万元	1 000	-90.0	68 799
其中：基础设施投资	万元	1 000	-88.9	59 173
已建成城镇建设用地面积	万平方米	0	—	0
房屋竣工建筑面积	平方米	0	—	687 358
其中：已建成厂房面积	平方米	0	—	269 558
税务部门税收	万元	0	-100.0	41 289
期末从业人员	人	16 689	0.8	16 689
期末批准面积	平方公里	0.918	8.0	0.918
期末验收封关面积	平方公里	0.918	8.0	0.918
创新业态统计指标				
跨境电商企业数	个	0	—	0
业务票数	票	0	—	0
销售额	万元	0	—	0
融资租赁企业数	个	0	—	0
租赁资产总额	万元	0	—	0
货物状态分类监管企业数	个	0	—	0
国内货物进出区货值	万元	0	—	0
一般纳税人资格试点企业数	个	0	—	0
试点企业内销金额	万元	0	—	0
试点企业增值税纳税额	万元	0	—	0

续表

指标	单位	常州综合保税区		
		当年累计	增幅（%）	历年累计
增加值	万元	58 342	10.4	413 129
经营总收入	万元	242 789	7.9	1 844 490
其中：技术服务收入	万元	0	—	0
工业总产值	万元	234 304	7.4	1 799 795
其中：高新技术产业	万元	234 304	8.2	804 185
物流企业经营收入	万元	8 485	25.0	41 663
商品销售额	万元	27 700	11 587.8	29 620
企业利润总额	万元	11 576	49.6	137 870
综合能源耗费量	吨标准煤	3 713	-11.2	62 668
新设企业数	个	12	-7.7	57
其中：加工企业	个	0	-100.0	15
物流企业	个	2	—	18
贸易企业	个	9	12.5	17
其他服务类企业	个	1	-75.0	5
新设外资企业数	个	0	-100.0	12
内资企业注册资本	万元	6 119	62.8	9 877
合同利用外资	万美元	4 500	-92.3	92 728
实际利用外资	万美元	5 428	-3.9	34 921
已投产运作企业数	个	25	2 400.0	40
其中：已投产加工企业	个	0	-100.0	12
已投产物流企业	个	6	—	9
已投产贸易企业	个	18	—	18
已投产其他服务类企业	个	1	—	1
其中：注册资本 1000 万美元以上	个	0	—	0
固定资产投资额	万元	20 042	-11.8	289 691
其中，基础设施投资	万元	14 090	-19.0	202 157
已建成城镇建设用地面积	万平方米	0	—	0
房屋竣工建筑面积	平方米	25 000	-72.0	376 336
其中：已建成厂房面积	平方米	25 000	-72.0	376 336
税务部门税收	万元	4 092	—	68 636
期末从业人员	人	1 938	36.1	1 938
期末批准面积	平方公里	1.66	0.0	1.66
期末验收封关面积	平方公里	1.33	0.0	1.33
创新业态统计指标				
跨境电商企业数	个	6	0.0	6
业务票数	票	0	-100.0	94 000
销售额	万元	0	-100.0	768
融资租赁企业数	个	0	—	0
租赁资产总额	万元	0	—	0
货物状态分类监管企业数	个	8	-20.0	8
国内货物进出区货值	万元	24 657	94.0	37 367
一般纳税人资格试点企业数	个	1	—	1
试点企业内销金额	万元	27 700	—	27 700
试点企业增值税纳税额	万元	249	—	249

续表

指标	单位	武进综合保税区		
		当年累计	增幅（%）	历年累计
增加值	万元	224 636	-11.4	1 503 217
经营总收入	万元	938 361	-15.8	6 925 906
其中：技术服务收入	万元	0	—	0
工业总产值	万元	1 022 658	-23.6	9 031 861
其中：高新技术产业	万元	954 801	-27.3	8 430 093
物流企业经营收入	万元	8 665	-1.0	53 868
商品销售额	万元	941 345	-14.9	2 047 048
企业利润总额	万元	72 945	-14.0	526 201
综合能源耗费量	吨标准煤	17 278	-3.6	9 883 850
新设企业数	个	6	100.0	47
其中：加工企业	个	2	100.0	16
物流企业	个	1	—	14
贸易企业	个	3	50.0	5
其他服务类企业	个	0	—	0
新设外资企业数	个	0	-100.0	9
内资企业注册资本	万元	2 100	100.0	36 973
合同利用外资	万美元	91 200	—	91 208
实际利用外资	万美元	91 200	971.6	91 208
已投产运作企业数	个	51	8.5	127
其中：已投产加工企业	个	9	0.0	18
已投产物流企业	个	21	16.7	39
已投产贸易企业	个	17	6.3	33
已投产其他服务类企业	个	4	0.0	8
其中：注册资本1000万美元以上	个	5	-37.5	13
固定资产投资额	万元	37 860	-45.2	106 965
其中：基础设施投资	万元	6 120	-4.8	29 203
已建成城镇建设用地面积	万平方米	0	—	0
房屋竣工建筑面积	平方米	0	—	549 388
其中：已建成厂房面积	平方米	0	—	464 687
税务部门税收	万元	30 202	-56.8	170 795
期末从业人员	人	13 535	5.3	13 535
期末批准面积	平方公里	0.95	0.0	0.95
期末验收封关面积	平方公里	0.88	-7.4	0.88
创新业态统计指标				
跨境电商企业数	个	0	—	0
业务票数	票	0	—	0
销售额	万元	0	—	0
融资租赁企业数	个	0	—	0
租赁资产总额	万元	0	—	0
货物状态分类监管企业数	个	2	—	2
国内货物进出区货值	万元	30 337	—	30 337
一般纳税人资格试点企业数	个	1	—	1
试点企业内销金额	万元	1 483	—	1 483
试点企业增值税纳税额	万元	74	—	74

续表

指标	单位	吴中综合保税区		
		当年累计	增幅（%）	历年累计
增加值	万元	1 043	-86. 1	430 669
经营总收入	万元	34 265	-23. 8	2 477 427
其中：技术服务收入	万元	0	—	315
工业总产值	万元	27 021	-20. 2	2 368 812
其中：高新技术产业	万元	0	—	0
物流企业经营收入	万元	7 405	-26. 9	69 996
商品销售额	万元	22 104	—	54 704
企业利润总额	万元	-906	—	-84 736
综合能源耗费量	吨标准煤	2 779	-29. 6	56 750
新设企业数	个	0	-100. 0	39
其中：加工企业	个	0	-100. 0	10
物流企业	个	0	-100. 0	28
贸易企业	个	0	—	0
其他服务类企业	个	0	—	0
新设外资企业数	个	0	—	4
内资企业注册资本	万元	5 500	-64. 5	21 000
合同利用外资	万美元	0	—	32 808
实际利用外资	万美元	0	—	10 418
已投产运作企业数	个	24	700. 0	52
其中：已投产加工企业	个	6	200. 0	12
已投产物流企业	个	18	1 700. 0	39
已投产贸易企业	个	0	—	0
已投产其他服务类企业	个	0	—	0
其中：注册资本 1000 万美元以上	个	0	—	0
固定资产投资额	万元	136	-79. 1	271 238
其中：基础设施投资	万元	0	—	86 903
已建成城镇建设用地面积	万平方米	0	—	0
房屋竣工建筑面积	平方米	0	—	344 404
其中：已建成厂房面积	平方米	0	—	344 404
税务部门税收	万元	46 718	6 299. 7	56 697
期末从业人员	人	1 050	23. 7	1 050
期末批准面积	平方公里	3	0. 0	3
期末验收封关面积	平方公里	0. 94	-31. 9	0. 94
创新业态统计指标				
跨境电商企业数	个	0	—	0
业务票数	票	0	—	0
销售额	万元	0	—	0
融资租赁企业数	个	0	—	0
租赁资产总额	万元	0	—	0
货物状态分类监管企业数	个	0	—	0
国内货物进出区货值	万元	0	—	0
一般纳税人资格试点企业数	个	0	—	0
试点企业内销金额	万元	0	—	0
试点企业增值税纳税额	万元	0	—	0

续表

指标	单位	淮安综合保税区		
		当年累计	增幅（%）	历年累计
增加值	万元	145 234	16.6	6 272 398
经营总收入	万元	1 336 942	154.5	49 234 688
其中：技术服务收入	万元	0	—	0
工业总产值	万元	1 322 402	155.3	49 528 743
其中：高新技术产业	万元	366 373	9.2	701 777
物流企业经营收入	万元	20 725	775.6	32 325
商品销售额	万元	878 737	88.4	1 345 114
企业利润总额	万元	21 479	-51.8	1 728 368
综合能源耗费量	吨标准煤	106 462	145.3	1 159 465
新设企业数	个	0	—	28
其中：加工企业	个	0	—	12
物流企业	个	1	—	5
贸易企业	个	0	—	0
其他服务类企业	个	0	—	2
新设外资企业数	个	0	—	10
内资企业注册资本	万元	1 000	—	43 470
合同利用外资	万美元	450	—	188 823
实际利用外资	万美元	0	—	61 494
已投产运作企业数	个	14	—	28
其中：已投产加工企业	个	5	—	16
已投产物流企业	个	5	—	10
已投产贸易企业	个	2	—	4
已投产其他服务类企业	个	2	—	4
其中：注册资本1000万美元以上	个	5	—	10
固定资产投资额	万元	5 000	25.0	649 601
其中：基础设施投资	万元	5 000	66.7	369 097
已建成城镇建设用地面积	万平方米	145 320	—	1 598 580
房屋竣工建筑面积	平方米	0	—	1 610 000
其中：已建成厂房面积	平方米	0	—	1 453 260
税务部门税收	万元	16 268	-51.0	106 742
期末从业人员	人	11 981	-16.8	11 981
期末批准面积	平方公里	4.92	0.0	4.92
期末验收封关面积	平方公里	2.63	0.0	2.63
创新业态统计指标				
跨境电商企业数	个	0	—	0
业务票数	票	0	—	0
销售额	万元	0	—	0
融资租赁企业数	个	0	—	0
租赁资产总额	万元	0	—	0
货物状态分类监管企业数	个	0	—	0
国内货物进出区货值	万元	0	—	0
一般纳税人资格试点企业数	个	0	—	0
试点企业内销金额	万元	0	—	0
试点企业增值税纳税额	万元	0	—	0

续表

指标	单位	扬州综合保税区		
		当年累计	增幅（%）	历年累计
增加值	万元	58 588	-15.9	703 182
经营总收入	万元	190 076	-65.8	3 710 572
其中：技术服务收入	万元	0	—	0
工业总产值	万元	132 854	-63.2	4 341 556
其中：高新技术产业	万元	0	—	0
物流企业经营收入	万元	57 222	-70.8	480 890
商品销售额	万元	58 223	—	58 223
企业利润总额	万元	11 952	-48.7	412 124
综合能源耗费量	吨标准煤	3 863	-79.4	38 226
新设企业数	个	0	-100.0	40
其中：加工企业	个	0	—	30
物流企业	个	0	—	9
贸易企业	个	0	—	0
其他服务类企业	个	0	-100.0	1
新设外资企业数	个	0	—	31
内资企业注册资本	万元	0	-100.0	3 000
合同利用外资	万美元	0	—	202 005
实际利用外资	万美元	0	—	133 497
已投产运作企业数	个	0	—	157
其中：已投产加工企业	个	0	—	147
已投产物流企业	个	0	—	10
已投产贸易企业	个	0	—	0
已投产其他服务类企业	个	0	—	0
其中：注册资本 1000 万美元以上	个	0	—	0
固定资产投资额	万元	5 974	-81.3	539 097
其中：基础设施投资	万元	0	-100.0	244 269
已建成城镇建设用地面积	万平方米	0	—	0
房屋竣工建筑面积	平方米	0	—	520 987
其中：已建成厂房面积	平方米	0	—	520 987
税务部门税收	万元	1 695	-89.6	79 687
期末从业人员	人	3 080	0.0	3 080
期末批准面积	平方公里	2.2	0.0	2.2
期末验收封关面积	平方公里	1.47	0.0	1.47
创新业态统计指标				
跨境电商企业数	个	0	—	0
业务票数	票	0	—	0
销售额	万元	0	—	0
融资租赁企业数	个	0	—	0
租赁资产总额	万元	0	—	0
货物状态分类监管企业数	个	1	0.0	1
国内货物进出区货值	万元	5 400	-85.8	50 509
一般纳税人资格试点企业数	个	0	—	0
试点企业内销金额	万元	0	—	0
试点企业增值税纳税额	万元	0	—	0

续表

指标	单位	镇江综合保税区		
		当年累计	增幅（%）	历年累计
增加值	万元	25 139	1.9	189 781
经营总收入	万元	201 330	32.7	882 706
其中：技术服务收入	万元	0	—	0
工业总产值	万元	149 288	3.9	906 128
其中：高新技术产业	万元	149 288	3.9	869 811
物流企业经营收入	万元	44 800	68.3	148 614
商品销售额	万元	34 131	40.7	58 395
企业利润总额	万元	10 326	18.8	145 929
综合能源耗费量	吨标准煤	8 943	37.3	37 361
新设企业数	个	17	112.5	54
其中：加工企业	个	1	-50.0	6
物流企业	个	1	—	21
贸易企业	个	15	650.0	19
其他服务类企业	个	0	—	0
新设外资企业数	个	1	-50.0	16
内资企业注册资本	万元	4 800	-50.6	14 510
合同利用外资	万美元	30	-91.3	28 680
实际利用外资	万美元	20	-91.7	28 054
已投产运作企业数	个	17	142.9	41
其中：已投产加工企业	个	1	—	5
已投产物流企业	个	1	—	9
已投产贸易企业	个	15	650.0	18
已投产其他服务类企业	个	0	—	0
其中：注册资本1000万美元以上	个	0	—	0
固定资产投资额	万元	40 152	41.6	240 639
其中：基础设施投资	万元	39 490	611.4	179 079
已建成城镇建设用地面积	万平方米	0	—	0
房屋竣工建筑面积	平方米	0	—	146 676
其中：已建成厂房面积	平方米	0	—	146 676
税务部门税收	万元	4 223	-5.0	25 651
期末从业人员	人	1 707	95.8	1 707
期末批准面积	平方公里	2.53	0.0	2.53
期末验收封关面积	平方公里	0.91	0.0	0.91
创新业态统计指标				
跨境电商企业数	个	0	—	0
业务票数	票	0	—	0
销售额	万元	0	—	0
融资租赁企业数	个	0	—	0
租赁资产总额	万元	0	—	0
货物状态分类监管企业数	个	1	0.0	1
国内货物进出区货值	万元	3 765	132.8	5 382
一般纳税人资格试点企业数	个	5	150.0	5
试点企业内销金额	万元	7 242	174.0	9 885
试点企业增值税纳税额	万元	567	34.4	989

续表

指标	单位	泰州综合保税区		
		当年累计	增幅（%）	历年累计
增加值	万元	40 494	-74.6	731 519
经营总收入	万元	268 514	-72.5	4 688 625
其中：技术服务收入	万元	0	—	0
工业总产值	万元	269 967	-72.6	4 702 451
其中：高新技术产业	万元	244 076	-75.0	4 301 294
物流企业经营收入	万元	3 601	-17.0	35 477
商品销售额	万元	267 214	-72.6	1 243 972
企业利润总额	万元	1 978	-5.0	52 915
综合能源耗费量	吨标准煤	10 411	-74.3	149 072
新设企业数	个	11	10.0	57
其中：加工企业	个	0	-100.0	7
物流企业	个	0	—	4
贸易企业	个	6	0.0	12
其他服务类企业	个	3	50.0	5
新设外资企业数	个	2	-33.3	9
内资企业注册资本	万元	18 140	75.3	28 490
合同利用外资	万美元	1 500	-33.2	28 877
实际利用外资	万美元	0	—	22 980
已投产运作企业数	个	1	0.0	21
其中：已投产加工企业	个	1	—	5
已投产物流企业	个	0	—	3
已投产贸易企业	个	0	-100.0	1
已投产其他服务类企业	个	0	—	0
其中：注册资本1000万美元以上	个	0	—	0
固定资产投资额	万元	6 696	19.7	469 082
其中：基础设施投资	万元	0	—	237 491
已建成城镇建设用地面积	万平方米	0	—	0
房屋竣工建筑面积	平方米	0	—	801 073
其中：已建成厂房面积	平方米	0	—	429 959
税务部门税收	万元	2 951	75.2	21 474
期末从业人员	人	4 694	-16.9	4 694
期末批准面积	平方公里	1.76	0.0	1.76
期末验收封关面积	平方公里	1.58	0.0	1.58
创新业态统计指标				
跨境电商企业数	个	0	—	0
业务票数	票	0	—	0
销售额	万元	0	—	0
融资租赁企业数	个	0	—	0
租赁资产总额	万元	0	—	0
货物状态分类监管企业数	个	2	0.0	2
国内货物进出区货值	万元	146 872	14.7	274 882
一般纳税人资格试点企业数	个	0	—	0
试点企业内销金额	万元	0	—	0
试点企业增值税纳税额	万元	0	—	0

续表

指标	单位	常熟综合保税区		
		当年累计	增幅（%）	历年累计
增加值	万元	16 686	3.7	140 840
经营总收入	万元	48 953	1.3	613 643
其中：技术服务收入	万元	0	—	0
工业总产值	万元	42 199	4.6	565 301
其中：高新技术产业	万元	0	—	0
物流企业经营收入	万元	6 429	-16.9	64 242
商品销售额	万元	42 524	4.5	83 222
企业利润总额	万元	3 244	-5.9	22 411
综合能源耗费量	吨标准煤	618	33.8	6 318
新设企业数	个	0	—	13
其中：加工企业	个	0	—	10
物流企业	个	0	—	3
贸易企业	个	0	—	0
其他服务类企业	个	0	—	0
新设外资企业数	个	0	—	10
内资企业注册资本	万元	0	—	1 300
合同利用外资	万美元	2 380	—	9 651
实际利用外资	万美元	2 015	—	7 790
已投产运作企业数	个	0	—	13
其中：已投产加工企业	个	0	—	10
已投产物流企业	个	0	—	3
已投产贸易企业	个	0	—	0
已投产其他服务类企业	个	0	—	0
其中：注册资本1000万美元以上	个	0	—	3
固定资产投资额	万元	11 992	—	68 109
其中：基础设施投资	万元	0	—	28 000
已建成城镇建设用地面积	万平方米	0	—	17.9
房屋竣工建筑面积	平方米	7 440	—	145 380
其中：已建成厂房面积	平方米	7 440	—	129 880
税务部门税收	万元	2 052	-13.9	21 680
期末从业人员	人	745	-11.5	745
期末批准面积	平方公里	0.94	0.0	0.94
期末验收封关面积	平方公里	0.53	0.0	0.53
创新业态统计指标				
跨境电商企业数	个	0	—	0
业务票数	票	0	—	0
销售额	万元	0	—	0
融资租赁企业数	个	0	—	0
租赁资产总额	万元	0	—	0
货物状态分类监管企业数	个	1	0.0	1
国内货物进出区货值	万元	192 045	69.6	305 250
一般纳税人资格试点企业数	个	0	—	0
试点企业内销金额	万元	0	—	0
试点企业增值税纳税额	万元	0	—	0

续表

指标	单位	吴江综合保税区		
		当年累计	增幅（%）	历年累计
增加值	万元	30 089	44.8	205 123
经营总收入	万元	134 935	-29.9	3 921 087
其中：技术服务收入	万元	0	—	0
工业总产值	万元	127 020	-34.4	4 269 667
其中：高新技术产业	万元	3 646	—	1 515 505
物流企业经营收入	万元	2 966	170.1	14 581
商品销售额	万元	130 795	-31.4	321 484
企业利润总额	万元	1 154	—	-56 638
综合能源耗费量	吨标准煤	1 147	61.3	27 360
新设企业数	个	15	66.7	62
其中：加工企业	个	8	700.0	39
物流企业	个	0	-100.0	6
贸易企业	个	2	100.0	3
其他服务类企业	个	5	-16.7	11
新设外资企业数	个	2	0.0	37
内资企业注册资本	万元	9 450	110.0	25 050
合同利用外资	万美元	640	83.4	47 801
实际利用外资	万美元	0	—	20 059
已投产运作企业数	个	4	0.0	23
其中：已投产加工企业	个	4	—	15
已投产物流企业	个	0	-100.0	5
已投产贸易企业	个	0	-100.0	1
已投产其他服务类企业	个	0	-100.0	2
其中：注册资本 1000 万美元以上	个	0	—	2
固定资产投资额	万元	7 338	955.8	181 010
其中：基础设施投资	万元	0	—	37 034
已建成城镇建设用地面积	万平方米	0	—	100
房屋竣工建筑面积	平方米	0	—	221 124
其中：已建成厂房面积	平方米	0	—	219 924
税务部门税收	万元	1 681	15.9	13 029
期末从业人员	人	2 318	326.9	2 318
期末批准面积	平方公里	1	0.0	1
期末验收封关面积	平方公里	1	0.0	1
创新业态统计指标				
跨境电商企业数	个	12	140.0	12
业务票数	票	343 027	147.4	481 679
销售额	万元	7 467	125.2	10 783
融资租赁企业数	个	0	—	0
租赁资产总额	万元	0	—	0
货物状态分类监管企业数	个	2	—	2
国内货物进出区货值	万元	6 682	-33.2	16 686
一般纳税人资格试点企业数	个	7	250.0	7
试点企业内销金额	万元	17 310	6 171.7	17 586
试点企业增值税纳税额	万元	508	2 209.1	530

续表

指标	单位	嘉兴综合保税区		
		当年累计	增幅（%）	历年累计
增加值	万元	12 460	34.8	92 351
经营总收入	万元	77 153	69.0	515 466
其中：技术服务收入	万元	0	—	4 617
工业总产值	万元	78 457	84.8	502 196
其中：高新技术产业	万元	0	—	0
物流企业经营收入	万元	4 991	-2.6	20 126
商品销售额	万元	379	-95.2	8 272
企业利润总额	万元	-1 093	—	15 422
综合能源耗费量	吨标准煤	2 683	-10.3	23 131
新设企业数	个	9	125.0	40
其中：加工企业	个	0	-100.0	21
物流企业	个	2	—	9
贸易企业	个	7	—	7
其他服务类企业	个	0	—	0
新设外资企业数	个	1	-66.7	18
内资企业注册资本	万元	750	-97.9	35 750
合同利用外资	万美元	5 121	412.1	20 547
实际利用外资	万美元	1 379	688.0	6 989
已投产运作企业数	个	8	700.0	23
其中：已投产加工企业	个	0	-100.0	13
已投产物流企业	个	1	—	3
已投产贸易企业	个	7	—	7
已投产其他服务类企业	个	0	—	0
其中：注册资本1000万美元以上	个	0	-100.0	1
固定资产投资额	万元	9 579	-2.7	281 779
其中：基础设施投资	万元	348	—	71 699
已建成城镇建设用地面积	万平方米	0	—	0
房屋竣工建筑面积	平方米	0	—	161 141
其中：已建成厂房面积	平方米	0	—	161 116
税务部门税收	万元	836	103.9	8 532
期末从业人员	人	580	10.7	580
期末批准面积	平方公里	2.98	0.0	2.98
期末验收封关面积	平方公里	1.3	0.0	1.3
创新业态统计指标				
跨境电商企业数	个	6	—	6
业务票数	票	2 255	412.5	2 695
销售额	万元	31	-99.6	7 626
融资租赁企业数	个	0	—	0
租赁资产总额	万元	0	—	0
货物状态分类监管企业数	个	0	—	0
国内货物进出区货值	万元	300	-90.6	3 500
一般纳税人资格试点企业数	个	0	—	0
试点企业内销金额	万元	0	—	0
试点企业增值税纳税额	万元	0	—	0

续表

指标	单位	嘉兴综合保税区 B 区		
		当年累计	增幅（%）	历年累计
增加值	万元	152 581	38.4	981 520
经营总收入	万元	550 700	32.9	2 898 113
其中：技术服务收入	万元	0	—	0
工业总产值	万元	574 305	28.2	3 184 897
其中：高新技术产业	万元	574 305	28.2	3 184 897
物流企业经营收入	万元	3 614	44.2	21 893
商品销售额	万元	0	—	0
企业利润总额	万元	57 509	-16.6	507 203
综合能源耗费量	吨标准煤	27 901	11.3	155 730
新设企业数	个	0	—	8
其中：加工企业	个	0	—	2
物流企业	个	0	—	3
贸易企业	个	0	—	0
其他服务类企业	个	0	—	0
新设外资企业数	个	0	—	2
内资企业注册资本	万元	0	—	0
合同利用外资	万美元	10 500	-70.0	102 873
实际利用外资	万美元	8 739	27.4	67 390
已投产运作企业数	个	1	—	8
其中：已投产加工企业	个	1	—	2
已投产物流企业	个	0	—	3
已投产贸易企业	个	0	—	0
已投产其他服务类企业	个	0	—	0
其中：注册资本 1000 万美元以上	个	0	—	0
固定资产投资额	万元	116 423	10.2	793 957
其中：基础设施投资	万元	24 881	195.5	72 847
已建成城镇建设用地面积	万平方米	0	—	0
房屋竣工建筑面积	平方米	0	—	490 188
其中：已建成厂房面积	平方米	0	—	413 088
税务部门税收	万元	14 158	301.9	80 259
期末从业人员	人	5 368	1.2	5 368
期末批准面积	平方公里	1.65	0.0	1.65
期末验收封关面积	平方公里	1.04	0.0	1.04
创新业态统计指标				
跨境电商企业数	个	0	—	0
业务票数	票	0	—	0
销售额	万元	0	—	0
融资租赁企业数	个	0	—	0
租赁资产总额	万元	0	—	0
货物状态分类监管企业数	个	0	—	0
国内货物进出区货值	万元	0	—	0
一般纳税人资格试点企业数	个	0	—	0
试点企业内销金额	万元	0	—	0
试点企业增值税纳税额	万元	0	—	0

续表

指标	单位	芜湖综合保税区		
		当年累计	增幅（%）	历年累计
增加值	万元	53 243	-16.0	452 574
经营总收入	万元	254 007	-8.1	2 440 209
其中：技术服务收入	万元	0	—	0
工业总产值	万元	256 682	-4.5	2 449 433
其中：高新技术产业	万元	32 255	-11.5	183 072
物流企业经营收入	万元	42	55.6	345
商品销售额	万元	253 878	6.9	491 375
企业利润总额	万元	10 700	-15.2	75 070
综合能源耗费量	吨标准煤	7 195	70.7	97 711
新设企业数	个	2	-33.3	39
其中：加工企业	个	0	—	18
物流企业	个	2	-33.3	19
贸易企业	个	0	—	0
其他服务类企业	个	0	—	0
新设外资企业数	个	0	—	9
内资企业注册资本	万元	3 890	548.3	4 490
合同利用外资	万美元	0	—	30 590
实际利用外资	万美元	0	—	30 590
已投产运作企业数	个	2	-50.0	31
其中：已投产加工企业	个	0	—	14
已投产物流企业	个	2	-50.0	17
已投产贸易企业	个	0	—	0
已投产其他服务类企业	个	0	—	0
其中：注册资本1000万美元以上	个	0	—	0
固定资产投资额	万元	4 082	-32.0	315 148
其中：基础设施投资	万元	2 500	—	169 430
已建成城镇建设用地面积	万平方米	0	—	0
房屋竣工建筑面积	平方米	0	—	360 646
其中：已建成厂房面积	平方米	0	—	344 846
税务部门税收	万元	5 570	-23.5	31 622
期末从业人员	人	3 153	-3.9	3 153
期末批准面积	平方公里	2.17	0.0	2.17
期末验收封关面积	平方公里	2.17	0.0	2.17
创新业态统计指标				
跨境电商企业数	个	3	0.0	3
业务票数	票	10 429	-81.9	68 208
销售额	万元	5 027	172.9	6 870
融资租赁企业数	个	0	—	0
租赁资产总额	万元	0	—	0
货物状态分类监管企业数	个	0	-100.0	0
国内货物进出区货值	万元	119 320	—	119 320
一般纳税人资格试点企业数	个	2	—	2
试点企业内销金额	万元	107	—	107
试点企业增值税纳税额	万元	14	—	14

续表

指标	单位	南昌综合保税区		
		当年累计	增幅（%）	历年累计
增加值	万元	4 636	-73.5	222 599
经营总收入	万元	492 544	-23.8	3 665 453
其中：技术服务收入	万元	0	—	766
工业总产值	万元	467 731	-21.8	4 136 637
其中：高新技术产业	万元	467 731	109.4	754 479
物流企业经营收入	万元	554	-24.6	3 042
商品销售额	万元	0	—	0
企业利润总额	万元	1 374	-35.7	-2 914
综合能源耗费量	吨标准煤	14	-98.0	28 486
新设企业数	个	1	0.0	28
其中：加工企业	个	1	0.0	13
物流企业	个	0	—	10
贸易企业	个	0	—	0
其他服务类企业	个	0	—	0
新设外资企业数	个	0	—	16
内资企业注册资本	万元	0	—	1
合同利用外资	万美元	0	—	30 000
实际利用外资	万美元	0	-100.0	21 978
已投产运作企业数	个	1	0.0	41
其中：已投产加工企业	个	1	0.0	23
已投产物流企业	个	0	—	18
已投产贸易企业	个	0	—	0
已投产其他服务类企业	个	0	—	0
其中：注册资本1000万美元以上	个	0	-100.0	1
固定资产投资额	万元	15 000	-59.5	161 296
其中：基础设施投资	万元	0	—	45 078
已建成城镇建设用地面积	万平方米	0	—	0
房屋竣工建筑面积	平方米	0	-100.0	344 527
其中：已建成厂房面积	平方米	0	-100.0	344 527
税务部门税收	万元	337	-17.4	969
期末从业人员	人	1 533	-63.4	1 533
期末批准面积	平方公里	2	0.0	2
期末验收封关面积	平方公里	1.915	0.0	1.915
创新业态统计指标				
跨境电商企业数	个	0	—	0
业务票数	票	0	—	0
销售额	万元	0	—	0
融资租赁企业数	个	0	—	0
租赁资产总额	万元	0	—	0
货物状态分类监管企业数	个	0	—	0
国内货物进出区货值	万元	0	-100.0	20
一般纳税人资格试点企业数	个	0	—	0
试点企业内销金额	万元	0	—	0
试点企业增值税纳税额	万元	0	—	0

续表

指标	单位	潍坊综合保税区		
		当年累计	增幅（%）	历年累计
增加值	万元	109 897	-26.8	1 043 781
经营总收入	万元	632 158	5.6	4 057 344
其中：技术服务收入	万元	0	—	0
工业总产值	万元	624 926	6.2	3 983 509
其中：高新技术产业	万元	509 334	-4.9	3 475 179
物流企业经营收入	万元	5 667	22.9	36 669
商品销售额	万元	0	—	0
企业利润总额	万元	23 641	-31.0	381 904
综合能源耗费量	吨标准煤	5 949	-13.2	40 565
新设企业数	个	7	—	99
其中：加工企业	个	4	—	76
物流企业	个	2	—	16
贸易企业	个	0	—	0
其他服务类企业	个	0	—	0
新设外资企业数	个	1	—	18
内资企业注册资本	万元	4 906	—	30 750
合同利用外资	万美元	30 000	2 062.9	48 377
实际利用外资	万美元	13 100	—	18 114
已投产运作企业数	个	1	—	35
其中：已投产加工企业	个	1	—	27
已投产物流企业	个	0	—	8
已投产贸易企业	个	0	—	0
已投产其他服务类企业	个	0	—	0
其中：注册资本 1000 万美元以上	个	0	—	0
固定资产投资额	万元	126 050	-8.1	1 197 308
其中：基础设施投资	万元	5 830	-19.0	53 216
已建成城镇建设用地面积	万平方米	0	—	89
房屋竣工建筑面积	平方米	0	—	1 199 478
其中：已建成厂房面积	平方米	0	—	951 760
税务部门税收	万元	63 000	64.0	219 589
期末从业人员	人	4 500	0.0	4 500
期末批准面积	平方公里	5.17	0.0	5.17
期末验收封关面积	平方公里	1.7	0.0	1.7
创新业态统计指标				
跨境电商企业数	个	0	—	0
业务票数	票	0	—	0
销售额	万元	0	—	0
融资租赁企业数	个	0	—	0
租赁资产总额	万元	0	—	0
货物状态分类监管企业数	个	0	—	0
国内货物进出区货值	万元	101 000	14.8	194 500
一般纳税人资格试点企业数	个	0	—	0
试点企业内销金额	万元	0	—	0
试点企业增值税纳税额	万元	0	—	0

续表

指标	单位	昆明综合保税区		
		当年累计	增幅（%）	历年累计
增加值	万元	102	-54.1	1 662
经营总收入	万元	108	-67.5	5 843
其中：技术服务收入	万元	0	—	0
工业总产值	万元	0	-100.0	2 233
其中：高新技术产业	万元	0	—	0
物流企业经营收入	万元	107	-67.6	3 670
商品销售额	万元	0	—	0
企业利润总额	万元	107	39.0	488
综合能源耗费量	吨标准煤	925	78.9	6 173
新设企业数	个	0	—	13
其中：加工企业	个	0	—	7
物流企业	个	0	—	5
贸易企业	个	0	—	0
其他服务类企业	个	0	—	0
新设外资企业数	个	0	—	1
内资企业注册资本	万元	0	—	0
合同利用外资	万美元	0	—	270
实际利用外资	万美元	0	—	270
已投产运作企业数	个	0	—	12
其中：已投产加工企业	个	0	—	7
已投产物流企业	个	0	—	5
已投产贸易企业	个	0	—	0
已投产其他服务类企业	个	0	—	0
其中：注册资本1000万美元以上	个	0	—	0
固定资产投资额	万元	0	—	66 353
其中：基础设施投资	万元	0	—	24 690
已建成城镇建设用地面积	万平方米	0	—	0
房屋竣工建筑面积	平方米	0	—	36 835
其中：已建成厂房面积	平方米	0	—	25 727
税务部门税收	万元	0	-100.0	106
期末从业人员	人	0	-100.0	0
期末批准面积	平方公里	2	0.0	2
期末验收封关面积	平方公里	0.48	0.0	0.48
创新业态统计指标				
跨境电商企业数	个	0	—	0
业务票数	票	0	—	0
销售额	万元	0	—	0
融资租赁企业数	个	0	—	0
租赁资产总额	万元	0	—	0
货物状态分类监管企业数	个	0	—	0
国内货物进出区货值	万元	0	—	0
一般纳税人资格试点企业数	个	0	—	0
试点企业内销金额	万元	0	—	0
试点企业增值税纳税额	万元	0	—	0

续表

指标	单位	乌鲁木齐综合保税区		
		当年累计	增幅（%）	历年累计
增加值	万元	6 102	-19.9	13 721
经营总收入	万元	61 545	68.0	98 170
其中：技术服务收入	万元	0	—	0
工业总产值	万元	18 489	185.7	24 961
其中：高新技术产业	万元	0	—	1 710
物流企业经营收入	万元	1 026	-57.7	3 452
商品销售额	万元	59 381	74.2	93 475
企业利润总额	万元	68	—	-1 116
综合能源耗费量	吨标准煤	12 009	572.0	13 796
新设企业数	个	21	—	64
其中：加工企业	个	1	—	10
物流企业	个	4	—	12
贸易企业	个	10	—	23
其他服务类企业	个	6	—	19
新设外资企业数	个	0	—	0
内资企业注册资本	万元	111 111	—	223 831
合同利用外资	万美元	0	—	0
实际利用外资	万美元	0	—	0
已投产运作企业数	个	0	—	6
其中：已投产加工企业	个	0	—	4
已投产物流企业	个	0	—	1
已投产贸易企业	个	0	—	1
已投产其他服务类企业	个	0	—	0
其中：注册资本1000万美元以上	个	0	—	0
固定资产投资额	万元	14 431	-88.5	140 241
其中：基础设施投资	万元	14 086	-18.0	37 340
已建成城镇建设用地面积	万平方米	0	—	86
房屋竣工建筑面积	平方米	0	—	169 031
其中：已建成厂房面积	平方米	0	—	74 294
税务部门税收	万元	0	—	0
期末从业人员	人	351	6.0	351
期末批准面积	平方公里	2.41	0.0	2.41
期末验收封关面积	平方公里	2.33	0.0	2.33
创新业态统计指标				
跨境电商企业数	个	1	0.0	1
业务票数	票	776 240	12 544.4	1 401 446
销售额	万元	949	3 172.4	3 147
融资租赁企业数	个	0	—	0
租赁资产总额	万元	0	—	0
货物状态分类监管企业数	个	0	—	0
国内货物进出区货值	万元	0	—	0
一般纳税人资格试点企业数	个	0	—	0
试点企业内销金额	万元	0	—	0
试点企业增值税纳税额	万元	0	—	0

续表

指标	单位	湖南郴州综合保税区		
		当年累计	增幅（%）	历年累计
增加值	万元	59 950	-22.7	1 328 816
经营总收入		345 100	-29.7	6 360 109
其中：技术服务收入		86 374	36.8	350 025
工业总产值		409 312	-0.4	6 265 604
其中：高新技术产业		81 196	-20.9	2 391 817
物流企业经营收入		36	-56.6	971
商品销售额		88 995	-74.8	441 504
企业利润总额		-2 119	—	139 693
综合能源耗费量	吨标准煤	8 419	-96.6	451 508
新设企业数	个	15	66.7	45
其中：加工企业		4	—	18
物流企业		0	—	1
贸易企业		9	350.0	21
其他服务类企业		2	—	2
新设外资企业数		0	—	2
内资企业注册资本	万元	11 000	—	25 005
合同利用外资	万美元	0	—	18 239
实际利用外资		0	—	15 093
已投产运作企业数	个	5	—	43
其中：已投产加工企业		0	—	18
已投产物流企业		0	—	4
已投产贸易企业		3	—	7
已投产其他服务类企业		2	—	3
其中：注册资本 1000 万美元以上		0	—	3
固定资产投资额	万元	30 314	—	254 771
其中：基础设施投资		892	—	85 387
已建成城镇建设用地面积	万平方米	0	—	0
房屋竣工建筑面积	平方米	0	—	440 000
其中：已建成厂房面积		0	—	0
税务部门税收	万元	2 926	-42.6	8 325
期末从业人员	人	5 815	0.4	5 815
期末批准面积	平方公里	1.06	0.0	1.06
期末验收封关面积		1.06	0.0	1.06
创新业态统计指标				
跨境电商企业数	个	0	—	0
业务票数	票	0	—	0
销售额	万元	0	—	0
融资租赁企业数	个	0	—	0
租赁资产总额	万元	0	—	0
货物状态分类监管企业数	个	0	—	0
国内货物进出区货值	万元	0	—	0
一般纳税人资格试点企业数	个	3	50.0	3
试点企业内销金额	万元	7 592	2 113.4	7 935
试点企业增值税纳税额		6 575	13 889.4	6 622

续表

指标	单位	泉州综合保税区		
		当年累计	增幅（%）	历年累计
增加值	万元	0	—	7 321
经营总收入	万元	826 323	11.7	5 101 222
其中：技术服务收入	万元	0	—	41 413
工业总产值	万元	783 338	11.3	8 749 476
其中：高新技术产业	万元	2 579	—	2 579
物流企业经营收入	万元	74 000	—	83 102
商品销售额	万元	18 409	—	32 891
企业利润总额	万元	9 868	59.3	286 786
综合能源耗费量	吨标准煤	1 845	-2.4	13 304
新设企业数	个	6	—	31
其中：加工企业	个	1	—	17
物流企业	个	0	—	0
贸易企业	个	4	—	4
其他服务类企业	个	1	—	1
新设外资企业数	个	0	—	5
内资企业注册资本	万元	0	—	8 488
合同利用外资	万美元	0	—	7 207
实际利用外资	万美元	20	-86.1	7 427
已投产运作企业数	个	0	—	54
其中：已投产加工企业	个	0	—	29
已投产物流企业	个	0	—	2
已投产贸易企业	个	0	—	13
已投产其他服务类企业	个	0	—	8
其中：注册资本 1000 万美元以上	个	0	—	2
固定资产投资额	万元	34 248	10.8	271 932
其中：基础设施投资	万元	0	—	84 587
已建成城镇建设用地面积	万平方米	0	—	0
房屋竣工建筑面积	平方米	0	—	1 203 202
其中：已建成厂房面积	平方米	0	—	1 129 977
税务部门税收	万元	5 457	—	21 839
期末从业人员	人	3 207	197.2	3 207
期末批准面积	平方公里	2.05	0.0	2.05
期末验收封关面积	平方公里	2.05	0.0	2.05
创新业态统计指标				
跨境电商企业数	个	0	—	0
业务票数	票	0	—	0
销售额	万元	0	—	0
融资租赁企业数	个	0	—	0
租赁资产总额	万元	0	—	0
货物状态分类监管企业数	个	0	—	0
国内货物进出区货值	万元	0	—	0
一般纳税人资格试点企业数	个	0	—	0
试点企业内销金额	万元	0	—	0
试点企业增值税纳税额	万元	0	—	0

续表

指标	单位	南宁综合保税区		
		当年累计	增幅（%）	历年累计
增加值	万元	315 355	26.0	565 573
经营总收入	万元	618 770	45.9	1 042 860
其中：技术服务收入	万元	0	—	0
工业总产值	万元	958 820	35.8	1 664 713
其中：高新技术产业	万元	0	—	0
物流企业经营收入	万元	4 665	59.0	7 599
商品销售额	万元	958 233	36.7	1 658 971
企业利润总额	万元	2 465	-12.2	5 272
综合能源耗费量	吨标准煤	385	75.8	604
新设企业数	个	36	1 100.0	80
其中：加工企业	个	7	—	17
物流企业	个	0	—	9
贸易企业	个	0	—	0
其他服务类企业	个	29	866.7	54
新设外资企业数	个	3	—	6
内资企业注册资本	万元	21 550	—	71 170
合同利用外资	万美元	4 838	—	5 925
实际利用外资	万美元	0	—	1 000
已投产运作企业数	个	1	-93.8	32
其中：已投产加工企业	个	0	—	7
已投产物流企业	个	0	-100.0	9
已投产贸易企业	个	0	—	0
已投产其他服务类企业	个	1	-92.9	16
其中：注册资本1000万美元以上	个	1	—	1
固定资产投资额	万元	3 949	-78.9	328 859
其中：基础设施投资	万元	2 549	50 880.0	305 987
已建成城镇建设用地面积	万平方米	0	—	89
房屋竣工建筑面积	平方米	24 702	—	352 698
其中：已建成厂房面积	平方米	24 702	—	352 698
税务部门税收	万元	489	-40.4	1 310
期末从业人员	人	433	11.0	433
期末批准面积	平方公里	2.37	0.0	2.37
期末验收封关面积	平方公里	0.897	0.0	0.897
创新业态统计指标				
跨境电商企业数	个	50	117.4	50
业务票数	票	25 307 489	5 678.8	25 745 423
销售额	万元	59 596	714.8	59 596
融资租赁企业数	个	0	—	0
租赁资产总额	万元	0	—	0
货物状态分类监管企业数	个	0	—	0
国内货物进出区货值	万元	0	—	0
一般纳税人资格试点企业数	个	0	—	0
试点企业内销金额	万元	0	—	0
试点企业增值税纳税额	万元	0	—	0

续表

指标	单位	贵阳综合保税区		
		当年累计	增幅（%）	历年累计
增加值	万元	1 968	149.7	2 756
经营总收入		98 416	277.4	124 494
其中：技术服务收入		0	-100.0	38
工业总产值		97 757	3 395.1	100 554
其中：高新技术产业		0	—	0
物流企业经营收入		576	—	576
商品销售额		0	-100.0	9 486
企业利润总额		218	—	218
综合能源耗费量	吨标准煤	594	—	594
新设企业数	个	13	-66.7	52
其中：加工企业		9	350.0	11
物流企业		2	-50.0	6
贸易企业		1	-92.9	15
其他服务类企业		1	-94.1	18
新设外资企业数		1	—	1
内资企业注册资本	万元	326 634	729.8	365 995
合同利用外资	万美元	171	—	171
实际利用外资		0	-100.0	3 028
已投产运作企业数	个	13	-50.0	39
其中：已投产加工企业		9	12.5	17
已投产物流企业		2	-50.0	6
已投产贸易企业		1	-87.5	9
已投产其他服务类企业		1	-50.0	3
其中：注册资本1000万美元以上		0	-100.0	3
固定资产投资额	万元	400 500	137.5	569 100
其中：基础设施投资		0	-100.0	600
已建成城镇建设用地面积	万平方米	100	—	100
房屋竣工建筑面积	平方米	0	—	0
其中：已建成厂房面积		0	—	0
税务部门税收	万元	78	-96.4	2 254
期末从业人员	人	225	-21.6	225
期末批准面积	平方公里	3.01	0.0	3.01
期末验收封关面积		1.003	-2.6	1.003
创新业态统计指标				
跨境电商企业数	个	7	—	7
业务票数	票	8 900	—	8 900
销售额	万元	767	—	767
融资租赁企业数	个	0	—	0
租赁资产总额	万元	0	—	0
货物状态分类监管企业数	个	0	—	0
国内货物进出区货值	万元	0	—	0
一般纳税人资格试点企业数	个	2	—	2
试点企业内销金额	万元	0	—	0
试点企业增值税纳税额		0	—	0

续表

指标	单位	贵安综合保税区		
		当年累计	增幅（%）	历年累计
增加值	万元	14 900	—	14 900
经营总收入	万元	109 879	—	109 879
其中：技术服务收入	万元	0	—	0
工业总产值	万元	147 821	-23.8	2 454 135
其中：高新技术产业	万元	34 764	—	34 764
物流企业经营收入	万元	791	—	791
商品销售额	万元	1 060	—	1 060
企业利润总额	万元	-15 685	—	-15 685
综合能源耗费量	吨标准煤	930	30 900.0	934
新设企业数	个	10	—	205
其中：加工企业	个	1	—	23
物流企业	个	1	—	2
贸易企业	个	1	—	1
其他服务类企业	个	6	—	6
新设外资企业数	个	0	—	4
内资企业注册资本	万元	747 019	—	747 019
合同利用外资	万美元	0	—	0
实际利用外资	万美元	4 990	—	13 836
已投产运作企业数	个	0	—	15
其中：已投产加工企业	个	0	—	8
已投产物流企业	个	0	—	3
已投产贸易企业	个	0	—	3
已投产其他服务类企业	个	0	—	1
其中：注册资本 1000 万美元以上	个	0	—	4
固定资产投资额	万元	29 964	—	29 964
其中：基础设施投资	万元	22 163	—	3 022 163
已建成城镇建设用地面积	万平方米	0	—	72
房屋竣工建筑面积	平方米	384 967	—	1 293 499
其中：已建成厂房面积	平方米	143 793	—	1 236 451
税务部门税收	万元	277	-98.8	37 559.58
期末从业人员	人	470	—	470
期末批准面积	平方公里	2.2	0.0	2.2
期末验收封关面积	平方公里	1.86	-15.5	1.86
创新业态统计指标				
跨境电商企业数	个	0	—	0
业务票数	票	0	—	0
销售额	万元	0	—	0
融资租赁企业数	个	0	—	0
租赁资产总额	万元	0	—	0
货物状态分类监管企业数	个	1	—	1
国内货物进出区货值	万元	6 388 600	—	6 388 600
一般纳税人资格试点企业数	个	0	—	0
试点企业内销金额	万元	0	—	0
试点企业增值税纳税额	万元	0	—	0

续表

指标	单位	湘潭综合保税区		
		当年累计	增幅（%）	历年累计
增加值	万元	0	—	0
经营总收入	万元	1 733 894	4.3	3 395 664
其中：技术服务收入	万元	0	—	0
工业总产值	万元	253 604	5.4	494 328
其中：高新技术产业	万元	0	—	0
物流企业经营收入	万元	0	—	0
商品销售额	万元	1 480 291	4.2	2 901 338
企业利润总额	万元	0	-100.0	1 818
综合能源耗费量	吨标准煤	4	0.0	8
新设企业数	个	16	-71.9	73
其中：加工企业	个	4	33.3	7
物流企业	个	0	—	0
贸易企业	个	12	-60.0	42
其他服务类企业	个	0	—	0
新设外资企业数	个	0	—	0
内资企业注册资本	万元	0	—	0
合同利用外资	万美元	0	—	0
实际利用外资	万美元	0	—	0
已投产运作企业数	个	0		0
其中：已投产加工企业	个	0	—	0
已投产物流企业	个	0	—	0
已投产贸易企业	个	0	—	0
已投产其他服务类企业	个	0	—	0
其中：注册资本1000万美元以上	个	0	—	0
固定资产投资额	万元	31 755	11.9	60 143
其中：基础设施投资	万元	1 122	-83.4	7 878
已建成城镇建设用地面积	万平方米	0	—	0
房屋竣工建筑面积	平方米	0	—	0
其中：已建成厂房面积	平方米	0	—	0
税务部门税收	万元	535	-52.7	1 666
期末从业人员	人	1 632	0.0	1 632
期末批准面积	平方公里	3.12	0.0	3.12
期末验收封关面积	平方公里	3.12	0.0	3.12
创新业态统计指标				
跨境电商企业数	个	0	—	0
业务票数	票	0	—	0
销售额	万元	0	—	0
融资租赁企业数	个	0	—	0
租赁资产总额	万元	0	—	0
货物状态分类监管企业数	个	0	—	0
国内货物进出区货值	万元	0	—	0
一般纳税人资格试点企业数	个	0	—	0
试点企业内销金额	万元	0	—	0
试点企业增值税纳税额	万元	0	—	0

续表

指标	单位	衡阳综合保税区		
		当年累计	增幅（%）	历年累计
增加值	万元	76 136	-43.7	238 685
经营总收入	万元	231 429	-39.5	1 903 939
其中：技术服务收入	万元	0	—	0
工业总产值	万元	163 497	242.6	526 895
其中：高新技术产业	万元	0	—	0
物流企业经营收入	万元	69 847	-78.9	400 635
商品销售额	万元	231 429	-39.5	1 903 939
企业利润总额	万元	7 426	335.8	9 130
综合能源耗费量	吨标准煤	426	41.5	727
新设企业数	个	8	700.0	41
其中：加工企业	个	0	-100.0	15
物流企业	个	0	—	1
贸易企业	个	8	—	25
其他服务类企业	个	0	-100.0	0
新设外资企业数	个	0	—	0
内资企业注册资本	万元	1 200	-40.0	26 510
合同利用外资	万美元	0	—	0
实际利用外资	万美元	0	—	0
已投产运作企业数	个	14	180.0	20
其中：已投产加工企业	个	8	60.0	13
已投产物流企业	个	0	—	0
已投产贸易企业	个	6	—	6
已投产其他服务类企业	个	0	—	4
其中：注册资本 1000 万美元以上	个	0	—	0
固定资产投资额	万元	9 312	-58.2	324 644
其中：基础设施投资	万元	2 391	697.0	265 581
已建成城镇建设用地面积	万平方米	0	—	0
房屋竣工建筑面积	平方米	0	-100.0	910 108
其中：已建成厂房面积	平方米	0	-100.0	875 214
税务部门税收	万元	44 926	-54.6	187 936
期末从业人员	人	1 789	19.0	1 789
期末批准面积	平方公里	2.57	0.0	2.57
期末验收封关面积	平方公里	0.66	0.0	0.66
创新业态统计指标				
跨境电商企业数	个	0	—	0
业务票数	票	0	—	0
销售额	万元	0	—	0
融资租赁企业数	个	0	—	0
租赁资产总额	万元	0	—	0
货物状态分类监管企业数	个	0	—	0
国内货物进出区货值	万元	0	—	0
一般纳税人资格试点企业数	个	0	—	0
试点企业内销金额	万元	0	—	0
试点企业增值税纳税额	万元	0	—	0

续表

指标	单位	盐城综合保税区		
		当年累计	增幅（%）	历年累计
增加值	万元	144 857	-55.8	705 479
经营总收入	万元	858 870	5.8	2 823 391
其中：技术服务收入	万元	0	—	0
工业总产值	万元	718 896	29.2	2 273 991
其中：高新技术产业	万元	120 660	-47.4	512 111
物流企业经营收入	万元	68 118	89.3	182 064
商品销售额	万元	175 704	-8.6	460 457
企业利润总额	万元	11 895	-19.9	78 663
综合能源耗费量	吨标准煤	12 280	-11.0	51 903
新设企业数	个	59	126.9	172
其中：加工企业	个	21	320.0	50
物流企业	个	9	350.0	29
贸易企业	个	14	180.0	39
其他服务类企业	个	5	-37.5	38
新设外资企业数	个	5	66.7	32
内资企业注册资本	万元	123 480	222.6	392 212
合同利用外资	万美元	112 930	3 456.9	180 416
实际利用外资	万美元	13 908	269.8	47 046
已投产运作企业数	个	21	23.5	94
其中：已投产加工企业	个	4	100.0	26
已投产物流企业	个	5	0.0	25
已投产贸易企业	个	7	0.0	25
已投产其他服务类企业	个	5	66.7	17
其中：注册资本1000万美元以上	个	0	-100.0	16
固定资产投资额	万元	106 889	141.3	303 489
其中：基础设施投资	万元	25 220	—	60 220
已建成城镇建设用地面积	万平方米	28	—	119.2
房屋竣工建筑面积	平方米	289 729	—	910 086
其中：已建成厂房面积	平方米	289 729	—	910 086
税务部门税收	万元	26 356	-16.9	80 102
期末从业人员	人	5 340	6.8	5 340
期末批准面积	平方公里	2.03	0.0	2.03
期末验收封关面积	平方公里	2.03	0.0	2.03
创新业态统计指标				
跨境电商企业数	个	0	—	0
业务票数	票	0	—	0
销售额	万元	0	—	0
融资租赁企业数	个	0	—	0
租赁资产总额	万元	0	—	0
货物状态分类监管企业数	个	0	—	0
国内货物进出区货值	万元	0	—	0
一般纳税人资格试点企业数	个	0	—	0
试点企业内销金额	万元	0	—	0
试点企业增值税纳税额	万元	0	—	0

续表

指标	单位	太仓港综合保税区		
		当年累计	增幅（%）	历年累计
增加值	万元	4 285	-11.4	9 123
经营总收入	万元	12 068	-4.4	24 696
其中：技术服务收入	万元	0	—	0
工业总产值	万元	0	—	0
其中：高新技术产业	万元	0	—	0
物流企业经营收入	万元	12 068	-4.4	24 696
商品销售额	万元	0	—	0
企业利润总额	万元	1 532	-31.1	3 525
综合能源耗费量	吨标准煤	0	—	1
新设企业数	个	0	-100.0	1
其中：加工企业	个	0	—	0
物流企业	个	0	-100.0	1
贸易企业	个	0	—	0
其他服务类企业	个	0	—	0
新设外资企业数	个	0	—	0
内资企业注册资本	万元	0	-100.0	31 100
合同利用外资	万美元	0	—	0
实际利用外资	万美元	0	—	0
已投产运作企业数	个	0	-100.0	13
其中：已投产加工企业	个	0	—	0
已投产物流企业	个	0	-100.0	13
已投产贸易企业	个	0	—	0
已投产其他服务类企业	个	0	—	0
其中：注册资本 1000 万美元以上	个	0	—	0
固定资产投资额	万元	124	-39.8	330
其中：基础设施投资	万元	0	—	0
已建成城镇建设用地面积	万平方米	0	-100.0	85
房屋竣工建筑面积	平方米	0	-100.0	107 000
其中：已建成厂房面积	平方米	0	—	0
税务部门税收	万元	678	13.0	1 278
期末从业人员	人	129	—	129
期末批准面积	平方公里	2.07	0.0	2.07
期末验收封关面积	平方公里	0.85	0.0	0.85
创新业态统计指标				
跨境电商企业数	个	0	—	0
业务票数	票	0	—	0
销售额	万元	0	—	0
融资租赁企业数	个	0	—	0
租赁资产总额	万元	0	—	0
货物状态分类监管企业数	个	0	—	0
国内货物进出区货值	万元	0	—	0
一般纳税人资格试点企业数	个	0	—	0
试点企业内销金额	万元	0	—	0
试点企业增值税纳税额	万元	0	—	0

续表

指标	单位	赣州综合保税区		
		当年累计	增幅（%）	历年累计
增加值	万元	13 086	960.5	14 320
经营总收入	万元	137 057	3 094.8	141 347
其中：技术服务收入	万元	0	—	0
工业总产值	万元	29 250	734.5	32 755
其中：高新技术产业	万元	0	—	44
物流企业经营收入	万元	13 444	4 101.3	13 764
商品销售额	万元	2 504	85.8	4 405
企业利润总额	万元	196	-56.4	646
综合能源耗费量	吨标准煤	123	21.8	239
新设企业数	个	16	700.0	62
其中：加工企业	个	1	—	19
物流企业	个	0	—	9
贸易企业	个	0	—	13
其他服务类企业	个	0	-100.0	12
新设外资企业数	个	3	—	6
内资企业注册资本	万元	0	—	13 218
合同利用外资	万美元	0	-100.0	3 986
实际利用外资	万美元	928	57.3	2 088
已投产运作企业数	个	0	-100.0	73
其中：已投产加工企业	个	0	—	1
已投产物流企业	个	0	—	3
已投产贸易企业	个	0	—	1
已投产其他服务类企业	个	0	—	3
其中：注册资本1000万美元以上	个	0	—	0
固定资产投资额	万元	0	-100.0	64 866
其中：基础设施投资	万元	0	-100.0	50 649
已建成城镇建设用地面积	万平方米	0	—	3
房屋竣工建筑面积	平方米	0	—	72 658
其中：已建成厂房面积	平方米	0	—	72 658
税务部门税收	万元	0	-100.0	497
期末从业人员	人	0	-100.0	0
期末批准面积	平方公里	4	0.0	4
期末验收封关面积	平方公里	1.895	0.0	1.895
创新业态统计指标				
跨境电商企业数	个	0	—	0
业务票数	票	0	—	0
销售额	万元	0	—	0
融资租赁企业数	个	0	—	0
租赁资产总额	万元	0	—	0
货物状态分类监管企业数	个	0	—	0
国内货物进出区货值	万元	0	—	0
一般纳税人资格试点企业数	个	0	—	0
试点企业内销金额	万元	0	—	0
试点企业增值税纳税额	万元	0	—	0

续表

指标	单位	满洲里综合保税区		
		当年累计	增幅（%）	历年累计
增加值	万元	153	—	155
经营总收入	万元	5 333	-7.3	17 160
其中：技术服务收入	万元	0	—	0
工业总产值	万元	2 542	-39.9	13 915
其中：高新技术产业	万元	0	—	2 995
物流企业经营收入	万元	0	—	0
商品销售额	万元	984	-20.3	5 473
企业利润总额	万元	5	—	5
综合能源耗费量	吨标准煤	0	-100.0	319
新设企业数	个	0	—	3
其中：加工企业	个	0	—	1
物流企业	个	0	—	0
贸易企业	个	0	—	1
其他服务类企业	个	0	—	1
新设外资企业数	个	0	—	0
内资企业注册资本	万元	0	—	22 000
合同利用外资	万美元	0	—	0
实际利用外资	万美元	0	—	0
已投产运作企业数	个	0	—	51
其中：已投产加工企业	个	0	—	4
已投产物流企业	个	0	—	7
已投产贸易企业	个	0	—	29
已投产其他服务类企业	个	0	—	11
其中：注册资本1000万美元以上	个	0	—	7
固定资产投资额	万元	577	2 785.0	9 568
其中：基础设施投资	万元	0	—	0
已建成城镇建设用地面积	万平方米	0	—	7.455
房屋竣工建筑面积	平方米	0	—	33 950
其中：已建成厂房面积	平方米	0	—	29 450
税务部门税收	万元	1 799	310.7	2 339
期末从业人员	人	83	38.3	83
期末批准面积	平方公里	1.44	0.0	1.44
期末验收封关面积	平方公里	1.44	0.0	1.44
创新业态统计指标				
跨境电商企业数	个	1	—	1
业务票数	票	0	—	0
销售额	万元	0	—	0
融资租赁企业数	个	0	—	0
租赁资产总额	万元	0	—	0
货物状态分类监管企业数	个	1	0.0	1
国内货物进出区货值	万元	0	-100.0	8 800
一般纳税人资格试点企业数	个	0	—	0
试点企业内销金额	万元	0	—	0
试点企业增值税纳税额	万元	0	—	0

续表

指标	单位	临沂综合保税区		
		当年累计	增幅（%）	历年累计
增加值	万元	30 448	70. 1	59 581
经营总收入	万元	1 263 579	80. 5	1 549 013
其中：技术服务收入	万元	73	121. 2	73
工业总产值	万元	18 619	62. 7	44 588
其中：高新技术产业	万元	8 490	2. 0	9 745
物流企业经营收入	万元	10 747	56. 0	11 480
商品销售额	万元	260 445	48. 8	528 490
企业利润总额	万元	26 410	44. 7	44 656
综合能源耗费量	吨标准煤	22 881	46. 6	38 488
新设企业数	个	189	397. 4	2 920
其中：加工企业	个	2	-60. 0	14
物流企业	个	19	26. 7	60
贸易企业	个	165	2 257. 1	190
其他服务类企业	个	3	-40. 0	23
新设外资企业数	个	8	14. 3	15
内资企业注册资本	万元	160 809	401. 7	2 168 005
合同利用外资	万美元	4 286	69. 0	4 286
实际利用外资	万美元	1 506	—	1 506
已投产运作企业数	个	57	216. 7	506
其中：已投产加工企业	个	3	50. 0	5
已投产物流企业	个	8	33. 3	55
已投产贸易企业	个	44	633. 3	446
已投产其他服务类企业	个	2	-50. 0	0
其中：注册资本 1000 万美元以上	个	0	—	0
固定资产投资额	万元	107 440	83. 6	431 714
其中：基础设施投资	万元	1 680	-90. 5	46 765
已建成城镇建设用地面积	万平方米	0	-100. 0	157
房屋竣工建筑面积	平方米	0	-100. 0	352 070
其中：已建成厂房面积	平方米	0	-100. 0	263 062
税务部门税收	万元	20 663	54. 1	35 940
期末从业人员	人	10 355	1 095. 7	10 355
期末批准面积	平方公里	3. 16	-14. 6	3. 16
期末验收封关面积	平方公里	2. 85	10. 9	2. 85
创新业态统计指标				
跨境电商企业数	个	0	—	0
业务票数	票	2 468	—	2 468
销售额	万元	193	—	193
融资租赁企业数	个	0	—	0
租赁资产总额	万元	0	—	0
货物状态分类监管企业数	个	3	—	3
国内货物进出区货值	万元	4 244	—	4 244
一般纳税人资格试点企业数	个	5	—	5
试点企业内销金额	万元	2 300	—	2 300
试点企业增值税纳税额	万元	391	—	391

续表

指标	单位	东营综合保税区		
		当年累计	增幅（%）	历年累计
增加值	万元	176	203.4	234
经营总收入	万元	903	145.4	1 423
其中：技术服务收入	万元	0	—	0
工业总产值	万元	2 005	—	2 005
其中：高新技术产业	万元	0	—	0
物流企业经营收入	万元	100	—	100
商品销售额	万元	838	185.0	1 132
企业利润总额	万元	117	134.0	168
综合能源耗费量	吨标准煤	180	—	181
新设企业数	个	30	-14.3	89
其中：加工企业	个	6	20.0	16
物流企业	个	5	-16.7	15
贸易企业	个	7	-68.2	44
其他服务类企业	个	12	500.0	14
新设外资企业数	个	2	100.0	3
内资企业注册资本	万元	30 560	10.5	108 336
合同利用外资	万美元	1 496	—	1 896
实际利用外资	万美元	1 496	—	1 896
已投产运作企业数	个	11	10.0	21
其中：已投产加工企业	个	4	—	4
已投产物流企业	个	2	-60.0	7
已投产贸易企业	个	5	0.0	10
已投产其他服务类企业	个	0	—	0
其中：注册资本 1000 万美元以上	个	0	-100.0	1
固定资产投资额	万元	22 323	161.7	69 297
其中：基础设施投资	万元	15 658	421.4	34 875
已建成城镇建设用地面积	万平方米	11	-67.6	45
房屋竣工建筑面积	平方米	48 234	-24.9	112 487
其中：已建成厂房面积	平方米	43 216	—	43 216
税务部门税收	万元	265	-26.4	949
期末从业人员	人	100	—	100
期末批准面积	平方公里	3.1	0.0	3.1
期末验收封关面积	平方公里	1.419	0.0	1.419
创新业态统计指标				
跨境电商企业数	个	0	—	0
业务票数	票	0	—	0
销售额	万元	0	—	0
融资租赁企业数	个	0	—	0
租赁资产总额	万元	0	—	0
货物状态分类监管企业数	个	0	—	0
国内货物进出区货值	万元	0	—	0
一般纳税人资格试点企业数	个	0	—	0
试点企业内销金额	万元	0	—	0
试点企业增值税纳税额	万元	0	—	0

续表

指标	单位	深圳盐田综合保税区		
		当年累计	增幅（%）	历年累计
增加值	万元	0	—	138 919
经营总收入	万元	2 051 041	11.0	3 898 183
其中：技术服务收入	万元	0	—	0
工业总产值	万元	1 579 485	-15.3	3 445 168
其中：高新技术产业	万元	49 224	48.9	82 276
物流企业经营收入	万元	209 779	82.9	324 461
商品销售额	万元	578 922	98.7	870 279
企业利润总额	万元	14 641	-25.8	34 384
综合能源耗费量	吨标准煤	2 450	40 733.3	2 456
新设企业数	个	17	—	36
其中：加工企业	个	6	—	8
物流企业	个	6	—	10
贸易企业	个	4	—	7
其他服务类企业	个	1	—	1
新设外资企业数	个	0	—	0
内资企业注册资本	万元	0	-100.0	22 265
合同利用外资	万美元	0	—	0
实际利用外资	万美元	0	—	0
已投产运作企业数	个	0	—	0
其中：已投产加工企业	个	0	—	0
已投产物流企业	个	0	—	0
已投产贸易企业	个	0	—	0
已投产其他服务类企业	个	0	—	0
其中：注册资本1000万美元以上	个	0	—	0
固定资产投资额	万元	39 969	-23.6	92 312
其中：基础设施投资	万元	0	—	0
已建成城镇建设用地面积	万平方米	0	—	0
房屋竣工建筑面积	平方米	0	—	2 140 500
其中：已建成厂房面积	平方米	0	—	660 000
税务部门税收	万元	24 813	-32.1	61 345
期末从业人员	人	12 694	2.3	12 694
期末批准面积	平方公里	2.17	0.0	2.17
期末验收封关面积	平方公里	1.24	0.0	1.24
创新业态统计指标				
跨境电商企业数	个	0	—	0
业务票数	票	0	—	0
销售额	万元	0	—	0
融资租赁企业数	个	0	—	0
租赁资产总额	万元	0	—	0
货物状态分类监管企业数	个	3	—	3
国内货物进出区货值	万元	120 897	—	120 897
一般纳税人资格试点企业数	个	0	—	0
试点企业内销金额	万元	0	—	27 678
试点企业增值税纳税额	万元	0	—	672

续表

指标	单位	红河综合保税区		
		当年累计	增幅（%）	历年累计
增加值	万元	684 332	16.3	2 136 847
经营总收入	万元	1 368 700	19.2	4 441 343
其中：技术服务收入	万元	0	—	0
工业总产值	万元	1 710 831	13.0	5 367 531
其中：高新技术产业	万元	0	—	0
物流企业经营收入	万元	0	—	0
商品销售额	万元	595 778	3.2	2 325 410
企业利润总额	万元	149 904	-44.3	630 295
综合能源耗费量	吨标准煤	2 089	139.3	3 306
新设企业数	个	3	50.0	70
其中：加工企业	个	2	—	16
物流企业	个	0	—	0
贸易企业	个	1	-50.0	40
其他服务类企业	个	0	—	0
新设外资企业数	个	0	—	4
内资企业注册资本	万元	0	—	147 540
合同利用外资	万美元	8 000	—	8 000
实际利用外资	万美元	825	114.8	2 915
已投产运作企业数	个	0	-100.0	22
其中：已投产加工企业	个	0	-100.0	9
已投产物流企业	个	0	—	0
已投产贸易企业	个	0	—	13
已投产其他服务类企业	个	0	—	0
其中：注册资本1000万美元以上	个	0	—	5
固定资产投资额	万元	0	-100.0	379 800
其中：基础设施投资	万元	0	—	335 300
已建成城镇建设用地面积	万平方米	0	—	165
房屋竣工建筑面积	平方米	0	—	368 912
其中：已建成厂房面积	平方米	0	—	216 813
税务部门税收	万元	0	-100.0	376
期末从业人员	人	4 100	-62.0	4 100
期末批准面积	平方公里	3.29	0.0	3.29
期末验收封关面积	平方公里	1.97	0.0	1.97
创新业态统计指标				
跨境电商企业数	个	0	—	0
业务票数	票	0	—	0
销售额	万元	0	—	0
融资租赁企业数	个	0	—	0
租赁资产总额	万元	0	—	0
货物状态分类监管企业数	个	0	—	0
国内货物进出区货值	万元	0	—	0
一般纳税人资格试点企业数	个	0	—	0
试点企业内销金额	万元	0	—	0
试点企业增值税纳税额	万元	0	—	0

续表

指标	单位	遵义综合保税区		
		当年累计	增幅（%）	历年累计
增加值	万元	0	—	0
经营总收入	万元	3 799	-74.8	18 902
其中：技术服务收入	万元	0	—	0
工业总产值	万元	0	—	0
其中：高新技术产业	万元	0	—	0
物流企业经营收入	万元	280	317.9	347
商品销售额	万元	2	-100.0	15 052
企业利润总额	万元	0	—	0
综合能源耗费量	吨标准煤	0	—	0
新设企业数	个	20	53.8	33
其中：加工企业	个	1	-80.0	7
物流企业	个	0	-100.0	1
贸易企业	个	6	0.0	12
其他服务类企业	个	10	900.0	12
新设外资企业数	个	0	-100.0	1
内资企业注册资本	万元	45 840	199.6	61 140
合同利用外资	万美元	0	-100.0	937
实际利用外资	万美元	0	-100.0	15
已投产运作企业数	个	22	340.0	27
其中：已投产加工企业	个	1	—	1
已投产物流企业	个	0	-100.0	1
已投产贸易企业	个	7	133.3	10
已投产其他服务类企业	个	14	1 300.0	15
其中：注册资本1000万美元以上	个	0	—	0
固定资产投资额	万元	0	-100.0	228 224
其中：基础设施投资	万元	0	-100.0	67 325
已建成城镇建设用地面积	万平方米	0	—	73.96
房屋竣工建筑面积	平方米	0	—	406 880
其中：已建成厂房面积	平方米	0	—	345 093
税务部门税收	万元	43	-74.9	214
期末从业人员	人	120	114.3	120
期末批准面积	平方公里	1.11	0.0	1.11
期末验收封关面积	平方公里	1.11	0.0	1.11
创新业态统计指标				
跨境电商企业数	个	0	—	0
业务票数	票	0	—	0
销售额	万元	0	—	0
融资租赁企业数	个	0	—	0
租赁资产总额	万元	0	—	0
货物状态分类监管企业数	个	0	—	0
国内货物进出区货值	万元	0	—	0
一般纳税人资格试点企业数	个	0	—	0
试点企业内销金额	万元	0	—	0
试点企业增值税纳税额	万元	0	—	0

续表

指标	单位	喀什综合保税区		
		当年累计	增幅（%）	历年累计
增加值	万元	3 998. 143	50. 6	6 660. 803
经营总收入	万元	13 381. 144	77. 1	21 163. 114
其中：技术服务收入	万元	4 230	-37. 7	11 019
工业总产值	万元	10 787. 324	—	10 787. 324
其中：高新技术产业	万元	0	—	0
物流企业经营收入	万元	263	-26. 3	620
商品销售额	万元	4 745. 294	1 416. 1	5 203. 754
企业利润总额	万元	46	—	-14
综合能源耗费量	吨标准煤	5	—	5
新设企业数	个	23	4. 5	36
其中：加工企业	个	7	250. 0	5
物流企业	个	7	-41. 7	16
贸易企业	个	8	33. 3	11
其他服务类企业	个	1	-50. 0	4
新设外资企业数	个	0	—	0
内资企业注册资本	万元	157 120	810. 3	240 350
合同利用外资	万美元	0	—	0
实际利用外资	万美元	0	—	0
已投产运作企业数	个	84	740. 0	107
其中：已投产加工企业	个	5	150. 0	6
已投产物流企业	个	3	-40. 0	13
已投产贸易企业	个	1	0. 0	9
已投产其他服务类企业	个	0	-100. 0	3
其中：注册资本 1000 万美元以上	个	0	—	2
固定资产投资额	万元	10 143	545. 2	11 973
其中：基础设施投资	万元	9 560	664. 8	10 835
已建成城镇建设用地面积	万平方米	0	-100. 0	100
房屋竣工建筑面积	平方米	30 000	-75. 5	152 405
其中：已建成厂房面积	平方米	30 000	-52. 1	92 584
税务部门税收	万元	259	-27. 5	616
期末从业人员	人	300	322. 5	300
期末批准面积	平方公里	3. 56	0. 0	3. 56
期末验收封关面积	平方公里	3. 23	0. 0	3. 23
创新业态统计指标				
跨境电商企业数	个	0	—	0
业务票数	票	0	—	0
销售额	万元	0	—	0
融资租赁企业数	个	0	—	0
租赁资产总额	万元	0	—	0
货物状态分类监管企业数	个	0	—	0
国内货物进出区货值	万元	0	—	0
一般纳税人资格试点企业数	个	0	—	0
试点企业内销金额	万元	0	—	0
试点企业增值税纳税额	万元	0	—	0

续表

指标	单位	威海综合保税区		
		当年累计	增幅（%）	历年累计
增加值	万元	88 888	—	88 888
经营总收入	万元	247 109	—	247 109
其中：技术服务收入	万元	0	—	0
工业总产值	万元	4 200 000	—	4 200 000
其中：高新技术产业	万元	86 860	—	86 860
物流企业经营收入	万元	3 122	—	3 122
商品销售额	万元	237 658	—	237 658
企业利润总额	万元	1 492	—	1 492
综合能源耗费量	吨标准煤	3 339	—	3 339
新设企业数	个	44	—	44
其中：加工企业	个	3	—	3
物流企业	个	1	—	1
贸易企业	个	38	—	38
其他服务类企业	个	2	—	2
新设外资企业数	个	3	—	3
内资企业注册资本	万元	12 000	—	12 000
合同利用外资	万美元	5 094	—	5 094
实际利用外资	万美元	225	—	225
已投产运作企业数	个	236	—	236
其中：已投产加工企业	个	194	—	194
已投产物流企业	个	42	—	42
已投产贸易企业	个	0	—	0
已投产其他服务类企业	个	0	—	0
其中：注册资本 1000 万美元以上	个	35	—	35
固定资产投资额	万元	22 000	—	22 000
其中：基础设施投资	万元	0	—	0
已建成城镇建设用地面积	万平方米	101	—	101
房屋竣工建筑面积	平方米	0	—	0
其中：已建成厂房面积	平方米	0	—	0
税务部门税收	万元	4 944	—	4 944
期末从业人员	人	5 702	—	5 702
期末批准面积	平方公里	2. 6	—	2. 6
期末验收封关面积	平方公里	2. 25	—	2. 25
创新业态统计指标				
跨境电商企业数	个	24	—	24
业务票数	票	162 011	—	162 011
销售额	万元	9 405	—	9 405
融资租赁企业数	个	0	—	0
租赁资产总额	万元	0	—	0
货物状态分类监管企业数	个	0	—	0
国内货物进出区货值	万元	250 546	—	250 546
一般纳税人资格试点企业数	个	7	—	7
试点企业内销金额	万元	401	—	401
试点企业增值税纳税额	万元	119	—	119

天津泰达综合保税区统计数据表

（1）2019 年天津泰达综合保税区主要经济指标完成情况表

指标名称	计量单位	2019 年	比上年增长（%）
经营总收入	万元	63 933	-39.6
工业总产值	万元	30 709	-33.1
物流企业经营收入	万元	5 562	—
综合能源耗费量	吨标准煤	4 570	-22.5
新设企业数	个	1	—
其中：加工企业	个	0	—
物流企业	个	1	—
期末已投产运作企业数	个	12	—
其中：已投产加工企业	个	5	—
已投产物流企业	个	6	—
已投产贸易企业	个	0	—
已投产其他服务类企业	个	1	—
其中：注册资本 1 000 万美元以上	个	3	—
固定资产投资额	万元	—	—
其中：基础设施投资	万元	—	—
期末已建成城镇建设用地面积	万平方米	1.06	—
房屋竣工建筑面积	平方米	431	—
税务部门税收	万元	797	-1.1
期末从业人员	人	1 161	—
期末批准面积	平方公里	1.06	—
期末验收封关面积	平方公里	1.06	—
创新业态统计指标			
货物状态分类监管：期末企业数	个	3	—

（2）-1　截至 2019 年天津泰达综合保税区历年招商引资情况表

指标	单位	历年累计
工商在册企业数	个	34

(2)-2 截至2019年天津泰达综合保税区历年主要外商投资情况表

按项目数排列			按注册资本排列		
序号	国别（地区）	项目数（个）	序号	国别（地区）	注册资本（万美元）
1	中国台湾	4	1	中国台湾	5 831
2	美国	1	2	美国	1 320
3	中国香港	1	3	中国香港	429

(3) 2019年天津泰达综合保税区出口加工企业工业产值排名表

单位：万元

序号	企业名称	工业总产值	序号	企业名称	工业总产值
1	美克国际家私加工（天津）有限公司	15 500	4	恒杰（天津）电力设备有限公司	1 667
2	天津通冶科技股份有限公司	10 415	5	天津协承昌新材料科技有限公司	1 339
3	瑞森厨柜（天津）有限公司	3 127	6	天津市中塑包装制品有限公司	630

(4) 2019年天津泰达综合保税区物流企业营业收入排名表

单位：万元

序号	企业名称	营业收入	序号	企业名称	营业收入
1	天津大田储运有限公司	4 689	4	中合澳亚（天津）国际物流有限公司	113
2	天津恒鼎物流有限公司	579	5	天津驰尔通物流有限公司	80
3	天津振合生物工程有限公司	180	6	中天汇优（天津）国际物流有限公司	31

廊坊综合保税区统计数据表

（1）2019年廊坊综合保税区主要经济指标完成情况表

指标名称	计量单位	2019年	比上年增长（%）
增加值	万元	440	20.9
经营总收入	万元	13 913	-2.8
技术服务收入	万元	0	0.0
工业总产值	万元	13 891	14.7
其中：高新技术产业	万元	0	0.0
物流企业经营收入	万元	28	100.0
商品销售额	万元	4 761	100.0
企业利润总额	万元	115	88.5
综合能源耗费量	吨标准煤	7	-22.2
新设企业数	个	6	200.0
其中：加工企业	个	0	0.0
物流企业	个	1	0.0
贸易企业	个	3	200.0
其他服务类企业	个	2	200.0
新设外资企业数	个	0	-100.0
内资企业注册资本	万元	5 650	5 550.0
合同利用外资	万美元	0	-100.0
实际利用外资	万美元	0	-100.0
期末已投产运作企业数	个	1	0.0
其中：已投产加工企业	个	1	0.0
已投产物流企业	个	0	-100.0
已投产贸易企业	个	0	0.0
已投产其他服务类企业	个	0	0.0
其中：注册资本1 000万美元以上	个	1	100.0
固定资产投资额	万元	880	100.0
其中：基础设施投资	万元	0	-100.0
期末已建成城镇建设用地面积	万平方米	31	-100.0
房屋竣工建筑面积	平方米	170 000	100.0
其中：已建成厂房面积	平方米	170 000	100.0
税务部门税收	万元	762	-3.5
期末从业人员	人	50	4.2
期末批准面积	平方公里	0.5	0.0
期末验收封关面积	平方公里	0.49	0.0

(2)-1 截至2019年廊坊综合保税区历年招商引资情况表

指标	单位	历年累计
工商在册企业数	个	20
其中：外资企业数	个	1
内资企业注册资本	万元	37 850
合同利用外资	万美元	0
实际利用外资	万美元	0

(2)-2 截至2019年廊坊综合保税区历年主要外商投资情况表

按项目数排列			按注册资本排列		
序号	国别（地区）	项目数（个）	序号	国别（地区）	注册资本（万美元）
1	中国香港	2	1	中国香港	4 494
2	美国	1	2	美国	350
3	瑞士	1	3	瑞士	100

(3) 2019年廊坊综合保税区出口加工企业工业产值排名表

单位：万元

序号	企业名称	工业总产值
1	廊坊圣利亚马钢活动房屋有限公司	13 885.75

(4) 2019年廊坊综合保税区物流企业营业收入排名表

单位：万元

序号	企业名称	营业收入	序号	企业名称	营业收入
1	廊坊保通国际货运代理有限公司	19.95	2	廊坊空港物流有限公司	7.89

上海浦东机场综合保税区统计数据表

（1）2019 年上海浦东机场综合保税区主要经济指标完成情况表

指标名称	计量单位	2019 年	比上年增长（%）
经营总收入	亿元	269.21	49.6
物流企业经营收入	亿元	72.95	9.0
企业利润总额	亿元	42.35	23.8
新设企业数	个	36	-16.3
其中：加工企业	个	0	—
物流企业	个	6	-14.3
贸易企业	个	2	-50.0
其他服务类企业	个	28	-15.6
新设外资企业数	个	3	2.0 倍
内资企业注册资本	亿元	11.68	4.0 倍
合同利用外资	亿美元	1.77	-25.1
实际利用外资	亿美元	3.30	1.2 倍
税务部门税收	亿元	25.85	-3.0
固定资产投资额	亿元	6.98	-37.8
期末已建成城镇建设用地面积	万平方米	316	—
期末从业人员	人	3 982	13.4
期末批准面积	平方公里	3.59	0.0
期末验收封关面积	平方公里	3.59	0.0

（2） 截至 2019 年上海浦东机场综合保税区历年招商引资情况表

指标	单位	历年累计
工商在册企业数	个	941
其中：外资企业数	个	224
内资企业注册资本	亿元	210.93
合同利用外资	亿美元	41.95

上海漕河泾综合保税区统计数据表

（1）2019 年上海漕河泾综合保税区主要经济指标完成情况表

指标名称	计量单位	2019 年	比上年增长（%）
经营总收入	万元	3 577 179	-4.9
工业总产值	万元	3 475 735	-9.3
其中：高新技术产业	万元	3 423 033	-10.0
物流企业经营收入	万元	6 578	32.2
企业利润总额	万元	33 823	12.3
综合能源耗费量	吨标准煤	49 275.06	-9.7
新设企业数	个	2	—
其中：贸易企业	个	1	—
其他服务类企业	个	1	—
新设外资企业数	个	1	—
内资企业注册资本	万元	12 045	—
合同利用外资	万美元	25 517.9	—
实际利用外资	万美元	25 517.9	—
期末已投产运作企业数	个	16	—
税务部门税收	万元	14 363	-41.1
期末从业人员	人	22 784	-17.2
期末批准面积	平方公里	0.807	—
期末验收封关面积	平方公里	0.807	—
创新业态统计指标			
跨境电商：期末企业数	个	1	
业务票数	票		
销售额	万元		
融资租赁：期末企业数	个		
租赁资产总额	万元		
货物状态分类监管：期末企业数	个	2	
国内货物进出区货值	万元	2 653.6	
一般纳税人资格试点：期末企业数	个		
试点企业内销金额	万元		
试点企业增值税纳税额	万元		

（2）-1 截至2019年上海漕河泾综合保税区历年招商引资情况表

指标	单位	历年累计
工商在册企业数	个	30
其中：外资企业数	个	18
内资企业注册资本	万元	12 045
合同利用外资	万美元	25 517.86
实际利用外资	万美元	25 517.86

（2）-2 截至2019年上海漕河泾综合保税区历年主要外商投资情况表

按注册资本排列		
序号	国别（地区）	注册资本（万美元）
1	开曼群岛	22 700.0
2	新加坡	2 600.0
3	毛里求斯	1 350.0
4	中国香港	1 333.8
5	英属维尔京群岛	138.1
6	美国	101.0
7	丹麦	10.1

（3）2019年上海漕河泾综合保税区出口加工企业工业产值排名表

单位：万元

序号	企业名称	工业总产值	序号	企业名称	工业总产值
1	英华达（上海）科技有限公司	1 679 658.4	6	华至欧（上海）工业科技有限公司	11 946.2
2	英业达科技有限公司	1 666 555.9	7	诺得卡（上海）微电子有限公司	6 744.7
3	柯惠医疗器材制造（上海）有限公司	70 073.6	8	英源达科技有限公司	6 321.7
4	上海建中医疗器械包装股份有限公司	15 919.5	9	安凯精密金属零件工业（上海）有限公司	3 934.5
5	上海上泽电源电器有限公司	13 190.9	10	固耐宝齿科（上海）有限公司	1 389.8

（4）2019年上海漕河泾综合保税区物流企业营业收入排名表

单位：万元

序号	企业名称	营业收入	序号	企业名称	营业收入
1	上海义缘物流有限公司	2 611	2	上海及时通物流有限公司	2 051

上海金桥综合保税区统计数据表

（1）2019年上海金桥综合保税区主要经济指标完成情况表

指标名称	计量单位	2019年	比上年增长（%）
经营总收入	万元	1 541 169	9.6
工业总产值	万元	1 543 629	4.6
其中：高新技术产业	万元	926 217	11.3
物流企业经营收入	万元	5 587	-65.4
商品销售额	万元	5 454	-66.0
企业利润总额	万元	70 255	-8.3
综合能源耗费量	吨标准煤	2 475	6.5
新设外资企业数	个	3	—
期末已建成城镇建设用地面积	万平方米	152	—
其中：已建成厂房面积	平方米	226 379	—
税务部门税收	万元	3 516.85	—
期末从业人员	人	5 359	-20.2
期末批准面积	平方公里	1.52	—
期末验收封关面积	平方公里	1.52	—
创新业态统计指标			
跨境电商：期末企业数	个	—	—
业务票数	票	—	—
销售额	万元	—	—
融资租赁：期末企业数	个	—	—
租赁资产总额	万元	—	—
货物状态分类监管：期末企业数	个	—	—
国内货物进出区货值	万元	—	—
一般纳税人资格试点：期末企业数	个	4	—
试点企业内销金额	万元	—	—
试点企业增值税纳税额	万元	—	—

(2)-1　截至 2019 年上海金桥综合保税区历年招商引资情况表

指标	单位	历年累计
工商在册企业数	个	25
其中：外资企业数	个	—
内资企业注册资本	万元	—
合同利用外资	万美元	—
实际利用外资	万美元	—

(2)-2　截至 2019 年上海金桥综合保税区历年主要外商投资情况表

按项目数排列		
序号	国别（地区）	项目数（个）
1	美国	4
2	德国	1
3	英国	1

苏州工业园综合保税区统计数据表

（1）2019年苏州工业园综合保税区主要经济指标完成情况表

指标名称	计量单位	2019年	比上年增长（%）
经营总收入	万元	4 957 977	—
工业总产值	万元	3 008 067	-3.6
其中：高新技术产业	万元	922 674	-2.7
物流企业经营收入	万元	111 846	-24.5
商品销售额	万元	1 665 198	51.1
企业利润总额	万元	265 307	1.9
综合能源耗费量	吨标准煤	59 186	—
新设企业数	个	10	—
其中：加工企业	个	3	—
物流企业	个	3	—
贸易企业	个	3	—
其他服务类企业	个	1	—
新设外资企业数	个	2	—
内资企业注册资本	万元	5 800	—
合同利用外资	万美元	4 412	—
实际利用外资	万美元	2 776	—
期末已投产运作企业数	个	182	—
其中：已投产加工企业	个	70	—
已投产物流企业	个	39	—
已投产贸易企业	个	69	—
已投产其他服务类企业	个	4	—
固定资产投资额	万元	43 164	—
其中：基础设施投资	万元	800	—
期末已建成城镇建设用地面积	万平方米	486	—
税务部门税收	万元	90 143	-9.5
期末从业人员	人	25 777	—
期末批准面积	平方公里	5.28	—
期末验收封关面积	平方公里	4.86	—
创新业态统计指标			
一般纳税人资格试点：期末企业数	个	28	—
试点企业内销金额	万元	191 589	—
试点企业增值税纳税额	万元	21 588	—

(2)-1 截至2019年苏州工业园综合保税区历年招商引资情况表

指标	单位	历年累计
工商在册企业数	个	376
其中：外资企业数	个	151
内资企业注册资本	万元	212 511
合同利用外资	万美元	143 960
实际利用外资	万美元	132 798

(2)-2 截至2019年苏州工业园综合保税区历年主要外商投资情况表

按项目数排列		
序号	国别（地区）	项目数（个）
1	中国香港	44
2	美国	29
3	新加坡	23
4	日本	14
5	英国	11
6	韩国	10
7	瑞士	6
8	英属维尔京群岛	4
9	荷兰	4
10	德国	3

(3) 2019年苏州工业园综合保税区出口加工企业工业产值排名表

单位：万元

序号	企业名称	序号	企业名称
1	苏州长城开发科技有限公司	16	百得（苏州）精密制造有限公司
2	苏州三星电子家电有限公司	17	饰而杰汽车制品（苏州）有限公司
3	卡特彼勒（苏州）有限公司	18	康普科技（苏州）有限公司
4	泰科电子（苏州）有限公司	19	赛峰飞机发动机（苏州）有限公司
5	索诺瓦听力技术（苏州）有限公司	20	太极半导体（苏州）有限公司
6	舒尔电子（苏州）有限公司	21	苏州毕毕西通讯系统有限公司
7	百得（苏州）科技有限公司	22	普美航空制造（苏州）有限公司
8	同方计算机（苏州）有限公司	23	迈锐元器件科技（苏州）有限公司
9	通用电气航空（苏州）有限公司	24	美特达机械（苏州）有限公司
10	奥科宁克航空机件（苏州）有限公司	25	美利龙餐厨具（苏州工业园区）有限公司
11	赛峰起落架系统（苏州）有限公司	26	苏州法拉鼎电机有限公司
12	施乐辉医用产品（苏州）有限责任公司	27	北美联通讯科技（苏州）有限公司
13	水星海事技术（苏州）有限公司	28	莹特丽化妆品（苏州）有限公司
14	新宇航空制造（苏州）有限公司	29	庞巴迪运输设备（苏州）有限公司
15	康普通联通信（苏州）有限公司	30	史赛克（苏州）医疗技术有限公司

（4）2019 年苏州工业园综合保税区贸易企业商品销售额排名表

单位：万元

序号	企业名称	序号	企业名称
1	苏州市海思半导体有限公司	6	哈曼（苏州）音响信息系统有限公司
2	苏州中百盛嘉国际贸易有限公司	7	WESCO（苏州）贸易有限公司
3	卫材（苏州）贸易有限公司	8	苏州井上贸易有限公司
4	雅马哈发动机智能机器（苏州）有限公司	9	普利司通（苏州）贸易有限公司
5	国药控股苏州有限公司	10	苏州工业园区持盈进出口有限公司

（5）2019 年苏州工业园综合保税区物流企业营业收入排名表

单位：万元

序号	企业名称	序号	企业名称
1	全球物流（苏州）有限公司	6	苏州邦达新物流有限公司
2	苏州美集供应链管理股份有限公司	7	苏州伟中物流股份有限公司
3	苏州得尔达国际物流有限公司	8	苏州工业园区伟创国际物流有限公司
4	苏州宏高货运有限公司	9	苏州工业园区联合储运有限公司
5	优尼派特（苏州）物流有限公司	10	苏州利耀国际物流有限公司

苏州高新区综合保税区统计数据表

（1）2019 年苏州高新区综合保税区主要经济指标完成情况表

指标名称	计量单位	2019 年	比上年增长（%）
增加值	万元	685 307	36. 1
经营总收入	万元	7 259 159	-3. 6
技术服务收入	万元	25 025	36. 1
工业总产值	万元	7 543 835	1. 2
其中：高新技术产业	万元	6 948 811	1. 7
物流企业经营收入	万元	121 985	-21. 3
商品销售额	万元	7 160	7 060. 0
企业利润总额	万元	118 204	12. 2
综合能源耗费量	吨标准煤	79 876	-9. 2
新设企业数	个	2	100. 0
其中：加工企业	个	2	—
物流企业	个	0	—
贸易企业	个	0	—
其他服务类企业	个	0	—
新设外资企业数	个	0	—
内资企业注册资本	万元	2 800	180. 0
合同利用外资	万美元	0	—
实际利用外资	万美元	0	—
期末已投产运作企业数	个	66	—
其中：已投产加工企业	个	52	—
已投产物流企业	个	13	—
已投产贸易企业	个	1	—
已投产其他服务类企业	个	0	—
其中：注册资本 1 000 万美元以上	个	5	—
固定资产投资额	万元	32 793	5. 0
其中：基础设施投资	万元	0	—
期末已建成城镇建设用地面积	万平方米	279	—
房屋竣工建筑面积	平方米	0	—
其中：已建成厂房面积	平方米	0	—
税务部门税收	万元	43 611	7. 0
期末从业人员	人	55 966	58. 8
期末批准面积	平方公里	3. 51	—
期末验收封关面积	平方公里	3. 51	—

创新业态统计指标			
跨境电商：期末企业数	个	7	—
业务票数	票	759 498	—
销售额	万元	3 788	3 688.0
融资租赁：期末企业数	个	1	—
租赁资产总额	万元	149 021	20.8
货物状态分类监管：期末企业数	个	2	—
国内货物进出区货值	万元	70 490	2 422.0
一般纳税人资格试点：期末企业数	个	4	—
试点企业内销金额	万元	7 160	—
试点企业增值税纳税额	万元	936	—

(2)-1　截至2019年苏州高新区综合保税区历年招商引资情况表

指标	单位	历年累计
工商在册企业数	个	100
其中：外资企业数	个	75
内资企业注册资本	万元	33 580
合同利用外资	万美元	130 006
实际利用外资	万美元	102 960

(2)-2　截至2019年苏州高新区综合保税区历年主要外商投资情况表

按项目数排列			按注册资本排列		
序号	国别（地区）	项目数（个）	序号	国别（地区）	注册资本（万美元）
1	中国台湾	16	1	中国台湾	120 433
2	美国	9	2	英属维尔京群岛	71 941
3	萨摩亚	6	3	萨摩亚	26 490
4	韩国	6	4	中国香港	15 698
5	英属维尔京群岛	5	5	瑞士	5 395

(3) 2019年苏州高新区综合保税区出口加工企业工业产值排名表

单位：万元

序号	企业名称	序号	企业名称
1	名硕电脑（苏州）有限公司	16	威斯达冷却技术（苏州）有限公司
2	凯硕电脑（苏州）有限公司	17	苏州奥塞德精密科技有限公司
3	美视伊汽车镜控（苏州）有限公司	18	戴维斯标准（苏州）塑料包装机械有限公司
4	倍雅电子护理制品（苏州）有限公司	19	阿纳克斯（苏州）轨道系统有限公司
5	苏州统硕科技有限公司	20	凯博特线缆技术（苏州）有限公司
6	百硕电脑（苏州）有限公司	21	苏州英豪精密塑胶模具有限公司

续表

序号	企业名称	序号	企业名称
7	捷恩智液晶材料（苏州）有限公司	22	铭裕科技（苏州）有限公司
8	加贺沢山电子（苏州）有限公司	23	蔓莎（苏州）工艺制品有限公司
9	硕腾（苏州）动物保健品有限公司	24	苏州圣美特压铸科技有限公司
10	美克司电子机械（苏州）有限公司	25	神商精密器材（苏州）有限公司
11	东江塑胶制品（苏州）有限公司	26	苏州德睿联自动化科技有限公司
12	达格测试设备（苏州）有限公司	27	罗杰斯材料科技（苏州）有限公司
13	苏州源成铝制品制造有限公司	28	苏州久世调温制品有限公司
14	斯飞乐（苏州）客车冷暖设备制造有限公司	29	亿诺威波光电技术（苏州）有限公司
15	飞迅世通科技（苏州）有限公司	30	盖勒定量泵（苏州）有限公司

（4）2019 年苏州高新区综合保税区物流企业营业收入排名表

单位：万元

序号	企业名称	序号	企业名称
1	苏州综保通运国际货运代理有限公司	7	苏州祥迎国际物流有限公司
2	苏州综保通达供应链有限公司	8	苏州华伟仓储物流管理有限公司
3	苏州综保物流有限公司	9	苏州宏恒鑫物流有限公司
4	苏州大田仓储有限公司	10	苏州嘉航物流有限公司
5	苏州恒捷国际物流有限公司	11	苏州高新区伟天国际物流有限公司
6	苏州新宁物流有限公司		

昆山综合保税区统计数据表

（1）2019 年昆山综合保税区主要经济指标完成情况表

指标名称	计量单位	2019 年	比上年增长（%）
增加值	万元	1 561 287	7.4
经营总收入	万元	36 303 582	1.8
技术服务收入	万元	590 684	2.3
工业总产值	万元	29 128 956	1.7
其中：高新技术产业	万元	433 546	70.5
物流企业经营收入	万元	127 719	2.8
商品销售额	万元	6 087 552	-3.1
企业利润总额	万元	425 020	21.0
综合能源耗费量	吨标准煤	112 423	-0.6
新设企业数	个	9	125.0
其中：加工企业	个	3	50.0
物流企业	个	2	—
贸易企业	个	2	—
其他服务类企业	个	2	—
新设外资企业数	个	1	-50.0
内资企业注册资本	万元	318 500	159 150.0
合同利用外资	万美元	12 907	248.8
实际利用外资	万美元	1 000	-91.1
期末已投产运作企业数	个	122	—
其中：已投产加工企业	个	69	—
已投产物流企业	个	40	—
已投产贸易企业	个	8	—
已投产其他服务类企业	个	5	—
其中：注册资本 1 000 万美元以上	个	35	—
固定资产投资额	万元	85 993	-44.7
其中：基础设施投资	万元	3 534	245.8
期末已建成城镇建设用地面积	万平方米	531	—
房屋竣工建筑面积	平方米	157 000	—
其中：已建成厂房面积	平方米	157 000	—
税务部门税收	万元	166 880	-5.1
期末从业人员	人	133 282	-6.6
期末批准面积	平方公里	5.86	—
期末验收封关面积	平方公里	5.86	—

创新业态统计指标			
跨境电商：期末企业数	个	0	—
业务票数	票	0	—
销售额	万元	0	—
融资租赁：期末企业数	个	0	—
租赁资产总额	万元	0	—
货物状态分类监管：期末企业数	个	0	—
国内货物进出区货值	万元	0	—
一般纳税人资格试点：期末企业数	个	22	46.7
试点企业内销金额	万元	310 124	-11.4
试点企业增值税纳税额	万元	41 296	-26.5

(2)-1　截至2019年昆山综合保税区历年招商引资情况表

指标	单位	历年累计
工商在册企业数	个	151
其中：外资企业数	个	80
内资企业注册资本	万元	473 884
合同利用外资	万美元	164 314
实际利用外资	万美元	142 287

(2)-2　截至2019年昆山综合保税区历年主要外商投资情况表

按项目数排列			按注册资本排列		
序号	国别（地区）	项目数（个）	序号	国别（地区）	注册资本（万美元）
1	中国台湾	27	1	中国台湾	65 832
2	中国香港	11	2	中国香港	25 094
3	英属维尔京群岛	10	3	开曼群岛	24 300
4	新加坡	8	4	英属维尔京群岛	22 575
5	萨摩亚	7	5	萨摩亚	15 670
6	日本	6	6	日本	5 960
7	开曼群岛	5	7	新加坡	1 864
8	美国	3	8	美国	1 719
9	毛里求斯	1	9	毛里求斯	500
10	德国	1	10	德国	500

（3）2019年昆山综合保税区出口加工企业工业产值排名表

单位：万元

序号	企业名称	序号	企业名称
1	仁宝信息技术（昆山）有限公司	16	正鹏电子（昆山）有限公司
2	世硕电子（昆山）有限公司	17	昆山沪利微电有限公司
3	仁宝资讯工业（昆山）有限公司	18	神讯电脑（昆山）有限公司
4	纬新资通（昆山）有限公司	19	汉达精密电子（昆山）有限公司
5	纬创资通（昆山）有限公司	20	昆达电脑科技（昆山）有限公司
6	纬视晶光电（昆山）有限公司	21	彩晶光电科技（昆山）有限公司
7	牧田（昆山）有限公司	22	六和轻合金（昆山）有限公司
8	富翔精密工业（昆山）有限公司	23	昆山龙腾电子有限公司
9	鸿兆达技术服务（昆山）有限公司	24	昆山麦格纳汽车系统有限公司
10	启新通讯（昆山）有限公司	25	昆山扬明光学有限公司
11	昆山扬皓光电有限公司	26	双鸿电子科技工业（昆山）有限公司
12	凯博电脑（昆山）有限公司	27	昆山中鼎电器有限公司
13	仁宝电子科技（昆山）有限公司	28	昆山先创电子有限公司
14	启佳通讯（昆山）有限公司	29	昆山中鼎电子有限公司
15	昆山扬烨光电有限公司	30	三爱司电子技术（昆山）有限公司

（4）2019年昆山综合保税区贸易企业商品销售额排名表

单位：万元

序号	企业名称	序号	企业名称
1	戴尔贸易（昆山）有限公司	4	法佳维利（昆山）酒店设备有限公司
2	昆山澜起半导体有限公司	5	惠普贸易昆山有限公司
3	昆山丝艾产品标识有限公司	6	昆山喜斯克贸易有限公司

（5）2019年昆山综合保税区物流企业营业收入排名表

单位：万元

序号	企业名称	序号	企业名称
1	昆山飞力仓储服务有限公司	16	江苏聚通供应链管理有限公司
2	昆山丰达物流有限公司	17	江苏恒纳川供应链管理有限公司
3	全球物流（昆山）有限公司	18	昆山协创供应链管理有限公司
4	昆山新宁物流有限公司	19	昆山畅联国际物流有限公司
5	昆山世远物流有限公司	20	昆山市高新区保税物流中心有限公司
6	江苏天合国际物流有限公司	21	江苏鼎瀚供应链管理有限公司
7	昆山叶水福鼎亚物流有限公司	22	昆山弘圣供应链管理有限公司
8	江苏飞力达现代物流有限公司	23	昆山福泽供应链管理有限公司
9	昆山中外运物流有限公司	24	昆山安凯物流有限公司
10	昆山恒莱亦禾供应链管理有限公司	25	昆山挚信仓储服务有限公司
11	江苏富锐康供应链管理有限公司	26	昆山杰森供应链管理有限公司

续表

序号	企业名称	序号	企业名称
12	昆山正天物流有限公司	27	昆山天隽物流有限公司
13	昆山德奕仓储有限公司	28	昆山捷链达供应链管理有限公司
14	博锐芯（昆山）物流有限公司	29	苏州亚东朗升供应链管理有限公司
15	江苏永德进口商品供应链有限公司	30	昆山丰扬物流有限公司

常熟综合保税区统计数据表

（1）2019 年常熟综合保税区主要经济指标完成情况表

指标名称	计量单位	2019 年	比上年增长（%）
增加值	万元	16 686	3.7
工业总产值	万元	42 199	4.6
企业利润总额	万元	3 244	-5.9
物流企业营业收入	万元	6 429	-16.9
综合能源耗费量	吨标准煤	618	33.8
当年批准投资总额	万美元	4 500	—
其中：外商投资总额	万美元	4 500	—
增资额	万美元	4 500	—
当年合同利用外资	万美元	2 380	—
其中：增资额	万美元	2 380	—
当年实际到位资金	万美元	2 015	—
其中：实际利用外资	万美元	2 015	—
历年已投产运作企业数	个	13	—
其中：已投产加工企业数	个	10	—
已投产物流企业数	个	3	—
其中：投资额 1 000 万美元以上	个	3	—
土地实际已租售面积	平方米	244 000	—
房屋竣工面积	平方米	145 380	—
其中：已建成厂房面积	平方米	129 880	—
已建成仓库面积	平方米	15 500	—
税务部门税收	万元	2 052	-13.9
固定资产投资额	万元	68 109	—
其中：基础设施投资	万元	28 000	—
期末从业人员	人	745	—
其中：期末外资企业从业人员	人	698	—
期末批准面积	平方公里	0.94	—
期末验收封关面积	平方公里	0.53	—

(2)-1　截至2019年常熟综合保税区历年招商引资情况表

指标	单位	历年累计
批准企业	个	13
其中：外资企业		10
投资总额	(万美元)	19 757
其中：外商投资总额		19 565
合同外资额		9 651
实际利用外资		7 790

(2)-2　截至2019年常熟综合保税区历年主要外商投资情况表

按项目数排列			按投资额排列		
序号	国别（地区）	项目数（个）	序号	国别（地区）	注册资本（万美元）
1	美国	5	1	美国	11 335
2	新加坡	1	2	新加坡	3 120
3	印度	1	3	印度	1 500
4	韩国	1	4	韩国	420
5	加拿大	1	5	加拿大	210

(3) 2019年常熟综合保税区物流企业营业收入排名表

单位：万元

序号	企业名称	序号	企业名称
1	常熟外轮代理有限公司	3	苏州时创仓储物流有限公司
2	常熟华顺物流有限公司		

(4) 2019年常熟综合保税区工业企业工业产值排名表

单位：万元

序号	企业名称	序号	企业名称
1	世伟洛克（中国）流体系统科技有限公司	5	常熟美信达科技能源设备有限公司
2	众达机械工程（常熟）有限公司	6	泰富益农用机械设备（常熟）有限公司
3	欧地管道系统（苏州）有限公司	7	卡彭特特种金属（常熟）有限公司
4	瑞纳尔（常熟）口腔用品有限公司		

常州综合保税区统计数据表

（1）2019年常州综合保税区主要经济指标完成情况表

指标名称	计量单位	2019年	比上年增长（%）
增加值	万元	58 342	10.4
经营总收入	万元	242 789	7.9
技术服务收入	万元	—	—
工业总产值	万元	234 304	7.4
其中：高新技术产业	万元	—	—
物流企业经营收入	万元	8 485	25.0
商品销售额	万元	27 700	—
企业利润总额	万元	11 576	49.6
综合能源耗费量	吨标准煤	3 713	-11.2
新设企业数	个	12	-7.7
其中：加工企业	个	—	—
物流企业	个	2	—
贸易企业	个	9	12.5
其他服务类企业	个	1	-75.0
新设外资企业数	个	—	—
内资企业注册资本	万元	6 119	62.8
合同利用外资	万美元	—	—
实际利用外资	万美元	—	—
期末已投产运作企业数	个	40	—
其中：已投产加工企业	个	12	—
已投产物流企业	个	9	—
已投产贸易企业	个	18	—
已投产其他服务类企业	个	1	—
其中：注册资本1 000万美元以上	个	—	—
固定资产投资额	万元	20 042	-11.8
其中：基础设施投资	万元	14 090	-19.0
期末已建成城镇建设用地面积	万平方米	—	—
房屋竣工建筑面积	平方米	25 000	-72.0
其中：已建成厂房面积	平方米	25 000	-72.0
税务部门税收	万元	4 092	—
期末从业人员	人	1 938	—
期末批准面积	平方公里	1.66	—
期末验收封关面积	平方公里	1.33	—

创新业态统计指标			
跨境电商：期末企业数	个	6	—
业务票数	票	0	—
销售额	万元	0	—
融资租赁：期末企业数	个		—
租赁资产总额	万元		—
货物状态分类监管：期末企业数	个	8	—
国内货物进出区货值	万元	24 657	—
一般纳税人资格试点：期末企业数	个	1	—
试点企业内销金额	万元	27 700	—
试点企业增值税纳税额	万元	249	—

(2)-1　截至2019年常州综合保税区历年招商引资情况表

指标	单位	历年累计
工商在册企业数	个	57
其中：外资企业数	个	15
内资企业注册资本	万元	9 877
合同利用外资	万美元	92 728
实际利用外资	万美元	34 684

(2)-2　截至2019年常州综合保税区历年主要外商投资情况表

按项目数排列			按注册资本排列		
序号	国别（地区）	项目数（个）	序号	国别（地区）	注册资本（万美元）
1	中国香港	11	1	中国香港	56 270
2	美国	4	2	美国	25 125
3	英国	2	3	英国	4 500
4	巴西	1	4	巴西	157
5	土耳其	1	5	土耳其	

(3) 2019年常州综合保税区出口加工企业工业产值排名表

单位：万元

序号	企业名称	序号	企业名称
1	常州巴奥米特医疗器械有限公司	5	马可波罗（常州）客车制造游戏公司
2	瑞声通讯科技（常州）有限公司	6	福地亚（常州）采矿设备有限公司
3	常州高博能源材料有限公司	7	派纳维斯工具（常州）有限公司
4	庄信万丰电池材料（常州）有限公司		

（4）2019年常州综合保税区贸易企业商品销售额排名表

单位：万元

序号	企业名称	序号	企业名称
1	常州金鹏兴业国际贸易有限公司	6	常州恒泽供应链管理有限公司
2	常州三友暹罗国际贸易有限公司	7	沁瑞（常州）国际贸易有限公司
3	三友绿色动力（常州）贸易有限公司	8	联瑞进出口贸易（常州）有限公司
4	江苏马堡电子商务有限公司	9	常州倍高乐特供应链管理有限公司
5	常州铭志供应链管理有限公司		

（5）2019年常州综合保税区物流企业营业收入排名表

单位：万元

序号	企业名称	序号	企业名称
1	常州综合保税区投资开发有限公司	5	江苏众诚国际物流有限公司常州分公司
2	中国外运常州分公司	6	常州安捷兰国际物流有限公司
3	常州海航报关有限公司	7	中国邮政 EMS 常州分公司
4	港中旅华贸国际物流股份有限公司常州分公司		

武进综合保税区统计数据表

（1）2019 年武进综合保税区主要经济指标完成情况表

指标名称	计量单位	2019 年	比上年增长（%）
增加值	万元	223 623	-12.5
经营总收入	万元	940 121	-15.6
技术服务收入	万元	0	—
工业总产值	万元	1 087 871	-18.7
其中：高新技术产业	万元	1 087 871	-18.7
物流企业经营收入	万元	8 666	1.0
商品销售额	万元	931 455	-15.8
企业利润总额	万元	72 945	-14.0
综合能源耗费量	吨标准煤	172 78	-3.6
新设企业数	个	6	100.0
其中：加工企业	个	2	100.0
物流企业	个	1	100.0
贸易企业	个	3	50.0
其他服务类企业	个	0	—
新设外资企业数	个	0	-100.0
内资企业注册资本	万元	2 100	100.0
期末已投产运作企业数	个	51	—
其中：已投产加工企业	个	9	—
已投产物流企业	个	21	—
已投产贸易企业	个	17	—
已投产其他服务类企业	个	4	—
其中：注册资本 1 000 万美元以上	个	5	-37.5
固定资产投资额	万元	37 860	-45.2
其中：基础设施投资	万元	6 120	4.8
税务部门税收	万元	30 202	56.9
期末从业人员	人	13 535	5.3
期末批准面积	平方公里	0.95	—
期末验收封关面积	平方公里	0.88	—
创新业态统计指标			
货物状态分类监管：期末企业数	个	2	—
国内货物进出区货值	万元	30 337	—
一般纳税人资格试点：期末企业数	个	1	—
试点企业内销金额	万元	1 483	—
试点企业增值税纳税额	万元	74	—

(2)-1 截至2019年武进综合保税区历年招商引资情况表

指标	单位	历年累计
工商在册企业数	个	47
其中：外资企业数	个	9
内资企业注册资本	万元	36 973
合同利用外资	万美元	91 208
实际利用外资	万美元	91 208

(2)-2 截至2019年武进综合保税区历年主要外商投资情况表

按项目数排列			按注册资本排列		
序号	国别（地区）	项目数（个）	序号	国别（地区）	注册资本（万美元）
1	中国台湾	5／3	1	中国香港	48 500／47 500
2	中国香港	4／3	2	中国台湾	41 295／24 595
3	德国	1	3	新西兰	757
4	瑞典	1	4	德国	580
5	新西兰	1	5	瑞典	76

(3) 2019年武进综合保税区出口加工企业工业产值排名表

单位：万元

序号	企业名称	工业总产值	序号	企业名称	工业总产值
1	光宝科技（常州）有限公司	673 848	5	光宝汽车电子（常州）有限公司	8 203
2	瑞声开泰精密科技（常州）有限公司	272 210	6	江苏道达纺织科技有限公司	6 651
3	光宝光电（常州）有限公司	115 535	7	常州世博恩新能源科技有限公司	538
4	常州嘉发纺织科技有限公司	10 886	8	瑞智科技（常州）有限公司	140

(4) 2019年武进综合保税区贸易企业商品销售额排名表

单位：万元

序号	企业名称	商品销售额	序号	企业名称	商品销售额
1	光宝科技（常州）有限公司	531 983	5	江苏道达纺织科技有限公司	8 193
2	瑞声开泰精密科技（常州）有限公司	264 617	6	光宝汽车电子（常州）有限公司	7 115
3	光宝光电（常州）有限公司	108 276	7	常州世博恩新能源科技有限公司	384
4	常州嘉发纺织科技有限公司	10 886	8	瑞智科技（常州）有限公司	129

(5) 2019年武进综合保税区物流企业营业收入排名表

单位：万元

序号	企业名称	营业收入	序号	企业名称	营业收入
1	常州飞力达现代物流有限公司	5 640	3	常州中外运物流有限公司	62
2	常州亨通海晨物流有限公司	2 964			

南通综合保税区统计数据表

（1）2019 年南通综合保税区主要经济指标完成情况表

指标名称	计量单位	2019 年	比上年增长（%）
增加值	万元	40 867	0.6
经营总收入	万元	1 095 000	-23.0
技术服务收入	万元	1 313	-11.9
工业总产值	万元	170 791	-8.1
其中：高新技术产业	万元	43 158	74.1
物流企业经营收入	万元	57 452	70.4
商品销售额	万元	1 067 100	-11.1
企业利润总额	万元	9 082	17.9
综合能源耗费量	吨标准煤	10 893	10.7
新设企业数	个	14	-26.3
其中：加工企业	个	3	50.0
物流企业	个	1	-85.7
贸易企业	个	10	233.3
其他服务类企业	个	0	-100.0
新设外资企业数	个	1	-80.0
内资企业注册资本	万元	41 010	-74.4
合同利用外资	万美元	1 200	-94.3
实际利用外资	万美元	3 732	-67.5
期末已投产运作企业数	个	59	18.0
其中：已投产加工企业	个	15	25.0
已投产物流企业	个	11	10.0
已投产贸易企业	个	27	12.5
已投产其他服务类企业	个	6	50.0
其中：注册资本 1 000 万美元以上	个	17	21.4
固定资产投资额	万元	204 981	55.2
其中：基础设施投资	万元	12 455	211.4
期末已建成城镇建设用地面积	万平方米	235	26.8
房屋竣工建筑面积	平方米	377 581	272.0
其中：已建成厂房面积	平方米	22 699	-46.1
税务部门税收	万元	14 500	-58.3
期末从业人员	人	2 356	2.3
期末批准面积	平方公里	5.29	0.0
期末验收封关面积	平方公里	2.15	0.0

创新业态统计指标			
货物状态分类监管：期末企业数	个	3	50.0
国内货物进出区货值	万元	647 360	209.4
一般纳税人资格试点：期末企业数	个	8	—
试点企业内销金额	万元	1 151	—
试点企业增值税纳税额	万元	13	—

（2）-1　截至2019年南通综合保税区历年招商引资情况表

指标	单位	历年累计
工商在册企业数	个	498
其中：外资企业数	个	47
内资企业注册资本	万元	934 798
合同利用外资	万美元	64 939
实际利用外资	万美元	44 730

（2）-2　截至2019年南通综合保税区历年主要外商投资情况表

按项目数排列			按注册资本排列		
序号	国别（地区）	项目数（个）	序号	国别（地区）	注册资本（万美元）
1	中国香港	19	1	中国香港	110 031
2	日本	9	2	开曼群岛	20 000
3	新加坡	2	3	日本	13 981
4	开曼群岛	1	4	马绍尔群岛	5 000
5	韩国	1	5	韩国	2 500
6	塞浦路斯	1	6	新加坡	1 070
7	马绍尔群岛	1	7	马来西亚	450
8	美国	1	8	美国	225
9	新西兰	1	9	塞浦路斯	200
10	马来西亚	1	10	新西兰	100

（3）2019 年南通综合保税区出口加工企业工业产值排名表

单位：万元

序号	企业名称	序号	企业名称
1	南通延锋安道拓座椅面套有限公司	7	江苏创斯达终端设备科技有限公司
2	南通联亚药业有限公司	8	南通利鼎纺织科技有限公司
3	南通崇天纺纱有限公司	9	南通康赛克半导体工具有限公司
4	南通华强科技有限公司	10	南通市森田环保新材料有限公司
5	南通市开发区千野实业有限公司	11	南通华盛塑料制品有限公司
6	南通吉凯光电科技有限公司		

（4）2019 年南通综合保税区贸易企业商品销售额排名表

单位：万元

序号	企业名称	序号	企业名称
1	南通千昊化工有限公司	15	南通瑞贝卡国际贸易有限公司
2	江苏恒廷怡国际贸易有限公司	16	江苏乾洋进出口贸易有限公司
3	南通中合国际贸易有限公司	17	江苏欧味园国际贸易有限公司
4	江苏双洲国际贸易有限公司	18	南通贝德利纺织有限公司
5	江苏思皓国际贸易有限公司	19	南通苏马贸易有限公司
6	南通厚地进出口有限公司	20	江苏炜皓国际贸易有限公司
7	南通纳虹纺织有限公司	21	南通鸿事达进出口有限公司
8	南通伽蓝纺织有限公司	22	江苏紫硕国际贸易有限公司
9	南通北新国际贸易有限公司	23	南通鲜汇盟国际贸易有限公司
10	南通倍海供应链管理有限公司	24	澳奕国际贸易南通有限公司
11	南通骏和纺织有限公司	25	南通莫伯乐贸易有限公司
12	江苏鹤元网络科技有限公司	26	江苏乐富国际贸易有限公司
13	南通恬璐国际贸易有限公司	27	美杏环亚跨境电子商务南通有限公司
14	南通易通电子商务有限公司		

（5）2019 年南通综合保税区物流企业营业收入排名表

单位：万元

序号	企业名称	序号	企业名称
1	南通综合保税区物流中心有限公司	7	南通通运供应链管理有限公司
2	南通利达储运有限公司	8	南通嘉浩冷链物流有限公司
3	南通中外运物流有限公司	9	南通鼎吉国际物流有限公司
4	南通福汉兴业现代物流中心有限公司	10	南通纵禾供应链管理有限公司
5	南通中农物流有限公司	11	南通世瑞供应链管理有限公司
6	南通综合保税区中外运物流有限公司		

连云港综合保税区统计数据表

（1）2019 年连云港综合保税区主要经济指标完成情况表

指标名称	计量单位	2019 年	比上年增长（%）
增加值	万元	25 658	7.6
经营总收入	万元	79 970	7.2
技术服务收入	万元	440	5.8
工业总产值	万元	114 988	7.3
其中：高新技术产业	万元	450	6.9
物流企业经营收入	万元	9 900	10.1
商品销售额	万元	0	—
企业利润总额	万元	692	5.3
综合能源耗费量	吨标准煤	634	47.1
新设企业数	个	2	-33.3
其中：加工企业	个	2	100.0
物流企业	个	0	-100.0
新设外资企业数	个	1	-50.0
内资企业注册资本	万元	1 000	-80.0
合同利用外资	万美元	150	-93.2
实际利用外资	万美元	150	-70.0
期末已投产运作企业数	个	2	-50.0
其中：已投产加工企业	个	1	0.0
已投产物流企业	个	1	-66.7
已投产贸易企业	个	0	—
已投产其他服务类企业	个	0	—
其中：注册资本 1 000 万美元以上	个	0	-100.0
固定资产投资额	万元	15 200	29.5
其中：基础设施投资	万元	9 540	47.5
税务部门税收	万元	580	63.8
期末从业人员	人	1 379	12.7
期末批准面积	平方公里	2.97	0.0
期末验收封关面积	平方公里	2.97	0.0

(2)-1 截至2019年连云港综合保税区历年招商引资情况表

指标	单位	历年累计
工商在册企业数	个	40
其中：外资企业数	个	19
内资企业注册资本	万元	25 260
合同利用外资	万美元	13 686
实际利用外资	万美元	10 415

(2)-2 截至2019年连云港综合保税区历年主要外商投资情况表

按项目数排列			按注册资本排列		
序号	国别（地区）	项目数（个）	序号	国别（地区）	注册资本（万美元）
1	中国香港	5	1	韩国	3 100
2	澳大利亚	4	2	澳大利亚	2 618
3	美国	3	3	中国香港	2 108
4	中国台湾	2	4	中国台湾	1 700
5	泰国	1	5	美国	1 611
6	韩国	1	6	土耳其	1 200
7	日本	1	7	泰国	850
8	土耳其	1	8	新加坡	400
9	新加坡	1	9	日本	100

(3) 2019年连云港综合保税区出口加工企业工业产值排名表

单位：万元

序号	企业名称	工业总产值	序号	企业名称	工业总产值
1	重山风力设备（连云港）有限公司	63 212	4	连云港柏科医用制品有限公司	3 527
2	连云港艾业无纺布制品有限公司	40 115	5	江苏东大食品有限公司	3 062
3	连云港中奥铝业有限公司	4 656	6	杰亮电子科技（连云港）有限公司	416

(4) 2019年连云港综合保税区物流企业营业收入排名表

单位：万元

序号	企业名称	营业收入	序号	企业名称	营业收入
1	江苏锦达保税仓储服务有限公司	3 778	5	江苏丰诺供应链管理集团有限公司	306
2	连云港中外运储运有限公司	2 833	6	新世嘉（连云港）保税仓储有限公司	187
3	连云港华曼仓实业有限公司	2 252	7	连云港苏豪保税物流有限公司	129
4	连云港汉华保税仓储有限公司	415			

镇江综合保税区统计数据表

（1）2019 年镇江综合保税区主要经济指标完成情况表

指标名称	计量单位	2019 年	比上年增长（%）
增加值	万元	25 139	1.9
工业总产值	万元	149 288	3.9
企业利润总额	万元	10 326	18.8
物流企业营业收入	万元	44 800	68.3
综合能源耗费量	吨标准煤	8 943	37.3
当年批准企业数	个	17	112.5
其中：加工企业	个	1	-50.0
仓储物流企业	个	1	—
当年批准外资企业数	个	1	-50.0
仓储物流企业	个	1	-50.0
当年合同利用外资	万美元	30	-91.3
当年实际到位资金	万美元	20	-91.7
其中：实际利用外资	万美元	20	-91.7
历年已投产运作企业数	个	41	142.9
其中：已投产加工企业数	个	5	25.0
已投产物流企业数	个	9	12.5
其中：投资额 1 000 万美元以上	个	0	—
土地实际已租售面积	平方米	0	—
房屋竣工面积	平方米	0	—
其中：已建成厂房面积	平方米	0	—
已建成仓库面积	平方米	0	—
税务部门税收	万元	4 223	-5.0
固定资产投资额	万元	40 152	41.6
其中：基础设施投资	万元	39 490	611.4
期末从业人员	人	1 707	95.8
期末批准面积	平方公里	2.53	0.0
期末验收封关面积	平方公里	0.91	0.0

(2)-1 截至2019年镇江综合保税区历年招商引资情况表

指标	单位	历年累计
批准企业	个	54
其中：外资企业		16
投资总额	（万美元）	89 289
其中：外商投资总额		36 633
合同外资额		28 680
实际利用外资		28 054

(2)-2 截至2019年镇江综合保税区历年主要外商投资情况表

按项目数排列			按投资额排列		
序号	国别（地区）	项目数（个）	序号	国别（地区）	注册资本（万美元）
1	中国香港	8	1	中国香港	16 729
2	中国台湾	2	2	中国台湾	2 560
3	法国	1	3	法国	70

(3) 2019年镇江综合保税区物流企业营业收入排名表

单位：万元

序号	企业名称	营业收入	序号	企业名称	营业收入
1	江苏汇鸿冷链物流有限公司	32 647.23	6	镇江力联物流有限公司	132.29
2	镇江中远海运物流有限公司	12 212	7	镇江中沙保税物流有限公司	117.60
3	镇江远港物流有限公司	1 015.15	8	镇江大远物流有限公司	68
4	镇江瑞翔国际物流有限公司	782.07	9	镇江中远海运仓储发展有限公司	40.72
5	镇江威宁保税物流有限公司	163.24	10	远达仓保税物流镇江有限公司	26.26

(4) 2019年镇江综合保税区工业企业工业产值排名表

单位：万元

序号	企业名称	工业总产值	序号	企业名称	工业总产值
1	山特维克材料科技（中国）有限公司	31 422	3	先进光电科技（镇江）有限公司	22 214
2	力信（江苏）能源科技有限责任公司	26 106	4	镇江吉福装饰有限公司	6 310

淮安综合保税区统计数据表

（1）2019年淮安综合保税区主要经济指标完成情况表

指标名称	计量单位	2019年	比上年增长（%）
增加值	万元	304 900	16.6
经营总收入	万元	1 407 569	154.5
技术服务收入	万元		—
工业总产值	万元	1 403 946	155.3
其中：高新技术产业	万元	1 084 350	9.2
物流企业经营收入	万元	3 582	775.6
商品销售额	万元	1 031 015	88.4
企业利润总额	万元	21 479	-51.8
综合能源耗费量	吨标准煤	106 462	145.3
新设企业数	个	0	0.0
其中：加工企业	个	0	0.0
物流企业	个	1	0.0
贸易企业	个	0	0.0
其他服务类企业	个	0	0.0
新设外资企业数	个	1	0.0
内资企业注册资本	万元	1 000	0.0
合同利用外资	万美元	450	0.0
实际利用外资	万美元	0	0.0
期末已投产运作企业数	个	14	0.0
其中：已投产加工企业	个	5	0.0
已投产物流企业	个	5	0.0
已投产贸易企业	个	2	0.0
已投产其他服务类企业	个	2	0.0
其中：注册资本1 000万美元以上	个	5	0.0
固定资产投资额	万元	5 000	25.0
其中：基础设施投资	万元	5 000	66.7
期末已建成城镇建设用地面积	万平方米	145 320	0.0
房屋竣工建筑面积	平方米	0	0.0
其中：已建成厂房面积	平方米	0	0.0
税务部门税收	万元	16 268	-51.0
期末从业人员	人	11 981	-16.8
期末批准面积	平方公里	4.92	0.0
期末验收封关面积	平方公里	2.63	0.0

(2)-1 截至2019年淮安综合保税区历年招商引资情况表

指标	单位	历年累计
工商在册企业数	个	29
其中：外资企业数	个	10
内资企业注册资本	万元	43 470
合同利用外资	万美元	188 823
实际利用外资	万美元	61 494

(2)-2 截至2019年淮安综合保税区历年主要外商投资情况表

按项目数排列			按注册资本排列		
序号	国别（地区）	项目数（个）	序号	国别（地区）	注册资本（万美元）
1	中国台湾	3	1	中国台湾	53 140
2	中国香港	1	2	中国香港	7 790

(3) 2019年淮安综合保税区出口加工企业工业产值排名表

单位：万元

序号	企业名称	序号	企业名称
1	富誉电子科技（淮安）有限公司	4	富准精密模具（淮安）有限公司
2	宏恒胜电子科技（淮安）有限公司	5	淮安宏盛点电子有限公司
3	淮安新国纺织有限公司		

(4) 2019年淮安综合保税区物流企业营业收入排名表

单位：万元

序号	企业名称	序号	企业名称
1	淮安伊安物流有限公司	4	淮安弘达供应链管理有限公司
2	准时达供应链管理（淮安）有限公司	5	淮安弘运达供应链管理有限公司
3	淮安飞力供应链管理有限公司		

临沂综合保税区统计数据表

（1）2019 年临沂综合保税区主要经济指标完成情况表

指标名称	计量单位	2019 年	比上年增长（%）
增加值	万元	30 448	70.1
经营总收入	万元	1 263 579	80.5
技术服务收入	万元	73	121.0
工业总产值	万元	18 619	62.7
其中：高新技术产业	万元	8 490	2.0
物流企业经营收入	万元	10 747	56.0
商品销售额	万元	260 445	48.8
企业利润总额	万元	26 410	44.7
综合能源耗费量	吨标准煤	22 881	46.6
新设企业数	个	189	397.4
其中：加工企业	个	2	-60.0
物流企业	个	19	26.7
贸易企业	个	165	2 257.1
其他服务类企业	个	3	-40.0
新设外资企业数	个	8	14.0
内资企业注册资本	万元	160 809	401.7
合同利用外资	万美元	4 286	69.0
实际利用外资	万美元	1 506	—
期末已投产运作企业数	个	506	—
其中：已投产加工企业	个	5	—
已投产物流企业	个	55	—
已投产贸易企业	个	446	—
已投产其他服务类企业	个	0	—
其中：注册资本 1 000 万美元以上	个	0	—
固定资产投资额	万元	107 440	83.6
其中：基础设施投资	万元	1 680	-90.0
期末已建成城镇建设用地面积	万平方米	157	—
房屋竣工建筑面积	平方米	0	-100.0
其中：已建成厂房面积	平方米	0	-100.0
税务部门税收	万元	20 663	54.1
期末从业人员	人	10 355	1 358.9
期末批准面积	平方公里	3.16	-14.6
期末验收封关面积	平方公里	2.85	10.9

创新业态统计指标			
跨境电商：期末企业数	个	1	—
业务票数	票	2 468	—
销售额	万元	193	—
融资租赁：期末企业数	个	0	—
租赁资产总额	万元	0	—
货物状态分类监管：期末企业数	个	0	—
国内货物进出区货值	万元	0	—
一般纳税人资格试点：期末企业数	个	5	—
试点企业内销金额	万元	2 300	—
试点企业增值税纳税额	万元	391	—

(2)-1　截至2019年临沂综合保税区历年招商引资情况表

指标	单位	历年累计
工商在册企业数	个	2 920
其中：外资企业数	个	31
内资企业注册资本	万元	2 168 005
合同利用外资	万美元	4 286
实际利用外资	万美元	1 056

(2)-2　截至2019年临沂综合保税区历年主要外商投资情况表

按项目数排列			按注册资本排列		
序号	国别（地区）	项目数（个）	序号	国别（地区）	注册资本（万美元）
1	中国香港	4	1	中国香港	6 329
2	韩国	3	2	韩国	3 200
3	日本	2	3	日本	1 000
4	伊拉克	2	4		
5	巴基斯坦	2	5		
6	澳大利亚	2	6		

(3) 2019年临沂综合保税区出口加工企业工业产值排名表

单位：万元

序号	企业名称	工业总产值	序号	企业名称	工业总产值
1	山东金色阳光建材有限公司	8 790	3	临沂天一电子有限公司	1 800
2	临沂冠博生物科技有限公司	7 489	4	山东益嘉葡萄酒有限公司	903

（4）2019 年临沂综合保税区贸易企业商品销售额排名表

单位：万元

序号	企业名称	商品销售额	序号	企业名称	商品销售额
1	山东新联纺进出口有限公司	64 058	16	临沂悦达商贸有限公司	11 234
2	山东大邦国际贸易有限公司	61 809	17	临沂远尚祥瑞国际贸易有限公司	11 209
3	山东长塑国际贸易有限公司	60 499	18	临沂玺赑国际贸易有限公司	9 962
4	临沂钜诚塑料有限公司	56 768	19	临沂瑞联管业有限公司	9 135
5	临沂尚佳进出口有限公司	27 056	20	临沂安诚工贸有限公司	9 084
6	久泰集团销售有限责任公司	19 248	21	山东斑竹国际贸易有限公司	8 195
7	山东方赫国际贸易有限公司	18 930	22	山东金塑商贸有限公司	7 297
8	北京燕山建安科技有限公司山东分公司	17 695	23	临沂顺和阳光国际贸易有限公司	7 223
9	临沂恒凯国际贸易有限公司	14 088	24	山东文泽塑胶有限公司	7 138
10	临沂北方同惠商贸有限公司	13 455	25	临沂嘉弘建材有限公司	6 995
11	临沂秋盛农资有限公司	13 087	26	临沂泛亚进出口有限公司	6 518
12	临沂南鹏钢材有限公司	13 086	27	临沂华飞国际贸易有限公司	6 419
13	临沂森晟矿业有限公司	13 021	28	临沂上港木业有限公司	6 390
14	山东木之家商贸有限公司	12 922	29	临沂澳柯玛电器销售有限公司	6 346
15	驭恒锦国际贸易（山东）有限公司	12 884	30	临沂方元商贸有限公司	6 214

（5）2019 年临沂综合保税区物流企业营业收入排名表

单位：万元

序号	企业名称	营业收入	序号	企业名称	营业收入
1	临沂鲁冠供应链管理有限公司	11 421	9	临沂正通国际货运代理有限公司	632
2	山东沃临物流有限公司	11 113	10	临沂荣康国际货运代理有限公司	579
3	临沂冠博供应链管理有限公司	10 235	11	山东森派供应链服务有限公司	440
4	山东新天幕供应链管理有限公司	6 530	12	山东豪旺仓储物流有限公司	316
5	临沂综合保税区金灿供应链有限公司	5 810	13	山东众泽国际贸易有限公司	282
6	临沂孝国运昌综保物流有限公司	1 341	14	临沂华昂国际贸易有限公司	198
7	山东经运运输有限公司	1 153	15	临沂海祥国际货运代理有限公司	177
8	山东齐鲁润达供应链管理有限公司	634			

东营综合保税区统计数据表

（1）2019年东营综合保税区主要经济指标完成情况表

指标名称	计量单位	2019年	比上年增长（%）
经营总收入	万元	903	145.4
工业总产值	万元	2 005	—
物流企业经营收入	万元	100	—
商品销售额	万元	838	185.0
企业利润总额	万元	117	134.0
新设企业数	个	30	-14.2
其中：加工企业	个	6	12.0
物流企业	个	5	-16.7
贸易企业	个	7	-68.2
其他服务类企业	个	12	500.0
新设外资企业数	个	2	100.0
内资企业注册资本	万元	30 560	10.5
合同利用外资	万美元	1 496	274.0
实际利用外资	万美元	1 496	274.0
期末已投产运作企业数	个	21	110.0
其中：已投产加工企业	个	4	—
已投产物流企业	个	7	40.0
已投产贸易企业	个	10	100.0
已投产其他服务类企业	个	0	—
其中：注册资本1 000万美元以上	个	1	0.0
固定资产投资额	万元	22 323	161.7
其中：基础设施投资	万元	15 658	421.4
期末已建成城镇建设用地面积	万平方米	45	32.4
房屋竣工建筑面积	平方米	48 234	—
其中：已建成厂房面积	平方米	43 216	—
税务部门税收	万元	265	-26.4
期末从业人员	人	100	—
期末批准面积	平方公里	3.1	0.0
期末验收封关面积	平方公里	1.419	0.0

（2）-1 截至 2019 年东营综合保税区历年招商引资情况表

指标	单位	历年累计
工商在册企业数	个	90
其中：外资企业数	个	3
内资企业注册资本	万元	108 336
合同利用外资	万美元	1 896
实际利用外资	万美元	1 896

（2）-2 截至 2019 年东营综合保税区历年主要外商投资情况表

按项目数排列			按注册资本排列		
序号	国别（地区）	项目数（个）	序号	国别（地区）	注册资本（万美元）
1	新加坡	2	1	新加坡	1 496
2	中国香港	1	2	中国香港	400

（3）2019 年东营综合保税区物流企业营业收入排名表

单位：万元

序号	企业名称	营业收入	序号	企业名称	营业收入
1	东营迅吉安物流有限公司	77	3	东营综合保税区保立通物流有限公司	4
2	东营信安供应链管理有限公司	17	4	东营综合保税区保时通物流有限公司	2

芜湖综合保税区统计数据表

（1）2019 年芜湖综合保税区主要经济指标完成情况表

指标名称	计量单位	2019 年	比上年增长（%）
增加值	万元	53 243	-16.0
工业总产值	万元	256 682	-4.5
企业利润总额	万元	10 700	-15.2
物流企业营业收入	万元	42	55.6
综合能源耗费量	吨标准煤	7 195	70.7
当年批准企业数	个	2	-33.3
其中：加工企业	个	0	0.0
仓储物流企业	个	2	-33.3
历年已投产运作企业数	个	31	—
其中：已投产加工企业数	个	14	—
已投产物流企业数	个	17	—
其中：投资额 1 000 万美元以上	个	10	—
税务部门税收	万元	5 570	-23.5
固定资产投资额	万元	4 082	-32.0
其中：基础设施投资	万元	0	—
期末从业人员	人	3 153	-3.9
期末批准面积	平方公里	2.17	—
期末验收封关面积	平方公里	2.17	—

（2）-1　截至 2019 年芜湖综合保税区历年招商引资情况表

指标	单位	历年累计
批准企业	个	39
其中：外资企业		9
投资总额	（万美元）	70 535
其中：外商投资总额		30 870
合同外资额		30 590
实际利用外资		30 590

（2）-2 截至2019年芜湖综合保税区历年主要外商投资情况表

按项目数排列			按投资额排列		
序号	国别（地区）	项目数（个）	序号	国别（地区）	注册资本（万美元）
1	中国香港	4	1	中国香港	27 113
2	美国	2	2	美国	1 444
3	中国台湾	2	3	新加坡	1 250
4	新加坡	1	4	中国台湾	685

（3）2019年芜湖综合保税区物流企业营业收入排名表

单位：万元

序号	企业名称
1	芜湖信威物流有限公司

（4）2019年芜湖综合保税区工业企业工业产值排名表

单位：万元

序号	企业名称	序号	企业名称
1	中达电子（芜湖）有限公司	5	芜湖安华玻璃有限公司
2	芜湖中鼎实业有限公司	6	芜湖华烨工业用布有限公司
3	合保电气（芜湖）有限公司	7	固镒电子（芜湖）有限公司
4	安徽昌永得机械有限公司		

海口综合保税区统计数据表

（1）2019 年海口综合保税区主要经济指标完成情况表

指标名称	计量单位	2019 年	比上年增长（%）
增加值	万元	84 355	435.4
经营总收入	万元	3 128 892	180.4
技术服务收入	万元	370 244	22.6
工业总产值	万元	2 261	152.1
其中：高新技术产业	万元	0	—
物流企业经营收入	万元	1 613	1 052.1
商品销售额	万元	2 543 673	64 756.5
企业利润总额	万元	29 422	75.9
综合能源耗费量	吨标准煤	220	78.9
新设企业数	个	144	-50.2
其中：加工企业	个	4	33.3
物流企业	个	2	-90.0
贸易企业	个	70	89.2
其他服务类企业	个	61	-73.4
新设外资企业数	个	46	84.0
内资企业注册资本	万元	1 050 853	-40.5
合同利用外资	万美元	4 659	-19.5
实际利用外资	万美元	2 939	-9.7
期末已投产运作企业数	个	1	-50.0
其中：已投产加工企业	个	0	—
已投产物流企业	个	0	—
已投产贸易企业	个	0	—
已投产其他服务类企业	个	0	—
其中：注册资本 1 000 万美元以上	个	0	-100.0
固定资产投资额	万元	58 856	-67.5
其中：基础设施投资	万元	1 180	-95.8
期末已建成城镇建设用地面积	万平方米	0	—
房屋竣工建筑面积	平方米	0	—
其中：已建成厂房面积	平方米	0	—
税务部门税收	万元	29 031	-29.4
期末从业人员	人	9 202	58.4
期末批准面积	平方公里	1.93	0.0
期末验收封关面积	平方公里	1.93	0.0

创新业态统计指标			
跨境电商：期末企业数	个	15	
业务票数	票	151 649	1 733. 1
销售额	万元	9 043	9 319. 8
融资租赁：期末企业数	个	2	100. 0
租赁资产总额	万元	46 722	100. 0
货物状态分类监管：期末企业数	个	0	—
国内货物进出区货值	万元	0	—
一般纳税人资格试点：期末企业数	个	0	—
试点企业内销金额	万元	0	—
试点企业增值税纳税额	万元	0	—

（2）-1 截至2019年海口综合保税区历年招商引资情况表

指标	单位	历年累计
工商在册企业数	个	1 477
其中：外资企业数	个	166
内资企业注册资本	万元	1 488 440
合同利用外资	万美元	38 685
实际利用外资	万美元	35 531

备注：历年累计数据包含已吊销和迁出企业数。

（2）-2 截至2019年海口综合保税区历年主要外商投资情况表

按项目数排列			按注册资本排列		
序号	国别（地区）	项目数（个）	序号	国别（地区）	注册资本（万美元）
1	中国香港	22	1	中国香港	25 534. 5
2	中国台湾	9	2	美国	25 347. 6
3	美国	7	3	中国台湾	1 875. 4
4	英国	4	4	萨摩亚	936. 0
5	俄罗斯	4	5	英国	605. 0
6	巴基斯坦	3	6	新加坡	300. 0
7	马来西亚	2	7	韩国	243. 0
8	加拿大	2	8	俄罗斯	135. 8
9	白俄罗斯	2	9	加拿大	114. 3
10	韩国	2	10	马来西亚	86. 0

（3）2019 年海口综合保税区出口加工企业工业产值排名表

单位：万元

序号	企业名称	工业总产值	序号	企业名称	工业总产值
1	海南金盘智能科技股份有限公司	198 060	16	海南紫杉园制药有限公司	6 049
2	海南中和药业股份有限公司	103 637	17	海南泰新电气成套设备工程有限公司	5 047
3	海南葫芦娃制药有限公司	98 352	18	海南新世通制药有限公司	4 174
4	康宁（海南）光通信有限公司	84 627	19	全兴工业（海南）有限公司	3 509
5	海南养生堂药业有限公司	56 529	20	拍拍看防伪科技有限公司	3 312
6	大新华飞机维修服务有限公司	50 269	21	海南众森生物科技有限公司	3 111
7	海南灵康制药有限公司	29 646	22	海南泓缘生物科技股份有限公司	2 938
8	一汽海马汽车有限公司	17 642	23	海南中盛合美生物制药有限公司	2 686
9	海南全星制药有限公司	13 468	24	海南希睿达生物技术有限公司	2 104
10	海南锦瑞制药有限公司	13 370	25	海南科晶生物技术有限公司	1 875
11	海南卓泰制药有限公司	13 230	26	海南威昌汽车配件有限公司	1 850
12	海南森祺制药有限公司	12 778	27	海南明芳机械有限公司	1 566
13	海南钧达汽车饰件有限公司	9 621	28	海南绿岛制药有限公司	1 561
14	海南林恒制药有限公司	8 128	29	海南瑞应鑫汽车配件有限公司	1 466
15	海南惠普森医药生物技术有限公司	7 671	30	浙江万向系统有限公司海南分公司	1 162

（4）2019 年海口综合保税区贸易企业商品销售额排名表

单位：万元

序号	企业名称	商品销售额	序号	企业名称	商品销售额
1	海南川铁投广润实业发展有限公司	909 851	16	海南新邦贸易有限公司	4 683
2	海南国贸有限公司	645 941	17	海口保税区钱力贸易有限公司	3 075
3	苏美达供应链有限公司	629 887	18	海口安基实业发展有限公司	2 773
4	国投国际贸易（海南）有限公司	573 294	19	海口市环境发展有限公司	2 463
5	海南省免税品有限公司	266 432	20	海口福山天然气利用发展有限公司	2 403
6	中免集团（海南）运营总部有限公司	163 183	21	海南恒远泰富实业有限公司	1 907
7	中进汽贸（海南）汽车有限公司	97 785	22	海南志晟药业有限公司	1 114
8	海免（海口）免税店有限公司	82 214	23	海南中和（集团）有限公司	937
9	海南旺佳旺商贸有限公司	46 476	24	海南大洲燕窝实业有限公司	896
10	海南鸿翔一心堂医药连锁有限公司	42 583	25	中进（海口）汽车贸易有限公司	808
11	海南信兴汽车销售有限公司	32 821	26	海口蓝丰源汽车销售服务有限公司	446
12	海南高培乳业有限公司	17 021	27	海口广冷安装工程有限公司	115
13	国投融资租赁（海南）有限公司	13 105	28	海口广冷机电设备有限公司	61
14	海南广铝幕墙装饰有限公司	13 037	29	海南聚亿源贸易有限公司	28
15	海南协信医疗器械有限公司	5 573	30	海南美多堡实业有限公司	22

（5）2019 年海口综合保税区物流企业营业收入排名表

单位：万元

序号	企业名称	营业收入	序号	企业名称	营业收入
1	海南中铁保税冷链物流有限公司	349	16	海南久久物流有限公司	87
2	海南苏美达供应链有限公司	195	17	海口互信物流有限公司	85
3	海南御熹供应链服务有限公司	169	18	海口鑫远达物流有限公司	81
4	海口嘉里大通物流有限公司	153	19	海南南洋保税物流有限公司	79
5	海南钻尚宝城珠宝供应链有限公司	111	20	海南中铁邮轮仓储物流有限公司	76
6	海口综保仓储物流有限公司	125	21	海口保税区九百里物流有限公司	72
7	海南金禾木实业有限公司	112	22	海口富兴盛物流服务有限公司	69
8	海南苏美达供应链有限公司	153	23	海口益盛物流服务有限公司	67
9	海南路易通物流有限公司	128	24	海口翰森顺捷物流有限公司	65
10	海南天创物流货运有限公司	124	25	海南赛德克物流有限公司	63
11	海口恒远世盛仓储有限公司	119	26	海南泛亚国际物流园投资控股有限公司	61
12	海南海航保税物流有限公司	105	27	海口港区船务货运代理有限公司	59
13	海南运新保税物流服务有限公司	103	28	海南全程供应链管理合伙企业（有限合伙）	57
14	海南鑫捷通运输有限公司	99	29	海南海优达供应链管理有限公司	53
15	海南亿胶物流有限公司	95	30	海南嘉远物流有限公司	51

贵阳综合保税区统计数据表

（1）2019 年贵阳综合保税区主要经济指标完成情况表

指标名称	计量单位	2019 年	比上年增长（%）
增加值	万元	1 968.34	149.8
经营总收入	万元	98 417	277.4
技术服务收入	万元	-	-100.0
工业总产值	万元	97 758	3 395.1
其中：高新技术产业	万元	-	-
物流企业经营收入	万元	577	-
商品销售额	万元	-	-100.0
企业利润总额	万元	218	-
综合能源耗费量	吨标准煤	0	-
新设企业数	个	13	-66.7
其中：加工企业	个	9	350.0
物流企业	个	2	-50.0
贸易企业	个	1	-92.9
其他服务类企业	个	1	-94.1
新设外资企业数	个	1	0.0
内资企业注册资本	万元	326 634	729.8
合同利用外资	万美元	171	-
实际利用外资	万美元	0	-100.0
期末已投产运作企业数	个	13	-50.0
其中：已投产加工企业	个	9	12.5
已投产物流企业	个	2	-50.0
已投产贸易企业	个	1	-87.5
已投产其他服务类企业	个	1	-50.0
其中：注册资本 1 000 万美元以上	个	0	-100.0
固定资产投资额	万元	400 500	137.5
其中：基础设施投资	万元	0	-100.0
期末已建成城镇建设用地面积	万平方米	100	-
房屋竣工建筑面积	平方米	0	-
其中：已建成厂房面积	平方米	0	-
税务部门税收	万元	78	-96.5
期末从业人员	人	225	-21.6
期末批准面积	平方公里	3.01	0.0
期末验收封关面积	平方公里	1.003	-2.6

创新业态统计指标			
跨境电商：期末企业数	个	7	–
业务票数	票	8 900	–
销售额	万元	767	–
融资租赁：期末企业数	个	0	–
租赁资产总额	万元	0	–
货物状态分类监管：期末企业数	个	0	–
国内货物进出区货值	万元	0	–
一般纳税人资格试点：期末企业数	个	2	–
试点企业内销金额	万元	0	–
试点企业增值税纳税额	万元	0	–

(2)-1 截至2019年贵阳综合保税区历年招商引资情况表

指标	单位	历年累计
工商在册企业数	个	82
其中：外资企业数	个	2
内资企业注册资本	万元	672 862
合同利用外资	万美元	186
实际利用外资	万美元	0

(2)-2 截至2019年贵阳综合保税区历年主要外商投资情况表

按项目数排列			按注册资本排列		
序号	国别（地区）	项目数（个）	序号	国别（地区）	注册资本（万美元）
1	中国台湾	1	1	中国香港	380.00
2	中国香港	1	2	中国台湾	14.68

(3) 2019年贵阳综合保税区加工企业工业产值排名表

单位：万元

序号	企业名称	序号	企业名称
1	贵州省深港供应链服务有限公司	6	贵州华纳伟业电子科技有限公司
2	贵州鑫港电子科技有限公司	7	大茂环保新材料股份有限公司
3	贵州宏科泰电子有限公司	8	贵州达丰制造有限公司
4	贵州展鸿达进出口贸易有限公司	9	贵州新阳科工贸有限责任公司
5	贵州茗之天下茶业有限公司		

(4) 2019年贵阳综合保税区贸易企业商品销售额排名表

单位：万元

序号	企业名称
1	贵州汉邦国际控股有限公司

（5）2019 年贵阳综合保税区物流企业营业收入排名表

单位：万元

序号	企业名称	序号	企业名称
1	贵州大行物流有限公司	2	贵州陆港通物流有限公司

贵安综合保税区统计数据表

（1）2019 年贵安综合保税区主要经济指标完成情况表

指标名称	计量单位	2019 年	比上年增长（%）
增加值	万元	14 900	—
经营总收入	万元	109 879	—
工业总产值	万元	147 821	—
其中：高新技术产业	万元	34 764	—
物流企业经营收入	万元	791	—
商品销售额	万元	1 060	—
企业利润总额	万元	-15 685	—
综合能源耗费量	吨标准煤	930	—
新设企业数	个	10	—
其中：加工企业	个	1	—
物流企业	个	1	—
贸易企业	个	1	—
其他服务类企业	个	6	—
新设外资企业数	个	0	—
内资企业注册资本	万元	747 019	—
实际利用外资	万美元	4 990	—
期末已投产运作企业数	个	15	—
其中：已投产加工企业	个	8	—
已投产物流企业	个	3	—
已投产贸易企业	个	3	—
其中：注册资本 1 000 万美元以上	个	4	—
固定资产投资额	万元	29 964	—
其中：基础设施投资	万元	22 163	—
期末已建成城镇建设用地面积	万平方米	72	—
房屋竣工建筑面积	平方米	384 967	—
其中：已建成厂房面积	平方米	143 793	—
税务部门税收	万元	277	—
期末从业人员	人	470	—
期末批准面积	平方公里	2. 20	—
期末验收封关面积	平方公里	1. 86	—

创新业态统计指标			
跨境电商：期末企业数	个	0	—
融资租赁：期末企业数	个	0	—
货物状态分类监管：期末企业数	个	1	—
国内货物进出区货值	万元	638 860	—
一般纳税人资格试点：期末企业数	个	0	—

（2）-1　截至 2019 年贵安综合保税区历年招商引资情况表

指标	单位	历年累计
工商在册企业数	个	205
其中：外资企业数	个	4
内资企业注册资本	万元	747 019
合同利用外资	万美元	—
实际利用外资	万美元	13 836

（2）-2　截至 2019 年贵安综合保税区历年主要外商投资情况表

按项目数排列			按注册资本排列		
序号	国别（地区）	项目数（个）	序号	国别（地区）	注册资本（万美元）
1	中国香港	1	1	美国	50 800
2	中国台湾	1	2	中国香港	4 000
3	美国	1	3	中国台湾	5 000 万人民币

（3）2019 年贵安综合保税区出口加工企业工业产值排名表

单位：万元

序号	企业名称	序号	企业名称
1	贵州纽戴尔科技有限公司	5	贵州凯瑞嘉电子科技有限公司
2	贵州乐道科技股份有限公司	6	贵州华安信科技有限公司
3	贵州诚丰鸿运电子科技有限公司	7	贵州中海信电子科技有限公司
4	晶泰科（贵州）光电科技有限公司	8	贵州贵安精准医学研究院股份有限公司

（4）2019 年贵安综合保税区物流企业营业收入排名表

单位：万元

序号	企业名称	序号	企业名称
1	贵州贵华供应链管理有限公司	3	贵州中邮物流有限责任公司贵安新区分公司
2	贵州普润斯国际物流有限公司		

北海综合保税区统计数据表

（1）2019 年北海综合保税区主要经济指标完成情况表

指标名称	计量单位	2019 年	比上年增长（%）
增加值	万元	227 054.97	29.7
经营总收入	万元	810 620.05	16.9
技术服务收入	万元	0	0.0
工业总产值	万元	771 118.15	7.6
其中：高新技术产业	万元	54 000.64	11.4
物流企业经营收入	万元	1 040.03	—
商品销售额	万元	10 752.12	—
企业利润总额	万元	42 646.20	48.5
综合能源耗费量	吨标准煤	6 235.28	3.7
新设企业数	个	25	—
其中：加工企业	个	11	—
物流企业	个	1	—
贸易企业	个	6	—
其他服务类企业	个	7	—
新设外资企业数	个	2	—
内资企业注册资本	万元	75 200	—
合同利用外资	万美元	0	—
实际利用外资	万美元	0	—
期末已投产运作企业数	个	1	—
其中：已投产加工企业	个	1	—
已投产物流企业	个	0	—
已投产贸易企业	个	0	—
已投产其他服务类企业	个	0	—
其中：注册资本 1 000 万美元以上	个	0	—
固定资产投资额	万元	16 081.00	6.3
其中：基础设施投资	万元	1 954.00	-48.5
期末已建成城镇建设用地面积	万平方米	1 240.69	—
房屋竣工建筑面积	平方米	35 422.82	0.5
其中：已建成厂房面积	平方米	34 491.33	-2.1
税务部门税收	万元	11 018.01	—
期末从业人员	人	18 855	—
期末批准面积	平方公里	2.28	0.0
期末验收封关面积	平方公里	2.28	0.0

创新业态统计指标			
跨境电商：期末企业数	个	0	0.0
业务票数	票	0	0.0
销售额	万元	0	0.0
融资租赁：期末企业数	个	0	0.0
租赁资产总额	万元	0	0.0
货物状态分类监管：期末企业数	个	1	—
国内货物进出区货值	万元	4 737.12	—
一般纳税人资格试点：期末企业数	个	1	0.0
试点企业内销金额	万元	5 669.00	—
试点企业增值税纳税额	万元	189.00	—

(2)-1　截至2019年北海综合保税区历年招商引资情况表

指标	单位	历年累计
工商在册企业数	个	139
其中：外资企业数	个	43
内资企业注册资本	万元	302 518
合同利用外资	万美元	28 033
实际利用外资	万美元	75 113

(2)-2　截至2019年北海综合保税区历年主要外商投资情况表

按注册资本排列		
序号	国别（地区）	注册资本（万美元）
1	中国香港	12 931
2	英属维尔京群岛	4 000
3	中国台湾	715
4	韩国	300

(3) 2019年北海综合保税区出口加工企业工业产值排名表

单位：万元

序号	企业名称	序号	企业名称
1	北海宣臻科技有限公司	9	永昶科技电子（北海）有限公司
2	建兴光电科技（北海）有限公司	10	北海双赢洋弓制造有限公司
3	德昌电机（北海）有限公司	11	北海新美印电子科技有限公司
4	广西桂云芯电子科技有限公司	12	富优科技（北海）有限公司
5	北海绩迅电子科技有限公司	13	北海琛航电子科技有限公司
6	北海建准电子有限公司	14	鉴隆实业（北海）有限公司
7	北海市天硌打印耗材有限公司	15	北海志成塑胶电子工业有限公司
8	北海群英精密橡塑有限公司	16	北海昱璟电子科技有限公司

（4）2019 年北海综合保税区贸易企业商品销售额排名表

单位：万元

序号	企业名称	序号	企业名称
1	北海奕绮盛贸易有限公司	2	北海启恒进出口贸易有限公司

（5）2019 年北海综合保税区物流企业营业收入排名表

单位：万元

序号	企业名称	序号	企业名称
1	北海市东亚联运国际物流有限公司	3	北海市普路通供应链管理有限公司
2	北海万利通供应链管理有限公司		

红河综合保税区统计数据表

（1）2019年红河综合保税区主要经济指标完成情况表

指标名称	计量单位	2019年	比上年增长（%）
增加值	万元	684 332	—
经营总收入	万元	1 368 700	—
工业总产值	万元	1 710 831	13.1
商品销售额	万元	608 293	—
新设企业数	个	3	—
其中：加工企业	个	2	—
贸易企业	个	1	—
合同利用外资	万美元	8 000	—
实际利用外资	万美元	825	—
期末已投产运作企业数	个	22	—
其中：已投产加工企业	个	9	—
已投产贸易企业	个	13	—
期末已建成城镇建设用地面积	万平方米	165	—
房屋竣工建筑面积	平方米	787 000	—
其中：已建成厂房面积	平方米	549 000	—
税务部门税收	万元	918	—
期末从业人员	人	1 980	—
期末批准面积	平方公里	3.29	
期末验收封关面积	平方公里	1.97	—

（2）截至2019年红河综合保税区历年招商引资情况表

指标	单位	历年累计
工商在册企业数	个	70
其中：外资企业数	个	4
内资企业注册资本	万元	147 540
合同利用外资	万美元	8 000
实际利用外资	万美元	3 287

（3）2019 年红河综合保税区出口加工企业工业产值排名表

单位：万元

序号	企业名称	序号	企业名称
1	红河凯立特科技有限公司	5	云南腾飞实业有限公司
2	红河凯丰科技有限公司	6	红河金利源科技发展有限公司
3	红河宝创科技有限公司	7	红河鑫顺祥电子科技有限公司
4	红河综合保税区智信城科技有限公司	8	红河综合保税区泰发科技有限公司

（4）2019 年红河综合保税区贸易企业商品销售额排名表

单位：万元

序号	企业名称	商品销售额	序号	企业名称	商品销售额
1	红河凯立特科技有限公司	345 807	6	云南腾飞实业有限公司	5 985
2	红河综合保税区智信城科技有限公司	133 504	7	红河景佳果蔬进出口贸易有限公司	3 648
3	红河宝创科技有限公司	57 526	8	红河州虹田进出口有限责任公司	1 680
4	红河智凯智慧信息有限公司	50 806	9	红河勇佶商贸有限公司	1 302
5	红河凯丰科技有限公司	13 363			

哈尔滨综合保税区统计数据表

（1）2019 年哈尔滨综合保税区主要经济指标完成情况

指标名称	单位	2019 年	比上年增长（%）
经营总收入	万元	20 936	733.4
技术服务收入	万元	75	—
工业总产值	万元	0	-100.0
商品销售额	万元	18 401	11 620.4
企业利润总额	万元	-109	—
新设企业数	个	89	196.7
其中：加工企业	个	16	300.0
物流企业	个	2	100.0
贸易企业	个	70	191.7
其他服务类企业	个	1	0.0
新设外资企业数	个	4	0.0
内资企业注册资本	万元	92 750	162.2
期末已投产运作企业数	个	7	—
其中：已投产加工企业	个	2	—
已投产物流企业	个	0	
已投产贸易企业	个	4	—
已投产其他服务类企业	个	1	—
固定资产投资额	万元	11 617	45.4
其中：基础设施投资额	万元	11 604	46.2
期末已建成城镇建设用地面积	万平方米	47	—
房屋竣工建筑面积	平方米	0	
其中：已建成厂房面积	平方米	0	-100.0
税务部门税收	万元	334	1 755.6
期末从业人员	人	150	150.0
期末批准面积	平方公里	3.29	—
期末验收封关面积	平方公里	1.127	—
创新业态统计指标			
跨境电商：期末企业数	个	9	125.0
业务票数	票	34 894	86.1
销售额	万元	1 756	235.8
一般纳税人资格试点：期末企业数	个	4	—
试点企业内销金额	万元	1 574.93	—
试点企业增值税纳税额	万元	1.28	—

（2）-1 截至2019年哈尔滨综合保税区历年招商引资情况表

指标	单位	历年累计
工商在册企业数	个	158
其中：外资企业数	个	14
内资企业注册资本	万元	128 130

（2）-2 截至2019年哈尔滨综合保税区历年主要外商投资情况表

按项目数排列			按投资额排列		
序号	国别（地区）	项目数（个）	序号	国别（地区）	注册资本（万欧元）
1	德国	1	1	德国	200

工作与研究篇

中国保税区出口加工区协会关于2019年度协会工作情况的报告

中国保税区出口加工区协会秘书处

2019年，是中国保税区出口加工区协会（以下简称协会）成立14年来非常困难的一年，也是协会与海关总署行政关系脱钩后按照社会团体章程正式运行的第一年。一年来，协会克服会员成分特殊、经费来源单一、治理结构松散、服务业务单一等问题，积极探索国家级社会团体在新时期新常态新的历史阶段，如何找准新定位，形成新动能和促进新发展的路径。

一、2019年我国海关特殊监管区域发展情况

2019年是在中国海关特殊监管区域（以下简称特殊区域）发展历史上留下浓墨重彩的一年。在2019年，广大特殊区域的建设者、管理者和参与者面对挑战优化环境稳外贸，勇立潮头整合优化抓攻坚，认真贯彻《国务院关于促进综合保税区高水平开放高质量发展的若干意见》（国发〔2019〕3号）精神，围绕打造对外开放新高地的目标抓发展，交出了一份靓丽的成绩单。

（一）2019年我国特殊区域进出口总体情况稳中有增，优于预期

截至2019年年底，国务院共批准设立特殊区域141个，其中有进出口统计的为132个，全年实现进出口额7 796.51亿美元（区域平均进出口额60.58亿美元），其中出口3 802.47亿美元、进口4 194.04亿美元，同比分别增长2.4%、0.01%、5.1%。进出口总量占比全国同期外贸进出口额的比重为17.6%，是特殊区域设立29年来的最好表现。其中，按照综合保税区统计的73个区域2019年实现进出口额3 751.09亿美元（区平均进出口额为51.38亿美元），同比增长7.8%，占全国特殊区域进出口总额的46.7%。综合保税区的进出口总体表现优于其他特殊区域。

在国际贸易形势极其复杂的2019年，我国特殊区域认真贯彻国发〔2019〕3号文精神，紧紧围绕“稳外贸促增长提质量促发展”的中心工作大力推动创新复制，取得明显成效：一是更加重视加工业态产业链完善；二是更加重视业态多元发展动能转换；三是更加重视主导产业的特色、接地气。

（二）2019年我国特殊区域外贸进出口的基本特点是动能转换提质增效

海关总署公布的特殊区域年度进出口数据，特别是排名前20名的进出口数据显示，我国特殊区域2019年外贸进出口呈现三大特点：一是总量好于预期，规模有所提升；二是动能继续转换，质量有所提升；三是运营管理加强，发展不平衡有所改观。

2019年全国特殊区域进出口的基本情况显示：特殊区域强区恒强的状况有所变化，主业强（加工贸易）则区域强态势更加明显，贸易业态（物流业务）促进东部地区临港区域快速发展，加工贸易支撑中西部内陆区域增长，贸易和加工业态向少数区域聚合的速度加快。综合保税区进出口的同比增幅普遍高于其他特殊区域，促进高质量发展政

策措施效果明显。

（三）2019 年特殊区域外贸进出口向好，发展东强西弱的状况继续改善

2019 年我国特殊区域前 20 强合计实现进出口 6 077.02 亿美元，占全国特殊区域同期进出口总额的 76.0%。区平均进出口 303.85 亿美元，同比下降 0.1%。其中，达到平均值的有 6 个区（综合保税区 4 个），占比为 30%；出现下降的有 11 个，占比为 55.0%。位居前三位的是上海外高桥保税区、成都高新综合保税区、深圳福田保税区，分别实现进出口额 1 278.67 亿美元、627.67 亿美元、513.91 亿美元。

2019 年国特殊区域前 10 强实现进出口 4 687.35 亿美元，占全国特殊区域同期进出口总额的 58.6%。区平均进出口 468.73 亿美元。其中，达到均值的有 5 个区（3 个），占比为 50.0%；出现下降的区域 7 个，占比为 70.0%。

2019 年我国特殊区域前 5 强实现进出口 3 389.32 亿美元，占全国特殊区域同期进出口总额的 42.4%。区平均进出口 677.86 亿美元，达到均值的仅上海外高桥保税区，占比为 20%。

2019 年，特殊区域进出口渐趋平衡的状况值得关注：一是进出口超过百亿美元的区域增加 3 个，少数优势区域占比下降；二是进出口超过 10 亿美元的区域同比增加 8 个，政策措施的作用逐步显现；三是中西部地区综合保税区同比增长速度普遍高于东部地区，落实主体责任效果明显。

2019 我国特殊区域外贸进出口取得优于预期的较好成绩，主要得益三项工作得到加强：一是加强领导主体责任落实效果明显，山东、湖南、广西和四川、重庆等地特殊区域发展加速；二是落实运营管理责任效果明显，各地管理机构优化营商环境促进发展得力；三是深化复制创新动能转换效果明显，区域从实际出发有特色发展的实践不断深化。

二、2019 年协会开展的主要工作

（一）加强培训推广，服务会员单位落实好促进区域高质量发展的政策措施

一是开展培训，促进国务院 2019 年文件精神落实。在开展一般培训活动的同时，与上海市发展改革委、中国（上海）自由贸易区管委会共同举办了“促进综合保税区高质量发展培训班”，共有来自全国 29 个省、直辖市、自治区的 360 多人参加了培训。

二是总结交流，促进会员单位对创新发展经验的借鉴复制。继续组织会员单位开展 2018 年创新发展成果经验的总结，通过工作简报、微信公众号、协会年鉴发表了有代性的成都高新综合保税区、苏州工业园区综合保税区、无锡高新综合保税区、重庆寸滩保税港区、郑州新郑综合保税区、青岛前湾保税港区、陕西西安出口加工区等 20 多个综合保税区、保税港区和出口加工区的创新复制成绩和建设发展经验。

三是协调沟通，搭建好促进会员单位之间互帮互助的桥梁。根据会员单位的需求，及时向国家相关部委反映会员单位落实文件中的热点、难点和痛点问题，促进“区内企业增值税一般纳税人资格试点”全面推广工作等深入展开。

（二）参与文件起草，服务国家高质量发展政策措施出台

一是根据行业主管部门的委托，组织部分会员单位的专家和业务骨干参与起草《综合保税区发展绩效评估办法》，并组织专门会议征求会员单位对该办法意见的征集，进行修改和完善。

二是按照行业主管部门的委托，开展《综合保税区发展绩效评估指标》的测试工作，并将初步测评结论及相关成果的评价意

见呈报业务部门作为决策参考。

三是根据行业主管部门的委托，组织会员单位的咨询业务专家协助起草《综合保税区布局规划管理办法（草案）》，为国家宏观决策提供智力支持。

（三）开展咨询培训，服务地方政府促进高质量发展的微观决策和专业咨询

为省、直辖市、自治区贯彻文件精神开展宣讲培训；为会员单位落实文件精神进行专业咨询和培训讲课；与商务部培训中心、中国海关出版社有限公司、华东理工大学、中国报关协会、口岸协会等共同开展培训工作；组织专家团队，应山东省商务厅邀标，对山东省全省 11 个特殊区域高质量发展情况进行全面巡诊，并提交巡诊报告，为该省省政府决策提供专业的智力服务，效果明显。

（四）做好统计工作，提高统计分析质量，服务会员单位高质量发展

继续做好特殊区域经济技术指标的日常统计工作，开展了统计质量考核表彰和统计员专业知识培训。提出提升统计质量、完善统计指标体系的建议，并将相关内容的修改意见报国家行业主管部门进行决策。坚持开展以进出口为主要内容的统计分析，继续编辑出版《中国保税区出口加工区年鉴》等。

（五）加强宣传工作，促进会员单位关于运营业务的交流与互相借鉴质量

组织会员单位开展工作总结交流，为会员单位交流提供平台，全年通过网站、工作简报等传递相关资料近百件。充分发挥微信公众号和会员群的媒介作用，快速传递、交流促进综合保税区高质量发展的政策和工作总结，仅公众号的单篇文章阅读量就超过2 000人次。继续发挥协会网站的宣传阵地作用，同时与中国开发区杂志、协会会员单位的内部刊物合作，开展对行业和会员单位的广泛宣传。协会负责人还接受专访，对综合保税区和开发区贯彻国务院文件精神进行专业解读。

（六）加强协会日常工作和会籍管理，克服困难维持协会正常运行

继续加强与中央国家机关工委的联系；召开协会拟任领导班子成员会议，研究、通报工作，并加强与海关总署自贸司、督审司和政法司等部门的沟通和合作等；加强财务和会籍管理，做好开源节流工作。

稳中有增整体向好　动能转换仍需努力

——我国特殊区域2019年上半年进出口情况简析

2019年，是海关特殊监管区域（以下简称特殊区域）发展历史上极为重要的一年。新年伊始，国务院发布《国务院关于促进综合保税区高水平开放高质量发展的若干意见》，出台了21项政策支持综合保税区打造对外开放的新高地。该文件成为特殊区域，特别是综合保税区新一轮发展的强劲动力，助推我国特殊区域在极其复杂的国际贸易环境下进入新的发展阶段。

海关总署2019年7月23日公布的数据显示，我国六类特殊区域2019年上半年实现进出口3 648.7亿美元，其中出口1 760.0亿美元，进口1 888.7亿美元，同比分别增长2.4%、3.8%和1.1%（见表1）。进出口总值占同期全国外贸进出口总额的16.5%，与2018年基本持平。73个有统计数据的综合保税区实现进出口额1 635.1亿美元，其中出口额959.4亿美元，进口额675.7亿美元，同比分别增长8.7%、3.1%和17.7%，业绩在六类特殊区域中表现最为突出。

表1　我国特殊区域2019年上半年进出口情况统计表

	个数	进出口		出口		进口	
		金额（亿美元）	增幅（%）	金额（亿美元）	增幅（%）	金额（亿美元）	增幅（%）
合计	132	3 648.7	2.4	1 760.0	3.8	1 888.7	1.1
保税区	10	976.0	-9.4	317.3	1.0	658.7	-13.6
出口加工区	29	456.0	7.5	276.3	5.5	179.7	10.7
保税港区	14	536.2	5.7	184.9	9.8	351.3	3.7
综合保税区	73	1 635.1	8.7	959.4	3.1	675.7	17.7
保税物流园区	4	43.4	-3.6	20.9	30.6	22.5	-22.4
跨境工业区	2	2.0	-20.2	1.2	168	0.8	-64.0

数据来源：海关总署统计月报

统计数据表明，我国特殊区域2019年上半年进出口总体上呈现出三个基本特点：

一是稳中有进，稳中呈优。综合保税区等主要类型特殊区域进出口增长较快，综合保税区、出口加工区和保税港区的进出口增幅分别达到8.7%、7.5%和5.7%。

二是动能转换，争先向好。以业态多元化发展作为应对国际贸易环境挑战的动力，全国特殊区域和其中的综合保税区进出口同比增长区域个数占比分别达到55.3%和53.4%。

三是主业趋稳，内陆发力。统计数据表明，综合保税区加工贸易呈现相对稳定的增长态势，四川、重庆和湖南等省份的特殊区域继续保持了同比20%以上的增幅。

一、总体进出口稳中有增，加工贸易仍然为稳增长主力

2019年上半年，我国132个有进出口统计的特殊区域中排名前30名的保税区、出口加工区、保税港区和综合税保区共实现进出口额3 172.06亿美元，其中排名前10位的实现进出口额2 133.58亿美元，分别占同期全国特殊区域进出口总额的86.93%、58.47%（见表2）。有三个特点和变化：

一是传统强区引领增长的趋势有所弱化。上半年排名前30位的特殊区域区平均实现进出口105.74亿美元，其中排名前10位的实现213.36亿美元，分别是132个有进出口的特殊区域同期进出口均值27.64亿美元的382.6%和771.9%。进出口排名前10位的区域进出口同比下降2.0%，保税区和部分综合保税区、出口加工区同比降幅度较大。

二是加工贸易强区仍然是稳增长的主力。上半年进出口排名前30位的特殊区域中，以加工贸易为主导产业的特殊区域有16个，其中10个同比增长，增长额为156.3亿美元，占同期全国特殊区域增长额84亿美元的186.1%。

三是保税区进口大幅下降影响整体增速。上半年有进出口统计的10个保税区，以及和保税区关联的4个保税物流园区的进出口同比均出现下降，特别是进口降幅较大，同比分别下降13.6%和22.4%，合计为112.61亿美元。其中，深圳福田、上海外高桥和天津港保税区进口同比分别减少59.6亿美元、33.41亿美元和11.24亿美元。

表2　2019年上半年我国特殊区域进出口30强统计表

进出口				进出口			
区域名称及同期排位		金额（亿美元）	增幅（%）	区域名称及同期排位		金额（亿美元）	增幅（%）
	30强合计	3 172.06	1.4		30强均值	105.74	11.2
	10强小计	2 133.58	-2.0		10强均值	213.36	11.5
1	上海外高桥	585.34	-5.2	16	洋山	60.79	-4.5
2	成都高新	287.58	21.7	17	深圳盐田港	54.94	6.1
3	深圳福田	229.60	-20.1	18	上海浦东机场	51.93	40.1
4	江苏昆山	220.59	0.3	19	广东深圳	49.42	136.3
5	重庆西永	168.15	22.2	20	山东烟台	48.71	-9.5
6	郑州新郑	158.70	-11.8	21	宁波北仑	48.32	-2.9
7	无锡高新	127.53	17.7	22	广州南沙	47.85	2.6
8	上海松江	124.04	2.7	23	天津港	47.80	-19.0
9	苏州工业园	117.83	-17.5	24	北京天竺	41.79	38.8
10	陕西西安	114.22	-5.7	25	西安高新	39.87	-11.0
11	苏州高新	93.80	1.5	26	江苏张家港	37.39	9.3
12	重庆寸滩	81.19	26.1	27	安徽合肥	32.17	3.2
13	深圳前海湾	77.77	33.7	28	辽宁大连	31.89	16.6
14	天津东疆	72.38	-3.9	29	厦门象屿	29.61	-3.7
15	青岛前湾	64.86	32.6	30	上海漕河泾	26.00	-16.7

数据来源：海关总署统计月报

二、东部特殊区域进出口整体下降，部分实现较快增长

上半年，我国东部地区有进出口统计数据的特殊区域达到 81 个，占全国同期有进出口统计特殊区域总数的 61.4%，其中 39 个区域出现下降，占比为 48.2%。其中保税区、保税物流园区和保税港区较为突出，分别占比为 60.0%、75.0%和 75%。同时，也有一些区域实现较快增长（见表 3），其进出口整体水平优于中西部地区的现状没有质的改变。有三方面的情况值得关注：

一是传统进出口强区出现下滑。上半年，传统进出口强区大区如深圳福田、天津港和上海外高桥保税区的进出口均出现同比较大下滑。

二是临港区域的整体情况堪忧。上半年，东部地区多数临港（海港）特殊区域进出口明显降速，下降区域占比较大。

三是部分区域实现了较快增长。上半年，东部地区部分特殊区域异军突起，实现较快速度增长如深圳前海湾、青岛前湾等保税港区，上海浦东机场、北京天竺等综合保税区。

表 3　2019 年上半年我国东部地区特殊区域进出口 20 强统计表

进出口				进出口			
区域名称及同期排位		金额（亿美元）	增幅（%）	区域名称及同期排位		金额（亿美元）	增幅（%）
	20 强合计	2 202.68	-0.9		20 强均值	110.13	-0.9
	10 强小计	1 713.74	-3.5		10 强均值	171.37	-3.5
1	上海外高桥	585.34	-5.2	11	洋山	60.79	-4.5
2	深圳福田	229.60	-20.1	12	深圳盐田港	54.94	6.1
3	江苏昆山	220.59	0.3	13	上海浦东机场	51.93	40.1
4	无锡高新	127.53	17.7	14	广东深圳	49.42	136.3
5	上海松江	124.04	2.7	15	山东烟台	48.71	-9.5
6	苏州工业园	117.83	-17.5	16	宁波北仑	48.32	-2.9
7	苏州高新	93.80	1.5	17	广州南沙	47.85	2.6
8	深圳前海湾	77.77	33.7	18	天津港	47.80	-19.0
9	天津东疆	72.38	-3.9	19	北京天竺	41.79	38.8
10	青岛前湾	64.86	32.6	20	江苏张家港	37.39	9.3

数据来源：海关总署统计月报

三、中西部特殊区域总体向好，部分省份表现突出

上半年，我国中西部和内陆沿边地区有进出口统计数据的特殊区域达到 51 个，占全国比重为 38.6%。其中，进出口排名前 20 位、前 10 位的特殊区域分别实现进出口 1 008.95 亿美元和 951.94 亿美元，出现整体向好的发展趋势（详见表 4）。有 3 个比较明显的特点：

一是西部地区部分特殊区域继续引领高速增长。上半年，四川、重庆的主要特殊区域实现两位数以上的增长，对全国特殊区域

进出口实现稳增长贡献突出。其中，成都高新、重庆西永和两路寸滩分别实现进出口287.58亿美元、168.15亿美元和81.19亿美元，同比增长21.7%、22.2%和26.1%，合计净增98.87亿美元。

二是部分省份综合保税区进出口整体增速提高。上半年，湖南、广西等地的综合保税区实现省域内整体向好发展的趋势。广西的凭祥、南宁和北海3个综合保税区进出口同比分别增长183.8%、254.4%和9.0%，湖南的黄花、城陵矶、郴州、衡阳和湘潭5个综合保税区全部实现了增长（详见表4）。

三是与东部地区综合保税区发展差距在缩小。上半年，中西部地区特殊区域进出口排名前20强和前10强区域的进出口均值分别为50.45亿美元、95.19亿美元，达到东部地区前20强的45.81%和前10强的55.55%。其中，保税区以外的东部地区、中西部地区特殊区域前5强的进出口总额分别为683.79亿美元和809.84亿美元，中西部地区已经大幅度实现超越。

表4　2019年上半年我国中西部地区特殊区域进出口20强统计表

进出口				进出口			
区域名称及同期排位		金额（亿美元）	增幅（%）	区域名称及同期排位		金额（亿美元）	增幅（%）
	20强合计	1 008.95	13.1		20强均值	50.45	13.1
	10强小计	951.94	13.5		10强均值	95.19	13.5
1	成都高新	287.58	21.7	11	岳阳城陵矶	10.28	45.0
2	重庆西永	168.15	22.2	12	武汉东湖	6.71	-40.0
3	郑州新郑	158.70	-11.8	13	广西北海	6.04	9.0
4	陕西西安	114.22	-5.7	14	合肥综保区	5.55	80.4
5	重庆寸滩	81.19	26.1	15	宁夏银川	5.32	-2.3
6	广西凭祥	39.93	183.8	16	云南红河	5.09	-44.6
7	西安高新	39.87	-11.0	17	江西南昌	5.01	116.4
8	合肥加工区	32.17	3.2	18	湖南郴州	4.74	12.4
9	长沙黄花	19.19	210.2	19	武汉新港空港	4.58	446.8
10	广西南宁	10.94	254.4	20	安徽芜湖	3.69	-35.2

数据来源：海关总署统计月报

四、综合保税区整体发展向好，支持政策促进措施作用显现

上半年，我国有进出口统计数据的73个综合保税区实现进出口1 635.1亿美元，其中出口959.4亿美元、进口675.7亿美元，同比分别增长8.7%、3.1%和17.7%，进出口增长速度在六类特殊区域中表现最为突出。这73个综合保税区同期进出口均值为22.65亿美元，达到全国特殊区域同期进出口均值27.64亿美元的81.95%，呈现向好的发展趋势。其中前20强的进出口数据见表5。在国际贸易环境持续恶化的大背景下，处于国际贸易争端最前沿的我国综合保税区的外贸进出口能够取得稳定向好发展的成绩，主要得益于4个动力：

一是政策驱动，应对有力。国务院开年

就发布的支持综合保税区高水平开放高质量发展的21条政策措施，发挥了稳增长的关键作用。

二是复制创新，业态多元。特殊区域继续复制推广自由贸易试验区创新成果，业态多元化提升了市场拓展能力。

三是牢记使命，优化环境。广大从事特殊区域工作的关联各方在不忘初心、牢记使命主题教育中，围绕营商环境国际化抓好降费提速工作。

四是明确主责，加强领导。地方政府认真落实运营管理主体责任，加强领导和督导，严格管理和考核，促进项目引进和业态创新。

四川、重庆、北京、山东、湖南、广西等地在贯彻落实《国务院关于促进综合保税区高水平开放高质量发展若干意见》的要求中求真务实抓践行，已经取得明显成效。笔者认为，综合保税区高水平开放高质量发展是国家战略，是综合性极强的系统工程，在下半年的稳增长过程中，加快政策举措落地，加快业态创新复制，加强领导督办，加强协调配合尤为重要。

表5　2019年上半年我国综合保税区进出口20强统计表

进出口				进出口			
区域名称及同期排位		金额（亿美元）	增幅（%）	区域名称及同期排位		金额（亿美元）	增幅（%）
	20强合计	1 657.12	6.9		20强均值	82.86	6.9
	10强小计	1 405.09	5.7		10强均值	140.51	5.7
1	成都高新	287.58	21.7	11	北京天竺	41.79	38.8
2	江苏昆山	220.59	0.3	12	广西凭祥	39.93	183.8
3	重庆西永	168.15	22.2	13	西安高新	39.87	-11.0
4	郑州新郑	158.70	-11.8	14	上海漕河泾	25.30	16.7
5	无锡高新	127.53	17.7	15	江苏南京	21.26	-23.7
6	上海松江	124.04	2.7	16	长沙黄花	19.19	210.2
7	苏州工业园	117.83	-17.5	17	江苏吴江	18.66	-0.4
8	苏州高新	93.80	1.5	18	浙江杭州	17.73	13.3
9	深圳盐田港	54.94	6.1	19	天津滨海新区	17.22	-14.8
10	浦东机场	51.93	40.1	20	广州白云机场	11.08	9.5

数据来源：海关总署统计月报

叠加经开区综保区功能　实现高质量发展

——专访中国保税区出口加工区协会副会长兼秘书长蒲少伟

《中国开发区》记者　吴佳禾

2019年5月28日，国务院印发《关于推进国家级经济技术开发区创新提升打造改革开放新高地的意见》（国发〔2019〕11号，简称“11号文”），提出要提升对外贸易质量，支持符合条件的国家级经开区申请设立综合保税区。叠加今年年初出台的《国务院关于促进综合保税区高水平开放高质量发展的若干意见》（国发〔2019〕3号，本文以下简称“21条”），未来，经开区将联手综合保税区（以下简称综保区），实现空间契合、功能叠加、管理联动的高水平开放高质量发展。

那么，于管委会而言，如何利用综保区提升经开区的对外贸易质量？如何整合经开区和综保区两大平台资源，营造更为优质的营商环境，促进先进制造业和现代服务业的集聚发展？本刊对中国保税区出口加工区协会副会长兼秘书长蒲少伟进行了专访。蒲少伟副会长从事海关特殊监管区域（以下简称特殊区域）特别是综保区建设发展和协调服务工作多年，是行业内“元老级人物”，更难能可贵的是，他也一直在关注和关心经开区的开放型经济发展，对于经开区与综保区的“嵌套”发展也有着独特见解。

《中国开发区》：作为我国开放型经济的特殊载体和政策功能平台，经开区与综保区有着怎样的渊源？

蒲少伟：经开区是改革开放的重要产物，是在总结经济特区成功经验的基础上建立和发展起来的经济区域，其主要目的是尽快形成投资环境的“小气候”，加快引进资金、先进技术和先进管理经验，并通过示范、辐射和带动作用，加速我国现代化建设和经济振兴。

类似地，特殊区域的设立也是随着我国扩大对外开放的需要逐渐形成和发展起来的。为了营商环境的国际化，满足国际自由贸易过程中企业对货物“保税缓税”的需要，规范加工贸易管理，自1990年开始，国家在不同的历史阶段根据需要批准设立了不同类型的以保税为核心功能的特殊区域，包括保税区、出口加工区、保税物流园区、跨境工业区、保税港区和综保区。2012年，国务院发布《关于加快海关特殊监管区域科学发展的指导意见》，明确提出，逐步将现有出口加工区、保税物流园区、跨境工业区、保税港区及符合条件的保税区整合为综合保税区；新设立的特殊区域，原则上统一命名为综合保税区。也正是因此，当前国家批准设立的综保区中，约有一半是由出口加工区等其他区域整合设立的。

在实践中，经开区与综保区的关系可谓是源远流长。早在2000年国家首批试点设立出口加工区时，国务院就明确要求：为了避免重复建设，出口加工区原则上应设在经国务院批准的国家级开发区内。为此，江苏的昆山出口加工区、苏州工业园区出口加工区、南通出口加工区，浙江的杭州出口加工区，辽宁的大连出口加工区，山东的威海出口加工区、烟台出口加工区，上海的松江出口加工区，广东的广州出口加工区，河南的郑州出口加工区，湖北的武汉出口加工区，陕西的西安出口加工区和内蒙古的呼和浩特出口加工区等第一批、第二批的多个出口加工区均设立在国家级经开区内，还有一些区域，包括成都出口加工区、无锡出口加工区等则是设立在国家级高新区内。目前这些区域基本已经整合为综保区了。国家级经开区为出口加工区提供了坚实的产业基础和要素支撑，出口加工区也成为国家级经开区优质的开放经济政策功能“平台”，相得益彰地搭建起通向国际市场的“桥梁”。

经过近三十年的探索，特殊区域已然发展成为我国推动国际自由贸易事业的重要载体。最早的经开区内的出口加工区（大多已转型为综保区）也已经运营十九年，成为特殊区域发展的中流砥柱和促进动力。

《中国开发区》：刚才您提到了多种形式的特殊区域，我们知道，许多经开区以建设出口加工区、保税物流中心等形式搭建外贸物流平台，那么在您看来，这些形式的海关特殊监管区域有怎样的区别？向综保区升级应在哪些方面进行完善？

蒲少伟：目前，在国家级经开区内设立的各类海关监管平台，主要有综保区、出口加工区和保税物流中心。其中，综保区和出口加工区是由地方政府申请、由国务院批复设立的特殊区域，而保税物流中心则是通过直属海关向海关总署申请设立的保税监管场所。从功能角度看，保税物流中心的业务较为单一，仅可以开展保税状态下的物流业务，也就是说，进出保税物流中心的货物性质不能发生变化。相比之下，出口加工区可开展的业务则相对全面，可以开展保税加工、保税物流，以及研发、检测、维修等多种业务；而综保区可开展的业务比前两者均更全一些，增加了贸易展示等保税服务类业务，且鼓励开展业务创新。

目前，大多数地处经开区的出口加工区已经完成转型设立综保区的审批工作。下一阶段的主要工作可以从以下三个方面展开。

一是完善基础设施和监管设施。海关是通过物理围网和信息系统对综保区内企业进行监管的。出口加工区、保税物流中心升级为综保区后，一般在用地空间和功能使用上都会有所调整，这就需要完善相关的基础设施，特别是信息监管设施。

二是做好改革创新和产业研究工作。按照“21 条”相关要求，落实主体责任，深化改革创新，做好新形势下综保区的产业研究等工作。

三是做好项目招引和落地服务工作。立足各开发区实际，从服务开放的角度，脚踏实地，谋划一批高质量、接地气、可持续的项目，延伸和辐射产业链。

《中国开发区》：“11 号文”提出支持符合条件的国家级经开区申请设立综保区，能否请您详细介绍下，目前这两类区域的“嵌套”关系现状如何？未来“嵌套”建设有怎样的意义？

蒲少伟：自 2000 年 4 月 27 日国务院批准设立首批 15 个试点出口加工区起，国务院就明确要求出口加工区原则上只能在国家级经开区内设立，包括国家级经开区和高新区等。从目前的实践发展来看，这是十分有前瞻性的。

综保区与经开区嵌套发展、互相促进，有其必然的原因。一方面，综保区的功能定位决定了其性质是为所在城市和区域的开放经济和产业发展需求服务的，包括促进贸易便利化、承接产业转移等。另一方面，综保区的政策配置决定了其溢出效益远大于其直接经济效益，综保区存在的意义在于带动所在城市和区域的开放型经济发展，也就是发挥开放经济的聚合作用和辐射效应。部分发展较好且特色鲜明的综保区和加工区就是较好的例证，如设立在东部地区的昆山、松江、苏州、无锡、杭州，中西部地区的郑州、合肥、西安、成都和东北地区的大连等，其主要业态均与所在经开区（或高新区）的主导产业相互匹配、相得益彰。

早在2005年，《国务院办公厅转发商务部等部门关于促进国家级经济技术开发区进一步提高发展水平若干意见的通知》（国办发〔2005〕15号）中就提出，“鼓励符合条件的国家级经济技术开发区申请设立出口加工区、保税物流中心、出口监管仓库和保税仓库；支持条件成熟的国家级经济技术开发区开展与出口加工区、保税区和保税物流园区联动试点，实现优势互补”。特殊区域作为国家级经开区扩大开放的“窗口”和“载体”，发挥了较好的作用，主要体现在两个方面：

一是经开区以“区中园”形式建设特殊区域作为开放经济平台。从空间上看，由于特殊区域封闭运行的要求，国内的特殊区域面积大多在5平方公里以下，与国家级经开区动辄几十平方公里的面积相比小得多，这为国家级经开区以“区中园”形式设立特殊区域提供了可能。从功能上看，特殊区域的加工、仓储和配送等功能都是围绕制造业各个环节展开的，而国家级经开区在吸引外资、打造制造业集群等基础条件上，则为特殊区域作用的发挥提供了有力支撑。

二是经开区与附近已建成的特殊区域联动协调发展。与国家级经开区相比，特殊区域享受保税政策且通关便利，特别是综保区近年来开展“区内企业增值税一般纳税人资格试点”，大力复制推广自由贸易试验区“货物按照仓储状态分类监管”等成果，推进“融资租赁”“跨境电子商务”等新型业态发展，为更好地辐射、服务周边地区有保税需求的开放型产业、企业畅通了渠道。许多经开区选择与周边发展较为成熟的特殊区域合作，资源共享、互补共进，协调促进了区域的外向型经济发展。

今年出台的“11号文”提出，要支持符合条件的国家级经开区申请设立综保区，更明确了未来国家级经开区与综保区的发展关系。一方面，支持符合条件的国家级经开区申请设立综保区，不仅能够加速国家级经开区对外开放的节奏和步伐，综保区的政策体制优势也可以为国家级经开区吸引新的投资、激发新的活力；另一方面，在国家级经开区特别是中西部地区国家级经开区设立综保区，也有利于全面激活国家级经开区的交通运输资源，促进水陆空立体交通资源的整合，大幅提高物流运输效率，真正实现快进快出，将不靠海、不沿边的国家级经开区建设成为新的对外开放平台。

《中国开发区》：今年新出台的《国务院关于促进综合保税区高水平开放高质量发展的若干意见》（国发〔2019〕3号），对于综保区而言，是里程碑意义上的重大转折。那么，您认为新出台的“21条”有哪些亮点？为综保区带来了哪些方面的机遇？对于为综保区提供产业平台支撑的经开区而言，又应从哪些方面着重发力，支持综保区创新发展？

蒲少伟：我国特殊区域应改革而生、因改革而兴。“21条”的主要精神是改革创新、促进开放，文件的具体内容是完善政策、业态创新。

“21条”的亮点集中体现在三个方面。一是提出了综保区打造“五个中心”的发展目标，即要成为对外开放新高地，高质量发展的新引擎；二是制定了支持综保区创新发展的“21条”政策措施，支持通过畅通区内区外联动，链接国际国内两个市场发展；三是提出了落实综保区运营管理“主体责任”的明确要求，要求地方加强领导优化管理，优化环境加强招商引资。这些目标政策要求，进一步明确了综保区的发展方向和主要任务，优化了综保区的营商环境和发展动能，夯实了综保区的发展基础和工作保障，是综保区新一轮发展的新机遇和新动力。

正是因此，作为综保区高质量发展重要载体或“母体”的经开区要认真领会文件精神，结合区域开放的实际需要，乘势而为、因势而动、为所能为、有所作为。在我看来，可以从三个方面具体发力：一是落实运营管理主体责任，优化体制机制，配备好有担当、懂业务、善作为的管理服务机构；二是理解消化新政策、新举措，优化功能业态，定位好符合区情、独具特色、可持续发展的主导产业；三是强化共建共享机制建设，优化营商环境，形成协同创新、通关便捷、成本低廉的智慧监管体系。

特别应强调的是，在具体实践中，也要注重运用好“区内企业增值税一般纳税人资格”等政策，落实好“货物按照仓储状态分类监管”等措施，完善好以“优环境降成本便利化增效益”为核心的智慧监管体系。

《中国开发区》：您对于经开区与综保区下一阶段的相互促进、共赢发展有怎样的建议？经开区管委会应当在其中扮演怎样的角色，采取哪些有效的推进措施？

蒲少伟：综保区是国家根据地方发展开放经济的需要布局设立的特殊政策功能平台和承接产业转移的重要载体，是符合条件和有需求的省份，特别是开发区进一步扩大开放、发展开放型经济、吸引外商投资的重要窗口。国家支持在有条件的经开区设立综保区，既明确提出了经开区要进一步扩大对外开放的要求，也进一步强调了经开区要利用综保区积极引进外资和优化营商环境的作用。

具体而言，经开区和综保区都是国家促进经济发展的功能载体，但其功能政策和产业业态有所区别。从宏观层面看，经开区是综保区设立和发展的主要载体，综保区是经开区优化投资环境和发展开放经济的重要平台。经开区要从高站位、大开放的全局出发，重视发挥综保区聚合、辐射和服务区域开放的特殊作用，积极引进外资、承接转移产业和发展新型开发业态。

在具体实践中，有条件设立综保区的经开区在申报设立综保区时要坚持三个原则，即科学论证、特色定位、为所能为。也就是弄清楚为什么要申报综保区，要建设什么样的综保区，怎么建设好有特色的综保区。与此同时，也要防止三种倾向：一是盲目跟风、追求政绩；二是超前投资、超标建设；三是重视形象，轻视发展。对于已经设立了综保区的经开区，特别是发展相对落后的区域，更要重视三项工作：一是加强工作领导，配备好想干事、会干事和能干成事的运营管理队伍；二是强化招商引资，做到主导产业定位准确、重大项目倾力引进、创新复制特色鲜明；三是优化营商环境，形成关地融合的共建机制、有利发展的保障机制、便利高效的服务机制。

山东省海关特殊监管区域有关情况汇报

山东省商务厅

（2020年1月9日）

2019年1月14日，《国务院关于促进综合保税区高水平开放高质量发展的若干意见》（国发〔2019〕3号）印发，山东省委、省政府高度重视，有关部门和地市迅速行动，认真贯彻落实党中央、国务院决策部署，将促进综合保税区高水平开放高质量发展作为今年工作重点，多措并举，推动《若干意见》21条政策措施落实落地，取得了初步成效。

一、开展的主要工作

（一）加强组织领导

山东省委、省政府主要领导要求抓紧组织研究，提出推动21项任务落地见效的具体举措；针对山东省海关特殊监管区域存在的问题，研究整治、推进措施。2019年3月，山东省政府与海关总署签署《战略合作备忘录》，将支持海关特殊监管区域整合优化、科学建设和发展，支持综合保税区高水平开放高质量发展，指导和支持山东落实好国发〔2019〕3号文各项改革任务列为重点任务。省商务厅牵头认真研究推动措施，下发有关通知，要求各市提高政治站位，从战略和全局的高度，把海关特殊监管区域发展放到更加重要的位置，切实增强责任感、紧迫感，坚持问题导向、目标导向，突出重点，精准发力，综合施策，推动高水平开放高质量发展。

（二）广泛开展政策宣讲和业务培训

通过举办全省海关特殊监管区域政策业务培训班、招商引资招才引智培训班、外贸政策送万企视频会议等，加大对国发〔2019〕3号文中21条政策措施的宣传解读，指导企业用足用好政策。联合地方政府，通过政策宣讲、新闻发布会、新媒体宣传等形式宣传国发〔2019〕3号文，让社会各界更加了解和关注综合保税区，凭借政策新优势，依托服务新平台，打造经济新高地。2019年12月20日，山东省政府召开全省促进综合保税区高水平开放高质量发展政策宣讲视频会，邀请海关总署相关部门对文件进行详细解读，进一步提高思想认识，把握文件精髓，更有针对性地贯彻落实文件精神，推动综合保税区提升水平，实现高质量发展。

（三）深入走访调研，开展巡诊活动

分管省领导带领省商务厅等部门赴有关市专题调研海关特殊监管区域工作，了解区内产业升级、企业政策利用情况及遇到的困难，协调解决相关问题。青岛海关、济南海关全面开展促进综合保税区发展调研和评估工作，逐项论证业务和技术的可行性，确保政策快速落地；逐一对接各海关特殊监管区域，问诊把脉、个案研究，以需求为导向，提出促进海关特殊监管区域发展的具体举措。省商务厅会同中国保税区出口加工区协会组织业界专家，对全省海关特殊监管区域发展情况进行了专项巡诊。通过座谈交流、调查问卷、走访企业等方式，在园区体制机制、产业定位、功能创新、政策运用、营商环境等方面，对标先进地区，全方位、多视角查找存在的不足，提出有针对性的对策建议。

（四）积极争取政策试点

青岛前湾保税港区获批开展汽车平行进口试点；青岛前湾保税港区和潍坊、威海、日照、临沂综合保税区获批增值税一般纳税人资格试点；青岛前湾保税港区、青岛胶州湾综合保税区、青岛西海岸综合保税区、威海综合保税区获批全面适用跨境电商零售进口政策，区域功能得到进一步拓展。济南、烟台两市获批设立国家级跨境电子商务综合试验区。

（五）强化部门协同共进

商务、财政、海关等部门充分发挥职能作用，加大对综合保税区升级发展的支持力度，加强协同配合，形成推动发展合力。支持综合保税区率先全面复制推广自贸试验区相关改革试点经验，最大范围释放自贸试验区制度创新红利，为企业创造更加便利的条件、提供更加优质的服务、营造更加舒适的环境，打造更具吸引力的投资洼地。2019年10月，省委、省政府决定在省推动开发区改革创新领导小组框架下，建立省海关特殊监管区域工作专项小组，协调指导海关特殊监管区域规划、建设和发展工作，研究解决工作中的重大问题，研究支持海关特殊监管区域发展的政策措施。

（六）推动体制机制改革创新

2019年7月，山东省委印发关于推动开发区体制机制改革创新促进高质量发展的意见，推动全省开发区包括海关特殊监管区域，加快建立更加精简高效的管理体制、更加市场化的运营机制、更加激励竞争的干部人事管理制度、更加自主灵活的政策支持体系，促进管委会瘦身强体、海关特殊监管区域回归本位。威海、潍坊、临沂综合保税区列入先行试点，聚焦主责主业，聚焦解决发展瓶颈制约问题，大胆闯、积极试，该瘦身的瘦身，该剥离的剥离，能市场化运作的市场化运作，强化竞争激励，增强内部活力，开创发展新局面。

（七）加快优化升级

积极推动青岛出口加工区、青岛前湾保税港区、烟台保税港区转型升级为综合保税区。其中，青岛出口加工区已获批整合优化为青岛胶州湾综合保税区，政策功能得到升级。推动济南综合保税区、日照综合保税区（一期）、青岛西海岸综合保税区顺利通过国家验收，正式封关运营。支持即墨、济南章锦、济宁、淄博、青岛空港申建综合保税区，其中即墨即将获批、济南章锦已启动审批程序。

二、取得的初步成效

（一）外贸贡献度有所提高

2019年1~11月，全省海关特殊监管区域实现进出口1 804.4亿元，同比增长5.9%。进出口增幅高于全省进出口增幅0.5个百分点；占全省进出口总额的9.8%，较2018年提升0.2个百分点。

（二）进出口排名有所提升

从整体看，2019年1~11月山东省海关特殊监管区域进出口规模在全国各省份中位列第八，较2018年提升1位。从单体看，省内排名首位的青岛前湾保税港区进出口列全国海关特殊监管区域第15位，较2018年提升4位，潍坊、临沂、东营、济南综合保税区在全国排名分别提升6位、6位、1位和11位。

（三）新业态新模式不断拓展，产业结构不断优化

青岛前湾保税港区在做优做强传统核心产业的同时，积极培育新兴特色产业，推进国家对外文化贸易基地建设，利用保税政策开展“文物回流”业务研究；加快推进期货

保税交割业务，实现全国首票20号胶期货保税交割货物存入交割库；加快发展跨境电子商务产业，菜鸟国际跨境电子商务业务顺利落户。烟台保税港区产业集聚发展步伐加快，形成以富士康为代表的电子产品制造，以利时德拉索等为代表的汽车零部件制造，以海港物流、森泽物流等为代表的保税物流，以烟台国际集装箱码头为代表的港口作业四大产业集群，并加快从传统加工贸易向服务贸易转换升级，培育打造了融资租赁、国际商品展示、跨境电子商务、外贸综合服务四大特色产业功能平台。威海综合保税区抢抓跨境电子商务综合试验区建设机遇，全面推进跨境电子商务产业发展，打造功能齐全、保障到位、体系完善的跨境电子商务生态，创新性开展了省内首单对韩跨境电子商务转口业务。临沂综合保税区积极搭建外贸综合服务平台，服务中小外贸企业400余家。

三、下步工作措施

总体来看，山东省海关特殊监管区域的发展与全国平均水平相比还有不小差距，与先进区域相比差距更大。

下一步，将继续强化主体责任落实，强化政策研究、政策落实、政策创新，全面优化营商环境。突出差异发展，推动各市结合本地产业布局和经济特点，围绕“五大中心”建设，研究加强主导产业培育，准确定位发展重点，瞄准“补链”“强链”“造链”精准招商，着力引进技术含量高、附加值高的龙头企业入区发展，完善上下游产业配套，加快形成优势特色产业集群，积极探索具有山东特色的外贸综合服务、跨境电子商务、保税维修、期货保税交割、融资租赁、研发设计等业态创新，将综合保税区打造成为发展新产业、培育新业态、释放新动能的重要载体，服务山东打造对外开放新高地。

打造内陆“开放崛起”新高地

——湖南省推进综保区高水平开放高质量发展情况汇报

湖南省政府口岸办

（2020年1月9日）

近年来，湖南充分发挥“一带一部”区位优势，大力构筑保税经济发展平台，积极承接产业梯度转移，促进加工贸易转型升级，助力全省“创新引领、开放崛起”战略的实施。全省先后获批设立衡阳、湘潭、岳阳、长沙、郴州5家综合保税区和长沙、株洲2家保税物流中心。规划总面积12.05平方公里，封关运营面积7.38平方公里。2019年1~11月，实现外贸进出口额135.35亿美元，同比增长82%，在全省外贸中占比为23.8%，总量跃居中部六省第二位。长沙、岳阳综合保税区进入中西部综合保税区10强，长沙金霞保税物流中心排全国第三位。成为支撑内陆开放强省建设举足轻重的平台高地。

主要工作

（一）领导高度重视，加强统筹发展

湖南省委、省政府主要领导对综合保税区工作提出明确要求。省级层面建立健全了海关特殊监管区域、场所发展统筹机制，明确由省商务厅（口岸办）牵头，海关、发改、财政、税务等部门和所在市州政府齐抓共管，增强部门工作合力，强化市州主体责任。每年组织召开综合保税区现场交流座谈会，总结推广成功经验，努力破解发展难题。省商务厅组织实施综合保税区外贸百亿美元项目，加强目标引导、政策激励和服务协调，2017年、2018年全省综合保税区外贸业绩连续翻番，2019年继续保持高速增长。加快推进区域优化整合，郴州出口加工区顺利升级为综合保税区，岳阳综合保税区二期竣工验收，长沙综合保税区二期加快建设，郴州、衡阳、湘潭综合保税区根据发展需求适当调减面积。积极引导各区域因地制宜、差异化发展，各具特色、错位竞争的发展格局初步形成。

（二）落实3号文件，推动创新发展

国务院〔2019〕3号文印发后，按照省政府统一部署，省口岸办会同海关、财政、税务，赴各综合保税区进行专题调研，宣传解读政策内容，坚持问题导向，广泛收集园区和企业实际需求。组织举办8期综合保税区创新发展培训班，免费发放政策指引汇编1 000余份。省政府召开口岸工作部门联席会议，对国发〔2019〕3号文贯彻落实工作进行专题部署，印发重点问题及政策需求清单，明确责任分工，定期开展调度督办，逐条逐项推进落实。21条政策措施中目前已有简化进出区管理、“四自一简”、委托加工、保税检测维修、“先入区、后检测”、汽车保税仓储、按状态分类监管、跨境电子商务保税网购、增值税一般纳税人资格试点、提前适用政策等12项落实到位，保税研发、优化信用管理等2项稳步推进，抽样后即放行、保税货物租赁、期货交割等3项已经做好实施准备。全省综合保税区产业结构、业务形态、贸易方式、监管服务持续优化，加工制造、研发设计、物流分拨、检测维修、销售服务“五大中心”建设稳步推进。

（三）着力招大引强，引导集聚发展

突出综合保税区招商引资“第一要务”“第一菜单”，积极招大引强、招新引优。省、市、县政府出台综合保税区招商引资政策，组合叠加优惠措施，增强区域凝聚力和吸引力。大力引进龙头企业，打造高端入园、周边配套集聚的发展格局。岳阳成功引进新金宝集团年产1 800万台喷墨打印机项目并顺利量产，并带动新金宝区域总部及研发总部、华为高端制造等重大项目落户，快速形成千亿级电子信息产业集群。长沙加快加工贸易转型升级，投产 SMT 生产线 90 条，初步建成 SMT 加工产业园。郴州引进世界 500 强企业正威集团，龙头企业台达电子持续扩产，区域开放发展带动能力不断增强。衡阳围绕富士康项目，吸引一大批上下游关联企业集聚经营，带动当地电子信息产业快速发展。

（四）创新发展模式，加快外贸发展

一是大力引进培育贸易主体，成立岳阳观盛公司、长沙综保投、衡阳融新达等多家国资外贸供应链企业，设立 6 家园区外贸综合服务中心，建设保税商品展示交易中心 5 个，园区外贸实绩企业达到 407 家。二是不断加强外贸金融服务，发挥观盛公司等国资平台投融资功能，将 10 家银行、2 家信保公司、12 家担保公司纳入金融服务合作队伍，开展关税保函、合同授信等多元外贸金融服务，获银行综合授信超过 100 亿元。三是持续拓宽外贸渠道。积极发展大宗进口，2019 年1~11 月进口煤炭 102 万吨、石化产品 75.5 万吨、粮食 79 万吨、肉类 9.1 万吨、汽车7 140台、海鲜10 252吨，业绩均位列全国同行业前列；重点依托长沙、岳阳两个跨境电子商务综合试验区城市，推进跨境电子商务试点工作，全省跨境电子商务进出口额超过 10 亿美元。四是拓展探索新业态。郴州利用综合保税区加工制造产能优势，积极拓展保税检测维修业务，区内磐石电子手机维修业务顺利开展；湘潭、衡阳积极探索开展文物回流、大宗商品交易结算业务，开启区域转型升级新篇章。

（五）优化国际物流，区港协同发展

加快国际物流体系建设，突破内陆综合保税区发展物流瓶颈。组织开通国际全货机航线 7 条，持续提升湘欧班列运营能力，加快江海航线提速增效，支持发展港澳直通车、东盟跨境公路运输，系统优化综合保税区国际物流条件。推进综合保税区与港口、机场、口岸协同发展，充分发挥整车、肉类、粮食、冰鲜水产品、水果等指定口岸作用，服务综合保税区外贸发展和招商引资。推动岳阳综合保税区—城陵矶港水运口岸、长沙综合保税区—黄花机场航空口岸“区港一体化”建设，提升企业通关时效、降低企业通关成本，实现设施互通、功能互享、监管互认；统一开发部署全省保税业务综合服务平台信息化系统，实现各综合保税区信息系统兼容互通。

促进四川综合保税区高质量发展的情况汇报

四川省人民政府口岸与物流办公室

（2020年1月9日）

一、基本情况

四川地处我国西南腹地，素有“天府之国”的美誉，是“一带一路”建设和长江经济带发展的交汇点，是连接我国西南西北，沟通南亚、东南亚、中亚的重要交通走廊，是我国重要的经济大省、人口大省、科教大省和资源大省。

近年来，在党中央、国务院的坚强领导下，在海关总署的关心、支持下，四川省内综合保税区建设取得明显进展。截至2019年年底，全省综合保税区5个，数量居全国第4位；保税物流中心（B型）6个，数量居全国第3位。其中，成都高新综合保税区2019年1—10月实现进出口总值3 515.3亿元，同比增长26%，连续19个月居全国第1位。成都空港、成都铁路港、泸州港、宜宾港保税物流中心（B型）2019年1~10月，分别实现进出口值16.2亿元、68.2亿元、14.4亿元、5.1亿元，分别居全国第4位、第13位、第14位、第26位。天府新区保税物流中心（B型）于2019年9月封关运行。

二、主要做法

（一）领导高度重视

四川省委、省政府高度重视综合保税区建设，省委十一届三次全会明确提出争取建设更多的海关特殊监管区域和保税监管场所。海关总署对四川每次上报的请示事项都给予了及时全面的回复，并给予强有力的政策支持。

（二）上下联动配合

坚持以“四个一盘棋”［即全国一盘棋、全省一盘棋、全市（州）一盘棋、地方综合保税区一盘棋］思路统筹规划建设综合保税区。主动担当、主动作为，积极协调成都海关等相关部门（单位），指导成都、宜宾、泸州、南充四市扎实开展申建前期工作，深入剖析研究设立要求和申建指标，缺什么补什么，并加大招商引资力度，争取重大项目落地。

（三）立足发展经济

坚持把综合保税区作为扩大开放和促进区域经济发展的重要平台。紧紧围绕“5+1”现代产业体系规划布局综合保税区。加快建设加工制造中心、研发设计中心、物流分拨中心、检测维修中心、销售服务中心。要求各地充分发展综合保税区内外、上下游产业，学好用好综合保税区相关政策，培育做强特色产业，实现错位发展。

（四）坚持创新引领

坚持新发展理念，坚持解放思想，求实创新，高质量建设好综合保税区。利用综合保税区特殊的海关监管政策，创新发展融资租赁产业，完善金融服务体系，促进产业转型升级。首创多式联运“一单制”、集拼集运运输监管模式，率先探索宽轨“三并二”运输模式，首开国际定制化班列，首建铁路港“单一窗口”，实现综合保税区与口岸联动发展。

三、下一步工作打算

（一）加快推进筹建工作

把更多精力放在综合保税区、保税物流中心（B型）建设上，建立健全领导机制和工作机制，切实加强组织领导，明确任务分工，夯实责任主体，务实推进各项工作落地落实，为封关运营做好扎实准备。

（二）强化运营管理工作

从四川转型发展和高质量发展的层面出发，充分认识综合保税区的重要性和紧迫性。主动加强对海关总署的汇报，争取更多的业务指导，协调解决运营管理中存在的问题，继续发挥好综合保税区对四川外贸的拉动优势，确保外贸增长的新动力。

（三）促进高质量发展

以四川省开放发展大会、服务业发展大会为契机，以综合保税区建设为抓手，认真落实国家关于促进综合保税区高水平开放高质量发展部署要求，按照“高起点规划、高标准建设、高水平开放、高质量发展”思路，引导已建成的综合保税区加快重大项目落地，做大做强各项保税业务。

抢抓优势　攻坚突破
推动园区高水平开放高质量发展

威海综合保税区商务局

（2020 年 1 月 9 日）

威海综合保税区于 2016 年 5 月 31 日经国务院批准设立，分为南北两个片区。其中，南区为新设区域，位于威海国际机场东侧，封关区面积 1.37 平方公里，发展规划 18.75 平方公里；北区为原威海出口加工区，2000 年 4 月 27 日经国务院批准设立，封关区面积 0.88 平方公里。2018 年 9 月 20 日，威海综合保税区顺利通过海关总署牵头的联合验收组验收，正式封关运行。2019 年，威海综合保税区以打造全国一流综合保税区为目标，加快复制推广创新政策，全面推动园区高水平开放高质量发展。1～11 月，全区新设立企业 114 家，注册资本 9.3 亿元，累计实现进出口额 78.7 亿元，同比增长 22.4%。其中，出口 37.1 亿元，同比增长 26.3%；进口 41.6 亿元，同比增长 19.1%。跨境电子商务实现进出口额 6.4 亿元，其中跨境电子商务特殊区域出口业务居全省首位。

一、2019 年工作情况

（一）精准招商，加快产业项目集聚

1. 建立健全“领导带头、专班推进”的工作机制。成立 6 个“双招双引”办公室，一个领导带一个专业招商办公室，加强招商队伍建设，明确主攻方向，实施定向突破。制定出台威海综合保税区创新发展三年行动计划，绘制了“重点任务事项作战图”，强化招商工作督导调度，有力调动了全区上下抓招商的积极性。

2. 积极走出去招商。坚持“深耕日韩、精耕国内”，赴日本、韩国、北欧等地开展招商引资活动 7 次，赴京津冀、长三角等国内重点城市和地区招商 40 余次，邀请客商来区考察约 100 批次，建立了一批合作关系，达成了一批合作意向。

3. 落地一批重点项目。DHL 仓储物流项目、英国图丽氏纸业（威海）项目投入运营；跨境电子商务保税创新中心、中日韩老年用品保税展示交易中心、人才公寓等多个重点项目已启动建设；另有宝能智慧供应链产业园项目、北区华骏科技跨境电子商务展销中心项目达成合作意向。

（二）创新举措，积极培育外贸新业态

1. 打造多模式跨境电子商务产业园。持续推动“五中心一平台”功能载体建设，区外6 000多平方米的跨境电子商务快件监管中心和区内5 000多平方米保税电商监管中心、1.5 万平方米的国际快件一级分拨中心已经建成，并具备核心服务功能；3 万平方米仓储物流中心 5 月投入运行，电商创业中心、国际商品展示交易中心正在加快推动规划建设；搭建了跨境电子商务综合服务平台，为中小电子商务企业提供各类申报、交易服务。泓信公司线上公共服务平台登记各类跨境电子商务及服务贸易企业 95 家，申报金额10.4亿元。综合保税区多模式跨境电子商务产业中心项目成功列入山东省重点项目，入选山东省服务业特色小镇培育名单。

2. 完善电子商务生态体系。搭建了满足国外中小品牌展示营销、网红直播等服务需求的跨境秀场。9月启动以来，先后举办了跨境秀场启动仪式、拼多多国际招商推介会、威海口岸跨境分销与代购交流沙龙等多场活动，累计吸引品牌方200多家、采购商500多家到场对接。上线了威海综合保税区跨境通商城，已上线品类约500种，满足个人代购、微商等群体开展合规跨境电子商务业务需求。建设了省内首家封关区内跨境电子商务展示中心。

（三）创新驱动，加快激发开放活力

作为威海市体制机制改革试点单位之一，园区严格按照省委市委工作部署要求，围绕“去行政化”改革方向，引入“管委会+公司”“大部制、扁平化”管理模式，创新采取政府和社会资本合作（PPP）模式开发运营园区，同步推进招商引资、产业发展、用人薪酬改革，逐条逐项抓落地。11月30日，园区完成全员竞聘上岗，省委改革办确定的7项规定任务全部落实，9项自选任务取得显著成效，有效释放了体制机制潜能，切实激发了全区干事创业的热情。

二、政策复制情况

先后复制推广了自由贸易试验区39项开放政策，认真贯彻落实《国务院关于促进综合保税区高水平开放高质量发展的若干意见》，21条政策中已落地10项，正在推进9项。

（一）便利企业内销。争取了国家级一般纳税人资格试点，已有威海日都食品有限公司、威海元晟电子有限公司、威海映辰电子有限公司、威海精诚特种纤维制品有限公司、威海正元电子科技有限公司、威海吉艾斯生物科技有限公司、图丽氏纸业（威海）有限公司7家企业开展了增值税一般纳税人资格试点。据开展试点的日都食品测算，政策落地后可降低企业业务成本，每年增加约300万元收益。

（二）释放企业产能。园区已有日月光半导体（威海）有限公司、威海一熙电子有限公司2家企业开展了委托加工业务，其中日月光半导体与5家国内企业签订了委托加工合同，预计年交易额达1.8亿元，可增加收益1 600万元。

（三）优化园区发展环境。在海关的大力支持下，开展“四自一简”改革，已普及到区内32家加工制造企业；优化信用管理，日月光半导体（威海）有限公司已成功申办高级认证企业，成为山东省首家综合保税区内海关高级认证企业；高标准建设了园区监管和通关设施，打造了全智能卡口，实施便捷进出区管理模式。便利货物流转，与上海浦东机场综合保税区、上海外高桥保税区等开展了区区流转业务；全面优化了园区发展环境。

（四）引进培育先进制造新兴业态。协调海关、国税等部门做好政策解读，利用一般纳税人资格试点、委托加工、保税研发、检测维修等政策，积极走访威海本地龙头企业和研发机构、七大千亿级产业集群等，争取在综合保税区开展保税研发、融资租赁、医疗器械展示交易等先进制造业态。

三、下步打算

（一）健全专业机制，提升招商能力。借体制机制改革契机，组建3个招商板块，充实专业招商队伍，将全区三分之一的力量配置在招商上，完善领导带头、专班推进机制，进一步细分行业领域，加快健全“专业招商+全员服务”的招商工作体系。研究专业招商、精准招商、平台招商、以商招商等威海市成功经验，深化与行业协会和产业机构合作，面向京津冀、长三角、珠三角等区域进行登门招商，发力深耕日韩、精耕国内，加快储备一批项目、建立一批合作关系。

（二）优化环境，做优跨境电子商务。搭建跨境电子商务发展生态，用好威海综合保税区线上展示交易平台，提供全链条供应链服务，发掘威海代购、微商等群体，引导中小微企业、本地贸易企业开展跨境电子商务业务；加快推进跨境电子商务创新产业园建设，持续完善“五中心一平台”服务功能，进一步利用好跨境秀场展示展销功能，完善线上线下服务生态。打造日韩美妆品保健品集散基地，面向韩日爆品开展招商对接，在服务好 JM、春雨面膜品牌的基础上，面向 LG、爱茉莉等韩国化妆品品牌开展业务招引，争取日本花王、资生堂等品牌入驻，将威海综合保税区打造成韩日美妆品牌国内重要的中转仓；用好威海康养名片，在服务好中日韩养老用品项目的基础上，对接韩日保健品等行业协会，引进保健品、医疗器械等品牌，争取其将业务落地园区。依托跨境电子商务快件监管中心，推动各大平台前来开展业务，在形成区外快件业务集聚的同时，持续抓好京东、菜鸟等大平台对接，力争将日韩保税业务落户园区，形成大平台区内外业务互补发展格局。尽快推动与深圳跨境电子商务协会、盘古集团的跨贸小镇项目，搭建园区周边商业生态。持续深化与拼多多业务合作，引导入区跨境电子商务企业利用拼多多平台流量优势扩大业务量。

（三）立足长远，打造精致园区。加快推进 PPP 项目建设进度。按照目标进度的要求，加快推进人才公寓（白领、蓝领）一期、创新中心、培训中心、国际商品展示交易中心等 20 万平方米工程的建设工作，并做好剩下 18 万平方米建设项目的方案论证、手续办理和施工前准备工作。加快推动区外设施建设。在土地指标批复后，启动配套区洛阳路、海口路、达州路、钦州路等约5 600米道路的建设工作。同时，加快推进实施综合保税区供排水一体化方案。

（四）激活改革开放活力。在前期已实行“管委会+公司”运营模式基础上，进一步探索管委会“瘦身”，完善国有公司架构，放大公司投融资、招商引资、运营管理、项目建设职能，以公司为主体开发运营园区。抓好岗位聘用制管理，将任务完成效果与绩效考核直接挂钩，认真落实考核制度、激励政策、奖惩办法，激发干部队伍干事创业的潜力和活力。积极复制自由贸易试验区创新政策，结合海关“一区一策”政策和威海口岸联席会议制度，汇总企业业务需求，跟踪好各项创新政策落地，解决好当前二手车保税维修、打印机维修再制造等业务需求。持续优化完善“快速会商决策”“招商服务大使”“联系服务企业”等制度，坚持以企业需求为导向，在全程代办的基础上，进一步简化环节、压缩时限，切实为企业发展服务，提高企业满意度。

突出主业　深化改革
潍坊综合保税区打造体制机制改革先行区

潍坊综合保税区管委会

（2020年1月9日）

一、基本情况

潍坊综合保税区是山东省首个综合保税区，2011年1月获批设立，分为南区、北区“一区两片”。2019年，《国务院关于促进综合保税区高水平开放高质量发展的若干意见》出台，山东省启动开发区体制机制改革，潍坊综合保税区是山东省首批试点区之一。潍坊综合保税区迅速行动，认真贯彻国务院文件精神和山东省关于开发区体制机制改革创新的决策部署。在改革中，坚决突出保税主业，深化改革力度。改革后的潍坊综合保税区轻装上阵，主要指标实现“两位数”增长，2019年1～11月实现进出口额76.1亿元，同比增长27.5%，进出口总量跃居山东省海关特殊监管区域第3位；一般公共预算收入2.8亿元，增长23%；实际到账外资1.31亿美元；新增注册企业4 106家、增长102%。

二、2019年工作情况

（一）深化改革推动综合保税区回归主业

改革前，潍坊综合保税区是“准行政区”模式，总面积29.58平方公里，代管一个街办、23个村，负责1.1万居民民生事务，存在保税主业不强、社会事业不兴、营商环境不优“多头难”的矛盾。针对这些问题，潍坊综保区坚持刀刃向内，不折不扣抓好改革举措落实。

一是坚决剥离社会职能，压减管辖面积。整体划出街办和村庄，剥离教育、卫生等社会事务，管辖面积压减55%，目前共有13.08平方公里，市里为保障未来发展预留了发展用地。剥离之后，潍坊综保区聚焦保税和开放主业，外出招商78次，对接项目103个，较剥离之前分别增加2倍、2.5倍。

二是大幅精简内设机构和人员。管委会内设机构压减至8个，减少38%，经济部门占比达到三分之二，80%以上人员集中在经济和服务一线。按照突出主业、人岗相适原则，从市商务局、市财政局和县区选调了一批优秀干部充实班子和干部队伍。

三是着力培强市场化开发运营主体。完成区属国有公司改革，将原2个国有公司整合为1个，实行“全员起立、竞聘上岗”，公司专业化程度大幅提高。改组后，区属国有公司承担起产业培育运营、专业化服务等职能。启动组建专业招商公司，在上海新设立2家专业公司，利用基金招商、委托招商等方式，开展专业化“双招双引”。

四是实施个性化考核。市级对潍坊综合保税区实行有别于行政区的考核，将保税主业作为核心指标，让园区心无旁骛抓主业。

（二）21项政策塑造开放发展优势

2019年1月国务院出台21项新政，在各级海关部门的大力支持下，潍坊综合保税区已落地10项政策，正在争取7项，另有4项具备条件后争取。21项新政为潍坊综合保税区的发展带来了重大机遇。

一是招引了一批新项目。歌尔集团坚定了在区内发展的信心，获批AEO高级认证，新上了两个体量大、科技含量高的新项目。受益于“增值税一般纳税人”政策，新招引入区汇源进口果汁加工、香港冠博进口粮食等项目。建设7.4万平方米电子信息产业园，重点招引服务歌尔供应链企业。引进了国内园区运营商50强——联东集团投资建设16万平方米的“国际企业港”项目。

二是培育了一批新业态。跨境电子商务完成1210模式业务测试，上线运行“潍坊海外购”跨境电子商务平台。融资租赁与专业机构合资设立保理公司，逐步打造融资租赁产业园。开展以进口棉花、粮食、天然橡胶等为代表的大宗商品贸易，区内有国内唯一的澳大利亚籽棉进口企业——华奇棉花，进口棉花较2018年大幅提升。全国首家大宗商品拍卖平台——阿里保税拍落户北区，三特能源等大宗商品交易平台入区开展业务。对接歌尔、台湾盖瑞银河等企业，开展保税研发和检测维修业务。开展供应链金融业务，为华奇棉花开具两批5 000万元信用证。与中信保等保险机构合作，搭建保险信用服务平台。与金融机构合作，搭建企业融资服务平台，新落户3家金融机构。

（三）优化营商环境，释放流程再造红利

改革过程中，聚焦流程再造、一次办好，创新设立综合保税区企业服务中心，服务质效显著提高，1～11月份新增注册企业4 106家，同比增长102%，注册企业总量达9 000多家。

一是实施容缺受理。以帮助企业把事办成为目的，通过容缺受理、并联审批等，提高审批效率。

二是再造审批流程，打造零跑腿“网上保税”。整合186项涉企审批服务事项，实施“套餐式”办理，注册企业8小时内办结。推行企业注册全程电子化，证照免费邮寄到企业住所，实现了不见面审批，打造零跑腿“网上保税区”。2019年9月，企业注册不见面审批率达到87%。

三是创新服务模式，打造企业注册“无费区”。2019年5月1日起，为企业免费提供注册席位或办公场所，免费刻制3枚公章，免费快递到门，每家企业可节省1 000元以上。根据企业需求，逐步实施商务服务、个性服务、定制服务、增值服务等差异化服务，打造一流营商环境。

四是推行“找茬”机制，满足企业个性化需求。企业服务中心专门设置“找茬区”，针对发展中涌现出的新业态新模式，收集企业个性化、差异化需求，以改革的办法解决企业个性化诉求。设立“帮办”服务队，变“企业跑”为“帮办员跑”，为企业当好“店小二”，让企业专心抓发展。

郴州综合保税区高质量发展情况汇报

郴州综合保税区管理局

（2020年1月9日）

郴州综合保税区于2017年12月通过由长沙海关牵头组织的联合验收组的验收，2018年8月22日正式封关运行。2019年，在郴州市委、市政府的坚强领导和各部门的大力支持下，郴州综合保税区努力化解经济下行巨大压力，积极统筹利用两个市场，全力做好“三稳”（稳增长、稳外资、稳外贸）工作。

一、2019年工作情况

（一）经济运行情况

郴州综合保税区现有注册企业41家。其中，加工制造企业14家，保税物流和服务类企业共27家，主要涉及电子信息、有色金属新材料和宝玉石加工、先进装备制造和服务贸易等多种产业。2019年1~11月，园区完成外贸进出口总额8.6亿美元，同比增长40%；完成加工贸易总额6.3亿美元，同比增长10%。

（二）招商引资情况

2019年，郴州综合保税区紧紧围绕“一强（强化综合保税区功能定位）、两稳（稳外贸、稳外资）、三突破（平台建设有突破、招商引资有突破、对外贸易转型升级有突破）”的总要求，重点开展加工制造、物流分拨和跨境电子商务三大产业招商。全年新增签约项目12个，亿元以上项目5个，总投资额27.8亿元。其中，保税加工项目4个，保税物流项目4个。

（三）创新发展情况

1. 统筹利用两个市场，着力打造加工制造中心。为打造加工制造中心，郴州综合保税区紧扣电子信息产业定位，集中精力推进产业项目。在现有台达电子、盈鸿宝电子等骨干企业基础上，全力引进并推动万汇百纳智能终端产业园、广东韩电（郴州）智能制造科技园等项目落地，积极协调推进东方珠宝首饰加工、汇龙进口食品加工等项目早日运营，有力带动了加工制造产业集聚发展。

2018年1月，郴州综合保税区纳入海关特殊监管区域企业增值税一般纳税人资格试点的范围。同年11月，祥云化工开出全省内销“第一票”，自此郴州综合保税区“内外兼修”，统筹利用国内国外“两种资源”“两个市场”，开辟了内、外贸一体化发展新路径。园区共有3家企业享受一般纳税人试点资格，2019年实现内销总额8 436.15万元，销项税额867.22万元，可抵扣税额934.7万元。同时，新引进的鼐德蓝进出口贸易公司、湖南正威供应链公司均已申报试点。除此之外，还有一批生产企业也在进行测算和向总部报告中，后期会陆续申请加入试点，希望通过取得一般纳税人资格，享受改革带来的红利。

2. 推进贸易便利化发展，着力打造物流分拨中心。郴州综合保税区积极利用区内加工贸易的稳固发展，促进物流贸易快速增长。同时，郴州海关加速通关流程“大瘦身”，进、出口整体通关时间分别压缩43%

和34%；积极推动“四自一简”“简化进出区管理”“便利货物流转”等新政落地，减环节、减项目、减单据，使大批进出区货物享受到高效便捷的通关服务，企业管理与报关仓储成本得到了大幅下降。得益于落实改革新政，园区2019年涌现出多个物流分拨中心项目，招商亮点频现。世界500强企业正威集团、中远海运将利用郴州“有色金属之乡”的资源禀赋和综合保税区的政策功能优势，快速建设正威、中远两个进口矿产品分拨中心；新引进的莎莎集团国内最大的合作运营商特发科技，将利用区内1万平方米的保税仓库和查验仓库，建设进口化妆品分拨中心和奢侈品集散中心。

3. 促进保税维修业务开展，助推再制造业发展。拓展全球维修功能一直是郴州综合保税区重点争取的政策，也是区内企业延伸加工制造产业链的切实需求。2018年以来，郴州综合保税区会同郴州市商务局、郴州海关多次赴长沙、北京积极对上争取相关政策落地。磐石电子最终入选获批全球维修业务资质，成为此次获批的全国仅两家之一、省内唯一一家开展全球维修业务的企业。该项政策的落地，为郴州乃至全省推动服务贸易创新发展注入强劲动力。2019年，磐石电子进口手机（待维修）69 345台，货值449万美元；出口手机（已维修）48 497台，货值421万美元。其中，进出口机型中70%为苹果手机。

二、下阶段工作打算

（一）强化招商引资力度

依托郴州综合保税区现有的产业基础，积极打造以台达电子、万汇百纳为主的加工制造中心，以正威、中远为主的物流分拨中心、以汇龙集团为主的销售服务中心，紧紧围绕“三个中心”开展精准招商、产业链招商。

（二）加快项目建设进度

全力推进万汇百纳智能终端产业园、广东韩电（郴州）智能制造科技园、正威和中远进口矿产品分拨中心、特发进口化妆品分拨中心、鼐德蓝奢侈品集散中心等重点项目的建设，确保项目早日运营。

（三）突出重点领域改革创新

一方面，发挥磐石电子保税维修试点企业优势，进一步拓展企业新的经济增长点；主动对接商务部，协助企业争取开展电视、平板等其他电子产品液晶面板维修。另一方面，积极支持台达电子做大做强，争取将集团更多产能转移到郴州，并将其部分研发机构新设在郴州综合保税区，促进郴州综合保税区保税研发业务的创新发展。

长沙黄花综合保税区高质量发展情况交流

长沙黄花综合保税区管委会

（2020 年 1 月 9 日）

长沙黄花综合保税区于 2016 年 5 月获批，位于长沙市东部长沙临空经济示范区的核心区，东侧紧临长沙黄花国际机场，是湖南首个依托航空港发展建设的综合保税区。规划面积 1.99 平方公里，首期验收 0.77 平方公里。2017 年 6 月封关运行以来特别是《国务院关于促进综合保税区高水平开放高质量发展的若干意见》（国发〔2019〕3 号）发布以来，在省市各级各部门及海关部门的支持和指导下，将推动高水平开放高质量发展为园区重中之重。

一、园区发展情况

黄花综合保税区充分发挥紧邻国家一类航空口岸优势，紧扣“高水平开放、高质量发展”要求，推进长沙临空经济示范区、长沙黄花综合保税区、长沙经开区融合发展。园区全年预计完成外贸进出口额 52.5 亿美元，业绩实现翻番，在全省 7 个海关特殊监管区域中保持第一。

（一）抓平台提质

结合黄花综合保税区临空区位和口岸功能优势，打造“四园三中心”产业体系。一是加工贸易突出电子信息产业，建设加工贸易产业园，2019 年新引进电子类加工贸易项目 19 个，预计加工贸易全年可完成进出口额超过 30 亿美元。二是口岸贸易依托年年有鱼、环海渔业做强海鲜产业，不断延伸渔业“空中丝路”，有 10 余家海鲜贸易企业在此集聚发展，可从全球 20 多个国家和地区采购 40 余种海鲜产品，每周海鲜进口量超过 400 吨，“世界海鲜产业园”已初具雏形。三是抢抓跨境电子商务发展“窗口期”，建设跨境电子商务“一园一中心两场站”，在获批跨境电子商务综合试验区第一年里，园区“9610”出口、“1210”进口网购保税业务已实现常态化运行。

（二）抓主体引进

园区始终把产业招商作为园区发展的生命线，逐步建立起适合园区发展的招商内部机制。2019 年新增注册企业 180 家，注册总数达到 460 家。一是将招商引资工作作为全区工作的重中之重。在资源有限的情况下，将三分之二的人员力量部署到招商引资战线。二是建立了“4+1+1+1”招商机制，即组建加工贸易、跨境电子商务、口岸及一般贸易、供应链金融 4 个重点招商工作小组，再配备 1 个驻深招商点、1 个落地保障工作小组和 1 个帮代办服务工作小组。三是坚持“以商招商”和“走出去招商”并举。凭借优质的硬件设施和优良的营商服务在客商中建立起良好的口碑，一批先到客商成为园区的“招商宣传员”。2019 年开展各类招商推介近 30 场次，累计外出招商考察达 70 多批次，考察对接重点项目 140 多个，建立客商资源库 500 余家。四是建立“三天一碰头、五天一调度”的“磨面粉”式项目研究机制和“一月一分析”的招商形势分析机制。

（三）抓改革试点

一是积极推动区港一体化。黄花综合保

税区申报的“区港一体”课题纳入湖南省先行先试重点试点项目，制订了区港一体基础设施建设方案和具体措施，牵头建立了“双周一次”区港一体化工作联席会议制度。二是加快政策落实。与海关部门协调联动，按照国务院“21项举措”对接落地一般纳税人试点、简化进出区、“四自一简”、便利货物流转、分类监管等多项政策，积极复制推广实施自由贸易区改革试点经验。坚持以问题为导向，在促进信息互通、推动政策落地、优化通关服务等方面双向发力，联合驻区海关组织企业开展多批次政策宣讲会。三是拓展口岸功能。建设验收区内进境食用水生动物指定监管场地，探索生鲜进入综合保税区保税和分拨业务。获批进口药品口岸，建成进口药品公共服务平台并投入运营。四是自中国（长沙）跨境电子商务综合试验区获批以来，作为“中国（长沙）跨境电子商务综合试验区重点园区”授牌单位，着力推进跨境电子商务平台、跨境电子商务支撑服务、孵化体系及综合配套体系建设。2019年新增省级跨境电子商务试点企业54家，累计95家。

（四）抓环境优化

深入实施“营商环境优化年”，助力企业“提速度、降成本、增效益”。一是有序推进园区建设，2019年新交付一批标准厂房、仓库及冷链仓库，确保满足招商需求。二是建立健全政策体系。在完善园区招商引资优惠政策的基础上，积极争取省市在货运航线、跨境电子商务、临空经济发展等相关产业发展等方面的政策支持。三是全力优化营商环境。以帮代办服务中心为载体，按照“一件事一次办”原则，免费为入区企业提供证照办理、员工招聘、公租房、社保等帮代办服务，助力企业“提速度、降成本、增效益”。坚持及时规范兑现优惠政策，惠及110余家企业。四是积极探索金融服务。新引进长沙先导国贸公司，设立临空供应链公司，与园区企业合作开展业务，“量身定制”金融服务和孵化服务。

二、下一步的重点工作

（一）招大引强，培育核心主导产业

黄花综合保税区起步较晚，经过两年多的快速发展，虽然已逐步形成较为明晰的产业发展思路，但是各板块尚未形成产业链和规模效应，对园区和地方产业发展集聚作用不大。特别是仍缺乏带动力强、集聚力强的大型外贸龙头企业。同时，比起兄弟综合保税区，园区实体型中小微外贸企业孵化平台还不够成熟。下一步将下决心保持定力，聚焦重点产业、重点企业、重点项目，有针对性地吸引一些带动性、示范性、成长性强的项目落户园区，助推园区高质量发展。

（二）优化大通关，打造园区核心竞争力

目前虽然国家不断推进贸易便利化，海关出台一系列措施，但作为内陆起步较晚的综合保税区，园区在整体功能性和便利性上还不具备优势。下一步除了用好国家政策以外，还将从以下几方面着力优化通关效率：做优做实口岸平台，充分发挥机场航空口岸平台功能；以增开国际货运航线为主，补充湘欧班列、跨境卡班的方式，进一步拓展贸易通道；推动黄花机场国际货站设施提质；加快综合保税区与机场区港一体化项目建设。力争在一至两年内，将园区打造成通关条件具有核心竞争力的内陆综合保税区。

（三）完善供应链金融配套，助推贸易规模发展

金融历来是国际贸易的血液和动力，金融服务是对外贸易发展的重要支撑。相对沿海口岸和园区，黄花综合保税区在供应链金融发展方面还刚刚起步。下一步将进一步完善园区发展“资金池”，引进和培育一批供

应链金融企业，充分发挥金融资本的催化、杠杆作用，探索供应链金融招商新模式，通过产业发展基金、企业融资担保等模式，为园区企业国际贸易规模发展提供全方位金融服务。

（四）主动探索试点，培育新兴业态和市场

新兴业态和试点是一个地区或园区创新能力和政策环境的体现。国家鼓励的新兴业态如检测维修、融资租赁、期货保税交割等业务，受各种因素制约，目前落地较少，在园区尚无试点项目落地。下一步，将继续以“21 项举措”为指引，拟针对保税冷链仓储与物流、融资租赁、文物保护与回流等业态开展专题研究，并大力拓展非洲、印度、拉美等新兴国际市场。

聚焦电子信息主导产业，坚持多元化发展，成都高新综合保税区逐步实现转型升级

成都高新综合保税区管理局

（2020年1月9日）

成都高新综合保税区结合园区及产业实际，会同锦城海关等相关部门积极落实《国务院关于促进综合保税区高水平开放高质量发展的若干意见》（国发〔2019〕3号）精神，全力推动综合保税区转型升级。

一、基本情况介绍

（一）成都高新区情况简介

成都高新区筹建于1988年，目前已形成“五区合一，一区四园”的发展格局。其中，“五区”指的是全国首批国家级高新区、全国创建“世界一流高科技园区”试点园区、西部首个国家自主创新示范区，以及四川省全面创新改革试验区和自由贸易试验区核心区域，目标是以电子信息产业、生物医药产业、新经济为重点，在成都市的东西南北布局成都市新经济活力区、电子信息产业功能区、天府国际生物医药产业城和天府国际空港新城“一区四园”的空间载体，着力构建多元支撑、共生协作、良性循环的产业生态体系，打造具有全球影响力的高端产业集聚区和万亿级国际创新创业中心。

（二）成都高新综合保税区情况简介

2000年4月，国务院批准设立四川成都出口加工区，规划面积3平方公里。

2008年12月，批准设立成都保税物流中心（B型）。

2010年10月，国务院批准在四川成都出口加工区、成都保税物流中心（B型）基础上整合扩展设立成都高新综合保税区，规划面积4.68平方公里。

截至目前，高新综合保税区入驻企业近40家，其中加工贸易企业20余家，从业人员近10万人。园区吸引聚集了英特尔、德州仪器、戴尔、富士康、莫仕连接器等高端制造企业，拥有一条8英寸晶圆生产线、6座封装测试厂，区内外联动，形成由IC设计、晶圆制造、封装测试及配套项目组成的较为完整的集成电路产业链。同时，苹果、戴尔的平板及笔记本电脑等智能终端产品也在此生产，成为全球平板电脑及笔记本电脑的重要生产基地。另外，区内有5家航空精密仪器制造企业和1家通过美国FDA认证的研发、制药企业。目前，园区土地利用率在95%以上。

2019年1~11月，成都高新综合保税区实现进出口总额3 479亿元（不含双流园区），同比增长26%，占全省外贸进出口总额的57%，成为拉动四川省外贸进出口增长的主要力量。

二、促进高新综合保税区产业转型升级

国发〔2019〕3号文发布后，园区迅速进行了深入的学习和研究，会同海关、商务部门多次征集企业相关的建议、需求，对综合保税区的现状进行了梳理，基于综合保税

区的产业基础和企业需求，制订了落实国发〔2019〕3号文的方案，加强政策宣讲及引导，以综合保税区加工贸易产业为基础，推动转型升级，围绕“五个中心”建设目标，持续建设加工制造中心，加快建设研发设计、物流分拨、检测维修中心，适时培育销售服务，积极营造高效、优质的营商环境。

（一）凝神聚力电子信息主导产业，持续做大做强加工制造中心

按照成都市统一部署，高新区加快推进电子信息产业功能区建设，以综合保税区为核心区域，聚焦“一芯一屏”主导产业，兼顾下游网络通信、智能终端等应用领域，确立功能区“芯”“屏”“端”“网”四大产业主攻方向，形成以综合保税区为核心的集成电路产业集群。

在综合保税区的发展过程中，园区秉承“围网内外良性互动，共同促进产业发展”的理念，依托综合保税区的产业基础，对成都高新区电子信息产业发展实行围网内外统一规划、统一招商、资源共享、协同发展，聚焦“芯”“屏”“网”“端”优势产业制定招商地图，按产业匹配度动态分级，锁定一批产业链关键节点项目重点招商。同时，围绕重大项目构建产业生态链，打造电子信息产业生态圈，推动电子信息产业高效高质量发展。

结合电子信息产业功能区建设的契机，综合保税区同步取得了较大发展，聚焦集成电路和新型显示，强化产业生态圈配套建设。2019年，综合保税区内有6个新增投资项目在实施，包括英特尔骏马项目、宇芯生产线改造和三期新厂建设项目、芯源系统（MPS）增资和研发中心项目、莫仕扩产项目等。2019年1~11月，成都高新综合保税区规模以上企业产值为2 477亿元，同比增长18.98%，已成为高新区电子信息产业加工制造主阵地。

同时，鼓励企业利用国外国内两种资源，开拓国外国内两个市场，开展委托加工业务。区内企业健进已开展委内加工，承接了国内3家全球制药企业前10强企业的药品加工业务，帮助区外企业生产抗肿瘤注射剂产品。2019年1~11月，该公司接受委托加工业务实现收入1.2亿元，同比增长42%。

（二）先行先试保税维修业务，逐步做强维修中心，支持拓展再制造业务

目前，综合保税区内共有鸿富锦、索尔思、安科锐3家企业获批开展维修检测业务。索尔思开展光收发模块保税维修业务。安科锐公司正在筹备开展出口自产加速管的维修业务。鸿富锦维修业务体量最大，已经成为iPad及Macbook的全球维修服务中心。2019年1~11月，鸿富锦开展iPad等设备保税维修业务进出区235万台，货值3.9亿美元。

支持再制造业发展。鸿富锦公司将主体部分不具备原设计性能但具备循环再生加工的产品进行拆解，经过专门的工艺、技术对拆解的零部件进行修复、加工，产业化组装生产出具备原设计性能的产品，同时产生新的序列号，维修再制造业务得到进一步拓展。

（三）充分发挥综合保税区辐射效应，打造物流分拨中心

支持仓储物流企业以高新区、成都市产业项目为重点服务主体，逐步完善优化分拨中心功能，进一步提升综合保税区的辐射效能。近年来，戴尔原材料西南分拨中心、佳士进口医疗设备医疗分拨中心、成都联想西南VMI基地等纷纷入驻；佳能光学设备（上海）有限公司2019年在综合保税区设立了中西区备品备件分拨中心，专门为包括成都京东方在内的成都、重庆、绵阳、西安等区外新型显示龙头企业提供高效配套服务，

备件响应时效从原来的 20～48 小时缩短为 3～8小时，极大提高了龙头企业的设备使用效率，降低了生产企业的成本，提升了本地区集成电路和面板产业发展的生态环境，综合保税区保税物流辐射、服务范围已从区内拓展至区外。同时，利用综合保税区政策优势，开展“仓储货物按状态分类监管”，通过分类监管操作，实现了成都高新综合保税区低温冻库的保税和国内存储一体化作业，为特殊监管区域连接国外、国内市场的功能，促进内外贸一体化发展积累了经验。2019 年 1～11 月，分类监管进出区货物金额为 4.6 亿元。

（四）积极鼓励增强核心竞争力，引导企业加强研发投入，积极打造研发中心

国发〔2019〕3 号文明确了企业为研发从境外进口的货物、物品在区内使用的，免于提交许可证件，进口的消耗性材料根据实际研发耗用核销，这进一步促进企业研发业务的发展。园区加强对研发政策的宣讲，高新区出台了《关于优化产业服务促进企业创新发展的若干政策意见》，引导企业拓展研发业务，鼓励企业增强核心竞争力。综合保税区已有莫仕、健进 2 家公司设置了研发中心，1 家公司（MPS）的研发中心正在建设，预计 2022 年投入使用；鸿富锦、索尔思、德州仪器、达迩、先进功率、高龙、铁姆肯 7 家企业已设置研发部门，正在逐步开展和扩大研发业务。

（五）主动改革创新，积极推广创新制度，持续优化通关环境

高新综合保税区根据一区多园的实际情况，以企业需求为导向，主动改革创新，从 2011 年起先后创新实施“7×24 小时”预约通关保障企业零库存运转，“区间结转”满足特殊区域间货物的高效流转，并在全国推广；实施智慧物流模式改革，构建“报关信息推送系统、光学号牌自动识别系统、电子运抵自动触发系统、‘提前申报＋布控查验’”机制，进一步减少物流时间，节约企业成本，为企业运营打造更高效、更优质的通关平台。2019 年 11 月，综合保税区出口整体通关时间为 1.13 小时，进口整体通关时间为 21.43 小时，较 2018 年分别压缩 25%、55%。结合综合保税区实际，积极复制自由贸易试验区先进创新经验，先后复制境内外维修海关监管制度、海关企业进出口信用信息公示制度、海关特殊监管区域间保税货物流转监管模式等，推广复制的创新经验中有关综合保税区的内容已全部落地。

关于促进综合保税区高水平开放高质量发展相关情况的汇报

成都高新综合保税区双流园区管委会

（2020年1月9日）

一、基本情况

成都双流综合保税区是全国第一家以扩区名义获批的综合保税区，于2012年1月4日获国务院批准设立，同年7月25日封关运行，规划面积4平方公里。成都双流综合保税区是四川自由贸易试验区内唯一封关运行的海关特殊监管区域。园区重点发展保税检测维修、保税研发制造、跨境贸易、保税租赁等业态。2019年1~11月，实现进出口额614.5亿元，同比增长2.0%。

二、贯彻落实《国务院关于促进综合保税区高水平开放高质量发展的若干意见》(国发〔2019〕3号）情况

自2019年以来，成都双流综合保税区在成都海关、成都锦城海关的指导下，积极贯彻落实国发〔2019〕3号文精神，从自身产业结构调整出发，以高水平开放高质量发展为指引，以“21项举措”为抓手，以改革创新和转型升级为突破口，狠抓产业发展和智慧园区建设，推动园区向“货服并举、双轮驱动”转变。截至目前，“21项举措”已在园区落地15项，其余改革事项正在加快推进。

（一）围绕高水平开放高质量发展，走特色化发展道路

一是做强航空保税维修特色。聚焦高端化特色化，依托四川国际航空发动机保税维修基地项目，重点发展航空制造维修产业，致力于打造全球航空动力维修最佳城市。四川国际航空发动机维修有限公司是全球第一家并且目前是唯一一家获得CFMI授权的CFM56系列发动机维修及国内唯一一家LEAP系列发动机授权的公司，主要维修CFM56 -5/-7和新一代LEAP飞机发动机（装配国产C919飞机)，属于高附加值项目。该公司高标准建设服务于全球航空公司的民用航空发动机保税维修基地，基地一期于2015年9月动工，2017年10月试运营，2018年3月全面投运，设计年维修能力300台。目前，该维修基地主要开展航空发动机深度维修业务。2019年1~11月，开展维修业务142台，实现主营业务收入47亿元，单台飞机发动机平均维修金额高达3 300万元。同时，已在园区规划用地，专注于建设航空保税维修基地，积极洽谈引进包括双通道航空发动机、航空辅助动力装置、公务机发动机维修及包括航空部附件、机载电子设备等保税维修项目入驻，并探索深度开展航空部附件及航空关联产品再制造业务，致力于打造航空保税维修产业特色集聚区。

二是做实融资租赁特色。大力发展以融资租赁产业为特色的临空服务业。联合海关，创新实施飞机融资租赁“综保区+空港”海关异地委托监管模式，解决融资租赁飞机不能实际入区问题，积极推动融资租赁企业在园区注册SPV公司，开展飞机整机、飞行

模拟机、备用发动机等融资租赁业务，实现四川自由贸易试验区金融创新试验任务再突破。2019 年 5 月，完成四川首架空客 A330 整机融资租赁飞机交付，货值约 7 亿元；2020 年 1 月 8 日，完成四川首台保税租赁飞机发动机交付，货值约1 444万美元。正在积极洽谈融资租赁企业、航空公司等，力争进一步做大融资租赁业务规模。

三是做优主导电子信息产业特色。在依托仁宝、纬创等存量项目大力发展以智能终端为主的加工制造产业的同时，加快推进紫光存储器保税制造基地项目建设，探索形成集芯片研发、封装测试、核心零部件和移动终端制造等于一体的立体信息技术产业集群。紫光存储器保税制造基地项目主要建设 12 英寸（3DNAND）存储器生产线，并开展存储器及关联产品（模块、解决方案）的研发、制造和销售。同时，积极推进区内成都天朗电子科技有限公司开展增值税一般纳税人资格试点，统筹国内、国外两个市场，进一步扩大产能。

四是做大新兴跨境贸易产业。认真贯彻落实国发〔2019〕3 号文关于“试行汽车保税存储。允许在汽车整车进口口岸的综合保税区内开展进口汽车保税存储、展示等业务”相关要求，成功实现四川省首单进口汽车保税存储业务落户成都双流综合保税区。2019 年 12 月，两辆来自欧洲的奔驰 S450 中规车，经成都铁路港转运至成都双流综合保税区保税仓库，以保税存储的方式暂时寄存，突破了此前普通渠道进口汽车必须“落地征税”的限制，下一步，将进一步联动成都国际铁路口岸实现在综合保税区开展进口汽车保税存储、展示、改装等业务。在跨境电子商务产业发展方面，积极依托成都跨境电子商务综合试验区试点优势，重点发展跨境电子商务保税备货进出口业务，着力完善跨境电子商务生态体系，打造成都跨境电子商务示范区。

（二）围绕优化营商环境，狠抓“提效降费”

深入贯彻落实关于“优化口岸营商环境”“提效降费”相关部署的要求，率先实施“智慧综关”系统建设，通过启用车牌光学号牌自动识别、卡口触发运抵放行、微信公众号报关业务查询等功能，全面推行“提前申报”，再造货物进出区流程，切实降低企业通关成本，提升通关效率。自 2019 年年初系统建成运行以来，有效提升了园区通关便利化水平。一是通关效率明显提升。入区车辆通行时间由 3.27 小时缩短至 30 分钟，出区车辆由 2.1 小时缩短至 10 分钟，95%的车辆已实现“秒通关”。二是通关环节进一步优化。取消制卡、制单（运抵报告打印）等服务环节，减少通关等待时间，再造通关流程。三是通关费用进一步降低。取消制卡费、制单费等收费环节，企业单次费用降幅达 60%。

（三）围绕自由贸易试验区改革创新，扎实推进货物贸易改革试验任务

成都双流综合保税区作为四川自由贸易试验区中唯一运行的海关特殊监管区域，紧紧围绕自由贸易试验区货物贸易便利化改革实施方案，稳步推进货物贸易改革试验任务，联合海关围绕便利化提炼有双流特色的改革措施。目前，已针对解决航空发动机保税维修业务涉及的设备整机进口未独立申报废旧零部件出境（区）问题，形成了“综保区设备零配件可追溯便捷监管模式”制度创新案例；围绕园区信息化系统建设，形成了“综保区智慧综关快速通关模式”制度创新案例。同时，积极构建“金关二期+智能卡口”综合保税区智慧监管体系，推行“四自一简”监管制度改革，叠加“区间流转”“工单核销”等 10 余项创新举措，通关时效大幅提升，位居成都关区前列。

附件：

“21项举措”在成都双流综合保税区落地情况

序号	任务	落地情况
1	拓展两个市场	区内成都天朗电子科技有限公司已开展增值税一般纳税人资格试点
2	释放企业产能	允许区内加工制造企业利用剩余产能承接境内区外委托加工
3	促进内销便利	已将区内生产制造的手机等重点产品从自动进口许可证管理货物目录中剔除
4	强化企业市场主体地位	支持区内企业自主备案、合理自定核销周期、自主核报、自主补缴税款
5	促进研发创新	除禁止进境的外，区内企业从境外进口且在区内用于研发的货物、物品，免于提交许可证件，进口的消耗性材料根据实际研发耗用核销
6	建设创新高地	支持国家产业创新中心、国家技术创新中心、国家工程研究中心、新型研发机构等研发创新机构在区内发展
7	优化信用管理	区内新设的研发设计、加工制造企业，经评定符合有关标准的，直接赋予最高信用等级
8	支持医疗设备研发	区内企业进口的医疗器械用于研发、展示的，允许不办理相关注册或备案手续
9	简化进出区管理	允许对境内入区的不涉出口关税、不涉贸易管制证件、不要求退税且不纳入海关统计的货物、物品，实施便捷进出区管理模式
10	便利货物流转	通过建设“智慧综关”信息化系统，创新监管模式，简化业务流程，实行数据自动比对、卡口自动核放
11	试行汽车保税存储	已在区内开展进口汽车保税存储业务
12	开展检测维修	已引进四川国际航空发动机保税维修项目、川航航发 APU 保税维修等项目，在区内开展监测维修业务
13	发展租赁业态	已在区内开展飞行模拟机、飞机整机、飞机发动机融资租赁业务
14	促进跨境电子商务发展	已在区内开展跨境电子商务保税备货进出口业务
15	推广创新制度	作为四川自由贸易试验区中唯一运行的海关特殊监管区域，正在积极复制推广自由贸易试验区中与海关特殊监管区域相关的改革试点经验

综合保税区高质量发展情况交流

昆山综合保税区管理局

（2020年1月9日）

《国务院关于促进综合保税区高水平开放高质量发展的若干意见》（国发〔2019〕3号）的印发，为新时代综合保税区更高质量发展提供了明确方向和有力支撑。昆山综合保税区积极抢抓政策机遇，落实时间表、任务书、路线图，多点突进“五大中心”建设，经过一年多的努力，发展成效初显。

一、区域基本情况

昆山综合保税区的前身是昆山出口加工区，于2000年4月27日经国务院批准设立，同年10月8日正式封关运作，是第一个封关运作的出口加工区，规划面积2.86平方公里。2006年12月26日，国务院批准昆山出口加工区叠加保税物流功能，并开展研发、检测、维修业务试点。2009年12月20日，国务院批准昆山出口加工区转型设立昆山综合保税区，同时拓展区域面积至5.86平方公里。2012年12月3日，昆山综合保税区通过国家验收并封关运作。2016年11月，昆山综合保税区成为全国海关特殊监管区域第一批“增值税一般纳税人”试点区域。2019年1月，昆山综合保税区落地国内全球维修业务第一票。

截至2019年11月，昆山综合保税区已投产企业119家，其中工业企业68家、物流企业40家、贸易企业8家、其他服务企业3家；总投资46亿美元，注册资本23亿美元，实际利用外资14亿美元，从业人员13万余人。

二、主要工作成效

2019年以来，面对复杂多变的宏观经济形势，园区主动适应经济新常态，积极贯彻落实“21条新举措”，深入推进“五大中心”建设，经济发展保持稳定。

（一）经济发展保持平稳

一是主要指标维持在合理区间。2019年1~11月，昆山综合保税区实现工业产值2 643.6亿元，同比增加3.0%，迎来逆势增长。进出口总额为2 969.1亿元，同比下降3.7%。其中，出口为2 123.4亿元，同比增长1.8%；进口为845.7亿元，同比下降15.2%。二是稳步推进一般纳税人试点工作。目前，共有24家企业参加试点，新增惠普贸易等9家企业。自2016年试点工作开展以来，累计实现开票金额77.7亿元，税额12.8亿元。其中，2019年1~11月国税增值税发票开票金额为25.6亿元，税额4.3亿元。

（二）“五大中心”建设成效初显

深入转型升级，精准推进招商工作，全力增强经济发展新动力，为区域发展注入源头活水。2019年1~11月，新批企业8家，总计完成注册资本31.85亿元，“五大中心”建设取得较大突破。一是加工制造中心。统筹利用国内外市场，持续放大一般纳税人资格试点效应，成功助推纬创、惠普等龙头企业加入试点工作。此外，通过要素整合和产业配套，引进高附加值产业，宝能汽车、蔚隆电子、亿政食品等一批项目正在加紧建设中。二是研发设计中心。借助进口研发设备和原料保税优势，通过世硕电子、汉达等项目设立保税研发账册，加快自主创新步伐。目前区内研发机构 12 家，研发企业 2 家。三是物流分拨中心。构筑全产业链保税体系，不断丰富全区产业形态，目前正重点推进三井物产、法国路易达孚、熠果国际等物流分拨项目。2019 年 1～11 月，保税物流进出口总额为1 079.4 亿元。四是检测维修中心。以旭达电子实现国内全球维修业务“第一票”为契机，延伸服务链条，新设立灵动创佳、海吉光电两家维修公司，目前已有 9 家维修企业开展全球维修和保税维修业务。2019 年 1～11 月，保税维修实现进出口额 98.8 亿元。五是销售服务中心。成功引进戴尔、惠普等国际知名品牌商入区设立销售服务公司，为服务贸易注入新活力，加码新旧动能转换。

（三）打造特色咖啡产业链

借助区位交通、功能载体等优势，特别是部分已建成的恒温保税仓库等载体资源，着力打造集亚太咖啡生豆物流分拨中心、亚太咖啡平台交易中心、亚太咖啡研发制造中心、亚太咖啡品牌销售中心于一体的全产业链，力争通过 3～5 年的努力，打造千亿级咖啡产业链。

（四）企业服务有序开展

始终秉持“亲商、安商、富商”的工作理念，解决企业经营过程中的痛点和难点，坚定企业发展信心和决心。一是稳定企业扎根发展信心。重点抓好仁宝、纬创、世硕三大龙头企业服务工作，积协调解决企业工程建设等事宜，助推项目早开工、早建成、早投产。同时，积极跟进中美贸易摩擦对区内企业的影响，通过建立招商专员挂钩联系和动态监测制度，摸底排查企业经营情况，通过强化管理、调配产能等措施助推企业发展，稳定企业产能规模。二是降费提效减负担。积极贯彻落实国家、省、市口岸降费提效工作部署，协调督促场站运营方实质性下调收费标准。自 2019 年 11 月 1 日起，已取消卡口通行收费，预计每年可为企业节省约 1 000万元成本。此外，通过降低理货比例、全面取消过磅费、降低所有类型场地费用等方式大幅降低场站服务费，每年可为企业节约成本超过2 000万元，进一步减轻企业负担。

杭州综合保税区高质量发展情况交流

杭州综合保税区管理办公室

（2020年1月9日）

杭州综合保税区前身为浙江杭州出口加工区，于2000年4月获国务院批准，是全国首批出口加工区之一，是中国（杭州）跨境电子商务综合试验区的起航园区和核心园区。2019年6月11日，经省联合验收组现场验收，成为杭州市首个通过验收的综合保税区。

2019年以来，根据《关于加快钱塘新区高质量发展的意见》文件精神及新区党工委、管委会的总体部署，以《国务院关于促进综合保税区高水平开放高质量发展的若干意见》（国发〔2019〕3号）21条新政为依据，以综合保税区封关验收为契机，紧紧围绕转型升级、创新发展这一主线，牢牢把握杭州唯一综合保税区这一优势，依托国内国外两个市场，充分发挥综合保税区叠加综合试验区功能，抢抓发展机遇，狠抓政策落地，做实技术研发中心、做强加工制造中心、做大物流分拨中心、做优贸易服务中心、做新检测维修中心，走出一条综合保税区高质量高水平发展的新路，把杭州综合保税区建设成为具有全球影响力和竞争力的对外开放平台。

一、2019年主要经济指标情况

（一）工业指标

2019年1~11月，全区累计实现规模以上工业总产值99亿元，同比增长17.8%；规模以上工业企业累计实现利润总额3亿元，同比增长43.6%；实现税收总额20.9亿元，同比增长37.5%。

（二）跨境电商

1~11月跨境进口完成15.7亿美元，同比增长1.7%；跨境出口完成8.55亿美元，同比增长15.54%。招引各类跨境电子商务企业75家。交易单量占全市的80%。

（三）进出口指标

1~11月，综合保税区实现外贸进出口额34.5亿美元，同比增长16.1，约占钱塘新区总额的30%。其中，进口实现20.7亿美元，同比增长16.7；出口实现13.8亿美元，同比增长15.7%。

二、2019年主要成效

（一）落实国发〔2019〕3号文精神，打造五大中心

1. 做强加工制造中心，统筹利用两个市场。一是拓展国内市场。2019年会同海关和税务部门，加快促进“增值税一般纳税人试点”政策落地，重点关注中日龙、矢崎配件申报首批政策试点企业，辅助东芝家电、松下住宅进一步测算。助力企业拓展国内市场，激发企业转型升级新动能。同时，利用取消综合保税区内企业使用监管期内免税设备开展委托加工业务的资质要求，允许综合保税区内加工制造企业利用剩余产能承接境内区外委托加工的政策，鼓励企业通过委托加工的模式承接国内业务，进一步提高企业效益，提升竞争能力。二是从“制造”向“智造”转变。落实新发展理念，进一步促

进企业转型发展，鼓励加大技术改造投入，向“智造”产业延伸。支持玳能科技坚持走高质量发展之路，在深耕主业的同时，积极实施并购战略，实行产品多元化经营，大力引进基板切割机、激光镭射机新技术设备，增加新生产线，扩张产能。支持松下住宅转变发展思路，争取将集团在国内生产后出口的智能家电产品汇集到综合保税区内生产，鼓励企业增资扩产投入自动化生产设备。

2. 做实技术研发中心，探索生物医药新高地。加快推进杭州综合保税区内的生物医药查验监管服务平台建设，用足降低区内企业开展医疗设备研发的准入门槛及境外进口的区内研发货物、物品免验许可证件的政策红利。主动对接药明康德和中肽生化等生物医药企业，招引生物医药研究实验室等项目入驻，打造杭州生物医药实验和检测平台集聚区。目前药明康德的生物医药研发中心已明确落地杭州综合保税区，2020 年启动硬件装修。

3. 做优贸易服务中心，主动融入 eWTP 建设。2019 年园区积极对接阿里巴巴，结合杭州综合保税区实际，主动融入 eWTP 建设，充分发挥综合保税区、综合试验区两区叠加优势，大力支持 eWTP 建设。一是提供土地资源。积极服务菜鸟一期模式创新，推动二期项目建设，支持菜鸟在江东片区设立菜鸟联盟创新平台项目。二是提供高效资源。举办了钱塘新区跨境电子商务大众创业大赛，联合国内外知名跨境电子商务平台建设出口分销体系，培养跨境实操人才。联合工商大学建设跨境学院、大数据中心，依托新区现有的人才和科技储备，助力阿里巴巴做精做强 eWTP 在全球的首批试点。三是全球首个 eWTP 公共服务平台正式上线。以综合保税区功能平台为依托，在海关、税务、财政等部门与阿里巴巴团队共同努力下，不断探索监管创新模式。12 月 27 日全球首个 eWTP 公共服务平台在杭州综合保税区正式上线，区内跨境贸易中小企业将可享受到更加便利的一站式在线报关、通关及结汇、退税等服务。作为整合了政务与商务等能力搭建的政企合作服务平台，将为全球中小企业提供全球买全球卖的数字化基础设施。

4. 做新检测维修中心，打造全球维修集聚。2019 年利用在综合保税区内开展全球维修、第三方维修业务无须再经商务部批准及取消了维修货物修理完毕必须复运限制的政策突破，鼓励玳能科技争取引入笔记本的维修业务，打造玳能品牌笔记本电脑的全球维修中心。同时，支持玳能科技进一步拓展对外承接 10 米靶静电检测实验室业务，利用样品便利进出区政策做大检测业务。同时，加大招商引资力度，重点招引高技术、高附加值、符合环保要求的保税全球维修和再制造业务。支持第三方检验检测认证机构在综合保税区开展进出口检验认证服务。

5. 做大物流分拨中心，进行战略枢纽布局。一是做宽跨境发展路径，创新 2 种模式：在全国首创跨境电子商务进口 B2C 包裹退换货模式，启动跨境电子商务“1210”邮路保税出口创新模式。二是进口肉类通过验收，提升开放水平。杭州进口肉类指定监管场地经过 1 年多的建设，于 11 月 20 日通过海关总署专家验收组验收，可满足年进口肉类 20 万吨的杭州唯一的进口肉类指定监管场地正式落地，填补杭州无进口肉类指定查验场所的空白，极大提升杭州市进口肉类产品的通关便利，大幅度降低肉类进口物流成本，辐射杭州及周边地区乃至浙江省区域进口肉类贸易的发展和消费需求。三是“区港联动”模式创新进一步落实。为加强杭州萧山国际机场、杭州综合保税区之间的业务联动，在杭州海关的支持和指导下，通过创新“区港联动”模式，赋予杭州综合保税区口岸作业功能，实现“政策叠加、优势互补、资源整合、功能集成”，物流更加灵活多样，有效降低企业仓储、物流、管理成本。

（二）自由贸易区联动片区获批

根据浙江省自贸办9月2日相关文件精神，杭州市正式启动自由贸易区联动创新区建设，12月18日浙江省政府批复设立6个浙江自由贸易试验区联动新区，杭州综合保税区位于杭州钱塘新区内，新区作为杭州自由贸易联动片区的重要板块，规划26平方公里的钱塘新区“自贸试验田”，以综合保税区“保税+”为基础，叠加跨境电子商务、智能制造、生物医药三大优势，把钱塘新区打造成跨境电子商务领先、智能制造集聚、服务贸易创新、生物医药高端、政务高效便捷、辐射带动作用突出的对外开放主平台、主战场，实现贸易数字化与数字贸易化融合并行。

（三）推进中非国际合作

2019年9月，钱塘新区与库哈发展公司正式“缔盟”，就新区与库哈工业园（经济特区）开展经贸合作事项签订了《合作框架协议》，将从载体、园区、产业互动、才智互通几方面来推进中非合作。重点谋划在钱塘新区建立中非发展大厦，设立“一带一路”非洲国家馆、中国输非商品展销馆，非洲国家签证服务中心，中国企业非洲投资服务中心，将钱塘新区作为国家级论坛——中非民营经济合作高峰论坛永久会址。

嘉兴综合保税区高质量发展情况交流

嘉兴综合保税区管理局

（2020年1月9日）

为更好地贯彻落实《国务院关于促进综合保税区高水平高质量发展的若干意见》（国发〔2019〕3号）文件要求，推动高水平高质量发展，嘉兴综合保税区抢抓新一轮深化改革扩大开放带来的机遇，全面复制推广自由贸易试验区改革经验，积极探索改革经验，加快落实长三角区域一体化发展首位战略，充分发挥综合保税区联动发展的纽带作用，加快建设成为承载优质资源的平台、高质量转型发展的标杆。

一、基本情况

嘉兴综合保税区的前身为嘉兴出口加工区，2003年3月10日经国务院批准设立，2005年4月26日通过国家九部委联合验收，2006年2月28日正式封关运作。2015年1月31日经国务院批准整合优化为嘉兴综合保税区，规划面积2.98平方公里（其中B区1.65平方公里），2016年9月14日正式通过联合验收组的验收，并于当年12月7日收到海关总署正式批复，开关运作。

嘉兴综合保税区（嘉兴港区）地处上海南翼、杭州湾北岸，基本实现了与沪、杭、甬、苏周边城市的“一小时交通圈”，是长三角地区的一个重要交通枢纽。

二、具体工作落实情况

（一）加大招引，强化合作

1. 招大引强促高质量发展。一年来，嘉兴综合保税区认真贯彻落实有关文件精神，充分发挥保税政策，实现区内外联动发展，共引进项目22个（其中外资项目4个，跨境电子商务项目11个），总投资约13.5亿元，包括德诚智能机器人及融资租赁平台、德国西克传感器亚太分拨中心、法国大使箱包分拨中心、赢途络嘉兴物流分拨中心、智能半导体高端设备生产、进口食品分拨中心等项目。

2. 深化接轨上海强合作。利用嘉兴综合保税区独有的区位及政策优势，学习所对标平台在长三角一体发展中的务实举措及先进做法，多渠道加大接轨上海力度，不断强化与中国（上海）自由贸易区的战略合作。一年来多次赴上海外高桥保税区联合发展有限公司、上海临港新区、上海浦东新区等重点区域、重点机构、重点园区，对接洽谈及巩固合作。继续加大推介宣传，密切开展与上海的交流，2019年4月赴上海参加第七届中国（上海）国际技术进出口交易会，5月28日在上海举办综合保税区接轨上海投资合作恳谈会，11月积极参与第二届进口博览会，共助综合保税区高水平开发高质量发展。同时，积极拓展产业联动新平台，与上海外高桥联合发展有限公司及宁波保税区签订战略合作协议，推动双向创新联动。

（二）宣传政策，收集问题

1. 有的放矢强化部署宣传贯彻。自国发〔2019〕3号文发布后，除了自身加强对促进综合保税区发展最新政策的学习研究外，在嘉兴海关及相关行业主管部门的支持下，第一时间召开区内企业政策宣贯会，为嘉兴综合保税区下一步发展指明了方向，创造了条件。派员参加了嘉兴海关举办的促进综合保税区发展新闻发布会，向省市主流媒体介绍了促进嘉兴综合保税区发展的举措和成效。

2. 互动交流回应政企需求。多次召开区内企业座谈会，倾听企业对综合保税区发展和办理业务中存在的政策需求和遇到的困难的意见建议；积极探索进口食品保税展示展销、文物及文化艺术品存储展示、平行汽车保税展示展销等新业态引入的可行性研究。对能够在嘉兴综合保税区立刻落地的政策如委内加工、简化进出区管理、“四自一简”“抽样后即放行”等政策立即实施，尽快见成效。

（三）落实政策，解决问题

1. 加快复制改革试点经验。在嘉兴综合保税区相继成功复制落地“批次进出、集中申报”“简化通关作业随附单证”“统一简化备案清单”“集中汇总纳税”“境内外维修”等8项创新制度，并根据企业实际业务需求，推进了“区内自行运输（区区流转）”“仓储货物按状态分类监管”“保税商品展示交易”等制度的复制推广，探索“引入中介机构辅助开展保税核查、保税核销和企业稽查工作”“先进区、后报关”等创新制度，降低了企业经营成本。

2. 积极向上争取政策。2019年12月，经浙江省政府批准设立6个中国（浙江）自由贸易区联动创新区，嘉兴综合保税区获批列入其中。嘉兴联动创新区实施范围共119.03平方公里，涵盖4个片区，其中嘉兴综合保税区片区28.65平方公里，以复制推广已有自由贸易区政策经验和探索适合自身特色优势的改革创新成果为两个核心任务。

3. 制定出台惠企政策。结合实际，以“三服务”为抓手，通过与区内具有代表性的加工制造和物流仓储企业的深入交流，量身定制对国发〔2019〕3号文的落地惠企政策。例如，对境外入区的食品如需检测，在抽样后即放行，根据检测结果进行后续处置，区内一家供应链公司进口的橄榄油、红酒等食品已因此受益；简化卡口登记手续，允许对境内入区的不涉出口关税、不涉贸易管制证件、不要求退税且不纳入海关统计的货物、物品，实施便捷进出区管理模式，区内的多家企业因此受益；积极推进“四自一简”工作，强化企业市场主体地位。

4. 完成卡口智能化升级改造。2019年4月底，园区完成卡口升级改造，区内已全部切换为二维码扫描和车牌自动识别比对核放模式，极大地便利了进出区货物的核放，有效提高通关便利化水平；为园区项目采取多种创新措施便利企业设备和原辅料进出区；为区内供应链项目优化流程设计，便利企业库存调整和货物查验等。这一系列实实在在的举措，均取得了良好的效果。

加快改革创新升级发展，建设首都对外开放新高地

北京天竺综合保税区管理委员会

（2020 年 1 月 9 日）

作为我国首家空港型综合保税区，首都唯一的海关特殊监管区域，北京天竺综合保税区充分发挥首都优势、空港优势，按照国务院促进综合保税区高水平开放、高质量发展精神，加快改革创新升级，朝向首都开放新高地目标迈出坚实步伐，为我国海关特殊监管区域发展贡献新智慧。

一、园区创新升级发展取得显著成效

园区认真贯彻落实《国务院关于促进综合保税区高水平开放高质量发展的若干意见》（国发〔2019〕3 号），积极推进“五个中心”建设工程。文件中的 21 条措施，除个别不具备产业和港口实施条件的外，已经全面在天竺综合保税区落地。研究制定了天竺综合保税区改革创新升级实施方案，全面提升天竺综合保税区政策功能、产业水平、发展质量、营商环境，实现加速超车，努力打造全国综合保税区高水平开放、高质量发展示范区和首都对外开放新高地。

（一）主要经济指标实现高速增长

2019 年进出口达到 600 亿元，同比增长 30%，增速位居全市各区、各功能区首位；完成属地税收 20 亿元，同比增长 20%；完成关税及代征税 85 亿元，同比增长 20%；营业收入、利润增速均在 50%以上；全年批复企业入区数量增长 35%。

（二）政策功能创新完善取得实效

承担的服务业扩大开放 13 项市级任务、25 项区级任务全部完毕，先后实现了 7 项全国政策首创，其中知识产权证券化创新在深圳社会主义先行示范区复制。已有政策持续扩大成效，增值税一般纳税人试点企业达到 34 家，销项税额 4. 6 亿元；利用保税功能保障国际包修飞机发动机维修业务 19 台，避免重复缴税5 700万元，节省物流成本 475 万元，节约周转时间 133 天，避免了精密器件运输损毁风险。

（三）特色产业加速聚集

形成了在全国具有领先优势的保税产业集群，医药、文化艺术品进口规模分别占到全国的五分之一、三分之一，疫苗、文物进口更是占到全国的 95%、48%。实施重点项目调度机制，跟进项目共计 55 个，较 2019 年年初增加 29 个。升级型消费产业规模有效拓展，整车口岸进口车辆 395 辆，同比增长 35. 3%；在全国率先实现进境活海水蟹保税暂养，进口 112 吨，货值1 153万元。京交会签订 10 份重大项目合作协议，资金总额超过 77 亿元；进博会达成 7 项采购意向，累计金额 835 万美元，较首届增长 2 倍。

（四）营商环境不断优化

普华永道评价企业满意率 97%以上，人民日报等单位组织的“中国营商环境论坛”授予天竺综合保税区“营商环境示范单位”称号。联合出台京津冀优化跨境贸易若干措施，形成了 60 个跨境贸易营商环境的案例，保税货物进、出口整体通关时效较 2018 年分别压缩 67%、70%，大幅优于全国平均水

平，降费水平超过10%。不断提升企业服务水平，成立专门服务团队，优化职能，加快入区手续办理速度。

二、着力打造首都对外开放新高地

天竺综合保税区将不断巩固强化全国领先优势，为首都“四个中心”建设做出更大贡献，为全国综合保税区创新发展探索新路径、积累新经验。

（一）持续加大政策功能创新

一是围绕产业需求积极争取政策功能突破，推进投资贸易的便利化、自由化，产业功能、税负成本的国际化，加强风险防控，打造具有最高水平的开放政策体系。二是以服务保障首都“三件大事”高度，建设好、运营好冬奥会物流中心，为首都办好精彩奥运提供高水平物流通关分拨服务。三是继续扩大分类监管、一般纳税人试点等政策覆盖范围，推动整车口岸功能延伸，拓展进口食品分割鲜切业务。四是做好“十四五”规划编制工作，为创新升级长效实施谋篇布局。

（二）形成具有全国优势的保税产业群

一是以项目为抓手为园区发展储备增量。持续落实重大项目工作机制，推动项目落地，促进文物交流中心、检科院平台等扩大功能和业务规模。围绕园区产业转型升级方向，聚焦科技、文化等主导产业，着力引进新的项目。二是研究制定具有园区特色的产业支持政策，为进一步促进产业聚集形成比较优势。三是积极探索专业化招商模式，聘请专业机构对接项目资源，探索建立专业化招商服务团队。

（三）打造国际一流的跨境贸易营商环境

一是推进优化物流监管流程，探索更加符合“一线放开、二线高效安全管住”理念的监管模式。二是落实空港口岸提升跨境贸易便利化相关措施，引导各运营主体增能效、降费用，强化通关时效全国领先优势。三是提升企业服务水平，将企业服务向精准化、精细化、精确化延伸。四是加强对园中园开发主体的服务和统筹协调，促进以商招商工作。

因地制宜创新驱动　促进综保区高质量发展

长春兴隆综合保税区管委会

（2020 年 1 月 9 日）

长春兴隆综合保税区位于长春经开区，是 2011 年获批的第 19 个综合保税区，也是吉林省内陆唯一的综合保税区。园区规划面积 4.89 平方公里，一期围网 1.536 平方公里，2014 年封关运营。两区实行“两块牌子，一支队伍”的管理模式。

一、“21 条”落实情况

2019 年 1 月，《国务院关于促进综合保税区高水平开放高质量发展的若干意见》（国发〔2019〕3 号）下发，为综合保税区的发展指明了方向，赋予了综合保税区改革开放的新使命。园区具体落实情况如下：

（一）高度重视，与地方海关积极落实新政

根据实际需求，已落实举措 6 条：一是强化企业市场主体地位，德林木业公司实现了“四自一简”；二是简化进出区管理，从过去的辅助平台备案变为非报关通道，时间节约一半；三是便利货物流转，综保云仓公司货物实现了在大连保税区与兴隆综合保税区之间的调拨；四是创新监管模式，境外入区动植物产品的检验项目实施了“先入区、后检测”；五是促进跨境电子商务发展，“1210”“9610”业务模式已经全面适用；六是推广创新制度，法雷奥、福瑞沃德、宇航物流等企业开展了分类监管业务，大陆汽车电子分送集报业务规模不断扩大。

正在推动政策 5 条：一是拓展两个市场，一般纳税人资格试点申请文件完成市级上报；二是释放企业产能，吉客现代机器人项目拟开展委内加工业务；三是汽车保税存储，结合整车口岸近期推动政策落地；四是促进文物回流，已有企业完成注册；五是开展检测维修，拟利用一汽检测中心平台开展汽车保税检测业务。

（二）结合实际，进一步明确自身发展方向

对标“五大中心”，充分分析了园区发展实际，认识到要补加工贸易这个短板、强物流这个基础、突出检测维修这个优势（依托一汽），进而明确了建设三个中心的方向。一是区域特色资源产品加工中心。加工贸易仍然是综合保税区发展的重要基础，目前园区加工贸易进出口额不到进出口总额的 10%，应着重利用与东北亚各国之间的资源互补性、中欧班列线路运输、肉类冰鲜水产品特色口岸开展加工贸易。二是物流分拨中心。保税物流业务目前占园区进出口额的 80%以上，物流分拨具备较好基础。其中，“长满欧”班列已形成整车、板材、矿泉水等进出口特色产品，“长珲欧”班列与俄罗斯“滨海 2 号”开发战略实现了对接。通过长春龙嘉机场建立了至俄罗斯、爱沙尼亚、蒙古国的货运包机航线，对韩国跨境运输航线正在开发。卡车航班集运中心连接了全球 100 多条国际货运航线。综保云仓、新运仓储、宇航物流等多家物流企业已经落位，通道经济初步形成。下一步，重点建设陆港型国家物流枢纽，发展海铁联运、冷链物流和汽车物流。三是检测维修中心。这是园区今年着力推进的一个方向，主要与一汽长春汽车检测中心合作，建立具备保税功能的质量监督和检验中心，空气和尾气检测实验室已经落户。奔驰、宝马、路虎、保时捷等研发机构的进口样品车辆检测业务即将落户，同步吸引整车、零部件、改装件等企业的研发机构集聚。下步，重点开展车辆保税检车、维修、改装、展览展示、供应链配套服务等。

二、开放发展经验交流

兴隆综合保税区自 2014 年运营以来，一直面临着较大经营压力。长春地区加工贸易基础薄弱，物流和产业链配套能力较差，外贸产业单一且集中在一汽、长客周边，原有外贸体系和模式很难打破。为此，园区提出了优先发展物流、创新发展的思路。

（一）以物流为先导，推动平台和通道建设

在国际经济体系中，物流是加工制造和贸易流通的保障。兴隆综合保税区地处吉林省腹地，与沿边口岸、港口及长三角、珠三角地区相对较远，“以制造业为主，大进大出”的发展思路，很难适应现阶段发展形势。因此，园区提出了“物流为先导，产业做基础，贸易来激活”的发展策略。先后开辟了 4 条开放通道，包括中欧班列、货运包机航线，至大连、天津的海铁联运通道，以及至俄罗斯符拉迪沃斯托克的公路运输通道。2019 年设立了天津港“长春无水港”，两地海铁联运班列实现对开，同年被长春市作为陆港型国家物流枢纽准备向国家申报。此外，铁路、整车、肉类、冰鲜水产品 4 个口岸已经运营。初步形成由国际陆港、虚拟空港、智慧公路港、综合保税区、多式联运中心构成的“三港一区一中心”综合物流体系。

（二）借助自身优势，推动保税物流业务快速发展

1. 围绕“一带一路”，依托中欧班列发展国际物流。

中欧班列（长满欧）于 2016 年纳入中欧班列建设发展规划，线路途经俄罗斯远东资源丰富地带和欧洲产业发达地区，已建立包含俄罗斯境内 100 个站点、欧洲 10 个国家 30 个站点的物流网络，累计承运货物超过 5 万标箱。承运货值、开行密度、目的地及货源辐射地，在北方区域的中欧班列中处于领先地位。“长满欧”推动国际物流发展的作用主要体现在：优化了企业供应链体系，促进了省内企业走出去，与整车口岸实现了融合，建立了内陆国际转运的成熟模式。国际转运方面，得益于综合保税区与铁路口岸一体化的建设模式，班列的日、韩国际转运货物每年保持在 2 亿美元以上，保障了运输时效，降低了监管难度和衔接成本。目前，班列的日、韩货物国际转运、通运能力已居全国中欧班列前列。

2. 对接汽车零部件企业需求，为企业提供特色物流业务。通过与大陆汽车电子（长春）公司及其物流供应商中外运吉林公司周密设计，形成了特色通关和物流解决方案。例如，采用暂缓保税、分送集报、货物集中分拣和组拼等方法，每月申报次数从 70 次降至 2 次，企业每年节省财务成本 140 万元以上。保税寄售模式把付款账期时点从“国外工厂发出”后移至“集中申报入库”，极大地降低了企业资金占用。同时，使大陆汽车电子（长春）公司电子在区内的供应商由原来的 5 家增加至 26 家，每年进出口额近 10 亿元。

三、支持开展“进口样车保税外发检测”业务

长春汽车检测中心是中国合格评定国家认可委员会认可的检测类实验室，具有国家

级汽车检测资质牌照。园区与该中心共建了全国首家具有保税功能的口岸检测实验室，主要开展有意进入国内销售的进口车认证管理和服务工作。此项业务不仅可解决当前国Ⅵ尾气排放标准检测周期长的难题，而且能够推动园区成为全球有一定影响力的汽车类检测维修中心。奔驰、宝马等公司对此项业务非常感兴趣，希望此项业务尽快落地。

凝神聚力　砥砺前行　以政策为导向
促进综合保税区高质量发展

石家庄综合保税区管委会

（2020年1月9日）

2019年以来，石家庄综合保税区在各级海关的大力支持下，认真贯彻落实省、市安排部署，以贯彻落实《国务院关于促进综合保税区高水平开放高质量发展的若干意见》（国发〔2019〕3号）政策举措为发展导向，对照“五个中心”建设，以加快制度创新和培育市场主体为抓手，凝聚力量，创新工作思路，全面推动园区高质量发展。2019年1~11月，石家庄综合保税区共实现进出口额9.3亿美元（其中出口6亿美元，进口3.3亿美元），是2018年全年的3.78倍。区内全年新注册企业84家（其中外资企业11家），累计达到了117家（其中外资企业13家）。主要做了以下四个方面的工作。

一、以特色园中园为载体，推进先进制造业发展

经过认真分析石家庄综合保税区区位特点、辐射范围内产业优势及发展方向，园区规划建设了航空产业园、生物医药产业园、光电机电产业园等项目，作为建设“五个中心”的载体。航空产业园充分发掘石家庄综合保税区紧邻石家庄正定国际机场跑道的区位优势和京津冀机场群航空产业优势，发挥河北自由贸易试验区正定片区建设航空产业开放发展集聚区的政策优势，建设飞机维修机库、航材库、航空综合培训中心及通用航空研发生产基地，探索开展飞机维修、改装、检测和再制造等业务，发展飞行员及空乘人员、机务维修人员模拟培训产业。目前正在与河北机场管理集团进行规划对接，已经与国内外3家飞机维修企业达成了合作意向。生物医药产业园依托石家庄市生物医药产业优势，分为生物医药研发生产、干细胞技术研发检测、保税医药物流和医药展示交易4个功能区，发挥河北自由贸易试验区正定片区建设生物医药产业开放创新引领区的政策优势，积极推进招商引资和项目建设。其中，口岸医药物流中心项目主体已完工，医药展示交易中心项目已开工建设，干细胞研发基地项目已签约，两家生物医药研发生产企业已达成入区意向。光电机电产业园立足于服务京津冀光电机电产业发展，分为加工中心、检测中心、研发中心和维修再制造中心4个功能区，利用一般纳税人资格试点、委内加工、售后维修和再制造等政策优势，进行重点招商。园区5栋标准厂房已竣工，4家生产制造企业已签约拟入驻，2家机电产品出口企业就设立售后维修服务机构进行商洽。

二、以完善功能设施为抓手，推进综合物流枢纽建设

石家庄综合保税区虽然拥有较好的区位交通优势，但由于起步较晚，各项功能设施不完善，制约了保税物流产业的发展，也影响了综合保税区先进制造业的招商质量。因此，2019年园区将完善功能设施，推进综合物流枢纽建设，作为管委会的重点工作。一是加快推进了仓储设施的建设。公共保税仓储中心8万平方米标准仓库已全部竣工投用。已有晶澳太阳能、华药、易带通等生产企业、供应链企业，以及纽兰、海捷等国际货运代理企业入驻开展业务。二是加快推进口岸监管设施和指定监管场地的建设。国际邮件互换局作业场所已建设完成；跨境电子商务综合试验区于2019年12月15日获批设立，跨境电子商务产业园查验仓库已建设完成；为申请进口药品口岸配套建设的口岸医药物流中心项目主体已完工；进口钻石口岸申请正在与海关部门进行沟通，与珠宝钻石检测机构已达成入区意向。三是努力推进物流能级提升。与国际班列运营商（石家庄—明斯克、石家庄—汉堡）进行合作，在综合保税区内设立了集货中心和分拨中心，推动区内企业洲易联公司与中诚通公司就中俄绿色通关项目签订了合作协议；与石家庄铁路货运中心、冀铁集团及相关物流企业合作，与天津港、宁波港进行对接，推进多式联运、无轨场站及内陆集装箱场站的发展建设，降低企业物流成本；学习借鉴首都机场大通关基地建设经验，充分发掘石家庄正定国际机场空侧资源，编制了大通关及航空物流园发展规划，并与机场修订的总体规划紧密衔接，以提高航空物流的比较优势。

三、以政策宣讲为引导，拓展招商引资渠道

在综合保税区招商工作中，园区始终坚持服务本地企业，吸引外来企业的工作原则，以国发〔2019〕3号文和河北自由贸易试验区政策宣讲为引导，积极拓展招商引资渠道。一是夯实政策基础。为落实好国发〔2019〕3号文，促进石家庄综合保税区的高质量发展，2019年年初，园区提请石家庄市政府研究出台了《关于促进石家庄综合保税区招商引资的若干意见》，包括鼓励吸引各类优质企业入区、鼓励区内企业做大做强、鼓励区内企业提高土地使用效率及扶持重点产业发展四个方面，共计45项奖励扶持政策。河北自由贸易试验区获批后，为促进以石家庄综合保税区为核心的正定片区的发展，市委市政府又专门研究出台了《关于支持中国（河北）自由贸易试验区正定片区高水平开放高质量建设的若干意见》，围绕创新激励支持、创新贸易便利化、创新产业发展等方面推出了40条措施。这两个配套政策文件的出台，为石家庄综合保税区驶入发展快车道夯实了政策基础。二是加快培育本地企业。石家庄乃至河北省，是制造业的集聚地，拥有众多的特色产业集聚区。2019年，园区下大力分行业、分区域采用各种形式进行政策宣讲，在与行业协会和企业洽谈中帮助企业策划充分应用综合保税区政策的业务模式，力求以政策的入脑入心加快培育本地企业，提高企业对综合保税区的关注度，提升企业应用综合保税区政策扩展国际业务、利用综合保税区发展壮大的主动意识和自觉性。与石家庄、保定、邯郸、邢台、衡水、辛集等地的行业协会进行了对接，共同举办政策解读与说明会；组织了面向北美、俄罗斯、东南亚等国家和地区的出口平台与生产企业的对接交流会；与省内有关协会、省市有关职能部门共同组织召开了生物医药、国际物流、跨境电子商务等重点行业政策说明会。全年共计组织各类政策宣讲说明会及洽谈对接会32场次。三是着力引进重点产业。以国发〔2019〕3号文“五个中心”建设为导向，面向京津、上海、深圳、广州等先进地区，着力引进生物医药（含医疗器械）、航空产业、国际物流、跨境电子商务、高端装备制造等重点产业的优质企业。

四、深入推进“放管服”改革，持续改善营商环境

在贯彻国发〔2019〕3号文过程中，园

区始终将深入推进“放管服”改革作为重要措施，持续改善综合保税区营商环境。一是实施商事登记便利措施。认真贯彻“证照分离”改革要求，实施延时+预约、远程指导、容缺受理等工作机制，压缩企业注册时限，基本实现了当场办结。二是推行“全流程、全天候”服务工作制度。园区对企业和项目单位提出的问题、难题及时受理，全程协办、领办，帮助企业协调解决。三是推进诚信管委会建设。对管委会承诺的事项、招商奖励政策的兑现落实等企业关注的问题，管委会各部门严格按照承诺、按照政策约定，及时为企业办理，足额兑现。通过以上措施的实施，综合保税区营商环境得到了入区企业的认可和好评。

不忘初心谋发展　齐心协力谱新篇

——上海浦东机场综合保税区贯彻落实国发〔2019〕3号文情况汇报

上海浦东机场综合保税区办事处

（2020年1月9日）

上海浦东机场综合保税区分别于2010年9月和2011年12月通过了一期与二期的封关验收，是我国封关建设周期短、实际运作快的空港型综合保税区。区域面积3.59平方公里。其中，机场内1.81平方公里，机场外1.78平方公里。

截至2019年10月末，园区完成经营总收入200亿元，同比增长40%；租赁服务收入109亿元，同比增长14%；航运物流服务收入58亿元，同比增长6%。完成工商税收25.76亿元，同比减少6.9%。实现进出口总额595.54亿元，同比增长42.2%。其中，进口额324.88亿元，同比增长66.7%；出口额270.66亿元，同比增长20.8%。从整体数据上看，浦东机场综合保税区保持了快速、稳定的发展势头。

2019年1月，《国务院关于促进综合保税区高水平开放高质量发展的若干意见》（国发〔2019〕3号）发布，提出了21条具体任务举措，旨在赋予综合保税区改革开放新使命，着力培育其在产业配套、营商环境等方面的综合竞争新优势，明确在综合保税区发展具有全球影响力和竞争力的加工制造中心、研发设计中心、物流分拨中心、检测维修中心及销售服务中心。

作为上海自由贸易区范围内唯一一家不需要翻牌升级的综合保税区，园区迅速结合集聚形成的融资租赁、空运物流分拨、航空服务、高端商贸、进口汽车、医疗健康等功能，以重点项目、龙头企业为抓手，及时组织学习研判，快速对接监管部门，全面宣传贯彻国发〔2019〕3号文，深入解决实际痛点，有序推进政策落地。

一、推动融资租赁产业集聚，夯实经济发展基础

融资租赁产业是浦东机场综合保税区区内最大的功能板块，随着政策的不断优化放开，区内的融资租赁企业数量进一步增长，规模化效益进一步凸显。主要是以交银、国银租赁为代表的银行系金融租赁公司，以东航、中飞租为代表的航空融资租赁公司，以中交建为代表的大型设备融资租赁公司。

国发〔2019〕3号文主要解决了海关异地委托监管的限制，使区域融资租赁产业进一步发展在政策法规渠道方面更加通畅。在国发〔2019〕3号文政策出台后，园区结合大调研工作，重点服务融资租赁企业，积极宣讲财政扶持、国发〔2019〕3号文相关政策，增强企业对区域的依赖感和黏合度，全力争取其在机场综合保税区实际开展业务。2019年1~10月机场综合保税区共完成进口飞机16架，同比增长33.3%；飞机进口额116.2亿元，增长1.5倍。新设SPV企业共24家。下阶段，在海关等职能部门的大力支持下，园区将进一步在保持融资租赁产业规模化基础上实现多样化的新发展，围绕飞机

融资租赁产业在区域内打造全产业链发展。

二、提升园区通关效率，满足企业多样需求

国发〔2019〕3 号文中提出：推进贸易便利化，打造物流分拨中心。空运物流分拨是机场综合保税区的重要功能之一，作为国内长三角地区唯一一家空港型综合保税区，充分依托浦东机场航线资源优势，吸引跨国公司亚太乃至全球分拨中心在机场综合保税区集聚发展。已经形成工业零部件产品、消费电子产品、医疗器械产品、进口高端商品四大类分拨中心。已累计引进山特维克、英飞凌、意法半导体、瑞萨电子、联合国急救包产品等 30 多家分拨中心。

在属地海关的支持下，机场综合保税区卡口验放在原有 5+1 预约加班的基础上，实现了 7×12 小时通关。

在优化营商环境方面，园区依据企业实际需求，全力推进区域内半导体无尘查验室的建设。查验时效将从原来 1 个工作日缩短至 1 小时，而查验费按现有标准维持不变。同时，进一步完善提升空服平台服务能级，满足不同企业需求。

三、深入调研波音维修，航空服务发展顺利

作为上海自由贸易试验区保税区与全球维修业务的代表性企业，上海波音航空改装维修工程有限公司自 2012 年入驻浦东机场综合保税区以来，依托在自由贸易区内率先探索全球维修业监管创新，充分利用先进区后报关、保税维修模式、远程视频查验等政策，实现了国内外飞机维修业务的稳步递增与持续创新。波音维修自 2018 年国内业务理顺后，境内外维修业务开展顺利。2019 年完成飞机维修架次 52 架。

下一步，依托国发〔2019〕3 号文中“延伸产业链条，打造检测维修中心”的要求，园区将在飞机整机保税维修的基础上推动波音公司在机场综合保税区外开展飞机零部件保税维修业务，实现提质增效。同时，区内春秋航空的航空服务培训产业将于 2021 年正式运营的吉祥航空培训服务进展顺利，整体航空服务产业链基本形成。

四、积极引入新奢电商，寻求高端商贸新发展

充分运用好国发〔2019〕3 号文中关于跨境电子商务的政策，推动风茂贸易公司正式启动运营，公司引入的历峰集团旗下奢侈品电子商务平台已经正式开业。

同时，区内的日上 23 万平方米立体库项目将打造集跨境进出口、线上线下相结合的电子商务平台和销售终端，实现口岸免税、区内保税、销售完税的功能叠加，打造区域高端商品展示交易产业展示交易。

五、保障进口汽车发展，推动保税存储落地

国发〔2019〕3 号文 中有一条为“试行汽车保税存储”，该条政策是其中对机场综合保税区最具影响力的政策。园区利用先发优势和自由贸易区优势政策叠加，及时举办汽车企业座谈会，对相关企业做定点推介。在海关的指导和支持下，已顺利完成品牌车入区保税仓储项目全流程试单，进口汽车业务持续稳定发展，完成平行进口汽车进境备案4 309辆，其中已出区报关3 300辆。进口汽车产业将成为促进区域经济增长的重要抓手。同时，召开多轮进口汽车配套检测线项目落地推进会，协调落地区域汽车检测线项目，到时可提供最大 100 辆/天的检测能力，将进一步完善区域的进口汽车配套服务。

六、充分宣传贯彻政策利好，拓展医疗健康功能

在国发〔2019〕3 号文中涉及支持医疗设备研发政策利好的影响下，医药健康产业相关项目开始陆续关注机场综合保税区。成功举办了全球高端医疗装备展示中心推介会，充分宣传综合保税区中有关医疗器械展示的优势政策，有利于推动区内后续开展医疗器械类检测维修业务。

同时，华润医药完成了区内注册，建成后预计将成为辐射整个华东地区的进口药品供应链平台。同时，充分利用好国发〔2019〕3号文相关政策，积极储备一些有知名度的医疗项目，进展非常顺利。

主动作为释放政策红利　勇于担当构建发展新高地

松江综合保税区管委会

（2020 年 1 月 9 日）

一、松江综合保税区基本情况

（一）发展历程

松江综合保税区脱胎于松江出口加工区。松江出口加工区于 2000 年 4 月成立，是上海市第一家国家级出口加工区。2018 年 9 月，松江出口加工区整合升级为松江综合保税区。园区由 A 区和 B 区组成，总封关面积 4.1 平方公里，坐落于 G60 科创走廊沿线，地理位置优越，距上海市区徐家汇 30 公里，距虹桥国际机场 25 公里，距浦东机场 68 公里，周边纵横交错的交通网构成便捷的公路交通。2019 年 9 月 27 日，松江综合保税区通过国家级验收，10 月 28 日完成挂牌。园区共计落户企业 148 家，除了广达电脑、国基电子、豪威半导体等骨干企业外，已吸引恒大国能新能源汽车、星域控制系统、金安国纪等知名企业落户。“跨境电商”“增值税一般纳税人”“仓储货物分类监管”等试点项目稳步开展。

（二）产业分布

1. 保税加工。松江综合保税区经过 20 年的高速发展，形成以广达集团、富士康集团为龙头，区内配套企业共同发展的雁行式发展态势和“一业特强，多业发展”的产业布局。园区内的核心龙头企业广达制造城，年产值长期保持在千亿以上，是全球最大的笔记本电脑 OEM 制造商。松江综合保税区将进一步巩固和提升电子信息制造业，大力鼓励区内制造业企业升级转型，全力打造世界级先进制造业产业集群。

2. 跨境贸易。松江综合保税区于 2014 年起开展跨境电子商务业务，同年 10 月，天猫国际跨境备货仓正式落户园区。2015 年 8 月，园区跨境仓及查验点通过验收后，正式开启跨境电子商务业务。仅在启动当年，园区跨境电子商务业务就占了上海市跨境电子商务业务总量的 90%以上。2019 年 1～11 月，园区跨境电子商务业务验放 809 万件，占上海市出货申报数的 43.3%，居上海市第一位；出货金额 15.24 亿元，同比上升 4.81%，实现跨境电子商务综合税收 1.33 亿元。

3. “一纳”、分类监管试点情况。2016 年，当时的松江出口加工区率先成为“一纳”及分类监管试点区域之一。目前区内共有华尔卡、意潇宠物用品、国能汽车等 16 家企业开展“一纳”业务，产品涵盖橡胶制品、宠物用品、新能源汽车、电子产品零部件、车牌等。区内已有大众仓储等 16 家仓储企业通过分类监管审核，陆续开展业务，区内非保仓储面积达 5.78 平方米，业务量占比达到 30%以上。随着“分类监管”业务的开展，区内企业利用闲余厂房存入国内非保税货物，提高市场竞争力。同时，也给区内保税仓储企业带来更广阔的客户资源，提升企业利润。

2019 年 1～11 月，松江综合保税区共完成工业总产值 1 284.52 亿元，同比下降 5.08%；完成利润总额 5.31 亿元，同比上升

53.5%；完成增加值78.04亿元，同比上升11.7%；完成进出口总额218.07亿美元，同比下降4.84%（占上海市进出口额的56.7%，排名上海市第一位、全国第六位）；完成海关税收入库金额20.41亿元，同比下降7.73%；完成内销额92.15亿元，同比下降0.11%。

二、园区整合升级，借政策东风，助推招商引资

（一）全方位对标高标准，精心组织，不折不扣完成验收工作

一是加强硬件改造。松江综合保税区于2018年9月4日正式获批设立之后，紧紧围绕围网、电子围栏实时报警系统、智能卡口建设三大方面开展改造工作。围网翻新工程于2019年2月正式启动，全长共计9.6公里。弱电改造与围网改造同步开展，改造内容主要围绕三方面展开：监控智能化、围网智能化、卡口智能化。改造工作于4月底基本完成，5月进入调试与试运行阶段。

二是落实问题整改。松江海关协同松江综合保税区前往漕河泾综合保税区、奉贤综合保税区考察学习，并邀请市口岸办、市发展改革委、海关等职能部门调研，指导工作，开展座谈交流，交换意见，查找问题，召开20多次项目推进会，不断完善改造方案。对存在的问题，责任到人，限期整改，确保符合验收要求。

三是完成验收挂牌。9月12日，松江综合保税区迎接联合验收组验收。9月17日，松江综合保税区验收签字仪式在上海市人民政府举行。9月27日，海关总署批复同意松江综合保税区验收结果，确认通过验收。10月28日，松江综保区挂牌仪式在松江综合保税区管理中心举行。

（二）借《国务院关于促进综合保税区高水平开放高质量发展的若干意见》（国发〔2019〕3号）政策东风，顺势而为，全力推进招商引资

自批准升级之日起，松江综合保税区高度重视招商工作，以高端制造为主导、保税物流为支撑，积极推进“三个同步”，即同步建设、同步招商、同步产出。一方面整理归纳最新海关特殊监管区域政策，完成2019版自由贸易区和保税区政策汇编。另一方面，制定松江综合保税区扶持政策，并由松江区政府同意，印发《关于促进松江综合保税区高质量发展的实施意见》。

截至2019年12月20日，累计意向项目共74家，其中已出证及在办项目合计51家，洽谈中的项目23家。新办营业执照的企业共32家，另有23家有意向入驻的企业正在洽谈中，包括恒大国能的研发中心、金安国纪和汉斯格雅的销售中心均已在松江综合保税区注册落户。企业达产后预计年总销售收入654.9亿元，年总税收27.58亿元。2019年12月9日，松江综合保税区前往深圳召开招商推介会，反响热烈，50余家企业表示有来松江投资的意向。

三、产业结构调整，促转型发展，筑发展新高地

国发〔2019〕3号文加快了综合保税区创新升级，打造对外开放新高地，推动综合保税区发展成为具有全球影响力和竞争力的加工制造中心、研发设计中心、物流分拨中心、检测维修中心、销售服务中心的步伐。松江综合保税区以此构建起发展新高地，以高质量招商引资助力转型发展。园区将以“集约发展”为基本要求，把招商引资与调整产业结构、优化产业布局结合起来，在巩固现有制造业基础的同时，加强总部型、研发型、服务型企业项目招商。

高起点的功能定位必然带来高规格的产业规划。松江综合保税区作为松江区第一家海关特殊监管区域，敢于先行先试，更好地解读国发〔2019〕3号文，积极与海关、税

务、市场监管等行政单位沟通协调，制定相关配套政策制度，更有效地释放政策红利。全面融入长三角一体化国家战略，抓住契机，既要巩固提升原有电子信息类加工贸易的传统产业优势，又要推动人工智能、生物医药等“6+X”产业集群继续发展壮大。鼓励企业研发创新，促进园区产业多元化发展。

高质量的发展必然要打造高水平的产业高地。松江综合保税区将坚持新发展理念，坚持高质量发展，做大出口，做实转口，做强进口，奋力推进“三口”国际贸易。借国发〔2019〕3号文的政策东风，主动融入长三角一体化发展，努力打造先进制造业中心、物流分拨中心、销售贸易中心、研发设计中心，构建长三角G60科创走廊质量标准、产融结合、先进制造新高地。

西安综合保税区高质量发展情况交流

西安综合保税区管委会

（2020 年 1 月 9 日）

一、西安综合保税区基本情况

西安综合保税区位于西安市区东北方向的国际港务区内，是西安国际港务区的三大核心平台之一。西安综合保税区于 2011 年 2 月 14 日批复设立，是西北地区首个验收并封关运行的综合保税区，规划面积 4.67 平方公里。2013 年 9 月，一期 1.36 平方公里通过验收，同年 12 月 23 日封关运行；2017 年 5 月，西安综合保税区二期 3.31 平方公里完成正式验收工作，规划面积全部通过验收。

西安综合保税区依托西安国际港务区内陆港的平台优势，与西安铁路集装箱中心站、西安公路港形成三大核心平台，利用铁路、公路、航空交通物流优势，进行有效功能叠加，实现内陆地区港口后移、就地办单、海铁联运、无缝对接的大通关目标。业务范围基本涵盖保税加工、研发设计、保税仓储及物流、国际中转分拨、融资租赁、进出口商品展示交易、跨境电子商务等。依托已建成的铁路一类开放口岸、公路二类开放口岸，粮食、肉类、整车指定口岸及跨境电子商务综合试验区、全国首批二手车出口试点等，西安综合保税区综合服务功能位于全国前列，并在德国法兰克福、哈萨克斯坦卡拉干达州等地设立 8 处“海外仓”。

二、主要业务开展情况

依托“长安号”国际物流大通道，西安综合保税区积极实施“长安号+保税”模式，陕西加工贸易产业转移承接中心聚集效应凸显；依托整车指定口岸，“长安号+整车口岸”整个贸易体系构建已基本形成，西安港汽车进出口分拨交易基地加速成型；夯实“长安号+粮食口岸”模式，推动国际粮油贸易合作；创新“长安号+跨境电商”模式，推动陕西跨境电子商务产业迅速发展。主要业务开展情况如下：

一是保税加工。截至 2019 年，西安综合保税区入区企业 22 家，其中电子加工类企业 15 家，贸易物流类企业 7 家。2019 年截至 11 月，贸易进出口总值为195 942元。电子加工企业涉及 LED 显示器制造、SMT 贴片加工、太阳能芯片研发制造等产业，思赢科技、中晶伟业及科斯奥电子 3 家企业已顺利投产，剩余企业陆续投产，预计投产后首年产值 9.6 亿元人民币，投产 3 年后年产值 30 亿元人民币，带动就业2 000人。

二是指定口岸。持续推进功能性口岸常态化运营，出台了进境粮食指定口岸和进口肉类指定口岸支持政策。2019 年截至 12 月 26 日，进境粮食指定口岸进口量约为 3.54 万吨，粮食进口量已超过 2018 年全年水平，并实现首次进口苜蓿草业务，进口肉类指定口岸开展进口猪副产品约 26.22 吨。2019 截至 12 月 26 日，汽车进口口岸进口量为8 074 辆，出口12 928辆。

三是跨境电子商务。2014 年 3 月 19 日，海关总署已正式批复西安市为国家跨境贸易电子商务出口服务试点城市，试点平台已于2014年5月22日正式上线运行。2018年7月获批综合试验区，2019年5月完成跨境电子商务“1210”保税备货库建设，满足“1210”模式需求。截至2019年年底，进口单量5万单，并完成2家仓储服务企业和15家跨境电子商务企业的招商，其中包含一家龙头企业考拉海购。同时，打造西安港·丝路城跨境电子商务双创孵化器建设。

三、创新举措

为深入贯彻综合保税区高质量发展21条措施，2019年以来，园区多次开展培训、政策解读等协调会议，创新技术举措、优化通关流程，确保口岸提效降费及通关便利化工作扎实有效。通过创新举措开展特色中心建设。

一是利用互联网监控技术，实现铁路监管场站与指定监管场所间短距离在途监管，提高通关效率。根据场站区位优势，建立铁路监管场站与指定监管场所间专用通道，利用互联网监控技术，使得海关监管可视化、智能化，提升通关速度与便利化程度。

二是进行中欧班列境外段三并二试点。优化长安号运营模式，切实降低运营成本。

三是在保税备货模式下，跨境商品出区保税展示。释放跨境电子商务综合试验区红利，允许跨境产品出区进行保税展示。平台下单后，由综合保税区备货仓及时发货，提升客户购物体验感和时效性。

四是依托整车口岸，在全市综合保税区范围内开展整车保税仓储业务。允许汽车进口企业在全市综合保税区范围内开展保税仓储，不受场所及品牌的限制。

五是联合中远海等央企，探索中欧班列（长安号）“统一运单”新模式。采用统一运单减少运输过程中换单手续费和作业时间，实现“一单到底”。探索开行长安号（西安—德国）运输快线，这是陕西首次采用“铁—海—铁”多式联运方式开行中欧班列。

无锡高新区综合保税区高质量发展情况交流

无锡高新区综合保税区管理局

（2020年1月9日）

2019年以来，无锡高新区综合保税区围绕《国务院关于促进综合保税区高水平开放高质量发展的若干意见》（国发〔2019〕3号）精神，研究制定转型发展规划与3年行动计划，全力打造加工制造中心、研发设计中心、物流分拨中心、检测维修中心、销售服务中心5个中心，力争成为助推国际产业转移、创新口岸监管改革、促进外贸转型升级的主阵地和对外开放的新高地。

一、发展情况

无锡高新区综合保税区由无锡出口加工区转型升级而来，于2012年正式获得国务院批复设立，目前封关面积2.385平方公里。

经过多年发展，区内已经聚集了一系列特色产业，取得了较为突出的成就。在产业形态上，重点发展以进出口为主的高端制造与保税物流两类产业，高端制造集中于半导体、通信设备、电子元件及光电等领域，保税物流集中于制造业的分拨配送。自2012年封关运作以来，无锡高新区综保区在进出口值、规模以上工业产值和地方财政收入等指标上已实现了翻番。

2019年，综合保税区各项重点指标继续保持稳步增长，1~11月：进出口完成1 502亿元，同比增长7.7%；规模以上工业产值646亿元，同比增长3%；完成固定资产投资263亿元，同比增长103%；实现财政总收入28亿元，同比增长64%。

二、国务院〔2019〕3号文落实成效初显

自国务院〔2019〕3号文下发以来，无锡高新区党工委、管委会高度重视，把综合保税区改革作为区年度重点改革任务，出台《综保区创新改革工作实施方案》，组织召开多次区专题推进会；协同本地海关不仅向区内企业，而且向区外企业进行广泛宣传，召开多场宣传贯彻会；成立工作专项小组推进各项试点；围绕国发〔2019〕3号文研究制定转型发展规划与3年行动计划，推动综合保税区创新发展取得显著成效。截至目前，已有拓展两个市场、释放企业产能、强化企业市场主体地位、促进研发创新、优化信用管理、简化进出区管理、便利货物流转、开展检测维修、创新监管模式、促进跨境电子商务发展10项任务举措在综合保税区落地实施，五大中心规模初显。

（一）深耕主导产业，打造先进加工制造中心

一是围绕半导体集成电路、电子信息等主导产业，从半导体设备维修、再制造、零配件分拨、维护等方面着手，紧密跟进在手项目源，深挖主导产业链的配套项目，完善主导产业生态圈建设。2019年以来，区内重点建设项目进展顺利，SK海力士二工厂竣工投产，村田电子二工厂已完成主体厂房建设，威峰科技新厂房、亨沃二期相继竣工并投入使用，园区整体发展持续向好。二是深化改革，激发存量企业发展活力。

大力推广增值税一般纳税人资格试点，加强政策宣传及指导，做到园区企业应试尽试。目前园区已有8家企业参加增值税一般纳税人资格试点，2019年新增捷普电子、小天鹅通用、科尔泰、横河自动化4家企业启动试点。2019年1~11月，累计国税增值税开票金额7.87亿元，进项增值税抵扣金额9.6亿元，国税增值税税额1.05亿元。

（二）推动保税工业研发，打造研发设计中心

以捷普电子云计算和射频研发为基础，逐步拓展至园区重点制造产业，充分利用保税政策，服务战略性新兴产业和未来产业的发展，重点推进英飞凌、威峰科技内设研发机构及捷普电子独立研发机构等项目，逐步形成以保税研发、技术服务及外包服务为主的高端服务中心。

（三）提升贸易便利化水平，打造物流分拨中心

一是积极推广金关二期系统调整，对符合条件的境内入区货物、物品实施“先入区、后检验”的便捷进出区管理模式。对已士鲜奶实行先入区放行，需检测的，抽样后也即放行，通关时间由3天缩短至1小时。二是利用现代信息技术简化进出区管理，创新保税、非保税货物的分类监管，降低企业运行成本。2019年1~11月，开展非报关货物管理改革试点企业数增加至30家，累计非报关货物入区金额4.2亿元，出区金额3.8亿元。三是进一步简化海关业务核准手续，全面推广“四自一简”监管创新。2019年1~11月，开展一次性核准业务企业40家，自主备案电子账册50本，自主确定核销周期企业17家。四是协调海关、外汇等部门，通过利用统一的信息化系统平台，通过数据逻辑比对，卡口自动核放，企业自行运输，实现保税货物的便捷流转，降低企业运行成本。2019年1~11月，开展企业数35家，保税流转货物入区金额32.1亿美元，出区金额54.9亿美元。五是协调市场监管、海关等部门，深化企业信用管理。2019年4月24日，菲尼萨光电顺利通过AEO高级认证，是全国首家以最新《海关认证企业标准》操作规范实施实地认证企业。截至目前，园区AEO高级认证企业已达7家。

（四）推动维修检测集聚，打造保税检修示范区

以诺基亚全球维修取得突破为基础，稳步推进通信设备、机电装备、半导体设备及部件等国际高端检测维修服务集聚；优化和完善第三方检测维修平台，引导本地知名企业全球维修业务入区开展，打造高技术产品保税全球维修检测示范区。2019年以来新增开展检测维修试点企业3家，其中美资企业捷普电子成功获批在园区内开展全球维修业务，由于补齐了维修业务这一功能短板，诺基亚基站项目生产线已逐步转移至无锡捷普。同时，帝费电子检测设备维修、科尔泰半导体芯片检测等项目已开展实质性运作。2019年1~11月，开展维修检测企业4家，维修检测和带动新增订单业务进出口货值1.6亿美元。

（五）融合发展，打造生产性销售服务中心

一是加快转型升级，推进服务贸易与先进制造、现代物流深度融合，拓展新领域，发展新业态。引进SK海力士中国销售中心等3家贸易销售类公司，2019年1~11月，商品销售额为594亿元，同比增长123.9%。二是积极推进跨境电子商务“1210”通关模式运作，高标准建设跨境电子商务查检中心，引进京东、优倍可捷、佳达天景等跨境电子商务项目，加快建设高新区跨境电子商务示范区，全力打造转型升级新增长点。三是全力推动半导体产业链的生态系统建设。ASML半导体设备服务基地落户挂牌，应用材料设备服务中心扩大运营面积至2 000平方米，永井贸易半导体配件销售项目设立入区。

抢抓政策红利推动转型升级 促进南通综合保税区高水平开放高质量发展

南通综合保税区管理局

（2020年1月9日）

一、基本情况

南通综合保税区于2013年1月3日经国务院批准设立，规划面积5.29平方公里，已验收面积2.15平方公里。截至2019年年底，南通综合保税区累计设立企业252家，其中加工企业37家，物流企业25家，贸易企业114家，其他服务类企业76家。累计实现内资企业注册资本102.5亿，完成合同利用外资6.5亿美元，完成实际利用外资4.4亿美元。园区初步形成以现代物流、研发医药等为主的产业格局。2019年1～11月，实现一线进出口货值51.5亿元人民币，同比增长17.8%；全年实现二线进出区货值161亿元人民币，同比增长11.6%

二、抢抓政策落地，落实主体责任

《国务院关于促进综合保税区高水平开放高质量发展的若干意见》（国发〔2019〕3号）出台后，南通综合保税区抢抓政策机遇，第一时间学习研究，结合自身特色选准发展目标，主动对接监管部门争取先行先试，聚焦特色开展精准招商，各项工作取得一定进展。

一是提高站位抓机遇。南通市委市政府和开发区党工委、管委会高度重视，集中相关部门专题研究，确定南通综合保税区的发展目标——全市改革开放的新平台、转型升级的新高地、创新发展的先行区。对照国务院〔2019〕3号文关于打造“五大中心”的要求，依托南通作为国家级综合交通枢纽的定位，充分利用南通综合保税区临港的区位优势，重点发展口岸型物流和商贸型物流，全力打造物流分拨中心和销售服务中心。

二是营造氛围抓宣传。联合海关、商务等部门共同制订推进方案，在全市掀起高水平开放高质量发展新高潮，组织区内企业开展政策宣讲，对区外重点企业开展宣讲，引导现有企业用好用足政策，吸引区外企业利用综合保税区平台功能做大做强，真正营造综合保税区外向型经济发展新优势。

三是主动作为抓落地。积极对接相关部门，加快新政落地，做到应落尽落，对已落地的政策充分挖潜，扩大政策溢出效应。抢抓全国第三批增值税一般纳税人扩大试点的东风，强化组织运筹，强化向上对接，确保试点早落地、早见效，推动区内企业更好地统筹利用国外国内两个市场、两种资源，培育和提升国际竞争新优势。积极探索与江苏自由贸易区融合发展的路径，争取成为江苏自由贸易区新片区。

四是聚焦特色抓项目。大力招引保税加工、保税研发、跨境电子商务、现代物流、检测维修、保税服务等适区项目，开展前店后仓、保税展示等业务，加快项目集聚和产业打造。招引了以中远海运、中农等一批集仓储、分拨、配送、销售、供应链金融等为一体的现代智慧物流项目，以飞昂微电子、阿斯克勒底俄斯医疗等为代表的高端研发项目，提升发展质量。

五是拓展空间抓验收。国发〔2019〕3号文的出台为综合保税区描绘了美好的蓝图，为了拓展南通综合保税区的未来发展空间，园区加快了未验收区域的建设步伐，经过紧张有序的建设，全面封关验收条件已具备，为高质量发展提供了空间保障。

三、试点成效初步显现

经过近一年的努力，目前已有拓展两个市场、提前适用政策、促进研发创新、“四自一简”、简化进出区管理、便利货物流转、支持医疗设备研发等10项适用举措在南通综合保税区落地。主要成果如下：

一是拓展两个市场方面。2019年年初获批开展赋予企业增值税一般纳税人资格试点，已有8家企业加入试点。落地新政激发了企业活力，预计2~3年后每年将为区内现有企业增加效益超过亿元。区内某光电企业加入试点后，在中美贸易摩擦背景下实现了成本下降、销售增长，2019年实现了扭亏为盈。

二是提前适用政策方面。1家龙头企业落户待验收区域，提前享受综合保税区的入区退税政策；促进研发创新方面，国内首家获得美国FDA成品药批文的联亚药业，在研发创新新政的促进下，药品研发能力进一步增强，累计已有36个仿制药和1个新药获FDA批准在美销售。

三是“四自一简”方面。核准52家企业实施“四自一简”监管制度改革，24本账册自主备案，8家企业自主确定核销周期。简化进出区管理方面，16家企业开展非报关货物，入区非报关货物4 100万元人民币、出区850万元人民币。便利货物流转方面，7家企业开展保税货物流转业务，入区货值4 850万美元，出区货值3 540万美元。另有17项自由贸易区海关监管创新制度在南通综合保税区复制推广，其中仓储货物按状态分类监管系江苏省内综合保税区首家试点，2019年分类监管货物进出区货运量16.6万吨，货值9.52亿美元。物流分拨中心发展迅速，2019年1~11月实现保税物流一线进出口31.35亿元，同比增长56%，其中一线出口增长101%。

四、再接再厉，聚力谋划下一阶段工作

一是推进区港一体协同发展。发挥南通综合保税区临近港口的优势，创新区港联动方式，实现区港之间设施连通、信息互通、物流直通，加快进口指定口岸建设，吸引国际中转、国际配送、国际采购和国际转口物资集散，促进区港一体化高效协同发展。

二是推动区域功能不断提升。以点带面，继续推动更多企业开展增值税一般纳税人政策试点，招引更多市区项目入区发展，提升企业效益和财政税收。发挥综合保税区开放平台作用，大力招引期货交割、检测维修、保税展示等新兴业态，以南通获批跨境电子商务综合试验区为契机，推进跨境电子商务业务。

北海综合保税区高质量发展情况交流

北海综合保税区管委会

（2020年1月9日）

一、园区简介

北海综合保税区前身为广西北海出口加工区，于2003年3月由国务院批复设立。2018年2月11日，国务院批复同意广西北海出口加工区整合优化为北海综合保税区；同年11月28日，北海综合保税区通过海关总署授权南宁海关组织的验收。2019年1月9日，海关总署批复同意验收结果，1月28日北海综合保税区正式挂牌运营。园区规划面积2.28平方公里，分为A、B两个区块。园区在产工业企业29家，规模以上企业21家，以电子信息产业为主。产业工人1.2万人，规模以上工业产值年均增长10%左右。

二、主要成果

（一）经济运行情况

2019年1~11月，北海综合保税区完成规模以上工业总产值70.19亿元，同比增长10.0%；实现外贸进出口额109.78亿元，同比增长70.3%，占北海市外贸进出口额的41.1%；实现加工贸易进出口额的106.78亿元，同比增长73.3%，占北海市加工贸易进出口额69.3%，占广西加工贸易进出口额14.8%。

（二）招商引资情况

2019年以来，北海综合保税区紧紧围绕“强龙头、补链条、聚集群”发展思路，通过创新招商引资方法和模式，不断提高招商成效和项目质量。园区新签项目21个，总投资额27.33亿元，实现到位资金15.14亿元，其中工业企业13家、其他类型企业8家，涉及电子信息、食品、新材料等加工制造项目和保税物流、国际贸易、销售结算类服务型项目。

三、主要工作

（一）加强关区联动，创新合作机制，释放政策红利

按照落实《国务院关于促进综合保税区高水平开放高质量发展的若干意见》（国发〔2019〕3号）精神，并以此为契机，与属地海关共同探索推出《优化营商环境，促进北海综合保税区高质量发展共同行动方案》，创新关区“二位一体”合作模式，强化区、关、企协调联动，提升通关效率，优化营商环境。积极推动“便捷进出区”“四自一简”“先放后验”等新政落地，最快可实现进出区货物“秒放”。复制推广“仓储货物按状态分类监管”“委内加工”“企业增值税一般纳税人资格试点”等新业务，有效统筹“两种资源”，兼顾“两个市场”，园区企业业务得以丰富，招商引资效果明显改善。目前，园区开展委托加工业务企业3家，合计货值约4 100万元；开展“仓储货物按状态分类监管”企业1家，货值4 700万元。园区首家增值税一般纳税人资格试点企业——北海永科技公司内销业务得到大幅拓展，2019年1~11月增加内销近5 000万元，释放了政策活力。园区新引进兼顾“两

个市场”生产加工企业4家，预计年产值超过10亿元。

（二）立足毗邻粤港澳大湾区优势，承接产业转移，打造加工制造中心

北海综合保税区虽然地处西部欠发达地区，产业基础薄弱，但抓住承接东部产业转移机遇，经过多年努力，引进一批以电子信息产业为主的加工制造企业，其中包含台湾光宝集团、台湾建准集团、香港德昌电机等公司。特别是在整合优化为综合保税区、国发〔2019〕3号文颁布近一年来，园区紧紧围绕打造加工制造中心，通过积极对接粤港澳大湾区，引进加工制造类企业13家，涉及投资额超过20亿元，绝大部分企业来自粤港澳地区。

（三）积极探索创新，推进新业态发展

2019年以来，按照国发〔2019〕3号文打造“五个中心”的工作要求，按照“夯实二产、培育三产”的发展思路，在着力打造“加工制造中心”的同时，积极探索和培育新业态。一是加强与海关、商务等职能部门协调沟通，继续稳步推进保税维修再制造产业发展。园区绩迅公司和天碎公司取得“国高企业”资格，业务增长30%以上。绩迅公司获广西“瞪羚企业”和“企业技术中心”认定。二是探索培育保税研发、销售服务等新业态。2019年以来，北海综合保税区共引进2家保税研发类项目、3家销售服务类项目。

苏州工业园综合保税区高质量发展情况交流

苏州工业园综合保税区管委会

（2020年1月9日）

苏州工业园综合保税区（以下简称“园区综保区”）是全国首家综合保税区，也是关地密切合作、持续改革创新的一扇窗口。近年来，在各级各部门的大力支持下，园区综保区紧贴产业发展和企业需求，积极开展政策功能创新，创造了诸多第一、唯一，有效发挥了海关特殊监管区域作用，有力促进了区域开放型经济发展。自设立以来，园区综保区累计注册企业376家，累计吸引投资超过40亿美元，就业人数近3万名，形成了装备制造、航空、电子信息、医药器械等高端产业集群。2019年1月初，《国务院关于促进综合保税区高水平开放高质量发展的若干意见》（国发〔2019〕3号）发布，赋予综合保税区21条新政，为园区下一步发展指明了方向，有力推动综合保税区加快打造成为新时代全面深化改革开放的新高地。2019年8月，国务院同意设立中国（江苏）自由贸易试验区，园区综保区被划入自由贸易区苏州片区范围，更利于推动企业转型升级，打造国际化、开放型创新体系。2019年1~11月，园区综保区完成进出口总额208.14亿美元，完成规模以上工业总产值276.06亿元人民币。

一、国发〔2019〕3号文落实情况

（一）前期工作

政策文件发布后，园区综保区迅速抓好贯彻落实，第一时间会同海关等部门研究制订推进方案，部署工作任务，分层次开展政策宣讲，深入企业送策上门。同时，积极收集企业需求，推动企业进行研发、检测、维修等业务拓展，努力推动产业向微笑曲线两端延伸。

1. 加大政策宣传。在内部，通过召开政策研讨会、宣讲会、座谈会等形式，认真学习国发〔2019〕3号文及随之出台的多项实施细则。在外部，多次召开企业吹风会、政策宣介会、调研座谈会，并集中走访区内重点企业，以便企业做好前期了解准备，尽早享受政策红利。

2. 充分挖掘存量。一是拓展了一批新业务。推动更多企业拓展保税研发、检测、维修等新业务，助推企业转型升级，尽快形成规模效应。二是激活了一批新产能。鼓励区内企业开展增值税一般纳税人资格试点及委托加工业务，极大便利了企业生产运营，增强了企业发展信心。三是优化了一批新举措。海关等部门积极创新监管举措，并发动培育一批企业申请AEO高级认证，进一步优化了区内营商环境。

3. 大力发展增量。确保掌握政策在先，狠抓招商引资，第一时间对招商人员开展政策业务培训，以用足用好综合保税区21条政策，吸引适合在综合保税区内开展的新业务新模式新业态尽早落地，激活综合保税区发展潜力与活力。

4. 加强组织保障。政府与海关等部门成立工作专班，具体负责21条政策研究宣传和推进落实工作，不定期开展交流研讨，实

时沟通政策落实情况。

（二）主要成果

经过前期企业走访调研、政策宣介、招商引资等各项工作齐头并进，国发〔2019〕3号文的21条政策中，园区综保区已落地9条，分别是“拓展两个市场”“释放企业产能”“强化企业市场主体地位”“促进研发创新”“优化信用管理”“简化进出区管理”“便利货物流转”“开展监测维修”“促进跨境电商发展”，且已实现五大中心全覆盖。具体落实情况如下：

1. 推动制造升级。一是大力推行增值税一般纳税人资格试点政策。园区综保区2016年11月已成为全国首批实施增值税一般纳税人资格试点政策的特殊监管区域，在多次政策宣介、“一对一”上门辅导等服务措施的推动下，企业反响热烈，参与试点积极性较强。截至目前，园区综保区已参与增值税一般纳税人资格试点企业28家。当年累计实现销售收入102.84亿元，其中内销18.04亿元；内销开具增值税专用发票24 459份，涉及金额14.34亿元。试点企业累计办理出口退（免）税12.79亿元。存量企业是参与一般纳税人试点的主力军，与此同时，政策的优势也吸引了一批新增企业入驻综合保税区内，其中包含存量企业带来的增量，如康普科技、同方电脑、长城开发、北美联等既有企业，分别将区外工厂转移进区或在区内另设独立法人，在综保区内同时拥有两家独立法人，分别享受原有综合保税区政策和一般纳税人资格试点政策。据统计，一般纳税人资格试点政策每年为试点企业节约成本5 000万元以上。该政策有利于企业灵活应对国内国外两个市场，有效缓解复杂的国际形势下有关业务下滑带来的压力。二是积极释放企业产能。2019年以来，园区综保区已有两家企业顺利承接境内区外委托加工业务，预计全年能给区内企业带来1 000万元以上的新业务。三是强化推动“四自一简”。截至目前，园区综保区企业已开设自主备案电子账册数量333本，开展自主确定核销周期企业87家。

2. 提升研发设计水平。一是促进研发创新。积极鼓励综合保税区存量企业将区外或国外的研发项目转移至园区内开展。2019年1月8日，在海关等部门高度重视和大力支持下，顺利完成全国海关特殊监管区域首单保税研发和保税检测业务。截至目前，园区综保区已开设保税研发账册企业3家。二是优化信用管理。园区综保区2019年以来发动近20家综合保税区企业加入AEO高级认证培育团队，其中5家已通过高级认证，在全省特殊监管区域中名列前茅，进一步优化了区域营商环境。

3. 打造物流分拨中心。目前有35家物流企业集聚在园区综保区内外。其中，设立分拨配送中心超过10个，如三星半导体分拨中心、诺基亚通信分拨中心、三星液晶配送中心等，为园区及周边地区企业提供配套物流服务。2019年又新引进三星电机华东物流分拨中心、大家医药销售服务中心等龙头型项目，物流分拨业务欣欣向荣、长盛不衰。在提升物流便利度方面，2019年以来，86家企业已实行简化进出区管理，53家企业已开展保税货物流转业务。

4. 延伸产业链条。为促进区内保税检测业务蓬勃发展，园区综保区在2019年1月保税检测首单落地基础上，挖掘出一批区内企业的潜在需求。积极拓展新增项目，储备了一批国内外知名检测机构，待时机成熟后入区操作。

二、其他探索和改革情况

（一）苏州工业园区港获批海关监管作业场所

2019年6月，南京海关正式同意批准在

苏州工业园区港增设海关监管作业场所，将构建“水水中转”（即货物以内河水路支线运输方式与一线口岸港实现互通）这一创新港口物流通关模式，使园区港能够作为目的港和起运港，真正实现与上海、宁波等一线港口的互联互通、一体化运作。

（二）苏州工业园区空运直通港项目顺利落地

2019 年 6 月，苏州工业园区空运直通港项目正式启动，将上海浦东机场货站服务前移至苏州工业园区，有效推进园区虚拟空港与上海机场实现联动对接，持续提升区域物流一体化和贸易便利化水平。采用空运直通港模式后，货物在上海落地，原先的二次理货和舱单上报可压缩成一次，为企业显著节省物流时间 6~18 小时，节约二级货代等物流成本 15%~25%。

（三）打造保税检测集聚区

2019 年 8 月，海关总署批复同意园区综保区首家试点打造保税检测集聚区，并允许园区综保区选取企业试点保税检测外发业务，园区综保区成为全国唯一开展保税检测内外联动的海关特殊监管区域。2019 年 10 月底，保税检测外发业务全国首家首单顺利完成。下一步，综合保税区将充分利用政策优势，吸引国际知名检测认证机构集聚区内，积极推动区内外检测资源联动发展，实现区内外的政策优势与资源优势有效结合，加速推动检测检验产业集聚发展。

适应新形势　谋划新举措　立足新起点　实现新作为

淮安综合保税区管理办公室

（2020 年 1 月 9 日）

淮安综合保税区于 2012 年 7 月 19 日经国务院批准设立，成为全国第 23 家，江苏省长江以北第一家由出口加工区转型升级而成的综合保税区。规划面积 4.92 平方公里，为“一区两片”格局，即原出口加工区周边的南片区（3.35 平方公里）和空港北片区（1.57 平方公里）。其中，南片区一期 2.63 平方公里于 2013 年 1 月 30 日通过国务院联合验收组验收，并于 2013 年 10 月由出口加工区模式切换成综合保税区模式正式封关运营。

淮安综合保税区自获批以来，通过及时调整完善各类规划、全力推进基础设施建设、不断拓展平台载体功能、持续优化营商环境，不断增强对外向型产业和资本的吸引力，已逐步形成一个以精密模具、电子接插件、印刷电路板等产品生产为主，以保税物流功能配套为辅的高科技出口加工基地。截至目前，已引进富士康、鹏鼎科技、伊藤忠物流等 160 余家企业，累计完成外资项目总投资 57.81 亿美元、协议注册外资 30.64 亿美元，累计实现进出区总值 231.9 亿美元，创造就业岗位近 6 万个，全市及周边有 400 余家相关企业利用综合保税区平台开展业务。2019 年，综合保税区经济运行稳中有进，1~11 月，实现规模以上工业开票销售收入 124.6 亿元，同比增长 8.02%；实现进出口总额 11.29 亿美元，同比增长 4.34%，占开发区进出口总额 20.53 亿美元的 55%，占全市进出口总额 42.79 亿美元的 26.38%；实现进出区货值 14.87 亿美元；完成公共预算税收收入 9 927.73万元。

一、2019 年主要工作及完成情况

2019 年 1 月，《国务院关于促进综合保税区高水平开放高质量发展的若干意见》（国发〔2019〕3 号）下发后，园区认真学习研究，结合自身实际，精心谋划，积极作为，全力推动国发〔2019〕3 号文落地见效，彰显综合保税区的各项功能优势，加快推进淮安外向型经济的快速发展。

（一）坚持规划引领，统筹好南北两个片区规划布局，兼顾网内网外协调发展

一是按照国发〔2019〕3 号文精神，坚持因地制宜，重新谋划综合保税区的功能发展定位。围绕长三角一体化、大运河文化带、淮河生态经济带等国家发展战略和“一带一路”建设，以及省委省政府淮河生态经济带航空货运枢纽、淮安昆山台资合作产业园等重大发展战略叠加机遇，通过邀请南京海关来区调研指导、参加国家和省专题培训、外出考察学习等活动，对综合保税区发展定位做了新的调整和完善，即打造一个淮安对外高水平开放的高地、建成两个基地（“全国重要的电子信息制造业基地”和“新三产业现代服务业基地”）、打造三个中心（加工制造中心、物流分拨中心、销售服务中心）、丰富四个业态（以 IT 为主的高端先进制造业、以保税物流园为载体的保税物流业、以国际贸易为依托的跨境电子商务

业、以功能配套为目的的现代服务业）、凸显五个特色板块（加工制造、保税物流、电子商务、专业市场、商务配套）。通过目标实施，努力将淮安综合保税区打造成为产业特色鲜明、基础环境优越、配套功能完善、具有创新活力的外向型经济园区。二是修编完善区域规划。南北两个片区总规划面积 18.68 平方公里，其中网内 4.92 平方公里，网外 13.76 平方公里。结合分片区规划，按照先进、绿色、环保、集约的思路，着手对综合保税区新的总规和控制性详规进行修编，努力做到功能定位明确、空间布局合理、产业层次清晰，留足未来发展空间。三是调整完善产业规划。南片区重点发展以电子信息制造为主的先进制造业和以保税物流、检测维修、展示展销、国际贸易等为主的现代服务业，北片区着力发展空港物流业、航空服务配套业及高端制造业。

（二）坚持项目为王，丰富产业发展业态，做强产业支撑

在招商上坚持项目为王，坚持高端化、特色化、产业化，紧盯世界 500 强、行业 100 强企业，主攻大项目，加大对 IT 产业、高端制造业上下游产业链及国际贸易等相关配套业的招商引资力度，引入了一批产业特色鲜明、体量较大的项目。一是推动区内企业增资扩股。区内企业富士康（淮安）科技城项目已陆续完成投资 14 亿美元，并将在最近追加投资实现产能扩大。鹏鼎科技集团在建成全球第一大 PCB 生产基地后，2019 年再增资用于企业扩大再生产、拉伸和拓展项目产业链。香港百隆高档色纺纱项目在建成研发、生产、销售于一体的全国色纺纱基地后，又增资建成仓储物流中心。二是加快招引功能性项目落户。围绕综合保税区发展定位，加大了对功能配套项目的招引力度，通过推动波司登集团中保大厦、中阿国际贸易中心、淮安国际科技城等项目落地，进一步提升了综合保税区周边的配套水平，极大改善了淮安东大门形象。三是不断开拓外贸新业态。在进口商品展示交易中心一期运营的基础上，加强与上海虹桥商务区等先进区域的合作交流，充分利用上海进博会、淮安食博会等平台，加大国际贸易企业的招引力度；建成跨境贸易电子商务监管中心，引导企业入驻淮安综合保税区跨境电子商务经营平台，招引盛世龙翔、翔升嘉、翔雁、港中旅等跨境电子商务及相关企业 10 余家，推动进口商品展示交易线上线下联动发展，不断丰富产业业态。

（三）坚持载体搭建，加快园区功能平台建设，不断改善区内营商环境

一是位于淮安涟水机场边上的综合保税区北片区 1.015 平方公里范围内，已完成主卡口、围墙围网巡逻道、口岸作业区、卡口智能化系统、监管安防等基础设施建设，达到验收标准，等待海关部门组织验收。二是南片区内新建保税仓库、标准化厂房 5.2 万平方米，累计建成工业厂房、保税仓库总建筑面积达 170 多万平方米。三是建筑面积为 3.9 万平方米的中阿贸易大厦已主体封顶，6.3 万平方米的中保大厦（进口商品展示交易场所 1.5 万平方米）已基本装修完毕。

（四）坚持改革创新，践行国发〔2019〕3 号文件精神，助推企业发展提质增效

一是实施增值税一般纳税人资格试点。淮安综合保税区成功获批全国第二批海关特殊监管区域企业增值税一般纳税人资格试点区域，2018 年 4 月 1 日率先在江苏长江以北首家成功试点（宏恒胜电子科技有限公司）。在试点成功的基础上，又陆续将富誉电子科技有限公司、富准精密模具有限公司纳入试点范围。2019 年 1~11 月，3 家试点企业累计保税货物进出口 8.43 亿美元，非保税货物进出区货值 19.79 亿元人民币，累计增值

税抵扣收入 2.54 亿元人民币。二是简化非报关货物进出区管理。涉及的 3 家企业，2019 年以来累计进出区非报关货物 19.45 亿元人民币，企业制度性成本进一步降低。三是实现保税货物便利流转。区内企业新国纺织、鹏鼎科技成为南京海关高级认证企业，获得海关层面的 VIP 待遇，享受货物低查验率、进出口手续简化、优先参与海关各项改革试点等通关便利。2019 年，淮安综合保税区保税货物流转入区 1.11 亿美元，出区 3.84 亿美元。四是助力区内企业释放产能。2019 年下半年，区内已有 3 家企业通过“四自一简”改革，强化了企业市场主体地位，实现自主备案、自主申报、自主核销，进一步简化进出区监管手续，增强了企业活力。五是开展检测维修。2019 年，监测维修货物二线出入区金额达 1 502万元人民币。六是积极复制推广创新制度。积极复制推广自由贸易区创新监管制度和昆山深化两岸产业合作试验区政策经验，目前已有先进区后报关、先出区后报关、简化统一进出境备案清单、批次进出集中申报、智能化卡口验放、集中汇总征税、简化无纸化通关随附单证、仓储货物按状态分类监管、跨部门一次性联合检查、企业注册及电子口岸入网全程无纸化等四批计 14 项试点经验在淮安综合保税区复制推广。

（五）坚持因地制宜，结合自身实际，打造园区特色品牌

一是塑造“IT 产业领地”品牌。以富士康为龙头，汇聚了一批以生产计算机接插件、模具、PCB 电路板等消费类电子产品为主的 IT 企业。淮安综合保税区被江苏省经信委、省发展改革委授予“江苏省新型电子元器件高技术特色产业基地”“江苏省新型工业化产业示范基地”“江苏省电子信息产业链国际合作示范区”。二是打造“台资高地”品牌。自富士康科技城项目落户淮安以来，台玻、明基达方电子、敏实汽车零部件、膳魔师家庭制品等一批台资龙头企业纷至沓来，使得淮安迅速成为江北拥有台资知名企业数量最多的区域，成为继深圳、东莞、昆山后第四个台资高地，成为“台资集聚高地，IT 产业领地”。在 2019 年第 14 届淮安台商发展论坛上，淮（安）昆（山）台资合作产业园正式挂牌，淮安综合保税区北区片作为核心区全部纳入淮昆台资合作产业园范围。三是彰显区位优势独特的“一区两片”品牌。淮安综合保税区南区紧邻京沪高速出入口及刚建成通车的淮安高铁站，具有陆运的优势；北区更是紧邻机场，是江苏省唯一的“空港保税区”，具有发展临空产业的独特优势。四是践行“101 服务”品牌。对待客商，努力践行淮安市委市政府提出的“101 服务”，即在做到让客商 100%满意服务的基础上，加上以差别化、个性化服务、超前超值服务和创新创优服务为内容的 1%惊喜。此外，园区还提出了对企业“围墙外的事包办，围墙内的事帮办”的服务承诺。

二、下一步主要工作措施

综合保税区将紧紧围绕国发〔2019〕3 号文精神，通过完善设施配套、强化招商质效、拓展功能平台、优化制度创新等举措，激发发展动能，提升发展层级。重点做好以下 4 个方面的工作：

（一）加快北区封关验收进度，提升项目配套能力

一是继续完善优化基础设施。根据海关封关验收新要求，对北区封关范围内所有软硬件设施进行全面巩固提升回头看，确保顺利通过封关验收。二是主动对接上级相关部门，加快封关验收进度。按照南京海关等部门要求，积极做好各项工作对接及资料上报工作。三是配合做好台资产业园合作共建。

按照淮昆双方合作园区要求，加快推进规划建设，做好相关设施配套，为承接昆山台资产业梯度转移做好准备。

（二）全力做好招商引资，不断提升招商质效

一是坚持项目为王，把招商引资作为贯穿全年工作的“主轴线”，紧密跟踪在手信息，巩固深化台湾、香港、深圳、上海招商，更大力度深入广州、南京、苏州等重点招商区域，务实高效组织专题招商活动。二是针对重大项目，进一步充实专门帮办力量，以企业需求为导向，发扬“店小二”精神，由专人负责做好中阿国际贸易中心二期品牌酒店及商业综合体、淮安国际科技城等重点项目的服务工作。三是加强招商业务培训，强化项目服务效率，推动消防无人机、机器人、生物医疗等一批在谈项目正式签约，早日开工建设。四是加大跨境电子商务相关企业招引力度，紧盯国内外知名度高、实力资本雄厚电子商务企业的招引，不断壮大跨境电子商务产业规模。五是加大政策宣讲力度，开展“送政策上门”服务，向企业宣讲国发〔2019〕3号文精神，助推企业转型升级，扩大企业产能。

（三）持续优化营商环境，拓展平台服务功能

一是积极与海关联动，寻求业务指导和政策支持。围绕“三大中心”建设，强力推进国发〔2019〕3号文精神在综合保税区落地实施。二是积极推动“证照分离”改革试点，简化入区企业审批手续，进一步提高审批的透明度和可预期性，着力解决“准入不准营”问题。三是建成中保商务大厦进口商品展示展销及跨境电子商务零售中心；积极申请综保区跨境电子商务试点资格，争取开通跨境电子商务保税网购（1210）业务。

（四）学习先进地区经验，不断提高发展水平

对标先进，加强外出学习，围绕国发〔2019〕3号文提出的21条新举措，成立工作专班，赴上海、苏州、昆山等全国发展领先的综合保税区，深入开展调研，学习借鉴他们的创新做法，消化、吸收和复制他们的先进经验，找准落实新政的发力点，推动淮安综合保税区高水平开放高质量发展。

推动综合保税区高质量发展
打造国家级创新引领型平台

广州空港经济区管委会保税业务管理局

（2020 年 1 月 9 日）

一、总体概况

白云机场综合保税区规划面积 2.943 平方公里，包括紧邻机场跑道的中区（2.296 平方公里）和位于白云区钟落潭镇的南区（0.647 平方公里）两部分，是全国少有的实现“区港一体化”运作的综合保税区之一，也是广州国家跨境电子商务综合试验区的核心功能区，区内已全面复制自由贸易区相关海关特殊监管区域先行先试政策。

白云机场综合保税区一期已于 2014 年 4 月 17 日通过国家验收，并于同年 7 月 29 日实现封关运作，已进驻贸易、通关、物流、跨境电子商务、飞机租赁等各类型企业超过千家。二期于 2019 年 6 月 25 日通过联合验收，释放出大量保税和跨境电子商务配套、展贸用地。

二、前期主要工作及成效

广州空港经济区管理委员会、白云机场综合保税区管委会实行“两块牌子、一套人马”方式运作。2015 年 3 月，广州市委、市政府决定“做实空港经济区”，管委会在新体制机制下发挥了应有作用，在白云机场综合保税区高水平建设发展和运营方面取得了较大的进展。

（一）强化功能布局，全速推进区域规划建设

一是成功推动完成综合保税区红线范围调整工作，为白云机场综合保税区产业发展争取到更多的优质空间。二是全力推进二期围网建设工作，红线范围调整获批后仅用时半年就完成土地征收、拆迁和围网、监控等监管配套设施建设工作，并于 2019 年 6 月 25 日顺利通过联合验收，体现了空港速度。三是不断加强交通配套，周边地铁和一批高快速路、城际铁路等交通路网于 2020 年前陆续全面建成通车。四是进一步明确了白云机场综合保税区未来产业发展方向，即打造“四大中心”：粤港澳大湾区跨境电商国际枢纽港、广州飞机维修基地、华南医药分拨中心、广州航空产业价值创新园。

（二）聚焦高端资源，持续深化临空产业发展

园区着眼于充分发挥白云机场综合保税区功能平台作用，大力推动“保税+”新业态发展，在扩大对外开放、承接国际产业转移、辐射带动区域经济发展等方面发挥了积极作用。2019 年以来，在外贸环境不佳的情况下，成功扭转一季度的下滑趋势，截至 2019 年 11 月（下同），白云机场综合保税区进出口总额为 153.6 亿元人民币，同比增长 52.2%。其中，进口 98.3 亿元，同比增长 88.6%；出口 55.3 亿元，同比增长 13.3%。作为国内跨境电子商务业务模式最丰富、最灵活的区域之一，处理跨境电子商务进出口货值 150.15 亿元，同比增长

110%；实现国家要求的租赁飞机“实际入区”操作，引进保税租赁飞机30架，货值226.9亿元，同比增长37.32%；药品进出口货值为83.26亿元，同比增长55.34%；航材零部件进出口货值为12.29亿元，同比增长53.9倍。

（三）优化营商环境，进一步提升通关便利化水平。不断完善政策配套，白云机场综合保税区一般纳税人试点已获国家批复，在国内率先开展空港口岸查验配套服务费减免等试点，在全市率先出台跨境电子商务仓租补贴、检测费用减免等政策，完成行政审批改革并全面实现“互联网+政务服务”模式。对接复制和推广应用广东自由贸易区有关先行先试监管政策，简化进出口环节监管证件，落实减税降费要求，持续压缩整体通关时间，创新“分批出仓、集中申报”模式提升一证多批出区药品通关效率。截至2019年11月，广州白云机场海关进口整体通关时间为38.28小时，较2017年压缩58.22%；出口整体通关时间为1.16小时，较2017年压缩64%。

（四）加大招商引资力度，引进一批临空优质项目

针对白云机场综合保税区一期已趋饱和的运营情况，大力推进二期开发建设先后赴国内外等地组织召开企业座谈会、政策宣讲推介会。引进苏宁跨境电子商务全国枢纽、唯品会广州空港跨境电子商务运营总部、CAE亚太航空培训基地、宝能（广州）空港保税物流中心等10个重点项目，将在1~3年内陆续投产，达产后每年总产值将超过200亿元。未来几年，区内每年新增业务场所不少于20万平方米，将助推白云机场综合保税区商品流通量迅速达到千亿级别。

三、下一步工作思路

下一步，园区将全面落实国务院关于促进综合保税区高水平开放高质量发展的21条具体措施，以持续优化营商环境为突破口和抓手，进一步推动白云机场综合保税区高水平开放、高质量发展，重点打造以下“四大中心”。

（一）粤港澳大湾区跨境电商国际枢纽港

结合粤港澳大湾区规划纲要和广州跨境电子商务综合试验区有关工作部署，积极推进跨境电商国际枢纽港建设，在白云机场综合保税区打造一批“枢纽仓”，积极推动监管政策创新和突破，结合跨境电子商务的特性争取实现“一线安全放开”的监管模式。已引进有关优质跨境电子商务项目，强化龙头企业和项目在枢纽港建设中的带动作用。

（二）广州飞机维修基地

主要依托广州飞机维修工程有限公司（GAMECO）和广州新科宇航有限公司（STAG）等龙头企业，充分发挥白云机场综合保税区政策优势，实现保税航材快速、灵活集散，打造全国最大的飞机维修基地和全球最大的飞机客机改货机基地。

（三）华南医药分拨中心

依托白云机场综合保税区建设华南医药分拨中心，通过“先入区、后报关”的方式实现进口生物医药制品快速入区，联合药监部门打造生物医药制品检测绿色通道，助力快速分拨出区。目前，正在和有关知名医药企业洽谈，共同打造粤港澳大湾区生物医药谷项目。

（四）广州航空产业价值创新园

依托白云机场综合保税区政策优势，已签约入驻加拿大CAE等项目，开展飞行模拟机研发制造及飞行员训练，以及飞行员模拟培训、技术研发和生产、民航培训等业务。同时，充分利用租赁飞机可“实际入区”的政策优势，积极推动形成华南飞机租赁产业新的增长极。

深化改革创新复制促进高质量发展情况交流

重庆两路寸滩保税港区管委会

（2020 年 1 月 9 日）

2019 年，重庆两路寸滩保税港区（以下简称：重庆保税港区）充分发挥园区作为海关特殊监管区域和国家级开发开放平台的独特优势，积极推动以综合保税区高水平开放高质量发展为重点的改革创新。

一、改革创新总体情况

自 2019 年 1 月《国务院关于促进综合保税区高水平开放高质量发展的若干意见》（国发〔2019〕3 号）印发以来，重庆保税港区结合发展实际，积极推动各项政策举措落地。目前，已推动 21 项政策措施中的 13 条政策措施实际落地。通过推动各项创新举措落地，重庆保税港区贸易便利化水平不断提升，区域营商环境不断优化，企业获得感不断增强。2019 年，实现进出口额约1 156 亿元，同比增长约 8%，在重庆市外贸进出口总额中占比约 20%，保持了健康发展的良好趋势，有力助推重庆市开放型经济发展。

二、创新政策提升贸易便利化水平

在海关等主管部门的支持下，重庆保税港区持续推动与贸易便利化相适应的改革创新，确保各项政策落到实处，贸易便利化程度不断提升。一是会同海关与区内企业实现进口汽车整车保税仓储政策落地。2019 年 7 月 3 日，首批 6 辆经中欧班列（渝新欧）进口的整车在铁路口岸完成保税申报及检测后运至重庆保税港区水港功能区。在此基础上会同海关创新实施整车保税仓储“三个一”监管模式，实现进口汽车保税仓储业务开展全流程一次检测、一次运输、一体化作业，业务时效提升一倍以上，有力促进进口汽车物流分拨中心的建立。二是围绕“陆海国际贸易新通道”等陆上贸易规则探索，建立进口水果在广西凭祥实施检疫、重庆报关清关的“一次申报、分段监管”新模式。2019 年 8 月 9 日，首批从泰国进口的 18 吨山竹经凭祥口岸入境后，陆路直接到达重庆保税港区水港功能区并完成清关，实现了进口水果在重庆指定口岸清关的突破，推动建立进口水果分拨中心。三是进一步简化通关监管业务流程，强化企业市场主体地位，提升区内货物监管通关时效。会同海关在区内推广加工贸易企业自主备案、自定核销周期、自主核保、自主补缴税款的“四自一简”监管创新，大幅简化业务核批手续，促使货物进出区效率整体提升 20%以上；会同海关、口岸办进一步优化创新跨境电子商务通关监管流程，在区内实现跨境电子商务货物“7×24”小时通关，跨境电子商务日处理能力超过 100 万单；会同海关创新制定了“二维码直通出区”监管形式，车辆可直接凭企业申报数据自动生成的活码二维码刷码出区，有效提升区内高资信消费企业卡口进出效率。2019 年，重庆保税港区进口整体通关时效和出口整体通关时效进一步提升，在重庆关区稳居前两位。

三、创新业态构筑开放型产业体系

随着研发维修、跨境电子商务、展示交易、飞机租赁、航空维修、现代物流等新业态的集聚发展，为重庆保税港区开放型产业体系发展不断注入新动能。一是加工贸易方面，产品结构不断优化，已涵盖苹果、惠普、宏碁、华硕、LG、SONY、华为七大一线品牌，生产苹果手表、平板电脑、智能手机、智能穿戴设备等产品产量占比提升至约45%；产业链条不断延伸，区内企业积极探索“全球维修”“保税研发”等新业态发展，从而推动加工贸易向高端产业链、价值链拓展。二是跨境电子商务方面，已形成阿里巴巴菜鸟、海购考拉、唯品会等跨境电子商务龙头企业带动中小跨境电子商务企业集群协同发展的产业生态，跨境电子商务出口业务实现落地和常态化，形成跨境电子商务产业新的增长点。2019 年实现跨境电子商务交易额约 30 亿元，约占重庆市同期交易总额的 60%。三是展示交易方面，加快推动“一带一路”商务中心和交易中心建设，不断提升“窗口功能、贸易功能、旅游功能”。2019 年累计入驻展示交易中心的国家特色商品馆达到 20 个，商品品类达到 5 万个，保税体验旅游 4A 级景区的旅游人数达到 30 万人次。四是飞机租赁方面，加强与春秋、华夏、海航等航空公司及渤海、中银等租赁企业的合作，推动飞机租赁项目的常态化运行，积极洽谈引进飞机。2019 年实现飞机租赁 2 架，货值 1. 2 亿美元，累计实现飞机租赁 9 架、货值 5. 2 亿美元。五是航空产业方面，引导航空公司在重庆保税港区设立航材保税仓库，推动飞机保税维修和保税航材包修业态实现破冰落地。2019 年已有 77 批航材入区，货值约 650 万美元；54 批航材出区，货值约 174 万美元。六是现代物流方面，利用口岸优势和保税优势加快建设空港国际商贸物流园，引进嘉民、普洛斯、安博、苏宁等大型物流及专业市场项目入驻，已建成仓库面积约 98 万平方米，布局汽车、海鲜、肉类、医药、大宗商品等生产资料和日常生活消费品的进出口专业市场，初步形成以专业市场和区域细分市场为特点的网内网外一体化发展的现代物流基地。

四、下一步工作方向

一是进一步推动政策功能创新。充分借鉴发达地区先进经验，结合重庆保税港区自身发展需要，积极探索创新举措，推动可复制可推广政策，力争进一步释放海关特殊监管区域深化改革创新发展红利，推动形成更高水平开放政策功能体系。

二是进一步推动产业业态创新。围绕推动高质量发展，突出重庆保税港区产业特色，聚焦研发维修、跨境电商、航空维修、航材保税、现代物流等业态，推动产业链集群发展，构建现代产业体系。

三是进一步推动园区服务创新。对标世行营商环境评价指标，积极协调驻区单位和相关主管单位创新监管理念、方式和手段，在重庆保税港区构建保障企业建立、运营和发展的良好营商环境。

广西凭祥综合保税区高质量发展情况交流

广西凭祥综合保税区管委会

（2020 年 1 月 9 日）

一、园区概况

广西凭祥综合保税区于 2008 年 12 月 19 日经国务院批准设立，总规划面积 8.5 平方公里，分三期建设，其中一期 1.2 平方公里已于 2011 年 9 月 30 日封关运营，二期（筹）1.4 平方公里已于 2016 年 8 月开工建设。凭祥综保区是全国获批的第四家综合保税区，是全国第一个在陆路边境线上设立的综合保税区，第一个具有跨境合作背景并实现与境外直接相连的综合保税区，具备强大的口岸功能。

广西凭祥综合保税区位于大湄公河次区域、中南半岛经济走廊和泛北部湾经济合作区交汇处，是中国与东盟开展经贸合作的重要平台，具有“打开门就是越南，走两步就进东盟”的特征，区位优势得天独厚。一是千年雄关。凭祥综合保税区依托的友谊关，始建于西汉，具有 2 000 多年历史，是我国九大名关中唯一一座至今仍在使用的通关口岸，地理位置十分重要，并以友谊关为核心，构建了全国数量最多、种类最全、规模最大的陆路边境口岸体系。二是物流要道。凭祥综合保税区与越南友谊口岸直接相连，是中国通往越南乃至东盟最大、最便捷的陆路通道。成功联合东盟国家合力打造通往中南半岛的“三条黄金物流线路”及其升级版；开通“广州、青岛—凭祥综合保税区—河内”的“东盟专线”，并成功北上西安、重庆、郑州、苏州等地与中欧班列对接，直达欧洲。三是日新月异。凭祥综合保税区依托区位、口岸和平台优势，国际贸易、国际物流、保税业务蓬勃发展。2012～2018 年，口岸进出口额从 30 亿美元增长到 257 亿美元，占广西进出口额的 35%，年均增长 43%；入区企业进出口额从1 000万美元增长到 44 亿美元，年均增长 275%。园区荣获全国第二批示范物流园区、全国优秀物流园区等荣誉称号。

二、园区规划与建设情况

广西凭祥综合保税区一期已建成 3 个功能区：友谊关口岸作业区、配套服务区和保税物流加工区。友谊关口岸作业区占地面积约 20 万平方米，建成零公里作业区、友谊关货运卡口区、入境候检区、查验区、检验检疫处理区、出境候检区等，建筑面积 2 万余平方米，货车泊位 500 个以上。另外建有海关扣留仓库、查验厂库 2 万余平方米。配套服务区占地面积 20 多万平方米，建有申报中心大楼一座，配套楼两座，建筑面积 6.5 万平方米；办公停车位 500 余个。正在建设商务酒店、展示大厅、活动广场、东盟风情街等生活服务配套，建筑面积 5 万余平方米。保税物流加工区占地面积 66.67 万余平方米，主要功能包括保税仓储、保税加工、国际中转、国际配送。已建成标准厂房 10 万平方米，保税仓库 15 万余平方米，集装箱堆场 20 万余平方米；在建标准厂房、保税仓库 22 万余平方米。为进一步完善一期功能，2017 年凭祥综合保税区开通友谊关—友谊口岸国际货运专用通道，实现口岸旅客、货运分流通关。建设中越“两国一检”项目，再造一个友谊关口岸，实现口岸通关容量倍增。

凭祥综合保税区二期（筹）已于 2016 年开工建设，规划建设轻工产业园、机电加工产业园、东盟特色资源加工产业园、农产品加工物流园 4 个产业园。目前，东盟特色资源加工中的海产品加工产业园、农产品加工物流园中的智能公路港建设已接近尾声，三诺电子产业园已建成投产。

长期以来，凭祥综合保税区十分重视园区信息平台规划建设。开发上线“凭祥综合保税区公共服务平台”，全面开启企业一个综合平台、多个单证数据使用的业务作业体系；联合中国邮政广西分公司，建设启用广西凭祥综合保税区跨境电子商务监管中心，跨境包裹日处理量 20 万件以上；启用友谊关口岸全信息化智能通关系统，成为全国首个实现全信息化智能通关的沿边口岸；实行进口“提前审结”通关模式，在全国率先实现了一个卡口通道、自动验放 8 种业务类型（其中 4 类为全国首创）的“多卡合一”创造性突破。

2019 年 8 月 2 日，国务院正式批复设立中国（广西）自由贸易试验区崇左片区，凭祥综合保税区作为崇左片区核心区域，进一步承担了发展跨境贸易、跨境物流、跨境金融和跨境劳务合作，创建跨境产业合作示范区，构建国际陆海贸易新通道陆路门户的重要使命。自由贸易试验区的建设，为凭祥综合保税区发展创造新机遇：一是明确沿边开放发展新高地的目标定位；二是贸易更加便利化；三是国际物流枢纽作用进一步突出；四是人员往来更自由；五是金融更加开放；六是国内外投资新乐土。

三、重点产业发展情况

广西凭祥综合保税区紧紧抓住保税政策优势与口岸通道优势，充分利用国内国外“两种资源、两个市场”，成功打造以国际贸易、国际物流、保税物流为主的产业结构，并推动跨境电子商务、总部经济、信息服务等新业态全面发展。2019 年 1~11 月，园区完成进出口货值1 890亿元（267 亿美元），同比增长 22%，占广西口岸的 36%，排广西口岸第 1 位；进出境货车 32 万辆次，同比增长 22%，排广西口岸第 1 位；口岸过货量 260 万吨，同比增长 13%，排广西陆路口岸第 1 位；口岸集装箱吞吐量 41 万标箱，同比增长 28%，排广西口岸第 2 位。入区企业进出口额 590 亿元（84 亿美元），同比增长 112%，在全国 73 个综合保税区中排第 11 名。缴纳关税及进口环节税 15 亿元，同比增长 12%。

在凭祥综合保税区国际贸易与国际物流大发展的情况下，园区总部经济初具规模。2019 年园区有 10 家企业进入广西外贸 50 强，3 家企业进入广西外贸 10 强；培育了广西捷递、广西永睿两家 100 亿级别，多家 50 亿级别的国际商贸物流企业。其中，广西捷递专注卡车国际运输服务，积极响应国家“一带一路”倡议，运输网络覆盖“香港↔中国内地↔越南↔柬埔寨↔老挝↔泰国↔缅甸↔马来西亚↔新加坡”等地，在凭祥综合保税区、深圳、香港、厦门，以及泰国、越南、柬埔寨拥有保税仓库、堆场 5 万余平方米。

同时，凭祥综合保税区积极推动中越“两国双园”项目建设，综合利用中国技术、越南资源与劳动力优势，引进电子信息、智能终端、手机配件、计算机配件等产业，打造跨境电子信息产业链，共同开发欧美市场。

在广西自由贸易试验区崇左片区利好政策推动下，凭祥综合保税区还将大力促进进口水果专业市场、农副产品贸易集散中心、跨境劳务专业服务市场、跨境金融结算等产业发展。

四、招商引资优惠政策

在凭祥综合保税区内注册的企业，除了享受综合保税区优惠政策外，还享受西部大开发、北部湾经济区、凭祥边境经济合作区、凭祥重点开发开放试验区、中越凭祥—同登跨境经济合作区、广西沿边金融综合改革试验区、中国（广西）自由贸易试验区等多重国家优惠政策和地方优惠政策。主要有：

（一）费用减免方面

除国家法律法规规定的行政事业性收费外，在权限范围内可以免收的行政事业性收费一律免收。

（二）税收优惠方面

落户园区的贸易、物流、电子商务企业，自取得第一笔主营业务收入起5年内，按照其对地方财力贡献的100%给予奖励。

（三）奖励方面

一是对于企业总部落户奖励，地方政府按实缴注册资本的1.5%~3.5%给予补助，累计最高不超过1亿元，分5年支付，每年支付20%。二是对于人才贡献奖励，园区高管和科技人才，按照其个人（所得税）对片区的财力贡献100%给予奖励。三是对于金融机构和金融企业落户奖励，地方政府按照其实缴注册资本的1%~3.5%给予奖励，累计奖励金额不超过4 000万元。

阿拉山口综合保税区高质量发展情况交流

阿拉山口综合保税区管委会

（2020年1月9日）

一、基本情况

阿拉山口北邻哈萨克斯坦共和国，距其多斯特克口岸9公里，是丝绸之路经济带和亚欧大陆两大经济走廊的重要支点。党中央、国务院始终高度重视和关心阿拉山口的发展，1990年6月设立阿拉山口口岸，2003年确定为国家重点建设和优先发展口岸，2011年在这里设立新疆维吾尔自治区首个、全国第16个综合保税区，2012年设立阿拉山口市，2015年列为国家沿边开发开放重点地区，2016年确定为国家中欧班列枢纽，2018年定位为国家陆上边境物流枢纽。新疆维吾尔自治区党委、政府将阿拉山口确定为沿边经济带重要支点。博州党委、政府确定了“综保区引领工程”“口岸强州”的发展战略。

二、主要工作及取得的成效

近年来，阿拉山口综合保税区充分发挥丝绸之路经济带中通道向西开放的门户作用，勇担新时代新疆维吾尔自治区改革开放的排头兵和创新发展的先行者，把阿拉山口综合保税区与口岸的区位、政策叠加优势上升为高水平开放高质量发展的经济优势，实现了由通关过货“大通道”向“产业经济”“枢纽经济”“口岸经济”的转型升级。我们的主要做法是：

（一）打造新疆维吾尔自治区最优的营商环境

深化“放管服”改革，登记制度实现“二十六证合一”，工程建设项目审批时限较法定时间压缩53%。持续优化通关服务，报关的229个申报项目精简至105个，提交单证材料由132种缩减至40种。开展了“单一窗口”、“两步申报”、大宗商品舱单归并、“先通关后缴税”、全天候预约查检、“金属矿产品先放后检”、“TIR公约”试点等一系列简化流程的通关新模式。综合保税区管委会、海关、边检、铁路定期召开通关形势研判会，攻克通关难点、破除业务堵点、扫清环节盲点，货物通关一次申报、联合查验、统一放行，做到管得住、放得开，实现了提速高效、降费减负、畅通便利的通关目标。在全国率先推行24小时不间断通关，口岸进口货物整体通关时间14小时，出口货物整体通关时间0.6小时，分别较2018年压缩57%、51%，通关效率各项指标位列自治区第一，铁路通关效率全国第一。2019年综合保税区完成货运量103万吨，首破百万吨大关，贸易值82.4亿元，分别是2018年的3.1倍、5.7倍，两项数据占新疆海关特殊监管区域比重超过八成。

（二）建设国家陆上向西开放的物流枢纽

阿拉山口是我国铁路跨境运输的骨干枢纽，阿拉山口综合保税区是全国唯一实现宽准轨换装的综合保税区。铁路和公路海关快速查验系统、列车自动消毒通道、国家级石油化工矿产品重点实验室、动植物疫病疫情监测实验室、铁路公路口岸客货运联检大厅、8 000余平方米冷链查验仓储等通关系统设施提升工程相继投入使用。已建成宽准轨线87条，其中准轨线48条、宽轨线39条，有亚洲最大的室内集装箱换装场，年换装能力20万标箱，已建成29万平方米标准化仓储设施、21万吨粮油仓、25万平方米室外堆场。2020年还将投用跨境电子商务监管中心、散装粮食铁路专用线、植物油换装线改造、宽准轨油气线改造、危险化学品监管场地、综合保税区中欧国际班列集结中心等一批通关项目，在满足木材、金属矿产品等传统货物换装物流的基础上，极大促进散装粮食、危险品、跨境电子商务、冷链、油气等专业化物流产业的快速发展，届时进出口铁路货运总体能力可达4 500万吨以上。园区具备铁路组织、国际物流、国际贸易、保税物流、保税加工、综合服务等功能，通过“通道+枢纽+网络”的运行体系，物流范围辐射至自治区和全国其他地区。这里是中欧班列国际物流通道的枢纽，境外联通欧亚59个城市，境内对接62个班列开行城市。2019年通行中欧中亚班列3 564列，同比增长20.8%，创历史新高。累计通行中欧中亚班列1.24万列，突破万列大关。

（三）建立新疆维吾尔自治区对外开放政策叠加效应充分释放的新高地

阿拉山口综合保税区是海关特殊监管区企业增值税一般纳税人资格试点园区，是自治区率先实现仓单质押融资和实施通关一体化试点的区域，是自治区级循环经济试点园区和跨境电子商务试点产业园区，是自治区通关功能最完善的区域，已经拥有平行进口整车、植物种苗、粮食、活畜、肉类、水果等8种特殊资质。阿拉山口综合保税区拥有国家西部大开发、沿边地区开发开放、少数民族地区优先发展政策，综合保税区高水平开放高质量发展的21条措施，海关总署支持丝绸之路经济带核心区建设19条举措，复制应用了上海自由贸易区制度创新，自治区赋予的园区沿边开发开放政策先行先试，当前已形成多元叠加的政策效应。在“畅通开放、贸易先行、以贸促工”发展思路的指引下，形成了农畜产品加工、木材加工、纺织和医用材料、装备制造、跨境电子商务五大特色优势产业板块。坚持把招商引资作为推动经济增长的生命线工程，深入研究产业政策、海关政策、综合保税区政策，在要素保障、市场需求、政策支持、资源配置、金融服务、劳务用工等方面为招商引资做好服务。立足进出口产业发展，突出靶向招商，不断充实丰富招商引资项目储备库，强化跟踪服务，形成建成投产一批、加快推进一批、积极引进一批、改革激活一批、充分储备一批的良好梯次结构。积极打造国家级农业对外合作示范区，构建多式联运物流组织中心、进出口商品展示交易中心、国际原材料及大宗物资采购中心，初步构建起具有口岸、综合保税区特色的现代产业体系。2019年，综合保税区完成属地贸易额24.3亿美元，是2018年的3.3倍，占博州总额的95%以上；招商引资到位资金20.63亿元，是2018年的2.1倍；园区新增企业52家，累计达到553家。